中山大学哲学系 主编

朱谦之全集
卷 七

中国哲学
（一）

中国思想方法问题
庄子哲学
老子校释

商务印书馆
The Commercial Press

图书在版编目（CIP）数据

朱谦之全集．卷七，中国哲学/朱谦之编著．--北京：商务印书馆，2024（2025.8重印）．--ISBN 978-7-100-24464-0

I. C52

中国国家版本馆CIP数据核字第20248KJ222号

本卷编者著作权为商务印书馆与中山大学共有。

权利保留，侵权必究。

朱谦之全集

卷七
中国哲学
（全二册）

商 务 印 书 馆 出 版
（北京王府井大街36号 邮政编码100710）
商 务 印 书 馆 发 行
北京虎彩文化传播有限公司印刷
ISBN 978-7-100-24464-0

2024年10月第1版　　　开本 880×1240　1/32
2025年8月北京第2次印刷　印张 49 3/8　插页 2
定价：316.00元

朱谦之先生1942年著作《中国思想方法问题》,
图为民族文化出版社1942年版

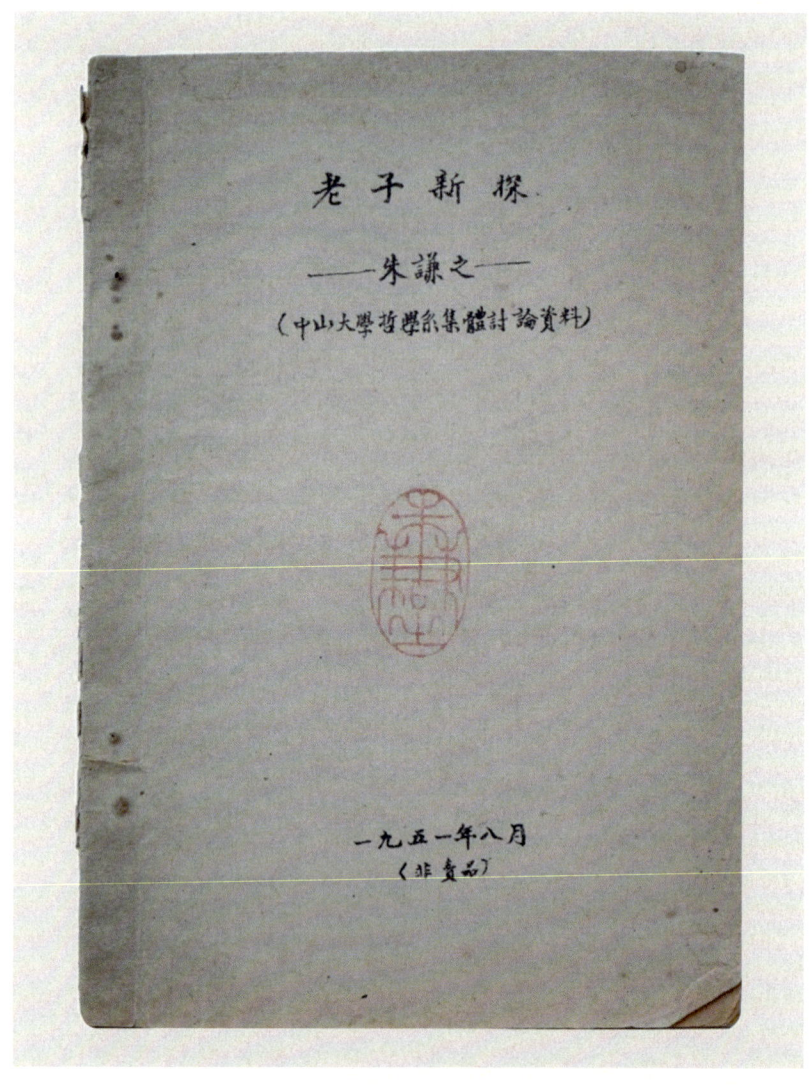

朱谦之 1948 年撰《老子新探》,图为中山大学哲学系 1951 年集体讨论资料,朱谦之著《庄子哲学》时将此篇作为附录

朱谦之先生1954年著作《李贽——十六世纪中国反封建思想的先驱者》，图为湖北人民出版社1956年版

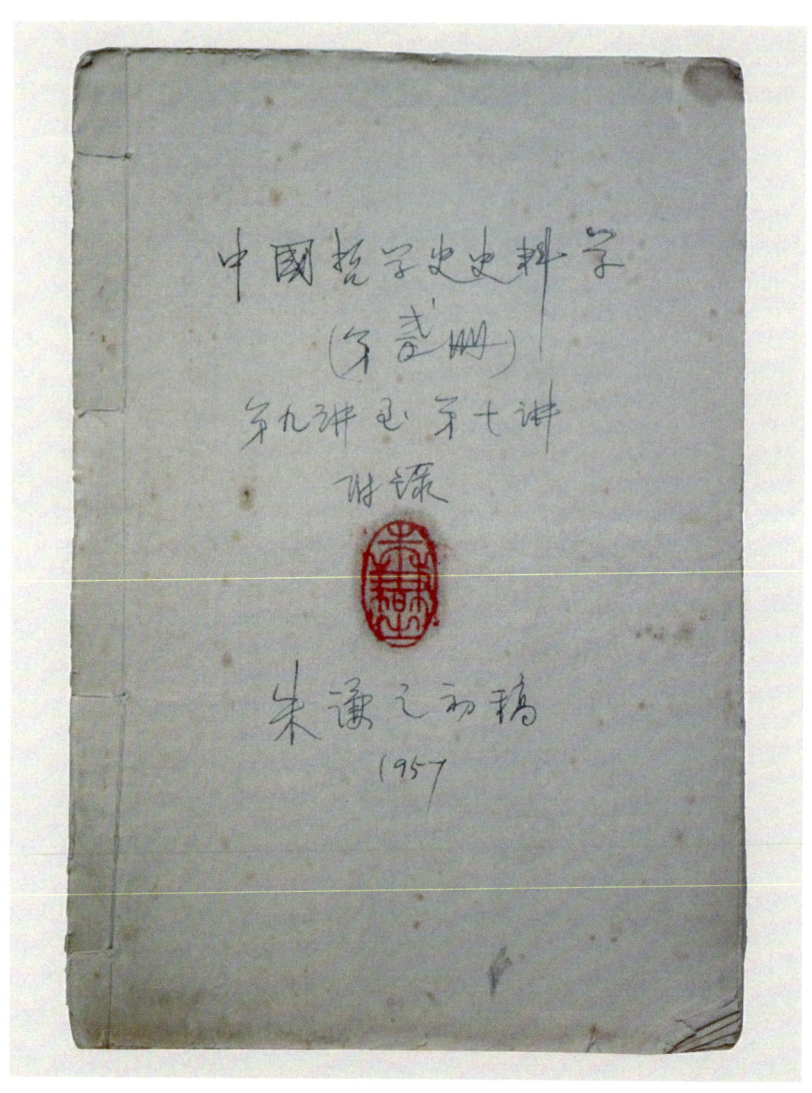

朱谦之先生1957年著作《中国哲学史史料学》，图为中山大学哲学系藏第九讲至第十讲油印稿

编委会

中山大学哲学系　主编
周春健　执行主编
黄夏年　顾问

整理人员

李鹏祥	孙伟鑫	朱芳颖	黄子锋	杜　立
詹嘉玲	龚礼茹	李　双	谢佩霖	朱烜圻
何擎宇	谭宇泽	杨林舒	张　星	谢裕伟
邵兴鱼	范伊玫	张名扬	黄　泽	刘祥瑞
周小龙	宋　健	杨　柳	庄谦之	林梦佳
孟安康	李可欣	张燕影	黄晓萍	朱玉婷
崔洺睿	白澍訹	薛明琪	鲁瑾辉	顾　鑫
杨　洁	许淑娴	仝广秀	郝学智	李洁琼
周谈艺				

《朱谦之全集》总序

一

朱谦之先生（1899—1972），字情牵，曾用笔名闽狂、古愚、左海恨人、AA等，福建福州人，我国现代著名的哲学家、历史学家、宗教学家。一生研精覃思，著述宏富，在东西文化比较、中国哲学史、东方哲学史、宗教学研究等领域，作出了重要贡献，有着较大的国际影响。先生治学范围极为广博，涉及哲学、宗教、历史、考古、文学、音乐、戏剧、政治、经济等诸多领域，且颇富创见，被誉为"百科全书式的学者"。

知名学者王亚南曾评价朱谦之先生的学术研究具有强烈的"时代感"。他的人生轨迹和思想发展，体现出一位进步知识分子在新旧社会交替之际积极探寻真理、追求光明的卓绝历程。先生正直坦荡，独立不迁，具有崇高的人格风范。其自作诗有云"宁可千秋无我席，吾生决不慕时流"，正是其一生之真实写照，令人景仰！

谦之先生与中山大学有着不解之缘，他在中大工作时间最久，曾称广州为其"第二故乡"。1932—1952年的二十年间，先生执教中大，历任历史系主任、文学院院长、文科研究所主任、哲学系主任等职。抗战期间，先生大力提倡"南方文化运动"和"现代史学运动"，影响深远。又亲历中大自广州石牌至云南澄江、粤北坪石、广东梅县之迁校历程，敬业尽职，心忧国运，曾作诗云"诲人不倦吾滋愧，抗敌图存志不灰"，令人感佩！

中大哲学系素来重视缅怀弘扬前辈学人之德业。2004年，时任系主任的黎红雷教授曾编辑《朱谦之文集》，列为"中山大学杰出人文学者文库"之一。"世纪中大，山高水长"，2024年正值中山大学建校一百周年，同时也是哲学系建系百年。鉴于谦之先生在学术上的重要影响及其在哲学系历史上的重要地位，中山大学哲学系决定系统整理谦之先生的相关著述，而成此皇皇10卷20册《朱谦之全集》，以为百年校庆、百年系庆隆重献礼。《朱谦之全集》亦得到校方鼎力支持，并获百年校庆"人文社科重点学术规划"专项资金资助。

二

学界此前关于朱谦之先生集子的整理，规模最大者为2002年由福建教育出版社出版的十卷本《朱谦之文集》（下称"福建本"）。此套书的编者为中国社科院世界宗教研究所研究员黄夏年先生，他也是朱谦之著作权代理人。福建本充分利用谦之先生手稿等相关文献，对其著述作了较为系统的整理，使学界得睹谦之先生学术之整体面目，嘉惠士林，其功甚钜！此次《全集》整理，也得益于此套书最多。不过，福建本尚有谦之先生著述多种未能收入，底本选择及整体分类也还有值得商榷之处，于是，编纂一部资料更为完整的《朱谦之全集》便实有必要。

中大哲学系编辑整理《朱谦之全集》有着得天独厚的优势。2019年恰逢谦之先生诞辰120周年，我系隆重召开"纪念朱谦之先生诞辰120周年座谈会暨朱谦之学术思想研讨会"，中国社科院黄心川、黄夏年贤父子有感于中大哲学系弘扬谦之先生学术之功,慨然捐赠谦之先生全部遗作手稿及早期著述自存本若干,总计180余种。这些文献资料是朱谦之研究最为珍贵的一手文献,其中有不少文献为编辑福建本时所未见。此宗文献,除用以校勘外,又使数种著述得以首次面世。

《朱谦之全集》凡10卷20册,包含谦之先生著作44种、文章79篇,几乎囊括其所有著述。其中,从手稿、油印稿等早期著述中整理而得首次面世者,有著作1种、文章8篇;此前虽有出版或发表,经重新整理而首次纳入朱谦之集子中者,有著作4种、文章38篇。

《全集》卷次之排列,大致以朱谦之平生学术转向为序,同时兼顾相关著述问世时间之先后。此次《全集》整理,于各种著述皆重新确定底本、校本,精加校勘,并出校记。底本之选择,据实际情形以稿本、初版、新出校订本等为底本,同时参以中大哲学系藏朱谦之先生"自存本"之校批文字。校记文字之后皆标"——编者",以区别于作者原有注释文字。对每种著述皆加编者注,说明此种著述之书名篇名更易、版本源流、底本选择等相关情形。我们的愿望是,为学界奉献一部迄今为止资料最为完备、学术信息最为完整,且在编排上更好展现谦之先生学术脉络的著述全集。

三

1972年谦之先生仙逝后,其夫人何绛云先生作有悼念诗数章,其中《再悼朱谦之》之八有云:

> 挽诗作罢当招魂,墨沈淋漓杂泪痕。
> 最是伤心凄绝处,满箱遗稿付何人?

半个世纪后，因缘际会，谦之先生遗稿全部入藏他曾经工作和生活过的中山大学，并得到妥善保存和利用，正可谓得其所哉！2019年12月，中大哲学系曾举办"古愚荷心——朱谦之先生遗作文献展"，以纪念这位具有独立品格的杰出学者。如今，《全集》即将由商务印书馆出版发行，或正可偿绛云先生当年之遗愿。

2022年底，笔者承蒙哲学系张伟主任及诸位同人的信任，承乏《全集》整理事宜。2023年初，我们先花费近三个月对谦之先生全部遗稿作了普查，梳理每种著述的版本源流，并依据谦之先生的学术转向厘为十卷，确定了《全集》整理的基本体例。自2023年5月起，以哲学系师生为主体的整理团队30余人开始第一阶段的整理，释读谦之先生手稿多种。2024年寒假结束后，又开始第二阶段的清样校读工作，前后共计40余位老师同学投入此项工程。整理工作，不唯校对，亦有校勘。自寒徂暑，历经将近一年半的时间，终于定稿。摩挲谦之先生遗稿，体知前辈学者学术，辛苦之余，所有整理人员都倍感与有荣焉！

《全集》的编辑整理，始终得到黄夏年先生的指导关爱。2019年冬，我与哲学系张清江副主任前往黄老师家中取走谦之先生遗稿时，黄老师谆谆教导道："你们一定要好好珍藏利用朱先生的这些文稿，弘扬朱先生的学术就靠你们了！"黄老师对谦之文献、谦之学术最为熟稔，《全集》之整理，也正是在福建本之基础上再作补充完善。《全集》的最终编成，黄夏年先生功莫大焉！

自《全集》工作上马到最终顺利出版，中大哲学系资深教授冯达文先生、中山大学人文学部主任暨哲学系学术委员会主任陈少明教授等，一直给予深切的关怀和支持，在此谨致以衷心谢忱！此外也感谢学界专家、教授，以及商务印书馆对整理工作的关怀和指导。感谢上海对外经贸大学张国义教授现场指导《全集》整理工作；感谢上海财经大学殷飞飞教授、中山大学历史学系曹天忠教授提供宝贵参考意见；感谢北京大学哲学系主任程乐松教授帮助联系张岱年、周辅成先生后人，协调著作授权事宜。《全集》的出版得到了商务印书馆的大力支持，其为这套书的学术质量提供了保证。

诚然，对于朱谦之先生学术思想研究而言，《全集》整理仅仅是一个基础性的文献工作，未来还有待学界同人从不同角度对谦之先生渊博学术做更深入的探研。来日方长，诸君齐努力！

周春健
甲辰槐月
于中大哲学系

凡　例

一、《全集》卷次之排列，以朱谦之平生学术转向为序，同时兼顾相关著述出版或问世时间之先后。卷一"学术自传"打散著作、文章之别，径按时间排序。其余九卷，皆先排著作，后排文章；相关文章往往数篇，统置于"文章辑录"目下。

二、《全集》所收著述，据具体情形以稿本、原刊、作者手订本或校订本为底本，参校他本，正其讹误。版本源流、底本选择等情况，皆以编者注进行说明。校改之处，以校记进行说明。

三、《全集》保留作者文字风格及语言习惯，不按现行用法、写法改动原文。如系作者笔误、排印舛误、外文拼写错误等，则予径改。原文偶有保留避讳字者，径改为本字。

四、底本为繁体、竖排者，均改为简体、横排。原无标点或仅有句读者，均改为新式标点，专名号从略。原无分段的长文，据文意酌情分段。

五、原文篇后注皆移作当页脚注，双排夹注改为单行夹注。

六、底本文字漫漶处，据所缺字数以"□"标示。

本卷说明

1952年全国高校院系调整，朱谦之先生由中山大学调入北京大学哲学系中国哲学教研室，集中撰写了中国哲学方面的著述多种，包括讨论中国哲学研究方法论的《中国思想方法问题》，两部道家文献研究专著《庄子哲学》《老子校释》，又有《中国哲学史史料学》《中国哲学史提纲》两部讲义、《李贽——十六世纪中国反封建思想的先驱者》及其校辑的《新辑本桓谭新论》两部中国哲学史个案研究，以及朱谦之与张岱年、周辅成合著的《王充哲学研究》等。

本卷计2册，包含中国哲学类著作7种，文章5篇，其中《李贽——十六世纪中国反封建思想的先驱者》一书，有2章内容乃学界首次整理面世。另有文章1篇属首次纳入朱谦之集子中。

本卷册一目录

中国思想方法问题 1

庄子哲学 83
　附：庄子用书要目 380
　附：老子新探 384

老子校释 409
　附：老子哲学 745

中国思想方法问题

《中国思想方法问题》一书，原列入"民族文化学术丛书"第一种，于1942年10月由民族文化出版社出版。2002年收入福建本第三卷。本次整理，以民族文化出版社本为底本，参以福建本及中山大学哲学系藏朱谦之"自存本"作者校批文字。

——编者

目 录

导言——问题之提出 5

第一章 中国思想方法体系 7

一、中国思想方法的派别——老家——"哲学的"宗教方法——无知论——无名论——"无"之辩证法

二、墨家——"哲学的"科学方法——有知论——有名论——"有"之辩证法

三、孔家——"哲学的"哲学方法——格物致知论——宇宙本质的知识——人生本质的知识——社会本质的知识——正名论——"生"之辩证法

第二章 中国思想方法发展史 36

一、《大学》本子之辩证法——郑氏古本——朱子改定本——王阳明古本——王船山改定本——李刚主古本——知难行易说与本子问题

二、格物说之阶段的发展——宇宙观的格物说——程子的格物说——朱子的格物说——各家格物说的批评——司马光——吕蓝田——谢上蔡——杨龟山——朱门弟子的格物说——黄勉斋——陈北溪

三、人生观格物说的发展——王阳明的格物说——王门弟子的格物说——钱绪山——王龙溪——欧阳南野——聂双江——罗念庵——王心斋——王一庵——东林学派的格物说——

顾泾阳——高景逸——钱启新——陆稼书的批评

　四、社会观格物说的发展——经世学派的主行主义——黄梨洲——吕晚村——顾亭林——王船山——颜习斋——李刚主——乾嘉学派的主知主义——戴东原——程易畴——凌次仲——知难行易说为清代格物说之综合

第三章　中国思想方法的新倾向 69

　一、知难行易说的背景——驳知易行难说——驳知行合一说——知行分任主义

　二、科学时代的知识论——知识历史学——知识社会学——生命主义与行为主义

结论 79

　　主行主义之演进史观——生命的或综合的本质知识——知难行易说原本大学说

参考书目 82

导言——问题之提出

《文化哲学》曾举印度、中国、西洋文化相比较，以为文化之根本类型，为宗教、哲学、科学。印度代表宗教文化，西洋代表科学文化，中国则为哲学文化的适例。那么就思想方法的派别来说，同样地我们可以印度代表宗教的思想方法，西洋代表科学的思想方法，而以中国为哲学的思想方法的适例。究竟这哲学的思想方法，和印度的宗教思想法或西洋的科学思想法，有怎样不同，这在《文化哲学》中，已有简单的论述。如以演绎法为宗教的思想法，辩证法为哲学的思想法，归纳法为科学的思想法，则推之印度、西洋之各别的思想方法，也大概很容易明白了。

现在的问题，则在中国之哲学思想方法当中，也发生了各别的思想方法问题。如我在《中国思想派别及其对于欧洲文化影响之不同》（见《中国思想对于欧洲文化影响》附录一，页349—396）中，曾将孔、老、墨三家的思想比较，以为中国思想之三大派别，很有趣地之三家即接近于三种不同的文化类型：

（1）老家——宗教型——接近印度之宗教文化；

（2）孔家——哲学型——形成中国之哲学文化；

（3）墨家——科学型——接近西洋之科学文化。

我的结论，就是"中国思想之三大派别，老家接近宗教，和印度的宗教文化可相调和，但非中国思想之代表。墨家接近科学，和西洋的科学文化可相调和，但非中国思想之代表，而真正中国思想的根本，依我意思，却只有孔家哲学"。但欲证明这一点，最好是更进一步，即从三家的思想方法上去观察，三家的不同的思想方法，形成了三家的不同思想，因为方法论实为造成思想派别的根本原因。孔家所以成为孔家，即在应用了孔家的思想方法；老墨所以成为老墨，即在应用了老墨的思想方法，所以中国思想的派别，完全是属于思想的方法问题。同一样的理由，中国思想方法以孔家为代表，而孔家的思想方法在其发展史中，宋儒的格物说和明儒不同，即因宋儒有宋儒的思想方法，明儒有明儒的思想方法；明儒的格物说与清儒不同，即因明儒有明儒的思想方法，清儒有清儒的思想方法。而这种中国思想方法问题的系统研究，不但使我们了然于中国思想方法和印度、西洋的思想方法根本不同，而且使我们知道中国思想方法的各种派别，选择那最有价值的方法正统，就是《大学》中所说的格物致知，做我们思想方法的最高目标。不但如此，我们在明了中国思想方法的发展以后，更要确实地把握现在中国思想方法的新倾向。现在中国思想方法的根本，无疑乎寄托于国父孙先生所著的《孙文学说》里面，孙文学说是整个的思想方法学，更明显地可说是发展到最高阶段的中国思想方法学。孙文学说本身即有较异派哲学方法更适合更丰富的思想方法，用不着以任何思想方法来代替他、冒充他，而这也就是我现在提出这一个新题目的根本理由了。

第一章　中国思想方法体系

一①

中国思想之三大派别，老家为宗教型，故与印度文化接近，而其思想方法②，亦接近于宗教的思想方法。墨家为科学型，故与西洋文化接近，而其思想方法，亦接近于科学的思想方法。就中只有孔家的哲学型，形成了中国的哲学文化，而其思想方法，亦为特殊的哲学思想方法。现为研究的便利起见，先从老家说起。

老家的根本方法，一个是"无知"，一个是"无名"。宗教家的思想方法，无不从"无知"立根，所谓"当体即是，动念即乖"，所谓"扫一切相，断言语道"，所谓"至人以无心之妙慧，而契彼无相之虚宗，内外俱冥，缘智俱寂"（昙影《中论序》）。以印度佛教来说，不但般若、禅宗如此，即高谈名相的唯识宗亦无不如此。"禅那才下一语，便恐一语成尘，连忙又下语扫之，扫之又恐尘一语复成尘，连忙又下一语扫扫尘"；说话的便是错误，更不消说到什么"知识"。宗教的方法，只是一种无知的知，即基督教都不是例外。因为

---

① 底本正文章节名称，与原书目录不一致（原书目录有写作提纲意味，与严格之目录并非全同）。福建本据正文实际内容，对章节名称有所修改。本次整理，悉遵底本原貌。——编者
② "法"，原作"本"，误，据福建本改。——编者

任何宗教，无不主张有神，即无不注重信仰，只信着就是了，难道能用知识去推证其所以然吗？虚无之神是不靠观念和符号去认识的，所以必须人们自己极力抛弃我底那知识，而后才能知神，所以宗教的思想方法，无论高之如佛教之空宗，次之如基督教的信仰，无不从"无知"立根，而超越于寻常的认识。寻常的认识为科学的"实用的知识"，而这超越寻常的认识，乃为 Max Scheler 所谓"解脱的知识"。

老家虽非宗教文化，却为"哲学型"之宗教文化，虽非完全宗教的思想方法，却为"哲学的"宗教思想方法。"哲学的"宗教思想方法，虽不如纯宗教的思想方法来得彻底，因为他还执着一个本体——"无"，但这认识"无"的方法，却是和宗教的方法一样，超越了一切形式和符号，而由"无知"的"知"来认识"无"的本体。因他之所知，正是寻常知识之所不知，所以特别叫做"无知"。《老子》七十一章说"知不知上，不知知，病"，那自以为知，实在是不知，而无上的"知"，反在于"不知"知之。所以屡屡说到"无知"，三章说"常使民无知"，十章说"爱国治民，能无知乎"，这种"无知"就成了庄子哲学的出发点了。《庄子·人间世篇》"闻以有知知者矣，未闻以无知知者也"。这个意思，和伪《列子·仲尼篇》"无知是真知，故无所不知；……无知为知亦知……亦无所不知，亦无所知"相同。大概道家一派，所有方法学上的见解，其最后的归宿，总在乎言语道断，辩证路绝的本体，到此地步，自然要将知识根本消除。例如《齐物论》云"啮缺问乎王倪曰，子知物之所同是乎？曰吾恶乎知之。子知子之所不知耶？曰吾恶乎知之。然则物无知乎？曰吾恶乎知之"郭注"都不知乃旷然无不任矣"，那才是真知识了。所以说"不知深矣，知之浅矣，弗如内矣，知之外矣，……弗知乃知乎？知乃不知乎？孰知不知之知"（《知北游》）。因为他要"恃其知之所不知而后知"，所以很讥笑那些只晓得"尊其知之所知"的科学家，以为他一向只是胡叫乱喊，以为只要测测星，看看地壳，研究研究微生物，那就是真知识。其实这种有知的"知"，以有限的生命，逐无穷的知识，知识尚未得到，生命已是"无可奈何"了。所以说"吾生也有涯，而知也无涯，以有涯随无涯，殆已"（《养生主》）。并且很大胆地给知识下一个定义道："知出乎争，……知也者争之器也。"（《人间世》）因为有生之初，人们本是好的，吃了智果以后，就变坏了，并且弄出战争、强力和许多灾难来了。所以知识这个东西，原是大乱的根源，知识发达愈高，便其结果使世界更纷乱了。所以自然而然地得到和老子一样的结论，就是"绝圣弃知，天下大治"（《在宥》）。在他所理想的至德之世，并没有知识这个东西，是"端正而不知以为义，相爱而不知以为仁，实而不知以为忠，当而不知以为信"（《天地》），这是何等自然的世界！

无名论

老家的根本方法，一个是"无知"，一个是"无名"。本来"名"就是概念的代表，作知识的符号，所以主张"无知"的，一定连带主张"无名"。而尤以"名"的作用，一方是包括这个那个而成全称的共相，一方面是分别这个那个，使彼此截然有分。换句话说，因有了抽象的"名"，一面使具体的事物，去做他们的牺牲，一面又建设出许多差别，以唤起不平等。所以道家以"名"为万恶根源，而主张废"名"。因包括这个那个而成全称的"名"，不如至大无外的"无"，而分别这个那个而成特别的"名"，也不如至小无内的"无"。道家因要扫除那虚伪的差别的名相，所以自标新义，以真实的普遍的"无名"的"无"为基础，而主张"无名主义"。由他看来：第一，"名"是虚伪的，不是真实的。原来真实的都是"自然"的，虚伪的都是人为的，宇宙的最大原理，"无"便只是独生独立，自然如此,所以无名可名,所以说"道常无名"。凡天下的名,其可以名的,都不是永远不变的名,而永远不变的名,本不可名,必不得已而有名,这"名"也只是妄作者强为之名,所以老子说"吾不知其名,字之曰道,强为之名曰大"(二十五章)。这里"道"字、"大"字两个抽象名词,都是凑成的,人造的,和道体绝不相干,只是强为之名而已。因为"名"只是虚文,没有实在性,所以老家的思想方法,只取个体的事物(实),不认公共的名称。老子说"名与身孰亲"(四十四章),"大丈夫处其实不居其华,故去彼取此",他不取于代表名的原理的"彼",而取那个体的特别的"此"。这里"此"字,就是"这个物事",就是"实",推到极端,便如伪《列子·杨朱篇》所云:"实无名,名无实,名者伪而已矣。"只要"实"之所在,便可以随意自名,"不见而名"(四十七章),以至于"功成不名"(三十四章),这就是从"自相无名"论所发生的个人主义。第二,"名"是差别的,不是普遍的。老子常尊重"无名之朴",这个"朴"就是不露色相的"无"。当此时,一切对待的名词还未发生,如有了美所以有丑,有了善所以有恶,这时并无美善的名,自然丑恶的名也不能存在。因"无名之朴"只是一名不立,所以根本没有比较,又那里有万物的差别呢?元来差别的起源,是当"朴"散了的时候,所以说:"道常无名,朴虽小,天下不敢臣,侯王若能守之,万物将自宾,天地相合以降甘露,民莫之令而自均,始制有名。"(三十二章)"朴散则为器,圣人用之则为官长,故大制不割。"(二十八章)王弼注:"朴,真也。真散则百行出,殊类生,若器也。"因有了分别,才散朴而为"名"(器),以应万物,于是圣人抱朴以制天下,而立官长,这时逐子忘母,纷纷然任"名"以号物,一生二,二生三,种种名相都从此发生了。王弼又说:"始制,谓朴散始为官长之时也。始制官长,不可不立名分,以定尊卑,故始制有名也。"所谓"制",本有截断的意思,推名的起源，只是由于截断彼此，自无名而有名。无名的就贱轻，有名的就尊宠，无名的便卑辱，有名的便章明，有余者有名，不足者无名，有功者有名，无功者无名，所以"名"就是限制，老家以无限的绝对的"无"为基础，自不满意于有限的相对的"名"，所以老子说："致数舆无舆"（三十九章）。《老子通解》道："今夫车一也，极分为致数，数则为辐臻，为轮、为衡、为毂。其名且百，合百成一，而后成车之名；散百而一一名之，则轮耳、辐耳，不可复称车矣。犹之合天下之道，后称道；散天下之道，无道矣。"从共相上看出物体的差别，都非实有，所以老家力求那涵盖力最大的共相"无"，使个体的千差万别都没有了，然后因无可比较的原故，可以免去许多竞争。《吕氏春秋·贵公篇》有一段逸话道："荆人有遗弓者，而不肯索，曰荆人遗之，荆人得之，又何索焉？孔子曰，去其荆而可矣。老聃闻之曰，去其人而可矣，故老聃至公焉。"这就是从"共相无名"论所发生的普遍主义。然而自相就是共相，共相就是自相；无内的"无"就是无外的"无"，无外的"无"就是无内的"无"；同的就是异的，异的就是同的。这不消说是矛盾的，因是矛盾的，所以是圆融的，因是圆融的，所以是绝对的。所以接着我们应该注意一下老家"无"之辩证法。

"无"之辩证法

老家的思想方法，一个是无知，一个是无名，又一个就是"无"之辩证法了。因为中国思想以哲学为代表，哲学方法是如《文化哲学》中所说，是以辩证法为其特色，因之中国思想的各派别，都有辩证法的基础，都以辩证法为其哲学的思想方法。不过依照思想派别的不同，而所用的辩证法亦有不同。如老家为"哲学的宗教化"，故其辩证法为"无"之辩证法；墨家为"哲学的科学化"，故其辩证法为"有"之辩证法；孔家为"哲学的哲学化"，故其辩证法为"生"之辩证法。

"无"之辩证法，本为宗教家所采用，如印度佛教中之一宗派——三论宗，即从"无"之辩证法上立说，所谓"色即是空，空即是色""一即一切，一切即一""非内非外，非小非大，非一非异，非明非暗，非生非灭，非粗非细，非动非静，非刚非柔，非有相非无相，非非有相非非无相，非有无俱相"。似此一切俱非，一切归无所得。《中论》的八不颂，正是"无"之辩证法的实例。老家的辩证法，虽不如佛法真宗教方法的彻底，但其遮拨名相，两是两非的态度，却也是"无"之辩证法的最好例证。如老子对于辩证法的应用，即有三点：第一，"有正必有反"，如说："天下皆知美之为美，斯恶已；皆知善之为善，斯不善已。故有无相生，难易相成，长短相较，高下相倾，音声相和，前后相随"（二章），才知美的是美的，便有不美的对立，知善是善的，便有不善与善对立，推之一切有无、难易、长短、高下等，都是对待名词。有"有"所以有"无"，有难所以有易，有长所以有短，有高所以有下，有高音所以有低音，有前面所以有后面。第二，"无正必无反"，因有善便有恶，有美便有丑，有贤便有不肖，所以善的美的贤的，便是恶的丑的不肖的根源。如果把这些对待的名词根本取消，不但将恶的丑的不肖的废掉，而且连带将善的美的贤的，也归于一尽，那末正面的名取消，负面的名也不单独存在了。所以老子说："绝圣弃智，民利百倍；绝仁弃义，民复孝慈；绝巧弃利，盗贼无有。"（十九章）只因有圣智，所以生不圣不智的名，有仁义所以生不仁不义的名，有巧利所以生不巧不利的名。"无"的辩证法便是从根本上着想，知道反面只是正面的化成，所以要除负面的果，不可不推翻那正面的因。第三，"正即为反，反即为正"，在种种的对待当中，并不是截然相反，因他有互藏交错的性质，彼此可以互相连结，所以老子说："福兮祸之所倚，祸兮福之所伏，孰知其极，其无正；正复为奇，善复为妖。"（五十六章）世间一切对待，仗着达观力看去，都只见得相反相成，如祸由于福，福由于祸，祸福尚且倚伏。可见一切坠于两边的事物，穷其所极，无论善恶、吉凶、大小、长短、强弱、盛衰、动静、内外、邪正、是非，都无何等正确的区别，所以"正复为奇，善复为妖"，所以"唯之与阿，相去几何，善之与恶，相去何若"。这种"万物一体"和"无物不然，无物不可"的理论，走到极端，便成为庄子的不辩主义。《齐物论》说："既使我与若辩矣，若胜我，我不若胜，若果是也，我果非也耶？我胜若，若不吾胜，我果是也，而果非也耶？其或是也，其或非也耶？其俱是也，其俱非也耶？我与若不能相知也。……"

因为天下事理，都没有绝对的是非，所以辩论也是徒然，所谓"辩也者，有不见也"（《齐物论》）。"是"和"非是"表面上虽然极端反对，实际上却全然相同，所以"是亦彼也，彼亦是也"（《焦氏笔乘》云："此即彼，彼即此。"），"彼亦一是非，此亦一是非，果且有彼是乎哉？果且无彼是乎哉？"（《齐物论》）最好的解决方法，就是"以明"。"教①是其所非，而非其所是，莫若以明"（《齐物论》）。就是以彼明此，以此明彼的反复相明，于是相对的是和非是（彼），都消失在这个玄中了。庄子有一个专门名词，叫做"两行"，"圣人和之以是非，而休乎天钧，是之谓两行"（《齐物论》）。从两行法看来，就一是一非，两行无穷，"是亦一无穷也，非亦一无穷也"。这么一来，争辩也没有了。《逍遥游篇》以"无"之辩证法显其逍遥自得的旨趣，大如鲲鹏，小如蜩鸠，都一样地逍遥自得。《齐物论篇》以"无"之辩证法通贯全篇，如焦竑《庄子翼》卷一所证明"始之以无

---

① "教"，疑应为"欲"。——编者

彼我，同是非，合成毁，一多少，次之以参古今，一生死，同梦觉"这种方法所得到的结论，是"天地与我并生，万物与我为一"，这就是哲学家心中最高"解脱的知识"的境界了。

总之，老家"哲学"的宗教思想方法，虽非纯粹宗教的思想方法，却极接近于纯粹的宗教思想方法。因此所以当纯粹的宗教思想方法，……以般若宗为例……传入中国的时候，起而融会贯通者，亦均为老庄中人，汉代佛教道家，可以相通。故《牟子理惑篇①》称释教为"佛道"，《四十二章经》自称佛教为"释道"，两晋清谈家以老庄玄学谈佛法，而佛教方面，如安世高、支谦亦以老庄的"无为"译"涅槃"。释道安所谓"以斯邦人老庄教行，与方等经兼忘相似，故因风易行也"。鸠摩罗什以后，僧肇为三论之祖，其所著有《般若无知论》与《涅槃无名论》，而他所用的方法，也正是"无"之辩证法，很可以看出老家思想方法和大乘佛教的思想方法之如何接近了。然而这种接近印度文化的思想方法，虽然很有力地吸引许多中国正统派哲学家的早年思想，然而因其偏于"解脱的知识"，也就算不得中国哲学正统的思想方法了。

二

墨家"哲学的"科学方法

次述墨家，墨家的思想方法，接近于西洋的科学方法，故偏向"有知"，偏向于"实用的知识"。虽在《墨子》书中不少许多浅薄迷信的话，但在《墨经》里就完全近于科学和逻辑学家的议论。即以墨子为例，他的方法论，也可以看出处处注重知识，接近经验论，怪不

---

① "篇"，疑应为"论"。——编者

得塔尔海姆（Thalheim）在《现代世界观》（第十五章）中，简直把他来附会原始的唯物论了。现在试分讲如下：

有知论

因为墨子具有科学精神，故对于一切事物，要问出他"所以然"之道理。《公孟篇》："子墨子问于儒者曰，何故为乐？曰乐以为乐也。子墨子曰，子未我应也，今我问曰何故为室，曰冬避寒焉，夏避暑焉，室以为男女之别也，则子告我为室之故矣。今我问曰何故为乐，曰乐以为乐也，是犹曰何故为室，曰室以为室也。"这里以造房子为例，要问为什么要造房子，这个疑问的解决，可以说就是科学知识的起源。科学知识是要拿来实际应用的，所以不能应用的便不是真知识。《贵义篇》说：

> 今瞽者曰钜者白也，黔者黑也，虽明目者，无以易之。兼白黑，使瞽者取焉，不能知也。故我曰瞽不知白黑者，非以其名也，以其取也。
>
> 今天下之君子之名仁也，虽禹汤无以易之，兼仁与不仁，而使天下之君子取焉，不能知也。故我曰天下之君子不知仁者，非以其名也，亦以其取也。

知识不是几句好听的名词，而在实际的应用，这就是实用的知识论，即科学的知识论了。墨子以后，别墨对于知识论更有许多发挥，他们看重感官印象的知识，在《墨经》发端，就有四条，告诉我们以求知的精确方法：

（1）知，材也。（《经上》）

知：知也者，所以知也，而（不）必知。若（明）。（《经说上》）

（2）虑，求也。（《经上》）

虑：虑也者，以其知有求也，而不必得之，若睨。（《经说上》）

（3）知，接也。（《经上》）

知：知也者，以其知遇物，而能貌之，若见。（《经说上》）

（4）恕，明也。（《经上》）

恕：恕也者，以其知论物，而其知之也著，若明。（《经说上》）

把这四条合看，确含有科学知识论的精神，即因看重感官的印象，所以认那梦境中的知识，不算真知识，所以说"卧，知无知也"（《经上》）。而真正求知识的心理状态，乃是超出欲恶的惔然状态，所以说"平：知无欲恶也（《经上》），平：惔然（《经说上》）"。《墨经》又有一段论科学知识很精要的话如下：

知：闻、说、亲，名、实、合、为。（《经上》）

知：传受之，闻也；方不障，知也；身观焉，亲也。所以谓名也，所谓实也，名实耦合也，志行为也。（《经说上》）

这一段分开来看，上节论知识的来源，共分三种，（一）闻知，（二）说知，（三）亲知；下节论知识的应用，主张真知识须要名实相符，而且有实际的效用，可以表现于行为上的。闻知又分两种：

"闻：传、亲"（《经上》）；"闻：或告之，传也，身观焉，亲也"（《经说上》）。一种是"传闻"，一种是"亲闻"。说知与亲知，一个是推论的知识，一个是感觉的知识。前者譬如隔墙见角而知有牛，隔岸见烟而知有火，这都是由"推论"得知的，所以说"方[①]不障，说

[①] "方"，原作"说"，误，据《墨子·经说上》改。——编者

也"。后者全靠五官的亲自经验，所以说"身观焉，亲也"。合此三种知识，便是别墨的知识论，也可以说就是接近科学的知识论了。

有名论

墨家主张知识，当然也看重"有名"，墨子可算是中国第一个给理则学开辟境界的人，他主张"言有三表"。《非命上》云：

> 言必立仪，言而无仪，譬犹运钧之上，而立朝夕者也。是非利害之辨，不可得而明①知也，故必有三表。何谓三表？子墨子言曰，有本之者，有原之者，有用之者。于何本之？上本之于古者圣王之事。于何原之？下原察百姓耳目之实。于何用之？废以为刑政，观其中国家百姓人民之利，此所谓言有三表也。

这里所谓"仪"，就是"理则学"的意思。虽然这理则学的应用，以《明鬼篇下》为证，有如王充《论衡》所说"信闻见于外，不诠订于内，是用耳目论，不以心②意议也"（《薄葬篇》），只好说是"不致知的格物"，然而中国理则学的开创，实始于此。墨子以后，名墨派别不同，而俱主张"有名"，惠施、公孙龙"论坚白同异，以为可以治天下"实即诡辩学派，所谓"名家"。别墨则对于诡辩学派，而主张科学的方法，故对于理则学贡献很大。晋鲁胜《墨辩注序》"墨子著书，作辩经以立名本"，我们今读《墨经》四篇及《大取》《小取》二篇，便知别墨的"有名论"和老家的"无名论"，是如何不同了。《墨经》给"名"所下定义：

---

① "明"，底本原脱，据《墨子·非命上》补。——编者
② "心"，底本原脱，据《论衡·薄葬》补。——编者

名：达、类、私。(《经上》)

名：物，达也，有实必待文名也。命之马，类也。若实也者，必以是名也。命之臧，私也，是名也，止于是实也。(《经说上》)

又《小取篇》：

以名举实。

《墨经》上说：

举：拟实也。(《经上》)

举：告以文名，举彼实也。(《经说上》)

因为老家主张"无名论"，所以推到极端，便是"实无名，名无实，名者伪而已矣。"墨家主张"有名论"，所以要"以名举实，以辞抒意，以说出故。"(《小取篇》)做到"是名也，止于是实也"(《经说上》)。又老家主"实"，说"名与身孰亲""大丈夫处其实不居其华"；墨家主"名"，故"墨子服役者百八十人，皆可使赴火蹈刀，死不旋踵"(《淮南子·泰族训》)，与"不爱其躯，赴士之厄困"的侠者相同。又因老家主张"无名"，当然反对"辩论"，说什么"辩无胜""辩也者有不见也"；墨家主张"有名"，当然主张"辩论"，《墨经上》说"辩争彼也，辩胜当也"，这是认天下有真是非的。《经下》说"以言为尽悖，悖，说在其言"；章太炎先生解道："谓言皆妄，诘之曰：是言妄不？则解矣。"有了"以言为尽悖"的学说，可见别墨的逻辑，也已经到了不可不成立的时候了。《小取篇》说得好：

> 夫辩者，将以明是非之分，审治乱之纪，明同异之处，察名实之理，处利害，决嫌疑焉。摹略万物之然，论求群言之比；以名举实，以辞抒意，以说出故，以类取，以类予；有诸己，不非诸人，无诸己，不求诸人。

至于墨辩的法则，如《小取篇》里面所说的"或""假""效""辟""侔""援""推"七种，现代学者所说，已经很详，所以这里也就可从略。

"有"之辩证法

墨家的思想方法，一个是有知，一个是有名，又一个就是"有"之辩证法了。"有"之辩证法和"无"之辩证法的根本不同，在于"无"之辩证法，为哲学方法之宗教化；"有"之辩证法，为哲学方法之科学化。别墨实验的学问，不但和主张不辩主义的道家不同，且和名家惠施、公孙龙的诡辩主义不同。如公孙龙言"白马非马"，而别墨说"乘白马，乘马也"；公孙龙言"狗非犬"，而别墨说"狗，犬也"。公孙龙言"坚白石二"，而别墨说"坚白不相外也"。凡此种种，可见别墨确是用了科学的方法，所以主张"离同异""合坚白"。名家却实实在在是诡辩学派，所以主张"合同异""离坚白"，而这种"离同异""合坚白"的方法就是所谓"有"之辩证法了。不信，我们可举《小取篇》一段来做证明。那篇说"物或乃是而然，或是而不然"，一个是对的，一个是错的，对的是：

> 白马，马也；乘白马，乘马也。骊马，马也；乘骊马，乘马也。获，人也；爱获，爱人也。臧，人也，爱臧，爱人也。此乃是而然者也。

把三段论法表之：

（大前提）白马皆马也；

（小前提）所乘白马也；

（断案）故所乘马也。

这自然是很合理则的。反之"或是而不然"的，如：

> 获之亲，人也；获事其亲，非事人也。其弟，美人也；爱弟，非爱美人也。车，木也；乘车，非乘木也。船，木也；入船，非入木也。盗人，人也；多盗，非多[①]人也；无盗，非无人也。……墨者有此而非之，无他故焉，所谓内胶外闭与！……此乃是而不然者也。

这种话自然很中听，所以许多学者都断章取义，把他看作墨学的论证法来讲，其实这些话，都只是"吊诡其辞"，是别墨所极端反对的，所以说"或是而不然者也"。我们再看《荀子·正名篇》也说："杀盗非杀人也，此乃惑于用名以乱名者也。"可见这些诡辩学派不但为别墨所反对，也正是儒家正名学派所不许了。（马骕《绎史》卷一百四十引《新论》云："龙尝争论白马非马，人不能屈，后乘白马无符欲出关，关尹不听，虽力争其非马而无效。"可见白马非马，只算一种诡辩罢了。）

因为诡辩学派，即当时所谓名家，确欲以他的诡辩来取胜，他的特点，正在于"钩釽析乱"，把诡辩的方法来破坏那无谓的"上下之分"。他不是一般人所认为"辨核名实，流别等威，使上下之分，不相逾越"（《崇文总目》语）；如果那样，则惠施所说"泛爱万物，天地一体"和那"天与地卑（孙诒让《札迻》曰"卑与比同"），山与

[①] "多"，原作"盗"，误，据《墨子·小取》改。——编者

泽平"都不成话了。我们再平心来看颜师古注引刘向《别录》,说名家《毛公》九篇是"论坚白异同,以为可以治天下",再看《公孙龙子·迹府篇》说公孙龙主张"白马非马,欲推是辩以正名实而化天下焉"。他曾劝燕昭王偃兵(《吕氏春秋·审应览》),又和赵惠王论偃兵(同上),可见这一派学者确有以诡辩来实现他理想的意思,我们对他也决不可轻视。我们要细心去研究他们诡辩的方法和这种方法里面所表现的理想,他不是那"叙尊卑,别贵贱"的名家,也和别墨的"有"之辩证法不同。试看我的比较表就很容易明白了:

别墨	诡辩学派
(1)厚,有所大也。(《经上》) "说"厚:唯无所大。(《经说上》)	(1)无厚不可积也,其大千里。(《庄子·天下》)
(2)无穷不害兼,说在盈①否。(《经下》) "说"无:南者有穷则可尽,无穷则不可尽。有穷无穷未可知,则可尽不可尽未可知。(《经说下》)	(2)南方无穷而有穷。(《庄子·天下》)
(3)白马,马也;乘白马,乘马也。(《小取》)	(3)白马非马。(《列子·仲尼》) 马者所以命形也,白者所以命色也,命色者非名形也,故曰白马非马。(《公孙龙子·白马》)
(4)坚白不相外也。(《经上》) "说"坚:异处不相盈相非(排),是相外也。(《经说上》) (又)无久与宇,坚白,说在盈。(《经下》) "说"无:抚坚得白,必相盈也。(《经说下》)	(4)坚白石三可乎?曰不可。曰二可乎?曰可。无坚得白,其举也二;无白得坚,其举也二。(《公孙龙子·坚白篇》谢希深注云:人目视石,但见石之白,而不见其坚。是举所见石与白二物,故曰无坚得白,其举也二矣。人手触石,但知石之坚,而不知其白,是举石与坚二物,故曰无白得坚,其举也二)

---

① "说在盈",底本原脱,据《墨子·经下》补。——编者

续表

别墨	诡辩学派
（5）火热，说在顿。（《经下》） "说"火：谓火热也，非以火之热，我有若视曰。（《经说下》）	（5）火不热。（《庄子·天下》）
（6）儇，積柢。（《经上》） "说"儇：昫民也。（《经说上》，孙校经文当作"环俱柢"）	（6）轮不辗地。（《庄子·天下》）
（7）知，接也。（《经上》） "说"知也者，以其知遇物而能貌之，若见。（《经说上》）	（7）目不见。（《庄子·天下》）
（8）所知而不能指，说在春也（《释名》：春之为言蠢也）、逃臣、狗犬、遗者。（《经下》） "说"若知之则当指之，知告我则我知之。（《经说下》另一条）	（8）物莫非指，而指非指。（《公孙龙子·指物》） 指不至。（《庄子·天下》） 有指不至。（《列子·仲尼》）
（9）法，所若而然也。（《经上》） "说"法：意、规、圆三者，俱可以为法。（《经说上》）	（9）矩不方，规不可以为圆。（《庄子·天下》）
（10）动，或徙也。（《经上》） "说"动：偏际徙，若户枢免瑟①。（《经说下》）	（10）飞鸟之影，未尝动也。（《庄子·天下》）
（11）知狗而自谓不知犬，过也，说在重。（《经下》）（《墨经》有涉于诡辩者，如《经下》"狗，犬也，而杀狗非杀犬可也，说在重"，此段按之《经下》则曰："狗，犬也，谓之杀犬可。"可见经文有误无疑，此另一条可证）	（11）狗非犬。（《庄子·天下》）

---

① "免瑟"，原作"它蚕"，误，据《墨子·经说下》原文改。——编者

续表

别墨	诡辩学派
（12）牛马之非牛，其名不同，说在兼。（《经下》） "说"牛：牛不二，马不二，而牛马二。则牛不非牛，马不非马，而牛马非牛非马，无难。（《经说下》）。	（12）黄马骊牛三。（《庄子·天下》）司马彪注云：曰牛曰马，曰牛马，形之三也）
（13）无不必待有，说在所谓。（《经下》） "说"无：若无焉，则有之而后无。无天陷，则无之而无。（《经说下》）	（13）孤犊未尝有母。（《庄子·天下》）
（14）非半不𣃩（取）则不动，说在端。（《经下》）	（14）一尺之棰，日取其半，万世不竭。（《庄子·天下》）有物不尽。（《列子·仲尼》）
（15）影不移，说在改为。（《经下》）按《列子·魏牟》云："说在改也。"可见"为"自成一句，为即伪字。"说"景光至，景亡，若在，尽古息。（《经说下》）	（15）有影不移。（《列子·仲尼》）

由上表，惠施、公孙龙所用的是诡辩方法，别墨所用的是"有"之辩证法。诡辩法的特色，在以有为无，以无为有，"有"之辩证法则完全立于矛盾律（毋相反律）之上，以有为有，以无为无。《墨经》"无问而不相撄，启闭之次，可以无问，而决不能相撄"，这就是说"甲不能为甲，又为非甲"，当然和辩者之徒"能胜人之口，不能服人之心"的诡辩方法根本不同了。

总之，墨家"哲学"的科学思想方法，虽非纯粹科学的思想方法，却极接近于纯粹的科学思想方法。因此所以当纯粹的科学思想方法传入中国的时候，墨学也跟着盛极一时。然而这种仅有的科学方法，本质上是和中国文化不相合的，所以在西洋科学文化未输入以前，墨学很早便已中绝。墨学虽然对于"实用的知识"确有相当成绩，如力学中关于重力作力、杠杆原理，光学中关于光之直行、光之辐射、凸球面镜之虚像、凹球面镜影之倒立等等，均已说及，然而正因其偏于"实用的知识"，乃成为西洋文化适例，也就算不得中国哲学正统的思想方法了。

三

孔家的思想方法

中国哲学正统的思想方法，即是孔家思想的方法论。因为老墨的思想方法，一个偏于"解脱的知识"，一个偏于"实用的知识"。换言之，即前者和印度的宗教文化接近，后者和西洋的科学文化接近。而真正代表中国哲学文化的，却只有孔家思想，真正代表中国思想方法的，当然也只有孔家一派的"本质的知识"了。试分讲如下：

格物致知论

知识的方法体系，一为老家的"无知论"，接近于"解脱的知识"，其流弊为"不格物的致知"；一为墨家的"有知论"，接近于"实用的知识"，其流弊为"不致知的格物"。只有孔家的"无知有知合论"即"格物致知论"，这种知识是从体物来的，兼知行、合内外，既不同于虚空寂照的"解脱的知识"，也不同于蔽于唯物的"实用的知识"，乃为一种对于宇宙、人生、社会之"本质的知识"。为明了起见，试列表比较如下：

无知论	解脱的知识	本体的知识	绝对的知识（一）	不格物的致知	老家
有知论	实用的知识	现象的知识	相对的知识（多）	不致知的格物	墨家
格物致知论	本质的知识	现象即本体的知识	绝对相对的知识（一多）	格物致知	孔家

"无知论"这种知识，不从体物而来，专走顿悟虚玄一路，索索于昭昭灵灵，结果知内而不知外。换言之，即"不格物的致知"。"有知论"这种知识，不能超出感觉经验，仅以知道外物为己足，逐之于纷纷藉藉，结果知外而不知内。王充《论衡·薄葬篇》批评墨家方法云：

> 墨家之议右鬼，以为人死辄为神鬼，而有知能，形而害人，故引杜伯之类，以为效验。儒家不从，以为死人无知，不能为鬼。……事莫明于有效，论莫定于有证，空言虚语，虽得道心，人犹不信。……夫论不留精澄意，苟以外效立事是非，信闻见于外，不诠订于内，是用耳目论，不以心①意议也。夫以耳目论，则以虚象为言，虚象效则以实事为非，是故是非者不徒耳目，必开心意。墨议不以心而原物，苟信闻见，则虽效验章明，犹为失实。……虽得愚民之欲，不合知者之心，……盖墨术所以不传也。

这一段话，最可看出墨家方法"不致知的格物"的毛病。反之中国哲学正统的孔家，则"不徒耳目，必开心意"，和墨家不同；又"不徒心意，必开耳目"，和老家不同，他是主张"格物致知"，兼内兼外的。《大学》告诉我们"致知在格物"，是说探求万物本质的实下手处，在于格知"物"是什么，是从体物来的。如果抛了格物一段工夫，要在意识的想像上建立一个宇宙本体，那末这个本体，只算一种臆误，只算作弄精神罢了。须知本体不是别的，就是宇宙万物的内在生命，故此"格物"两字，应该还其为"物"字，把他改为何字，都

---

① "心"，底本原脱，据《论衡·薄葬》补。——编者

是不好,而我们见本体,也只是就实物当中而穷到极处,识得他破,这就是"致知",就知道宇宙本质的认识了。因此所以,格物致知便成为中国哲学思想方法的康庄大道,更无别径可寻,所谓"孔门心法"便是指此。即在现代中国的文化正统,国父学说,也断不是离开格物方法而别有授受,别为宗旨。

但话虽如此,孔家的格物致知论,乃是层次的本质知识论,"知者过之,愚者不及"。其高深处,穷究到"宇宙本质的知识",几和老家不容易分别;其浅近处,注意到"社会本质的知识",又和墨家接近。不过最大着力教人的,还在于"人生本质的知识"罢了。即如《大学》"格物致知"一段,孔门学者亦所见不同。宋儒以为理学方法,应用之以求宇宙本质的知识;明儒以为心学方法论,应用之以求人生本质的知识;清儒迄至以为政治哲学的方法论,应用之以求社会本质的知识。然而无论如何,"格物致知"虽然层次不同,而其为"本质的知识",则始终如一。《大学》以外,孔门经典中以《易经》近于"宇宙本质的知识",为宋儒思想方法所依据;《中庸》近于"人生本质的知识",为明儒思想方法所依据;《礼》《春秋》近于"社会本质的知识",为清儒迄今思想方法所依据,这一点也是值得我们特别去注意的。现在先说关于宇宙本质知识的格物说。

(1)宇宙本质的知识

孔家认识宇宙,非如一般"不格物的致知"者,不以感觉为依据,反之却正是从活的感觉涌现出来的。朱子《大学补传》说得好:

> 凡天下之物,莫不因其已知之理而益穷之,以求至乎其极。至于用力之久,而一旦豁然贯通焉,则众物之表里精粗无不到,而吾心之全体大用无不明矣。此谓物格,此谓知之至也。

由此可见，感觉功深力到，便豁然贯通，这时物即我，我即物滚作一片都没有分别、没有穷尽，真陈白沙所谓"往古来今，四方上下，都一齐穿纽，一齐收拾"，这不是就是宇宙本质的认识吗？所以要认识宇宙，就不可不作一段格物工夫，你看《系辞》说的：

> 古者庖牺氏之王天下也，仰则观象于天，俯则察法于地，观鸟兽之文与地之宜。近取诸身，远取诸物，于是始作八卦，以通神明之德，以类万物之情。

这仰观俯察，近取诸身，远取诸物，就是伏羲的格物了。大概中国古代哲人在大自然现象之前，从容潜玩，以直探到处皆有的本体，结果知道本体不是别的，就是这到处皆有的生命之流，一切山川草木都是"生"的化身。从前程明道教人观天地生物气象，陈白沙教人随处体认天理，都是这个意思。《易经》里告诉我们："观其所感，而天地万物之情可见矣""观其所恒，而天地万物之情可见矣""观其所聚，而天地万物之情可见矣"，所说认识，都是就宇宙万物之际观之。罗整庵《困知记》说得最好："格物之格，是通彻无间之意，盖工夫至到，则通彻无间，则物即我，我即物，浑然一致。""心之穷物有尽，由穷之而未至尔，物格则无尽矣，无尽则无不尽矣，夫是之谓尽心，心尽则与天为一矣。"可见这种格物方法，是凡认识的对象都是。如《易经·系辞》里所说：

> 通乎昼夜之道而知。
> 知几其神乎！
> 君子知微知彰，知柔知刚，万夫之望。
> 易与天地准，故能弥纶天地之道，仰以观于天文，俯以察

于地理，是故知幽明之故；原始反终，故知死生之说，精气为物，游魂为变，是故知鬼神之情状。

这种宇宙本质的知识，做到所谓"穷神知化，德之盛也"，却与老家不同，即老家以宇宙之根本为"无知"，孔家则以宇宙之根本为"知"，上看下看内看外看，充塞天地间，莫不是活泼泼地"知"的本体——"大始之知"。这知是不靠观念和符号直接认识的，所以说到极点，似亦归宿于"不识不知，无声无臭"的境界。然而这种境界是从体物来的，是兼知行合内外的，他所知的对象，不是超出我们意识中现象世界，而即我们意识中现象世界便是。

（2）人生本质的知识

高深的宇宙本质的知识论，不是任何人都能够领会的，所以说"性与天道，不可得而闻""未知生，焉知死"。孔家着力教人的，还在于人生本质的知识。最明显的，就是《大学》一段：

物格而后知至，知至而后意诚，意诚而后心正，心正而后身修，身修而后家齐，家齐而后国治，国治而后天下平。

这里就是从人生本质的知识说起，依此次序，由格致而诚正，而修齐治平，这便是学者为学次序，也就是中国思想方法的根本路向。因为中国文化的特质，就在"人生"，所以人生本质的知识论，几成为中国思想方法的根本律（或黄金律）。而人生之所以为人生，根本又只是一个"诚"字，格致诚正，虽有许多次序，而归本只是要到达一个至诚之境，所以在这里《大学》的思想方法，也就和《中庸》的思想方法，一脉相通了。王阳明《传习录》卷一道：

澄问《学》《庸》同异，先生曰："子思括《大学》一书之义，为《中庸》首章。"

《中庸》开头说些什么？

> 天命之谓性，率性之谓道，修道之谓教。

又说：

> 自诚明谓之性，自明诚谓之教，诚则明矣，明则诚矣。
> 诚者天之道也，诚之者人之道也。

"诚之"就是修道的方法，所以又说"诚之"道：

> 诚之者，择善而固执之也，博学之，审问之，慎思之，明辨之，笃行之。

因为人们程度不同，所以又分作三个"修道"的阶级：

> 或生而知之，或学而知之，或困而知之，及其知一也。或安而行之，或利而行之，或勉强而行之，及其成功一也。

在这里博学、审问、慎思、明辨、笃行，正是《大学》里面格物致知的一段工夫，虽因人们程度深浅不同，有生知安行，学知力行和困知勉行之不同，而"及其成功一也"。

（3）社会本质的知识

《大学》这部书，方法明白，条理清楚，不但告诉我们以人生本质的知识，更且注重于社会本质的知识。《大学》开宗明义便说"大学之道，在明明德，在亲民，在止于至善"，这里以欲明明德于天下，为《大学》宗旨，便是从人生本质的知识，说到社会本质的知识了。最明白的，是下面一段：

> 古之欲明明德于天下者，先治其国；欲治其国者，先齐其家；欲齐其家者，先修其身；欲修其身者，先正其心；欲正其心者，先诚其意；欲诚其意者，先致其知，致知在格物。

这就是从社会本质的知识说起。国父孙先生称之为"我们政治哲学的知识中独有的宝贝"。《民族主义》第六讲说：

> 孔家最有系统的政治哲学，在外国的大政治家还没有见到、还没有说到那样清楚的，就是《大学》中所说的格物、致知、诚意、正心、修身、齐家、治国、平天下那一段话，把一个人从内发扬到外，由一个人的内部做起，推到平天下止。

到了"天下平"，始达于至善之境——大同世界。这种社会本质的知识论，实为中国思想方法的特色，怪不得国父孙先生要大加赞叹不置了。

由上所述，可见孔家的格物致知论，实即本质的知识论，可分三种：（一）宇宙本质的知识；（二）人生本质的知识；（三）社会本质的知识。而以社会本质的知识论，为中国现代思想方法的代表，应用于现代的中国。

正名论

孔家主张"格物致知",便须靠"正名"的帮助。宇宙间天地万物,虽然头绪纷繁,原来却有系统条理可寻,如天高地下,山峙川流,大的小的,动的静的,宇宙万物莫不有"象",即莫不有"名"。"名"的作用,在使宇宙万物各归其"类",《易经·同人·象》曰:"君子以类族辨物。"《系辞》说:"方以类聚。"讲到"类",都是代表全称的,A 物之相肖似的,即把一个"类"包括他。有"类"便有表白他的界说,就是"名"。所以"名"和万象是互相顺应而发展,《系辞》说"名"的起源是:

乾坤其易之门邪?乾,阳物也;坤,阴物也。……其称名也,杂而不越,于稽其类,其衰世之意邪。

夫易彰往而察来,而微显阐幽,开而当名辨物,正言断辞,则备矣。其称名也小,其取类也大。

自有宇宙以来,便有万物错杂,因错杂中要有分别,所以有名。然考名的由来,又实发源于"不可名",所以称名还是"衰世之意"。《论语》:"子曰:大哉尧之为君也,巍巍乎惟天为大,惟尧则之,荡荡乎民莫能名焉。"又曰:"泰伯其可谓至德也已矣,三以天下让,民无得而称焉。"这统是赞叹不置,以无可名为合于至德,但又和老家主张的"无名论"不同。墨家主张"以名举实",孔家主张"当名辨物"似属相同,然孔家实为"无名论"与"有名论"之综合,此其特点。

"正名论"和"无名论"与"有名论"均不相同,他所注重的,不是"实",也不是"名",却是"名"与"实"之中间的关系。"无名论"主实不主名,看重个体,轻视社会(《老子》四十四章"名与身孰亲"即其明证)。"有名论"主名以举实,看重社会,轻视个体(墨子"兼爱",注重"国家百姓,民之利",别墨主张"为身之所恶,以成人之所急"均其明证)。"正名论"则"名""实"并重,看重社会,亦看重个体(孔家主张差别之"爱",又"邦有道则仕,邦无道则隐"均其明证)。又同在主名主义中,墨家"以名举实",旨在事实的真实,是接近科学的方法论;孔家"当名辨物",旨在意义的真实,乃是哲学的方法论,例如赵盾杀君,明是赵穿弑君;天子狩于河阳,明是晋文公召周天子,此亦可见《春秋》"正名"的方法,毕竟和墨家科学的逻辑不同。墨家的"有名论",并无"意义"存在,孔家的正名,则包含深意大义,所谓"其事齐桓晋文,其文则史,其义则丘窃取之矣"。《论语·子路篇》,对于"正名主义"发挥得很透彻:

子曰:必也,正名乎!……名不正则言不顺,言不顺则事不成,事不成则礼乐不兴,礼乐不兴则刑罚不中,刑罚不中,则民无所措其手足。故君子名之必可言也,言之必可行也。君子于其言,无所苟而已矣。

又:

齐景公问政于孔子,孔子对曰:"君君,臣臣,父父,子子。"公曰:"信如君不君、臣不臣、父不父、子不子,虽有粟,吾得而食诸?"

又如"政者正也""仁者人也"诸如此类,均以标准的名词,提高实际生活的意义,在"相人偶"的生活中,如父慈、子孝、兄良、弟悌,只"慈"字便代表父对子间的大调和了。"孝"字便代表子对父间的大调和了,凡厚薄亲疏,都各有节文,便各有名教。人之所以为人,不是如墨家者流所认为"两手两脚的动物,就算一个人",他必须以"仁"为其根本内容的。所以"杀身成仁",就是"杀身成人",懂得那个"仁"字,才懂得这个"人"字。同理,"政者,正也。子率以正,孰敢不正?"(《论语·颜渊》)懂得那个"正"字,才懂得这个"政"字,孟子"无父无君,是禽兽也",则排斥无父无君者为非"人"。可见孔家言"名""实"相符,必须"名"与"实"之意义相符,这当然和墨家只注重"名"与"实"之相"合",如"狗,犬也"那样形式逻辑不相同了。

"生"之辩证法

孔家的思想方法,一个是格物致知论,一个是正名论,又一个就是"生"之辩证法了。辩证法原为哲学的思想方法,换言之,即中国哲学的思想方法。然而老家以哲学而接近宗教,故所成就,为"无"之辩证法;墨家以哲学而接近科学,故所成就,为"有"之辩证法。只有孔家,形成中国之哲学文化,故所成就,为"生"之辩证法。"生"之辩证法就是"无"之辩证法与"有"之辩证法的综合,其逻辑形式,即"有,无也"的公式,和墨家所用的形式逻辑"有,有也"的公式不同,也和老家所用的虚无逻辑,推到超越有无的"无之又无"的公式不同,他是主张"有无合论"的生命辩证法的。生命辩证法现见得天地万物的本体——生命——是永远在那里变化,没有间断的,好像滔滔不绝的流水一般。《论语》上说:

> 逝者如斯夫!不舍昼夜。——程子注曰:"此道体也。天运而不已,日往而月来,寒往则暑来,水流而不息,物生而不穷,皆与道为体,运乎昼夜,未尝已也。"

生命只是浩浩无穷，在发用流行中，一动一静，才静便动，永远没有休息时期，所以复卦言反又言复，终便有始，循环无穷，而根本只是"生"之一动。《系辞》说："一阴一阳之谓道。"一阴一阳，即是生生不息，所以《系辞》说："生生之谓易。"

生命之流无独必有对，天地间更有何事，原不过一阖一辟，一往一来，一屈一伸，一寒一暑而已，而总括起来，只是个自然感应之理，只是一感一应而已。屈以感伸，伸为应，伸又感屈，屈为应，屈又感伸，伸又感屈，屈伸相感，以互相关于无穷，这便是"生"之辩证法。《系辞传》说"原始要终"，说"一阖一辟谓之变，往来不穷谓之通"，说"日往月来，月往日来，寒往暑来，暑往寒来"；《说卦传》说"分阴分阳，迭用柔刚"；《序卦传》说泰否，说剥复，说损益，说既济未济，这都是告诉我们以变化的样式，永远是一阴一阳永远的流行，即由"正"而"反"复为"合"。若以术语表之，即"一阴一阳之谓道"一句。元来宇宙间万事万物的运行，莫不随同一必定的继续不断的进化，所以自然有个法则，也少不得这法则。《周易》说一阴一阳，正是从法则里去显示其调和之内的自由罢了。固然变化是不间断的，也没有部分的，然而表示出来却自有这一阴一阳为绝对的本体的两意味而存在。只这两意味，上下左右推之，固然相反而即是相成，贯彻古今，绵亘天地，无限事情都从此出，这就是所谓"生"之辩证法了。把"生"之辩证法来和"无"之辩证法比较，则"无"之辩证法，未免着空；把他来和"有"之辩证法比较，则"有"之辩证法，未免着有。只有"生"之辩证法不着空有，充满着生命、绵延、情感、谐和的节奏，只有这种思想方法，才可以充分代表中国哲学思想伟大综合的精神。

总结起来，中国以哲学方法代表思想方法，而中国哲学思想方法之三大派别，老家接近宗教之"解脱的知识"，和印度思想方法可相调和，但非中国思想方法的代表；墨家接近科学之"实用的知识"，和西洋思想方法可相调和，但亦非中国思想方法的代表。而真正充分表现出中国思想方法的，原来只有孔家的"本质的知识"。孔家的思想方法，一为格物致知论，为老家"无知论"和墨家"有知论"之综合。二为正名论，为老家"无名论"和墨家"有名论"之综合。三为"生"之辩证法，为老家"无"之辩证法和墨家"有"之辩证法之综合。所以从知识论、名象论、辩证论上观察，都很明白指示，真正代表中国思想方法的，只有孔家的哲学方法；只有孔家的哲学方法，乃为中国思想方法的基本原型。

第二章　中国思想方法发展史

一

《大学》本子之辩证法

中国思想方法以孔家为代表，孔家的思想方法，则以《大学》的格物致知说为代表。《大学》本不过孔门方法论的哲学，但讲方法论的，都知道看重这一部书，于是因不同的解释，渐渐发生许多不同学派。好比"格物"二字，在宋人是这样讲法，而在明清人则又那样讲法，结果遂成为学术界顶大的纷争了。而在争论中，有一个先决问题，就是古本问题，如朱子主张改定本，而明代的王阳明，则非恢复古本不可，到了王船山的《大学衍》，又对于阳明生一反动而主张朱子改定本了。颜习斋、李刚主出来，又极力排斥改定本，而用古本。并且李刚主之作《大学辨业》，遍质当时名流，如王草堂、阎百诗、万季野、胡朏明，大家都以为"圣门旧章，一日重明"，可见影响之大了。然到最近大家所用的，仍是朱子的改定本。究竟那一个本子对呢？自然朱子的改定本，自恰宜于朱子的学说，阳明、刚主主张古本，也自恰宜于阳明、刚主的学说。然则"古本问题"关系于宋明清的学派分裂甚大，我们不可不先研究他了。

原来《大学》一书，是《礼记》四十九篇之第四十二篇，自唐韩愈《原道》始见引用，李翱《复性书》中才有新的解释，到了程朱才把他特别表彰出来，要"以意逆志，而察夫义理之安，以求通圣人之旨"（王夫之语）。于是而有改本发生，然自程朱改本出世，朱子增补了一百二十八字，以致后儒纷纷效尤，于是《大学》改本，竟至有十余种之多了！依王草堂《二经汇刻》所记，有：

  宋程颢改《大学》一本　程颐改一本

  朱熹改一本（即今行世《章句》）　元王柏改一本

  明蔡清改一本　季本改一本

  高攀龙宗崔铣论改一本　甬东丰氏伪《正始石经》一本

  葛寅亮改一本　王世贞改一本

（各家改本载王草堂《二经汇刻》内）

王草堂说："自程明道移易《大学》，而伊川再易，是弟不以兄为然也。二程之学递传至于王柏，乃朱子再为移易，分原文一篇者为十章，曰一经九传而又补一传。王柏又削补传，移'知止'至'则近道矣'于后，合'听讼'节为释格致，是徒不以师为然也。嗣后蔡清、季本、葛寅亮、丰坊、弇州皆有定本，是后儒不以先儒为然也。何如恪遵原文，焉有异同？况原文载在注疏，其版历藏国学，非一时一家之书，今改定变乱，无所底止！"直到最近，还有易顺鼎的改本，可见《大学》本子，很是一桩问题。现在三家村的学究先生们，拿着朱子的《大学章句》当作圣经贤传读，不知朱子的《大学》改本疑问正多得很呢！

朱子《章句》序说：

  河南程氏两夫子出……实始尊信此篇而表章之，既又为之次其简编，发其归趣……顾其为书，犹颇放失，是以忘其固陋，采而辑之，间亦窃附己意，补其阙略……

但王阳明却要主张古本，他说：

《大学》古本，朱子疑其有所脱误，而改正补辑之。在某则谓其本无脱误，悉从其旧而已矣……合之以经而益缀，补之以传而益离。吾惧学之日远于至善也，去分章而复旧本，傍为之什，以引其义，庶几复见圣人之心，而求之者有其要。(《大学古本序》)

其实古本改本之争，完全是学派之争，所以到了王船山便排斥阳明古本，而恢复朱子改本了。他说：

自姚江王氏者出，而《大学》复乱，盖其所从入，以释氏不立文字之宗，为虚妄悟入之本；故以《章句》八条目归重格物为非，而不知以格物为本始者经也，非独传也，尤非独朱子之意也。既不揣而以此与章句为难，乃挟郑氏旧本以为口实，顾其立说又未尝与郑氏之言合。卤莽灭裂，首尾不恤，而百年以来，天下翕然宗之，道几而不丧，世亦恶得而不乱乎？其以亲民之亲为如字者，则亦释氏悲悯之余沈，而《墨子》二本之委波。至于训格为式，则又张九成与僧宗杲之邪说而已，其徒效之，猖狂益甚……(《礼记章句》卷四十三)

船山甚至以为"因《章句》之旨而衍之，以救什一于千百"，因以言距杨墨自命，这也可见古今本关系于朱王学派之重大了。到了李刚主又极尊重古本，但他尊重古本的意想，和王阳明截然不同，而且刚刚相反。他作《大学辨业序》，述当时古今本之争道：

> 出阅当世讲学诸儒，则宗晦庵、阳明论格物者，各坚壁垒。贤达如汤潜庵、张武承，断断弗相下，其他遂构讼，甚至操戈矛不解。私怪同尊圣道，苟其一人得其指归，自当心理相合，何至于是？

因此他就独出心裁，一面尊重《大学》古本，一面仍照程朱训格为至，不过更进一层谓："至即学也，格物致知为学文，诚意以至天下平为约礼，乃并解学与行是一是二，格致与诚意以至天下平是一是二。"总而言之，《大学》古本问题，在中国近代哲学史上，不可不算一个很重要节目。只要时代变迁了，便对于本子的见解也变迁了。所以就是李光地那样笃信朱子的人，他一方面说："王氏古本之复，其号则善，而说义乖异。"一方面仍不得不恢复《大学》古本，而做他的《大学古本说》（《榕村全书本》）。可见《大学》本子，就他本身说，就有一段长而且复杂的历史了。

最可注意的，就是这一段《大学》本子的发展史，实依照辩证法的法则而发展。所以接着我们应该讲明一下《大学》本子的辩证法，其形式如下：

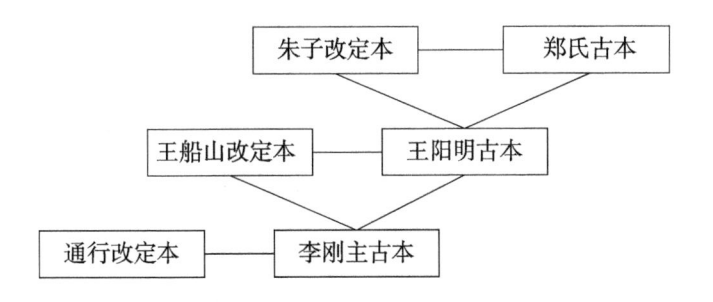

在这里，郑氏古本是"正"，朱子改定本是"反"，王阳明古本是"合"；"合"又为第二次的"正"，王船山恢复改定本，为第二次

的"反",李刚主提倡古本,为第二次的"合";第二次的"合"又为第三次的"正",通行改定本为第三次的"反"。依次递推,可见古本改本之争,也有他的进化痕迹可寻。例如王阳明排斥朱子改定本,但他的格物说立说又与郑氏不同,为郑氏古本与朱子改定本之综合形态。又如李刚主提倡古本,但他的格物说仍照程朱训格为至,实即王阳明古本与王船山改定本之综合形态。就现在来说,国父的知难行易说,似不涉及本子问题,而实为李刚主古本主行与通行改定本主知之综合形态,甚可注意也。清儒陈乾初《大学辨》说"《书》有之:知之非艰,行之惟艰;《大学》之意若曰行之非艰,知之惟艰",可见国父学说,亦原出《大学》。但陈氏又疑,《大学》有古本有改本有石经,言人人殊,恐非圣经。不知《大学》一书方法明白,条理清楚,虽其为曾子作(朱熹),或子思作(王柏)尚有问题,但其为孟荀以前之书,则确无疑义。古本改本之争,正可见此书在思想方法史上,有怎样重要的位置,而《大学》的精义——知难行易说——直到现代,才为国父孙先生所发明,这也可见他的真价值了。

二

格物说之阶段的发展

中国思想方法的发展,实际即是《大学》"格物说"的发展。胡适之先生在《清代学者的治学方法》一篇(《文存》卷二)曾说:

> 直到后来宋儒把《礼记》里一篇一千七百五十个字的《大学》提出来,方才算是寻得了中国近代哲学的方法论。自此以后,直到明代和清代,这一篇一千七百五十个字的小书,仍旧是各家

哲学争论的焦点。程朱陆王之争不用说了,直到二十多年前康有为的《长兴学记》里,还争论"格物"两个字究竟怎样解说呢!

中国思想方法原以孔家为代表,孔家的思想方法,即以《大学》的"格物说"为代表,因此所以"格物"两字,在中国思想方法论史上,便成为各家哲学争论的焦点,这是不足为异的。可异者,乃在此格物说的发展,实依照文化哲学的历史阶段法则而发展,试为列表如下:

格物说三阶段		代表思想家	《大学》本子	根本概念	末流之转变	时代之区分
第一时期	宇宙观的格物说	程子 朱子 蔡元定	改定本	格物即穷理说	读书—穷理	宋代
第二时期	人生观的格物说	陆象山 王阳明 王心斋 王龙溪 高攀龙 钱绪山	古本	格物即致良知说	玄想—致知—格物	明代
第三时期	社会观的格物说	黄梨洲 顾炎武 王船山 吕留良 戴东原 颜习斋 凌廷堪 程易畴 孙中山①	改定本 古本	格物即习礼说 格物即亲手学习说	重行不重知—格物	清代

---

① 国父孙中山先生以《大学》为"政治哲学"属于第三时期,主张"知识皆从冒险猛进而来"则属于第四时期——生命观的格物说。

宇宙观的格物说

原来《大学》的方法，是格物、致知、诚意、正心、修身、齐家、治国、平天下八个条目。而在这八个条目当中，最重要的，就是"致知在格物"五个大字。而将这五个大字，特别标出作为思想方法讨论的，却不能不说是宋儒的最大贡献。朱子补《大学》第五章说：

> 盖释格物致知之义，而今亡矣。间尝窃取程子之意以补之曰："所谓致知在格物者，言欲致吾之知，在即物而穷其理也。盖人心之灵，莫不有知，而天下之物，莫不有理，惟于理有未穷，故其知有不尽也。是以《大学》始教，必使学者即凡天下之物，莫不因其已知之理，而益穷之，以求至乎其极。至于用力之久，而一旦豁然贯通焉，则众物之表里精粗无不到，而吾心之全体大用无不明矣。此谓格物[①]，此谓知之至也。"（《大学章句》）

他们把"穷理"和"格物"看做一件东西，他们以为宇宙间事事物物都有许多道理，我们只要就上见得道理破，这就是格物。所以格物须大着心胸，即物而穷理，这种格物，我特别称之为"宇宙观的格物说"，是代表格物说的第一时期的。因要即物穷理，似确含有一点客观的精神，但他们的目的，乃在于"至于用力之久，而一旦豁然贯通"的哲学思想方法，所以和科学方法不同。现在且就这一时期的论据，详细研究一番。

程子的格物说——朱子《或问》引程子的格物说很多，他说："程子说许多项，初间说不可不格物，中间却是指出个格物个地头……"（《语录》）大概程子所不可不先格物的意思，因为格物就积

[①] "此谓格物"，底本原脱，据《大学章句》补。——编者

累之多，自然有个觉悟时候，所以格物是工夫，而觉悟才算究竟。因为真格物，必要彻骨都看得透，能够这样便是"觉悟"了。然而要觉悟则必须有个下手处，下手处就是格物，所以说：

> 凡有一物必有一理，穷而至之，所谓格物者也。然而格物亦非一端，如或读书讲明道义；或论古今人物而别其是非；或应接事问，而处其当否，皆穷理也。曰：格物者，物物而格之，将止格一物而万理皆通耶？曰一物格而万理通，虽颜子亦未至此。唯今日而格一物焉，明日又格一物焉，积习既久，然后脱然有贯通处耳。

又曰：

> 自一身之中，以至万物之理，理会得多，自当豁然有个觉处。（《朱子语录》曰："此一段尤要切，学者所当深究。到得豁然处，非人力勉强而至者。"）

又曰：

> 穷理者，非谓必尽穷天下之理，又非谓止穷得一理便到，但积累多后，自当脱然有悟处。

他分明知道物理是穷不尽的，所以最注重"推理作用"，就是：观察了一些个体的物事，知道他们是如此，遂以为凡和这些已观察了的例，同样的事物，也必是如此。所以说："格物非尽穷天下之物，但于一事上穷尽，其他可以类推；……若一事上穷不得，且别穷一事。

或先其易者,或先其难者,各随人浅深,譬如千蹊万径皆可以适国,但得一道而入,则可以推类而通其余矣。"不过他这种方法,用得太容易了!结果说:"物我一理,才明彼,即晓此""万物各具一理,而万理同出一原,此所以可推而无不通也。"类此的话,当然不能叫做归纳,又只好算做演绎法罢了。这种格物方法的应用,在宇宙观方面便成功了"形而上学"。如说:

> 物必有理,皆所当穷,若天地之所以高深,鬼神之所以幽显是也。若曰天吾知其高而已矣,地吾知其深而已矣,则是已然之词,如何理之可穷哉?

格物就是要发现物的本质,要研究天如何而能高,地如何而能厚,鬼神如何而能幽显。这种方法,大之就天地之所以高厚,小之就一草一木,没有一物而不是穷理的地方。所以说:

> 一草一木皆有理,不可不察。

就是伦理方面,个人修养方面,也用得着格物的方法。好比一个"孝"字,必须穷格所以为孝的条目:"如何而为奉养之宜,如何而为温清之节,莫不穷究。"说到个人方面更重要了,故说:"格物莫若察之于身,其得之尤切。"这话和他别处所说"当察物理,不可专在情性",有互相发明处。可见程子的格物,实在包括"内观的"和"外观的"两方面都不偏废。如一班人主张"外观",便要尽穷天下之理;而主张"内观",就要反身而诚,使天下之物无不在我,这都是不对的。照程子的意思,如一百件事,理会得六七十件了,便自然忽然有悟,那三四十件,虽没有理会,也自然可以类推了。

朱子的格物说

朱子的格物说，受小程子的影响很大，所以说："愚之所以补乎本传阙文之意，虽不能尽用程子之言，然其指趣要归，则不合者鲜矣。"本来，小程子把"格物"的"物"字，解作"语其大至天地之高厚，语其小至一物之所以然"。这个"物"的范围很大，朱子讲格物也是如此，他说：

> 若其用力之方，则或考之事为之著，或察之念虑之微，或求之文字之中，[①]或索之讲论之际，使于身心性情之德，人伦日用之常，以至天地鬼神之变，鸟兽草木之宜，自其一物之中莫不以见其所当然而不容已，与其所以然而不可易者也。必其表里精粗，无所不尽，而又益推其类以通之，至于一旦脱然而贯通焉，则于天下之物，皆有以究其义理精微之所极，而吾之聪明睿智，亦皆有以极其心之本体，而无不尽矣。

又曰：

> 上而无极太极，下而至于一草一木一昆虫之微，亦皆有理。一书不格，则缺了一书道理；一事不格，则缺了一事道理；一物不格，则缺了一物道理；须著逐一件，与他理会过。

这种格物的范围，想自一身之中，至万物之理，都穷尽他，实在谈何容易？所以虽以朱子那样魄力伟大的人，仍不能办到，结果就只得把"物"的范围缩小起来。并且在小程子时，早已先把"物"字缩

---

① "或求之文字之中"，底本原脱，今据《大学或问》补。——编者

到穷经、应事、尚论古人三桩事了。他说：

> 穷理亦多端，或读书讲明义理，或论古今人物，别其是非，或应接事物，处其当然，皆穷理也。

后来朱子即照这一个范围去格物，把他的一生都大半用在"读书穷理"上。的确朱子一生的格物，只格了一些书本子的"物"，所以格物的结果，不过多读些书，何曾能够穷天下之物呢？并且所读的书，又只限于圣贤的五经四书，所以格物到了末尾，竟成为读熟五经四书的代名词了。他们很恭顺地服从圣人之言，到了明代的程朱学派的代表薛瑄竟说："自考亭（朱子）以还，斯道已大明，无须著作，直须躬行耳。"这差不多把格物缩到：我们不用格物，但依着朱子的话就是了。穷理学派至此，安得不给王阳明推翻呢？

但朱子的格物说，在他当时却是极有伟大价值的贡献。我们试看《或问》里他批评各名家的格物说，就可见他的方法，在当时"援佛入儒"的思想界里，正是一种对证的药方。因为中国思想史自汉至唐，均为黑暗时代，此长时期中如汉代之阴阳五行说，南北朝之玄学，隋唐之佛学，对于格物说均无所发明。郑康成（玄）注"格物"云："格，来也。物，犹事也。其知于善深则来善物，知于恶深则来恶物，言事缘人所好来也。"这种以格物为致知的结果，正是不格物而致知的好例。唐代李习之（翱）《复性论》中有一段解释格物："敢问致知在格物，何谓也？曰物者，万物也。格者，来也，至也。物至之时，其心昭昭然明辨焉，而不著于物者，是致知也，是知之至也。知至故意诚，意诚故心正，心正故身修，身修而家齐，家齐而国理，国理而天下平，此所以能参天地者也。"这简直是援佛入儒，和禅学的方法一样。这种中古时期的方法论，直到宋代尚有很大影响，在司马光、吕蓝田、谢上蔡、杨龟山等格物说中，尚反映着这黑暗的思想方法的残余，所以应一一加以批评。

（1）评司马温公的格物说——"近世大儒，有为格物致知之说者，曰格犹扞也，御也，能扞御外物，而后能知至道也。又有推其说者曰：人生而静，其性本无不善，而有为不善者，外物诱之也。所谓格物以致其知者，亦曰扞去外物之诱，而本然之善自明耳。是其为说，不亦善乎？曰：天生烝民，有物有则，则物之与道，固未始相离也。今日御外物而后可以造至道，则是绝父子而后可以知孝慈，离君臣然后可以知仁敬也，是安有此理哉？若曰所谓外物者，不善之诱耳，非指君臣父子而言也。则夫外物之诱人，莫甚于饮食男女之欲。然推其本，则固亦莫非人之所当有，而不能无者也。但于其间自有天理人欲之辨，而不可毫厘差耳。惟其徒有是物，而不能察于吾之所以行乎其间者，孰为天理？孰为人欲？是以无以致其克复之功，而物之诱于外者，得以夺乎天理之本然耳。今不即物以穷其原，而徒恶物之诱乎己，而欲一切扞而去之，则是必闭口枵腹，然后可以得饮食之正，绝灭种类，然后可以全夫妇之别也。是虽裔戎无君无父之教，有不能充其说者，况乎圣人大中至正之道，而得以此乱之哉？"因为朱子主张"物"和"理"不能分离，所以对于司马光离物求理，把"格"字解作"一切扞而去之"的说法，不消说是要最先排斥他了。（康有为《长兴学记》释格物云："言为学之始，首在扞格外物，《乐记》：'好恶无节于内，知诱于外，不能反中，天理灭矣。夫物之感人无穷，而人之好恶无节，则是物至而人化物也。人化物也者，灭天理而穷人欲也。'孟子曰：'先立其大者，则其小者不能夺。'不为物所引夺，非扞格外物而何？"其说出此，而自以为新解，此亦康氏不甚读书处。）

（2）评吕蓝田（大临）的格物说——"自程子以格物为穷理，而学者传之，见于文字多矣……其门人虽曰祖其师说，然以愚考之，则恐其皆未足以及此也。盖有以必穷万物之理同出于一为格物，知万物同出于一理为知至，如合内外之道，则天人物我为一；通昼夜之道，则死生幽明为一；达哀乐好恶之情，则人与鸟兽鱼鳖为一；求屈伸消长之变，则天地山川草木为一者，似矣。然其欲必穷万物之理，而专指外物，则于理之在己者，有不明矣；但求众物比类之同，而不究一物性情之异，则于理之精微者，有不察矣。不欲其异而不免乎四说之异，必极乎同而未极乎一原之同，则徒有牵合之劳，而不睹贯通之妙矣，其于程子之说何如哉？"因为朱子认理是万殊而一本，一本而万殊，所以《语录》云："说许多一了，理自无可得穷，又格个什么？固是出于一，只缘散了千歧万径，今日穷理，所以要收拾归于一。"可见朱子的格物方法，是要从万殊归到一本，却不是如吕蓝田要从一本到万殊，所以是宇宙观的方法。

（3）评谢上蔡的格物说——《上蔡语录》云："所谓格物穷理，须是认得天理始得。所谓天理者，自然底道理，无毫发杜撰。"此说与程明道相同，似无可批评。惟以恕为本之说，则为朱子所反对，所以说："又有以为穷理只是寻个是处，然必以恕为本，而又先其大者，则一处理通，而触处皆通者。其曰寻个是处者则得矣，而曰以恕为本，则是求仁之方，而非穷通之务也。又曰：先其大者，则不若先其近者之切也。又曰：一处通而一切通，则又颜子之所不能及，程子之所不敢言，非若类推积累之可以循序而必至也。"朱子的意思，以为穷理自是我不晓得这道理，所以要穷，若已晓得，还穷什么呢？并且"恕"字大概的意思，只是说要推我之心以穷理，这分明是主观的想像，决不是客观的观察，所以"便碍理了"。

（4）杨龟山（时）的格物说——"又有以为天下之物，不可胜穷，然皆备于我，而非从外得也。所谓格物，亦曰反身而诚，则天下之物，无不在我者是亦似矣。然反身而诚，乃为物格知至之事，言其穷理之至，无所不尽。故凡天下之理，反求诸身，皆有以见，有如目视、耳听、手持、足行之毕具于此，而无毫发之不实耳。固非以是方为格物之事，亦不谓但务反求诸身，而天下之理，自然无不诚也……"这一段朱子否认那些"万物皆备于我，不须外求"的话，实在是对于人生观方法论以一个致命伤。直到陈清澜的《学蔀通辩》，还不是根据这个来批评陆学的。

总之，朱子的格物说，驳司马光的扞御外物说，以为"物"和"理"不能分离。驳吕蓝田的一本说，以为穷理求同又须求异。驳谢上蔡先立其大说，杨龟山反身而诚说，以为穷理不止于主观。因为这些各家的说法，都只算得中世纪方法论的残余，和宇宙观的格物说不能相合，所以朱子批评他。还有程门中尹和靖（焞）以为"今日格一物，明日格一物"，不是程子的话，是后人添上去的。朱子驳他：或不曾听见，或是其心不以为然，所以不能领会。又有胡文定（安国）、胡五峰（宏）虽然也都很承认程子的格物，但仍不免受朱子的严重批评。由这点可见，朱子实在可算宇宙观格物说的功臣了。朱子以后，门人得其师传者，多以"格物致知"和"穷理居敬"并为一谈。如黄勉斋（榦）说："先师文公之学，见之四书，而其要则尤以《大学》为入道之序，盖持敬也。诚意正心修身，而见于齐家治国平天下……故尝撮其要旨而明之。居敬以立其本，穷理以致其知，一则千圣万贤，所以传道而教人者，不越乎此矣。"（《圣贤道统传授总叙说》）又说："致知乃入道之方，而致知非易事，须要默认实体，方见端的，不然，则只是讲说文学，终日讀讀，而真实体段，文不曾识，故其说易差，而其见不实。莫若一切将就自身上体著，许多义理名字自身上见得是如何，则统之有宗，不至于支离外驰也。"（《答陈泰之》）又陈北溪（淳）《示学者文》亦以为："圣门用功节目，其大要不过曰致知力行而已。致者推之而至其极之谓，致其知者，所以明万理于心而使之无所疑也。力者勉专而不敢怠之谓，力其行者，所以复万善于己而使之无不备也。知不至则真是真非无以辨，其行将何所适从，必有认人欲作天理而不自觉者矣。行不力则虽精义入神，亦徒为空言，而盛德至善，竟何有于我哉。然二者亦非截然判先后为二事也，故知之明则行愈速，行之力则所知又益精矣。其所以为致知力行之地者，必以敬为主，敬者主一无适之谓……由是而致知则心与理相涵，而无顽冥之患矣。由是而力行，则身与事相安，而不复有扞格之病矣。"又："知行不是两截事，譬如行路，目视足履，岂能废一？"（《北溪文集》）又说："八条目中，格物之义最博，而诚意所关系为最要。"（同上，杂著）由上可见，朱门弟子，虽有如蔡西山（元定）、蔡九峰（沈）父子以性与天道为先，自本而支，自源而流，可谓宇宙观格物说的嫡传，而黄勉斋、陈北溪，则风气已变，而以居敬为先，不分知行先后。居敬即是修己以敬，不分知行即是主行，于是宇宙观的格物说，也渐渐为人生观的格物说所代替了。

三

人生观格物说的发展

宇宙观的格物说，要穷尽宇宙万物之理，上而无扭太极，下而至于一草一木一昆虫之微，这当然非大力量如蔡西山者，不能做到。所以结果，只好把格物的"物"范围缩小在"读书"上面，尤其是熟读五经四书竟成为"格物"的代名词了。但即当这个时候，当朱子把格物方法应用在经学上面，那同时的陆象山，已经挖苦他是"易简工夫终久大，支离事业竟浮沉"了。朱子的格物，要人读书，象山却要

问朱子:"尧舜之前,所读何书?"因为他们的思想不同,所以解释"格物"两字,也自不同。《象山语录》说:

> 格物者,格此者也。伏羲仰象俯法,亦先于此尽力焉耳!不然,所谓格物,末而已矣。(《全集》卷三十五)

他所谓"此",就是直指自己的心,先要懂得自己的心,便是格物了。所以有一次有人问他:"如何是穷理、尽性,以至于命?"他对得最妙:

> 穷理是穷这个理,尽性是尽这个性,至命是至这个命。(《全集》卷三十四)

又说:

> 明德在我,何必他求?(《全集》卷二十)

又说:

> 吾之学问与诸处异者,只是在我全无杜撰,虽千言万语,只是觉得他底在我,不曾添一些。近有议吾者云:除了"先立乎其大者"一句,全无伎俩。
> 吾闻之曰:诚然。

先懂得自己的心,就是"知本",便不为"末"所累了。所以说"学苟知本,则六经皆我注脚",又说"六经注我,我注六经"。如此看重主观的真理,对于那种"今日格一物,明日格一物",自然认为支离、骛外的方法了。所以朱子把"格物"缩成"读书穷理",而陆象山最反对的,正是那不觉悟的读书。《语录》有一段最可看出他这种主张:

> 初教董元息自立收拾精神,不得说闲话,渐渐好。后被教授教解《论语》,却反坏了!

因为象山不认言语文字是求知识的方法,而真正求知识的方法,只须认识自己的本心便得。若识得一个心了,便万法流出,都无许多事了。这就是陆象山的格物方法。

王阳明的格物说

明代王阳明,他的主张大致和陆象山相同,却更发挥得透彻些。他说:"心外无事,心外无理,故心外无学。"所以攻击朱子的格物方法。《传习录》卷二有一段说:

> 先生曰:众人只说格物,要依晦翁,何曾把他的说一用,我着实曾用来。初年与钱友同论做圣贤,要格天下之物,如今安得这等大的力量,因指亭前竹子,令去格看。钱子早夜去穷格竹子的道理,竭其心思,至于三日,便致劳神成疾。当初说他这是精力不足,其因自去格物,早夜不得其理,到七日,亦以劳思致疾,遂相与叹圣贤是做不得的,无他大力量去格物了。及在夷中三年,颇见得此意思,乃知天下之物,本无可格者,其格物之功,只在身心上做,决然以圣人为人人可到,便自有担当了。这里意思,却要说与诸公知道。

在他《答顾东桥书》说他的格物说与朱子不同的地方最好：

> 朱子所谓"格物"云者，在即物而穷其理，即物穷理是就事事物物上求其所谓定理者也，是以吾心而求理于事事物物之中，析心与理而为二矣。夫求理于事事物物者，如求孝之理于其亲之谓也，求孝之理于其亲，则孝之理其果在于吾之心邪？抑果在于亲之身邪？假而果在于亲之身，则亲没之后，吾心遂无孝之理欤？见孺子之入井，必有恻隐之理，是恻隐之理果在于孺子之身欤？抑在于吾心之良知欤？其或不可以从之井欤？其或不可以手而援之欤？是皆所谓理也，是果在于孺子之身欤？抑果出于吾心之良知欤？以是例之，万事万物之理，莫不皆然，是可以知析心与理为二之非矣。夫析心与理而为二，此告子义外之说，孟子之所深辟也，务外遗内，博而寡要……谓之玩物丧志，尚犹以为不可欤？若鄙人所谓致知格物者，致吾心之良知于事事物物也；吾心之良知，即所谓天理也，致吾心良知之天理于事事物物，则事事物物皆得其理矣。致吾心之良知者，致知也；事事物物皆得其理者，格物也，是合心与理而为一者也。（《传习录》）

他总觉着朱子凭空去穷格事物之理，是茫茫荡荡，都没有一个着落，而他自己的"格物"方法，总算是有本原的。所以说：

> 为学须有本原……圣人到位天地，育万物，也只从喜怒哀乐未发之中上养来。后儒不明格物之说，见圣人无不知无不能，便欲于初下手时，讲求得尽，岂有此理？（《传习录》）
>
> 圣人本体明白，故事事知个天理所在，便去尽个天理，不

是本体明后，却于天下事物都便知得，便做得来也。天下事物如名物度数草木禽兽之类，不胜其烦，圣人须是本体明了，亦何缘能尽知得，便不必知的，圣人自不消求知。(《传习录》)

近世格物之说，如以镜照物，照上用功，不知镜尚昏在，何能照？先生之格物，如磨镜而使之明，磨上用功，明了后亦未尝废照。(《传习录》)

阳明格物的最大贡献，就在他能够在本原上着力，并且妇孺都可以做到，所以再简捷也没有了，再普遍化也没有了。

我这里言格物，自童子以至圣人，皆是此等工夫。但圣人格物，便要熟得些子，不消费力。如此格物，虽卖柴人亦是做得，虽公卿大夫以至天子，皆是如此做。

他的格物说，在《大学问》一篇，说得最为明显了：

致知必在于格物，物者事也，凡意之所发，必有其事，意所在之事谓之物。格者正也，正其不正以归于正之谓也；正其不正者，去恶之谓也，归于正者，为善之谓也，夫是之谓格。《书》言格于上下，格于文祖，格其非心，格物之格实兼其义也。良知所知之善，虽诚欲好之矣，苟不即其意之所在之物，而实有以为之，则是物有未格，而好之之意，犹为未诚也。良知所知之恶，虽诚恶矣，苟不即其意之所在之物，而实有以去之，则是物有未格，而恶之之意，犹为未诚也。今焉于其良知所知之善，即其意之所在之物而实为之，无有乎不尽，于其良知所知之恶者，即其意之所在之物而实去之，无有乎不尽。然后物无不格，而吾良知之所知者,无有亏缺障蔽,而得以极其至矣。夫然后吾心快然,无复余憾而自谦矣。夫然后意之所发者始无自欺,而后可以谓之诚矣。故曰格物而后知至,知至而后意诚,意诚而后心正,心正而后身修……

他把"物"字,限定于吾心意念所在的事物,"如意在于事亲,即事亲便是一物;意在于事君,即事君便是一物;意在于仁民爱物,即仁民爱物便是一物;意在于视听言动,即视听言动便是一物"(《传习录》)。所以"物"就是意念所涉着处。但意念决不是悬空的,必着事物。所谓诚意,就是随意念所在的事物而格之,实实落落依着良知做去,好的便存,坏的便去,这就是阳明格物的真诀了。

由上,阳明的格物说,已可见其独立的思想精神,尤其是主张知行合一说,与宋儒不同。宋儒宇宙观的格物说,所重在知。程伊川说:"知至则当至之,知终则当遂终之,须以知为本。知之深则行之必至。无有知之而不能行者,知而不能行,止是知得浅。人为不善,只是不知。"(《全书》十六)又说:"君子以识为本,行次之。今有人焉力能行之,而识不足以知之,则有异端者出,彼将流宕而不知反,内不知好恶,外不知是非,虽有尾生之信,曾参之孝,吾弗贵矣。"(《全书》二)可见知之未有不行,而所重在知不在行。反之,王阳明则以为:"知是行的主意,行是知的工夫。知是行之始,行是知之成。若会得时只说一个知,已自有行在;只说一个行,已自有知在。"又说:"知行工夫,本不可离,只为后世学者分作两截用功,失却知行本体,故有合一并进之说。真知即所以为行,不行不足谓之知。"又说:"知者行之始,行者知之成,圣学只一个功夫,知行不可分作两事。"又说:"今人却谓必先知而后行,且讲习讨论以求知,俟知得真时方去行,故遂终身不行,亦遂终身不知。"这里主张知行合一,而否认先知后行之说,可以说就是人生观的格物说和宇宙观的格物说之不同。宇宙观的格物说,分知分行,所重在知;而人生观的格物说,则知行合一,所重在行不在知。宇宙观的格物说是一种"主知主义",而人生观的格物说则为"主行主义"。若再把王门弟子的格物说来研究一下,更可见这种"主行主义"的思想方法,最初很有影响,直到后来才转变为它的反对物了。

(1)钱绪山(德洪)的格物说——"格物之学,实良知见在功夫,先儒所谓过去未来徒放心耳。见在功夫,时行时止,时默时语,念念精明,毫厘不放,此即行着习察,习地格物之功也。于此体当切实,著衣吃饭,即是尽心至命之功。"(《与陈两湖论学书》)又:"致知之功,在究透全体,不专在一念一事之间,但除却一念一事,又更无全体可透耳!"(《会语》)

(2)王龙溪(畿)的格物说——"至善无恶者心之体也,有善有恶者,意之动也,知善知恶者良知也,为善去恶者格物也。"(《答吴悟斋》)"天生烝民,有物有则,良知是天然之则,物是伦物所感应之迹。如有父子之物,斯有慈孝之则,有视听之物,斯有聪明之则。感应迹上循其天则之自然而后物得其理,是之谓格物,非即以物为理也。人生而静,天之性也,物者因感而有,意之所用为物,意到动处易流于欲,故须在应迹上用寡欲工夫。寡之又寡以至于无,是之谓格物,非即以物为欲也。物从意生,意正则物正,意邪则物邪,认物为理则为太过,训物为欲则为不及,皆非格物之原旨。"(《斗山会语》)又:"格物是致知下手实地,格是天则,良知所本有,犹所谓天然格式也。"(《答聂双江》)

(3)欧阳南野(德)的格物说——"格物致知,后世学者以知识为知,以凡有声色象貌于天地间者为物,失却《大学》本旨。先师谓知是独知,致知是不欺其独知,物是身心上意之所用之事,如视听言动、喜怒哀乐之类。《诗》所谓'有物有则',《孟子》'万物皆备于我'是也。格物是就视听喜怒诸事,慎其独知而格之,循其本然之则以自慊其知。"(《答冯好》)又:"良知本虚,致知即是致虚,真实而无一毫邪妄者,本虚之体也。物物慎其独知而格之,不以邪妄自欺者,致虚之功也。"(《答贺龙冈》)

(4)聂双江(豹)的格物说——"知者心之体,虚灵不昧,即明德也。致者充满其虚灵之本体,江汉濯之,秋阳暴之,致知即致中也。寂然不动,先天而天弗违者也。格物者知之功用,物各付物,感而遂通天下之故,何思何虑,后天而奉天时也。如好好色,恶恶臭之类是也。此予之说也。"(《答亢子益》)

(5)罗念庵(洪先)的格物说——"来教云良知之体本虚,而万物皆备,物是良知凝聚融结出来的,可谓真实的当矣。如此则良知愈致,其凝聚融结愈备,良知愈虚,知觉愈精,此非合内外乎?既合内外,则凡能致虚者,其必能格物,而自不落内外见解。"(《答王龙溪》)又:"心感事而为物,感之之中须委曲尽道,乃是格物。理固在心,亦即在事,事不外心,理不外事,无二致也。近时执'心即理'一句,学者多至率意任情,而于仔细曲尽处,略不照管,既非所以致知,却与'在格物'一句正相反。但后儒认理为格式见套,以至支离,若知事无内外,心无内外,理无内外,即格式见套,又皆在乎中,非全格去旧物乃为精微也。"(《答刘汝周》)

(6)王心斋(艮)的格物说——"问'格'字之义,曰:格如格式之格,即絜矩之谓。吾身是个矩,天下国家是个方,絜矩则知方之不正,由矩之不正也。是以只去正矩,却不在方上求,矩正则方正矣,方正则成格矣,故曰物格。吾身对上下前后左右是物,絜矩是格也,其本乱而末治者否矣,便见絜度格字之义。格物知本也,立本安身也。安身以安家而家齐,安身以安国而国治,安身以安天下而天下平也。故曰修己以安人，修己以安百姓，修其身而天下平。""格物即物有本末之物，身与天下国家一物也，格知身己为本，而家国天下之为末。行有不得已者，皆反求诸己，反己是格物底工夫，故欲齐治平在于安身。《易》曰：身安而天下国家可保也，身未安本不立也。知身安者则必爱身敬身，爱身敬身必不敢不爱人不敬人；能爱人敬人则人必爱我敬我，而我身安矣。一家爱我敬我则家齐，一国爱我敬我则国治，天下爱我敬我则天下平。故人不爱我非特人之不仁，己之不仁可知矣；人不敬我非特人之不敬，己之不敬可知矣。"（详见《王心斋先生遗集》卷一）案：此即所谓"淮南格物"。

（7）王一庵（栋）的格物说——庵从事心斋阐发师门格物之旨道："先师之学，主于格物，故其言曰格物是止至善工夫，格字不单训正。格如格式，有比则推度之义，物之所取正者也。物即物有本末之物，谓吾身与天下国家之人，格物云者，以身为格，而格度天下国家之人。则所以处之之道，反诸吾身而自足矣。"（《语录》）"或疑心翁以格物为反身之学，用于应事接物时甚好，但若平居未与物接，只好说个良知，更有何物可格。曰格物原是致知工夫，作两件拆开不得……且先师说物有本末，言吾身是本，天下国家为末，可见平居未与物接，只自安正其身，便是格其物之本。格其物之本，便即是末应时之良知。至于事至物来，推吾身之矩，而顺事恕施，便是格其物之末。格其物之末，便即是既应时之良知。致知格物可分拆乎？况先师原初主张格物宗旨，只是要人知得吾身是本，专务修身立本而不责人之意，非专零零碎碎于事物上作商量也，夫何疑哉？"（《语录》）

由上，王门诸子的格物说，无论左派如龙溪、泰州，右派如双江、念庵，要之均以"格物"为个人的修养方法。所以"格物"二字，只是个"致知"的"致"字，格物只是致良知而致知存乎心悟。

所以王门诸子的格物说,虽均以力行为第一义,而欲力行至精密处,便须戒慎于不睹不闻,此即"致虚"与"归寂"一段工夫。从左派的观点来说,吾人不昧此虚寂本体,便是致知;随事随物不昧此虚寂本体,便是格物。从右派的观点来说,良知本虚寂,感于物而后有知,故必归寂以通天下之感,归寂即是致知,通天下之感便是格物。然而无论左派也好,右派也好,均不能不心悟"良知"之学,而止于至善,于是"主行主义"的格物说,其末流不得不变而为"主知主义"的格物说,把"无声无臭独知时"认为本体。这分明作弄精神,分明禅学。然而王学的流弊,却确然如此。而且阳明一派的"主行主义",只知修身,不重齐治平。试看王阳明的《大学古本旁注》(函海本第十九集)在"此谓平天下"句下,注云:"只是修身,只是诚意。"又云:"明明德亲民,犹言修己安百姓""自明不已,即所以亲民。"想把修身诚意来平天下,自然只算得一个空谈,怪不得经世学派的顾亭林说他"置四海困穷不言,而讲危微精一,吾弗敢知也"(《亭林文集·答友人论学书》)了。宇宙观的主知主义,在讲无极太极,讲理气;人生观的主知主义,在讲危微精一,讲良知,而究之均无补于国,无补于家。王心斋的格物说"以天地万物依于己,不以己依于天地万物",何等气概!刘蕺山批评他:"后儒格物之说,当以淮南为正,第少一注脚,格知诚意之为本,而正修治平之为末则备矣。然所谓安身者,亦是安其心耳,非区区保此形骸之为安也。彼居危邦入乱邦,见几不作者,身不安而心固不安也;不得已而杀身以成仁,文王之羑里,夷齐之饿,心安则身亦未尝不安也。乃先生又曰安其身而安其心者上也,不安其身而安其心者次之。不安其身又不安其心,斯为下矣,而以缗蛮为安身之法,无乃开一临难苟免之隙乎?"(《明儒学案》卷三十二引)以被人称为伊傅者尚且如此,可见阳明学派的"主行主义",原不过修身而已,诚意而已,"行"的范围只限于一身,不及家、国、天下。良知之学，使"阳明后之学者，测度想像，求见本体，只在知识上立家当，以为良知"（黄梨洲语），其末流又不得不坠于"主知主义"，而不能自拔了。

东林学派的格物说

王学注重人生，注重主观的异想，而忽略于客观的考察，对于当时社会政治的情形，未免太隔膜了。于是自然而然地起了反动，而有"东林学派"发生。这派一方面反对王学之空谈误国，一方面用学术团体名义，来实行政党式的活动。但就此派的思想方法即格物说来看，仍未摆脱阳明一派个人主义方法的范围。

（1）顾泾阳（宪成）的格物说——"《大学》言致知，文成恐人认识为知，便走入支离去，故就中间点出一'良'字。孟子言良知，文成恐人将这个知作光景玩弄，便走入玄虚去，故就上面点出一'致'字，其意最为周密。""朱子之释格物，其义甚精。语'物'则本诸帝降之衷，民秉之彝，夫子之所谓性与天道，子思之所谓天命，孟子之所谓仁义，程子之所谓天然自有之中，张子之所谓万物一原。语'格'则约之以四言，或考之事为之著，或察之念虑之微，或求之文字之中，或索之讲论之际，盖谓内外精粗无非是物，不容妄有拣择于其间。又谓人之入门，各各不同，须如此收得尽耳。议者独执一草一木，亦不可不理会两言，病其支离则过矣。""惟危惟微，惟精惟一，是从念虑事物上格。无稽之言勿听，勿询之谋弗庸，是就文字讲论上格。即圣人亦不能外是四者，朱子所云固彻上彻下语也。"（《小心斋札记》）

（2）高景逸（攀龙）的格物说——"格物之功非一，其要归于知本，知修身为本，而本之天下无余事矣。盖格来格去，知得世间总无身外之理，总无修外之工，正其本万事理，更不向外著一念。如此自然纯乎天理而无一毫人欲之私,岂不是止至善也?程朱错认'此谓知本'是阙文,而谓格致别有传,遂令修身为本二节无归著。后世知得'此谓知本'是原文,而谓格物只格本末,又令格物致知之工无下手。"(《答顾泾阳论学书》)"格物是随事精察,物格是一以贯之。""才知反求诸身,是真能格物者也。""学者以知至为悟,不悟不足以为学,故格物为要。""穷理者格物也,知本者物格也,穷理一本而万殊,知本万殊而一本。"朱子曰:"致知、格物只是一事,格物以理言也,致知以心言也。"由此观之,可见物之格即知之至,而心与理一矣。今人说著物,便以为外物不知,不穷其理,物是外物,物穷其理,理即是心,故魏庄渠曰'物格则无物'矣。"(《语录》)"《大学》致知在格物,物格而后知至。阳明曰所谓致知格物者,致吾心之良知于事事物物也。致吾心良知之天理于事事物物,则事物各得其理矣。事物各得其理,格物也。是格物在致知,知至而后物格也。又曰物,事也;格,正也,但意念所在,即要去其不正以全其正。又曰格物者,格其心之不正以归于正,是格物在正心诚意,意诚心正而后格物也。"(《阳明辨》)"谈良知者,致知不在格物,故虚灵之用,多为情识,而非天则之自然,去至善远矣。吾辈格物,格至善也,以善为宗,不以知为宗也。故致知在格物一语,而儒禅判矣。"(《答王仪寰》)"一向不知象山、阳明学问来历,前在舟中,似窥见其一斑。二先生学问俱是从致知入,圣学须从格物入,致知不在格物,虚灵知觉虽妙,不察于天理之精微矣,岂知有二哉,有不致之知也,毫厘之差在此。"(《会语》)

(3)钱启新(一本)的格物说——"万物皆备我也,体物不遗心也,离物言我失我,遗物认心失心。单言致知,亦是无头学问,须从格物起手。""不可以知为识,亦不可以偏物之知为格物。""程朱一脉相承,在居敬穷理,居敬本《中庸》之以戒慎恐惧为始,穷理本《大

学》之以格物致知为先。"(《黾语》)

由上所述,可见东林学派的格物说,实为王学之一反动。高、顾一本程朱,而与程朱不同,排击阳明而仍不能出其范围。陆稼书(陇其)《学术辨》曾论之曰:

> 阳明之学……为祸于天下也。泾阳、景逸,深惩其弊,知夫知觉之非性,而无善无恶,不可以言性。其所以排击阳明者,亦可谓得其本矣。然其学也,专以静坐为主,则其所重,仍在知觉。虽云事物之理,乃吾性所固有,而亦当穷究。然既偏重于静,则穷之未必能尽其精微,而不免于过不及。是故以理为外,而欲以心笼罩之者,阳明之学也;以理为内,而欲以心笼罩之者,高、顾之学也。阳明之病,在认心为性;高、顾之病,在恶动求静。我观高子之论学也,言一贯,则以为入门之学;言尽心,则以为尽心然后知性;言格物,则曰知本之谓物格。与程朱之论,往往龃龉而不合者,无他,盖欲以静坐为主,则入先儒致知穷理,存心养性之法,不得不为之变易。夫静坐之说,虽程子亦有之,不过欲使学者动静交养,无顷刻之离耳。非如高子《困学记》中所言,必欲澄神默坐,使呈露面目,然后有以为下手之地也。由是观之,则高、顾之学,虽箴砭阳明,多切中其病至于本原之地,仍不能出其范围,岂非阳明之说,浸淫于人心,虽有大贤,不免犹蹈其弊乎?

然而东林学派,实为程朱与阳明之思想方法的大综合,却无可讳言。阳明一派的格物,到此风气已变。不过可注意的,就是东林学派,根本上仍为注重个人的思想方法罢了。

四

社会观格物说的发展

虽然这种个人主义的思想方法,对于人生本质的知识,有深切的认识,而对于社会本质的知识,则完全隔膜,几置之于不论不议之列。顾炎武有一段责备这一派最沉痛的话道:"不习六艺之文,不考百王之典,不综当代之务,举夫子论学论政之大端,一切不问,而曰一贯,曰无言。以明心见性之空言,代修己治人之实学,股肱惰而万物荒,爪牙亡而四国乱,神州荡覆,宗社丘墟。昔王衍妙善玄言,自比子贡,及为石勒所杀,将死,顾而言曰:'呜呼!吾曹虽不如古人,向若不祖尚浮虚,戮力以匡天下,犹可不至今日。'今之君子,得不有愧乎其言!"(《日知录》卷上"夫子之言性与天道"条)所以明亡以后,清初一般学者对于阳明的格物,已由厌倦而变成憎恶,如黄宗羲、顾炎武、吕留良、王船山、颜习斋、李刚主等,大家起来纠正阳明的格物,而提倡他们"行为主义的格物法"。这种方法,一方面既有陆王的独立的思想精神,一方面重新又采取程朱的思想方法,结果就给所谓清代的"朴学"——"汉学"开了一条路径。尝试论之,有清一代的思想方法,可分为两大时期,第一为明末清初"经世学派"的主行主义,第二为乾嘉时代"汉学家"的主知主义。而经世学派的"主行主义",则实为阳明末流空谈误国之一反动,现在先从黄梨洲说起。

(1)黄梨洲(宗羲)的格物说——黄氏一本阳明,而意在致用,不事空谈。尝谓:"明人讲学,袭《语录》之糟粕,不以六经为根柢,束书不读,但从事于游谈。学者必先穷经,经术所以经世,乃不为迂儒。"他的治学方法，是一面看重读书，一面又看重思想，他说："读书不多，无以证斯理之变化，多而不求于心，则为俗学。"（《全谢山述》）所以对于阳明所谓"致良知"有一种新解释，他说：

> 阳明说，致良知于事事物物，致字即是行字，以救空空穷理，在知上讨个分晓之非。乃后之学者，测度想像，求见本体，只在知识上立家当，以为良知，则阳明何不仍穷理格物之训，而必欲自为一说耶？（《明儒学案》卷十《姚江学案》）

他把"致"字解作"行"字，教我们在行为上认识。这种解释，实在和阳明格物的原旨不同，不能不算一个顶大的方法上的贡献了。

（2）吕晚村（留良）的格物说——他把格物的"物"字，解作事物之物，以为"物犹事也，不单指人物之物"（《四书讲义》卷一），"物犹事也，原兼事物言，人但作物件看，正犯朱子辨一草一木之非，而伯安误以竹子致病也。"（《吕子评语》卷二）又"须知有不足格不必格者，于此见王伯安格竹子之谬矣"（同上）。又王阳明道"格物之义，或问集程子之说九条，工程次第，已无所不备。阳明自谓曾用朱子说格亭前竹子，七日致疾，此是阳明谬为此说，以非圣诬民耳。朱子《答陈齐仲书》云：为格物之学，不穷天理明人伦，讲圣言通世故，乃兀然存心于一草一木一器用之间，是何学问？如此而望有所得，是炊沙而欲成饭也。然则阳明格竹，正朱子之所斥摘者，何反以不狂为狂乎？"（《吕子评语》卷二）他尊崇朱子的格物说，以见阳明格所不足格之非，正是王学方法之一反动。

（3）顾亭林（炎武）的格物说——他把格物的"物"字，解作"君臣父子国人之交，以至于礼仪三百，威仪三千，是之谓物"（《日知录》卷六）。可见他是看重行为方面，却与朱子又不甚同，所以说：

"以格物为多识于鸟兽草木之名则末矣,知者无不知也,当务之为急。"所以他一方面提倡向外的一客观的学问,一方面尤特别注重实践。他告诉朋友说:"凡文之不关于六经之指,当世之务者,一切不为。"(《亭林文集·与人书三》)就可见他的格物是偏重行为的了。

(4)王船山(夫之)的格物说——船山尊崇朱子的格物说,实际上却提倡一种行为的格物方法。他在《礼记章句》卷四十二《大学衍》上说:"以格物为始教,而为至善之全体,非朱子之意也,经之意也。盖尝论之,何以谓之德?行焉而得之谓也。何以谓之意?处焉而宜之谓也。何以谓之至善?皆得咸宜之谓也。不行胡得?不处胡宜?……行焉而不得,处焉而不宜,则固然矣。于是曰:吾将不行奚不得,不处奚不宜;乃势不容已,而抑必与物接,则又洸洋自恣,未有不蹶以狂者也。不然则弃君亲,残肢体,而犹不足以充其操也……"又《尚书引义》卷三《说命》云:"且夫知者固以行为功者也,行也者不以知为功者也。行焉可以得知之效也,知焉未可得行之效也。将为格物穷理之学,抑必孜孜而后择之粗,语之详,且知必以行为功也……行可兼知,而知不可兼行……君子之学,未尝离行以为知也。"这是何等明白地主行主义!

(5)颜习斋(元)的格物说——他驳朱子道:"《大学》何不言壹是皆以读书为本?"(《朱子语类评》)因为读书算不得格物,所以别创新说道:"今之言致知者,不过读书穷理,讲问思辨已耳,不知致吾知者皆不在此也,辟如欲知礼,任读几百遍礼书,讲问几十次,思辨几十层,总不算知;直须跪拜周旋,捧玉爵,执币帛,亲下手一番,方知礼是如此,知礼者斯至矣。辟如欲知乐,任读乐谱几百遍,讲问思辨几十层,总不能知;直须搏拊击吹,口歌身舞,亲下手一番,方知乐者斯至矣。是谓格物,而后知至。故我断以为,物即三物之物,格即手格猛兽之格,手格杀之格……且如此冠……亦不知皮之如何暖也；必手取而加诸首，乃知是如此取暖。如此服蔬，虽上智老圃不知为可食之物也，虽从形色料为可食之物，亦不知味之如何辛也；必著取而纳之口，乃知如此味辛，故曰手格其物而后知至。"（《四书正误》卷一）他接着很直截地说："试观孔门身通六艺者七十二人，周公以三物教万民而宾兴之，不可见《大学》首自行习下手乎？"

（6）李刚主（塨）的格物说——颜习斋的格物说，到了李刚主的《大学传注》《大学辨业》，说得更透彻了。刚主反对朱子"即物穷理"，以为"朱子一生功力志愿……自以为表里精粗无不到矣，然圣贤初无如此教学之法也。《论语》曰：'中人以下，不可以语上'；'夫子之言性与天道不可得闻。'《中庸》曰：'圣人有所不知不能。'孟子曰：'尧舜之知不遍物。'可见初学不必讲性天，圣人亦不能遍知一草一木也。朱子乃如此浩天为愿能乎？"（《大学辨业》）因为格物并不是穷凡天下之物，也不是读书，只是亲手学习，所以"颜习斋谓格物之格，谓亲手习其事也。又《尔雅》：'格，格举也。'郭璞注：'举，持物也。'又《尔雅》'到'字'极'字皆同格，盖到其域而通之搏之举之，以至于极，皆格义也……语云：一处不到一处黑，最切'致知在格物'之义。"（同上，卷二）

由上可见，把格物看作一种行为方法，这实在是清初学者的特色，由他们的方法，应用到哲学方面，也自然而然成为"经世学派"了。经世学派的目的，在于经世致用，而个人主义的方法，天然的不能经世致用。所以从人生观的格物说一进而为社会观的格物说，他的好处，乃在于"于古今兴废沿革、礼乐兵农之故，一一淹贯，心知其事"（刘继庄《广阳杂记》卷四语），乃在于能够"斡旋气运"。他们代表的政治著作，如黄梨洲的《明夷待访录》，顾炎武的《日知录》，王船山的《黄书》《噩梦》，颜习斋的《存治篇》，李刚主的《瘳忘编》《拟太平策》，王昆绳的《平书》，张文升的《存治翼编》，实在已很可以看出他们格物说的应用了，已很可以代表时代了。但是不幸得很，在当时满清政府专制之下，要谈经世，门口便触忌讳，所以行为的格物方法，在乾嘉时代却又变了一个花样，把他们的聪明才力去研究变相的科学，结果在文献上却得到意外贡献——所谓"汉学"。汉学家虽然也从顾黄一派出来，以顾黄为他们的元祖（江藩《汉学师承记》），但在思想方法上说，显然和经世学派不同。即是经世学派的方法为"主行主义"，乾嘉学派的方法为"主知主义"；经世学派重行不重知，乾嘉学派重知不重行，这就是很大的差别。试举例以明之。

（7）戴东原（震）的格物说——《孟子字义疏证》卷下："凡异说……重行不先重知……圣贤之学，由博学、审问、慎思、明辨而后笃行，则行者行其人伦日用之不蔽也。""圣人之言，无非使人求其至当以见之行，求其至当[①]，即先务于知也。凡……重行不先重知，非圣学也。"又《原善》卷下云："格之云者，于物情有得而无失，思之贯通不遗毫末，夫然后在己则不惑，施及天下国家则无憾，此之谓致其知。"

（8）程易畴（瑶田）的格物说——《论学小记》："知非空致，在于格物。物者何？意身心家国天下也。丽于身者有五事，接于身者有五伦，皆物之宜格者也。格者，举其物而欲贯通乎其理。致知者，能贯通乎物之理矣。"又云："吾学先格物，内而意也心也，外而身也皆物也。极之而至于家国天下，无非物也，盖无须臾之顷而不循乎物者也。"

（9）凌次仲（廷堪）的格物说——《校礼堂集》卷十六："礼也

[①] "至当"，原作"之当"，疑误，据上下文改。——编者

者，物之致也，此即《大学》格物之正义也。格物亦指礼而言……然则《大学》之格物，皆礼之器数仪可知也。"又："考古人所谓格物者，盖言礼之器数仪节，皆各有精义存乎其间，既习于礼则当知之，非天下之物，莫不有理也。"又《复礼说》中云："礼也者……即一器数之微，一仪节之细，莫不各有精义弥纶于其间，所谓物有本末事有终始者也。格物者，格此也。《礼器》一篇，皆格物之学也。若泛指天下之物有终身不能尽识者矣，盖必先习其器数仪节，然后知礼之原于性，所谓致知也。"

案《曾国藩文集》二《书学案小识》云："近世乾嘉之学……本河间献王实事求是之旨。……其所谓事者非物乎？实事求是，非即朱子所称即物穷理乎？"可见乾嘉学派本有主知的倾向。戴东原以"重行不先重知"为非圣学，尤为明显。总而言之，《大学》的"格物"实在是中国近代哲学史上顶重要的一个问题，宋代学者把他看作"穷理"的宇宙观方法，所以成功了宋代的"宇宙哲学时期"。明代学者把他看作"致良知"的人生观方法，所以成功了明代的"人生哲学时期"。清代学者把他解作实践行为的方法，又一转而为变相科学的研究法，所以成功了清代"政治学科学的哲学时期"。

知难行易说为清代格物说之综合

以上述中国思想方法的发展竟。就中可注意的，就是国父孙先生学说与清代学者格物说的关系。如以清初经世派的"主行主义"为"正"，则乾嘉考证学派的"主知主义"为"反"，而国父孙先生学说则统承"主知主义"与"主行主义"，而为一大综合，这就是《大学》格物致知说授受的真传，也就是代表中国思想方法的新倾向了。

第三章　中国思想方法的新倾向

中国思想方法之辩证法的发展，到了现代已经走上新综合的路上了。宋儒的格物说是"正"，明儒的格物说是"反"，清儒的格物说是"合"。在清儒的格物说中，经世学派主行主义是"正"，乾嘉学派主知主义是"反"，国父孙先生"知难行易说"主知主行是"合"。所以从中国思想方法论史看来，孙先生实为中国思想方法的集大成者。现在把他的学说做一个简单的阐明。

一

知难行易说的背景

孙先生的思想方法论，见于他所著《孙文学说》一书，他述他提倡知难行易说的背景是：

> 当革命破坏告成之际，建设发端之始，予乃不禁兴高采烈欲以予生平之抱负，与积年研究之所得，定为建国计划，举而行之，以冀一跃而登中国于富强隆盛之地焉。乃有难予者曰，先生之志高矣远矣，先生之策闳矣深矣，其奈知之非艰、行之维艰何？予初闻是言也，为之惘然若失，盖行之维艰一说，吾心亦信而无疑，以为古人不我欺也。继思有以打破此难关，以达吾建设

之目的，于是以阳明知行合一之说，以励同人。惟久而久之，终觉奋勉之气，不胜畏难之心，举国趋势，皆如是也，予乃废然而返，专从事于知易行难一问题，以研求其究竟。几费年月，始恍然悟于古人之所传、今人之所信者，实似是而非也。乃为之豁然有得，欣然而喜。知中国事向来之不振者，非坐于不能行也，实坐于不能知也，及其既知之而又不行者，则误于以知为易、以行为难也。倘能证明知非易而行非难也，使中国人无所畏而乐于行，则中国之事大有可为矣。于是以予构思所得之十事，以证明行之非艰而知之维艰，以供学者之研究，而破世人之迷药焉。

这一段叙述他学说成立的经过，从相信（一）知之非艰行之维艰说，进至相信（二）王阳明知行合一说，再进至主张（三）行之非艰知之维艰说，此书作于民国六七年间。为证知难行易，以饮食、用钱、作文、建屋、造船、筑城、开河、电学、化学、进化等十事为证，此书不但对于当时革命哲学建立了基础，实可算中国思想方法的新阶段。现在远有人不能了解孙先生的学说，而仍然相信"知之非艰"或"知行合一"的学说，请看孙先生对于这种说法是怎样地批评它：

（1）驳知易行难说——案《尚书·说命》篇傅说对武丁说"知之非艰，行之维艰"，此说影响甚大。孙先生批评之曰：

中国由草昧初开之世以至于今，可分两时期，周以前为一进步时期，周以后为退步时期。夫人类之进化，当然踵事增华，变本加厉，而后来居上也，乃中国之历史适与此例相反者。其故何也？此实知之非艰行之维艰一说有以致之也。三代以前，人类浑浑噩噩，不识不知，行之而不知其道，是以日起有功，而卒底于成周之治化，此所谓不知而行之时期矣。由周而后，人类之觉悟渐生，知识日长，如是渐进而入于知而后行之时期矣。适于此时也，知之非艰行之维艰之说，渐中于人心，而中国人几尽忘其远祖所得之知识皆从冒险猛进而来，其始则不知而行之，其继之则行之而后知之，其极则因已知而更进于行。古人之得其知也，初或费千百年之时间以行之，而后乃能知之；或费千万人之苦心孤诣经历试验而后知之，而后人之受之前人也，似于无意中得之。故有以知为易，而以行为难，此直不思而已矣。当此欲知而后行之时代，适中于知易行难之说，遂不复以行而求知，因知以进行此三代而后，中国文化之所以有退无进也。（第五章，页65—66）

（2）驳知行合一说——

若夫阳明知行合一之说，即所以勉人为善者也，惟其意彼亦以为知之非艰而行之维艰也。惟以人之上进，必当努力实行，虽难有所不畏，既知之则当行之。故勉人以为其难，遂倡为知行合一之说。曰：即知即行，知而不行，是为不知。其勉人为善之心，诚为良苦，无如其说与真理背驰，以难为易，以易为难，勉人以难，实与人性相反，是前之能行之而不著焉，习之而不察焉，终身由之而不知其道者。今反为此说所误，而顿生畏难之心，而不敢行矣。此阳明之说，虽为学者传诵一时，而究无补于世道人心也。或曰日本维新之业，全得阳明学说之功，而东邦人士，咸信为然，故推尊阳明极为隆重。（中略）不知日本之维新，皆成于行之而不知其道者，与阳明知行合一之说，实风马牛之不相及也。倘知行合一之说果有功于日本之维新，则亦必能救中国之积弱，何以中国学者同是尊重阳明，而效果异趣也？……是故日本之维新，多赖冒险精神，不先求知而行之，及其成功也，乃名之曰"维新"而已。中国之变法，必先求知而后行，而知永不能得，则行永无其期也。由是观之，阳明知行合一之说，不过不能阻朝气方新之日本耳，未尝有以助之也，而施之暮气既深之中国，则适足以害之矣。夫知行合一之说，若于科学既发明之世，指一时代一事业而言，则甚为适当。然阳明乃合知行于一人之身，则殊不通于今日矣。以科学愈明，则一人之知行相去愈远，不必知者不必自行，行者不必自知，即同为一知一行，而以经济为分工专职之理施之，亦有分知分行者也。然则阳明知行合一之说，不合于实践之科学也。（第五章，页62—64）

知行分任主义

总结起来，"则知之非艰行之维艰之古说，与阳明知行合一之格言，皆可从根本上推翻之矣"（同上，页61）。这是何等地明白展开了中国思想方法的新途径，推翻了似是而非的学说，建立了知难行易的新说。这种新说的最大特点，在于分知分行，而主知主行。如以建筑为例，"上海租界之洋房，其绘图设计者，为外国之工师，而结垣架栋者，为中国之苦力，是知之者为外国工师，而行之者为中国苦力，此知行分任而造成一屋者也"，而"建筑事业可为知难行易之证明"（第四章，页43—44）。由此可见，知难行易说原来就是"知行分任主义"。分析起来，就是：

知难——知非易——主知主义
行易——行非难——主行主义

这里又包括两层意义：

能知必能行——主知主义

不知亦能行——主行主义

所以说:"天下事惟患于不能知耳,倘能由科学之理则,以求得其真知,则行之决无所难。"(第五章,页71)第六章"能知必能行"(页73—103)举出很多实例,证明"当今科学昌明之世,凡造作事物者,必先求知而后乃敢从事于行,所以然者,盖欲免错误而防费时失事,以冀收事半功倍之功也"(页73)。这就是主知主义,要人认识求"知"为力行的基础。第七章"不知亦能行",在行的方面着想,孙先生对人说:

> 徒知知之而后能行,而不知不知亦能行也。当科学未发明之前,固全属不知而行及行之而犹有不知者,故凡事无不委之于天数气运,而不敢以人力为之转移也,迨人类渐起觉悟,始有由行而后知者,乃甫有欲尽人事者矣,然亦不能不听之天也。至今科学昌明,始知人事可以胜天,凡所谓天数气运者,皆心理之作用也。然而科学虽明,惟人类之事仍不能悉先知之而后行之也。其不知而行之事,仍较于知而后行者为多,且人类之进步,皆发轫于不知而行者也,此自然之理则,而不以科学之发明为之变易者也。故人类之进化,以不知而行者为必要之门径。夫习练也,试验也,探索也,冒险也,之四事者,乃文明之动机也。生徒之习练也,即行其所不知以达其欲能也;科学家之试验也,即行其所不知以致其知也;探索家之探索也,即行其所不知以求其发见也;伟人杰士之冒险也,即行其所不知以建其功业也。由是观之,行其所不知者,于人类则促进文明,于国家则图致富强也,是故不知而行者,不独为人类所皆能,亦为人类所当行,而

尤为人类之欲生存发达者之所必要也。有志国家富强者，宜黾勉力行也。（第七章，页 103—104）

这就是力行主义，要人认识"道在行之而已……了然于行之易而知之难矣"（第五章，页 71）。

因为旧说主张"知易行难"，其结果是"则不屈不挠之士，费尽生平之力以求得一知者，而又以行之为尤难，则虽知之而仍不敢行之，如是不知固不欲行，而知之又不敢行，则天下事无可为矣。此中国积弱衰败之原因也"（第五章，页 64）。所以对症下药，"予之所以不惮其烦，连篇累牍以求发明行易知难之理者，盖以此为救中国必由之道也""夫中国近代之积弱不振奄奄待毙者，实为知之非艰行之维艰一说误之也，此说深中于学者之心理。由学者而传于群众，则以难为易，以易为难，遂使暮气畏难之中国，畏其所不当畏，而不畏其所当畏，由是易者则避而远之，而难者又趋而近之，始则欲求知而后行及其知之不可得也，则惟有望洋兴叹，而放去一切而已。"（同上，页 64）所以孙先生反转过来，主张"知难行易"，告诉我们以知非易而行非难，教我们"不知固行之，而知之更乐行之"（第五章，页 66）。这种一面主知，一面主行的"知行分任主义"，实为中国现代思想方法的最大的贡献，同时也就是中国思想方法之现代的大综合。

二

科学时代的知识论

然而这种"知行分任主义"，在综合了中国近代思想方法以外，实盖上了历史哲学思想方法的印记，为中国思想方法史上所没有的，这却值得我们更大的注意。孙先生批评知易行难说与知行合一说，无处不应用其历史哲学的思想方法，即无处不应用"历史现代性"的眼光去观察、批评。换句话说，他的知难行易说即是一种科学时代的知识论，而这种科学时代的知识论实有其"知识历史学"与"知识社会学"的基础的，试说明如下。

知识历史学

人类进化，乃是知识的进化。"夫以今人之眼光，以考世界人类之进化当分为三时期，第一由草昧进文明，为不知而行之时期；第二由文明更进文明，为行而后知之时期；第三自科学发明而后，为知而后行之时期。（中略）科学发明之后，人类乃始能有具以求其知，故能进于知而后行之第三时期之进化也。"（第五章，页66—67）在这里不知而行的时期，就是宗教阶段，行而后知的时期就是哲学阶段，科学发明以后，知而后行的时期，就是科学阶段，而人类进化之确定的时期，却在于"大同世界"——"艺术阶段"。所以孙先生说"人类进化之目的为何，即孔子所谓大道之行也，天下为公"；又说"近世文明进步以日加速，最后之百年，已胜于以前之千年，而最后之十年，又胜已往之百年，如此递推，太平之世，当在不远"；可见人类最近的未来，我们对之实充满有无限的希望。再就现代来说，现代只是科学时代。"凡真知特识，必从科学而来，舍科学而外之所谓知识者实非真知识也。"（第五章，页67）"倘能由科学之理则，以求得其真知，则知之决无所难。"（同上，页71）所以说"知难行易"。

知识社会学

"夫人群之进化也，以时分之，则分为三时期，如上所述曰不知而行之时期，曰行而后知之时期，曰知而后行之时期。而以人分之，则有三系焉,其一先知先觉者,为创造发明;其二后知后觉者,为仿效推行;其三不知不觉者,为竭力乐成。有此三系,人相需为用,则大禹之九河可疏,秦皇之长城能筑也。"(第五章,页68—69)又云:"文明之进化,成于三系之人。其一先知先觉者即发明家也,其二后知后觉者即鼓吹家也,其三不知不觉者即实行家也。"然而"为一国之经营建设所难得者,非实行家也。乃理想家计划家也,而中国之后知后觉者,皆重实行而轻理想矣……所以不能鼓吹舆论,倡导文明,而反是混乱是非,阻碍进化也。"(同上,页72)这就是说,欲使建设事业成功,便不可不使社会通力合作,而特别注重理想家计划家。"夫事有顺乎天理,应乎人情,适乎世界之潮流,合乎人群之需要,而为先知先觉者所决志行之,则断断无不成者也。"(第八章"有志竟成",页113)先有先知先觉经营计划,后知后觉仿效推行,不知不觉便只要实行起来便得。因此所以先知先觉先知后行,后知后觉先行后知,不知不觉不知而行。先知后行是主知主义,先行后知与不知而行是主行主义,所以说"知难行易"。

总而言之,孙先生"知难行易说"是一种主知哲学,也是一种主行哲学,拿它来和知行的旧说比较,"知易行难说"为不知而行时期的思想方法;"知行合一说"为行而后知时期的思想方法,"知难行易说"却为知而后行时期的思想方法。换句话说,即从知识历史学上看,《尚书·说命篇》傅说"知之非艰,行之维艰",为中国宗教时期的思想方法,王阳明的知行合一说为中国哲学时期的思想方法,而国父孙先生的知难行易说,却正是现代中国科学时期的思想方法。但话虽如此,国父孙中山的思想,也是有所本的,本于《大学》的格物。陈乾初《大学辨》有一段话极可注意,他说:"《书》有之知之非艰,行之惟艰,《大学》之意,若曰行之非艰,知之惟艰。"这不是证明了知难行易说在《大学》里面已经包含这段真理吗？这不是证明了国父孙中山学说完全为中国思想方法的产物吗？因为他的思想方法，完全是体认《大学》，发展成功现代的思想，故可以代表中国思想方法的新倾向。我们要理解中国现代的思想方法，便须研究国父知难行易之科学时代的知识论。

　　总结起来，我们研究中国思想方法体系，知道中国思想方法有三大派别，老家代表"哲学的"宗教方法，从"无知"立根，墨家代表"哲学的"科学方法，从"有知"立根，孔家代表"哲学的"哲学方法，从"格物致知论"立根。单就孔家思想方法的发展来看，宋儒的格物说主张即物穷理，是宇宙观的方法是"正"，明儒的格物说主张即心致知，是人生观的方法，是"反"，清儒的格物说，综合两者，成功了社会观的方法，是"合"。单就清儒的思想方法的发展来说，经世学派主张，"行为主义"是"正"，乾嘉学派主张"主知主义"是反，国父孙先生综合两者，成功了知难行易说是"合"。所以，国父孙先生的思想方法确为现代中国思想方法的准绳。然而即在孙先生的思想方法当中，也可以看出一种新的倾向，即是中山先生科学时代的知识论，并不限于"科学时代"。第一点，中山先生不但看到知识要素为历史原因，而且看到"所得知识皆从冒险猛进而来"。（第五章页65）这就是促进知识进化的生元动力，才是人类历史的真因，所以就这一点来看，他的知识论之最精的一义即为生命的知识观。孙先生实在是一个彻底的生命主义者。第二点，他所主张"生命的知识论"从"行"的方面提倡起来，就是生命主义的"行"的哲学，为蒋总裁所发挥。总裁因为觉着"全国的人不能照总理的哲学'行易'方面去做，只是向着'知难'方面去求"，所以主张力行，以为"总理已拿所有的知告诉我们了，我们现在就是实实在在去行罢了，我们不必仅是去求知，现在只要来行"（页18）。他特别提出王阳明的知行合一的哲学,以为"王阳明所讲的是'知行合一',总理所讲的是'知难行易',统统是反对从前'知易行难'只知静而不知动的哲学,这两个哲学就作用方面说,可说只是一个。因为统是注重在动的方面,而且统是注重在行的哲学"。(页71)又说:"我们只知道知难行易的'行'字,为唯一的人生哲学,而不能承认唯心哲学,亦不能承认唯物哲学,而我们所以只知道有一'行'的哲学。"(页21)又说:"古今来宇宙之间,只有一个'行'字才能创造一切,所以我们的哲学,唯认知难行易为唯一的人生哲学,简言之,唯认'行'的哲学为唯一的人生哲学。"(页60)这种"行"的哲学,即是"生"的哲学,所以又说:"我们要认识'行'的真谛,最好从《易经》'天行健君子以自强不息'一句话去体察,因为宇宙间最显著的现象,亦即是宇宙万物所由构成的,就无过于天体之运行。"这注重"行"的哲学,确为国父孙先生学说之一新的解释,同时即为中国思想方法之新的发展,是值得我们去注意的。即因孙先生的思想方法,是站在第三时期科学时代,而倾向于第四时期的大同世界——艺术时代,所以他的思想方法,包含着很浓厚的第四时期生命主义、行为主义的色彩。而生命主义、行为主义的思想方法,即为国父孙先生学说发展出来的中国思想的新倾向,也就是中国一脉相传的思想方法之现代的新倾向。

结　　论

最后，依于研究中国思想方法论史的结果，对于知行问题，试作一个根本的解决。依照知识社会学与知识历史学的原理，我们可以发见以下数点：

（第一）世界知识有三大系，印度为宗教文化，代表"解脱的知识"，西洋为科学文化，代表"实用的知识"，中国为哲学文化，代表"本质的知识"。对于"知行问题"的关系，则凡主张"解脱的知识"者，近于"不知不行"；主张"实用的知识"者，近于"主知"；主张"本质的知识"者，近于"主行"。中国文化的特质为"人生"，为"本质的知识"，故中国实为"力行的哲学"的适例。凡是正统学派，无不注重力行，以行为知之功，未有离行以求知或言知而不言行者。宋儒宇宙观的格物，虽所重在知，而知之未有不行，所谓"欲明此理而力行之耳"（《朱子大全集·答郭希吕》）。但先知后行，其结果高坐空谈，捕风捉影。因为宇宙观的"行的哲学"，主行尚不彻底，于是乃有明儒人生观的格物说，主知行合一，合知行于一人之身，然而明心见性，曰一贯，曰无言，仍是偏于主知。因为人生观的"行的哲学"主行，只限于一身，不及家国天下，于是乃有清初经世学派，以"手格其物"为教说"圣人只要人习行，天下人尽习行，是道之明于天下也"。（颜习斋《四书正误》卷三）可算彻底主行了。不幸而"知之非艰，行之维艰"一语，深入人心，遂使奋勉之气，不胜畏难之心，于是国父孙先生，登高一呼，提倡"知难行易"学说，以明知非易而行非难。知非易为"主知主义",行非难为"主行主义",分知分行,教人注重难的"知",更要注重易的"行",注重"知"故能创造,注重"行"故能实践,这可以说就是社会观的"行的哲学"。然而"知难行易说"最精之一义,乃在承认"一切知识皆从冒险猛进而来",此种生命观的格物说,同时即为生命观的"行的哲学"。于是依此学说,从生命主义上建立"力行"的新信仰,以振作人心,而推进革命,这就是蒋总裁的"力行哲学"。

(第二)中国思想方法为"本质的知识",即格物致知论,又可细分三种类,一为宇宙本质的知识,宋儒主之;二为人生本质的知识,明儒主之;三为社会本质的知识,清儒迄今主之。此三种本质的知识,形成三种不同的知识三类型,同时又为中国文化发展之继承的知识三阶段,例如宇宙本质的知识之探求,造成宋代的"宇宙哲学时期",人生本质的知识之探求,造成明代的"人生哲学时期",社会本质的知识之探求,造成清代迄今的"社会政治的哲学时期"。而现代为综合时代,即为此宇宙的、人生的、社会的各本质知识之综合的表演,即"生命的本质知识"的时代。从生命的本质知识上来看,则宇宙的、人生的、社会的各本质知识,均有其历史的价值与其本质的存在,换言之,即是宋儒宇宙观的格物,明儒人生观的格物,与清儒迄今社会观的格物,均有其历史的价值与其本质的存在,而综合此各时期的思想方法,使中国知识文化的总成绩,得以万古不坠,这正是我们生命论者的知识上最大的综合。

(第三)中国思想方法论史的研究目的,在于明了现代中国的思想方法,而现代中国的思想方法,就是国父孙中山的"知难行易"说。知难行易说实原本于《大学》,陈乾初《大学辨》说:"《书》有之:知之非艰,行之维艰,《大学》之意若曰行之非艰,知之维艰。"可见《大学》的精义——知难行易说,直到现代,才为国父孙先生所发明，他称道《大学》一书，以为"孔家最有系统的政治哲学，在外国的大政治家还没有见到还没有说到那样清楚的，就是大学中所说的格物致知诚意正心修身齐家治国平天下那一段话，把一个人从内发扬到外，由一个人的内部做起，推到平天下止"；这是何等明白地告诉我们，他的政治哲学方法论——知难行易说，和《大学》的关系，国父常对人讲《大学》之道。（案《总裁首论》第一册页145："我以为《大学》书里面所讲的都是陈旧的东西……一直到二十八岁的时候，总理对我讲《大学》之道，才恍然大悟，知道这部书是最有价值的政治哲学。"）《大学》即是思想方法论，乃我国古圣先贤递相传习之民族的遗教。（同上页288）所以现在不谈中国思想方法则已，要谈现代的中国思想方法，实应以《大学》的格物说为代表，而国父所著《孙文学说》乃是大学格物说授受的真传，其在民族文化正统中，有如泰山乔岳，不可动摇。如我在前面所说过的："孙文学说本身即有较异派哲学方法更适合更丰富的思想方法，用不着以任何思想方法来代替它，冒充它，而这也就是我现在提出这一个新题目的根本理由了。"

民国三十年七月二十六日

参考书目

（以讲者自著为限）

（一）《文化哲学》（第二章《文化类型学》，第八章、第九章《文化之地理上分布》），商务印书馆版

（二）《中国思想对于欧洲文化之影响》（附录——《中国思想派别及其对于欧洲文化影响之不同》），商务印书馆版

（三）《谦之文存》（卷上《大学研究》《中庸研究》《别墨研究》《庄子研究》），泰东图书局版

（四）《无元哲学》（上篇《知识论》《无名主义》），泰东图书局版

（五）《周易哲学》（上册第三章《流行的进化》、第六章《名象论》），启智书局版

（六）《一个唯情论者的宇宙观及人生观》（第三讲《宇宙观上》），泰东图书局版

（七）《历史哲学》（第七章《中国哲学的三时期》），泰东图书局版

（八）《历史哲学大纲》（第六章《社会的科学的历史哲学下》）、第十节《孙中山历史哲学的思想》），民智书局版

（九）《到大同之路》（第五章《三民主义的历史观》），泰东图书局版

庄子哲学

本书撰作于1949年6—7月，原为稿本，今藏于中山大学哲学系。2002年收入福建本第三卷。本次整理，以福建本为底本，又据稿本朱谦之本人手列目录，将《庄子用书要目》和《老子新探》列为本书附录。

——编者

目　录

序　论

第一章　庄子及其时代 89
第二章　《庄子》书之考证 121
第三章　庄子哲学之渊源 147

本　论

第四章　形而上论理学 201
第五章　宇宙哲学 254
第六章　历史哲学 283
第七章　人生哲学 307
第八章　庄子的神秘主义 348
第九章　政治哲学 360

附一：庄子用书要目 380
附二：老子新探 384

序 论

第一章　庄子及其时代

迈迈庄周，腾世独游。
遁时放言，齐物绝尤。
垂钓一壑，取戒牺牛。
望风寄心，托志清流。

——晋夏侯湛《庄周赞》

一、庄子是谁？

庄子这个人，究竟有没有？这由考据家看来，应该是先决的问题了。所以有些大胆的学者甚至疑到庄子不是庄子，而是另一个人，在这里可举几种说法：

Ⅰ.庄子即杨朱说——见蔡元培《中国伦理学史》第八章。他以为："案庄子盖稍先于孟子，故书中虽诋儒家而不及孟；而孟子之所谓杨朱，实即庄周。古音'庄'与'杨'、'周'与'朱'俱相近，如荀卿之亦作孙卿也。孟子曰：'杨子之为我，拔一毛而利天下不为也。'又曰：'杨朱墨翟之言盈天下，杨氏为我，是无君也。'《吕氏春秋》曰：'杨子贵己'。《淮南子·氾论训》曰：'全性保真，不以物累形，杨子之所立也，而孟子非之。''贵己''保真'即'为我'之正旨。庄周书中，随在可指。如许由曰'予无所用天下为'。连叔曰'之人也，之德也，将旁礴万物，以为一世蕲乎乱，孰弊弊焉以天下为事，是其尘垢秕糠，犹将陶铸尧舜者也，孰肯以物为事'。其他类是者，不可以更仆数，正《孟子》所谓'拔一毛而利天下不为也'。子路之诋长沮桀溺也曰'废君臣之义'，曰'欲洁其身而乱大伦'，正与孟子所谓'杨氏无君'相同。"

案此说据唐钺《杨朱考》云，起于日本人久保天随，枝之运先生本之。又《朱子语类》论及庄子云："列、庄本杨朱之学，故其书多引其语。庄子说：'子之于亲也，命也，不可解于心。'至臣之于君，则曰：'义也，无所逃于天地之间。'是他看得那君臣之义，却似是逃不得，不奈何须著臣服他。更无一个自然相胥为一体处，可怪！故孟子以为无君，此类是也。"这话当给庄周即杨朱说以一大暗示，但事实却不如此。庄子主张即与杨朱有些接近，仍无碍其为两个人，因为《庄子》书中，有许多处提到杨子（《骈拇》《胠箧》《天地》《徐无鬼》），而且都是极端排斥他。如唐钺《杨朱考》所云："庄子如就是杨子，这岂不是自己打自己的嘴巴吗？"还有《庄子》称阳子居的地方不少（《山木》《应帝王》《寓言》），《释文》以为即"姓杨名朱字子居"；证之以《吕氏春秋·不二篇》"阳生贵己"，杨亦作阳。又郑宾于《杨朱传略》云："《孟子·尽心上》云'杨子取为我，拔一毛而利天下不为也'。赵岐注云：'杨子，杨朱也。'赵读杨子与下句墨子对文，此实大误。原《孟子》此处之作'杨子取'，亦犹《庄子》或作'阳子居'耳。古人有字若符其名，其作'子居'或'子取'者，取其切音成'朱'字而已。可见杨朱之字子居或子取——竟与司马子长说庄周字子休的意义完全相同。"由上可见《庄子》书中所谓杨、墨之杨，与阳子居当为一人。依据于这些《庄子》所引杨朱或阳子居的话，则杨朱即庄周说，即不能成立。

Ⅱ．庄子即子莫说——王树荣说见《古史辨》第六册。他以为："（庄周）即孟子所称之子莫也。周训普遍，莫训广漠无垠。《庄子·齐物论》：'子有大树，何不树之于无何有之乡，广莫之野？'名周，字子莫，固意义相生也。小说家谓庄子字子休，不知出何典记。莫沐同音，或假作子沐，又以形似讹作子休耳。《五代史》有休休人名，休姓不经见，当是沐休，涉下休字而误。此沐误作休之证。《太玄经》云'密雨溟沐'，即溟漠也，莫为漠之本字。此莫沐相通之证。《史记》谓庄子为蒙人，裴骃《集解》云'《地理志》蒙县属梁国'。小司马《索隐》又引刘向《别录》云'宋之蒙人'，莫宗一是。朱注云：'子莫，鲁之贤人也。'《诗》云'奄有龟蒙'，《论语》云'夫颛臾，昔者先王以为东蒙主'。《庄子》书中屡称道仲尼颜渊之说，然则庄子乃鲁之蒙人也。王厚斋云：'庄子曰为善无近名，为恶无近刑，缘督以为经。又曰吾将处夫才与不才之间。此子莫之执中也。'是仅知庄子之说，同于子莫之执中，尚未悟子莫即庄周之字也。"

案此说本于王厚斋，实亦非是。《孟子·尽心篇》以子莫执中与杨墨并列。孙仲容《籀庼述林子莫学说考》云"子莫必为战国时闻人硕士，能以学说自名其家者"。但谓其即魏公子牟，则尚非定论。《汉书·艺文志》道家"《公子牟》四篇"自注："魏之公子也，先庄子，庄子称之。"《荀子·非十二子篇》杨注谓与庄子同时，郭沫若《十批判书》以为可能是庄周的弟子。今姑舍此不谈，而认子莫之执中同于庄子，子莫即为庄子之字，则何以《孟子》此章于杨墨，但称杨子、墨子，而于子莫独称字以尊之，殊不可通。辩此一点，知子莫和庄子决非一人，而此庄周即子莫说，亦不能成立。

Ⅲ．庄子即庄周说——然则庄子究竟是谁？我以为庄子即是庄周，最可靠的答案，还跳不出司马迁《史记》的范围。案《史记·老子韩非列传》云：

庄子者，蒙人也，名周。周尝为蒙漆园吏，与梁惠王、齐宣王同时。其学无所不窥，然其要本归于老子之言。故其著书十余万言，大抵率寓言也。作《渔父》《盗跖》《胠箧》，以诋訿孔子之徒，以明老子之术。《畏累虚》《亢桑子》之属，皆空语无事实。然善属书离辞，指事类情，用剽剥儒、墨，虽当世宿学不能自解免也。其言洸洋自恣以适己，故自王公大人不能器之。楚威王闻庄周贤，使使厚币迎之，许以为相。庄子笑谓楚使者曰："千金，重利；卿相，尊位也。子独不见郊祭之牺牛乎？养食之数岁，衣以文绣，以入大庙。当是之时，虽欲为孤豚，岂可得乎？子亟去，无污我。我宁游戏污渎之中自快，无为有国者所羁，终身不仕，以快吾志焉。"

在这里活绘出一个绝对爱自由的人物。《吕氏春秋·必己篇》高诱注："庄子名周，宋之蒙人也。轻天下，细万物，其术尚虚无，著书五十二篇，名之曰《庄子》。"这"轻天下，细万物"六个字，也正是一个爱自由人物的注脚。又《史记索隐》引刘向《别录》云庄子"宋之蒙人也""作人姓名，使相与语，是寄辞于其人，故《庄子》有《寓言篇》"。

这可见他的文学家的态度。但这几段记载，都未免太简短了，须待后人加以补充。如《史记》谓庄子为蒙人，裴骃《史记集解》引《地理志》云"蒙县属梁国"，《经典释文·庄子音义序录》因之曰"梁国蒙县人也"。又《太平寰宇记》"楚有蒙县，俗谓之小蒙城也，庄周之本邑"。《朱子语类》也有"庄子自是楚人"之说。这均与刘向《别录》所载不同。今按今人马叙伦《庄子宋人考》（《庄子义证》附录），知蒙地在宋亡后，或入于楚，楚置为蒙县，汉则或属于梁国。惟庄子之卒于宋之将亡，则当为宋人，这是很真确的。依据《庄子·列御寇》两节，庄子居宋，是一种事实，然则庄子籍贯，虽有宋人、梁人、楚人，乃至齐人之说（《古今乐录》云"庄周齐人"），而谓之宋之蒙人，当为可信。至生卒年月，说者亦不一。有谓周显王三十年至赧王四十年（335B.C.—275B.C.，梁启超说）；有谓周烈王七年至赧王二十九年（369B.C.—286B.C.，马叙伦说见《庄子年表》）；有谓周显王元年十年间至赧王二十六年三十六年间（365B.C.—290B.C.，见《先秦诸子系年考辨·庄周生卒考》）要之庄子年代与梁惠王、齐宣王同时，即与孟子时代约略相当。《朱子语类》："问孟子与庄子同时否？曰庄子后得几年，然亦不争多。""问庄子与孟子同时，何不一相遇，又不闻相道及，如何？曰庄子当时，也无人宗之，他只在僻处自说，然亦止杨朱之学。"又："孟子平生足迹只是齐鲁滕宋大梁之间，不曾过大梁之南。庄子自是楚人，想是声闻不相接，大抵楚地便多有此样差异底人物学问。"这当然只算朱子对于两人没会面的理由，强做一个解释罢了。今试以《庄子》书中所述生平事迹，和《史记》本传互看，则知庄子曾做过一个很小的官，却是很穷。但谓贷粟于监河侯，则为寓言。

庄子衣大布而补之，正縻系履而过魏王。魏王曰："何先生之惫邪？"庄子曰："贫也，非惫也。士有道德不能行，惫也；衣弊履穿，贫也，非惫也。此所谓非遭时也。……今处昏上乱相之间，而欲无惫，奚可待邪？此比干之见剖心，征也夫。"（《山木》）

庄周家贫，故往贷粟于监河侯。监河侯曰："诺。我将得邑金，将贷子三百金，可乎？"庄周忿然作色曰："周昨来，有中道而呼者。周顾视车辙中，有鲋鱼焉。周问之曰：'鲋鱼来！子何为者耶？'对曰：'我，东海之波臣也。君岂有斗升之水而活我哉？'周曰：'诺，我且南游吴越之王，激西江之水而迎子，可乎？'鲋鱼忿然作色曰：'吾失我常与，我无所处。吾得斗升

之水然活耳。君乃言此，曾不如早索我于枯鱼之肆。"（《外物》）

又《史记》本传楚威王聘庄子为相，庄子却之。案《秋水篇》《列御寇篇》，亦有却聘之事：

> 庄子钓于濮水，楚王使大夫二人往先焉，曰："愿以境内累矣。"庄子持竿不顾，曰："吾闻楚有神龟，死已三千岁矣。王巾笥而藏之庙堂之上。此龟者，宁其死为留骨而贵乎？宁其生而曳尾于涂中乎？"二大夫曰："宁生而曳尾涂中。"庄子曰："往矣。吾将曳尾于涂中。"（《秋水》）

> 或聘于庄子，庄子应其使曰："子见夫牺牛乎？衣以文绣，食以刍叔，及其牵而入于大庙，虽欲为孤犊，其可得乎！"（《列御寇》）

《黄氏日钞》驳道："楚聘庄周为相，史无其事。凡方外横议之士，多自夸时君聘我为相而逃之，其为寓言未可知。又时君尚攻战权术，未必有礼聘之事，虽孟子于梁齐，亦闻其好士而往说之，非聘也。纵其聘之，何至预名为相而聘之。"这确然是一个疑问。但即此寓言，亦可见庄子宦情之淡，无疑。

又下面一段鼓盆而歌的故事，可见庄子是有妻子的人：

> 庄子妻死，惠子吊之。庄子则方箕踞鼓盆而歌。惠子曰："与人居，长子、老、身死，不哭亦足矣，又鼓盆而歌，不亦甚乎！"庄子曰："不然。是其始死也，我独何能无概！然察其始而本无生；非徒无生也，而本无形；非徒无形也，而本无气。杂乎芒芴之间，变而有气；气变而有形，形变而有生，今又变之

死,是相与春秋冬夏四时行也。人且偃然寝于巨室,而我嗷嗷然随而哭之,自以为不通乎命,故止也。"(《至乐》)

及到了他自己将死的时候,竟提出"以天地为棺椁"的达观主张。

庄子将死,弟子欲厚葬之。庄子曰:"吾以天地为棺椁,以日月为连璧,星辰为珠玑,万物为赍送,吾葬具岂不备邪?何以加此!"弟子曰:"吾恐乌鸢之食夫子也。"庄子曰:"在上为乌鸢食,在下为蝼蚁食,夺彼与此,何其偏也!"(《列御寇》)

这一段后人的记载,也可见庄子是何等样地一个绝对主张自由,否定一切束缚的游戏人生的虚无哲学家的态度。

二、寓言发生的背景

虚无哲学家的庄子,依《史记》本传"其著书十余万言,大抵率寓言也"。刘向《别录》谓其"作人姓名,使相与语,是寄辞于其人,故《庄子》有《寓言篇》"。今案《庄子》书中自述"寓言十九,重言十七"(《寓言篇》),宣颖注云"寄寓之言,十居其九""引重之言,十居其七"。胡怀琛解释得更清楚(《中国寓言研究》):

寄寓之言,就是造出一件故事,寄托一种很深的意思。引重之言,就是自己造出一件故事,却是托为古人之事,而使他为后人所重。

总之,寓言和重言是相差不多的,都是凭空造出来的故事,不过寓言并不借用古人的名字。重言就要借用尧、舜、孔子等名字了。换句话说，重言就是冒古人的名，而用以欺骗后世。

因为《庄子》一书乃以寓言的体裁为主，故陆德明就所见司马彪、孟氏注本，而称其"言多诡诞，或似《山海经》，或类占梦书，故注者以意去取"。现在郭象注三十三篇本，虽与司马彪、孟氏五十二篇本不同，但其诡诞似《山海经》处，仍所在多有。即因如此，庄子本身的事迹，也许多地方变成寓言化了。例如《齐物论》的"胡蝶梦"：

> 昔者庄周梦为胡蝶，栩栩然胡蝶也，自喻适志与！不知周也。俄然觉，则蘧蘧然周也。不知周之梦为胡蝶与？胡蝶之梦为周与？周与胡蝶，则必有分矣，此之谓物化。

《至乐篇》与髑髅的对话：

> 庄子之楚，见空髑髅，髐然有形，撽以马捶，因而问之曰："夫子贪生失理而为此乎？将子有亡国之事、斧钺之诛而为此乎？将子有不善之行，愧遗父母妻子之丑而为此乎？将子有冻馁之患而为此乎？将子之春秋故及此乎？"于是语卒，援髑髅，枕而卧。夜半，髑髅见梦曰："向子之谈者似辩士。视子所言，皆生人之累也，死则无此矣。子欲闻死之说乎？"庄子曰："然。"髑髅曰："死，无君于上，无臣于下，亦无四时之事。纵然以天地为春秋，虽南面王乐不能过也。"庄子不信，曰："吾使司命复生子形，为子骨肉肌肤，反子父母、妻子、闾里、知识，子欲之乎？"髑髅深矉蹙頞曰："吾安能弃南面王乐，而复为人间之劳乎？"

《山木篇》的"雁":

庄子行于山中,见大木,枝叶盛茂,伐木者止其旁而不取也。问其故,曰:"无所可用。"庄子曰:"此木以不材得终其天年。"夫子出于山,舍于故人之家。故人喜,命竖子杀雁而烹之。竖子请曰:"其一能鸣,其一不能鸣,请奚杀?"主人曰:"杀不能鸣者。"明日,弟子问于庄子曰:"昨日山中之木,以不材得终其天年;今主人之雁,以不材死;先生将何处?"庄子笑曰:"周将处乎材与不材之间。材与不材之间,似之而非也,故未免乎累。若夫乘道德而浮游则不然。无誉无訾,一龙一蛇,与时俱化,而无肯专为。一上一下,以和为量,浮游乎万物之祖。物物而不物于物,则胡可得而累邪!此神农、黄帝之法则也。若夫万物之情,人伦之传则不然,合则离,成则毁,廉则挫,尊则议,有为则亏,贤则谋,不肖则欺。胡可得而必乎哉?悲夫!弟子志之,其唯道德之乡乎!"

《山木篇》的"异鹊":

庄周游于雕陵之樊,睹一异鹊自南方来者。翼广七尺,目大运寸,感周之颡而集于栗林。庄周曰:"此何鸟哉!翼殷不逝,目大不睹。"褰裳躩步,执弹而留之。睹一蝉方得美荫而忘其身,螳螂执翳而搏之,见得而忘其形,异鹊从而利之,见利而忘其真。庄周怵然曰:"噫!物固相累,二类相招也。"捐弹而反走,虞人逐而谇之。庄周反入,三日不庭。蔺且从而问之:"夫子何为顷间,甚不庭乎?"庄周曰:"吾守形而忘身。观于浊水而迷于清渊。且吾闻诸夫子曰:'入其俗,从其俗。'今吾游于雕陵而忘吾身，异鹊感吾颡，游于栗林而忘真。栗林虞人以吾为戮，吾所以不庭也。"

乃至与最友善者惠施之往来辩论，其中亦不少寓言或故事的色彩。如《逍遥游》"不龟手之药"与"大树"，《秋水篇》的"鹓雏"与"鱼"，《徐无鬼篇》的"匠石"，均为好例。《逍遥游》：

> 惠子谓庄子曰："魏王贻我大瓠之种，我树之成而实五石。以盛水浆，其坚不能自举也。剖之以为瓢，则瓠落无所容。非不呺然大也，吾为其无用而掊之。"庄子曰："夫子固拙于用大矣。宋人有善为不龟手之药者，世世以洴澼絖为事。客闻之，请买其方百金。聚族而谋曰：'我世世为洴澼絖不过数金，今一朝而鬻技百金。请与之。'客得之以说吴王。越有难，吴王使之将。冬，与越人水战，大败越人，裂地而封之。能不龟手一也，或以封，或不免于洴澼絖，则所用之异也。今子有五石之瓠，何不虑以为大樽而浮乎江湖，而忧其瓠落无所容？则夫子犹有蓬之心也夫！"
>
> 惠子谓庄子曰："吾有大树，人谓之樗。其大本拥肿而不中绳墨，其小枝卷曲而不中规矩。立之涂，匠者不顾。今子之言，大而无用。众所同去也。"庄子曰："子独不见狸狌乎？卑身而伏，以候敖者；东西跳梁，不辟高下；中于机辟，死于罔罟。今夫斄牛，其大若垂天之云。此能为大矣，而不能执鼠。今子有大树，患其无用，何不树之于无何有之乡，广莫之野，彷徨乎无为其侧，逍遥乎寝卧其下？不夭斤斧，物无害者，无所可用，安所困苦哉！"

《秋水篇》：

> 惠子相梁。庄子往见之，或谓惠子曰："庄子来，欲代子相。"于是惠子恐，搜于国中三日三夜。庄子往见之，曰："南方有鸟，其名为鹓鶵，子知之乎？夫鹓鶵发于南海而飞于北海，非梧桐不止，非练实不食，非醴泉不饮。于是鸱得腐鼠，鹓鶵过之，仰而视之曰：'吓。'今子欲以子之梁国而吓我邪？"
>
> 庄子与惠子游于濠梁之上。庄子曰："儵鱼出游从容，是鱼之乐也。"惠子曰："子非鱼，安知鱼之乐？"庄子曰："子非我，安知我不知鱼之乐？"惠子曰："我非子，固不知子矣；子固非鱼矣，子之不知鱼之乐，全矣。"庄子曰："请循其本。子曰'女安知鱼乐'云者，既已知吾知之而问我。我知之濠上也。"

《徐无鬼篇》：

> 庄子送葬，过惠子之墓，顾谓从者曰："郢人垩漫其鼻端，若蝇翼，使匠石斲之。匠石运斤成风，听而斲之，尽垩而鼻不伤，郢人立不失容。宋元君闻之，召匠石曰：'尝试为寡人为之。'匠石曰：'臣则尝能斲之，虽然，臣之质死久矣。'自夫子之死也，吾无以为质矣，吾无与言之矣。"

我们可以说中国寓言，实在到了庄子，才达到标准的时代。当然在庄子以外，前者如墨子（公孟、公输、鲁问），同时如孟子（齐人妻妾的寓言），后来如韩非子（说林）均有很好的寓言。但据研究的结果，战国前后的寓言，实以庄子产生地的宋国，为寓方所出的原产地。胡怀琛曾根据沈德鸿选的中国寓言，做一个统计。那本书中共选一百二十七个寓言，除了许多不说明某国人的，又除了许多假托一个真人的名字外，此外单说明主人翁的国籍的，共有二十九个，而二十九个之中，宋国就占了十个，得二分之一强。楚占八个居第二位，齐占四个占第三位（《中国寓言研究》）。何以假托宋人的故事这么多，他的答案，以为不外两个原因：

第一个原因，是寓言产生于宋国。这一类的寓言，本来是流传在宋国的，孟子、庄子、韩非子等，把现成的寓言拿过来运用罢了。

第二个原因，也是寓言产生于宋国。当那时候，宋国的寓言是很知名的，孟子、庄子、韩非子等，虽然是自己编造寓言，也必借用宋人的大名。

庄子之成为寓言大家，无疑乎是与此文化地理环境有重大关系。因为庄子为宋之蒙人，而一生游历所及，多在楚国。《秋水篇》与《史记》本传均记庄子与楚之关系，游于濠梁之上，亦在楚境，故宋朱熹竟谓为楚人。冯友兰《中国哲学史》曾指出庄子思想和楚人相近处，以《天运篇》为例，如云：

  天其运乎？地其处乎？日月其争于所乎？孰主张是？孰维纲是？孰居无事推而行是？意者其有机缄而不得已耶？意者其运转而不能自止耶？云者为雨乎？雨者为云乎？孰隆施是？孰居无事淫乐而劝是？风起北方，一西一东，有上彷徨，孰嘘吸是？孰居无事而披拂是？敢问何故？巫咸袑曰："来，吾语女。天有六极五常，帝王顺之则治，逆之则凶。九洛之事，治成德备，监照下土，天下戴之，此谓上皇。"

此段形式内容皆与《楚辞·天问》一致，虽不必为庄子所自作，要之可见庄学与楚人之关系。所谓《楚辞》皆想像丰富、清思飘逸，与《诗三百篇》之专歌咏人事者不同。《庄子》书中，思想文体皆极超旷。就其寓言来看，尤明显为南方文化的表现，而与北方文化之思想性格相反。以寓言擅长的庄子，正是那时南方文化的代表，换言之，即为南方之文化地理环境所陶冶而成。梁启超在《中国学术思想变迁之大势》一文中，曾经指出南北文化之不同，南方的文化精神"有破坏之心，探玄理，出世界，齐物我，平阶级，轻私爱，厌繁文，明自然，顺本性"，这拿来指南派寓言大家的庄子，真再好没有了。先秦思想之全盛时代（春秋战国），实即以南北两派中分天下。"北地苦寒硗瘠，谋生不易，其民族销磨精神日力，以奔走衣食，维持社会，犹恐不给，无余裕以驰骛于玄妙之哲理，故其学术思想，常务实际，切人事，贵力行，重经验"，这是积极的革命家的态度，以孔子为代表。"南地则反是，其气候和，其土地饶，其谋生易，其民族不必惟一身一家之饱暖是忧，故常观于世界以外，初而轻世，既而玩世，既而厌世，不屑屑于实际，故不重礼法，不拘拘于经验，故不崇先王"；这是消极的革命家的态度，以老子为代表。北派演变为孟轲，为荀卿；南派演变为屈原，为庄周。因为南、北学派性质不同，因此孔学见排于南，而老学见排于北。前者如孔子，"知其不可而为之"，栖栖皇皇，"孔席不暖"；后者多弃世高蹈，如接舆丈人沮溺，而以老子为之魁。《史记》庄子本传"作《渔父》《盗跖》《胠箧》，以诋訿孔子之徒，以明老子之术"；这可见南、北学派之不同。今本此诸篇，即非庄子书，然篇名既见《史记》，或为司马迁所及见。惟为征引的方便，可先举《人间世》末所载"接舆之歌"，与《天地篇》所载"为圃者之语"为例：

《人间世》：

孔子适楚，楚狂接舆游其门曰："凤兮凤兮，何如德之衰也。来世不可待，往世不可追也。天下有道，圣人成焉；天下无道，圣人生焉。方今之时仅免刑焉。福轻乎羽，莫之知载。祸重乎地，莫之知避。已乎已乎！临人以德。殆乎殆乎！画地而趋。迷阳迷阳，无伤吾行。吾行郤曲，无伤吾足。"山木自寇也；膏火自煎也。桂可食，故伐之；漆可用，故割之。人皆知有用之用，而莫知无用之用也。

《天地篇》：

子贡南游于楚，反于晋，过汉阴，见一丈人方将为圃畦。凿隧而入井，抱瓮而出灌。搰搰然用力甚多而见功寡。子贡曰："有械于此，一日浸百畦，用力甚寡而见功多，夫子不欲乎？"为圃者仰而视之曰："奈何？"曰："凿木为机，后重前轻，挈水若抽，数如泆汤，其名为槔。"为圃者忿然作色而笑曰："吾闻之吾师，有机械者必有机事，有机事者必有机心。机心存于胸中则纯白不备；纯白不备，则神生不定；神生不定者，道之所不载也。吾非不知，羞而不为也。"子贡瞒然惭，俯而不对，有间，为圃者曰："子奚为者邪？"曰："孔丘之徒也。"为圃者曰："子非夫博学以拟圣，於于以盖众，独弦哀歌以卖名声于天下者乎？汝方将忘汝神气，堕汝形骸，而庶几乎！而身之不能治，而何暇治天下乎！子往矣，无乏吾事。"子贡卑陬失色，顼顼然不自得，行三十里而后愈。其弟子曰："向之人何为者邪？夫子何故见之变容失色，终日不自反邪？"曰："始吾以为天下一人耳，不知复有夫人也。吾闻之夫子：'事求可、功求成、用力少、见功多者，圣人之道。'今徒不然。执道者德全，德全者形全，形全者神全。神全者，圣人之道也。托生与民并行而不知其所之，汒乎淳备哉。功利、机巧，必忘夫人之心。若夫人者，非其志不之，非其心不为。虽以天下誉之，得其所谓，謷然不顾。以天下非之，失其所谓，傥然不受。天下之非誉，无益损焉，是谓全德之人哉。我之谓风波之民。"

由上两篇，当然也是寓言之类。至于《让王》《盗跖》《渔父》《胠箧》各篇，更明显地发挥南方派的哲理。《让王》全篇为十五短篇故事所合成，主旨在明名利禄位底不足重，与穷通之皆乐。其中有一节述曾子"曳纵而歌《商颂》，声满天地，若出金石，天子不得臣，诸侯不得友"；又一节述颜回家贫不仕，他答孔子道："回有郭外之田五十亩，足以给饘粥；郭内之田十亩，足以为丝麻；鼓琴足以自娱，所学夫子之道者，足以自乐也。回不愿仕。"这两节都是把孔子之徒"超然化了"。还有一节述孔子穷于陈、蔡之间，弦歌鼓琴未尝绝音，这又是把孔子本身也"超然化"了，也可以说就是极巧妙的批判：

> 孔子穷于陈、蔡之间，七日不火食。藜羹不糁，颜色甚惫，而弦歌于室。颜回择菜，子路、子贡相与言曰："夫子再逐于鲁，削迹于卫，伐树于宋，穷于商周，围于陈、蔡。杀夫子者无罪，藉夫子者无禁。弦歌鼓琴，未尝绝音，君子之无耻也若此乎？"颜回无以应，入告孔子。孔子推琴喟然而叹曰："由与赐，细人也。召而来，吾语之。"子路、子贡入，子路曰："如此者可谓穷矣。"孔子曰："是何言也！君子通于道之谓通，穷于道之谓穷。今丘抱仁义之道，以遭乱世之患，其何穷之为？故内省而不穷于道，临难而不失其德。天寒既至，霜雪既降，吾是以知松柏之茂也。陈、蔡之隘，于丘其幸乎。"孔子削然反琴而弦歌，子路扢然执干而舞。子贡曰："吾不知天之高也，地之下也。"古之得道者穷亦乐，通亦乐，所乐非穷通也，道德于此，则穷通为寒暑风雨之序矣。故许由娱于颍阳，而共伯得乎共首。

但这种批判,到了《盗跖》《渔父》便趋于极端了。《盗跖篇》是托盗跖来排斥孔子祖述尧舜、宪章文武的主张:

> 孔子与柳下季为友。柳下季之弟名曰盗跖。盗跖从卒九千人,横行天下,侵暴诸侯。穴室枢户,驱人牛马,取人妇女,贪得忘亲,不顾父母兄弟,不祭先祖。所过之邑,大国守城,小国入保,万民苦之。孔子谓柳下季曰:"夫为人父者,必能诏其子;为人兄者,必能教其弟。若父不能诏其子,兄不能教其弟,则无贵父子兄弟之亲矣。今先生,世之才士也,弟为盗跖,为天下害,而弗能教也。丘窃为先生羞之。丘请为先生往说之。"柳下季曰:"先生言'为人父者必能诏其子,为人兄者必能教其弟',若子不听父之诏,弟不受兄之教,虽今先生之辩,将奈之何哉?且跖之为人也,心如涌泉,意如飘风,强足以距敌,辩足以饰非。顺其心则喜,逆其心则怒,易辱人以言。先生必无往。"孔子不听,颜回为驭,子贡为右,往见盗跖。
>
> 盗跖乃方休卒徒大山之阳,脍人肝而□铺之。孔子下车而前,见谒者曰:"鲁人孔丘,闻将军高义,敬再拜谒者。"谒者入通。盗跖闻之大怒,目如明星,发上指冠,曰:"此夫鲁国之巧伪人孔丘非邪?为我告之:尔作言造语,妄称文、武,冠枝木之冠,带死牛之胁,多辞缪说,不耕而食,不织而衣,摇唇鼓舌,擅生是非,以迷天下之主,使天下学士不反其本,妄作孝弟,而侥幸于封侯富贵者也。子之罪大极重,疾走归!不然,我将以子肝益昼铺之膳。"
>
> 孔子复通曰:"丘得幸于季,愿望履幕下。"谒者复通。盗跖曰:"使来前!"孔子趋而进,避席反走,再拜盗跖。盗跖大怒,两展其足,案剑瞋目,声如乳虎,曰:"丘来前!若所言顺吾意

则生,逆吾心则死。"

孔子曰:"丘闻之,凡天下有三德:生而长大,美好无双,少长贵贱见而皆说之,此上德也;知维天地,能辩诸物,此中德也;勇悍果敢,聚众率兵,此下德也。凡人有此一德者,足以南面称孤矣。今将军兼此三者,身长八尺二寸,面目有光,唇如激丹,齿如齐贝,音中黄钟,而名曰盗跖,丘窃为将军耻不取焉。将军有意听臣,臣请南使吴、越,北使齐、鲁,东使宋、卫,西使晋、楚,使为将军造大城数百里,立数十万户之邑,尊将军为诸侯,与天下更始,罢兵休卒,收养昆弟,共祭先祖。此圣人才士之行,而天下之愿也。"

盗跖大怒曰:"丘来前!夫可规以利而可谏以言者,皆愚陋恒民之谓耳。今长大美好,人见而悦之者,此吾父母之遗德也。丘虽不吾誉,吾独不自知邪?且吾闻之,好面誉人者,亦好背而毁之。今丘告我以大城众民,是欲规我以利而恒民畜我也,安可久长也!城之大者,莫大乎天下矣。尧、舜有天下,子孙无置锥之地;汤、武立为天子,而后世绝灭。非以其利大故邪?且吾闻之,古者禽兽多而人少,于是民皆巢居以避之,昼拾橡栗,暮栖木上,故命之曰'有巢氏之民'。古者民不知衣服,夏多积薪,冬则炀之,故命之曰'知生之民'。神农之世,卧则居居,起则于于。民知其母,不知其父,与麋鹿共处,耕而食,织而衣,无有相害之心。此至德之隆也。然而黄帝不能致德,与蚩尤战于涿鹿之野,流血百里。尧、舜作,立群臣,汤放其主,武王杀纣。自是之后,以强陵弱,以众暴寡。汤、武以来,皆乱人之徒也。今子修文、武之道,掌天下之辩,以教后世。缝衣浅带,矫言伪行,以迷惑天下之主,而欲求富贵焉。盗莫大于子,天下何故不谓子为盗丘,而乃谓我为盗跖?子以甘辞说子路而使从之。使子路去其危冠,解其长剑,而受教于子。天下皆曰'孔丘能止暴禁非',其卒之也,子路欲杀卫君而事不成,身菹于卫东门之上,是子教之不至也。子自谓才士圣人邪,则再逐于鲁,削迹于卫,穷于齐,围于陈、蔡,不容身于天下。子教子路菹。此患,上无以为身,下无以为人,子之道岂足贵邪?世之所高,莫若黄帝。黄帝尚不能全德,而战涿鹿之野,流血百里。尧不慈,舜不孝,禹偏枯,汤放其主,武王伐纣,文王拘羑里。此六子者,世之所高也。孰论之,皆以利惑其真而强反其情性,其行乃甚可羞也。世之所谓贤士:伯夷、叔齐。伯夷、叔齐辞孤竹之君,而饿死于首阳之山,骨肉不葬。鲍焦饰行非世,抱木而死。申徒狄谏而不听,负石自投于河,为鱼鳖所食。介子推至忠也,自割其股以食文公。文公后背之,子推怒而去,抱木而燔死。尾生与女子期于梁下,女子不来,水至不去,抱梁柱而死。此六子者,无异于磔犬、流豕、操瓢而乞者,皆离名轻死,不念本养寿命者也。世之所谓忠臣者,莫若王子比干、伍子胥。子胥沉江,比干剖心。此二子者,世谓忠臣也,然卒为天下笑。自上观之,至于子胥、比干,皆不足贵也。丘之所以说我者,若告我以鬼事,则我不能知也;若告我以人事者,不过此矣,皆吾所闻知也。今吾告子以人之情:目欲视色,耳欲听声,口欲察味,志气欲盈。人上寿百岁,中寿八十,下寿六十,除病瘦、死丧、忧患,其中开口而笑者,一月之中不过四五日而已矣。天与地无穷,人死者有时。操有时之具,而托于无穷之间,忽然无异骐骥之驰过隙也。不能说其志意、养其寿命者,皆非通道者也。丘之所言,皆吾之所弃也。亟去走归,无复言之!子之道,狂狂汲汲,诈巧虚伪事也,非可以全真也,奚足论哉!"

孔子再拜趋走,出门上车,执辔三失,目芒然无见,色若死灰，据轼低头，不能出气。

归到鲁东门外，适遇柳下季。柳下季曰："今者阙然，数日不见，车马有行色，得微往见跖邪？"孔子仰天而叹曰："然！"柳下季曰："跖得无逆汝意若前乎？"孔子曰："然。丘所谓无病而自灸也。疾走料虎头，编虎须，几不免虎口哉！"

《渔父》则假托渔夫的话，来排斥孔子饰礼乐、行仁义、选人伦以化齐民的荒谬见解：

孔子游乎缁帷之林，休坐乎杏坛之上。弟子读书，孔子弦歌鼓琴。奏曲未半，有渔父者下船而来，须眉交白，被发揄袂，行原以上，距陆而止，左手据膝，右手持颐以听。曲终而招子贡、子路，二人俱对。客指孔子曰："彼何为者也？"子路对曰："鲁之君子也。"客问其族。子路对曰："族孔氏。"客曰："孔氏者何治也？"子路未应，子贡对曰："孔氏者，性服忠信，身行仁义，饰礼乐，选人伦。上以忠于世主，下以化于齐民，将以利天下。此孔氏之所治也。"又问曰："有土之君与？"子贡曰："非也。""侯王之佐与？"子贡曰："非也。"客乃笑而还行，言曰："仁则仁矣，恐不免其身。苦心劳形以危其真。呜呼远哉！其分于道也。"

子贡还，报孔子。孔子推琴而起，曰："其圣人与？"乃下求之，至于泽畔，方将杖挐而引其船，顾见孔子，还乡而立。孔子反走，再拜而进。客曰："子将何求？"孔子曰："曩者先生有绪言而去，丘不肖，未知所谓，窃待于下风，幸闻咳唾之音，以卒相丘也。"客曰："嘻！甚矣，子之好学也！"孔子再拜而起，曰："丘少而修学，以至于今，六十九岁矣，无所得闻至教，敢不虚心！"客曰："同类相从，同声相应，固天之理也。吾请释吾之所有而经子之所以。子之所以者，人事也。天子、诸侯、大夫、庶人，此四者自正，治之美也；四者离位而乱莫大焉。官治其职，人忧其事，乃无所陵。故田荒室露，衣食不足，征赋不属，妻妾不和，长少无序，庶人之忧也；能不胜任，官事不治，行不清白，群下荒怠，功美不有，爵禄不持，大夫之忧也；廷无忠臣，国家昏乱，工技不巧，贡职不美，春秋后伦，不顺天子，诸侯之忧也；阴阳不和，寒暑不时，以伤庶物，诸侯暴乱，擅相攘伐，以残民人，礼乐不节，财用穷匮，人伦不饬，百姓淫乱，天子有司之忧也。今子既上无君侯有司之势，而下无大臣职事之官，而擅饰礼乐，选人伦，以化齐民，不泰多事乎？且人有八疵，事有四患，不可不察也。非其事而事之，谓之摠；莫之顾而进之，谓之佞；希意道言，谓之谄；不择是非而言，谓之谀；好言人之恶，谓之谗；析交离亲，谓之贼；称誉诈伪以败恶人，谓之慝；不择善否，两容颊适，偷拔其所欲，谓之险。此八疵者，外以乱人，内以伤身，君子不友，明君不臣。所谓四患者：好经大事，变更易常，以挂功名，谓之叨；专知擅事，侵人自用，谓之贪；见过不更，闻谏愈甚，谓之很；人同于己则可，不同于己，虽善不善，谓之矜。此四患也。能去八疵，无行四患，而始可教已。"

孔子愀然而叹，再拜而起，曰："丘再逐于鲁，削迹于卫，伐树于宋，围于陈、蔡。丘不知所失，而离此四谤者何也？"客凄然变容曰："甚矣，子之难悟也！人有畏影恶迹而去之走者，举足愈数而迹愈多，走愈疾而影不离身，自以为尚迟，疾走不休，绝力而死。不知处阴以休影，处静以息迹，愚亦甚矣！子审仁义之间，察同异之际，观动静之变，适受与之度，理好恶之情,和喜怒之节,而几于不免矣。谨修而身,慎守其真,还以物与人,则无所累矣。今不修之身而求之人,不亦外乎!"

孔子愀然曰:"请问何谓真?"客曰:"真者,精诚之至也。不精不诚,不能动人。故强哭者虽悲不哀,强怒者虽严不威,强亲身虽笑不和。真悲无声而哀,真怒未发而威,真亲未笑而和。真在内者,神动于外,是所以贵真也。其用于人理也,事亲则慈孝,事君则忠贞,饮酒则欢乐,处丧则悲哀。忠贞以功为主,饮酒以乐为主;处丧以哀为主,事亲以适为主。功成之美,无一其迹矣;事亲以适,不论所以矣。饮酒以乐,不选其具矣;处丧以哀,无问其礼矣。礼者,世俗之所为也;真者,所以受于天也,自然不可易也。故圣人法天贵真,不拘于俗。愚者反此,不能法天而恤于人,不知贵真,禄禄而受变于俗,故不足。惜哉,子之蚤湛于伪而晚闻大道也!"

孔子又再拜而起曰:"今者丘得遇也,若天幸然。先生不羞而比之服役,而身教之。敢问舍所在,请因受业而卒学大道。"客曰:"吾闻之,可与往者,与之至于妙道;不可与往者,不知其道。慎勿与之,身乃无咎。子勉之,吾去子矣,吾去子矣!"乃刺船而去,延缘苇间。

颜渊还车,子路授绥,孔子不顾,待水波定,不闻拏音而后敢乘。子路旁车而问曰:"由得为役久矣,未尝见夫子遇人如此其威也。万乘之主,千乘之君,见夫子未尝不分庭伉礼,夫子犹有倨敖之容。今渔父杖拏逆立,而夫子曲要磬折,言拜而应,得无太甚乎?门人皆怪夫子矣,渔父何以得此乎?"孔子伏轼而叹,曰:"甚矣,由之难化也!湛于礼义有间矣,而朴鄙之心至今未去。进,吾语汝:夫遇长不敬,失礼也;见贤不尊,不仁也。彼非至人,不能下人。下人不精,不得其真,故长伤身。惜哉！不仁之于人也，祸莫大焉，而由独擅之。且道者，万物之所出也。庶物失之者死，得之者生。为事逆之则败，顺之则成。故道之所在，圣人尊之。今渔父之于道，可谓有矣，吾敢不敬乎！"

这两篇更是寓言的扩大，不可不读。

由上三篇，苏子瞻疑非庄子作。他说："庄子盖助孔子者……故庄子之言皆实予而文不予，阳挤而阴助之，其正言盖无几。至于诋訾孔子，未尝不微见其意。其论天下道术，自墨翟……老聃之徒，以至于其身，皆以为一家，而孔子不与。其尊之也至矣。尝疑《盗跖》《渔父》则若真诋孔子者，至于《让王》《说剑》，皆浅陋不入道。"晁子止辩之曰："熙宁元丰之后，学者用意过中。……以为庄子阳訾孔子而阴尊焉，遂引而内之。殊不察其言之指归，宗老耶？宗孔耶？既曰宗老矣，讵有阴助孔子之理耶？"实际说来，除《说剑篇》为庄辛与赵惠王论剑，非庄周，已经今人考证得一结论外（见《先秦诸子系年考辨》卷四第一四五节），其余《让王篇》并无直斥谩骂之语。即《盗跖》《渔父》，虽非即庄子作，要为庄子后学传承南方学派底见解而来。如以为"以诋訕孔子之徒，以明老子之术"，便不足代表庄子学，则未免为拘儒之见。而且与《史记》本传所载不合。至《胠箧》一篇，虽有"圣人已死，大盗不起；圣人不死，大盗不止"的激烈主张，但并无明文攻击孔子，更不消说了。总而言之，在《庄子》书中，十分之九寓言，十分之七重言。寓言是"藉外论之"，如肩吾连叔之类，都是托为人言者，而就其寓言之中，其托为神农、黄帝、尧、舜、孔、颜之类，言足为世重者又十分之七，可见重言亦即是寓言之类。寓言亦只是"谬悠之说，荒唐之言，无端崖之辞"（《天下篇》）。这正是南方文化环境之自然产物。在寓言里，鸟兽草木都会说话，如《外物篇》贷粟于监河侯一节，即有车辙中的鲋鱼，也会说起话来。那末就假托盗跖、渔父之言，来宣扬其精微奥妙的哲理，即使其文辞俚浅，也只足证明其"洸洋自恣以适己"之文学姿态，或如宋濂所云"所见过高，虽圣帝经天纬地之大业，曾不满其一哂"。而何至于"不幸其书盛行，世之乐放肆而惮拘检者，莫不指图以藉口，遂至礼义陵迟，彝伦斁败，卒踣人之家国，不亦悲夫！"（《诸子辨》）

三、庄子时代

庄子的时代背景，计算起来，是和北方孟子、南方屈原在同一个大时代环境里面孕育出来的。《史记》谓其与梁惠王、齐宣王同时。今姑据《诸子生卒年世先后一览表》（《诸子系年考辨》附录）比较之如下：

庄周　公元前三六五——公元前二九〇（七六）；

孟轲　公元前三九〇——公元前三〇五（八六）；

屈原　公元前三四三——公元前二九九（四五）。

如表，庄子生时，孟子二十五岁，屈原尚未出世。孟子卒时，庄子二十岁；屈原卒时，庄子六十六岁。这个表虽不完全可靠，但就大体来说，则庄子及见孟子、屈原，却是无疑的。可惜的即庄子竟未与孟子会面，也看不见关于屈原的消息。《知北游篇》有一段狂屈与黄帝的对话，这当然也是寓言：

　　知北游于玄水之上，登隐弅之丘，而适遭无为谓焉。知谓无为谓曰："予欲有问乎若：何思何虑则知道？何处何服则安道？何从何道则得道？"三问而无为谓不答也。非不答，不知答他。知不得问，反于白水之南，登狐阕之上，而睹狂屈焉。知以之言也问乎狂屈。狂屈曰："唉！予知之，将语若。中欲言而忘其所欲言。"知不得问，反于帝宫，见黄帝而问焉。黄帝曰："无思无虑始知道，无处无服始安道，无从无道始得道。"知问黄帝曰："我与若知之，彼与彼不知也，其孰是邪？"黄帝曰："彼无为谓真是也，狂屈似之，我与汝终不近也。夫知者不言，言者不知，故圣人行不言之教。道不可致，德不可至。仁可为也，义可亏也，礼相伪也。故曰：'失道而后德，失德而后仁，失仁而后义，失义而后礼。'礼者，道之华而乱之首也。故曰：'为道者日损，损之又损，以至于无为。无为而无不为也。'今已为物也，欲复归根，不亦难乎。其易也，其唯大人乎！生也死之徒，死也生之始，孰知其纪！人之生，气之聚也。聚则为生，散则为死。若死生为徒，吾又何患！故万物一也。是其所美者为神奇，其所恶者为臭腐。臭腐复化为神奇，神奇复化为臭腐。故曰：'通天下一气耳。'圣人故贵一。"知谓黄帝曰："吾问无为谓，无为谓不应我，非不我应，不知应我也；吾问狂屈，狂屈中欲告我而不我告，非不我告，中欲告而忘之也；今予问乎若，若知之，奚故不近？"黄帝曰："彼其真是也，以其不知也；此其似之也，以其忘之也；予与若终不近也，以其知之也。"狂屈闻之，以黄帝为知言。

案宣颖注："猖狂放屈不拘迹相也"；可见狂屈是影射屈原，而假托于知——无为谓——狂屈——黄帝——诸人的问答，此处黄帝，据宣颖注"寓言求诸心也"。另有人云"案以心主人身之中，而黄者中央之色，帝者主宰，故借喻之"。实则狂屈与黄帝之关系，亦犹庄子佚文"尧问孔子"（《太平御览》卷六〇二引），皆为寓言。这一大段分明是将"知者不言"三句，演作一幅画图，而以狂屈为中心。这也许即因庄子之徒有感于屈原之直言被逐,而故意作此"终于无言"之一段故事。但无论如何,如《史记·屈原贾生列传》所称屈原"濯淖污泥之中,蝉蜕于浊秽,以浮游尘埃之外,不获世之滋垢,皭然泥而不滓者也"。这一段精神,一定感动庄子不少。屈原"因不忍见其宗国将遂危亡,遂赴汨罗之渊,自沉而死",这一段惨痛的事实,也许给庄子一派很深刻的印象。在《大宗师篇》未提及屈原,却举出几个和他相似的人物说:

> 若狐不偕、务光、伯夷、叔齐、箕子、胥余、纪他、申徒狄,是役人之役,适人之适,而不自适其适也。

这些自杀人物和《离骚》所述殷贤大夫彭咸,是一样的模型,又《楚辞》中有《渔父》一篇,相传为"楚人思念屈原,因叙其辞以相传焉"。我以为即庄子之徒所作,《史记》本传云"作《渔父》……",篇名相同,且其中"圣人不凝滞于物,而能与世推移";语意亦完全与《庄子》同。最可注意的,就是孟子、屈原和庄子三人,在同一时代环境的压迫之下,而同样地倾向于反权威主义的民主思想。孟子说:"民为贵,社稷次之,君为轻"(《尽心下》);"闻诛一夫纣矣,未闻弑君也"(《梁惠王下》),这是何等代表积极的革命思想。屈原和儒家一样,景仰着尧、舜、禹、汤、文王、箕子、比干;一样地抱着民主的积极思想,其忧国忧民之真情,随处可见。如"长太息以掩涕兮,哀民生之多艰""怨灵修之浩荡兮,终不察夫民心"。然而他毕竟是南方文化的代表,从积极而走向消极。读《离骚》《九章》,其中悲怀惨恻之处,均一字一泪,而终之"虽不周于今之人兮,愿依彭咸之遗则",这当然和孟子之纯粹积极思想者不同。明诗人屈大均在《文外》(卷四)里,有一篇《孟屈二子论》,说:"屈原和孟子一样言必称尧舜，一样精于《诗》《书》《春秋》。《离骚》诸篇，忠厚悱恻，兼风雅而有之。"因此他的结论是：孟子知"《诗》亡而《春秋》作，不知《诗》亡而《离骚》作"。事实也是如此，《诗》为北方文学的代表，《离骚》为南方文学的代表，从《诗》而至《离骚》，乃即表示中国文化从北方而至南方之大转变。庄子即继承此种风格，而推至极端，成为纯消极的革命思想。

庄子生长的时代和孟子、屈原一样，是奴隶制向封建制之转移的时代。依《孟子》书里所说的时代背景，则当时政治经济的环境，矛盾到了极端：

今夫天下之人牧，未有不嗜杀人者也。……今也制民之产，仰不足以事父母，俯不足以蓄妻子，乐岁终身苦，凶年不免于死亡。(《梁惠王上》)

凶年饥岁，君之民老弱转乎沟壑，壮者散而之四方者几千人矣，而君之仓廪实，府库充。(《梁惠王下》)

这就是所谓"战国时代"。《汉书·食货志》说这个时代最为明白：

陵夷至于战国，贵诈力而贱仁谊，先富有而后礼让。……然王制遂灭，僭差亡度。庶人之富者累钜万，而贫者食糟糠。有国强者兼州域，而弱者丧社稷。

又《货殖传》云：

及周室衰，礼法坠。……其流至乎士庶人，莫不离制而弃本，稼穑之民少，商旅之民多，谷不足而货有余。陵夷至乎桓、文之后,礼谊大坏,上下相冒,国异政,家殊俗,耆欲不制,僭差亡极。于是商通难得之货,工作亡用之器,士设反道之行,以追时好而取世资。伪民背实而要名,奸夫犯害而求利,篡弑取国者为王公,圉夺成家者为雄桀。礼谊不足以拘君子,刑戮不足以威小人。富者木土被文锦,犬马余肉粟,而贫者裋褐不完。唅菽饮水。其为编户齐民,同列而以财力相君,虽为仆虏,犹亡愠色。故夫饰变诈为奸轨者,自足乎一世之间;守道循理者,不免于饥寒之患。

在战国二百数十年间,用兵可考者二百二十二次,真是一个弱肉强食的世界。庄子对此气愤极了,所以借狂接舆的话说:

> 天下有道,圣人成焉。天下无道,圣人生焉。方今之世,仅免刑焉。(《人间世》)

所谓天下有道,即如《礼运》所说的"大道之行也,天下为公"的时代,所谓天下无道,便是《老子》所谓"失道而后德,失德而后仁,失仁而后义,失义而后礼";"上礼为之而莫之应,则攘臂而扔之"(三十八章)。这是一个"窃钩者诛,窃国者为诸侯"一个纷乱极了的时代,亦即孟、屈、庄所处同一的时代。却是孟子是北方文化的代表,所以隐然以积极革命为自己的事业。故说"如欲平治天下,当今之世,舍我其谁也"!(《公孙丑下》)屈原初期也是倾向积极,所以"系心怀王""余固知謇謇之为患兮,忍而不能舍也。指九天以为正兮,夫惟灵修之故也""惟党人之偷乐兮,路幽昧以险隘。岂余身之惮殃兮,恐皇舆之败绩"。然而在积极之中已含着消极。到了"国无人莫我知兮,又何怀乎故都。既莫足与为美政兮,吾将从彭咸之所居"。就完全倾向于消极了。庄子则所处时代较孟子为晚，所受感触当然更深，因此更彻底地走向消极革命的路上。他现在已经不能对于现实的社会妥协了。他是一个虚无主义者，他宁可恬淡无为，安贫乐道，而陶醉于自己所幻想出的唯美的精神世界，而不肯"为轩冕肆志，为穷约趋俗"，他要破坏一切既成的或方生的秩序（所谓礼教）而乐得高尚其志，遗世而独立起来。"吾宁游戏污渎之中以自快，无为有国者所羁"，这几句话活绘出一个绝对精神自由的无政府主义者。当然这个无政府主义者，决不会同情于统治者阶级，而站在被统治者的立场。反对君主，反对政治，不但无君臣之分、尊卑之别，而且如《徐无鬼篇》所云："爱民，害民之始也；为义偃兵，造兵之本也。"一切有为的政治，均在反对之列。《马蹄》《胠箧》《在宥》及《应帝王》各篇，发挥得极为详尽，此不具引。要之由庄子看来，人生而自由，何须压制；一切平等无差别，何分贵贱。而因此他所假托景仰的人物，也完全不是一些贵族阶级，反而乃是一些身体残缺不全、从奴隶社会蜕化出来的典型人物。如《人间世篇》的支离疏：

> 支离疏者，颐隐于脐，肩高于顶，会撮指天，五管在上，两髀为胁。挫针治繲，足以糊口；鼓筴播精，足以食十人。上征武士，则支离攘臂而游于其间；上有大役，则支离以有常疾不受功；上与病者粟，则受三钟与十束薪。夫支离其形者，犹足以养其身，终其天年，又况支离其德者乎！

《德充符》的兀者王骀、申徒嘉、叔山无趾、哀骀它、闉跂支离无脤、瓮㼜大瘿：

> 鲁有兀者王骀，从之游者与仲尼相若。常季问于仲尼曰：

"王骀，兀者也，从之游者与夫子中分鲁。立不教，坐不议。虚而往，实而归。固有不言之教，无形而心成者邪？是何人也？"仲尼曰："夫子，圣人也，丘也，直后而未往耳！丘将以为师，而况不如丘者乎！奚假鲁国，丘将引天下而与从之。"常季曰："彼兀者也，而王先生，其与庸亦远矣。若然者，其用心也，独若之何？"仲尼曰："死生亦大矣，而不得与之变；虽天地覆坠，亦将不与之遗；审乎无假而不与物迁，命物之化而守其宗也。"常季曰："何谓也？"仲尼曰："自其异者视之，肝胆楚越也；自其同者视之，万物皆一也。夫若然者，且不知耳目之所宜，而游心于德之和，物视其所一，而不见其所丧，视丧其足，犹遗土也。"常季曰："彼为己，以其知得其心，以其心得其常心。物何为最之哉？"仲尼曰："人莫鉴于流水而鉴于止水。唯止能止众止。受命于地，唯松柏独也正，在冬夏青青；受命于天，唯尧、舜独也正，在万物之首。幸能正生，以正众生。夫保始之征，不惧之实，勇士一人，雄入于九军。将求名而能自要者而犹若是，而况官天地、府万物、直寓六骸、象耳目、一知之所知而心未尝死者乎！彼且择日而登假，人则从是也。彼且何肯以物为事乎！"

申徒嘉，兀者也，而与郑子产同师于伯昏无人。子产谓申徒嘉曰："我先出则子止，子先出则我止。"其明日，又与合堂同席而坐。子产谓申徒嘉曰："我先出则子止，子先出则我止。今我将出，子可以止乎？其未邪？且子见执政而不违，子齐执政乎？"申徒嘉曰："先生之门固有执政焉如此哉？子而说子之执政而后人者也。闻之曰：'鉴明则尘垢不止，止则不明也。久与贤人处则无过。'今子之所取大者，先生也，而犹出言若是，不亦过乎！"子产曰："子既若是矣，犹与尧争善。计子之德不足以自反邪?"申徒嘉曰:"自状其过以不当亡者众;不状其过以不当存者寡。知不可奈何而安之若命,惟有德者能之。游于羿之彀中,中央者,中地也;然而不中者,命也。人以其全足笑吾不全足者多矣,我怫然而怒,而适先生之所,则废然而反。不知先生之洗我以善邪?吾与夫子游十九年矣,而未尝知吾兀者也。今子与我游于形骸之内,而子索我于形骸之外,不亦过乎!"子产蹴然改容更貌曰:"子无乃称!"

鲁有兀者叔山无趾,踵见仲尼。仲尼曰:"子不谨,前既犯患若是矣。虽今来,何及矣?"无趾曰:"吾唯不知务而轻用吾身,吾是以亡足。今吾来也,犹有尊足者存,吾是以务全之也。夫天无不覆,地无不载,吾以夫子为天地,安知夫子之犹若是也!"孔子曰:"丘则陋矣!夫子胡不入乎?请讲以所闻。"无趾出。孔子曰:"弟子勉之!夫无趾,兀者也,犹务学以复补前行之恶,而况全德之人乎!"无趾语老聃曰:"孔丘之于至人,其未邪?彼何宾宾以学子为?彼且以蕲以諔诡幻怪之名闻,不知至人之以是为己桎梏邪?"老聃曰:"胡不直使彼以死生为一条,以可不可为一贯者,解其桎梏,其可乎?"无趾曰:"天刑之,安可解!"

鲁哀公问于仲尼曰:"卫有恶人焉,曰哀骀它。丈夫与之处者,思而不能去也;妇人见之,请于父母曰:'与为人妻,宁为夫子妾'者,十数而未止也。未尝有闻其唱者也,常和而已矣。无君人之位以济乎人之死,无聚禄以望人之腹,又以恶骇天下,和而不唱,知不出乎四域,且而雌雄合乎前,是必有异乎人者也。寡人召而观之,果以恶骇天下。与寡人处,不至以月数,而寡人有意乎其为人也;不至乎期年,而寡人信之。国无宰,而寡人传国焉。闷然而后应,氾而若辞。寡人丑乎,卒授之国。无几何也,去寡人而行。寡人恤焉若有亡也,若无与乐是国也。是何人者也!"仲尼曰:"丘也,尝使于楚矣,适见独子食于其死母者。少焉眴若,皆弃之而走。不见己焉尔,不得其类焉尔。所爱其母者,非爱其形也,爱使其形者也。战而死者,其人之葬也不以翣资;刖者之屦,无为爱之。皆无其本矣。为天子之诸御:不爪翦,不穿耳;娶妻者止于外,不得复使。形全犹足以为尔,而况全德之人乎!今哀骀它未言而信,无功而亲,使人授己国,唯恐其不受也,是必才全而德不形者也。"……

闉跂支离无脤说卫灵公,灵公说之,而视全人:其脰肩肩。甕盎大瘿说齐桓公,桓公说之,而视全人,其脰肩肩。故德有所长而形有所忘。人不忘其所忘而忘其所不忘,此谓诚忘。

这些都是才从奴隶的社会关系中摆脱出来的人物。

由上有的形体不全(如支离疏),有的刖足(如王骀、申徒嘉、叔山无趾),有的下体曲(闉跂),上身伛偻而缺口唇(支离无脤),有的颈瘤大如甕盎(甕盎大瘿),这些残形的丑态,反映着奴隶社会人物。此外庄子心目中的理想人物,如《人间世》中的匠石,《逍遥游篇》与《人间世》的楚狂接舆,《养生主》的庖丁,《骈拇》之臧与谷,《天地》的为圃者,《达生》之痀偻者、操舟者、养斗鸡者、削木者、东野稷(御者)、工倕,《山木》之伐木者,《田子方》之无择豯工,《知北游篇》大马之捶钩者,《徐无鬼》之匠石(善涂墁者),《让王》之屠羊说,《渔父》之渔人;凡此庄子所极力描写的道德之士,无一不带着被统治者、被压迫者蜕变出来的风貌,而为庄子所寄与亲切之同情的。"今世殊死者,相枕也;桁杨者相推也;形戮者相望也。"(《在宥》)相枕谓已死者,相推相望言其多,这是何等一个不幸的世界!在这世界里奴隶一经解放,便不再做奴隶,而希望自由了。固然有些奴隶获得解放之后，便想参与政权，而产生所谓"士"之职业。如郭沫若所云："士成为了一种吃饭的职业。有所谓游士，有所谓辩士，走公堂，跑私门，不狩不猎，不工不贾，四体不勤，五谷不分，也就仅可以糊其口于四方了。"（《十批判书》）"孔子有弟子七十二人，墨子有弟子百八十人，这些数目大概是可靠的。孔子是宋人的私生子而生于鲁，自称'少也贱'，后来做到鲁国的大夫。墨子是鲁国贱人，后来也做到宋国的大夫。"（同上）但由庄子看来，这些都是"离跂攘臂乎桎梏之间"，还不免于为奴隶的奴隶。倒不如那些高尚的狂放不检的人，即所谓"隐士"或"辟世之士"，他们虽也从奴隶出来，甚至于还脱不了奴隶社会的痕迹；然而他们无心出仕，乐得精神的绝对自由；他们仍然从事劳动，然已逃出统治者的牢笼。庄子根本就是站在这么一种被压迫者立场，而为他们说话。《秋水篇》"不贱门隶"，门隶有何可贱？虽然在庄子时代，奴隶社会已经起了蜕变，失掉了原来奴隶的含义，而蛛丝马迹，仍可看出其拥护此已蜕变之生产阶级，而憧憬于原始公社的时代。

第二章 《庄子》书之考证

一、版本与篇目

现在我们所用《庄子》的通行本，又称为《南华真经》。宋陈景元云："唐开元十九年五月四日侍中裴光庭请册四子。天宝元年二月二十日诏册《庄子》宜依旧号曰《南华真经》。……南华者，义取离明英华，发挥道妙也。"案此即郭象的三十三篇本，共得六万五千九百二十三言，约当司马迁所记"著书十万余言"之十分之六。这三十三篇，若认为都是庄子原作，当然犯了重大的错误，若认为庄子学汇编，包含庄子、庄子弟子，乃至后来庄子学派的撰述，这大概是没有什么问题的。近人喜欢辨伪，辨伪当然是一桩好事，但因此而将《庄子》书内篇以外，一概抹煞，认为与庄子学无关，这便未免疑古太过。疑古的精神是可贵的，然而太过也算不得现代史学之合理的批判的态度。我们知道西洋在十七世纪末，也有耶稣会教徒Hardouin因惊于当时伪物之多，遂至根本否认历史的知识，甚至以为如Pindar、Dionysios、Diodorus、Strabon、Josephos、Varro、Livius、Terence、Vergilius、Horatius、Eusebius、Cassiodorus等及其他史籍，都认为伪作，而加以极端排斥，然而这种极端的怀疑论，是不能建立科学的史料批判学的。即以老庄哲学的研究为例，老子的年代问题，至今怀疑学者尚不能举出充分的证据来，当然不能因此便否认老子其人其书的存在。即如庄子，依据顾颉刚说，完全是伪书。他说："我的意思，以为《庄子》是战国秦汉间论道之人所作的单篇文字的总集，正与儒家所作的单篇文字总集为《礼记》一样。"（《古史辨》第一册）事实果然如此吗？《庄子》书中前人所认为可疑者，实则许多是无可疑的。譬如《大宗师》《天道》《天运》，均言孔子说仁义，仁义并举，前人以为始于孟子，疑此不可信。实则孔家书在孟子前者如《表记》《中庸》，亦并言仁义；《孟子·公孙丑上》述曾子之言，亦并举仁义；《墨子》中《兼爱》《非攻》《节葬》诸篇，亦连言仁义；如何便可据之以为伪书之证。若从积极方面着想，则本书的特色，正在其史料上的价值，建立于真凭实据上面。

第一，证之龟甲——案董作宾曾考殷墟出土的大龟云："《庄子·外物篇》'乃刳龟，七十二钻而无遗策'，此所谓七十二钻；乃举大龟之最多数而言，非妄语也。所谓无遗策者，策即册，指龟板而言。遗留也，言七十二钻使龟册无留余之地，则钻之最多者也。今依上述最多之数（六十二），而更推算之，则前后左右，可各加二钻，则适合于七十二之数。"（《甲骨学商史编》下册）举此一例，可证向来认为可疑的杂篇之一，即其最细微之点来看，亦可见其时代很古。

第二，参之金石——《列御寇篇》："正考父一命而伛，再命而偻，三命而俯，循墙而走，孰敢不轨。"此与鼎铭文略同。《左传》"昭七年传"作"故其（指正考父）鼎铭云：'一命而偻，再命而伛，三命而俯，循墙而走，亦莫余敢侮。饘于是，鬻于是，以餬余口'"。此亦可证《庄子》一书之史料价值。

第三，考之文体——从文学史上看，韵文应出现于散文之前，《庄子》一书大部分为韵文之著作，为从韵文到散文过渡时期的重要作品。例如：

庄子曰："道与之貌，天与之形，无以好恶内伤其身。今子外乎子之神，劳乎子之精，倚树而吟，据槁梧而瞑，天选子之形，子以坚白鸣。"

此处形、身、神、精、吟、瞑、形、鸣韵。不但内篇如此，外、杂篇亦然。如《列御寇篇》："巧者劳而知者忧，无能者无所求，饱食而敖游，汎若不系之舟。"此处忧、求、游、舟韵。甚至向来认为可疑的如《胠箧》："彼窃钩者诛，窃国者为诸侯，诸侯之门而仁义存焉。"《盗跖》二篇："小盗者拘，大盗者为诸侯；诸侯之门，义士存焉。"此处拘与侯韵，门与存韵（拘，江居侯切，读若钩）。这证明了《庄子》书虽非庄子一手造成，也不会落后到秦汉之间的散文时代。

但《汉书·艺文志》："《庄子》五十二篇"，何以此原本之五十二篇，竟变成现在郭象注之三十三篇的残本呢？依陆德明《释文序录》，我们知道，郭象注之前，尚有各种注本可考。即：㈠曰司马彪注廿一卷五十二篇；㈡孟氏注十八卷五十二篇；㈢崔譔注十卷廿七篇；㈣向秀注廿卷廿六篇；㈤郭象注三十三卷三十三篇，可列表如下：

	内篇	外篇	杂篇	解说	总计
司马彪注廿一卷	七	二八	一四	三	五二
孟氏注十八卷					五二
崔譔注十卷	七	二〇	无		二七
向秀注二十卷			无		二八（一作二七或二八）
郭象注三十三卷	七	一五	十一		三三

案《释文序录》"《汉书·艺文志》'庄子五十二篇'，即司马彪、孟氏所注是也"，这是庄子原本。一、向秀注一作二十七篇，一作

二十八篇，据《世说新语·文学篇》，知向秀注本乃"聊应崔譔所注，以备遗忘"；可见是以崔注本为根据。《释文》亦多连引崔、向二本，这是晋代的删定本。郭象注本三十三卷，后卷数亦不同，《隋志》作三十卷，目一卷；两《唐志》作十卷；宋时有十卷本，二十卷本，三十卷本，三十三卷本；明时又有三十五卷本（岛田翰《古书旧文考》），今存为十卷本。然据日本所传六朝旧本，即高山寺旧钞本残卷（今存《庚桑楚》《外物》《寓言》《让王》《说剑》《渔父》《天下》七篇七卷），知今本十卷系后人所改，和郭象原注本不同。武内义雄氏疑今本郭注《让王篇》注仅存三条，《盗跖篇》又三条，《说剑》全无注，《渔父》仅存一条，其注又与全书之例不相似，疑此四篇郭注，隋唐之间已缺佚，而后人以他种注本补之（《庄子考》）。此说似可成立。案《世说新语·文学篇》记郭注《庄子》事云：

郭象者，为人薄行，有俊才，见秀义不传于世，遂窃以为己注，乃自注《秋水》《至乐》二篇，又易《马蹄》一篇。其余众篇，或定点文句而已。后秀义别本出，故今有向郭二《庄》，其义一也。

这似乎郭象是完全依据向秀注本了。《晋书·郭象传》亦沿袭《世说》记事，然钱遵王《读书敏求记》，即提异议，以为《晋书》云云，恐未必信，今人考据结果，知"郭象虽据向注，惟多少有所变更，不独变更注文，且其经文亦有取舍之形迹。且不仅经本文字有出入，其外如杂篇之区别及各篇之分合，亦各不同"（武内义雄说。又王叔岷《庄子向郭注异同考》，见《国立中央图书馆馆刊》第一卷第四号）。这究竟为什么呢？这乃因郭注本实为崔、向注本与司马注本之综合。即是：

```
司马彪注本
（即原本）        郭象注本
崔譔、向秀注本    （即新订本）
（即删定本）
```

我们现在把高山寺本《庄子》残卷《天下》篇末一文，与陆德明《释文序录》"庄子"一节对照。《序录》云：

> 然庄生弘才命世，辞趣华深，正言若反，故莫能畅其弘达。后人增足，渐失其真。故郭子玄云："一曲之才，妄窜奇说，若《阏奕》《意脩》之首，《危言》《游凫》《子胥》之篇，凡诸巧杂，十分有三。"《汉书·艺文志》"《庄子》五十二篇"，即司马彪、孟氏所注是也。言多诡诞，或似《山海经》，或似占梦书。故注者以意去取，其内篇众家滋同，自余或有外而无杂。惟子玄所注，特会庄生之旨，故为世所贵。

这里郭子玄云云即是郭象篇末目录序。其中所云删去的部分，即依据司马彪注五十二篇本，删去《阏奕》（高山寺本"奕"作"亦"）、《意脩》（作"意循"）、《危言》（作"尾言"）、《游凫》（作"游易"）、《子胥》共十分之三，其内容与《山海经》、占梦书多相似。高山寺残本云：

> ……且辞气鄙背，竟无深澳（奥），而徒难知以因梦，令沈滞失流，岂所求《庄子》之意哉。故略而不存，令（今）唯哉（裁）取其长达致全乎大体者，为卅三篇者（焉）……

陆德明称"子玄所注，特会庄生之旨，故为世所贵"，诚哉斯言。第一，郭注本为司马彪注本与崔譔、向秀注本之综合，其价值自高出两本之上。第二，三十三篇注本较之五十二篇之复杂本与二十七篇之简单本，有繁简适中之妙。第三，郭注深会微旨。陆德明《音义·天下篇》末云："子玄之注，论其大体，真可谓得庄生之旨矣。郭生前叹膏粱之涂说，余亦晚睹贵游之妄谈；斯所谓异代同风，何可复言也。"郭氏原本崔向注本而来，向注又本崔注而来，而崔氏称子玄之注如此，其价值可知。再明白言之，即是：

崔譔注（正）——向秀注（反）——郭象注（合）

因为依据科学的辩证法，郭象注本乃为古来《庄子》注释家之集大成（合），所以价值最高，其传世亦最久远。其书分内、外、杂三部分，共三十三篇，虽非《庄子》原本，却最优良的订正本，目次如下：

内篇：（七篇）

《逍遥游》《齐物论》《养生主》《人间世》《德充符》《大宗师》《应帝王》

外篇：（十五篇）

《骈拇》《马蹄》《胠箧》《在宥》《天地》《天道》《天运》《刻意》《缮性》《秋水》《至乐》《达生》《山木》《田子方》《知北游》

杂篇：（十一篇）

《庚桑楚》《徐无鬼》《则阳》《外物》《寓言》《让王》《盗跖》《说剑》《渔父》《列御寇》《天下》

在此三十三篇外，尚有逸篇篇名可考者，如高山寺《庄子》残卷郭象目录序所云《阏弈》《意循》《尾言》《游易》《子胥》各篇。《史记》本传"畏累虚亢桑子之属",索隐称"畏累虚"乃篇名,亢桑子即今本之《庚桑楚》。又《北齐书·杜弼传》云:"弼注《庄子·惠施篇》。"案今本《庄子·天下》篇末"惠施多方,其书五车"至"惠施之才,骀荡而不得,逆万物而不反,是穷响以声,形与影竞走也,悲夫",约二百余字,当即《惠施篇》原文,而附于《天下篇》之后,实为郭氏据司马本移入所致。因为,第一,根据《释文》,《天下篇》上半多引崔、向音,而"惠施多方,其书五车"以下,绝未一引,可见其单独成篇。第二,《列子》张湛注所引惠子语多出此,亦令人想像此部分为《惠施篇》之原因(武内义雄说)。第三,《惠子》佚文可见者,尚有如《太平御览》卷四六六引:"惠子始与庄子相见而问乎。庄子曰:今日自以为见凤凰,而徒遭燕雀耳,坐者俱笑。"又卷九一八引:"庄子谓惠子曰:羊沟之鸡,三岁为株,相者视之,则非良鸡也。然而数以胜人者,以狸膏涂其头也"之类。知道《庄子》原书,实不止于三十三篇,而以三十三篇为最优良的订正本;那么我们便应该平心静气,既不必似道家者流,一味崇拜,把《南华真经》看做神圣不可侵犯,一字不可易。也不必如近来辨伪学派一味抹煞,把全部《庄子》,割裂断取,认为秦汉间的伪书,是由一般好事人捏造出来的。我们应该利用新的武器——科学方法,来从《庄子》书中,精密分析出庄子学说的发展。

二、内、外篇之关系

我们首先注意古《庄子》书,虽有版本不同,但据《释文》云"其内篇众家滋同,自余或有外而无杂",可见内篇七篇大致无问题,现在即以此不甚成问题之内篇为起点,来研究一下《庄子》书。

原来《汉书·艺文志》五十二篇，本无内、外、杂篇之名。现行郭象注本之分内、外、杂篇，实亦有所本，然要非汉时所见原本，即非当时著书本意。但从有了这内、外、杂之分以后，这内、外篇之关系，便成问题。《南齐书·王僧虔传》，虔尝作《诫子书》云："……汝开《老子》卷头五尺许，未知辅嗣何所道，平叔何所说。……《庄子》众篇，何者内、外，……而终日欺人，人亦不受汝欺也。"可见晋宋学者间已注意及此内、外篇的关系问题。今郭象注本分内、外、杂篇，已成定本，而究其所以分之的理由，综合各家不同的说法，有如下六种：

Ⅰ、内、外篇互相发明说——可以《注释庄子南华副墨会解》、林云铭《庄子因》及周金然《南华经传释》之说为代表。依《注释庄子南华副墨会解》所定《南华》经目，以内篇七篇为主，外、杂篇附之。如下表：

《逍遥游》：附《缮性》《至乐》《外物》、伪书《让王》

《齐物论》：附《秋水》《寓言》、伪书《盗跖》

《养生主》：附《刻意》《达生》

《人间世》：附《天地》《山木》《庚桑楚》、伪书《渔父》

《德充符》：附《田子方》《知北游》《列御寇》

《大宗师》：附《骈拇》《徐无鬼》《则阳》

《应帝王》：附《马蹄》《胠箧》《在宥》《天道》《天运》、伪书《说剑》

林云铭《庄子总论》，也主张外篇、杂篇分属为七篇：《骈拇》《马蹄》《胠箧》《在宥》《天地》《天道》皆因《应帝王》而及之，《天运》则因《德充符》而及之，《秋水》则因《齐物论》而及之，《至乐》《田子方》《知北游》则因《大宗师》而及之。惟《逍遥游》之旨，则散见于诸篇之中。外篇之义如此。《庚桑楚》则《德充符》之旨而《大宗师》《应帝王》之理寄焉。《徐无鬼》则《逍遥游》之旨而《人间世》《应帝王》《大宗师》之理寄焉。《则阳》亦《德充符》之旨而《齐物论》《大宗师》之理寄焉。《外物》则《养生主》之旨而《逍遥游》之理寄焉。《寓言》《列御寇》总属一篇，为全书收束，而内七篇之理均寄焉。杂篇之义如此。又清周金然《南华经传释》（《艺海珠尘》本）也因内七篇为经，余篇析为：

《逍遥游第一》：《秋水》《马蹄》《山木》
《齐物论第二》：《徐无鬼》《则阳》《外物》
《养生主第三》：《刻意》《缮性》《至乐》《达生》《让王》
《人间世第四》：《庚桑楚》《渔父》
《德充符第五》：《骈拇》《列御寇》
《大宗师第六》：《田子方》《盗跖》《天道》《天运》《知北游》
《应帝王第七》：《胠箧》《说剑》《在宥》《天地》

他以为："外、杂共二十有六篇，共二十四篇总是解内篇。""至末《寓言篇》乃庄子自述其编中之言，有寓有重有卮，使人勿错眼光也。《天下篇》乃庄子自叙立言之宗，援引古圣贤至于百家，各有品第"云云。

Ⅱ、内理外事说——可以唐成玄英疏为代表。《庄子疏序》云："内则谈于理本，外则语其事迹。事虽彰著，非理不通；理既幽微，非事莫显。欲先明妙理，故前标内篇，内篇理深，故每于文外别立篇目。"又"内篇明于理本，外篇语其事迹，杂篇杂明于理事。"但内篇不只是说理，外篇不只是说事，为解决这个矛盾，他又说："内篇虽明理本，不无事迹。外篇虽明事迹，甚有妙理。但立教分篇，据多论耳。"

Ⅲ、内篇明无外篇明有说——可以唐荆溪《止观辅行口诀》之说为代表。案灌顶笔录隋僧智𫖮《摩诃止观》,内引周弘政文(《隋志》:周弘正《庄子内篇讲疏》八卷)释三玄云:"庄子自然,约有无明玄。"荆溪《止观辅行口诀》说明之曰:

《庄子》内篇,自然为主。如云"雨为云乎,云为雨乎,孰施降是?"皆其自然。又言有无者,内篇明无,外篇明有。如内篇玄极之义,皆明有无。如云"夫无形故无不形,无物故无不物,不物者能物物,不形者能形形,物物者非形非物也,夫非形非物者,求之于形物不亦惑乎"。以是而言,虽有双非之言,亦似四句。而多在不形而形等,即有无也。又云"有情有信,无为无形"如是等例,其相非一,故知多是约有无明玄。

这里所引内篇三条之中,最后一条见《大宗师》,第一条"雨为云乎"十二字,在外篇《天运篇》。又第二条"夫无形故无不形"等句,不见郭象本。或《辅行口诀》所引内篇另有所本。

Ⅳ、内圣外王说——可以近人王树枬与钱基博之说为代表。王树枬云:其书内篇即内圣之道,外篇即外王之道。所谓静而圣、动而王也。杂篇者杂记内圣外王之事,篇各为章,犹今人之杂记也。钱基博《读〈庄子·天下篇〉疏记》更推到极端,将《逍遥游》《齐物论》两篇总括内、外、杂各篇,《逍遥游》为内圣之道,《齐物论》为外王之道,内圣得其自在,外王蕲于平等。他以为《庄子》书三十三篇,言《逍遥游》者二十篇,言《齐物论》者十二篇,而《天下篇》为叙录,不计:

《逍遥游》:

《养生主》《人间世》《德充符》(内篇)

《骈拇》《马蹄》《胠箧》《在宥》《天道》《刻意》《缮性》
《至乐》《达生》《山木》《田子方》(外篇)
《外物》《让王》《盗跖》《渔父》《列御寇》(杂篇)

《齐物论》：

《大宗师》《应帝王》(内篇)
《天地》《天道》《秋水》《知北游》(外篇)
《庚桑楚》《徐无鬼》《则阳》《寓言》《说剑》(杂篇)

这种说法，本于章太炎《齐物论释》，颇能持之有故言之成理。

Ⅴ、内外篇为师徒之间所著不同说——可以今人刘咸炘之说为代表。他将三十三篇分为三组：

内篇（七篇相属，义已包举，外、杂皆衍其义）

外、杂篇：

（a）有为条记而首尾一义者。如《达生》（申《养生主》）、《山木》（申《人间世》）、《知北游》（申《齐物论》）、《让王》《盗跖》。

（b）有皆条记而非一义，凡条记者多老门精语微言。如《在宥》《天地》《天道》《天运》《秋水》《至乐》《田子方》《庚桑楚》《徐无鬼》《则阳》《外物》《寓言》《列御寇》。

（c）有首尾成编而纯驳异者。如《刻意》《缮性》《说剑》《渔父》《天下》（全书之序）、《骈拇》《马蹄》《胠箧》(《刻意》《缮性》《天下》似其自著)。

他的结论是：

大概内篇似所自著。外、杂则师徒之说混焉。凡诸子书皆然。庄徒编分内、外，固已谨而可别矣。外、杂之非自著，不特文势异，义之过放，亦可征。大抵有徒之说，有徒述其言，有庄子述古事，故纯驳当别。……又兼有夸尊庄道者，亦其徒所记。

此说甚平允，且亦可见《庄子》书所述庄子的学说，实为一家之言。

Ⅵ、内篇皆有题目，外、杂篇只取篇首之字为标题说——可以成玄英《庄子疏序》、宣颖《南华经解》、林云铭《庄子因》及今人冯友兰之说为代表。案成玄英云："内篇理深，故每于文外别立篇目。……自外篇以去，则取篇首二字为其题目。《骈拇》《马蹄》之类是也。"又云："《骈拇》以下，皆以篇首二字为题，既无别义……"又宣颖云：

内七篇都是特立题目，后做文字。先要晓得他命题之意，然后看他文字玲珑贯串，都照此发去，盖他每一个题目，彻首彻尾，是一篇文字止写这一个意思，并无一句、两句断续杂凑说话。（卷一）

外篇者何？随事敷折，披枝溯流，虽皆卫道之言，然较之专透宗旨者则外矣。外篇十五首，各因一时有感而作，其命题但取篇首两字，非若内篇之特立一个题目也。褚伯秀曰：内篇命题本于漆园，各有深意；外杂篇则郭子玄删修，但摘篇首字名之。此说甚是。但谓摘名出于子玄，亦未见其然也。（卷三）

又林云铭《庄子因》中《庄子总论》云："内七篇是有题目之文，为庄子所手定者。外篇、杂篇各取篇首两字名篇，是无题目之文，乃后人取庄子杂著而编次之者。"此亦不过人云亦云。今人冯友兰在《燕京学报》（第二〇期）有一篇《庄子内外篇分别之标准》，更为发挥此说。他以为"其所以如此分类，并有内外之称者，大约书分内外两部分,汉魏六朝人有此习惯。""编所谓《庄子》之书者,将有另标题者分为一类,将无另标题者分为一类,前一类称为内篇,后一类称为外篇"云云。

由上六种说法,均能言之成理。惟Ⅱ、Ⅲ、Ⅳ各说,虽亦有主观的根据,却缺乏客观的标准。Ⅰ、Ⅵ、Ⅴ之说,则较为可信。综合起来,即是内篇与外篇互相发明,而以内篇为主,故另立题目,以与外篇分别。吾人今姑假定此有标题者,为庄子所手定;无标题者,多为学庄子所作;也就没有什么很大的不合理了。

三、各篇著作时代

但是接着对于这无标题的外、杂篇,虽假定为学庄子者所作,而究竟哪些篇为庄子后学所加,哪些篇为庄子直传底门人所作,这当然应该首先注意的。于是为解决这个问题,便发生许多不同的见解。如许地山《道教史》以为外篇与杂篇的年代,依武内义雄底断定,大体可以分为五个时期:

①庄周直传底门人所传底为:《至乐》《达生》《山木》《田子方》《知北游》《寓言》《列御寇》。

②成于稍晚的后学底为:《庚桑楚》《徐无鬼》《则阳》《外物》。

③成于齐王建(前264—前221年)时代底为:《骈拇》《马蹄》《胠箧》《在宥》。

④成于秦汉之际底为:《天地》《天道》《天运》《秋水》《刻意》《缮性》《天下》。

⑤秦汉之际所成别派底诸篇为:《让王》《盗跖》《说剑》《渔父》。

依这个分法,庄子底思想顺序,便有些眉目了。但依我意思,以为外篇、杂篇,无疑乎许多为庄子后学所加。陆德明《释文序录》所

云:"庄生弘才命世,辞趣华深,正言若反,故能畅其弘达,后人增足,渐失其真。"是也。焦竑《焦氏笔乘》云:

> 内篇断非庄生不能作。外篇、杂篇则后人窜入者多。之哙让国,在孟子时,而庄文曰庄子身当其时。昔者陈恒弑其君,孔子请讨,而《胠箧》曰:"陈成子弑其君,子孙享国十五世。"即此推之,则秦末汉初之言也。岂其年逾四百岁乎?曾史、盗跖与孔子同时,杨、墨在孔后孟前,《庄子》内篇三卷,未尝一及五人,则外篇、杂篇多出后人可知。又封侯宰相等语,秦以前无之。且避汉文帝讳,改田恒为田常,其为假托尤明。

由上各说,证明今传之外、杂篇,确有不少为后人增入之处。惟此为古书通例,凡诸子书皆然。若因此即谓其全篇为秦汉间人之作,则未免近于武断。为辨明这一点,我们须先注意几点:

第一,外、杂各篇所述各条记式的故事,或精语微言,因各弟子间传述不同,故所记的故事,亦有同有不同。《韩非子·显学篇》述儒、墨云:"故孔、墨之后,儒分为八,墨离为三,取舍相反不同,皆自谓真孔、墨,孔、墨不可复生,将谁使定世之学乎?"现存《墨子》书中,《尚贤》《尚同》《兼爱》《非攻》《天志》《非命》皆分上、中、下三篇,即为墨学三家演墨子的学说所作。其中虽有许多后人加入的材料,但从大体来看,仍然可以代表整个的墨学。同样道理,庄子以后,其末流不免分出派别,因此同一个寓言,而因传授的关系,各篇所记或有不同。最明显的是各篇文多重复,甚至于一篇之中,也有重复之处。

例一:内篇中本篇重复者。如《逍遥游》既引《齐谐》之言,又引"汤之问棘",《齐谐》言鲲化为鹏,"汤之问棘"见《列子·汤问篇》,则未言及此。又内篇与内篇重复者,如《齐物论》"日夜相代乎前，而莫知其所萌"，亦见《德充符篇》。

例二：内篇与外篇重复者，如《齐物论》"形固可使如槁木，而心固可使如死灰"，同见于《徐无鬼》《知北游》《庚桑楚》。"……道通为一。其分也成也，其成也毁也"一节，重见于《庚桑楚》。"古之人其知有所至矣，恶乎至？"一节，亦重见《庚桑楚》。《大宗师》"泉涸，鱼相与处于陆，相呴以湿，相濡以沫，不如相忘于江湖"，重见于《天运》。"与其誉尧而非桀，不如两忘而化其道"，重见于《外物》。"忘其肝胆，遗其耳目"，重见于《达生》。《应帝王》"老聃曰是于圣人也，胥易技系，劳形怵心者也"，重见于《天地篇》。今举《齐物论》为例：

例A：

《齐物论》	《徐无鬼》
南郭（《寓言》篇作"东郭"）子綦隐机而坐，仰天而嘘，荅焉似丧其耦。颜成子游立侍乎前，曰："何居乎？形固可使如槁木，而心固可使如死灰乎？"	南伯子綦隐几而坐，仰天而嘘。颜成子入见曰："夫子，物之尤也。形固可使如槁骸，心固可使若死灰乎？"

例B：

《齐物论》	《寓言》
罔两问景曰："曩子行，今子止；曩子坐，今子起。何其无特操与？"景曰："吾有待而然者邪？吾所待又有待而然者邪？吾待蛇蚹蜩翼邪？恶识所以然？恶识所以不然？"	众罔两问于景曰："若向也俯而今也仰，向也括撮而今也被发；向也坐而今也起；向也行而今也止；何也？"景曰："搜搜也，奚稍问也。予有而不知其所以。予，蜩甲也，蛇蜕也，似之而非也。火与日，吾屯也；阴与夜，吾代也。彼，吾所以有待邪，而况乎以无有待者乎！彼来则我与之来，彼往则我与之往，彼强阳则我与之强阳。强阳者，又何以有问乎？"

例三：外、杂篇与外、杂篇重复者。如《天运》"尸居而龙见，雷声而渊默"，重见《在宥篇》。又《天道》"其生也天行，其死也物化；静而与阴同德，动而与阳同波"，又"知天乐者，无天怨，无人非，无物累，无鬼责"，又"其魂不疲"各句，均重见《刻意篇》。又《达生》"今汝饰知以惊愚，修身以明污，昭昭乎若揭日月而行"，重见《山木篇》。又《胠箧》"彼窃钩者诛，窃国者为诸侯，诸侯之门而仁义存焉。"又见《盗跖篇》（"仁义"作"义士"）。今举《至乐》与《达生》及《则阳》与《寓言》文之重者为例：

例 C：

《至乐》	《达生》
昔者海鸟止于鲁郊，鲁侯御而觞之于庙，奏《九韶》以为乐，具太牢以为膳。鸟乃眩视忧悲，不敢食一脔，不敢饮一杯，三日而死。此以己养养鸟也，非以鸟养养鸟也。夫以鸟养养鸟者，宜栖之深林，游之坛陆，浮之江湖，食之鳅鲦，随行列而止，委蛇而处。	昔者有鸟止于鲁郊，鲁侯说之，为具太牢以飨之，奏《九韶》以乐之。鸟乃始忧悲眩视，不敢饮食。此之谓以己养养鸟也。若夫以鸟养养鸟者，宜栖之深林，浮之江湖，食之以委蛇，则安平陆而已矣。

例 D：

《则阳》	《寓言》
蘧伯玉行年六十而六十化，未尝不始于是，而卒诎之以非也。未知今之所谓是之非五十九非也。	孔子行年六十而六十化。始时所是，卒而非之。未知今之所谓是之非五十九年非也。

由上例证，可见外、杂篇实为庄子门人及后学传述庄学，而因学派分歧之故，以致所记之事不同，所述之理也有矛盾。这一点可以证明《庄子》外、杂篇不是出于一人之手，而实同出于一个源泉。

第二，如云外、杂篇多为秦汉间之著作，其最大根据乃在《吕氏春秋》。如许地山曾指出（《道教史》）：

> 《逍遥游》底许由，与《慎行论·求人篇》底许由，同出一源。《胠箧》底盗跖与《仲冬纪·当务篇》所记一样。《天地》底伯成子高见于《恃君览·长利篇》。《山木》与《孝行览·必已篇》底一节相同。《田子方》底温伯雪子，见于《审应览·精谕篇》。《庚桑楚》为《似顺论·有度篇》底一节。《外物》为《孝行览·必已篇》底篇首。《让王》所取底材料更多。子州支父底话出于《仲春纪·贵生篇》，石户之农、北人无择、瞀光、卞随，出于《离俗览·离俗篇》。大王亶父与子华子、魏牟出自《开春论·审为篇》。列子出自《先识览·观世篇》。孔子、许由、共伯出于《孝行览·慎人篇》。伯夷、叔齐出于《季冬纪·诚廉篇》。《盗跖》底"尧不慈舜不孝，禹偏枯，汤放共主，武王伐纣，文王拘羑里"与《仲冬纪·当务篇》"尧有不慈之名，舜有不孝之行，禹有淫湎之意，汤有放杀之事，五伯有暴乱之谋"同出一源。

这种比较的研究，是很可贵的，然而这也只能证明一事，即《吕氏春秋》抄录《庄子》，而不能证明《庄子》抄录《吕氏春秋》。案《史记·吕不韦列传》："吕不韦乃使其客人人著所闻，集论以为八览、六论、十二纪、二十余万言。以为备天地万物古今之事，号曰《吕氏春秋》。"又《史记·十二诸侯年表》："吕不韦者，秦庄襄王相，亦上观尚古，删拾《春秋》，集六国时事，以为八览、六论、十二纪，为《吕氏春秋》。"这都是很明白地说出，《吕氏春秋》只是"集"出来的书，固然这部集出来的书，件件都有，尤其对于儒家、道教，采取兼容并包的态度。然而毕竟和儒家、道家原来的著作不同。至于道家正传的《庄子》一派在吕氏门下，似乎颇占势力，因此《庄子》的话也称引特多。郭沫若述《庄子》其《吕氏春秋》的关系，最为明白（《十批判书》）。他说：

> 在多士济济的吕氏门下……道家颇占势力。其中庄子的门人一定相当多。书中每称引《庄子》（《去尤篇》），有好些辞句与《庄子》书完全相同。如《必己篇》差不多强半是采自《庄子·外物篇》。又如《有度篇》的下列一节，更根据庄子的主张来批评孔、墨："孔、墨之弟子徒属充满天下，皆以仁义之术，教导于天下，然而无所行教者。术犹不能行，又况乎所教！是何也？仁义之术外也。夫以外胜内，匹夫徒步不能行，又况乎人主！唯通乎性命之情，而仁义之术自行矣。先王不能尽知，执一而万物治，使人不能执一者，物感之也。故曰通志之悖（《庄子》作'彻志之勃'），解心之缪，去德之累，通道之塞（'通'《庄子》作'达'），贵富显严名利（'贵富'《庄子》作'富贵'），六者悖意者也。（《庄》无下者字，下同）。容动色理气意，六者缪心者也。恶欲喜怒哀乐，六者累德者也。智能去就取舍（《庄子》作'去就取与知能'），六者塞道者也。此四六者不荡乎胸中则正，正则静，静则清明（《庄子》无'清'字，下同），清明则虚，虚则无为而无不为也。""故曰"以下，乃《庄子·庚桑楚篇》的一节，明明是引书故称"故曰"，只是没有把《庄子》标明出来而已。

这就是最好的例，证明了外、杂篇为秦汉时作一说的误会。至于《胠箧篇》与古本《鬼谷子》之关系，据今本《鬼谷子·符言第十二》末了有"《转丸》《胠乱》二篇皆亡"一句。正统《道藏》本注云："或有庄周《胠箧》而充次第者"；这分明指出后人以《胠箧》冒充《鬼谷子·胠乱》一篇的痕迹，正足以证明《庄子·胠箧》乃在今本《鬼谷子》之前。至于田成子杀齐君底文句，唐司马贞《史记索隐》中引作《鬼谷子》，可见《庄子·胠箧》原文，在其冒充为《鬼谷子》一篇之后，又经过一番窜乱，这就是使此篇本无可疑而变成为可疑了的理由。

第三，外、杂各篇的真伪，尚无定论。如以外篇《缮性》为例，许地山认为成于秦汉之际，而称之为秦汉儒家化底庄子学（《道教史》）。但刘咸炘则认为庄子自著。又如杂篇《天下篇》，王安石《庄周论》信为庄子所作，朱熹则以为"《天下篇》虽取篇首二字为名，实则该括万物之义，余直以《南华经》之后序，出于学庄之学者，非庄子作"。但梁启超则以为此篇即《庄子》全书之自序。"庄子书有后人羼附之作，外篇、杂篇可疑者更多，无容为讳，惟《天下篇》似无甚怀疑之余地"。经他加以考据之后，得到结论是："此篇文体极朴茂，与外篇中浅薄圆滑之各篇不同，故应认为《庄子》书中最可信之篇。"（《〈庄子·天下〉篇释义》，见《中国古代学术流变研究》）依我意思《天下篇》历叙古今道术，显然是庄子晚年的著作。这和亚里士多德留传于今的学术著作，均为五十岁以后写成的一样。即使退一步认《天下篇》不是庄子自作，而为庄子直接门人评论百家之学而作，则其中已有"《诗》以道志，《书》以道事，《礼》以道行，《乐》以道和，《易》以道阴阳，《春秋》以道名分"之语，而《天运》之言六经，《庚桑楚》之言仁义礼智信，亦何能即断定其为汉代所作。《天下篇》乃庄子后序，与《寓言篇》可能均为庄子所作。王闿运《庄子注》仅注《寓言》《天下》及内篇七篇，不为无见。辨此一点，便知外、杂篇实有其不可轻易抹煞之理。

实在说来，今本《庄子》根本就是注家于汉原本五十二篇中以意去取的结果，而郭象三十三篇注本，则可认为较为可靠之《庄子》一家之言。若认《庄子》为庄周一人之作，当然问题很多；若认为一家之言，则大致不错。其中最成为问题的，当推《盗跖》《渔父》《让王》《说剑》诸篇。苏东坡疑此四篇非庄子作。宋濂《诸子辨》谓此"诸篇不类前后人，疑后人所剿入"。宣颖《南华经解》甚至列之于《天下篇》之后，以为"此四篇叙事弱，议论冗，其文乃在《新序》《说苑》等书之下，况可以混《庄子》乎"。但事实果然如此吗？武内义雄疑此四篇，郭注《让王》仅三条、《盗跖》三条、《说剑》无注、《渔父》仅一条，以为郭注隋唐之际已阙佚，而后人以他种注本补之。此说近是，惟仍不能因此疑及本文，实则此四篇文体虽与其余前后文不甚相同，而其深微之点，固可与内篇相发明。如以《盗跖》为例[①]："章太炎检论《儒侠篇》以此非寻常攻剽之雄所能有，殆世所谓有主义者，而曲士乃言《盗跖篇》为伪托，其亦率于法制，未蹈大方之门者邪。"（阮毓崧《庄子集注》）而且《盗跖》《渔父》已见于《史记》，则由来已久，陆树芝云"《让王》尽有精理，《说剑》较粗耳，然都非实事也"（《庄子雪》）。由我看来，《让王》《渔父》《盗跖》三篇，虽非庄子的正统派作品，却为庄子学派所产生。就中惟《说剑》一篇载庄子见赵惠文王论剑，据《先秦诸子系年考辨》（卷四）考证的结果，知乃庄辛非庄周。盖战国有两庄子，《韩非子·喻老》"楚庄王欲伐越，庄子谏"，亦庄莘；而《文选》卷五十五注引误作庄周。庄辛据《战国策·赵策》"说楚襄王不听，去而之赵，留五月"，其留赵甚久。又辛系文学之士，其说天子诸侯庶人三剑，层累敷陈，显然出于其手，可见《说剑》并非伪篇，但非庄周之作无疑。删此一篇，

[①] 案《吕览·当务篇》谓盗跖备说非六王、五伯，死而操金椎以葬曰："下见六王、五伯，将毂其头矣。"

则如《让王》《渔父》《盗跖》三篇，反无可置疑。以此三篇与《马蹄》《胠箧》诸篇，固同为庄子学左派之代表作品。

我细心研究的结果，以为庄子学的发展，自庄子以后，可假定其分派为三，即中派、右派与左派。中派为庄子直传弟子，时间最早，所传者如《至乐》《达生》《田子方》《知北游》《列御寇》，乃至《山木》《秋水》《则阳》等篇属之。右派与左派发生较后，但当在同时先后不久，为相对立的两派别。右派所传者为《庚桑楚》《徐无鬼》《外物》《天地》《天道》《天运》《刻意》《缮性》诸篇。左派所传者为《骈拇》《马蹄》《胠箧》《在宥》《让王》《盗跖》《渔父》诸篇。试加以说明：

先就庄子自者说，内篇七篇及外篇《寓言》、杂篇《天下》，均为庄子所作。内篇各立一题，各成结构，本无问题。《寓言》标出一部大书作法，《天下》历叙古今道术，注家认为非庄子不能作。今姑假定以上九篇为出一人之手。就内篇而言：

《逍遥游》——言逍遥无为者，能游大道。（司马彪注）以今语释之，即无所往而不自由。

《齐物论》——言齐一万物之理，姑之以无彼我，同是非，乃至于一生死，同梦觉。（焦竑）以今语释之，即一切皆平等。

《养生主》——言顺事而不滞于物，冥情而不撄其天，此为《庄子》养生之宗主。（王先谦注）。

《人间世》——概世变无穷，惟人类间，尤难处也。事暴君，处污世，出与人接，无争其名，而晦其德，此善全之道也。（岩垂宪德）

《德充符》——此遗形弃知，以德于内，自有形外之符验也。（崔譔注）

《大宗师》——此言必游于混茫之一气，人于不死不生，是道之大宗。（宣颖注）

《应帝王》——此言有为之治，不若无为之治。无为则游于虚而实不可测。（宣颖注）所谓引不言之教，使天下自以为牛马，应为帝王者也。（崔譔注）

以上《逍遥游》与《养生主》均为人生哲学，《齐物论》为哲学方法论，《人间世》为处世哲学中之入世法，《德充符》为处世哲学中之出世法，《大宗师》为形而上学，《应帝王》为政治哲学。

再就庄子之学派来说：

〔其一〕中派——此派为庄子学之正统派，亦即代表庄子与其直传门人的思想。其与内篇七篇之关系如下：

《逍遥游》——《至乐》

《齐物论》——《秋水》《则阳》

《养生主》——《达生》

《人间世》——《山木》

《德充符》——《列御寇》

《大宗师》——《田子方》《知北游》

《应帝王》——

此派主张"至人无己，神人无功，圣人无名"，无我而大我。其大旨乃在实现逍遥自得与齐一万物的境界，与内篇最为接近。

《至乐》——言至乐在于逍遥无为，而世俗所乐之富贵寿善，皆有生之累。（宣颖注）较之《大宗师》之讲齐生死，此则言生死不过出入于机，何必悦生而恶死。

《秋水》——大意自内篇《齐物论》脱化而来。以为人之为知，总属多余，区区而计大小，未足据以为得。（林云铭注）

《则阳》——此明大道不可名言，人当止其所不知，不可求之迹象，不可求之事物，必言默两忘，乃为有当。（宣颖注）又较之《逍遥游》言无穷之大，此则言无限之小。

《达生》——此言至人之道，逍遥无事，故能神完而与天为一。此为善养生者。（宣颖注）

《山木》——此言全身远害之理。

《列御寇》——此言凡物皆得于天以自成，故圣人于天下，因其自然。（宣颖注）汎然无系，譬彼虚舟，任运逍遥。（成玄英疏）

《田子方》——此言存真之妙，有不可以言传者。不言而信，无为而化，可见以辩求胜之陋。

《知北游》——此篇摹写道妙，只是一无。（宣颖注）自无而有，此道之所以无穷。（同上）

〔其二〕右派——此派可认为儒家化的庄子学，亦即代表庄子门人所受孔子一派之影响。其与内篇之关系，不如中派之密切，但仍有痕迹可寻。

《逍遥游》——

《齐物论》——《徐无鬼》《外物》

《养生主》——《刻意》《缮性》

《人间世》——

《德充符》——《庚桑楚》

《大宗师》——《天运》

《应帝王》——《天道》《天地》

此派主张"内圣外王之道"，《天道篇》"以此处上，帝王天子之德也；以此处下，玄圣素王之道也。……静而圣，动而王。"以"玄圣"与"帝王"对称，言不为时用，即静而为玄圣，如为时用，则动而为帝王。静即静退居内，动即出动居外，这种思想和儒家相近，但仍不脱道家的面目。

《徐无鬼》——言有心成美，必致多事而事胜，若存诚顺应，举

世大私，恶用偃兵哉。此乃无德王道之言。又就仲尼不贵言处，推而广之，以明大道之无为。（宣颖注，下同）

《外物》——言伪儒之不足恃，又假仲尼之言，以明知有所困，若婴儿之无知而有良知，而有良能，其学道之师与。

《刻意》——言恬淡寂寞，虚无无为，是圣功要领。

《缮性》——说出许多学问，与孟子所性分定，大行不加，穷居不损意思相同。

《庚桑楚》——言养己之方，莫要于还其赤子，与孟子"大人者不失其赤子之心"同。又泰定发光，为周濂溪"静则虚、虚则明"之说所本。

《天运》——言天下无一件不是道为之主，帝王但当顺之。

《天道》——言无为者处世之道，有为者任下之道，除却虚静无为，一切有为之迹（如兵刑礼乐等类）都是末学。本所当先，末所当后，又言孔子兼爱无私。

《天地》——篇中重发无为之旨，以天字作眼，曰成于天，曰兼于天，曰以人受天，曰秉人无天，曰与天地为合，曰人于天，盖言无为者天，人能合天，则圣德圣治之极则也。（岩垂宪德:《庄子提要》）又写无为之治，犹孟子所言皞皞如。

最可注意的，是此派抬出"诚"字。《徐无鬼篇》"修胸中之诚以应天地之情而勿撄""反己而不穷，循古而不摩，大人之诚""吾与之乘天地之诚，而不以物与之相撄""捐仁义者寡，利仁义者众。夫仁义之行，唯且无诚"。又《庚桑楚篇》"不见其诚己而发，每发而不当"；此处言诚，作本体解，这分明是受儒家思想的影响。

〔其三〕左派——此派可认为极端的无治派，亦即代表庄子门人所受老子左派之影响，其与内篇之关系较浅，文体亦不同，然其深微处，亦与内篇相发明。又《大宗师》有忘仁义、忘礼乐之语，从忘仁义而至于诋讥仁义，即为庄子学说之左倾的发展。

《逍遥游》——《马蹄》

《齐物论》——

《养生主》——《让王》

《人间世》——《渔父》

《德充符》——《骈拇》

《大宗师》——《盗跖》

《应帝王》——《胠箧》《在宥》

此派主张"贵己保真"，颇有"拔一毛而利天下不为"之气概。而且掊击仁义，诋毁尧、舜，与《天运篇》之"假道于仁，托宿于义，以游逍遥之虚"；《天地篇》之"行事尚贤，大道之行"；《天道篇》之赞美舜的无为之右派态度绝不相同。例如：

《马蹄》——言以仁义为治，则拂人之性，惟无为自化，清净自正。

《让王》——论穷通之皆乐，彼重视大器，而不免轻身以赴利，弃我而殉物者，皆俗人也。（阮毓崧注）

《渔父》——言彼苦心劳身以危其身者，虽有救世之心，未免为己之累。（同上）

《骈拇》——言仁义乃性外添出之物。（宣颖注）

《盗跖》——讥趋名利事伪巧之徒。甚至斥尧、舜、汤武皆乱人之徒，实为左派之最极端者。

《胠箧》——言仁义圣知未足为君子之资，而反以助盗贼之用。（宣颖注）盖惩战国之纷纭，而为愤激之言。（王夫之注）

《在宥》——在者自在之意，宥者自得之意。此认治则天下多事，更不能安其性命之情。

由上庄子学三派——中派、右派、左派——因其各有特重之点，同时也就有其忽略之点。如前述，中派偏于"无"的宇宙观，其结果对于政治，不发生兴趣，其代表各篇，竟无与《应帝王》一篇相当者。右派偏于"静"的人生观，明心见性，无为而无不为，其结果用世之意多，而逍遥之意少。左派偏于"无为"的政治观，"拔一毛而利天下不为"，其结果愤激之辞多，而齐物之意少。但无论如何，此三派虽有这些的矛盾，而在《庄子》全书中，则自然有其内在的统一。所谓"自其异者视之，则肝胆楚越；自其同者视之，则万物皆一也"。而极其至，则"殊途而同归，一致而百虑"。分之为中、右、左三派，合之则成完整之庄子一家之言。这正是庄子学的最大特点。不但如此，庄学的三派别，实影响于后来之注《庄》解《庄》之家。就现流传的《庄》注派别来看，如晋崔譔、向秀、司马彪之注，其逸文具在，颇得中派的旨趣。尤其郭象注为此派之集大成者。大概早期的庄子注，皆具中派特点。次之则为右派注解，如宋林希逸《庄子口义》，明焦竑《庄子翼》、王夫之《庄子解》，清陆树芝《庄子雪》、王闿运《庄子注》等，均其代表。惟左派注解，尚未发现，有之即《抱朴子·外篇·诘鲍》所举鲍敬言的思想。"鲍生敬言好《老》《庄》之书，治剧辩之言，以为古者无君，胜于今世"；这即是庄子左派之影响。又嵇康"每非汤武而薄周孔"，亦具有左派庄学的精神，然而他们都不曾有意为《庄子》作注脚，又当别论。至于以道教解《庄》，如宋碧虚子《南华真义章句音义》，褚伯秀《南华真经义海纂微》。又如以佛教解《庄》，如明陆西星《南华经副墨》，清张世犖《南华摸象记》，民国章炳麟《齐物论释》，则均为后来的事，与庄子学的本身无关，也就只好表过不提了。

第三章　庄子哲学之渊源

一、《天下篇》所见古代思想之三阶段

庄子哲学的文化背景，乃是"百家争鸣"的时代，亦即是反映着社会制度大变革的过渡时代。《天下篇》劈头即告诉我们，这文化新局面的重要性：

> 天下之治方术者多矣，皆以其有为不可加矣。古之所谓道术者，果恶乎在？曰无乎不在。曰神由何降？明何由出？圣有所生，王有所成，皆原于一。

在这里首述百家之治道术者，皆以所学为无以复加，例如"《兼爱》《尚贤》《右鬼》《非命》，墨子之所立也，而杨子非之。全性保真，不以物累形，杨子之所立也，而孟子非之。"(《淮南子·氾论训》)这就是所谓"天下多得一察焉以自好"。(马叙伦《庄子义证》从王念孙读"天下多得一察焉以自好"为一句，察当读为际，一际犹一边也，一际与"一曲之士""一曲"同)但由庄子看来，百家"皆原于一"，用《淮南子·淑真训》所说，即是"百川异源而皆归于海，百家殊业而皆务于治"。《汉书·艺文志》"十家后序"更发挥得透彻：

诸子十家，其可观者九家而已，皆起于王道既微，诸侯力政，时君世主，好恶殊方，是以九家之术，蜂起并作，各引一端，崇其所善，以此驰说，取合诸侯。其言虽殊，辟犹水火相灭亦相生也。仁之与义，敬之与和，相反而皆相成也。《易》曰："天下同归而殊涂，一致而百虑。"今异家者各推所长，穷知究虑，以明其指，虽有蔽短，合其要归，亦六经之支与流裔。使其人遭明王圣主，得其所折中，皆股肱之材已。

这所谓"百家之学"皆六经之友与流裔，实即《天下篇》"皆原于一"一句的发明。但仍未追溯到中国古代思想之最初的源泉，因之更有诸子出于王官之说。例如：

> 儒家者流，盖出于司徒之官……
>
> 道家者流，盖出于史官……
>
> 阴阳家者流，盖出于羲和之官……
>
> 法家者流，盖出于理官……
>
> 名家者流，盖出于礼官……
>
> 墨家者流，盖出于清庙之守……
>
> 纵横家者流，盖出于行人之官……
>
> 杂家者流，盖出于议官……
>
> 农家者流，盖出于农稷之官……
>
> 小说家者流，盖出于稗官……

此虽未免为汉儒附会揣测之辞，不必尽有凭据。但从大体来说，古代学术之第一阶段，确为"学在官府"的时代。章太炎所谓：

古之学者多出王官。世卿用事之时，百姓当家则务农、商、畜、牧，无所谓学问也。其欲学者不得不给事官府，为之胥徒。或乃供洒扫为仆役焉。故《曲礼》云宦学事师。"学"字本或作"御"，所谓宦者谓为其宦寺也。所谓御者谓为其仆御也。……《说文》云："仕，学也。"仕何以得训为学？所谓宦于大夫，犹今之学习行走耳。是故非仕无学，非学无仕。（《论诸子学》）

这一段话，活绘出古代社会怎样从官学而转变为私学的过渡情形。奴隶阶级因参加了主人们所设官府的文化工作，因而在劳动之中，一跃变成上层的"士"的阶级，于是奴隶变成主人了。庄子生当战国末年，正是奴隶制转变向封建制的时代。他很知道百家私学的来源，是怎样从原始的宗教政治发展而成。J. G. Fnagen 曾举出许多例证，证明在宗教的政治期中，先有"术士神人"，次有"教士君王"，《天下篇》也将古代学术的来源，追溯到天人——神人——至人的世界。他将学术流变，无形中分作三个阶段。

第一阶段：

不离于宗，谓之天人；不离于精，谓之神人；不离于真，谓之至人。以天为宗，以德为本，以道为门，兆于变化，谓之圣人；以仁为恩，以义为理，以礼为行，以乐为和，薰然慈仁，谓之君子；以法为分，以名为表，以参为验，以稽为决，其数一二三四是也。百官以此相齿，以事为常，以衣食为主，蕃息畜藏，老弱孤寡为意，皆有以养，民之理也。古之人其备乎！配神明，醇天地，育万物，和天下，泽及百姓，明于本数，系于末度，六通四辞，小大精粗，其运无乎不在。其明而在数度者，旧法、世传之史尚多有之。

第二阶段：

其在于《诗》《书》《礼》《乐》者，邹鲁之士、搢绅先生多能明之。《诗》以道志，《书》以道事，《礼》以道行，《乐》以道和，《易》以道阴阳，《春秋》以道名分。其数散于天下而设于中国者，百家之学时或称而道之。

第三阶段：

天下大乱，贤圣不明，道德不一。天下多得一察焉以自好。譬如耳目鼻口，皆有所明，不能相通。犹百家众技也，皆有所长，时有所用。虽然，不该不遍，一曲之士也。判天地之美，析万物之理，察古人之全。寡能备于天地之美，称神明之容。是故内圣外王之道，暗而不明，郁而不发，天下之人各为其所欲焉以自为方。悲夫！百家往而不反，必不合矣！后世之学者，不幸不见天地之纯，古人之大体，道术将为天下裂。

侯外庐《中国古代思想学说史》引此，以为此即西周、春秋、战国三个阶段的分野。即是第一阶段为"学在官府"的畴官贵族之学。第二阶段为《诗》《书》传授之学，据此而批判出了俱道尧、舜的"世之显学——儒、墨"。第三阶段始普遍成为私人创著、百家并鸣之学。又谭戒甫《〈庄子·天下〉篇校释》亦指出"此在旧法世传之史者其一，似指春秋以前""此在邹鲁之士搢绅先生者其二，似指春秋之世""此在百家之学者其三，似指战国之世"。其说均是。由上古代学术流变之三阶段,脉络分明,真可算古代的一篇最好的思想学说史,实际亦即叙述了自家思想的三种文化背景,也可以说即是对于"天下之治方术者"的总批判。

这里可注意的,就是他追溯古代学术源流,实从 J. G. Fnagen 所谓"术士神人"的世界开始。第一阶段所谓天人——神人——至人——圣人——君子——百官之六小阶段,即是告诉我们"神何由降?明何由出"之理想化了的古代统治者人格的发展史。试分析之如下:

天人——不离于宗,谓之天人。(案即《应帝王篇》"乡吾示之以未始出吾宗"之"宗",指明于天地无为之德之主道而言。)

神人——不离于精,谓之神人。(案《逍遥游篇》"神人无功",《人间世篇》"神人所以为大祥",郭注"神人者无心而顺物",此即指无心而顺物之主道而言。)

至人——不离于真,谓之至人。(案《天运篇》"古之至人,假道于人,托宿于义,以游逍遥之虚",则是至人有仁义之行。又《人间世篇》"古之至人,先存诸己,而后存诸人"则是至人有己,但《逍遥游》言"至人无己"。《应帝王篇》"至人之用心若镜,不将不迎,应而不藏,故能胜物而不伤"。又《天道篇》"形德仁义,神之末也,非至人孰能定之"。要之至人较天人、神人虽不免有为,如《达生篇》所云,则知其为"为而不恃,长而不宰"。故《庚桑楚篇》云:"吾闻至人尸居环堵之室,而百姓倡狂不知所如往。"《外物篇》云:"至人不留行焉。"《知北游篇》云:"是故至人无为,大圣不作,观于天地之谓也。"可见至人仍为庄子理想化了的原始公社时代之君主人格。)

圣人——以天为宗,以德为本,以道为门,兆于变化,谓之圣人。(案《逍遥游》"圣人无名",《天道篇》"夫帝王之德,以天地为宗,以道德为主,以无为为常",与此同,而且"观于机兆,随物变化"（成玄英疏），其为君人南面之术无疑。《外物篇》"圣人之所以骇天下，神人未尝过而问焉"。郭注："圣言其外，神言其内"，可见圣人等级，乃神人之下。）

君子——以仁为恩，以义为理，以礼为行，以乐为和，薰然慈仁，谓之君子。（案《淮南子·俶真训》"礼乐为钩，仁义为饵"此亦治术之一。又《泰族训》"圣人一以仁义为之准绳，中之者谓之君子"。《骈拇篇》"彼其所殉仁义也，则俗谓之君子！"可见君子之一阶级，较低于圣人。《天地篇》："封人曰：'始也'我以女为圣人耶，今然君子也。'"此于君子有不屑为之意，盖以君子为士大夫阶级之反映。）

由上天人——神人——至人——圣人——君子，乃是从"神人合一"之天人、神人，以至"半神半人"之至人、圣人，至于君子，已降至"人"之阶段。再至百官，则"以法为分，以名为表，以参为验，以稽为决"，完全为统治之末。《天道篇》云："礼法度数，刑名比详，古人有之。此下之所以事上，非上之所以畜下也。"又云"道有天道有人道，无为而尊者天道也，有为而累者人道也。主者天道也，臣者人道也。天道之与人道相去远矣，不可不察也"（《在宥》）。这就是说："以事为常"的百官阶级，他们从事礼法度数刑名等，皆是"有为而为"，皆是"下之所以事上"，皆是"人道"不是天道，皆是"臣道"不是主道。庄子历叙道术渊源，很具体地指出道术的根源乃从"无为而尊"的天人——神人——至人递降递变而成，其结果在"有为为天下用"的百官阶级中得一归结。此百官阶级即古代官学制度的基础。他是有政权者，同时即有知识者，所谓"诸子出于王官说"即是根据于此。就中君人南面之术（《汉书·艺文志》，王念孙说应改为"人君"），即此处所云"本数末度"（本即秉要执本之本，末指礼法度数刑名比详，即所谓治之末），则特别为史官的拿手好戏。

所以说：

> 其明而在数度者，旧法、世传之史尚多有之。

《汉书·艺文志》："道家者流，盖出于史官，历记成败存亡祸福古今之道，然后知秉要执本，清虚以自守，卑弱以自持，此君人南面之术也。"正是这一段的注脚。所谓黄老道德之术，实际即是君人南面之术。司马谈家世为史，尚知此义，所以"先黄老而后六经"。同样庄子此处叙述古代学术流变，先"旧法、世传之史"，而后"邹鲁之士、搢绅先生"，也即是先道后儒之意。那么从其学说形成之文化背景来说，即谓其第一所受影响，即为道家的影响，是决无可疑的了。

次之古代学术史之第二阶段，为"邹鲁之士、搢绅先生多能明之"的《诗》《书》《礼》《乐》时代。此"邹鲁之士、搢绅先生"近于前一阶段之所谓"以仁为恩，以义为理，以礼为行，以乐为和，薰然慈仁，谓之君子"。案《知北游篇》"君子之人若儒、墨者师"，此以儒、墨为君子。《论语·述而篇》"得见君子者斯可矣"，可见儒者只望为君子。要之这一阶段的学术思想，实以东周以后之儒、墨为代表。但为什么单提"邹鲁之士"呢？因为这时"周礼尽在鲁"（《左传》），孔子所谓"齐一变至于鲁，鲁一变至于道"（《论语》）；"邹鲁之士、搢绅先生"实保存了古代官学中之最重要的部分——六艺。《天运篇》"丘治《诗》《书》《礼》《乐》《易》《春秋》六经，自以为久矣"。又墨子，据《淮南子·要略》云："墨子学儒者之业，受孔子之术，以为其礼烦扰而不说，厚葬靡财而贫民，服伤生而害事，故背周道而用夏政。"孔、墨都是"邹鲁之士、搢绅先生"，故皆治六经。墨子亦常援引《诗》《书》之语，然而此阶段的显学，其本身乃发见矛盾：

孔子、墨子俱道尧、舜，而取舍不同，皆自谓真尧、舜。（《韩非子·显学》）

孔墨之徒属，充满天下，皆以仁义之术，教导天下。（《吕氏春秋》）

好似第一阶段里有"天道"与"人道"之矛盾一样，第二阶段里，也有周道（儒）与夏政（墨）的矛盾现象。于是"有儒墨之是非，以是其所非而非其所是"（《齐物论》）；"是以天下大骇，儒墨皆起"（《天运》）。而此两派对于一般影响大极。《盗跖篇》："仲尼、墨翟穷为匹夫，今谓宰相曰：'子行如仲尼墨翟。'则变容易色称不足者，士诚贵也。"这段很可代表那时人尊重孔、墨的心理。庄子虽宗道家，而不免亦受孔、墨的影响，尤其是孔、颜二子，其后门人中竟形成一种儒家化的庄子学。所以就其学说形成之文化背景来说，儒家思想实为其第二所受的影响。

次之古代学术之第三阶段，即当世学者的百家之学。此百家之学，多仅得一偏之见，辄沾沾以自喜。这所指乃以稷下黄老派为最重要的对象。《史记·田敬仲完世家》云：

宣王喜文学游说之士，自如邹衍、淳于髡、田骈、接予、慎到、环渊之徒七十六人，皆赐列第，为上大夫，不治而议论。是以齐稷下学士复盛，且数百千人。

又《孟子·滕文公下》："世衰道微，邪说暴行有作……圣王不作，诸侯放恣，处士横议。"这正是庄子所处的时代。所以说："天下大乱，贤圣不明，道德不一。天下多得一察焉以自好。"因之《天下篇》所取为批判对象的，除作为第一阶段代表之关尹、老聃与第二阶段代表之墨翟、禽滑厘以外，更历举宋钘、尹文、彭蒙、田骈、慎到，乃至惠施、公孙龙之说，一一加以批评。其于墨子则谓"其道太觳，不可以为圣人之道"，然于其以绳墨自矫而备世之急，则称之曰："墨子真天下之好也，将求之不得也，虽枯槁不舍也，才士也夫！"其于宋钘、尹文，则称其为人太多、自为太少，然亦叹其为"图傲乎救世之士哉"。其于田骈、彭蒙、慎到，则虽惜其为"不知道"，然固谓其"概乎皆尝有闻者也。"这就是说：这些诸子百家皆有所长，时有所用，然而未免为不该不偏一曲之士。而庄子自己则对于此各因所欲、往而不返的百家之学，不胜感慨，而欲使其折中统一起来。内七篇所由著作，其救世苦心，无非欲将为百家所破坏的道术，重复为一。即因此故，其所作《逍遥游篇》竟受了宋钘、尹文的影响，《齐物论篇》竟受了田骈、慎到的影响。在这诸子百家学说纷纭的世界，庄子学说形成之第三文化背景，即是宋钘、尹文、田骈、慎到，以及与惠施等争论之影响。

二、老子派之影响

《史记》庄子本传"其学无所不窥，然其要本归于老子之言"。这分明是说庄子受了老子影响，乃今人自作聪明，竟倡老子出于庄子之说。不知日本人帆足万里《入学新论原教》（此引儿岛献吉郎《支那诸子百家考》）早已言之：

《老子》，战国好事者剽窃庄周书作也。其文乏温厚含畜之气，与《易》《大象》《论语》不同。且据篇中仁义并称，决非当时之言也。传者以为老子将隐，西过关，为关尹喜著五千言，则知其书郑韩间人所伪撰。或曰老子即韩非所著，《喻老》《解老》

所以神其言，然韩非综核名实之学，未必为是无益之事也。

伪《老子》实剽窃而作者，如上文所言。今举二书之言征之。《庄子·在宥篇》："故君子不得已而临莅天下，莫若无为。无为也，而后安其性命之情。故贵以身于为天下，则可以托天下；爱以身于为天下，则可以寄天下。"《老子》十三章"吾所以有大患者"云云。周言即《荀子》所谓滑稽乱俗者，然文义自相贯通。《老子》已言"吾所以有大患者，为吾有身"，又曰"贵以身为天下"，前后乖戾，始无意义。明老窃周，非周引老也。

这自只算得谬论！然而今人如钱穆等竟袭其说，以为《道德经》不会出在《庄子》以前。其最极端者，甚至如罗根泽主张《庄子》书中的老子，乃是"乌有先生"，而且"老聃"就是大耳，与"无趾""长梧"之类也颇相像。（《古史辨》第六册《再论老子及〈老子〉书的问题》）那么为什么说老子实有其人呢？这真没有适当的话，来形容这怀疑论者的好奇心理了。然而事实却不如此。老子不但是有其人，且为孔子先辈，在文献史料中如《史记·孔子世家》《老子韩非列传》《礼记·曾子问》乃至《庄子》《韩非子》《吕氏春秋》均为明证，这里无须加以讨论。郭沫若《十批判书》有一段很公平的话说："道统观念很强的人，如像韩愈，认为老聃是道家的人们所假造出来，想借以压倒孔子的。这是为了争道统，要想维持孔子绝地通天的尊严。我们现在却没有这样的必要。"那么何必多此一举呢？若就《庄子》书中来看，则老子其人的存在，更确实无疑。《庄子》书中老子名凡二十二见，老聃名凡四十六见，内篇中提到老聃的有《养生主》《德充符》《应帝王》三篇：

老聃死，秦失吊之，三号而出。弟子曰："非夫子之友邪？"

曰:"然。""然则吊焉若此,可乎?"曰:"然。始也,吾以为其人也,而今非也。向吾入而吊焉,有老者哭之,如哭其子;少者哭之,如哭其母。彼其所以会之,必有不蕲言而言,不蕲哭而哭者。是遁天倍情,忘其所受,古者谓之遁天之刑。适来,夫子时也;适去,夫子顺也。安时而处顺,哀乐不能入也,古者谓是帝之县解。"(《养生主》)

无趾语老聃曰:"孔丘之于至人,其未邪?彼何宾宾以学子为?彼且以蕲以諔诡幻怪之名闻,不知至人之以是为己桎梏邪?"老聃曰:"胡不直使彼以死生为一条,以可不可为一贯者,解其桎梏,其可乎?"无趾曰:"天刑之,安可解?"(《德充符》)

阳子居见老聃,曰:"有人于此,向疾强梁,物彻疏明,学道不倦。如是者,可比明王乎?"老聃曰:"是于圣人也,胥易技系,劳形怵心者也。且也虎豹之文来田,猨狙之便、执斄之狗来藉。如是者,可比明王乎?"阳子居蹴然曰:"敢问明王之治。"老聃曰:"明王之治,功盖天下而似不自己,化贷万物而民弗恃。有莫举名,使物自喜。立乎不测,而游于无有者也。"(《应帝王》)

而最重要的,当然是《天下篇》中称引关尹、老聃一段,为最有精彩:

以本为精,以物为粗,以有积为不足,澹然独与神明居,古之道术有在于是者。关尹、老聃闻其风而悦之。建之以常无有,主之以太一。以濡弱谦下为表,以空虚不毁万物为实。关尹曰:"在己无居,形物自著。其动若水,其静若镜,其应若响。芴乎若亡,寂乎若清。同焉者和,得焉者失。未尝先人而常随人。"老聃曰："知其雄，守其雌，为天下溪；知其荣，守其辱，为天下谷。"人皆取先，己独取后。曰"受天下之垢"。人皆取实，己独取虚。无藏也故有余，岿然而有余。其行身也，徐而不费，无为也而笑巧。人皆求福，己独曲全，曰"苟免于咎"。以深为根，以约为纪，曰"坚则毁矣，锐则挫矣"。常宽容于物，不削于人。可谓至极，关尹、老聃乎，古之博大真人哉！

由上《养生主》有"遁天倍情，忘其所受"之语，成玄英疏："言逃遁天然之性，加添流俗之情，妄见死之可哀，故忘失所受之分也。"说者因此以为是骂老聃，这是根本错的。马叙伦《庄子义证》（卷三）解释最好：

按伤死当恸，失仅三号，弟子怪其哀戚未至，故见责以非友。失答乃谓始以老君亦犹夫人，则当致戚。今见老君非人而天，故随顺俗情，三号而已。下文"向吾"至"古者谓之遁天之刑"，乃斥其他哭者，亦不定斥弟子。

还有《天下篇》评关尹、老聃一段，"可谓至极"句，据宋陈景元《南华真经章句》附录《庄子阙误》，引江南李氏本及文如海本校云"可谓"作"虽本"，姚鼐曾据此以改今《庄子》。近刘文典《庄子补正》，亦云李氏本文义较长，又古钞卷子本作"虽未至于极"，更为明显。王维诚《〈庄子·天下篇〉关于老子评论之研究》（《文讯月刊》新十号）更力持此说，以为"虽未至极"一句，在义理上，似更含有重要之意义，此即说明自《天下篇》作者观之，关尹、老聃之道，非为至极。余案此说是也。《天下篇》评论诸子，所举各家均长短并见，具有抑扬，甚至自述其说，亦与他人无异。所谓"谬悠之说，荒唐之言"，"芒乎昧乎，未之尽者"。则对于关尹、老聃，自不得例外。王夫之云："赞之曰真人，意其未至于天。"姚鼐云："庄以关尹、老聃，不过如篇首所云，不离于真之至人，犹未至极。"其持论固如此。《德充符篇》："孔丘之于至人，其未邪？"此以孔子未合为至人。此篇"虽未至极"，则以关尹、老聃为至人而未至于为天人。然而"夫至人者，上窥青天，下潜黄泉，挥斥八极，神气不变"（《田子方》），又"得至美而游乎至乐，谓之至人""至人之于德也，不修而物不能离焉，天之自高，地之自厚，日月之自明，夫何修焉"。这不是对于至人赞叹不置吗？

再就其所受影响言。关尹之"在己无居，形物自著，其动若水，其静若镜，其应若响"。以《应帝王篇》比之，则"无为事任，无为知主……至人之用心若镜，不将不迎，应而不藏"。这完全一样地超然的人生态度，然而最重的还是老子的影响。这只要注意到《庄子》书中引用《老子》文句之多，一看便可知道。王夫之以为《庄子》外篇或仅为《老子》作训诂，如《马蹄篇》乃引申《老子》无为自正之说，《在宥篇》间杂老子之言。焦竑《焦氏笔乘》云"老之有庄，犹孔之有孟。"明释德清注《庄子》内篇云："《庄子》一书乃《老子》之注疏。"事实也是如此。而且庄子发挥老子之说，其精辟处，远胜于孟子之于孔子。庄子虽不似韩非子有《解老》《喻老》之文，而三十三篇之中，到处均阐明老子的宗旨，随在记述老子的遗行遗言。今以外、杂篇为例，述老子与孔子及孔子弟子问答者有《天运》：

孔子行年五十有一而不闻道，乃南之沛见老聃。老聃曰："子来乎？吾闻子，北方之贤者也！子亦得道乎？"孔子曰："未得也。"老子曰："子恶乎求之哉？"曰："吾求之于度数，五年而未得也。"老子曰："子又恶乎求之哉？"曰："吾求之于阴阳，十有二年而未得。"老子曰："然，使道而可献，则人莫不献之于其君；使道而可进，则人莫不进之于其亲；使道而可以告人，则人莫不告其兄弟；使道而可以与人，则人莫不与其子孙。然而不可者，无佗也，中无主而不止，外无正而不行。由中出者，不受于外，圣人不出；由外入者，无主于中，圣人不隐。名，公器也，不可多取。仁义，先王之蘧庐也，止可以一宿而不可以久处，觏而多责。古之至人，假道于仁，托宿于义，以游逍遥之虚，食于苟简之田，立于不贷之圃。逍遥，无为也；苟简，易养也；不贷，无出也。古者谓是采真之游。以富为是者，不能让禄；以显为是者，不能让名。亲权者，不能与人柄，操之则栗，舍之则悲，而一无所鉴，以窥其所不休者，是天之戮民也。怨、恩、取、与、谏、教、生、杀八者，正之器也，唯循大变无所湮者为能用之。故曰：正者，正也。其心以为不然者，天门弗开矣。"

孔子见老聃而语仁义。老聃曰："夫播穅眯目，则天地四方易位矣；蚊虻噆肤，则通昔不寐矣。夫仁义憯然，乃愤吾心，乱莫大焉。吾子使天下无失其朴，吾子亦放风而动，总德而立矣！又奚杰然若负建鼓而求亡子者邪？夫鹄不日浴而白，乌不日黔而黑。黑白之朴，不足以为辩；名誉之观，不足以为广。泉涸，鱼相与处于陆，相呴以湿，相濡以沫，不若相忘于江湖。"

孔子见老聃归，三日不谈，弟子问曰："夫子见老聃，亦将何规哉？"孔子曰："吾乃今于是乎见龙。龙，合而成体，散而成章，乘乎云气而养乎阴阳。予口张而不能嗋。予又何规老聃哉？"子贡曰："然则人固有尸居而龙见，雷声而渊默，发动如天地者乎？赐亦可得而观乎？"遂以孔子声见老聃。老聃方将倨堂而应，微曰："予年运而往矣，子将何以戒我乎？"子贡曰："夫三皇、五帝之治天下不同，其系声名一也。而先生独以为非圣人，如何哉？"老聃曰："小子少进！子何以谓不同？"对曰："尧授舜，舜授禹。禹用力而汤用兵，文王顺纣而不敢逆，武王逆纣而不肯顺，故曰不同。"老聃曰："小子少进！余语汝三皇、五帝之治天下：黄帝之治天下，使民心一，民有其亲死不哭而民不非也。尧之治天下，使民心亲，民有为其亲杀其杀而民不非也。舜之治天下，使民心竟，民孕妇十月生子，子生五月而能言，不至乎孩而始谁，则人始有夭矣。禹之治天下，使民心变，人有心而兵有顺，杀盗非杀，人自为种而'天下'耳。是以天下大骇，儒墨皆起。其作始有伦，而今乎妇女，何言哉！余语汝：三皇、五帝之治天下，名曰治之，而乱莫甚焉。三皇之知，上悖日月之明，下睽山川之精，中堕四时之施。其知憯于蛎虿之尾，鲜规之兽，莫得安其性命之情者，而犹自以为圣人，不可耻乎？其无耻也！"子贡蹴蹴然立不安。

孔子谓老聃曰："丘治《诗》《书》《礼》《乐》《易》《春秋》六经，自以为久矣，孰知其故矣，以奸者七十二君，论先王之道而明周、召之迹，一君无所钩用。甚矣夫！人之难说也？道之难明邪？"老子曰："幸矣，子之不遇治世之君也！夫六经，先王之陈迹也，岂其所以迹哉！今子之所言，犹迹也。夫迹，履之所出，而迹岂履哉！夫白鶂之相视，眸子不运而风化；虫，雄鸣于上风，雌应于下风而风化。类自为雌雄，故风化。性不可易，命不可变，时不可止，道不可壅。苟得于道，无自而不可；失焉者，无自而可。"孔子不出三月，复见，曰："丘得之矣。乌鹊孺，鱼傅沫，细要者化，有弟而兄啼。久矣夫，丘不与化为人！不与化为人，安能化人！"老子曰："可，丘得之矣！"

《天地》：

夫子问于老聃曰："有人治道若相放，可不可，然不然。辩者有言曰：'离坚白，若县寓。'若是，则可谓圣人乎？"老聃曰："是胥易技系，劳形怵心者也。执留之狗成思，猿狙之便自山林来。丘，予告若，而所不能闻与而所不能言：凡有首有趾、无心无耳者众；有形者与无形无状而皆存者尽无。其动止也，其死生也，其废起也，此又非其所以也。有治在人。忘乎物，忘乎天，其名为忘己。忘己之人，是之谓入于天。"

《天道》：

孔子西藏书于周室，子路谋曰："由闻周之征藏史有老聃者，免而归居，夫子欲藏书，则试往因焉。"孔子曰："善。"往见老聃，而老聃不许，于是繙十二经以说。老聃中其说，曰："大谩，愿闻其要。"孔子曰："要在仁义。"老聃曰："请问：仁义，人之性邪？"孔子曰："然，君子不仁则不成，不义则不生。仁义，真人之性也，又将奚为矣？"老聃曰："请问：何谓仁义？"孔子曰："中心物恺，兼爱无私，此仁义之情也。"老聃曰："意，几乎后言！夫兼爱，不亦迂乎！无私焉，乃私也。夫子若欲使天下无失其牧乎？则天地固有常矣，日月固有明矣，星辰固有列矣，禽兽固有群矣，树木固有立矣。夫子亦放德而行，遁遁而趋，已至矣！又何偈偈乎揭仁义，若击鼓而求亡子焉？意！夫子乱人之性也。"

《田子方》：

孔子见老聃，老聃新沐，方将被发而干，慹然似非人。孔子便而待之。少焉见，曰："丘也眩与？其信然与？向者先生形体掘若槁木，似遗物离人而立于独也。"老聃曰："吾游心于物之初。"孔子曰："何谓邪？"曰："心困焉而不能知，口辟焉而不能言。尝为女议乎其将：至阴肃肃，至阳赫赫。肃肃出乎天，赫赫发乎地。两者交通成和而物生焉，或为之纪而莫见其形。消息满虚，一晦一明，日改月化，日有所为而莫见其功。生有所乎萌，死有所乎归，始终相反乎无端，而莫知乎其所穷。非是也，且孰为之宗！"孔子曰："请问游是。"老聃曰："夫得是，至美至乐也。得至美而游乎至乐，谓之至人。"孔子曰："愿闻其方。"曰："草食之兽，不疾易薮；水生之虫，不疾易水。行小变而不失其大常也，喜怒哀乐不入于胸次。夫天下也者，万物之所一也。得其所一而同焉，则四肢百体将为尘垢，而死生终始将为昼夜而莫之能滑，而况得丧祸福之所介乎！弃隶者若弃泥涂，知身贵于隶也，贵在于我而不失于变。且万化而未始有极也，夫孰足以患心！已为道者解乎此。"孔子曰："夫子德配天地，而犹假至言以修心。古之君子，孰能脱焉？"老聃曰："不然。夫水之于汋也，无为而才自然矣；至人之于德也，不修而物不能离焉。若天之自高，地之自厚，日月之自明，夫何修焉！"孔子出，以告颜回曰："丘之于道也，其犹醯鸡与！微夫子之发吾覆也，吾不知天地之大全也。"

《知北游》：

孔子问于老聃曰："今日晏闲，敢问至道。"老聃曰："汝齐戒，疏瀹而心，澡雪而精神，掊击而知。夫道，窅然难言哉！将为汝言其崖略：夫昭昭生于冥冥，有伦生于无形，精神生于道，形本生于精，而万物以形相生。故九窍者胎生，八窍者卵生。其来无迹，其往无崖，无门无房，四达之皇皇也。邀于此者，四肢强，思虑恂达，耳目聪明。其用心不劳，其应物无方。天不得不高，地不得不广，日月不得不行，万物不得不昌，此其道与！且夫博之不必知，辩之不必慧，圣人以断之矣！若夫益之而不加益，损之而不加损者，圣人之所保也。渊渊乎其若海，魏魏乎其终则复始也。运量万物而不匮。则君子之道，彼其外与！万物皆往资焉而不匮，此其道与！……"

述老子与阳子居问答的有《寓言》：

阳子居南之沛，老聃西游于秦。邀于郊，至于梁而遇老子。老子中道仰天而叹曰："始以汝为可教，今不可也。"阳子居不答。至舍，进盥漱巾栉，脱屦户外，膝行而前，曰："向者弟子欲请夫子，夫子行不闲，是以不敢；今闲矣，请问其过。"老子曰："而睢睢盱盱，而谁与居？大白若辱，盛德若不足。"阳子居蹴然变容曰："敬闻命矣！"其往也，舍者迎将其家，公执席，妻执巾栉，舍者避席，炀者避灶。其反也，舍者与之争席矣！

述老子与崔瞿问答的有《在宥》：

崔瞿问于老聃曰："不治天下，安藏人心？"老聃曰："女慎无撄人心。人心排下而进上，上下囚杀，淖约柔乎刚强，廉刿雕琢，其热焦火，其寒凝冰，其疾俯仰之间而再抚四海之外。其居也，渊而静；其动也，县而天。偾骄而不可系者，其唯人心乎！……"

述老子与士成绮问答的有《天道》：

> 士成绮见老子而问曰："吾闻夫子圣人也。吾固不辞远道而来愿见，百舍重趼而不敢息。今吾观子非圣人也，鼠壤有余蔬而弃妹之者，不仁也！生熟不尽于前，而积敛无崖。"老子漠然不应。士成绮明日复见，曰："昔者吾有刺于子，今吾心正郤矣，何故也？"老子曰："夫巧知神圣之人，吾自以为脱焉。昔者子呼我牛也而谓之牛；呼我马也而谓之马。苟有其实，人与之名而弗受，再受其殃。吾服也恒服，吾非以服有服。"士成绮雁行避影，履行遂进，而问修身若何。老子曰："而容崖然，而目冲然，而颡頯然，而口阚然，而状义然。似系马而止也，动而持，发也机，察而审，知巧而睹于泰，凡以为不信。边竟有人焉，其名为窃。"

述老子与其门徒庚桑楚、南荣趎问答的有《庚桑楚》：

> 老聃之役有庚桑楚者，偏得老聃之道，以北居畏垒之山。其臣之画然知者去之，其妾之挈然仁者远之。拥肿之与居，鞅掌之为使。居三年，畏垒大壤。畏垒之民相与言曰："庚桑子之始来，吾洒然异之。今吾日计之而不足，岁计之而有余。庶几其圣人乎！子胡不相与尸而祝之，社而稷之乎？"庚桑子闻之，南面而不释然。弟子异之。庚桑子曰："弟子何异于予？夫春气发而百草生，正得秋而万宝成。夫春与秋，岂无得而然哉？天道已行矣。吾闻至人尸居环堵之室，而百姓猖狂不知所如往。今以畏垒之细民，而窃窃欲俎豆予于贤人之间，我其杓之人邪？吾是以不释于老聃之言。"弟子曰："不然。夫寻常之沟，巨鱼无所还其体，而鲵鳅为之制；步仞之丘陵，巨兽无所隐其躯，而孽狐为之

祥。且夫尊贤授能，先善与利，自古尧、舜以然，而况畏垒之民乎？夫子亦听矣！"庚桑子曰："小子来！夫函车之兽，介而离山，则不免于网罟之患；吞舟之鱼，砀而失水，则蚁能苦之。故鸟兽不厌高，鱼鳖不厌深。夫全其形生之人，藏其身也，不厌深眇而已矣！且夫二子者，又何足以称扬哉！是其于辩也，将妄凿垣墙而殖蓬蒿也，简发而栉，数米而炊，窃窃乎又何足以济世哉！举贤则民相轧，任知则民相盗。之数物者，不足以厚民。民之于利甚勤，子有杀父，臣有杀君；正昼为盗，日中穴阫。吾语女：大乱之本，必生于尧、舜之间，其末存乎千世之后。千世之后，其必有人与人相食者也。"

南荣趎蹴然正坐曰："若趎之年者已长矣，将恶乎托业以及此言邪？"庚桑子曰："全汝形，抱汝生，无使汝思虑营营。若此三年，则可以及此言矣！"南荣趎曰："目之与形，吾不知其异也，而盲者不能自见；耳之与形，吾不知其异也，而聋者不能自闻；心之与形，吾不知其异也，而狂者不能自得。形之与形亦辟矣，而物或间之邪？欲相求而不能相得。今谓趎曰：'全汝形，抱汝生，无使汝思虑营营。'趎勉闻道达耳矣！"庚桑子曰："辞尽矣，奔蜂不能化藿蠋，越鸡不能伏鹄卵，鲁鸡固能矣！鸡之与鸡，其德非不同也。有能有不能者，其才固有巨小也。今吾才小，不足以化子。子胡不南见老子！"南荣趎赢粮，七日七夜至老子之所。老子曰："子自楚之所来乎？"南荣趎曰："唯。"老子曰："子何与人偕来之众也？"南荣趎惧然顾其后。老子曰："子不知吾所谓乎？"南荣趎俯而惭，仰而叹，曰："今者吾忘吾答，因失吾问。"老子曰："何谓也？"南荣趎曰："不知乎？人谓我朱愚，知乎？反愁我躯；不仁则害人，仁则反愁我身；不义则伤彼，义则反愁我己。我安逃此而可？此三言者，趎之所患也。愿因楚而问之。"老子曰:"向吾见若眉睫之间,吾因以得汝矣。今汝又言而信之。若规规然若丧父母,揭竿而求诸海也。女亡人哉!惘惘乎,汝欲反汝情性而无由入,可怜哉!"南荣趎请入就舍,召其所好,去其所恶。十日自愁,复见老子。老子曰:"汝自洒濯,熟哉郁郁乎!然而其中津津乎犹有恶也。夫外韄者不可繁而捉,将内揵;内韄者不可缪而捉,将外揵;外、内韄者,道德不能持,而况放道而行者乎!"南荣趎曰:"里人有病,里人问之,病者能言其病,然其病病者犹未病也。若趎之闻大道,譬犹饮药以加病也。趎愿闻卫生之经而已矣。"老子曰:"卫生之经,能抱一乎!能勿失乎!能无卜筮而知吉凶乎!能止乎!能已乎!能舍诸人而求诸己乎!能翛然乎!能侗然乎!能儿子乎!儿子终日嗥而嗌不嗄,和之至也;终日握而手不掜,共其德也;终日视而目不瞚,偏不在外也。行不知所之,居不知所为,与物委蛇而同其波。是卫生之经已。"南荣趎曰:"然则是至人之德已乎?"曰:"非也。是乃所谓冰解冻释者能乎?夫至人者,相与交食乎地而交乐乎天,不以人物利害相撄,不相与为怪,不相与为谋,不相与为事,翛然而往,侗然而来。是谓卫生之经已。"曰:"然则是至乎?"曰:"未也。吾固告汝曰:'能儿子乎!'儿子动不知所为,行不知所之,身若槁木之枝而心若死灰矣。若是者,祸亦不至,福亦不来。祸福无有,恶有人灾也?"

述老子与柏矩问答的有《则阳》:

柏矩学于老聃,曰:"请之天下游。"老聃曰:"已矣!天下犹是也。"又请之,老聃曰:"汝将何始?"曰:"始于齐。"至齐,见辜人焉,推而强之,解朝服而幕之,号天而哭之,曰:

"子乎！子乎！天下有大菑，子独先离之。曰'莫为盗，莫为杀人'。荣辱立然后睹所病，货财聚然后睹所争。今立人之所病，聚人之所争，穷困人之身，使无休时。欲无至此，得乎？古之君人者，以得为在民，以失为在己；以正为在民，以枉为在己。故一形有失其形者，退而自责。今则不然，匿为物而愚不识，大为难而罪不敢，重为任而罚不胜，远其涂而诛不至。民知力竭，则以伪继之。日出多伪，士民安得不伪。夫力不足则伪，知不足则欺，财不足则盗。盗窃之行，于谁责而可乎？"

前所举内篇三条尚不在内。然此问答之语，犹可说是托之寓言，若其书中所引《老子》原文，则真凭实证，虽可详言，且有"故曰"二字以明所引之书。现在只就引文与《老子》完全相同者，列之如下：

《老子》	《庄子》
（圣人）行不言之教。（二章）知者不言，言者不知。（五十六章）	夫知者不言，言者不知，故圣人行不言之教。（《知北游》）
为而不恃，长而不宰。（十章）	子独不闻夫至人之自行邪？忘其肝胆，遗其耳目，芒然彷徨乎尘垢之外，逍遥乎无事之业，是谓为而不恃，长而不宰。（《达生》）
是谓玄德。（十章）	其合缗缗，若愚若昏，是谓玄德，同乎大顺。（《天地》）
五色令人目盲，五音令人耳聋，五味令人口爽。（十二章）	且夫失性有五：一曰五色乱目，使目不明；二曰五声乱耳，使耳不聪；三曰五臭熏鼻，困惾中颡；四曰五味浊口，使口厉爽；五曰趣舍滑心，使性飞扬。此五者，皆生之害也。（《天地》）
故贵以身为天下，若可寄天下。爱以身为天下，若可托天下。（十三章）	故贵以身于为天下，则可以托天下；爱以身于为天下，则可以寄天下。（《在宥》）夫天下至重也，而不以害其生，又况他物乎？唯无以天下为者，可以托天下也。（《让王》）

续表

《老子》	《庄子》
绝圣弃智，民利百倍。（十九章）	故曰：绝圣弃知，而天下大治。（《在宥》）
鱼不可脱于渊，国之利器不可以示人。（三十六章）	故曰：鱼不可脱于渊，国之利器不可以示人。彼圣人者，天下之利器也，非所以明天下也。（《胠箧》）
故失道而后德，失德而后仁，失仁而后义，失义而后礼。（三十八章） 为道日损，损之又损，以至于无为，无为而无不为。（四十八章）	道不可致，德不可至。仁可为也，义可亏也，礼相伪也。故曰："失道而后德，失德而后仁，失仁而后义，失义而后礼。"礼者，道之华而乱之首也。故曰："为道者日损，损之又损之，以至于无为，无为而无不为也。"（《知北游》）
大巧若拙。（四十五章）	故绝圣弃知，大盗乃止；擿玉毁珠，小盗不起；焚符破玺，而民朴鄙；掊斗折衡，而民不争；殚残天下之圣法，而民始可与论议；擢乱六经，铄绝竽瑟，塞瞽旷之耳，而天下始人含其聪矣；灭文章，散五采，胶离朱之目，而天下始人含其聪矣；灭文章，散五采，胶离朱之目，而天下始人含其明矣；毁绝钩绳而弃规矩，攦工倕之指，而天下始人有其巧矣。故曰：大巧若拙。（《胠箧》）
知者不言，言者不知。（五十六章）	悲夫，世人以形色名声为足以得彼之情，夫形色名声，果不足以得彼之情，则知者不言，言者不知，而世岂识之哉！（《天道》）
小国寡民，使有什伯之器而不用；使民重死而不远徙。虽有舟舆，无所乘之；虽有甲兵，无所陈之；使民复结绳而用之。甘其食，美其服，安其居，乐其俗。邻国相望，鸡犬之声相闻，民至老死不相往来。（八十章）	昔者容成氏、大庭氏……神农氏，当是时也，民结绳而用之。甘其食，美其服，乐其俗，安其居，邻国相望，鸡狗之音相闻，民至老死而不相往来。若此之时，则至治已。（《胠箧》）

续表

《老子》	《庄子》
圣人不积，既以为人己愈有，既以与人己愈多。（八十一章）	死生亦大矣，而无变乎己，况爵禄乎！若然者，其神经乎大山而无介，入乎渊泉而不濡，处卑细而不惫，充满天下，既以与人己愈有。（《田子方》）

由上不过举例而已。实则《天下篇》所述老聃之言，在《老子》全书中，一一均有根据。又如不完全称引原文，而断章取义，可相比较者，更不胜其数，试为对照如下：

《老子》	《庄子》
无名天地之始。（一章） 道生一。（四十二章）	泰初有无无，有无名，一之所起，有一而未形。（《天地》）
不尚贤使民不争。（三章）	至德之世不尚贤。（《天地》）
天地不仁，以万物为刍狗；圣人不仁，以百姓为刍狗。（五章）	至仁无亲。（《庚桑楚》） 大仁不仁。（《齐物论》）
功成身退，无之道也。（九章） 不自伐，故有功。（二十二章）	昔吾闻之大成之人曰："自伐者无功，功成者堕，名成者亏。"孰能去功与名，而还与众人！（《山木》）
载营魄抱一，能无离乎？专气致柔，能如婴儿乎？（十章）	全汝形，抱汝生，无使汝思虑营营。……卫生之经，能抱一乎！能勿失乎！……能儿子乎！（《庚桑楚》）
视之不见名曰夷，听之不闻名曰希，搏之不得名曰微。（十四章）	终日视之而不见，听之而不闻，搏之而不得也。（《知北游》）
大道废，有仁义。（十八章）	道德不废，安取仁义。（《马蹄》）
智慧出，有大伪。（十八章）	然则乡之所谓知者，不乃为大道积者乎？（《胠箧》）
见素抱朴，少私寡欲。（十九章）	其民愚而朴，少私而寡欲。（《山木》）
道之为物，惟恍惟惚。（二十一章）	至道之精，窈窈冥冥；至道之极，昏昏默默。（《在宥》）
惚兮恍兮，其中有象；恍兮惚兮，其中有物。（二十一章）	芒乎芴乎，而无从出乎？芴乎芒乎，而无有象乎？（《至乐》）

续表

《老子》	《庄子》
有物混成……吾不知其名，强字之曰道，强为之名曰大。（二十五章）	道之为名，所假而行。（《则阳》）
天无以清恐将裂，地无以宁恐将发。（三十九章）	天无为以之清，地无为以之宁。（《至乐》）
天地万物生于有，有生于无。（四十章）	有有者也，有无者也。（《齐物论》）
无为而无不为。（四十八章）	天地无为也而无不为也。（《至乐》）
合德之厚，比于赤子。……骨弱筋柔而握固……终日号而不嗄，和之至也。（五十五章）	儿子终日嗥而嗌不嗄，和之至也。终日握而手不掜，共其德也。（《庚桑楚》）
故不可得而亲，不可得而疏。……故为天下贵。（五十六章）	故无所甚亲，无所甚疏，抱德炀和，以顺天下，此谓真人。（《徐无鬼》）
知者不言，言者不知。（五十六章）辩者不善。（八十一章）	大辩不言。（《齐物论》）
学不学，复众人之所遇。（六十四章）	学者，学其所不能学也。（《庚桑楚》）
甘其食，美其服。（八十章）	彼民有常性，织而衣，耕而食……含哺而熙，鼓腹而游。（《马蹄》）
知者不博，博者不知。（八十一章）	不知深矣，知之浅矣。（《知北游》）

由上所得结论，《庄子》书中不但引用《老子》原文，而且即以老子思想为其根据。那么我们便认庄子学为老子学说之一个继承、一个发展，也不算过言。因此我的断案，以为庄子哲学之第一个文化背景，即是道家，尤其是道家元祖老子的影响。

三、孔子派之影响

《天下篇》评论各家，首墨翟、禽滑厘，次宋钘、尹文，次彭蒙、田骈、慎到，次关尹、老聃，又次则庄周，此实由浅及深，由粗及精，但不提及孔子，却在《寓言篇》赞叹不已，甚至于说："吾且不得及彼乎！"而全书之中，孔子名凡八十五见，孔丘名六见，丘字五十五见，仲尼名六十一见；又颜回名十五见，颜渊八见，可见其重视的程度。《寓言篇》云：

> 庄子谓惠子曰："孔子行年六十而六十化，始时所是，卒而非之。未知今之所谓是之非五十九年非也。"惠子曰："孔子勤志服知也。"庄子曰："孔子谢之矣，而其未之言也。孔子云：'夫受才乎大本，复灵以生。'鸣而当律，言而当法。利义陈乎前，而好恶是非直服人之口而已矣。使人乃以心服而不敢蘁立，定天下之定。已乎，已乎！吾且不得及彼乎！"

对于墨子则绝无此恭维。《天下篇》墨翟一节：

> 不侈于后世，不靡于万物，不晖于数度，以绳墨自矫，而备世之急。古之道术有在于是者，墨翟、禽滑厘闻其风而说之。为之大过，已之大循。作为《非乐》，命之曰《节用》。生不歌，死无服。墨子泛爱兼利而非斗，其道不怒。又好学而博，不异，不与先王同，毁古之礼乐。黄帝有《咸池》，尧有《大章》，舜有《大韶》，禹有《大夏》，汤有《大濩》，文王有辟雍之乐，武王、周公作《武》。古之丧礼，贵贱有仪，上下有等。天子棺椁七重，诸侯五重，大夫三重，士再重。今墨子独生不歌，死不服，桐棺三寸而无椁，以为法式。以此教人，恐不爱人；以此自行，固不爱己。未败墨子道。虽然，歌而非歌，哭而非哭，乐而非乐，是果类乎？其生也勤，其死也薄，其道大觳。使人忧，使人悲，其行难为也。恐其不可以为圣人之道，反天下之心。天下不堪，墨子虽能独任，奈天下何！离于天下，其去王也远矣！墨

子称道曰:"昔禹之湮洪水,决江河而通四夷九州也。名山三百,支川三千,小者无数。禹亲自操橐耜而九杂天下之川。腓无胈,胫无毛,沐甚雨,栉疾风,置万国。禹,大圣也,而形劳天下也如此。"使后世之墨者,多以裘褐为衣,以跂蹻为服,日夜不休,以自苦为极,曰:"不能如此,非禹之道也,不足为墨。"相里勤之弟子,五侯之徒,南方之墨者苦获、已齿、邓陵子之属,俱诵《墨经》,而倍谲不同,相谓别墨。以坚白、同异之辩相訾,以觭偶不仵之辞相应,以巨子为圣人。皆愿为之尸,冀得为其后世,至今不决。墨翟、禽滑厘之意则是,其行则非也。将使后世之墨者,必以自苦腓无胈、胫无毛,相进而已矣。乱之上也,治之下也。虽然,墨子真天下之好也,将求之不得也,虽枯槁不舍也,才士也夫!

虽曰"古之道术有在于是者",却是一转语间。一则曰"不与先王同";再则曰"恐不可以为圣人之道";三则曰"离于天下,其去王也远矣";四则曰"意则是,其行则非";五则曰"乱之上也,治之下也"。而归结则以"才士"称之。"才士者,才美而未得道之称。"(顾实《〈庄子·天下〉篇讲疏》语)这就可见庄子一派对于墨家的态度。近人谓:"庄生之道在贵身任生,以无为而治,而见墨者之教,劳形勤生,以自苦为极,反天下之心,天下不堪,行拂乱其所为而已矣,故曰乱之上也。郭象注:'乱莫大于逆物而伤性也。'使用墨者之教,而获有治焉,终以'逆物伤性',而不得跻无为之上治也,故曰治之下也。"(钱基博:《读〈庄子·天下篇〉疏记》)由上可见庄子实不甚受墨子的影响,而且在别处还揭穿了一点,即"为义偃兵,造兵之本"(《徐无鬼》)。

庄子批评墨家,而对于儒家的流派也不客气。儒家除孔、颜以外，三个弟子及后起的儒者，多在批判之列。《史记》本传称："作《渔父》《盗跖》《胠箧》，以诋訾孔子之徒，以明老子之术。"今传《渔父》《胠箧》乃为庄子左派所作，和他自己的著作不同，但谓庄子"诋訿孔子之徒，以明老子之术"，却是真的。不过可注意的，就是所诋訿的对象，乃孔子之徒，而非孔子本身。至于孔子本身却是很尊重他。这尊重孔子的倾向，影响于其右派门徒，成为儒家化之《天道》《天运》《天地》等著作，而诋訿孔子之徒的倾向，则影响成为左派门徒之极端的"诋毁尧舜""掊击仁义"的《马蹄》《胠箧》《盗跖》《渔父》等篇。庄子这样分别孔子与孔子之徒的态度，实和明末清初来华耶稣会士利玛窦、孙璋等态度有些相同。利氏等分别"先儒"与"后儒"，拥护先儒孔子而反对后儒的理学，以后在欧洲亦发生大影响。现在庄子之赞扬孔子而反对后起的孔子之徒，亦影响于其后来学派之分裂，是很值得注意的。但我们接着要问：庄子为什么赞扬孔子呢？我简单的答案，即由庄子看来，"孔子，吾师之弟子也"。例如《田子方篇》老聃告孔子，"吾游心于物之初"；《德充符篇》"无趾语老聃曰：'孔丘之于至人，其未邪？彼何宾宾以学子为'"。孔子乃学老子者，当然在推崇之列。而事实上，庄子也受了颜氏之儒的影响。

案《韩非子·显学篇》："世之显学，儒、墨也。儒之所至，孔丘也。墨之所至，墨翟也。自孔子之死也，有子张之儒，有子思之儒，有颜氏之儒，有孟氏之儒，有漆雕氏之儒，有仲良氏之儒，有孙氏之儒，有乐正氏之儒。……故孔、墨之后，儒分为八，墨离为三，取舍相反不同，皆自谓真孔、墨，孔、墨不可复生，将谁使定世之学乎？"因为儒家之中，本身含着矛盾，所以《庄子》书中虽很多地方在菲薄其某一派，同时却极认真赞美孔子，并且称道《诗》《书》《礼》《乐》与"邹鲁之士搢绅先生"。(《天下篇》) 在《齐物论》，更明白说出:"六合之外,圣人存而不论;六合之内,圣人论而不议。春秋经世先王之志,圣人议而不辩。"他这样称述儒家,显然和后来左派,如《史记》所谓"世之学老子者则绌儒学,儒学亦绌老子"者不同。庄子亦学老子者,然而他正在赞美孔子,可见绌儒学者,乃不过庄子的左派,当初本不如此。而且相反地,《田子方篇》有一段颜回称赞孔子话,这显然是在庄子学和颜氏之儒发生了关系:

> 颜渊问于仲尼曰:"夫子步亦步,夫子趋亦趋,夫子驰亦驰,夫子奔逸绝尘,而回瞠若乎后矣!"夫子曰:"回,何谓邪?"曰:"夫子步亦步也,夫子言亦言也;夫子趋亦趋也,夫子辩亦辩也;夫子驰亦驰也,夫子言道,回亦言道也;及奔逸绝尘而回瞠若乎后者,夫子不言而信,不比而周,无器而民滔乎前,而不知所以然而已矣。"仲尼曰:"恶!可不察与!夫哀莫大于心死,而人死亦次之。日出东方而入于西极,万物莫不比方。有目有趾者,待是而后成功。是出则存,是入则亡。万物亦然,有待也而死,有待也而生。吾一受其成形,而不化以待尽。效物而动,日夜无隙,而不知其所终。薰然其成形,知命不能规乎其前。丘以是日徂。吾终身与汝交一臂而失之,可不哀与?女殆著乎吾所以著也。彼已尽矣,而女求之以为有,是求马于唐肆也。吾服女也甚忘;女服吾也亦甚忘。虽然,女奚患焉!虽忘乎故吾,吾有不忘者存。"

"夫子不言而信,不比而周,无器而民滔乎前,而不知所以然而已矣";这一个"奔逸绝尘"的夫子,正是颜氏之儒所见的孔子,也正是庄子正统派所见的孔子。《田子方篇》还有孔子和颜回的一段答话,赞美文王:

颜渊问于仲尼曰:"文王其犹未邪?又何以梦为乎?"仲尼曰:"默,女无言!夫文王尽之也,而又何论刺焉!彼直以循斯须也。"

这也可见这一派的学风,是带着多少的儒家风味,和其受颜氏之儒的影响。至于《人间世篇》孔子之言"心斋":

颜回见仲尼,请行。曰:"奚之?"曰:"将之卫。"曰:"奚为焉?"曰:"回闻卫君,其年壮,其行独。轻用其国而不见其过。轻用民死,死者以国量乎泽若蕉,民其无如矣!回尝闻之夫子曰:'治国去之,乱国就之。医门多疾。'愿以所闻思其则,庶几其国有瘳乎!"仲尼曰:"嘻,若殆往而刑耳!夫道不欲杂,杂则多,多则扰,扰则忧,忧而不救。古之至人,先存诸己而后存诸人。所存于己者未定,何暇至于暴人之所行!且若亦知夫德之所荡而知之所为出乎哉?德荡乎名,知出乎争。名也者,相轧也;知也者,争之器也。二者凶器,非所以尽行也。且德厚信矼,未达人气;名闻不争,未达人心。而强以仁义绳墨之言术暴人之前者,是以人恶有其美也,命之曰菑人。菑人者,人必反菑之,若殆为人菑夫。且苟为悦贤而恶不肖,恶用而求有以异?若唯无诏,王公必将乘人而斗其捷。而目将荧之,而色将平之,口将营之,容将形之,心且成之。是以火救火,以水救水,名之曰益多,顺始无穷。若殆以不信厚言,必死于暴人之前矣!且昔者桀杀关龙逢,纣杀王子比干,是皆修其身以下伛拊人之民,以下拂其上者也,故其君因其修以挤之。是好名者也。昔者尧攻丛枝、胥敖,禹攻有扈。国为虚厉,身为刑戮。其用兵不止,其求实无已,是皆求名实者也,而独不闻之乎?名实者,圣人之所不能胜也，而况若乎！虽然，若必有以也，尝以语我来。"颜回曰："端而虚，勉而一，则可乎？"曰："恶！恶可！夫以阳为充孔扬，采色不定，常人之所不违，因案人之所感，以求容与其心，名之曰日渐之德不成，而况大德乎！将执而不化，外合而内不訾，其庸讵可乎！""然则我内直而外曲，成而上比。内直者，与天为徒。与天为徒者，知天子之与己，皆天之所子，而独以己言蕲乎而人善之，蕲乎而人不善之邪？若然者，人谓之童子，是之谓与天为徒。外曲者，与人之为徒也。擎跽曲拳，人臣之礼也。人皆为之，吾敢不为邪？为人之所为者，人亦无疵焉，是之谓与人为徒。成而上比者，与古为徒。其言虽教，谪之实也。古之有也，非吾有也。若然者，虽直而不病，是之谓与古为徒。若是则可乎？"仲尼曰："恶！恶可！大多政法而不谍。虽固，亦无罪。虽然，止是耳矣，夫胡可以及化！犹师心者也。"颜回曰："吾无以进矣，敢问其方。"仲尼曰："斋，吾将语若。有而为之，其易邪？易之者，皞天不宜。"颜回曰："回之家贫，唯不饮酒、不茹荤者数月矣。如此则可以为斋乎？"曰："是祭祀之斋，非心斋也。"回曰："敢问心斋？"仲尼曰："一若志，无听之以耳而听之以心，无听之以心而听之以气。听止于耳，心止于符。气也者，虚而待物者也。唯道集虚。虚者，心斋也。"颜回曰："回之未始得使，实自回也；得使之也，未始有回也，可谓虚乎？"夫子曰："尽矣！吾语若：若能入游其樊而无感其名，入则鸣，不入则止。无门无毒，一宅而寓于不得已则几矣。绝迹易，无行地难。为人使易以伪，为天使难以伪。闻以有翼飞者矣，未闻以无翼飞者也；闻以有知知者矣，未闻以无知知者也。瞻彼阕者，虚室生白，吉祥止止。夫且不止，是之谓坐驰。夫徇耳目内通而外于心知，鬼神将来舍，而况人乎！是万物之化也，禹、舜之所纽也，伏羲、几蘧之所行终，而况散焉者乎！"

《大宗师篇》颜回之言"坐忘"：

> 颜回曰："回益矣。"仲尼曰："何谓也？"曰："回忘仁义矣。"曰："可矣，犹未也。"他日复见，曰："回益矣。"曰："何谓也？"曰："回忘礼乐矣！"曰："可矣，犹未也。"他日复见，曰："回益矣！"曰："何谓也？"曰："回坐忘矣。"仲尼蹴然曰："何谓坐忘？"颜回曰："堕肢体，黜聪明，离形去知，同于大通，此谓坐忘。"

《大宗师篇》颜回与孔子言生死、言梦觉：

> 颜回问仲尼曰："孟孙才，其母死，哭泣无涕，中心不戚，居丧不哀。无是三者，以善处丧盖鲁国，固有无其实而得其名者乎？回壹怪之。"仲尼曰："夫孟孙氏尽之矣，进于知矣，唯简之而不得，夫已有所简矣。孟孙氏不知所以生，不知所以死。不知就先，不知就后。若化为物，以待其所不知之化已乎。且方将化，恶知不化哉？方将不化，恶知不化哉？吾特与汝其梦未始觉者邪！且彼有骇形而无损心，有旦宅而无情死。孟孙氏特觉，人哭亦哭，是自其所以乃。且也相与'吾之'耳矣，庸讵知吾所谓'吾之'乎？且汝梦为鸟而厉乎天，梦为鱼而没于渊。不识今之言者，其觉者乎？梦者乎？造适不及笑，献笑不及排，安排而去化，乃入于寥天一。"

则虽然庄子本人受了颜氏之儒的影响，所以不厌详言之如此。郭沫若《庄子的批判》(《十批判书》)中,也极力证明此一点,可见其师承的渊源,决不是根据于单文只字,或我一人之私言。

固然唐人也有以庄子为孔氏门徒,如韩愈说"子夏之学其后有田子方,子方之后流而为庄周"。宋王应麟《〈汉书·艺文志〉考证》(卷六)引曰:"朱文公曰庄子见道体,盖自孟子之后,荀卿诸公皆不能及。韩文公曰子夏之后有田子方,子方之后流而为庄周,故周之书喜称之方之为人。"杨龟山云:"《逍遥游》一篇子思所谓无入而不自得,《养生主》一篇,孟子所谓行其所无事。"清姚姬传《庄子章义》云:"韩退之谓庄子之学出于子夏,殆其然与!"刘鸿典《庄子约解》云:"庄子受业于子夏之门人,则其所学者,犹是孔子之道。"陈澧《东塾读书记》云:"庄子云'自其同者视之,万物皆一也'(《德充符》),此托为孔子语。又云"知天子之与己,皆天之所子(《人间世》),此托为颜子语。张横渠西铭即比意。"廖平《庄子叙意》云:"庄子之合孔老,通同也。"又"孔子学于老子,庄子从而通",又以《庄子》书中有"玄圣""素王"等名称,认为庄子尊师孔子之证。康有为本韩愈说,以庄子为孔丘三传弟子。今人顾实《〈庄子·天下〉篇讲疏》云:"……所谓古之道术,即《大宗师篇》所记子祀、子舆、子犁、子来、子桑户、孟子反、子琴张之徒也。子桑户、孟子反皆为孔门所称,子琴张即孔子弟子也。然则在庄子固孔徒之后裔也,虽其诋訾孔子,比诸呵佛骂祖,然《寓言篇》庄子自言"孔子年六十而六十化……吾且不及彼乎!"则其心折孔子固至深矣。"又郭沫若《先秦天道观之发展》中说庄子是受了些子思的影响(《青铜时代》)。由上种种,有以庄子受业于子夏之门人;有以庄子为子琴张之后裔;有以庄子受子思之影响,而要之皆不过片言只语,不足为证。章太炎曾批评之曰:"以庄子为子夏门人,盖袭唐人率尔之辞,未尝考实。以庄子称田子方,遂谓子方是庄子师;斯则《让王》亦举曾原……将皆……为庄师矣。"（《章氏丛书别录》二）然而庄子虽不为子夏、子张之弟子之弟子，却无疑乎与颜氏之儒，即颜渊之弟子发生了密切关系。"心斋""坐忘"直揭孔、颜相契之旨，而且皆出于内篇，为庄子自著，那么我们便说庄子一派归本老子，同时又为孔、颜之学之一个继承、一个发展。因此我的断案，以为庄子一派哲学之第二个文化背景，即是孔子，尤其是受了儒门八派中颜氏之儒的影响。

四、稷下派之影响

《天下篇》乃是对于"天下之治方术者"的批判，其最末了所述的"百家之学"，如宋钘、尹文，如彭蒙、田骈、慎到，则皆所谓稷下黄老学派。案稷下本是齐都临淄所在地。这地当时人才荟萃，文化发达。《战国策·齐策一·苏秦为赵合从说齐宣王篇》云："临淄甚富而实，其民无不吹竽、鼓瑟、击筑、弹琴……车毂击，人肩摩，连衽成帷，举袂成幕，挥汗成雨，家敦而富，志高而扬。"在这周围五十里的都城，有十三门，稷门即其城西门，刘向《别录》云："稷，齐城门名也。谈说之士，期会于稷门下，故曰稷下也。"（《太平寰宇记》卷十八引）这稷下之学的设置，实即反映一个学术思想的自由研究时代。提倡者为齐桓公、齐威王、齐宣王，至齐缗王而散，至襄王而复兴。（钱穆《稷下通考》，见《先秦诸子系年考辩》）有名的稷下学者，有接近道家的宋钘、尹文、彭蒙、田骈、慎到，更有儒家的孟轲、荀卿，阴阳家的驺衍、邹奭，"学无所主"的淳于髡，和学黄老之术的季真、接子、环渊，真是济济多士，为古代思想史辟一异彩。案《史记》所载：

宣王喜文学游说之士，自如驺衍、淳于髡、田骈、接予、

慎到、环渊之徒七十六人，皆赐列第，为上大夫，不治而议论，是以齐稷下学士复盛，且数百千人。(《田敬仲完世家》)

自驺衍与齐之稷下先生如淳于髡、慎到、环渊、接子、田骈、驺奭之徒，各著书，言治乱之事，以干世主，岂可胜道哉！淳于髡，齐人也，博闻强记，学无所主。……慎到，赵人。田骈、接子，齐人。环渊，楚人。皆学黄老道德之术，因发明序其指意。故慎到著十二论，环渊著上下篇，而田骈、接子皆有所论焉。……于是齐王嘉之。自如淳于髡以下，皆命曰列大夫。为开第康庄之衢，高门大屋，尊宠之。览天下诸侯宾客，言齐能致天下贤士也。……齐襄王时，而荀卿最为老师。齐尚修列大夫之缺，而荀卿三为祭酒焉。(《孟子荀卿列传》)

又徐干《中论·亡国篇》云："昔齐传宣王立稷下之官，设大夫之号，招致贤人而尊宠之，自孟轲之徒，皆游于齐。"

桓宽《盐铁论·论儒篇》云："齐宣王褒儒尊学，孟轲、淳于髡之徒，受上大夫之禄，不任职而论国事。盖齐稷下先生千有余人……（湣王）矜功不休，诸儒谏不从，各分散。慎到、捷子亡去，田骈如薛，而孙卿适楚。"

稷下学者既是这样多，因之著书也就不少。据《汉书·艺文志》所载有：

"儒家"：《孟子》十一篇（存）

　　　　《孙卿子》三十三篇（存）

"道家"：《田子》二十五篇（亡）（名骈，齐人，游稷下号天口骈。高诱《吕览·不二》注："陈骈，齐人也。作《道书》二十五篇。贵齐，齐生死等古今也。"有马国翰《玉函山房》辑本）

《捷子》二篇（亡）（齐人，《史记》作"接子"。）

《蜎子》十三篇（亡）（名渊，即环渊。）

"阴阳家"：《邹子》四十九篇。（亡）（名衍，齐人，为燕昭王师，居稷下号谈天衍。）

《邹子终始》五十六篇（亡）（师古曰：亦邹衍所说。）

《邹奭子》十二篇（亡）（齐人号曰雕龙奭。）

"法家"：《慎子》四十二篇（残）（今有《四部丛刊》影印江阴缪氏木，是从明万历吴人慎懋赏刻本钞录内篇三十六事、外篇五十事，系伪书。）

"名家"：《尹文子》一篇（亡）（刘向云其学本黄老，居稷下，与宋钘、彭蒙、田骈同学于公孙龙。今存《尹文子》为魏晋间人依托。）

"小说家"：《宋子》十八篇（亡）（名钘，有马国翰《玉函山房》辑本）

就中惟彭蒙、淳于髡无书，《汉书·艺文志》不著录。因在战国时期有如此昌盛之文化背景，所以《天下篇》称之曰："天下大乱，贤圣不明，道德不一。天下多得一察焉以自好。譬如耳目鼻口，皆有所明，不能相通。犹百家众技也，皆有所长，时有所用。虽然不该不偏，一曲之士也。"这"一曲之士"正是指聚会于稷下的学者而言。这一群学者不问国籍（有齐、有宋、有邹、有赵、有楚），不事生产（不治而议论），喜谈政事（《新序》语），且相率以著书讲学为事。最有名的是宋钘、尹文与彭蒙、田骈、慎到，所以庄子即取之为批判的对象。其言曰：

不累于俗，不饰于物，不苟于人，不忮于众，愿天下之安宁以活民命，人我之养毕足而止，以此白心。古之道术有在于是者，宋钘、尹文闻其风而悦之。作为华山之冠以自表，接万物以别宥为始。语心之容，命之曰"心之行"。以聏合驩，以调海内，请欲置之以为主。见侮不辱，救民之斗，禁攻寝兵，救世之战。以此周行天下，上说下教，虽天下不取，强聒而不舍者也。故曰：上下见厌而强见也。虽然，其为人太多，其自为太少，曰："请欲固置五升之饭足矣。"先生恐不得饱，弟子虽饥，不忘天下，日夜不休。曰："我必得活哉！"图傲乎救世之士哉！曰："君子不为苛察，不以身假物。"以为无益于天下者，明之不如已也。以禁攻寝兵为外，以情欲寡浅为内。其小大精粗，其行适至是而止。

公而不党，易而无私，决然无主，趣物而不两，不顾于虑，不谋于知，于物无择，与之俱往。古之道术有在于是者，彭蒙、田骈、慎到闻其风而说之。齐万物以为首，曰："天能覆之而不能载之。地能载之而不能覆之，大道能包之而不能辩之。"知万物皆有所可，有所不可。故曰："选则不遍，教则不至，道则无遗者矣。"是故慎到弃知去己，而缘不得已。泠汰于物，以为道理。曰："知不知，将薄知而后邻伤之者也。"謑髁无任，而笑天下之尚贤也；纵脱无行，而非天下之大圣；椎拍輐断，与物宛转；舍是与非，苟可以免。不师知虑，不知前后，魏然而已矣。推而后行，曳而后往。若飘风之还，若羽之旋，若磨石之隧，全而无非，动静无过，未尝有罪。是何故？夫无知之物，无建已之患，无用知之累，动静不离于理，是以终身无誉。故曰："至于若无知之物而已，无用贤圣。夫块不失道。"豪桀相与笑之曰："慎到之道，非生人之行，而至死人之理，适得怪焉。"田骈亦然，学于彭蒙，得不教焉。彭蒙之师曰："古之道人，至于莫之是、莫之非而已矣。其风窢然，恶可而言？"常反人，不见观，而不免于鲩断。其所谓道非道，而所言之韪不免于非。彭蒙、田骈、慎到不知道。虽然，概乎皆尝有闻者也。

然而，庄子批评稷下的两个重要学派，而实即受了这两个重要学派的影响。如就内篇七篇而言，据今人所见（章炳麟《齐物论释》、钱基博《读〈庄子·天下篇〉疏记》）其根本精神，即在《逍遥游》与《齐物论》二篇。"《养生主》《人间世》及《德充符》三篇，所以尽《逍遥游》不言之指，而《大宗师》及《应帝王》则以竟《齐物论》未发之蕴"。然而依我研究结果，《逍遥游》实受宋钘、尹文一派的影响，《齐物论》却受田骈、慎到一派的影响，现在试分述如下：

1.《逍遥游》本于宋钘说

"齐谐者，志怪者也"（司马彪及崔譔云：齐谐，人姓名。简文云：书名。）一节之后，又引"汤之问棘也是已"，汤问、齐谐，均言天池、述鲲鹏，显系同一材料之重覆，惟恐人之不信，故二次征引，而最后乃作一断语道："而宋荣子犹然笑之"，可见此段故事，必出自宋荣子之书。即退一步言，亦必，为宋荣子之书所征引，不然如何笑得起来？今案《汉书·艺文志》"《宋子》十八篇"入"小说家"类，"小说家"据班固云："街谈巷语道听涂说之所造也"，宋钘之书所以入小说家类，一面固因其立论多所取譬，以致误入（《荀子·正论篇》："（子宋子）辨其谈说，明其譬称，将使人知情欲之寡也。"）；一面实因其书中多寓言文章。原书已亡，惟《逍遥游篇》，尚保存一二。又《天下篇》称宋钘、尹文"接万物以别宥为始"，"别宥"之说见《吕氏春秋·去宥篇》，亦为小说家言，当为宋钘、尹文"别宥"说之遗文，录之如下：

邻父有与人邻者，有枯梧树，其邻之父言梧树之不善也，邻人遽伐之。邻父因请以为薪,其人不说曰:"邻者,若此其险也,岂可为之邻哉!"此有所宥也。夫请以为薪与弗请,此不可以疑枯梧树之善与不善也。

齐人有欲得金者,清旦,被衣冠,往鬻金者之所,见人操金,攫而夺之。吏搏而束缚之,问曰:"人皆在焉,子攫人之金何故?"对吏曰:"殊不见人,徒见金耳。"此真大有所有宥也。夫人有所宥者,固以昼为昏,以白为黑,以尧为桀,宥之为败亦大矣,亡国之主其皆甚有所宥邪。故凡人必别宥然后知,别宥则能全其天矣。

因为《宋子》书多此类寓言,故归入小说家类;《庄子》寓言之多,实亦受其影响;而《逍遥游篇》所引寓言,则为直接从宋钘书中转引而来,观其间忽然插入"宋荣子"一段,已是绝大的证据了。

第二,就思想方法上说,《天下篇》述宋、尹思想"以禁攻寝兵为外,以情欲寡浅为内。其小大精粗,其行适至是而止"(古钞卷子本"小大"作"大小","而止"作"而已",意同)。此处内与外对,小与大对,精与粗对。成玄英疏云:

自利利他,内外两行,虽复小大有异,精粗稍殊,而立趣维纲,不过适是而已矣。

案此即是《逍遥游篇》底根本思想方法,《逍遥游篇》云宋荣子"定乎内外之分,辩乎荣辱之境,斯已矣";此"定乎内外之分",即《天下篇》所谓"以禁攻寝兵为外,以情欲寡浅为内"。此"辩乎荣辱之境",即《天下篇》所谓"见侮不辱,救民之斗";《韩非子·显学篇》所谓"宋荣子之议,设不斗争,取不随仇,不羞囹圄,见侮不辱"也。但最可注意的，乃在于其"小大之辩"，"小大"二字乃是《逍遥游》一篇纲领，在于矛盾之中而求其内的统一，这就是庄子在方法论上所受宋钘的影响。本篇劈头"北冥有鱼，其名为鲲，鲲之大不知其几千里也"即总点出"大"字。"化而为鸟，其名为鹏，鹏之背不知其几千里也"，此点出背之大。"抟扶摇而上者九万里，去以六月息者也"，此言一"去"一"息"，动经半年，"三千里"言其远；"九万里"言其高；"六月息"言其久；以见其一大则无不大（林云铭语）。但有大则有小，蜩为小蝉，学鸠为学飞的小鸠，以蜩与学鸠和鲲鹏对比，即以小与大对比。"小知不及大知，小年不及大年"；知有大小，年亦有大小。"朝菌不知晦朔，蟪蛄不知春秋"；此小年之例。冥灵"以五百岁为春，五百岁为秋"，此大年之一例。大椿"以八千岁为春，八千岁为秋"，此大年之第二例。而总结之曰："此小大之辩也"；接着便是"宋荣子犹然笑之"一段，盖宋荣子之意，以为"小大精粗，不过适是而止"，所以鲲鹏以大自足，蜩、鸠以小自足，大的小的，精的粗的，虽然差别而同于放任自得，那就是绝对无差别了。《骈拇篇》"凫胫虽短，续之则忧；鹤胫虽长，断之则悲。故性长非所断，性短非所续"；也是说明大小长短都自有他的逍遥，万物各满足自己的本性，还有什么差别可言？什么斗争可言？这乃是宋钘主张禁攻寝兵之思想方法的根据。其"见侮不辱"，亦因看破荣辱之相对界，而逍遥于荣辱之绝对界；意在救世，故不羞囹圄。《荀子·正论篇》"子宋子曰：明见侮之不辱，使人不斗"，人皆以见侮为辱，所以斗；今知侮乃非侮，知见侮之为不辱，则斗于何有？本篇"彼且奚适也"重说两句，此"适"即《天下篇》"适是而止"之"适"，可见其根本思想方法是从宋钘来的。

第三，就思想内容上说，《天下篇》所述宋钘，"不累于俗，不饰于物……人我之养，毕足而止"；此与《逍遥游》"适莽苍者三飡而反，腹犹果然；适百里者宿舂粮；适千里者三月聚粮"之意相同；所到的地方愈远，则聚粮必聚多，然而人我之养毕足而止，不敢望有余也。至于所云："'请欲固置五升之饭足矣。'先生恐不得饱，弟子虽饥，不忘天下，日夜不休曰：'我必得活哉。'"，这样不多费心力于物质，而但求五升之饭足矣，与《逍遥游》"鹪鹩巢于深林，不过一枝；偃鼠饮河，不过满腹"；不是一样地各适其适吗？又《逍遥游》"是其尘垢秕糠，犹将陶铸尧舜者也，孰肯以物为事"；此即《天下篇》"不以身假物"之说。"宋人资章甫而适诸越，越人断发文身，无所用之"；又"魏王贻我大瓠之种，我树之成而实五石。以盛水浆，其坚不能自举也。剖之以为瓢，则瓠落无所容。非不呺然大也，吾为其无用而掊之"，此即《天下篇》所云"以为无益于天下者，明之不如已"；言凡于天下无用之事事物物，皆可止而勿行也。由上种种，可见《逍遥游》一篇思想与宋钘之说正合，这当然是庄子受了宋、尹影响而引申其说。又《天下篇》"接万物以别宥为始"，"宥"与"囿"同，《徐无鬼篇》之"囿于物"，正用"囿"字，其说亦与宋、尹"别宥"之说相通，可供参证。

但话虽如此，由庄子看来，宋钘之说还是不彻底的，所以《天下篇》批评他"其为人太多，其自为太少"；此与《荀子·天论篇》"宋子有见于少无见于多"之考语正同。《逍遥游篇》于"宋荣子犹然笑之，且举世而誉之而不加劝，举世而非之而不加沮，定乎内外之分，辩乎荣辱之境，斯已矣"以后，接着说"彼其于世，未数数然也。虽然，犹有未树也"；前句言如宋荣子者，求之当世不常见，后句言宋荣子不足慕。

2.《齐物论》本于田骈说

案《史记·孟子荀卿列传》称："慎到，赵人。田骈、接子，齐人。环渊，楚人。皆学黄老道德之术，因发明序其指意，故慎到著十二论，环渊著上下篇，而田骈、接子皆有所论焉。"《汉书·艺文志》法家"《慎子》四十二篇"注："名到，先申韩，申韩称之。"道家有"《田子》二十五篇"，注："名骈，齐人，游稷下，号天口骈。"彭蒙无书，慎子事迹流传者，明人慎懋赏伪《慎子》书，实不足信（今人金受申《稷下派之研究》称道此书，故云）。《荀子·非十二子篇》云："尚法而无法，下修而好作，上则取听于上，下则取从于俗，终日言成文典，反纠察之，则倜然无所归宿，不可以经国定分。然而其持之有故，其言之成理，足以欺惑愚众，是慎到、田骈也。"此以慎到、田骈同讥，可见同属一派，实则此一派中慎到与田骈亦有分别。慎到尚法，田骈贵齐，尚法故弃知去己而不尚贤，贵齐故齐生死、等古今。《解蔽篇》云："慎子蔽于法而不知贤。"《天论篇》云"慎子有见于后，无见于先"杨倞注："慎到本黄老之术，明不尚贤不使能之道。"又《吕览·不二篇》"陈骈贵齐"，高诱注"齐生死、等古今也"。《尸子·广泽篇》亦言"田子贵均"；"均"与"齐"同。《七略》云："齐田骈好谈论，故齐人为语曰天口骈。天口者，言田骈子不可穷，其口若事天。"（《文选·宣德皇后令》注引）《战国策·齐策》："齐人见田骈，曰：'闻先生高议，设为不宦，而愿为役。'田骈曰：'子何闻之？'曰：'臣闻之邻人之女。'田骈曰：'何谓也？'对曰：'臣邻人之女，设为不嫁，行年三十而有七子，不嫁则不嫁，然嫁过毕矣。今先生设为不宦，訾养千钟，徒百人，不宦则然矣，而富过毕也。'"由此可见田骈是以不仕为名高，有学徒百人，实亦显学之一。次之彭蒙为田骈之师，成玄英《庄子·天下篇》疏云："（彭蒙、田骈、慎到）皆齐之隐士，俱游稷下，各著书数篇。"未知有所据否？至彭蒙之师，倡"莫之是莫之非"的学说，郭象注"所谓齐万物以为首"，惜其名不传，当可认为齐物派的元祖。

现在且以田骈为代表,来讲明其与《齐物论》的关系,有如下三点:

第一,就题目上说,《齐物论》的篇名是根据田骈、慎到来的。旧读《齐物论》皆以"齐物"二字相连,如左太冲《魏都赋》"万物可齐于一朝";嵇叔夜《琴赋》"齐万物兮超自得";王康琚《反招隐诗》"与物齐终始";刘越石《答卢谌书》云"远慕老庄之齐物;"夏侯谌《庄周赞》"遁世放言,齐物绝尤";刘彦和《文心雕龙》"庄周齐物,以论为名";皆其例证。惟王安石、吕惠卿、张文潜、王伯厚、归有光、王夫之诸人则皆以"物论"二字连读。钱大昕且据王伯厚说"六朝人已误以'齐物'二字连读"(见《十驾斋养新录》),这当然是一种真正的错误。章太炎说得好:"此篇先说丧我,终明物化,泯绝彼此,排遣是非,非专为统一异论而作,应从旧读。"(参照王叔岷《庄子校释》)知道《齐物论》是为"齐物"而作,便知此篇根本观念,与《天下篇》所述"彭蒙、田骈、慎到……齐万物以为首"相同。《吕氏春秋·不二篇》"陈骈贵齐",陈田古通,可见"齐物"乃此派根本主张,而庄子取之为此篇题目,实有所本。然而田骈之"齐物",实囿于物,《汉志》"田骈号天口骈";《七略》"田骈好谈论,故齐人为语曰天口骈,天口者言田骈子不可穷,其口若事天";以这样口能舌辩的人,其所谓"齐物",实非真齐物,故《齐物论》之作,意在息天下各派是非之辩,此就一方面说是田骈、慎到之一个继承一个发展,从一方面说又是此一派好辩之一个否定。即谓田骈、慎到之"齐物"非真齐物,而彼之"无言"齐之之足齐物,乃真为齐物论也。《寓言篇》"不言则齐,齐与言不齐,言与齐不齐也,故曰言无言",这也是对田骈"齐物"的批判。故从题目上看,田骈、慎到确曾供给庄子以一些材料,但若因此即谓庄子《齐物论》一篇即为慎到《十二论》之一论,则绝对不确。顾颉刚曾引容肇祖说,谓《史记·孟子荀卿列传》中说，"慎到，赵人……著十二论，齐物名论，即是十二篇之一。"(《古史辨》第四册《从〈吕氏春秋〉推测老子之成书时代》)这是很大胆的假设，然而不合事实。《汉志》"《慎子》四十二篇"，《史记》注引徐广说刘向所定有四十二篇，不作十二论，这是第一点。即使慎到所著书名"论"，庄子《齐物论》亦名"论"，也无法证明《齐物论》即十二论之一，这是第二点。但庄子既以田骈、慎到之说为篇名，则取材于此一派的著书，也有可能。如《齐物论》之首一节：

> 南郭子綦隐机而坐，仰天而嘘，荅焉似丧其耦。颜成子游立侍乎前，曰："何居乎？形固可使如槁木，而心固可使如死灰乎？今之隐机者，非昔之隐机者也？"子綦曰："偃，不亦善乎而问之也！今者吾丧我，汝知之乎？女闻人籁而未闻地籁，女闻地籁而不闻天籁夫！"子游曰："敢问其方。"子綦曰："夫大块噫气，其名为风。是唯无作，作则万窍怒呺。而独不闻之翏翏乎？山林之畏佳，大木百围之窍穴，似鼻，似口，似耳，似枅，似圈，似臼，似洼者，似污者。激者、謞者、叱者、吸者、叫者、譹者、宎者，咬者，前者唱于而随者唱喁，泠风而小和，飘风而大和，厉风济则众窍为虚。而独不见之调调之刀刀乎？"

《天下篇》对于慎到的批判云："至于若无知之物而已，无用圣贤。夫块不失道，豪桀相与笑之曰：'慎到之道，非生人之行而至死人之理，适得怪焉。'"郭注："欲令去知如土块也。"成玄英疏："贵尚无知，情同瓦石，无用贤圣。阇巷夜游，遂如土块，名为得理。"案与《齐物论》"形固可使如槁木，而心固可使如死灰"之说完全相同。《太平御览》引《慎子》："昔者天子手能衣而宰夫设服，足能行而相者导进,口能言而行人称辞。谚云:不聪不明,不能为王;不瞽不聋,不能为公。"南郭子綦盖即瞽与聋的例证。疑此一节,出于慎到、田骈之书,而为庄子所引用者。庄子开首写此能齐物之一个遗世独立之人,当有所本。

第二,就思想方法上说。《天下篇》很明白指出:"公而不党(崔云:至公无党也),易而无私,决然无主(宣云:决去系累而无偏主),趣物而不两(宣云:随物而趋不生两意),不顾于虑,不谋于知,于物无择,与之俱往,古之道术有在于是者。"这乃是《齐物论》的根本思想方法。"彭蒙、田骈、慎到闻其风而悦之",曰:

  天能覆之而不能载之,地能载之而不能覆之,大道能包之而不能辩之。知万物皆有所可,有所不可。故曰:"选则不遍,教则不至,道则无遗者矣。"

知"万物皆有所可,有所不可。"此与《齐物论》"物固有所然,物固有所可,无物不然,无物不可。……是以圣人和之以是非而休乎天钧"所用方法相同,郭象注:"莫之偏任,故付之自均而止也。"《音义》"钧本又作均",可见"天钧"之"均"与"田子贵均"之"均"相同。以今语释之,即自然辩证法。《寓言篇》:"万物皆种也,以不同形相禅,始卒若环,莫得其伦,是谓天均。天均者,天倪也。"又《庚桑楚篇》:"辩者,辩其所不能辩也,知止乎其所不能知,至矣。若有不即是者,天钧败之。"(败一作则)可见这种思想方法的重要性。

又《天下篇》述田骈、慎到"知不知,将薄知而后邻伤之者也。"(成疏:"夫知则有所不知,故薄浅其知,虽复薄知而未能都忘,故犹近伤于理。")此与啮缺问王倪一段意相同:

啮缺问乎王倪曰："子知物之所同是乎？"曰："吾恶乎知之！""子知子之所不知邪？"曰："吾恶乎知之！""然则物无知邪？"曰："吾恶乎知之！虽然，尝试言之：庸讵知吾所谓知之非不知邪？庸讵知吾所谓不知之非知邪？……"

又"舍是与非，苟可以免"（宣云：不执是非应无累也。）"不师智慧，不知前后"（郭云：不能知是之与非，前之与后，瞎目恣性，苟免当时之患也。）一节，共长梧子答瞿鹊学语一段意相同：

"既使我与若辩矣，若胜我，我不若胜，若果是也？我果非也邪？我胜若，若不吾胜，我果是也？而果非也邪？其或是也？其或非也邪？其俱是也？其俱非也邪？我与若不能相知也。则人固受其黮暗，吾谁使正之？使同乎若者正之，既与若同矣，恶能正之？使同乎我者正之，既同乎我矣，恶能正之？使异乎我与若者正之，既异乎我与若矣，恶能正之？使同乎我与若者正之，既同乎我与若矣，恶能正之？然则我与若与人俱不能相知也，而待彼也邪？""何谓和之以天倪？"曰："是不是，然不然。是若果是也，则是之异乎不是也亦无辩；然若果然也，则然之异乎不然也亦无辩。化声之相待，若其不相待。和之以天倪，因之以曼衍，所以穷年也。忘年忘义，振于无竟，故寓诸无竟。"

还有"彭蒙之师曰：'古之道人，至于莫之是莫之非而已矣'"亦是此意。然而《庄子·齐物论》虽有取于此一派的思想方法，而嫌其"不免于觔断"，嫌其"所谓道非道，而所言之韪不免于非"（郭云：韪，是也）。郭注"椎拍輐断与物宛转"句云："法家虽妙犹有椎拍，故未泯合。"《齐物论》中有批评辩士一段云："与物相刃相靡，其行尽若驰而莫之能止，不亦悲乎！终身役役而不见其成功。苶然疲役而不知其所归，可不哀邪！人谓之不死，奚益？"这当然不止对于"天口骈"的批评，然而与《天下篇》"非生人之行而至死人之理"一语合看，无疑乎是以这一派为攻击之最大的目标。可见《齐物论》虽有取于这一派的思想方法，而不满于其所言之是不免于非，故归结认为"彭蒙、田骈、慎到不知道"（郭云：道无所不在，而云土魂乃不失道，所以为不知）。这就是说，他们的思想方法，还没有达到完成的地位。

第三，就思想内容上说。田骈齐物，以"道"为最高境界，此亦即《庄子·齐物论》的归宿点。案《淮南子·道应训》："田骈以道术说齐王，王应之曰：'寡人所有者齐国也。道术难以除患，愿闻国之政。'田骈对曰：'臣之言，无政而可以为政，譬之若林木，无材而可以为材……此老聃之所谓无状之状无物之象者也。若王之所问者齐也，田骈所称者材也。材不及林，林不及雨（高诱注：雨然后材乃得生也。）雨不及阴阳，阴阳不及和，和不及道。'"在此处材是那一棵一棵个体的特别的树木，林是那一个地方一个地方全体的普遍的树林，树木参差不齐，但同属于林，所以"材不及林"。林凝滞于地面上，缺乏活动性，和风云变化之雨不同，譬如下雨则所有林木均沾其泽，而有生气，所以"林不及雨"。雨还是具体的，不及抽象性的阴阳包括之大；阴阳还滞碍于实相，不及和之更为浑化，所以"雨不及阴阳，阴阳不及和"。和则无物不同无物不化，然究有物在，故不及虚无大道。如以材——林——雨为"实"，则阴阳——和，已由"实"而"虚"，但仍不及道，所以说"和不及道"；可见道是最高境界了。《齐物论》本之故云：

道恶乎隐而有其伪？言恶乎隐而有是非？道恶乎往而不

存？言恶乎存而不可？

　　已而不知其然谓之道，劳神明为一而不知其同也。

　　古之人，其知有所至矣。恶乎至？有以为未始有物者，至矣，尽矣，不可以加矣！其次以为有物矣，而未始有封也。其次以为有封矣，而未始有是非也。是非之彰也，道之所以亏也。道之所以亏，爱之所以成。

此云"未始有物"即"道"之境界，有物"而未始有封"，即"和"之境界，"有封""而未始有是非"，是"阴阳"境界，至于雨——林——材则物象显著，而是非纷然矣。似此以最抽象的虚无本体——"道"为思想内容的出发点，而同时又以之为归宿点，实两家所同。若再就其具体的节目来说。如焦竑《庄子翼》卷一云："齐物者，始之以无彼我，同是非，合成毁，一多少，均大小。次之以参古今，一生死，同梦觉。"这话很可贯通全篇大义，实亦即田骈一派"齐物"的宗旨。案《吕氏春秋·不二篇》"陈骈贵齐"，高诱注："齐生死等古今也"。田骈似又本之于彭蒙之师。《天下篇》彭蒙之师倡"莫之是莫之非"；郭象注："所谓齐万物以为首。"可见贵齐论原不止于"齐生死、等古今"二项，即如"无彼我，同是非"等，亦当内包在内。但即此二项而言，亦可资比较研究。如《齐物论》云"莫寿于殇子而彭祖为夭""予恶乎知说生之非惑邪？予恶乎知恶死之非弱丧而不知归邪？""方生方死，方死方生"。这是齐生死。又"日月相代而莫知其所萌"，这是一古今。但这当然比田骈高一层，在田骈不过设为"齐生死、等古今"的学说，所谓"物本自齐，非吾能齐，若有可齐，绝非齐物"。（明袁宏道《广庄》语）田氏因未脱辩论的境界，故未免于累。《淮南子·人间训》："唐子短陈骈于齐威王，威王欲杀之，陈骈子与其属出亡奔薛，孟尝君闻之，使人以车迎。"这不是证明有意齐物，竟闹出乱子来吗？反之庄子齐物却已达到"物化"的地步。《齐物论》"因是也"之句，凡四见。林云铭《庄子因》谓："'因是'两字是《齐物论》本旨，通篇俱发此义。"焦竑《笔乘》云："圣人不由而照之于天，超然立乎是非之表，而独与造物者游！岂世之意见横生者伦哉！虽圣人于是非亦不废者，乃世之所是，因而是之；世之所非，因而非之，不过如此而已。因之一字，老庄之人要旨。"知道田骈的"齐物"，仍不免意见横生，而后知庄子的齐物，原无分于彼我，自不论其是非（陆树艺语）。"趣天地与我并生，万物与我为一。"我且不立，是非何有？可见就思想内容言，庄子虽与田骈相同，而其"外死生无终始"（《天下》）的境界，则已"与变为体"（郭象注）万物非田子之所及。

总而言之，在稷下黄老派之文化背景下，《庄子·逍遥游》也实受宋钘、尹文的影响，《齐物论》实受田骈、慎到的影响。因此我的结论，以为庄子一派哲学之第三个文化背景。即是百家之学。尤其是所称"古之道术有在于是"及"概乎，皆有所闻"之宋钘、尹文，与田骈、慎到的影响，这是决无可疑的了。

五、庄子哲学之特色[①]

最后《天下篇》乃描画出一个说之谬悠、言之荒唐、辞之无端崖的自己真面目来。其最特色之点，如郭象所云："庄子通以平意说己，与说他人无异。"其辞曰：

寂漠无形，变化无常，死与？生与？天地并与？神明往

[①] 作者手稿此处原只有序号，为使全书统一，整理者加上标题。——编者

与？芒乎何之？忽乎何适？万物毕罗，莫足以归。古之道术有在于是者，庄周闻其风而悦之。以谬悠之说，荒唐之言，无端崖之辞，时恣纵而不傥，不以觭见之也。以天下为沈浊，不可与庄语。以卮言为曼衍，以重言为真，以寓言为广。独与天地精神往来，而不敖倪于万物。不谴是非，以与世俗处。其书虽瑰玮，而连犿无伤也。其辞虽参差，而諔诡可观。彼其充实，不可以已。上与造物者游，而下与外死生、无终始者为友。其于本也，弘大而辟，深闳而肆；其于宗也，可谓稠适而上遂矣。虽然，其应于化而解于物也，其理不竭，其来不蜕，芒乎昧乎，未之尽者。

在这里"独与天地精神往来，而不敖倪于万物"，此即《逍遥游》一篇本旨，而与宋钘、尹文"敖倪万物""作为华山之冠以自表"者之态度，绝不相同。又"不谴是非，以与世俗处"，此即《齐物论》一篇本旨，而与慎到、田骈之"非生人之行，而至死人之理"不同。总之自叙道术，不但与儒、墨、名、法各家不同，即在道家之中，也和关尹、老聃异趣。超群绝类，卓然自成一家。这一段陈碧虚谓其"举《庄子》全书旨意收括无尽"。实亦即为古今中外最不易得的自己批判。我们读之自觉有一种"超以象外，得其环中"那自己高高在上之感。成玄英疏："言《庄子》之书，窈窕深远，芒昧恍忽，视听无辩，若以言象征求，未穷其趣也。"他自己说"芒乎昧乎，未之尽者"；未之尽即不但留给后人以自由批评的余地，而自己的批评也保留在内了。《寓言篇》为《庄子》一书的例言，开首便表明自己的态度是：

寓言十九，重言十七，卮言日出，和以天倪。寓言十九，藉外论之。亲父不为其子媒。亲父誉之，不若非其父者也。非吾罪也，人之罪也。与己同则应，不与己同则反。同于己为是之，异于己为非之。重言十七，所以已言也。是为耆艾，年先矣，而无经纬本末以期来者，是非先也。人而无以先人，无人道也。人而无人道，是之谓陈人。卮言日出，和以天倪，因以曼衍，所以穷年。不言则齐，齐与言不齐，言与齐不齐也。故曰："言无言。"言无言：终身言，未尝言；终身不言，未尝不言。

知道庄子著书旨在无言，其自托为"谬悠之说，荒唐之言，无端崖之辞"；则知其不在乎人之是非同异的批评。而且就书论书，六经尚且为先王之陈迹，而非所以迹，何况现存之三十三篇？《外物篇》所谓（案此一段与《寓言篇》相联，疑误入此。）："荃者所以在鱼，得鱼而忘荃。蹄者所以在兔，得兔而忘蹄。言者所以在意，得意而忘言。吾安得忘言之人而与之言哉。"

今日我们研究庄子哲学，必须超越庄子哲学，超越庄子哲学即是对于庄子批评，而庄子之自己的批评如此。固然如《荀子·解蔽篇》所说"庄子蔽于天而不知人"；不知"鸟高飞以避矰弋之害"（《应帝王》）；这一位"上与造物者游，而下与外死生无终始者为友"的哲学家，不管实际上含有深刻的现实的反感，仍然扬弃了关尹、老聃之权变的主张，而只采取其虚静无为之一面。不管怎样尊重内圣外王之道，怎样尊重六经，而终以"六经为先王之陈迹"；终"不为轩冕肆志，不为穷约趋俗"。《史记》所称不肯为有国者所羁，"终身不仕，以快吾志焉"。这是何等伟大的一个超然独立的精神自由生活！为古今不愿做奴隶的人们，开辟出一条消极革命的康庄大道。

本　论

第四章　形而上论理学

一、形而上论理学之社会背景

老庄一派的论理学，有与其他各派不同者，在他的论理学实即形而上学。论理学无论在墨家也好，在荀子也好，在惠施、公孙龙也好，都只是把论理学为求知识的方法，或辩论的方法，老庄却不然。他们的论理学，叫它做论理学，不如叫它做不要论理学。不要论理学，才会发现真正的论理学。因为依他意思，论理学所讨论的，都只是相对的境界，而真正的论理学应该要求绝对的境界。这绝对的境界即是形而上的境界，不是知识的境界，不是名相的境界，更不是辩论的境界，而这才成其为真正的论理学的境界。所以老庄一派，实际是没有论理学的，他只是论理学之否定。这在论理学之否定上而建立的形而上论理学，老庄之外如般若宗，如华严宗[①]，也是同一派头，而且走得更彻底，不过不是本论的范围，也只好表过不提罢了。

这作为论理学否定之形而上论理学，应该是发生于论理学极发达之后，即不然，亦当发生于知识相当发达，或经验相当丰富的时代。以后言之，为老子论理学思想之社会背景；以前言之，则为庄子论理学的社会背景。这就是说，老子之背景为历史的背景多过社会的

[①] "华严宗"，底本为"毕严宗"，疑误，据上下文改。——编者

背景，庄子之背景则为社会的背景多过历史的背景。因为老子是柱下史，所以他的论理学，乃是古今治乱成败兴亡天时人事之间所归纳而成的辩证法原理。例如：

> 天下皆知美之为美，斯恶已；皆知善之为善，斯不善已。故有无相生，难易相成，长短相形，高下相倾，音声相和，前后相随。是以圣人处无为之事，行不言之教，万物作而不辞，生而不有，为而不恃，成功不居，夫唯不居，是以不去。（二章）

从经验上看得形气之物，无非对待，故圣人为无为之事，行不言之教，不取善，不舍恶；终日为，未尝为，终日言，未尝言。"万物并作，吾以观其复。"（十六章）这种观物和归于浑然绝对境界的方法，完全是从历史的经验而来。所以说：

> 执古之道，以御今之有。以知古始，是谓道已。（十四章）

十五章说"古之善为士者"如何，二十一章说："自古及今其名不去，以阅众甫，吾何以知众甫之然？以此。"二十二章"古之所谓'曲则全'者，岂虚语"；三十九章说"昔之得一者"如何；四十一章"故建言有之"；六十二章"古之所以贵此道者何"；六十八章"古之善为士者不武"；即其所理想的"使民复结绳而用之，甘其食，美其服，安其居，乐其俗，邻国相望，鸡犬之声相闻，民至老死，不相往来"（八十章）的世界，也正是原始公社时代的反映。可见老子一派之哲学背景，实以历史的经验为本位。反之庄子则于历史的背景之外，更重要的乃是社会的背景。他的论理学可以说即是建立于此社会背景之上。因为，庄子时代乃是一个辩论的时代，一个论理学极发达的时代。当时最重要的是"名""实"两派之争。《管子·宙合篇》云：

> 夫名实之相怨久矣，是故绝而无交。惠（慧）者知其不可两守，乃取一焉。

《庄子·则阳篇》更具体地指出"季真之莫为"为"主名派"，"接子之或使"为"主实派"。"莫为"是"莫之为"，主张"道不可有，有不可无"是主名派，"或使"是"或之使"，主张"道之为名，所假而行"，是主实派。"或使则实，莫为则虚"，但由庄子看来"或使莫为，在物一曲，夫胡为于大方"。即主名与主实，均为一偏之见。然而季真接子，据《史记·孟子荀卿列传》，称其"学黄老道德之术，因发明序其旨意"。成玄英疏："季真、接子，齐贤人，俱游稷下。"则知此名、实二派之争，仍只是稷下黄老派中之内部的争论。而最重要的，乃在于此内部的争论之外，更有内部与外部之争和外部与外部之争。前者为"杨、墨"，后者为"儒、墨"。

> 骈于辩者，累瓦结绳窜句，游心于坚白异同之间，而敝跬誉无用之言非乎？而杨、墨是已。（《骈拇》）
> 削曾、史之行，钳杨、墨之口……彼曾、史杨、墨、师旷、工倕、离朱，皆外立其德而以爚乱天下者也。（《胠箧》）
> 且夫失性有五……此五者，皆生之害也，而杨、墨乃始离跂自以为得，非吾所谓得也。（《天地》）

这是杨、墨之争论。前者为主实派，后者为主名派。证之《孟子》说"杨朱、墨翟之言盈天下，天下之言，不归杨则归墨""逃墨必归于杨，逃杨必归于墨"。可见这名、实两派之争，在当时是不容忽视的。

孟子之"距杨、墨，放淫辞"，这乃是从儒家立场来下总攻击的。

且不但杨、墨有争，墨家与墨家之中亦有争。《天下篇》说：

> 相里勤之弟子，五侯之徒，南方之墨者若获、已齿、邓陵子之属，俱诵《墨经》，而倍谲不同，相谓别墨。以坚白同异之辩相訾，以觭偶不仵之辞相应，以巨子为圣人，皆愿为之尸，冀得为其后世，至今不决。

在这里，相里勤（即《韩非子·显学篇》之相里氏）、五侯之徒的北方墨学和若获、已齿、邓陵子的南方墨学，其间显然也发生主名、主实之争。所谓"以觭偶不仵之辞相应"，觭为奇，为特殊，乃主实派主张；偶与奇反，为普遍，乃主名派主张。杨、墨之争以外，更有儒、墨之争。《齐物论》云：

> 道恶乎隐而有真伪？言恶乎隐而有是非？道恶乎往而不存？言恶乎存而不可？道隐于小成，言隐于荣华。故有儒墨之是非，以是其所是而非其所是。

现存墨子书里有《非儒篇》，假托晏子的话，斥孔丘四大罪：傲倨自顺，好乐淫人，立命怠事，崇丧循哀，而以为"其道不可以期世，其学不可以导众"。由他看来，孔门弟子只是帮助乱臣贼子的个人主义者，即是一个主实派（案孔门"为仁由己""我欲仁斯仁至矣"本有此种倾向）。而他自己则"人人之国，必务合其君臣之亲，而弭其上下之怨"，显然是主名派。主实派尚异，主名派尚同。墨子主张"尚同"，又主张"兼爱"。荀子谓"墨子有见于齐，无见于畸"；齐一的思想即是尚同。又墨子说"兼以易别""别非而兼是"，兼即社会，别即个人，尚兼不尚别即重社会不重个人，所以"以绳墨自矫，而备世之急"（《庄子·天下》），"为身之所恶，以成人之所急"。反之儒家主张爱有差等，说："万物皆备于我，反身而诚""吾善养吾浩然之气"。《孟子》说："君之视臣如土芥，则臣视君如寇仇"，这完全都是主实派的口吻。因此而儒、墨之争，也就是主实派和主名派之争。《庄子·列御寇篇》将此一段斗争史，作为一段寓言：

> 郑人缓也，呻吟裘氏之地。祇三年而缓为儒。河润九里，泽及三族，使其弟墨。儒墨相与辩，其父助翟。十年而缓自杀。其父梦之曰："使而子为墨者，予也，阖尝视其良？既为秋柏之实矣。"夫造物者之报人也，不报其人而报其人之天，彼故使彼。夫人以己为有以异于人，以贱其亲。齐人之井饮者相捽也。故曰：今之世皆缓也。自是有德者以不知也，而况有道者乎！古者谓之遁天之刑。圣人安其所安，不安其所不安；众人安其所不安，不安其所安。

在这寓言里，以迂缓讽刺儒者，缓的自杀与其父之帮助墨翟，这乃暗示在这儒、墨之争中，主名派的墨得到上属势力保护，把主实派的儒家打倒了。自杀是表示这名实争辩的严重性。

然而当这大辩论时代，参加的人不但儒、墨，更有杨、秉。《徐无鬼篇》云：

> 然则儒墨杨秉四，与夫子为五，果孰是耶？……惠子曰："今夫儒墨杨秉，且方与我以辩，相拂以辞，相镇以声，而未始吾非也，则奚若矣。"

成玄英疏:"秉者,公孙龙字也。此四子者,并聪明过物,盖世雄辩,添惠施为五,各相是非。"实则何但公孙龙、惠施,即如稷下学者兒说、邹衍,几乎先秦诸子无论儒、墨、名、法各家,无不参加于那时几个有名的争论。如以坚白论为例:

[儒]《论语·阳货篇》孔子答子路曰:"然,有是言也。不曰坚乎,磨而不磷。不曰白乎,涅而不缁。"(焦注引杨氏曰:"磨不磷,涅不缁,而后无可无不可。坚白不足而欲自试于磨涅,其不磷缁也者几希。"

[墨]"坚白不相外也。"(《经上》)"坚:异处不相盈,相非(排)是相外也。"(《经说上》)"无久与宇,坚白说在盈。"(《经下》)"无:抚坚得白必相盈也。"(《经说下》)又《庄子·天下篇》"相谓别墨,以坚白同异之辩相訾"。

[杨]《庄子·骈拇篇》"窜句游心于坚白异同之间……而杨墨是也"。

[秉]《公孙龙子·坚白篇》:"坚白石三可乎?曰不可。曰二可乎?曰可。无坚得白,其举也二;无白得坚,其举也二。"(谢希深洼云:人目视石,但见石之白,而不见其坚,是举所见石与白二物,故曰无坚得白,其举也二矣。人手触石,但知石之坚,而不知其白,是举石与坚二物,故曰无坚得白,其举也二。)

[惠]《庄子·德充符篇》:"今子(惠施)外乎子之神,劳乎子之精,倚树而吟,据槁梧而瞑,无选子之形,子以坚白鸣。"

坚白之辩乃是主名派与主实派争论的一大问题,所以《庄子》书中常常提到。《胠箧篇》"知诈渐毒、颉滑坚白、解垢同异之变多,则俗惑于辩矣";《天地篇》"辩者有言曰离坚白,若县寓";《齐物论》"非所明而明之,故以坚白之昧终";《秋水篇》"合同异,离坚白"。大概当时的主名派,倾向于坚白石一,主实派则主张坚白石二。主名派尚同,而主实派尚异,所以坚白之辩表面上看,好似只是观念的游戏，实际上都是名实二派争论的反映。又如以白马论为例：

［墨］"白马，马也。乘白马，乘马也。"（《墨子·小取篇》）

［儒］《孟子·告子篇》："白羽之白也，犹白雪之白；白雪之白犹白玉之白与？""异于白马之白也，无以异于白人之白也。不识长马之长也，无以异于长人之长与？"

［兒说］《韩非子·外储说左上》："兒说，宋人善辩者也，持'白马非马也'服齐稷下之辩者，乘白马而遇关，则顾白马之赋。"

［公孙龙］"白马非马。"（《列子·仲尼篇》）"马者所以命形也，白者所以命色也。命色者非命形也，故曰白马非马。"（《公孙龙子·白马篇》）

［邹衍］《史记·平原君虞卿列传》："平原君厚待公孙龙。公孙龙善为坚白之辩，及邹衍过赵言至道，乃绌公孙龙。"《集解》引刘向《别录》云："齐使邹衍过赵，平原君见公孙龙及其徒綦毋子之属，论'白马非马'之辩，以问邹子。邹子曰：'不可。彼天下之辩有三胜五至，而辞正为下。辩者，别殊类使不相害，序异端使不相乱，抒意通指，明其所谓，使人与知焉，不务相迷也。故胜者不失其所守，不胜者得其所求。若是，故辩可为也。及至烦文以相假，饰辞以相悖，巧譬以相移，引人声使不得及其意。如此，害大道。夫缴纷争言而竞后息，不能无害为君子。'坐皆称善。"

这白马非马与指物论（公孙龙子）的论辩，也使庄子发生反感。所以《齐物论》云："以指喻指之非指，不若以非指喻指之非指也。以马喻马之非马，不若以非马喻马之非马也。"尤其这辩论纷纭的时代，与庄子同时的惠施、公孙龙，特别惹起他注意。《徐无鬼篇》云："辩士无谈说之序则不乐，察士无凌谇之事则不乐。"就是活画出这诡辩论派的心理。诡辩派可谓玩弄观念的游戏到了极点，但他亦有其根据，即是主实派的立场。如拿他和墨子学派相比，公孙龙言"白马非马"而《墨经》说:"乘白马乘马也。"公孙龙言"狗非犬",而《墨经》言"狗犬也"。公孙龙言"坚白石二"而《墨经》言"坚白不相外也"。凡此种种,可见《墨经》是主名派,用的是形式论理学的方法,而惠龙却是主实派,用的是诡辩方法。(详见拙著《谦之文存》中《别墨研究》)但是由庄子看来,无论儒、墨、杨、秉、惠都只是一时之是非,尤以惠施所说"今日适越而昔至",未免吊诡其辞,为庄子所反对。"未成乎心而有是非。是今日适越而昔至也。是以无有为有。无有为有,虽有神禹且不能知。吾独且奈何哉。"辩论不足以见真理,是因为是非原出于私心所自造,如"今日适越而昔至",根本即是以无有为有,即更无辩论的价值了。即以儒、墨之论是非为例,也是"是亦一无穷",即使辩论到万世亦不能解决。《齐物论》有一段很精彩有名的雄辩云:

> 即使我与若辩矣,若胜我,我不若胜。若果是也,我果非也邪?我胜若,若不吾胜。我果是也?而果非也邪?其或是也?其或非也邪?其俱是也?其俱非也邪?我与若不能相知也。则人固受其黮暗,吾谁使正之?使同乎若者正之,既与若同矣,恶能正之?使同乎我者正之,既同乎我矣,恶能正之?使异乎我与若者正之,既异于我与若矣,恶能正之?使同乎我与若者正之,既同乎我与若矣,恶能正之?然则我与若与人俱不能相知也,而彼也邪?

辩论既不足解决是非,因之名实之争,亦无何意义。《逍遥游篇》云:

> 许由曰:"子治天下,天下既已治也,而我犹代子,吾将为

名乎？名者，实之宾也。吾将为宾乎？鹪鹩巢于深林，不过一枝；偃鼠饮河，不过满腹，归休乎君，予无所用天下为！"

俞樾《诸子平议》卷十七云："'吾将为宾乎'，与上文'吾将为名乎'相对成文。'吾将为名乎？名者实之宾也'，其意已足。'吾将为实乎'，当连下文读之。其文曰：'吾将为宾乎？鹪鹩巢于深林，不过满枝；偃鼠饮河，不过满腹。归休乎君，予无所用天下为？'盖无所用天下，则以实而言，又不足为矣，故云'吾将为实乎'。《吕氏春秋·求人篇》载许由之言曰：'为天下之治与？而既已治矣。自为与？啁噍巢于林不过一枝，偃鼠饮于河不过满腹，归已君乎，恶用天下？'其文与此大略相同。彼云'为天下之治与'，即此云'吾将为名乎'。彼云'自为与'，即此云'吾将为实乎'。'实'与'宾'形似，又连上句'实之宾也'而误，不可以不正，若如今本则为宾，即是为名，两文复矣。"此段考证极重要，知道庄子对于主名与主实二派，一样地加以否定，就知道为什么他要主张"不谴是非以与世俗处"之绝对超然的态度。（《天下篇》）然而可注意的，就是这"不谴是非"之超然绝对的形而上学论理学，实为分别是非之普通论理学之一否定，因此而普通论理学之发达，便成为此形而上学论理学产生之社会背景了。

二、无知论

形而上论理学之第二个特点，在知识论上主张"无知"，即对于一切相对知识的否定。这在寻常感觉和论理以外的形而上学方法，自然和形式逻辑与科学方法，大不相同。因感觉除了接触于感官的状况外，无从知道；而形而上学的对象，又超过寻常的认识。所以要知道事物的实相，不可不赖"直觉"的方法，以游神于物的内面，而亲与其绝对无比不可言状的本体融合为一。因为宇宙的原始问题和究竟问题，都是不二而最初，不能用逻辑去推证其所以然。它是超越一切形式和符号的学问，和科学所探底认识法不同。科学无论如何，总是处客观的态度，以知得相对的境界为已足，因它对于内面绝对的知识，未能探得分毫，而分析的讲究，倒扰乱了学者陷于论理的混乱，因此老庄一派即站在这立脚点，极力否认知识。《老子》四十七章："不出户知天下，不窥牖见天道。其出弥远，其知弥少，是以圣人不行而知，不见而明，不为而成。"二十章："我愚人之心纯纯。俗人昭昭，我独若昏。俗人察察，我独闷闷。"十八章："智慧出，有大伪。"十九章："绝圣弃智，民利百倍。"二十章："绝学无忧。"四十一章："明道若昧。"六十五章："民之难治，以其智多；以智治国，国之贼；不以智治国，国之福。"

因为道理是当下便是，所以"其出弥远，其知弥少"，所谓"知者不言，言者不知"（五十六章）。"知者不博，博者不知。"（八十一章）都无非指示知识是不假闻见，而假闻见的知识，只能知事物的关系，对于一切研究方法，都只从外的着眼点观之，所以研究所得，也不过那可见的符号——言语——所能表现的部分而已。这在庄子则为明了起见，而有小知与大知的分别。

1. 小知与大知

小知不及大知。（《逍遥游》）

大知闲闲，小知间间。（《齐物论》）（郭注："此盖知之不同。"成疏："闲闲，宽裕也。"俞樾云："《广雅·释诂》：间，覗也。小知间间，当从此义，谓好覗察人。"）

大知是真实的知识，是能够证会绝对真实的本体的。倘人有了这种知识，就无异超过一切现象界，而与本体融合无间了。反之小知所能知的，只限于物象方面，所知甚少，因其不能和真实的本体接近，就可见不是真实的知识。《列御寇篇》指出此两种知识之不同：

> 小夫之知不离苞苴竿牍，敝精神乎蹇浅，而欲兼道物，太一形虚。若是者，迷惑于宇宙，形累不知太初。彼至人者，归精神乎无始，而甘冥乎无何有之乡。水流乎无形，发泄乎太清。悲哉乎！汝为知在豪毛，而不知大宁！

因此庄子主张"去小知而用大知"，这就是所谓"至知不谋"（《庚桑楚》）。《外物篇》有一段寓言，说"小知"之不足恃有如此：

> 宋元君夜半而梦人被发窥阿门，曰："予自宰路之渊，予为清江使河伯之所，渔者余且得予。"元君觉，使人占之，曰："此神龟也。"君曰："渔者有余且乎？"左右曰："有。"君曰："令余且会朝。"明日，余且朝。君曰："渔何得？"对曰："且之网，得白龟焉，其圆五尺。"君曰："献若之龟。"龟至，君再欲杀之，再欲活之。心疑，卜之。曰："杀龟以卜，吉。"乃刳龟，七十二钻而无遗筴。仲尼曰："神龟能见梦于元君而不能避余且之网。知能七十二钻而无遗筴，不能避刳肠之患。如是，则知有所困，神有所不及也。虽有至知，万人谋之。鱼不畏网而畏鹈鹕。去小知而大知明，去善而自善矣。"

大知不是别的，即是小知之反面。如《缮性篇》云："古之行身者，不以辩饰知，不以知穷天下，不以知穷德。"小知不过"饰知以惊愚"，当然要到处碰壁。《达生篇》以至人之"忘其肝胆，遗其耳

目"为大知,以"饰知以惊愚"者为小知,这正是"大知闲闲,小知间间"的注脚:

> 有孙休者,踵门而诧子扁庆子曰:"休居乡不见谓不修,临难不见谓不勇。然而田原不遇岁,事君不遇世,宾于乡里,逐于州部,则胡罪乎天哉?休恶乎此命也?"扁子曰:"子独不闻夫至人之自行邪?忘其肝胆,遗其耳目,芒然彷徨乎尘垢之外,逍遥乎无事之业,是谓'为而不恃,长而不宰'。今汝饰知以惊愚,修身以明污,昭昭乎若揭日月而行也。汝得全而形躯,具而九窍,无中道夭于聋盲跛蹇而比于人数,亦幸矣,又何暇乎天之怨哉!"

2. 有知与无知

但什么才是真实的"大知"呢?庄子在这里从两方面给我们答案。一方面从消极方面说,大知为小知之否定,小知强不知以为知,大知则知止乎其所不能知。一方面从积极方面说,小知是有所知,大知是无所知。有所知就有所不知,无所知才无所不知。现在先说前者。

《庚桑楚》——知止乎其所不能知至矣。

《应帝王》——无为知主。(成云:不运智以示物。)

《齐物论》——知止其所不知,至矣。①

《养生主》——吾生也有涯,而知也无涯,以有涯随无涯,殆已。已而为知者,殆而已矣。

---

① 《齐物论》:"夫大道不称,大辩不言,大仁不仁,大廉不嗛,大勇不忮。道昭而不道,言辩而不及,仁常而不成,廉清而不信,勇忮而不成。五者圆而几向方矣。故知止其所不知,至矣。孰知不言之辩,不道之道?若有能知,此之谓天府。注焉而不满,酌焉而不竭,而不知其所由来,此之谓葆光。"

徐无鬼——言休乎知之所不知，至矣。[1]

《秋水》——计人之所知，不若其所不知，其生之时不若其未生之时，以其至小，求穷其至大之域，是故迷乱而不能自得也。

又《逍遥游篇》指出知之聋盲，[2]《知北游篇》假托老聃的话道："汝……掊击而知……且夫博之不必知，辩之不必慧，圣人以断之矣。"这都是从对于小知的批评中看出大知来。

但从积极来说，则大知对于小知，实可称之为无知之知，或不知之知。这种知识论是受老子的影响。《老子》七十一章说："知不知上，不知知，病。"那自以为知，实在是不知，而无上的知，反在于"不知"知之，所以又屡屡说到"无知"，三章说"常使民无知无欲"，十章说"爱人治国，能无为？"（王弼注："治国无以智，犹弃智也。"）这种"无知"或"不知"就成了庄子的哲学出发点了。

《人间世篇》云：

闻以有翼飞者矣，未闻以无翼飞者也。闻以有知知者矣，未闻以无知知者也。

《马蹄篇》云：

---

[1] 《徐无鬼》："仲尼之楚，楚王觞之。孙叔敖执爵而立。市南宜僚受酒而祭，曰：'古之人乎？于此言已。'曰：'丘也闻不言之言矣，未之尝言，于此乎言之。市南宜僚弄丸而两家之难解，孙叔敖甘寝秉羽而郢人投兵，丘愿有喙三尺。'彼之谓不道之道，此之谓不言之辩。故德总乎道之所一。而言休乎知之所不知，至矣。道之所一者，德不能同也。知之所不能知者，辩不能举也。名若儒墨而凶矣。故海不辞东流，大之至也。圣人并包天地，泽及天下，而不知其谁氏。是故生无爵，死无谥，实不聚，名不立，此之谓大人。狗不以善吠为良，人不以善言为贤，而况为大乎？"

[2] 《逍遥游》："瞽者无以与乎文章之观，聋者无以与乎钟鼓之声，岂唯形骸有聋盲哉？夫知亦有之。"

> 同乎无知，其德不离。（成疏云："既无分别之心，故同乎无知之理。"）

这个意思和《列子·仲尼篇》"无知是真知，故无所不知……无知为知亦知……亦无所不知，亦无所知"相同。大概道家一派所有名学上的见解，其最后的归宿，总在乎言语道断辩证路绝的本体，到此地步自然要将知识根本消灭。例如《齐物论》啮缺问王倪：

> 啮缺问乎王倪曰："子知物之所同是乎？"曰："吾恶乎知之！""子知子之所不知邪？"曰："吾恶乎知之！""然则物无知邪？"曰："吾恶乎知之！虽然，尝试言之：庸讵知吾所谓知之非不知邪？庸讵知吾所谓不知之非知邪？且吾尝试问乎女：民湿寝则腰疾偏死，鳅然乎哉？木处则惴栗恂惧，猨猴然乎哉？三者孰知正处？民食刍豢，麋鹿食荐，蝍蛆甘带，鸱鸦耆鼠，四者孰知正味？猨猵狙以为雌，麋与鹿交，鳅与鱼游。毛嫱丽姬，人之所美也；鱼见之深入，鸟见之高飞，麋鹿见之决骤，四者孰知天下之正色哉？自我观之，仁义之端，是非之涂，樊然淆乱，吾恶能知其辩！"啮缺曰："子不知利害，则至人固不知利害乎？"王倪曰："至人神矣！大泽焚而不能热，河汉冱而不能寒，疾雷破山、飘风振海而不能惊。若然者，乘云气，骑日月，而游乎四海之外，死生无变于己，而况利害之端乎！"

其结论为："庸讵知吾所谓知之非不知邪？庸讵知吾所谓不知之非知邪？"《应帝王篇》更假托蒲衣子的话，赞美他道"而乃今知之乎"：

> 啮缺问于王倪，四问而四不知。啮缺因跃而大喜，行以告

蒲衣子。蒲衣子曰："而乃今知之乎？有虞氏不及泰氏。有虞氏其犹藏仁以要人，亦得人矣，而未始出于非人。泰氏其卧徐徐，其觉于于。一以己为马，一以己为牛。其知情信，其德甚真，而未始入于非人。"

这就是说"不知"才是"知"。《知北游篇》有一段泰清与无穷及无始的对话：

> 于是泰清问乎无穷，曰："子知道乎？"无穷曰："吾不知。"又问乎无为，无为曰："吾知道。"曰："子之知道，亦有数乎？"曰："有。"曰："其数若何？"无为曰："吾知道之可以贵、可以贱、可以约、可以散，此吾所以知道之数也。"泰清以之言也问乎无始，曰："若是，则无穷之弗知与无为之知，孰是而孰非乎？"无始曰："不知深矣，知之浅矣；弗知内矣，知之外矣。"于是泰清仰而叹曰："弗知乃知乎，知乃不知乎！孰知不知之知？"

结论为："弗知乃知乎，知乃不知乎！孰知不知之知？"《在宥篇》假托云将与鸿蒙的对话：

> 云将东游，过扶摇之枝而适遭鸿蒙。鸿蒙方将拊髀雀跃而游。云将见之，倘然止，贽然立，曰："叟何人邪？叟何为此？"鸿蒙拊髀雀跃不辍，对云将曰："游！"云将曰："朕愿有问也。"鸿蒙仰而视云将曰："吁！"云将曰："天气不合，地气郁结，六气不调，四时不节。今我愿合六气之精以育群生，为之奈何？"鸿蒙拊髀雀跃掉头曰："吾弗知，吾弗知。"云将不得问。又三年，东游，过有宋之野，而适遭鸿蒙。云将大喜，行趋而进

曰："天忘朕邪？天忘朕邪？"再拜稽首，愿闻于鸿蒙。鸿蒙曰："浮游不知所求，猖狂不知所往，游者鞅掌，以观无妄。朕又何知！"云将曰："朕也自以为猖狂，而百姓随予所往；朕也不得已于民，今则民之放也！愿闻一言。"鸿蒙曰："乱天之经，逆物之情，玄天弗成，解兽之群而鸟皆夜鸣，灾及草木，祸及止虫。意！治人之过也。"云将曰："然则吾奈何？"鸿蒙曰："意！毒哉！仙仙乎归矣！"云将曰："吾遇天难，愿闻一言。"鸿蒙曰："意！心养！汝徒处无为，而物自化。堕尔形体，吐尔聪明，伦与物忘，大同乎涬溟。解心释神，莫然无魂。万物云云，各复其根，各复其根而不知。浑浑沌沌，终身不离。若彼知之，乃是离之。无问其名，无窥其情，物固自生。"云将曰："天降朕以德，示朕以默。躬身求之，乃今也得。"再拜稽首，起辞而行。

结论亦云："万物云云，各复其根，各复其根而不知。浑浑沌沌，终身不离。若彼知之，乃是离之。"又《知北游》假托知与无为谓、黄帝、狂屈等的对话：

黄帝曰："无思无虑始知道，无处无服始安道，无从无道始得道。"知问黄帝曰："我与若知之，彼与彼不知也，其孰是邪？"黄帝曰："彼无为谓真是也，狂屈似之，我与汝终不近也。夫知者不言，言者不知，故圣人行不言之教。道不可致，德不可至。仁可为也，义可亏也，礼相伪也。故曰：'失道而后德，失德而后仁，失仁而后义，失义而后礼。'礼者，道之华而乱之首也。故曰：'为道者日损，损之又损，以至于无为。无为而无不为也。'今已为物也，欲复归根，不亦难乎！其易也，其唯大人乎！生也死之徒，死也生之始，孰知其纪！人之生，气之聚也。聚则为生，散则为死。若死生为徒，吾又何患！故万物一也。是其所美者为神奇，其所恶者为臭腐。臭腐复化为神奇，神奇复化为臭腐。故曰：'通天下一气耳。'圣人故贵一。"知谓黄帝曰："吾问无为谓，无为谓不应我，非不我应，不知应我也；吾问狂屈，狂屈中欲告我而不我告，非不我告，中欲告而忘之也；今予问乎若，若知之，奚故不近？"黄帝曰："彼其真是也，以其不知也；此其似之也，以其忘之也；予与若终不近也，以其知之也。"狂屈闻之，以黄帝为知言。

黄帝以为："彼其真是也，以其不知也；此其似之也，以其忘之也；予与若终不近也，以其知之也。"因为不知才是真知，所以一而再再而三地说：

> 人之于知也少，虽少，恃其所不知而后知天之所谓也。知大一，知大阴，知大目，知大均，知大方，知大信，知大定，至矣！大一通之，大阴解之，大目视之，大均缘之，大方体之，大信稽之，大定持之。尽有天，循有照，冥有枢，始有彼。则其解之也似不解之者，其知之也似不知之也，不知而后知之。(《徐无鬼》)

> 人皆尊其知之所知，而莫知恃其知之所不知而后知，可不谓大疑乎？(《则阳》)

因为他要"恃其知之所不知而后知"，所以很讥笑那些只晓得"知遇而不知所不遇，能能而不能所不能"的科学家：

> 夫知遇而不知所不遇，能能而不能所不能。无知无能者，

固人之所不免也。夫务免乎人之所不免者，岂不亦悲哉！至言去言，至为去为。齐知之，所知则浅矣！（《知北游》）

以为他一向只是胡叫乱喊，以为只要测测星，看看地壳，研究研究微生物，那就是真知识。其实这种有知的知，无论以有限的生命逐无穷的知识，知识尚未得到，生命已是无可奈何了。不但如此，这种相对的知识，未能无可无不可，故必有待，有待则无定，无定则无真知识可言：

知天之所为，知人之所为者，至矣！知天之所为者，天而生也；知人之所为者，以其知之所知以养其知之所不知，终其天年而不中道夭者，是知之盛也。虽然，有患：夫知有所待而后当，其所待者特未定也。庸讵知吾所谓天之非人乎？所谓人之非天乎？且有真人而后有真知。何谓真人？古之真人，不逆寡，不雄成，不谟士。若然者，过而弗悔，当而不自得也。若然者，登高不栗，入水不濡，入火不热，是知之能登假于道者也若此。（《大宗师》）

予恶乎知说生之非惑邪？予恶乎知恶死之非弱丧而不知归者邪！丽之姬，艾封人之子也。晋国之始得之也，涕泣沾襟。及其至于王所，与王同筐床，食刍豢，而后悔其泣也。予恶乎知夫死者不悔其始之蕲生乎？梦饮酒者，旦而哭泣；梦哭泣者，旦而田猎。方其梦也，不知其梦也。梦之中又占其梦焉，觉而后知其梦也。且有大觉而后知此其大梦也，而愚者自以为觉，窃窃然知之。"君乎！牧乎！"固哉！丘也与女皆梦也，予谓女梦亦梦也。是其言也，其名为吊诡。万世之后而一遇大圣知其解者，是旦暮遇之也。（《齐物论》）

什么是梦？什么是觉？什么是生？什么是死？要之均不外感觉所得的幻相，凭着这偏于一部分的感觉，以为即是确实有根据的知识，那不是大笑话！由庄子看来，感觉知识所得的，应不出于哀乐、声色、臭味、是非之外，而哀乐、声色、臭味、是非又跟着习惯和惯习而转移，可见格物家所自以为知哀乐，知声色，知臭味，知是非，乃至知梦觉，知死生，实在是一场迷梦。但他没有自知之明，却要以迷解迷，这不是虚伪的知识是什么？反之，只有"真人而后有真知"，蜕然无系而玄同死生，这才是不知之知，才是真正的知识。

3. 真知与伪知

再从知识的效用来看，有生之初，人们都是自然恬静的，给他一个知识就弄坏了。《庚桑楚篇》曾给知识下一定义：

"知者，接也（接物而知之谓之知）；知者，谟也（知音智。谟，谋也。见事而虑之，故因谟见谋）。知者之所不知，犹睨也（虽智者有所不知，如目斜视一方，故不能偏，是以用智而偏，不如寂照。)

这已经告诉我们，知识不是真实的东西，故虽用智而偏不如寂照。《庚桑楚篇》又云"至知不谋"；《德充符篇》云"圣人不谋焉用知"（心无用谋故不用智），必不得已而有所知，也只有随感而应，知而非为。《知北游篇》所谓"行不知所往，处不知所持，食不知所味"。《庚桑楚篇》所谓："能儿子乎？儿子动不知所为，行不知所之"；这是何等直觉的世界。《刻意篇》说得更好：

> 圣人之生也天行，其死也物化。静而与阴同德，动而与阳同波。不为福先，不为祸始。感而后应，迫而后动，不得已而后起。去知与故，循天之道。故无天灾，无物累，无人非，无鬼术。其生若浮，其死若休。不思虑，不豫谋。光矣而不耀，信矣而不期。其寝不梦，其觉无忧，其神纯粹。其魂不罢。虚无恬

恢，乃合天德。

又《缮性篇》"知与恬交相养"。成玄英疏："夫不能恬静，则何以生彼真知，不有真知，何以致兹恬静，是故恬由于知，所以能静，知静于静，所以获真知，故知之与恬交相养也。"《在宥篇》更假托广成子语，说出："目无所见，耳无所闻，心无所知……多知为败。"

> 黄帝立为天子十九年，令行天下，闻广成子在于空同之上，故往见之，曰："我闻吾子达于至道，敢问至道之精。吾欲取天地之精，以佐五谷，以养民人。吾又欲官阴阳以遂群生，为之奈何？"广成子曰："而所欲问者，物之质也；而所欲官者，物之残也。自而治天下，云气不待族而雨，草木不待黄而落，日月之光益以荒矣，而佞人之心翦翦者，又奚足以语至道！"黄帝退，捐天下，筑特室，席白茅，闲居三月，复往邀之。广成子南首而卧，黄帝顺下风膝行而进，再拜稽首而问曰："闻吾子达于至道，敢问治身奈何而可以长久？"广成子蹶然而起，曰："善哉问乎！来，吾语女至道：至道之精，窈窈冥冥；至道之极，昏昏默默。无视无听，抱神以静，形将自正。必静必清，无劳女形，无摇女精，乃可以长生。目无所见，耳无所闻，心无所知，女神将守形，形乃长生。慎女内，闭女外，多知为败。……"

这都是真正道破真知之为何物。《大宗师》说得最好："以知为时……以知为时者，不得已于事也。"（知以应时，不得已于事）这正是指直觉的知识而言。直觉的知识是完全无所执着，它不如感觉知识有周遍计度分析执取的作用，它只是随感而应，迫不得已而后起。能够人人如此，则是"人含其知，则天下不惑矣"。（《胠箧》）在这里庄子一面反对知识,一面主张知识,这并不是矛盾,他反对的是虚伪的知识,主张的却是真实的知识。虚伪的知识乃是痛苦的根源、大乱的根本。《列御寇篇》"巧者劳而知者忧",又"达生之情者傀,达于知者肖"(肖当训少),这都是指出有知识的苦处。至于《缮性篇》云"心与心识知,而不足以定天下",这还不过知识的无用处。《则阳篇》之"力不足则伪,知不足则欺",则简直指出知识的坏处了。《人间世篇》曾给知识下一个大胆的定义:

知出乎争……知也者,争之器也。

《外物篇》亦云"知出乎事";可见有知识则有罪恶,并且弄出战争,强力不好的事情来了。所以知识是要不得的东西,知识愈发达,便其结果使世界愈纷乱了。所以《胠箧篇》指出:世俗之所谓知者,乃为大盗积者也:

将为胠箧探囊发匮之盗而为守备,则必摄缄縢,固扃鐍,此世俗之所谓知也。然而巨盗至,则负匮揭箧担囊而趋,唯恐缄縢扃鐍之不固也。然则乡之所谓知者,不乃为大盗积者也?故尝试论之:世俗之所谓知者,有不为大盗积者乎?所谓圣者,有不为大盗守者乎?何以知其然邪?

"天下每每大乱,罪在于好知":

上诚好知而无道,则天下大乱矣!何以知其然邪?夫弓弩毕弋机变之知多,则鸟乱于上矣;钩饵罔罟罾笱之知多,则鱼乱于水矣;削格罗落罝罘之知多,则兽乱于泽矣;知诈渐毒、颉滑坚白、解垢同异之变多，则俗惑于辩矣。故天下每每大乱，罪在于好知。故天下皆知求其所不知而莫知求其所已知者，皆知非其所不善而莫知非其所已善者，是以大乱。故上悖日月之明，下烁山川之精，中堕四时之施，惴耎之虫，肖翘之物，莫不失其性。甚矣，夫好知之乱天下也！自三代以下者是已！舍夫种种之民而悦夫役役之佞；释夫恬淡无为而悦夫啍啍之意，啍啍已乱天下矣！

《马蹄篇》指出"马之知而能至盗者，伯乐之罪"：

夫马，陆居则食草饮水，喜则交颈相靡，怒则分背相踶。马知已此矣！夫加之以衡扼，齐之以月题，而马知介倪闉扼鸷曼诡衔窃辔。故马之知而态至盗者，伯乐之罪也。夫赫胥氏之时，民居不知所为，行不知所之，含哺而熙，鼓腹而游。民能以此矣！及至圣人，屈折礼乐以匡天下之形，县跂仁义以慰天下之心，而民乃始踶跂好知，争归于利，不可止也。此亦圣人之过也。

而《庚桑楚篇》更明白地说出："举贤则民相轧，任智则民相盗……千世之后，其必有人与人相食者也。"

由庄子的眼光看来，任知的结果，反带来许多灾难，所以自然而然地得到和老子一样的结论——就是"绝圣弃知，天下大治"：

昔者黄帝始以仁义撄人之心，尧、舜于是乎股无胈，胫无毛，以养天下之形。愁其五藏以为仁义，矜其血气以规法度。然犹有不胜也。尧于是放謹兜于崇山，投三苗于三峗，流共工于幽都，此不胜天下也。夫施及三王而天下大骇矣。下有桀、跖，上有曾、史，而儒墨毕起。于是乎喜怒相疑，愚知相欺，善否相非，诞信相讥，而天下衰矣；大德不同，而性命烂漫矣；天下好知，而百姓求竭矣。于是乎斧锯制焉，绳墨杀焉，椎凿决焉。天下脊脊大乱，罪在撄人心。故贤者伏处大山嵁岩之下，而万乘之君忧栗乎庙堂之上。今世殊死者相枕也，桁杨者相推也，形戮者相望也，而儒墨乃始离跂攘臂乎桎梏之间。意，甚矣哉！其无愧而不知耻也甚矣！吾未知圣知之不为桁杨接槢也，仁义之不为桎梏凿枘也，焉知曾、史之不为桀、跖嚆矢也！故曰：绝圣弃知，而天下大治。(《在宥》)

"绝圣弃知，大盗乃止"：

故绝圣弃知，大盗乃止；擿玉毁珠，小盗不起；焚符破玺，而民朴鄙；掊斗折衡，而民不争；殚残天下之圣法，而民始可与论议；擢乱六律，铄绝竽瑟，塞瞽旷之耳，而天下始人含其聪矣；灭文章，散五采，胶离朱之目，而天下始人含其明矣。毁绝钩绳而弃规矩，攦工倕之指，而天下始人有其巧矣。故曰：大巧若拙。削曾、史之行，钳杨、墨之口，攘弃仁义，而天下之德始玄同矣。彼人含其明，则天下不铄矣；人含其聪，则天下不累矣；人含其知，则天下之惑矣；人含其德，则天下不僻矣。(《胠箧》)

在他所理想的至德之世，不但没有机械的发明，如《天地篇》汉阴丈人所谓"吾非不知，羞而不为"也：

子贡南游于楚，反于晋，过汉阴，见一丈人方将为圃畦，凿隧而入井，抱瓮而出灌，搰搰然用力甚多而见功寡。子贡曰：

"有械于此，一日浸百畦，用力甚寡而见功多，夫子不欲乎？"为圃者卬而视之，曰："奈何？"曰："凿木为机，后重前轻，挈水若抽，数如泆汤，其名为槔。"为圃者忿然作色而笑曰："吾闻之吾师，有机械者必有机事，有机事者必有机心。机心存于胸中则纯白不备。纯白不备则神生不定，神生不定者，道之所不载也。吾非不知，羞而不为也。"

而且推到极端，连知识都在打倒之列。如《马蹄篇》云：

夫至德之世，同与禽兽居，族与万物并。恶乎知君孙人哉！同乎无知，其得不离；同乎无欲，是谓素朴。素朴而民性得矣。

又《天地篇》云：

至德之世不尚贤，不使能，上如标枝，民如野鹿。端正而不知以为义，相爱而不知以为仁，实而不知以为忠，当而不知以为信，蠢动而相使不以为赐。是故行而无迹，事而无传。

这是何等一个自然的世界！什么仁义忠信都可以一概付之不知，还有什么战争呢？举此可见"无知"或"不知"的哲学方法，在庄子哲学中的重要性了。

三、无名论

虚无哲学的根本方法，一个是"无知"，一个是"无名"。本来"名"就是概念的代表，作知识的符号，所以主张"无知"的，一定连带主张"无名"。因"名"的作用，一方面是包括这个那个而成全称的共相，一方面是分别这个那个，使彼此截然有分。换句话说，因有了抽象的"名"，一面使具体的事物，所谓特殊，去做普遍的牺牲；一方面又建立出许多差别，以唤起不平等。所以老庄一派均以"名"为万恶根源，而主张废"名"。因包括这个那个而成全称的"名"，不如至大无外的"无"，而分别这个那个而成特别的"名"，也不如至小无内的"无"。虚无哲学者因要扫除那虚伪的差别的"名"，所以以真实的普遍的"无名"的"无"为基础，而主张"无名主义"。由于"无名"的"无"的好处，反证有"名"是虚伪的、差别的，由着两种不同看法，将"名"根本推翻了。

第一，"名"是虚伪的，不是真实的。——原来真实的都是"自然"的，虚伪的都是"人为"的。老庄一派以"无"为宇宙的最大原理，这个"无"是独生独立，无始无终，便只是自己如此，所以是真实的，因为真实的没有什么"名"，所以我们一说那单独不变的存在，总无可以"名"之，而单独不变的存在，即隐于"无名"之中，叫作"有"不对，叫它作"无"更不对，"有""无"都称呼不得，所以老子便说："道常无名朴"（三十二章），"道隐无名"（四十一章）了。凡天下之"名"，其可"名"者，都不是永远不变的"名"，而永远不变的"名"，本不可"名"，必不得已而有"名"，这"名"也是很不妥帖似的。所以老子说："吾不知其名，强字之曰道，强为之名曰大。"（二十五章）"道"从本已来，不曾生不曾减，又从那里理会它的名字，又哪里有什么名字，但为方便起见，不妨假设一个表记，叫做"道"，因他是周行天地万物之中，是无所不在的，所以勉强把"大"字来形容他。其实这里"道"字、"大"字两个抽象名词，都是凑成的、人造的，和道体绝不相干，只是强为之名而已。庄子《则阳篇》云："道之为名，所假而行。"（物所由而行，故假名之曰道）又

《知北游篇》云："道不当名"。知道"道"只是强为之名，所以呼牛呼马，均可随意。今一有人之名，乃曰人耳人耳，则未免浅薄。

《应帝王》："泰氏其卧徐徐，其觉于于，一以己为马，一以己为牛。"

《天道》："昔者子呼我牛也，而谓之牛；呼我马也，而谓之马。"

现在试引两段寓言，作为参证：

[无能子] 樊氏之子有美男子，年三十，或披发疾走，或终日端坐不言，言则以羊为马，以山为水，凡名一物，多失其常名。其家及乡人狂之而不之罪焉。无能子亦狂之。或一日遇于丛翳间，就而叹之。……狂者曰："万物之名，亦岂自然著哉？清而上者曰天，黄而下者曰地，烛昼者曰日，烛夜者曰月。以至风云雨露，烟雾霜雪，以至山岳河海，草木禽兽，以至华夏夷狄帝王公侯，以至士农工商皂隶臧获，以至是非善恶邪正荣辱，皆妄作者强名之也，人久习之，不见其强名之初，而沿之不敢移焉。昔妄作者或谓清上者为地，黄下者曰天，烛昼曰月，烛夜曰日，今亦沿之矣。强名自人也，我亦人也，彼人何以强名，我人胡为不可哉？则冠带起居，吾得以随意取舍，万物之状，吾得随意自名，狂不狂吾且不自知，彼不知者，狂之亦宜矣。"

[徐显稗史] 王德元之教人，必问其姓其名，其人曰："姓甲名乙。"则斥之曰："我闻尔姓乙名甲，而诳我何欤？"其人疑愕，则谓之曰："汝未生之前，岂有姓耶？且生于其家，则姓某姓，强名耳！汝执其强名者，以为真姓，非汝生也。"

由此可见,"名"和"实"本没有共通的尺度,一切抽象的名词,断不能代表原来具体的事物,而真实的存在,不在乎虚伪的"名"。老子说:"大丈夫处其实不居其华,故去彼取此"。因"名"是虚文,没有实在性,故老子不取于代表"名"的原理的"彼",而取那个体的特别的"此"。《庄子·大宗师篇》云:"行名失己,非士也。"(为名失己性)《养生主篇》云:"为善无近名,为恶无近刑,缘督以为经。何以保身,可以全生,可以养亲,可以尽年。"《逍遥游篇》云:"圣人无名。""吾将为名乎?名者,实之宾也。"此处"宾"字,与《列子·杨朱篇》"老子曰名者实之宾,而悠悠者趋名不已,名固不可去,名固不可宾邪""实无名,名无实,名者伪而已矣"意思相同。因为"名"不是"宾",只是由于实而代表实的,所以没有实体,可以随意自名,以至于"不见而名"(《老子》四十七章),但却不可因虚伪的空名,来反害实际的存在。《骈拇篇》很讽刺于"士则以身殉名",而以为:

伯夷死名于首阳之下,盗跖死利于东陵之上。二人者所死不同,其于残生伤性均也。

又《盗跖篇》云:

且子正为名,我正为利,名利之实,不顺于理,不监于道。吾日与子讼于无约曰:小人殉财,君子殉名,其所以变其情、易其性,则异矣。乃至于弃其所为,而殉其所不为,则一也。

《徐无鬼篇》讥刺"枯槁之士宿名"(山林枯槁,留恋名高);《庚桑楚篇》言"名相反而实相顺也"(王先谦注:"骛名则伪而乱,终至相反；求实则真而治，终无不乱。"）这都处处可以看出庄子一派于名、实两端虽均遮拨，而尤不重名，这正是从《老子》"名与身孰亲"（四十四章）的话引申出来的。但话虽如此，庄子所理想的人物，毕竟是超出名实之境界。《则阳篇》所云："有名有实是物之居，无名无物在物之虚"；则是从主实而不主名，而进至于名实俱遣。主实不主名尚可以说："名止于实"（《至乐》）（成云："因实立名以召实，故名止于实，不用实外求名。"）；"苟有其实，人与之名而弗受，再受其殃。"（《天道》）进至名实俱遣，则完全顺其自然。"出六极之外，而游无何有之乡。"这正是庄子在《应帝王篇》所描写的"无名人"的境界：

　　天根游于殷阳，至蓼水之上，适遭无名人而问焉，曰："请问为天下。"无名人为曰："去。汝鄙人也，何问之不预也。予方将与造物者为人，厌则又乘夫莽眇之鸟，以出六极之外，而游无何有之乡，以处圹埌之野。汝又何帛以治天下感予之心为？"又复问，无名人曰："汝游心于淡，合气于漠，顺物自然而无容私焉，而天下治矣。"

《应帝王篇》又云："无名名尸""名实不入"。《列子》注引向秀云："任自然而覆载，则名实皆为弃物。"这当然较之杨朱所唱的无名主义，而更为彻底多了。

第二，"名"是差别的，不是普遍的。——"名"要是真有无穷大的涵盖力，把具体的事物，都包括住，更无遗漏，那也何尝不好；然而"名"的作用，只能占得更笼统的地位，却永不是涵盖一切的绝对。因此"名"的效果，只能阻抑具体事物的伸张，把一个空洞的名字，似家庭、社会、国家种种组织，仁、义、礼、智种种好听的名词，就可以将个体的特别的一类事物，又管住了。所以"名"只是种种限制，把完全无缺的宇宙，割成七零八碎。"名"也是神通广大的魔王，将具体事物的自由，剥夺尽去。由虚无学者看来，这种种界限、种种区域的名字，都是偶像，都非废去不可。虚无学者根本上不承认限制，而能限制他的，只有自己如此的"无"，这个"无"是无外之大，而且无内之小，所谓一多无碍便是。因为"无"不是概念，故于一方有其遍一切处的抽象性，于其他方又有其最后不可分析的具体性，而"无"就是这大的和小的、抽象的与具体的综合，因此"无"就是绝对无比，能离去种种名相，永不是不平等的原因。

老庄一派以为求"名"的根源，就可明白"名"是差别的了。因有"名"生于"无名"。"无名天地之始，有名万物之母"（《老子》一章），自其"无名"而妄生大地山河，有了大地山河，于是万物错杂，因错杂中要有分别，所以有"名"，分别得越精细，就"名"也越不可胜载了。可见"无名"的"无"是宇宙的本原。"名"就是从"无名"中生出的差别而来。老子说："道常无名……始制有名。"（三十二章）《庄子·天地篇》云："泰初有无无，有无名。"（可谓之无而不能名。）

又《天道篇》云：

> ……分守已明而形名次之，形名已明而因任次之……必分其能，必由其名。……故书曰："有形有名。"形名者，古人有之，而非所以先也。古之语大道者，五变而形名可举……骤而语形名；不知其本也。

自"无名"而"有名"，即自虚无的本体，变为分散的现象。所以说："物谓之而然"（《齐物论》）；物由称谓而起，即由"名"而起。因有分别才纷纷然任"名"以号物，所以"名"就是差别，就是限制。

最可痛的就是许多的人孳孳为"名",实在就是把自己围闭在有限的"名"的狭窄围墙里,万世而不自拔。《天道篇》云:

> 故视而可见者,形与色也;听而可闻者,名与声也。悲夫!世人以形色名声为足以得彼之情;夫形色名声果不足以得彼之情,则知者不言,言者不知,而世岂识之哉!

形色名声都只是分别相,惟虚无之"道"为无分别相。故"道"是至公无私的,即是那涵盖力最大的"共相"——"无",在"无"里个别的千差万别都没有了。无分别即是"无名"的境界。所以说:"道不私故无名,无名故无为,无为而无不为。"(《则阳》)《吕氏春秋·贵公篇》有一段逸话:

> 荆人有遗弓者,而不肯索。曰:"荆人遗之,荆人得之,又何索焉。"孔子闻之曰:"去其荆而可矣。"老聃闻之曰:"去其人而可矣。"故老聃则至公矣。

这一段正是"道不私故无名"的注脚。《在宥篇》"无问其名,无窥其情,物故自生"宣颖注:"物本无名,我不必问。"这就可见从共相上看,物体的差别之名都非实有,而庄子所理想的大人之"大",乃为"生无爵,死无谥,实不聚,名不立"底"大人"(《徐无鬼篇》)。换言之,亦即是《应帝王篇》一任自然"名实不入"的境界。

第三,"名"是争之工具,不是使人幸福的。——庄子常将名与利对比。《盗跖篇》云"名利之实,不顺于理,不监于道";又言"弃名利"。《骈拇篇》"伯夷死名,盗跖死利"。可见名之为名,和利之为利一样使人人于罪恶的陷阱里,而且有名则有争。如广厚有名,俭薄无名；殷富有名，贫穷无名。有名者就尊宠，无名者就贱轻；有名的就彰明，无名的便卑辱。"名"在现在差不多成了人们的最后目的和成就，只要有"名"就好让自己猎取优异，并且自夸高出他人之上。因此庄子说："故夫子胥争之以残其形，不争名亦不成。"（宣颖云："意在以争成忠谏之名。"）又为"名"下一定义曰："名也者相轧也，知也者争之器也。二者凶器非所以尽行也。"

且若亦知夫德之所荡而知之所为出乎哉？德荡乎名，知出乎争。名也者，相轧也；知也者，争之器也。二者凶器，非所以尽行也。且德厚信矼，未达人气；名闻不争，未达人心。而强以仁义绳墨之言术暴人之前者，是以人恶有其美也，命之曰菑人。菑人者，人必反菑之。若殆为人菑夫。且苟为悦贤而恶不肖，恶用而求有以异？若唯无诏，王公必将乘人而斗其捷。而目将荧之，而色将平之，口将营之，容将形之，心且成之。是以火救火，以水救水，名之曰益多。顺始无穷，若殆以不信厚言，必死于暴人之前矣。且昔者桀杀关龙逢，纣杀王子比干，是皆修其身以下伛拊人之民，以下拂其上者也，故其君因其修以挤之。是好名者也。昔者尧攻丛枝、胥敖。禹攻有扈，国为虚厉，身为刑戮，其用兵不止，其求实无已，是皆求名实者也，而独不闻之乎？名实者，圣人之所不能胜也，而况若乎！

由庄子看来，天下每每大乱，罪在于好名。例如"枝于仁者，擢德塞性以收名声，使天下簧鼓以奉不及之法非乎？而曾、史是已。"（《骈拇》）因此知道之士，以为至愿莫如自适其适，而名誉不足言，名位不足取（《天运篇》"至愿名誉并焉"王先谦注："至愿莫如性适，而名誉不足言。"）。《让王篇》举例如许由、子州支父、善卷、石户之农、北人无择、瞀光之流，皆为逃名之士，而尚不免于留恋名高，为《徐无鬼篇》所讥。《天运篇》云："名，公器也，不可多取"。又云："以显为是者，不能让名。……名誉之观，不足以为广。"这乃告诉我们，须勿为名所束缚，要晓得"功成不名"(《老子》三十四章)，如《庄子·山木篇》所云："孰能去功与名，而还与众人"：

昔吾闻之大成之人曰：自伐者无功。功成者堕，名成者亏。孰能去功与名，而还与众人？道流而不明居，得行而不名处。纯纯常常，乃比于狂。削迹捐势，不为功名。是故无责于人，人亦无责焉。至人不闻，予何善哉？

这才是至人的最高境界。

四、辩证法

老庄既然反对知识，反对"名"，当然也反对辩论，以为辩论的方法，是不能用来求真理的，尽管你怎样辩论得天花乱坠，其结果谁是谁非，还是不容易断定。如《墨经》上说："辩争彼也，辩胜当也。"(《墨经校释》云："辩者何？对于所研究之对象辩论以求其是也，故曰争彼。有两人于此，一人曰甲牛也，一人曰甲非牛也，于是争论起焉。此两说不能俱是，必有一是有一非，例如甲实犬也，则谓之非牛者是也，谓之牛者非也，故曰辩胜当也。") 这是认天下有真是非的。但老庄态度却恰恰与之相反。《老子》八十一章："善者不辩，辩者不善。"四十五章："大巧若拙，大辩若讷。"五十六章："知者不言，言者不知。"庄子继承其说。他眼见当时儒、墨之争，觉得两造都有片面的道理，都有是有非，所以辩也是徒然。因此主张"辩无胜"的学说。《齐物论篇》假托南郭子綦与颜成子游的对话。"南郭子綦隐机而坐,仰天而嘘,荅然似丧其耦",这完全描出一个彼我俱忘、天人合一、不言而辩的人。他指出天籁和地籁、人籁的不同,用比喻的方法指出辩士心境有八种不同(似鼻,似口,似耳,似枅,似圈,似臼,似洼者,似污者),故辩者也有八种不同(激者、謞者、叱者、吸者、叫者、譹者、宎者、咬者),而使其自成此种万殊者,又皆咸其自取,即是自然而然。于是更进描写此各种辩士的各种心境活动状态,而叹息于这些辩士沉溺于辩论之事,一迷不返,"其溺之所为之不可使复之也",再也不能使觉悟回头了。(参照蒋锡昌《齐物论校释》)《徐无鬼篇》所谓:

> 知士无思虑之变则不乐,辩士无谈说之序则不乐,察士无凌谇之事则不乐,皆囿于物者也。

《齐物论》历举惠施"今日适越而昔至""方生方死",公孙龙子"指物""白马""坚白",乃至儒家"仁义之端",田骈、慎到"是非之论",而总括批评曰:

> 与物相刃相靡,其行尽如驰而莫之能止,不亦悲乎!终身役役而不见其成功,苶然疲役而不知其所归,可不哀邪!人谓之不死奚益!其形化,其心与之,然可不谓大哀乎?人之生也,固若是芒乎?其我独芒,而人亦有不芒者乎?

此言:"辩士与物相刃相磨驰,向死之终点而莫之能止,终身役役于辩而不见其成功,苶然疲困而不知所归,形既枯老,心亦衰弱。人之生也,固皆若是愚乎?岂我侪辩士独愚,而他人亦有不愚者乎？"(《齐物论校释》)庄子眼见得各派各"以胜人为名……以善辩为名"，各有是非而不得一定。于是概乎其言说：

> 夫言非吹也，言者有言。其所言者特未定也。果有言邪？其未尝有言邪？其以为异于鷇音，亦有辩乎？其无辩乎？道恶乎隐而有真伪？言恶乎隐而有是非？道恶乎往而不存？言恶乎存而不可？道隐于小成，言隐于荣华。故有儒墨之是非，以是其所非而非其所是。

此处儒、墨乃代表了各派辩士。从真理的全体看来，无所谓是，也无所谓非。好比有正便有旁，假如有正，何以见旁？同理无是便无非，无非便无是，所以是中有非，非中有是，而无所谓是，无所谓非。若儒、墨两家各是其是，而非他人之是；各非其非，而是他人之所非；这就是所谓"辩也者，有所不见也"。所以说：

> 故分也者，有不分也。辩也者，有不辩也。曰：何也？圣人怀之，众人辩之，以相示也。故曰：辩也者，有不见也。

《徐无鬼篇》有一段庄子与惠子的对话，指出"天下非有公是也，而各是其所是"。因为不信辩论可分别是非，所以他的哲学方法就倾向于怀疑主义，以为否认知识才可以得到真知识；否认是非才可以有真是非。《齐物论》云：

> 物无非彼，物无非是。自彼则不见，自知则知之。故曰：彼出于是，是亦因彼。彼是方生之说也。虽然，方生方死，方死方生；方可方不可，方不可方可；因是因非，因非因是。是以圣

人不由而照之于天，亦因是也。是亦彼也，彼亦是也。彼亦一是非，此亦一是非，果且有彼是乎哉？果且无彼是乎哉？

辩论的方法不足以求真理，真理是要跳出辩论以外，而直接认识的。所以说"自彼即不见，自知则知之"。是非既然无定，那么辩论也是不可靠的了，所以说：

既使我与若辩矣，若胜我，我不若胜，若果是也？我果非也邪？我胜若，若不吾胜，我果是也？而果非也邪？其或是也？其或非也邪？其俱是也？其俱非也邪？我与若不能相知也。则人固受其黮暗，吾谁使正之？使同乎若者正之，既与若同矣，恶能正之？使同乎我者正之，既同乎我矣，恶能正之？使异乎我与若者正之，既异乎我与若矣，恶能正之？使同乎我与若者正之，既同乎我与若矣，恶能正之？然则我与若与人俱不能相知也，而待彼也邪？

因为天下事理都没有绝对的是非，所以是非只算个妄见。若从真理上看起来，"是"和"非是"表面上虽然极端反对，实际上却全然相同。所谓"物固有所然，物固有所可，无物不然，无物不可"。案《齐物论》云：

以指喻指之非指，不若以非指喻指之非指也；以马喻马之非马，不若以非马喻马之非马也。天地一指也，万物一马也。可乎可，不可乎不可。道行之而成，物谓之而然。恶乎然？然于然。恶乎不然？不然于不然。物固有所然，物固有所可。无物不然，无物不可。故为是举莛与楹，厉与西施，恢诡憰怪，道通为一。

又《寓言篇》云：

卮言日出，和以天倪，因以曼衍，所以穷年。不言则齐，齐与言不齐，言与齐不齐也。故曰：言无言。言无言；终身言，未尝言；终身不言，未尝不言。有自也而可，有自也而不可；有自也而然，有自也而不然。恶乎然？然于然，恶乎不然？不然于不然。恶乎可？可于可，恶乎不可？不可于不可。物固有所然，物固有所可。无物不然，无物不可。非卮言日出，和以天倪，孰得其久！

案《秋水篇》："公孙龙问于魏牟曰：'龙少学先王之道，长而明仁义之行，合同异，离坚白，然不然，可不可，困百家之知，穷众口之辩，吾以为至达已。'"可见庄子上文仍以辩士之辩为对象，而立论破之。庄子以为"世俗以为不然者，辩者反以为然。世俗以为不可者，辩者反以为可。庄子以为可乎自有其可之理，不可乎自有其不可之理。盖此皆道行之而成，物谓之而然也。恶乎然？自有其然之理；恶乎不然？自有其不然之理。因物固有所然，物固有所可，无物不然，无物不可也。要之物之可与不可，然与不然，皆不过自然之作用，非辩者之辩所可明也"。（《齐物论校释》）庄子此处所云"可不可，然不然"之理，甚似黑格尔（Hegel）论理学之所谓理由或根据（Grund），其根本命题为"任何东西有其充分的理由或根据"；因为无论从那方面立说，存在的都有其存在的理由或根据，所以贵贱、大小、有无、是非，都没有什么绝对区别。《秋水篇》说得最明白：

以道观之，物无贵贱。以物观之，自贵而相贱。以俗观之，贵贱不在己。以差观之，因其所大而大之，则万物莫不大。因其所小而小之，则万物莫不小。知天地之为稊米也，知毫末之为丘山也，则差数睹矣。以功观之，因其所有而有之，则万物莫不有；因其所无而无之，则万物莫不无。知东西之相反，而不可以相无，则功分定矣。以趣观之，因其所然而然之，则万物莫不然；因其所非而非之，则万物莫不非。知尧、桀之自然而相非，则趣操睹矣。

我们在这里很容易看出辩证法的原理，即是从矛盾进展中所找出的充分理由，这即是"正面与反面二者之互相依据，正面不能离反面，反面不能离正面。正面之所以有正面，以有反面在；反面之所以为反面，亦因有正面在。二者既是同一关系，就可以互相替换。吾人以反面作正面可，以正面作反面亦可。以暑为正面以寒为反面可，以寒为正面以暑为反面亦可。反面即正面，正面即反面，反面以正面而有，正面以反面而立，二者乃是绝对的互相依据。"（郭本道：《黑格尔》）如此《老子》为例："祸兮福之所倚，福兮祸之所伏，孰知其极？其无正也，正复为奇，善复为妖。"（五十八章）因为世间一切对待，都只见得相反相成，如福由于祸，祸由于福，祸福尚相依伏，可见一切坠于两边矛盾的东西，穷其所极，无一不看出其理由或根据。四十一章："明道若昧，进道若退，夷道若纇，上德若谷，广德若不足，建德若偷，质真若渝，大白若辱，大方无隅，大器晚成，大音希声，大象无形。"二十二章："曲则全，枉则正，窪则盈，蔽则新，少则得，多则惑。"此处明与暗、进与退……曲与全，枉与正（直）……都是一对的反对的概念，而究之皆没入于一个无矛盾之更高级概念之中。二章："有无相生，难易相成，长短相形，高下相盈，音声相和，前后相随。"四十二章："故物或损之而益，或益之而损。"四十五章："大成若缺，其用不弊。大盈若冲，其用不穷。大直若屈，大巧若拙，大辩若讷。"四十八章："无为而无不为。"三十六章："柔弱胜刚强。"五十二章："守柔曰强。"七十六章："是以兵强则灭，木强则折。"以上皆为"反者道之动"的注脚。处处都是矛盾，无论明暗、进退、曲全、枉直、窪盈、蔽新、多少、有无、难易、长短、高下、高低音、前后、福祸、损益、成缺、屈直、巧拙、辩讷、强弱、刚柔乃至重轻、静躁、壮老、张歙、废具、与夺，有余不足，无为无不为，无一处不矛盾，无一处不包含辩证法之否定之否定的法则，也即无处不可在其对方找出其理由或根据。所以老子说："正复为奇，善复为妖。"庄子说："因其所然而然之，则万物莫不然；因其所非而非之，则万物莫不非。"因为是非没有绝对的标准，我们一切辩论也都没有绝对的断定。因此《庄子》书中就常常带着一种怀疑的态度。如云：

今我则有谓矣，而未知吾所谓之其果有谓乎？其果无谓乎？（《齐物论》）
庸讵知吾所谓天之非人乎？所谓人之非天乎？（《大宗师》）
吾未知……仁义之不为桎梏凿枘也，焉知曾、史之不如桀、跖嚆矢也？（《在宥》）
由此观之，又何以知毫末之足以定至细之倪，又何以知天地之足以穷至大之域！（《秋水》）

可见庄子的思想方法，其结果是一种怀疑主义，把怀疑主义来解决知识上的疑谜，其结果便成为一种消极的辩证法。这种辩证法在庄子有一个专门名词，叫做"两行"。《齐物论》云："是以圣人和之以是非，而休乎天钧，是之谓两行。"又叫做"反衍"，叫做"谢施"，叫做"无方"。《秋水篇》云：

以道观之，何贵何贱，是谓反衍。无拘而志，与道大蹇，何少何多，是谓谢施。无一而行，与道参差。严乎若国之有君，其无私德。繇繇乎若祭之有社，其无私福。泛泛乎其若四方之无穷，其无所畛域。兼怀万物，其孰承翼？是谓无方。万物一齐，孰短孰长？道无终始，物有死生。不恃其成，一虚一满。不位乎其形，年不可举，时不中止。消息盈虚，终则有始。是所以语大义方，论万物之理也。

所谓是非只好任其两行罢了。因为是非都只生于一面之见，假使通观真理全体，就或是或非，或俱是俱非，真所谓"劳神明为一而不知其同也"（《齐物论篇》）。庄子还设一个比喻，叫做"朝三"：

劳神明为一而不知其同也，谓之"朝三"。何谓"朝三"？"狙公赋芧。"曰："朝三而暮四。"众狙皆怒。曰："然则朝四而暮三。"众狙皆悦。名实未亏而喜怒为用，亦因是也。

从两行法来看，就一是一非，两行无穷。"是亦一无穷也，非亦一无穷也。""万物一齐，孰短孰长。"这么一来，就争论也没有了。所以说：

何谓和之以天倪？曰是不是，然不然。是若果是也，则是之异乎不是也亦无辩。然若果然也，则然之异乎不然亦无辩。化声之相待，若其不相待。和之以天倪，因之以曼衍，所以穷年也。忘年忘义，振于无竟，故寓诸无竟。

何则？争辩是无止境的，所谓"不言则齐，齐与言不齐"（《寓

言》)。因此最好是"不谴是非"(《天下》)的态度。《齐物论》又云:

> 今且有言于此,不知其与是类乎?其与不类乎?类与不类,相与为类,则与彼无以异矣。

郭注:"既遣是非,又遣其遣,遣之又遣以至于无遣,然后无遣无不遣,而是非自去。"这恰似禅家所云:"这张嘴只堪挂在壁上。"禅那才下一语扫尘,又连下一个扫扫尘,因为开口说话便错,所以《齐物论》以为"至理无言":

> 既已为一矣,且得有言乎?既已谓之一矣,且得无言乎?一与言为二,二与一为三,自此以往,巧历不能得,而况其凡乎?故自无适有,以至于三,而况自有适有乎?无适焉,因是已。

又《大宗师》发挥之曰:

> 泉涸,鱼相与处于陆,相呴以湿,相濡以沫,不如相忘于江湖。与其誉尧而非桀也,不如两忘而化其道。

有尧便有桀,知"尧、桀之自然而相非"(《秋水》);则"与其誉尧而非桀,不如两化而忘道"。这就是庄子辩证法的应用。最好的例证,就是《逍遥游》了。这一篇的大意,就是以辩证法来显其逍遥自得的旨趣。换句话说,就是于相对的差别相当中,而表示其绝对无差别,好比差别相当之大,莫过于大和小了。然大的如鲲鹏,小的如蜩、鸠,都一样地逍遥自得。故说:

鹏之徙于南冥也，水击三千里，抟扶摇而上者九万里，去以六月息者也。……蜩与学鸠笑之曰："我决起而飞，抢榆枋，时则不至而控于地而已矣，奚以之九万里而南为？"

鲲鹏以大自足，蜩、鸠以小自足，大的、小的虽有差别，而同于放狂自得，那就是绝对无差别了。《骈拇篇》说得好："凫胫虽短，续之则忧；鹤胫虽长，断之则悲，故性长非所断，性短非所长。"

希腊有一段寓言，据说普洛克鲁斯托斯（Procrustus）是雅典传说中的强盗，他把他底俘虏放在铁床上断足或拉长，来把俘虏弄得和床一样长。（见巴枯宁《上帝和国家》）这正是这一段的注脚。可见大小长短本自有他的逍遥，万物在能满足自己的本性上，本无差别可言，那何求矫揉造作，受那普洛克鲁斯托斯床的痛苦呢？

复次，就是《齐物论》了。焦竑《庄子翼》卷一云："齐物者始之以无彼我，同是非，合成毁，一多少，均大小。次之以参古今，一生死，同梦觉。"他的话很可以通贯全篇大义。我们不必似章太炎《齐物论释》那样牵强附会，而本篇是把辩证法来证明绝对无差别的原理，已经很明白了。现在只就其二三为例。如以均大小为言，《齐物论》云：

天下莫大于秋毫之末，而大山为小；莫寿乎殇子，而彭祖为夭。天地与我并生，而万物与我为一。

《知北游》云："六合为巨，未离其内；秋毫为小，待之成体。"《秋水篇》更把这道理发挥得穷微尽致，其结果以为"俗之所贵有时而贱；物之大，世或小之"（郭象注）。所以北海若对河伯说："女恶知贵贱之门，小大之家？"郭注："以小求大，理终不得，各安其分，则大小俱足矣。"

秋水时至,百川灌河。泾流之大,两涘渚崖之间不辩牛马。于是焉河伯欣然自喜,以天下之美为尽在己。顺流而东行,至于北海,东面而视,不见水端。于是焉河伯始旋其面目,望洋向若而叹,曰:"野语有之,曰:'闻道百以为莫己若者,我之谓也。且无我尝闻少仲尼之闻而轻伯夷之义者。始吾弗信,今我睹子之难穷也,吾非至于子之门则殆矣。吾长见笑于大方之家。'"北海若曰:"井蛙不可以语于海者,拘于虚也。夏虫不可以语于冰者,笃于时也。曲士不可以语于道者,束于教也。今尔出于崖涘,观于大海,乃知尔丑,尔将可与语大理矣。天下之水莫大于海,万川归之,不知何时止而不盈。尾闾泄之,不知何时已而不虚。春秋不变,水旱不知,此其过江河之流不可为量数,而吾未尝以此自多者,自以比形于天地而受气于阴阳,吾在于天地之间,犹小石小木之在大山也。方存乎见少,又奚以自多?计四海之在天地之间也,不似礨空之在大泽乎?计中国之在海内,不似稊米之在大仓乎?号物之数谓之万,人处一焉;人卒九州,谷食之所生,舟车之所通,人处一焉。此其比万物也,不似毫末之在于马体乎?五帝之所连,三王之所争,仁人之所忧,任士之所劳,尽此矣。伯夷辞之以为名,仲尼语之以为博,此其自多也。不似尔向之自多于水乎?"河伯曰:"然则吾大天地而小毫末,可乎?"北海若曰:"否。夫物,量无穷,时无止,分无常,终始无故。是故大知观于远近,故小而不寡,大而不多。知量无穷,证乡今故,故遥而不闷,掇而不跂,知时无止,察乎盈虚,故得而不喜,失而不忧,知分之无常也。明乎坦涂,故生而不说,死而不祸,知终始之不可故也。计人之所知,不若其所不知。其生之时，不若未生之时。以其至小，求穷其至大之域，是故迷乱而不能自得也。由此观之，又可以知毫末之足以定至细之倪？又何以知天地之足以穷至大之域？"河伯曰："世之议者皆曰：至精无形，至大不可围。是信情乎？"北海若曰："夫自细视大者不尽，自大视细者不明。夫精，小之微也，垺，大之殷也，故异便，此势之有也。夫精粗者，期于有形者也。无形者，数之所不能分也；不可围者，数之所不能穷也。可以言论者，物之粗也；可以意致者，物之精也。言之所不能论，意之所不能察致者，不期精粗焉。

次就一生死而言，案《齐物论》云：

予恶乎知说生之非惑邪？予恶乎知恶死之非弱丧而不知归者邪？（王先谦注：弱龄失其故居，安于他土。）丽之姬，艾封人之子也。（成云：艾封人，艾地守封疆者。）。晋国之始得之，涕泣沾襟，及其至于王所，与王同筐床，食刍豢，而后悔其泣也。予恶乎知夫死者不悔其始之蕲生乎？（郭云：蕲，求也。）

《知北游篇》更将这道理发挥之曰：

生也死之徒，死也生之始。孰知其纪？人之生，气之聚也。聚则为生，散则为死。若死生为徒，吾又何患？故万物一也。是其所美者为神奇，其所恶者为臭腐。臭腐复化为神奇，神奇复化为臭腐，故曰通天下一气耳，圣人故贵一。……人生天地之间，若白驹之过隙，忽然而已。注然勃然，莫不出焉；油然漻然，莫不入焉。已化而生，又化而死。生物哀之，人类悲之。解其天㲉，堕其天袠。纷乎宛乎，魂魄将往，乃身从之，乃大归乎。……

又就合同异而言。《德充符》引仲尼曰："自其异者视之，肝胆楚越也；自其同者视之，万物皆一也。"《则阳篇》云：

> 合异以为同，散同以为异。今指马之百体而不得马，而马系于前者，立其百体而谓之马也。是故丘山积卑而为高，江河合水而为大，大人合并而为公。

乃至有命、无命之争，有鬼、无鬼之论，各有其根据所在。《寓言篇》云：

> 颜成子游谓东郭子綦曰："自吾闻子之言，一年而野，二年而从，三年而通，四年而物，五年而来，六年而鬼入，七年而天成，八年而不知死、不知生，九年而大妙。生有为，死也。劝公以其死也，有自也。而生阳也，无自也。而果然乎？恶乎其所适，恶乎其所不适，天有历数，地有人据，吾恶乎求之？莫知其所终，若之何其无命也？莫知其所始，若之何其有命也？有以相应也，若之何其无鬼邪？无以相应也，若之何其有鬼邪？"

盖由庄子的辩证法看来，一切事事物物，均有其正面与反面，正面出于反面，反而亦出于正面，所谓"怒出于不怒，为出于无为"：

> 出怒不怒，则怒出于不怒矣。出怒无为，则为出于无为矣。

欲静则平气，欲神则顺心。有为也，欲当则缘于不得已。不得已之类，圣人之道。（《庚桑楚》）

所谓"合则离，成则毁，廉则挫，尊则议，有为则亏，贤则谋，不肖则欺。"（《山木》）所谓"安危相易，祸福相生，缓急相摩，聚散以成……穷则反，终则始"：

> 少知曰："四方之内，六合之里，万物之所生恶起？"大公调曰："阴阳相照、相益、相治，四时相代、相生、相杀。欲恶去就，于是桥起，雌雄片合，于是庸有。安危相易，祸福相生，缓急相摩，聚散以成，此名实之可纪精之可志也。随序之相里，桥运之相使，穷则反，终则始，此物之所有。言之所尽，知之所至，极物而已。睹道之人，不随其所废，不原其所起，此议之所止。"（《则阳》）

所谓始乎阳常卒乎阴，始乎治常卒乎乱，始乎谅常卒乎鄙，其作始也简其将毕也必巨：

> 且以巧斗力者始乎阳，常卒乎阴，大至则多奇巧。以礼饮酒者始乎治，常卒乎乱。大至则多奇乐。凡事亦然，始乎谅，常卒乎鄙，其作始也简，其将毕也必巨。

这其间一正一反消息盈虚，均有其自然的论理法则。在这一点上庄子似与黑格尔的辩证法相同。但不同的在黑格尔特别坚决区别"真的无限"与"伪的无限"，把真理的命运和这个区别相结合，因为真理在伪的无限的地盘上，不可避免地退化为无限的虚伪。黑格尔把连续的、直线形的"伪的无限"看作对于现实的实现，是无缘的东西，而且是永久不会完成的东西。恩格斯在《反杜林论》中说过：

> 正因为无限性是矛盾，所以它是无限的、在时间上和空间上无止境地展开的过程。如果矛盾消除了，那无限性就终结了。黑格尔已经完全正确地看到了这一点，所以他以应有的轻蔑态度来对待那些对这种矛盾苦思冥想的先生们。

然而不幸的是庄子的矛盾的理解"是亦一无穷，非亦一无穷"，因此"不遣是非"，这正是弄诡辩者所取废除矛盾的方法，而实际上矛盾亦不因此废除，不过把他更引申下去，而成为无穷之矛盾"恶的无限"而已。这种不正确的诡辩，应用于人生哲学，便成为"无誉无訾，一龙一蛇；一上一下，以和为量"的貌似超然而实油滑的人生。《山木篇》有一段寓言，山木以不材终其天才，雁则以不材而死，弟子问庄子，他应当如何处置。他答道：

> 周将处乎材与不材之间。材与不材之间，似之而非也，故未免乎累。若夫乘道德而浮游则不然，无誉无訾，一龙一蛇，与时俱化，而无肯专为。一上一下，以和为量，浮游乎万物之祖。物物而不物于物，则胡可得而累邪？此黄帝、神农之法则也。若夫万物之情，人伦之传，则不然：合则离，成则毁，廉则挫，尊则议，有为则亏，贤则谋，不肖则欺，胡可得而必乎哉，悲夫！

在这里，庄子所谓"和"好似辩证法正反之"合"，然而可惜这个"合"是"振于无竟，故寓诸无竟"（《齐物论》）。这乃是恶性的无限,没有内容的概念游戏。"无物不然,无物不可";结果便无矛盾的对立;也没有矛盾的统一。所谓"无竟"(无限)虽貌似无限,实际上只是一是一非之无限的重复,与真无限乃"含有限与无限为一体"者绝对不同。详见拙著《黑格尔哲学》第四章第七节《伪无限的概念》中,此不具述。

庄子的辩证法,既为超是非而"两行",所以在他书中,很多处可以看出此恶性的无限之论理形式。如《徐无鬼》"我悲人之自丧者,吾又悲夫悲人者,吾又悲夫悲人之悲者。"

南伯子綦隐几而坐,仰天而嘘,颜成子入见曰:"夫子物之尤也。形固可使若槁骸,心固可使若死灰乎?"曰:"吾尝居山穴之中矣。当是时也,田禾一睹我,而齐国之众三贺之。我必先之,彼故知之;我必卖之,彼故鬻之。若我而不有之,彼恶得而知之?若我而不卖之,彼恶得而鬻之?嗟乎!我悲之人自丧者,吾又悲夫悲人者,吾又悲夫悲人之悲者,其后而日远矣。"

《则阳篇》"善言代齐者敌人也,善言勿伐者亦乱人也。谓伐之与不伐乱人也者,又乱人也":

魏莹与田侯牟约,田侯牟背之。魏莹怒,将使人刺之,犀首闻而耻之,曰:"君为万乘之君也,而以匹夫从仇,衍请受甲二十万,为君攻之,虏其人民,系其牛马,使其君内热发于背,然后拔其国。忌也出走,然后抶其背,折其脊。"季子闻而耻之曰:"筑十仞之城,城者既十仞矣,则又坏之,此胥靡之所苦也。今兵不起七年矣,此王之基也。衍乱人不可听也。"华子闻而丑之曰:"善言伐齐者,乱人也。善言勿伐者,亦乱人也。谓伐之与不伐乱人也者，又乱人也。"

懂得庄子辩证法的秘密，而后才可以知道辩证法在黑格尔一派可以成为运动概念里矛盾的斗争，而在庄子哲学里，却只成为因是因非、因非因是之两行无穷的幻化，既然一切对立、一切正反都只在幻化之中，都只在恶性的无限之中，那就无所谓是非，也还有什么辩论之可言。

五、直觉法

但话虽如此，庄子这种"两行"的概念游戏，在他们有一个根本的补救。在庄子一方面虽用辩证法来证明一切东西都是相反相成，一面则用直觉的方法，去实证绝对无比的本体。但是直觉是无可言说的，所以凡可言说者，都在辩证。我们在知识界所认为经验上有差别不能相容的东西，在直觉中都能圆融无碍，但这境界却是不可说不可说的，要说出来都只能用辩证法。所以辩证法的境界，究竟不是庄子方法学之第一义。由他看来，辩证法实不能见得真理的全体，所谓"辩也者有不见也"。那么在积极方面，难道没有一种方法，比辩证法还好，还能见得真理的全体吗？有的，这种方法，庄子有一个专门名词，叫做"以明"，《齐物论》云："欲是其所非而非其所是，则莫若以明。"

从来的解说，都以为"以明"就是以彼明此、以此明彼的"反覆相明"，其实这种说法，我以为是错了的。只有王先谦《庄子集解》说"莫者以明者，言莫若即以本来之明照之"；这话再好没有了，和本篇所云"自彼则不见，自知则知之""圣人不由而照之于天"，都是一样的意思。直觉法即是自明自见，所谓"明者非谓其明彼也，自明而已；见者非谓其见彼也，自见而已"。上面"照"字很重要，由

此可知庄子的"以明",就是今语所谓"直觉"。我们再看《齐物论》还有几处讲到"以明"的,如:

> 彼是莫得其偶,谓之道枢。(成云:偶,对。枢,要也。体夫彼此俱空,是非两幻,凝神独见,而无对于天下者,可得会其玄极,得道枢要。)枢始得其环中,以应无穷。是亦一无穷,非亦一无穷也。故曰莫若以明。
>
> 其分也成也,其成也毁也,凡物无成与毁,复通为一。唯达者知通为一,为是不用而寓诸庸。庸也者用也,用也者通也,通也者得也,适得而几已,因是已,已而不知其然谓之道。
>
> 是故滑疑之耀,圣人之所图也,为是不用,而寓诸庸,此之谓以明。

因为辩论的方法,都是相对的而非绝对的,所以只算不完全的知识。如是便不能非,非便不能是。反之直觉的方法是绝对的、完全的,因为他已超过辩论的境界,所以绝对无比,叫做"道枢",而相对的"是"和"非是"(彼)都消失在这个玄中了。并且这种方法,只要识自本心,见自本性,岂不是很容易懂得做得?所以也只算得凡庸的道理。然而这最平庸的道理,却就是最奥妙的道理。所以《齐物论》又称之为"天府",为"葆光",而以尧时"十日并出万物皆照"来形容直觉的境界:

> 夫大道不称,大辩不言,大仁不仁,大廉不嗛,大勇不忮。道昭而不道,言辩而不及,仁常而不成,廉清而不信,勇忮而不成。五者圆而几向方矣!故知止其所不知,至矣。孰知不言之辩,不道之道?若有能知,此之谓天府。注焉而不满,酌焉而不

竭，而不知其所由来，此之谓葆光。故昔者尧问于舜曰："我欲伐宗脍、胥敖，南面而不释然。其故何也？"舜曰："夫三子者，犹存乎蓬艾之间。若不释然，何哉？昔者十日并出，万物皆照，而况德之进乎日者乎！"

又《大宗师篇》云：

南伯子葵问乎女偊曰："子之年长矣，而色若孺子，何也？"曰："吾闻道矣。"南伯子葵曰："道可得学邪？"曰："恶！恶可！子非其人也。夫卜梁倚有圣人之才而无圣人之道，我有圣人之道而无圣人之才，吾欲以教之，庶几其果为圣人乎？不然，以圣人之道告圣人之才，亦易矣。吾犹守而告之，参日而后能外天下；已外天下矣，吾又守之，七日而后能外物；已外物矣，吾又守之，九日而后能外生；已外生矣，而后能朝彻，朝彻而后能见独，见独而后能无古今，无古今而后能入于不死不生。杀生者不死，生生者不生。其为物无不将也，无不迎也，无不毁也，无不成也。其名为撄宁。撄宁也者，撄而后成者也。

此处所谓"朝彻"，据成玄英疏，是"恍然如朝阳初起，谓之朝彻"。这就是豁然贯通的直觉境界。故云"朝彻而后能见独"。独就是"无声无臭独知时"之绝对境界。这时便已超越寻常的时间空间的观念，故无古今、无生死，而入于无限的本体境界了。案此直觉境界以陆象山语称之："此道之明，如太阳当空，群阴毕伏。"（《象山语录》）以杨慈湖语当之："道心发光，如太阳洞照。"又"人心至灵至神，灵明无体，如日如鉴，万物毕照"（《慈湖遗书》）。这些后儒所讥为作弄精神分明禅学者，实则庄子实开其端。因为这种方法能够现证甚深微妙无所不包的宇宙本体,所以叫做"天府"。宣颖云:"浑然之中无所不藏,注,灌也;酌,取也,言智慧宏深若海,而灵光寂照,并莫测其能力之所由。"因其是先天而有的知识,我们也不知其所由来,我们也没有一刻能够间断它。我们一旦恍然独见,会得时光明灿烂,常在目前,到处都是道体了。所以叫做"葆光"。"葆光者盖敛之则圆寂,放之则普照,固自然隐显,而与日月齐明者也。"以上都是庄子讲"直觉"很明显的证据。

因为庄子看重直觉的方法,所以也特别注重"本能"或"信仰的意志",以为真正的知识,都是超出利害趋避之理知境界,只须一任本能、一任信仰的意志,便是真知识了。《达生篇》举出很多例证,如至人之"潜行不窒,蹈火不热,行乎万物之上而不栗":

> 子列子问关尹曰:"至人潜行不窒,蹈火不热,行乎万物之上而不栗。请问何以至于此?"关尹曰:"是纯气之守也,非知巧果敢之列。居,予语女。凡有貌象声色者,皆物也,物何以相远?夫奚足以至乎!先是色而已,则物之造乎不形,而止乎无所化。夫得是而穷之者,物焉得而止焉。彼将处乎不淫之度,而藏乎无端之纪,游乎万物之所终始。壹其性,养其气,合其德,以通乎物之所造。夫若是者,其天守全,其神无郤,物奚自入焉。夫醉者之堕车,虽疾不死。骨节与人同而犯害与人异,其神全也,乘亦不知也,坠亦不知也,死生惊惧不入乎其胸中,是故遻物而不慑。彼得全于酒而犹若是,而况得全于天乎?圣人藏于天,故莫之能伤也。复仇者不折镆干;虽有忮心者,不怨飘瓦。是以天下平均。故无攻战之乱,无杀戮之刑者,由此道也。不开人之天,而开天之天。开天者德生,开人者贼生。不厌其天,不忽于人,民几乎以其真。"

痀瘘患者之以竿取蝉"用志不分,乃凝于神":

> 仲尼适楚,出于林中,见痀瘘者承蜩,犹掇之也。仲尼曰:"子巧乎?有道邪?"曰:"我有道也。五六月累丸二而不坠,则失者锱铢。累三而不坠,则失者十一,累五而不坠,犹掇之也。吾处身也,若厥株拘;吾执臂也,若槁木之枝。虽天地之大,万物之多,而唯蜩翼之知。吾不反不测,不以万物易蜩之翼,何为而不得!"孔子顾谓弟子曰:"用志不分,乃凝于神。其痀偻丈人之谓乎!"

案苏东坡咏文奖可画竹云:"其可画竹时,见竹不见人。岂独不见人,嗒然遗其身。其身与竹化,无穷出清新。庄周世无有,谁知此凝神。"

津人之"操舟若神":

> 颜渊问仲尼曰:"吾尝济乎觞深之渊,津人操舟若神。吾问焉曰:'操舟可学邪?'曰'可,善游者数能。若乃夫没人,则未尝见舟而便操之也。'吾问焉而不吾告,敢问何谓也?"仲尼曰:"善游者数能,忘水也;若乃夫没人之未尝见舟而便操之也,彼视渊若陵,视舟之覆,犹其车却也。覆却万方陈乎前而不得入其舍,恶往而不暇!以瓦注者巧,以钩注者惮,以黄金注者殙。其巧一也,而有所矜,则重外也。凡外重者内拙。"

吕梁丈人之"安于水性":

> 孔子观于吕梁,县水三十仞,流沫四十里,鼋鼍鱼鳖之所

不能游也。见一丈夫游之，以为有苦而欲死也。使弟子并流而拯之，数百步而出，被发行歌而游于塘下。孔子从而问焉，曰："吾以子为鬼，察子则人也。请问蹈水有道乎？"曰："亡，吾无道。吾始乎故，长乎性，成乎命。与齐俱入，与汨偕出从水之道而不为私焉。此吾所以蹈之也。"孔子曰："何谓始乎故，长乎性，成乎命？"曰："吾生于陵而安于陵，故也；长于水而安于水，性也；不知吾所以然而然，命也。"

梓庆之"削木为鐻"：

梓庆削木为鐻，鐻成，见者惊犹鬼神。鲁侯见而问焉，曰："子何术以为焉？"对曰："臣，工人，何术之有！虽然，有一焉，臣将为鐻，未尝敢以耗气也，必齐以静心。齐三日，而不敢怀庆赏爵禄；齐五日，不敢怀非誉巧拙；齐七日，辄然忘吾有四肢形体也。当是时也，无公朝。其巧专而外骨消，然后入山林，观天性形躯，至矣，然后成见鐻，然后加手焉，不然则已。则以天合天，器之所以疑神者，其是与！"

似这样"忘其肝胆""遗其耳目"（《山木》）；"堕身体，黜聪明"（《大宗师》）的例子，都只是告诉我们一件事情，即是本能或信仰的意志高于知识。《齐物论》"至人神矣，大泽焚而不能热，河汉冱而不能寒，疾雷破山风振海而不能惊"。又《大宗师》"且有真人而后有真知。……若然者登高不栗，入水不濡，入火不热，是知之能登假于道也若此"。这都正是极写一个只一任直觉本能或信仰的意志，而绝不丝毫用知识的人，一言以蔽之，即是庄子的"反知主义"。

第五章　宇宙哲学

为寻庄子知归处，

认得无何是本乡。

——白居易

一、宇宙观之三类型

宇宙观有三种类型，凡接近宗教的，对于宇宙观，主张"无论"；接近科学的接近"有论"；哲学的宇宙观，却是"有无合论"，即"生命论"。老庄虽不是宗教家，却具宗教家之解脱的知识，而以宇宙本体为"无"，宇宙万物在这本体"无"中，不过气形生死这些过渡的变相罢了。所以这种思想很容易走上厌世主义。反之墨家的宇宙观恰好相反。《墨子·明鬼篇》以为："是与天下之所察知有无之道者，必以众之耳目之实，知有亡为仪者也。试或闻之见之，则必以为有，莫闻莫见，则必以为无。"这种"有论"接近科学的宇宙观，至于《墨经》所下时空的定义："久：弥异时也。久：合古今旦莫。""宇：弥异所也。宇：冡东西南北。"这不消说就是科学的宇宙观了。孔家则和老、墨两家不同，而主张"有无合一"之生命宇宙观。他只认为宇宙生命是自有而有，不是自无而有，所以对于虚无寂灭的宗教宇宙观，根本反对，以为宇宙即生命之流，生生不息。所以说："宇宙之大德曰生""生生之谓易"（《易经》）；所谓"至诚无息"（《中庸》），无息即绵延不已；所谓"天行健"（《易经》）；所谓"天何言哉？四时行焉，百物生焉"（《论语》）；所谓"逝者如斯夫不舍昼夜"（《论语》）；在这永远绵延、永远创化的生命之流中，永远没有宇宙万物间断时节，所以"无"的宇宙观是用不着了。

现在单就"无"之宇宙观来看，这种宇宙观所由产生都是由于厌恶当下而有所要求。无论所要求的是一种物质，或是虚无，总之是把自己和当下的生命分开，于是由静观方法，把活动流行的生命，分析之又分析也，却不知活动是不可分析的，只有在活动里才能感着活动之美味无穷，若一分析便都感着凄凉则有之，而生命之美却不知何处去矣，这乃是"生"和"无生"的认识法截然不同。"无生"所以以梦幻譬宇宙人生之妄，而主张"还灭"，主张"无"。反之尊重生命，便以为人生即真理，是适得生存的。这个关头极重要，过去现在有许多青年人，本想解决人生问题，只为错了一些，就要被这种思想引去，一生过那烦闷、悲哀的生活，而自以为大解脱，这真是天下最伤心事也莫过于此了。不过在这"无"之宇宙观中，也有三类型：

第一，宗教之"无"的宇宙观，即所谓"空观"。这派学者以为宇宙当下寂无，是无所有不可得的。他说宇宙万物都是以"有"为生，而有生于无，虽现在宛然有，而常毕竟无，这个"无"是无始终的、无生灭的，是不坠在见解计较中的，把他和有相比，不可说是有不是有，也不可说是无不是无，然又无障无碍，浑然和万物同一体，即此一切万物，都是"无"了，"无"在万物中挺然露现了。但这个"无"是不可说不可说的，得"无所得"如何可说？超寻思境如何可说？若可说的都是戏论，只要人们亲切分明，能够超出一切，就当体即是虚无本相，乃至一微尘都是虚无本相，于是所有山河大地，就立时给他粉碎了，都沉下寂无了。他论宇宙现象，以为都不是外边有的东西，只当自家妄心起的时候，才割划许多物来，其实物本无物，如妄心灭时，就物质亦不可得，更没有什么大小远近以及动静状态可见了。这么一说，可见物的观念，是从杜撰来的，不但没有物这个东西，即物的观念尚且没有。而且就物论物，物也是没有自己体性的。因为物的存在，完全属于因缘，因因缘而有的物，实即不是物，如水，我们知道是氢氧二气和合所成，即氢氧二气和合为因，冷缩为缘；而后为水。如是即知氢氧二气和合之前，并没有水，如其先有，则不待因缘，已先有水；如其先无，则虽假借氢氧和合之因，冷缩之缘，亦不得水，而见因缘和合生水者，实即无水。如是一一推求，可见一切事物，无一不从因缘生，即无一可说是实有。所以物不是物，我们看见一个东西等于不看一个东西，说一句话等于不说一句话，这才是真觉悟。因为没有一个东西可说是自己如此，所以都无自性，换句话说，自性本无——就是无所有不可得的"无"。这么一来，可见物这个东西，即因无常所以无，由"无"所以物物全真，物物都是无所有不可得的。懂得这没自性意，则这现前的一切物——就是本来寂静，自性涅槃了。就无生无灭，无所从来，也没有去处去了。也是生而不生了。不但如此，这个"生"亦了不可得，若谓"生"是有生，就要问这"生"是未生而生？或已生而生？未生没有体，决不能生；已生就已生了，那里更生起？就是离却已生未生，拿生时来说，去时倏忽灭尽，总没有生性可得，可见这个茫茫宇宙，成也何曾成，坏也何曾坏，而眼见的生生灭灭，有有无无，都只是痴人妄自计度，若由佛家看来，这个东西，本来如此，动又不一动。（物性空故不动，非以各性住为不动。）没有一个不是空寂，没有一个东西不是凝然常住，这就是空宗一派的宇宙观。

第二，科学之"无"的宇宙观——这即是 1860—1870 年在俄国最发达之虚无主义的宇宙观。小说家屠格涅夫（Turgenev）在《父与子》中曾描述此派之如何否定一切、破坏一切，但实际上这种虚无主义，在哲学上不过物质主义的鲁莽者，在政治上也不过是一种特殊压力下发生来的一种激烈主义，其宇宙观虽受黑格尔哲学左派的影响，不崇拜各种权威和否认美术科学的态度，可以说是一种虚无思想，然而这种"否定一切"的宇宙观，却不是有组织的主义学说。他虽诅咒现实，却没有胆量去推翻世间。他把现实看得很重，所以可算做科学的虚无主义，以与宗教的虚无主义相对立。

第三，哲学之"无"的宇宙观——这即是老庄一派的虚无思想。这派的根本观念，是说凡"有"都是从"无"出来，本体一向空无，而能从无生有。如老子说："有物混成，先天地生。""天下万物生于有，有生于无。""道生一，一生二，二生三，三生万物。"这都是以本体为"无"。以为"无"就是宇宙间一切现象的本源，而且是宇宙一切现象的究竟。可怪中国这种思想最发达，老庄道家一派不待说了，即讲《易经》的人也有许多这样附会。如《易》言"生生之谓易"，分明是讲生命之生生不已，而刘巘《周易义》曰："自无出有曰生。"又《周易兼义》何氏云："《系辞》分为上、下二篇者，上篇明无，故曰易有太极，太极即无；下篇明从无入有，故云知几其神。"似此一类的话很多。他们心目中以为宇宙有个起头处，所以由辩证的结果，有"有"即有"无"，所以有不是本体，而推到"无"。如所谓"有始者，有未始有始者，有未始有夫有始者"——从现实世界一直追到现实世界的根极，便是"无之又无"的境界，以为本体。因为宇宙是自无而有，那么自不能不自有而无，于是而成之他们的虚无还灭论，想破坏现实，这乃是这一派当然的结论。

二、本体论

庄子的本体观，是完全继承道家的正统，即所谓"道"之一个字。这个道是宇宙的本原，又即是万物的本原。因其本为"无"对待之物，故不可得以名言，而强字之曰道，强为之名曰大。老子说："道可道非常道，名可名非常名。"庄子说："道不当名""道之为名，所假而行"（《知北游》）；语意全同。又老子说："有物混成，先天地生，寂兮寥兮，独立不改，周行不殆，可以为天下母。吾不知其名，字之曰道，吾强为之名曰大。"（二十五章）庄子说："夫子曰夫道覆载万物者也，洋洋乎大哉。"（《天地》）又《则阳篇》云：

> 今计物之数，不止于万，而期曰万物者，以数之多者号而读之也。是故天地者，形之大者也；阴阳者，气之大者也；道者为之公。因其大以号而读之则可也，已有之矣。乃将得比哉！

最明显的，是《大宗师》，乃《庄子》内篇七篇中专门论道体的一篇：

> 夫道有情有信，无为无形；可传而不可受，可得而不可见；自本自根，未有天地，自古以固存；神鬼神帝，生天生地；在太极之先而不为高，在六极之下而不为深，先天地生而不为久，长于上古而不为老。狶韦氏得之，以挈天地；伏戏氏得之，以袭气母；维斗得之，终古不忒；日月得之，终古不息；堪坏得之，以袭昆仑；冯夷得之，以游大川；肩吾得之，以处大山；黄帝得之，以登云天；颛顼得之，以处玄宫；禺强得之，立乎北极；西王母得之，坐乎少广，莫知其始，莫知其终；彭祖得之，上及有虞，下及五伯；傅说得之，以相武丁，奄有天下，乘东维、骑箕尾而比于列星。

与《老子》言道之本体，无不吻合，试比较如下：

《庄子》	《老子》
夫道有情有信，无为无形。	道之为物，惟恍惟惚。……窈冥中有精，其精甚真，其中有信。（二十一章）
可传而不可受，可得而不可见。	视之不见名曰夷，听之不闻名曰希，搏之不得名曰微，此三者不可致诘，故混为一。其上不皦，其下不昧，绳绳不可名，复归于无物，是谓无状之状，无物之象，是谓惚恍。（十四章）
自本自根，未有天地，自古以固存。	有物混成，先天地生，寂兮寥兮，独立不改，周行不殆，可以为天下母。（二十五章）
神鬼神帝，生天生地。	深乎！万物宗。……湛常存，吾不知谁之子，象帝之先。（四章）
在太极之先而不为高，在六极之下而不为深。先天地生而不为久，长于上古而不为老。	迎之不见其首，随之不见其后。执古之道以御今之有，能知古始，是谓道纪。（十四章）。

又《大宗师》云"鳌万物而不为义，泽及万世而不为仁"，亦即《老子》五章"天地不仁，以万物为刍狗"之意。知道庄子之所谓"道"，即是从老子所谓"道"引申来的，而后才好讲。原来老子所谓"道"，和"无"是一样的。所以说："道生一，一生二，二生三，三生万物"（四十二章）（王弼注云：由无乃一。）又说："天下万物生于有，有生于无。"（四十章）

"道"和"无"同是万物之母，可见"道"就是"无"，"无"就是"道"。这种思想到了庄子发挥得更透彻了。庄子本来就很看不起有限的知识。因为这种知识，只能看得现象界，而不能会得本体界，所以才转过来尊重无知的知；也惟有"无知"，才能知"无"，所以说：

万物有乎生而莫见其根，有乎出而莫见其门，人皆尊其知之

所知，而莫知恃其知之所不知而后知，可不谓大疑乎？（《则阳》）

所以说：

> 古之人其知有所至矣。恶乎至？有以为未始有物者，至矣，尽矣，不可以加矣！其次以为有物矣，而未始有封也。其次以为有封焉，而未始有是非也。是非之彰也，道之所以亏也。道之所以亏，爱之所以成。果且有成与亏乎哉？果且无成与亏乎哉？有成与亏，故昭氏之鼓琴也；无成与亏，故昭氏之不鼓琴也。（《齐物论》）

> 古之人其知有所至矣，恶乎至？有以为未始有物者，至矣，尽矣，弗可以加矣。其次以为有物矣，将以生为丧也，以死为反也，是以分已。其次曰始无有，既而有生，生俄而死，以无有为首，以生为体，以死为尻，孰知有无死生之一守者？吾与之为友。（《庚桑楚》）

> 大人之教若形之于影，声之于响，有问而应之。尽其所怀，为天下配，处乎无响，行乎无方。挈汝适复之挠挠，以游无端，出入无旁，与日无始。颂论形躯，合乎大同。大同而无己，无己恶乎得有有？睹有者，昔之君子；观无者，天地之友。（《在宥》）

这个"无"，这个"未始有物"的境界，就是庄子所认识的本体了。我们要认识这个"无"的知识，只须由我们意识中"有"的世界，一直追到现实世界的根极——便是"无之又无"的境界。故说：

> 有始也者，有未始有始也者，有未始有夫未始有始也者。有有也者，有无也者，有未始有无也者，有未始有夫未始有无也

者。俄而有无矣,而未知有无之果孰有孰无也。(《齐物论》)

泰初有无,无有无名。一之所起,有一而未形。物得以生谓之德,未形者有分,且然无间谓之命。留动而生物,物成生理谓之形。形体保神,各有仪则谓之性。性修反德,德至同于初。同乃虚,虚乃大。合喙鸣,喙鸣合,与天地为合。其合缗缗,若愚若昏,是谓玄德,同乎大顺。(《天地》)

这一段说自"无"而"有"的大道理,和老子最相似。《老子》第一章"玄之又玄"的境界,正是庄子"未始有夫未始有无"的境界。因为道体本"无",所以讲到道时,必推到"无之又无",所以老子游心于物之初,"心困焉而不能知,口辟焉而不能言":

老聃曰:"吾游心于物初。"孔子曰:"何谓邪?"曰:"心困焉而不能知,口辟焉而不能言,尝为女议乎其将。至阴肃肃,至阳赫赫。肃肃出乎天,赫赫发乎地。两者交通成和而物生焉。此或为之纪,而莫见其形。消息满虚,一晦一明,日改月化。日有所为而莫见其功。生有所乎萌,死有所乎归,始终相反乎无端而莫知乎其所穷。非是也。且孰为之宗?"(《田子方》)

广成子论道谓:"至道之精,窈窈之冥冥;至道之极,昏昏默默。"

黄帝立为天子十九年,令行天下。闻广成子在于空同之上,故往见之,曰:"我闻吾子达于至道,敢问至道之精?吾欲取天地之精以佐五谷,以养人民。吾又欲官阴阳以遂群生,为之奈何?"广成子曰:"而所欲问者,物之质也;而所欲官者,物之残也。自而治天下,云气不待族而雨,草木不待黄而落。日月之光益以荒矣，而佞人之心，翦翦者又奚足以语至道？"黄帝退捐天下，筑特室，席白茅，间居三月，复往邀之。广成子南首而卧，黄帝顺下风，膝行而进，再拜稽首而问曰："闻吾子达于至道，敢问治身奈何而可以长久？"广成子蹶然起曰："善哉问乎。来，吾语女至道。至道之精，窈窈冥冥；至道之极，昏昏默默。无视无听，抱神以静，形将自正。必静必清，无劳女形，无摇女精，乃可以长生。目无所见，耳无所闻，心无所知，女神将守形，形乃长生。慎女内，闭女外，多知为败。我为女遂于大明之上矣，至彼至阳之原也。为女入于窈冥之门矣，至彼至阴之原也。天地有官，阴阳有藏。慎守女身。物将自壮。故我修身千二百岁矣，吾形未尝衰。"黄帝再拜稽首曰："广成子之谓天矣。"广成子曰："来，余语女：彼其物无穷，而人皆以为终。彼其物无测，而人皆以为极。得吾道者，上为皇而下为王；失吾道者，上见光而下为土。今夫百昌皆生于土，而反于土，故余将去女入无穷之门，以游无极之野。吾与日月参光，吾与天地为常。当我缗乎？远我昏乎？人其尽死而我独存乎？"（《在宥》）

《知北游》云：

光曜问乎无有曰："夫子有乎？其无有乎？"光曜不得问，而孰视其状貌，窅然空然，终日视之而不见，听之而不闻，搏之而不得也。光曜曰："至矣，其孰能至此乎？予能有无矣，而未能无无也。及为无有矣，何从至此哉？"

所以知北游云："视之无形，听之无声，于人之论者谓之冥冥，所以论道而非道也。"可见道的境界，就是"无"的境界了。

这个"无",即有即无,"听之不闻其声,视之不见其形,充满天地,苞裹六极。"《庄子·天运篇》曾以"天乐"譬喻它:

> 北门成问于黄帝曰:"帝张《咸池》之乐于洞庭之野,吾始闻之惧,复闻之怠,卒闻之而惑,荡荡默默,乃不自得。"帝曰:"汝殆其然哉!吾奏之以人,徵之以天,行之以礼义,建之以大清。夫至乐者,先应之以人事,顺之以天理,行之以五德,应之以自然。然后调理四时,大和万物。四时迭起,万物循生。一盛一衰,文武伦经。一清一浊,阴阳调和,流光其声。蛰虫始作,吾惊之以雷霆。其卒无尾,其始无首。一死一生,一偾一起,所常无穷,而一不可待。汝故惧也。吾又奏之以阴阳之和,烛之以日月之明。其声能短能长,能柔能刚,变化齐一,不主故常。在谷满谷,在坑满坑。涂郄守神,以物为量。其声挥绰,其名高明。是故鬼神守其幽,日月星辰行其纪。吾止之于有穷,流之于无止。子欲虑之而不能知也,望之而不能见也,逐之而不能及也。傥然立于四虚之道,倚于槁梧而吟:'目知穷乎所欲见,力屈乎所欲逐,吾既不及,已夫!'形充空虚,乃至委蛇。汝委蛇,故怠。吾又奏之以无怠之声,调之以自然之命,故若混逐丛生,林乐而无形,布挥而不曳,幽昏而无声。动于无方,居于窈冥,或谓之死,或谓之生;或谓之实,或谓之荣。行流散徙,不主常声。世疑之,稽于圣人。圣也者,达于情而遂于命也。天机不张而五官皆备,此之谓天乐,无言而心说。故有焱氏为之颂曰:'听之不闻其声,视之不见其形,充满天地,苞裹六极。'汝欲听之而无接焉,而故惑也。乐也者,始于惧,惧故祟;吾又次之以怠,怠故遁,卒之于惑,惑故愚;愚故道,道可载而与之俱也。"

道之本体即是天然的音乐。"女欲所之而无接焉"；此乃无乐之乐，乐之极致。但话虽如此，道体一向空无，而能从无生有。所谓"扁然而万物，自古以固存……此之谓本根"：

> 天地有大美而不言，四时有明法而不议，万物有成理而不说。圣人者，原天地之美而达万物之理。是故至人无为，大圣不作，观于天地之谓也。今彼神明至精，与彼百化。物已死生方圆，莫知其根也。扁然而万物，自古以固存。六合为巨，未离其内；秋毫为小，待之成体；天下莫不沉浮，终身不故；阴阳四时运行，各得其序；惛然若亡而存，油然不形而神，万物畜而不知；此之谓本根，可以观于天矣！（《知北游》）

道体的妙处，即在乎其能从无而有，宇宙的起源也不过从本体而"芒乎芴乎"生出来罢了。本体是"无"，由本体而有现象，那便是自无而有了。于是"浩浩瀚瀚"（《淮南子》语）而判出天地万物来。所以说："芒乎芴乎，（李云：芒音荒，芴音忽，荒忽犹恍惚也。）而无从出乎？（成云：寻其从出莫知其由。）芴乎芒乎，而无有象乎？万物职职，（成云：职职，繁多貌。）皆从无为殖。"（《至乐》）

这正是老子"道生一，一生二，二生三，三生万物"的境界。由着无象而有象，自有了象，就要"芒乎芴乎"生出万物来了。可见天地万物都是从无而生，说得最好的有《庚桑楚》一段：

> 出无本，入无窍有实而无乎处，有长而无乎本剽，有所出而无窍者有实。有实而无乎处者，宇也。有长而无本剽者，宙也。有乎生，有乎死，有乎出，有乎入，入出而无见其形，是谓天门。天门者，无有也。万物出乎无有，有不能以有为有，必出

乎无有，而无有一无有，圣人藏乎是。

由上可见，"无"就是宇宙间一切现象的本源，而且是宇宙一切现象的究竟了。所以叫做"天门"，"天门"即指这个"无"而言。由"无"而有时间"宙"，而有空间"宇"，可见空间、时间都是从"无"而起的。这么一说，那么"无"就是超越空间、时间的了。超越空间、时间即是"无有"，从无而出，即是从"无有"而出，所以说："万物出乎无有，有不能以有为有，必出乎无有。""天门者，无有也。"然"无有一无有"，因此追溯宇宙万物的起源，不但是"无有"，而且是"无无"。《知北游篇》所谓："汝能无有矣，未能无无也。"又"泰初有无无，有无名"。把"无无"放在"无有""无名"之上，其实也只是形容"无"之根极为"无之又无"的境界，和老子言无而推之"玄之又玄"的境界完全相同。但"无无"能生出"无有"，"无有"能生出"有"，所以"无"虽超越时空，独立自存，却又能生起时空，形成一切万有。《知北游篇》所谓："昭昭生于冥冥，有伦生于无形，精神生于道，形本生于精。"于是乎"天不得不高，地不得不广，日月不得不行，万物不得不昌"：

孔子问于老聃曰："今日晏闲，敢问至道。"老聃曰："汝齐戒，疏瀹而心，澡雪而精神，掊击而知。夫道，窅然难言哉！将为汝言其崖略：夫昭昭生于冥冥，有伦生于无形，精神生于道，形本生于精，而万物以形相生。故九窍者胎生，八窍者卵生。其来无迹，其往无崖，无门无房，四达之皇皇也。邀于此者，四肢强，思虑恂达，耳目聪明。其用心不劳，其应物无方，天不得不高，地不得不广，日月不得不行，万物不得不昌，此其道与！且夫博之不必知，辩之不必慧，圣人以断之矣！若夫益之而不加益，损之而不加损者，圣人之所保也。渊渊乎其若海，魏魏乎其终则复始也。运量万物而不匮。则君子之道，彼其外与！万物皆往资焉而不匮。此其道与！"

遍一切处，遍一切时，无非此道流行。老子所谓："大道汜兮，其可左右。万物恃之以生而不辞，功成而不有。……以其终不自大，故能成其大。"（三十四章）庄子《齐物论》所云：

> 夫道未始有封，言未始有常，为是而有畛也。请言其畛：有左有右，有伦有义，有分有辩，有竞有争，此之谓八德。六合之外，圣人存而不论。

"有封而是非之彰也，道之所以亏也。"（《齐物论》）这里的"道"乃是超时空而又不超时空的绝对。超时空所以如《大宗师》所云："自本自根，未有天地自古以固存"；不超时空所以天地万物遍一切处所都不能离"道"。所以说："夫道覆载万物者也。"

《知北游篇》更具体地指出"道"之无所不在：

> 东郭子问于庄子曰："所谓道，恶乎在？"庄子曰："无所不在。"东郭子曰："期而后可。"庄子曰："在蝼蚁。"曰："何其下邪？"曰："在稊稗。"曰："何其愈下邪？"曰："在瓦甓。"曰："何其愈甚邪？"曰："在屎溺。"东郭子不应。庄子曰："夫子之问也，固不及质。正、获之问于监市履狶也，'每下愈况'。汝唯莫必，无乎逃物。至道若是，大言亦然。周遍咸三者，异名同实，其指一也。尝相与游乎无有之宫，同合而论，无所终穷乎！……"

道无所不入，无所不包，却又空无所有，所以是"无何有之宫"。《渔父篇》："且道者万物之所由也。庶物失之者死，得之者生。为事逆之则败，顺之则成。故道之所在，圣人尊之。"此道为万物之所由，所以"在蝼蚁""在稊稗""在瓦甓""在屎溺"；无论蝼蚁也好，稊稗也好，瓦甓也好，乃至屎溺也好，皆道之所在，可见道是无往而不在了。

但我们怎样去证会这个道体——无——呢？他的方法不在客观的观察，而在主观的顿悟，就是"直觉"。只有直觉才能认识一切皆空的实体。所以《大宗师篇》云：

> 南伯子葵问乎女偊曰："子之年长矣，而色若孺子，何也？"曰："吾闻道矣。"南伯子葵曰："道可得学邪？"曰："恶！恶可！子非其人也。夫卜梁倚有圣人之才而无圣人之道，我有圣人之道而无圣人之才。吾欲以教之，庶几其果为圣人乎？不然，以圣人之道告圣人之才，亦易矣。吾犹守而告之，参日而后能外天下；已外天下矣，吾又守之，七日而后能外物；已外物矣，吾又守之，九日而后能外生；已外生矣，而后能朝彻；朝彻而后能见独；见独而后能无古今；无古今而后能入于不死不生。杀生者不死，生生者不生。其为物无不将也，无不迎也，无不毁也，无不成也。其名为撄宁。撄宁也者，撄而后成者也。"

到了"死生一观，物我兼忘，如朝阳初启"的境界（成玄英疏），这便即是"见独"。"独"即绝对境界，与《中庸》"戒惧乎其所睹，恐惧乎其所不闻"的境界相近而大不同。因《中庸》所说，还未免于有，而此则"堕身体，黜聪明，离形去知"；所谓"有真人而后有真知"；会得时便超越时空而入于不死不生之虚无的境界。

三、唯心论

近人研究老庄，有以老子形而上学为唯物论者，老子论道云："有物混成，先天地生，寂兮寥兮，独立不改，周行而不殆，可以为天下母，吾不知其名，字之曰道。"又曰："道之为物，惟恍惟惚，惚兮恍兮，其中有象；恍兮惚兮，其中有物：窈兮冥兮，其中有精，其精甚真，其中有信。"因此以为老子所谓"道"，乃指一种物。这个物，即"微粒子"，乃先天地而存在，为原始之物，其本质不易改变，无所待而自能运动者。因为微小不得而见，不得而闻，不得而味，因此以"恍惚""寂寥""窈冥"来形容它。因此而老子之"道"结果就成为希腊哲人德谟颉利图（Democritus）所倡论的"原子为宇宙基本"的学说了。（区昭文：《老子之微粒观》，见《文风学报》创刊号）但是事实告诉我们，老子之道不是现代科学家发见之微粒子，只要看老子所云"绳绳不可名，复归于无物"这句话便可以明了。四十章："天下万物生于有，有生于无。"四十二章："道生一，一生二，二生三，三生万物。"均以道为"无"之称。老庄的宇宙观，均为绝对唯心的，不过这个心，还是从无而有，从无心而有心，"无"就是"无心""无物""无神"的"无"，把"心""物""神"三体认为虚无罢了。这个"无"超出种种言说相、差别相，自然是不可思议的，因此说它是"玄之又玄"；说他是"未始有夫未始有无"，这乃是由逆数的方法，认得"无"为本体，当然不是什么唯物论，也不能附合庄子之为唯物论。

庄子的宇宙观更明白地认天地万物都是心的反射。依庄子哲学则宇宙本体就是吾心的本体，宇宙现象就是吾心的现象。上面说过"芴乎芒乎，而无有象乎！万物职职，皆从无为殖"；这分明是认宇宙是由"无"而有，"无心"而有心，由于无象而有象，自有了心象就要

"惚兮恍兮"生出天地万物来了。所以宇宙只是唯心所生,所谓空间、时间,只不过心的反射罢了。所以《天地篇》云:

> 夫子曰:"夫道,渊乎其居也,漻乎其清也。金石不得无以鸣。故金石有声,不考不鸣。万物孰能定之!夫王德之人,素逝而耻通于事,立之本原而知通于神,故其德广。其心之出,有物采之。故形非道不生,生非德不明。存形穷生,立德明道,非王德者邪!荡荡乎!忽然出,勃然动,而万物从之乎!此谓王德之人。视乎冥冥,听乎无声。冥冥之中,独见晓焉;无声之中,独闻和焉。故深之又深而能物焉,神之又神而能精焉。故其与万物接也,至无而供其求,时骋而要其宿,大小、长短、修远。"

《庚桑楚篇》也说:"寇莫大于阴阳,无所逃于天地之间。非阴阳贼之,心则使之也。"这都是说明宇宙是由于流动不息的精神作用所结合而成。《田子方篇》云孔子见老聃,老聃曰:"吾游心于物之初。……心困焉而不能知,口辟焉而不能言。"章太炎《菿汉微言》释之曰:"游乎物之初者,谓一念相应,觉心初起,心起无有初相可得,而言知初相者,即是无念。杂念境界,惟证相应,非一切妄心分别所能拟似,故曰心不能知,口不能言。"这证明了庄子分明以"无心"的"心"作宇宙的根本。然自有心便有一切分别,时间空间都从此起。所以说:"使日夜无郤。(郤却,间也;日夜不停,心心相系,亦无间断也。)而与物为春;是接(接万物而施生)而生时于心者也。"心起就有时间,心寂就没有时间了。可见时间本非实有,因心而有。《庄子》书中有许多地方,说及"道无始无终"。《大宗师篇》"道……莫知其始,莫知其终";《秋水篇》"道无终始",又"夫物,量无穷,时无止,分无常,终始无故":

夫物，量无穷，时无止，分无常，终始无故。是故大知观于远近，故小而不寡，大而不多：知量无穷。证乡今故，故遥而不闷，掇而不跂：知时无止。察乎盈虚。故得而不喜，失而不忧：知分之无常也。明乎坦途。故生而不说，死而不祸：知终始之不可故也。计人之所知，不若其所不知；其生之时，不若未生之时；以其至小。求穷其至大之域。是故迷乱而不能自得也。由此观之，又何以知毫末之足以定至细之倪，又何以知天地之足以穷至大之域！

《知北游篇》"无古无今，无始无终"：

冉求问于仲尼曰："未有天地可知邪？"仲尼曰："可。古犹今也。"冉求失问而退。明日复见，曰："昔者吾问'未有天地可知乎？'夫子曰：'可。古犹今也。'昔者吾昭然，今日吾昧然。敢问何谓也？"仲尼曰："昔之昭然也，神者先受之；今之昧然也，且又为不神者求邪！无古无今，无始无终。未有子孙而有孙子，可乎？"冉求未对。仲尼曰："已矣，未应矣！不以生生死，不以死死生。死生有待邪？皆有所一体。有先天地生者物邪？物物者非物，物出不得先物也，犹其有物也。犹其有物也无已！圣人之爱人也终无已者，亦乃取于是者也。"

《则阳篇》"与物无终无始，无几无时""吾观之本，其往无穷；吾求之末，其求无止。无穷无止，言之无也，与物同理"：

冉相氏得其环中以随成，与物无终无始，无几无时。日与物化者，一不化者也。阖尝舍之！夫师天而不得师天，与物皆殉。其以为事也，若之何！夫圣人未始有天，未始有人，未始有始，未始有物，与世偕行而不替，所行之备而不洫，其合之也，若之何！……吾观之本，其往无穷；吾求之末，其来无止。无穷无止，言之无也，与物同理。或使莫为，言之本也。与物终始。道不可有，有不可无。道之为名，所假而行。或使莫为，在物一曲，夫胡为于大方！言而足，则终日言而尽道。言而不足，则终日言而尽物。道，物之极，言默不足以载。非言非默，议其有极。

《山木篇》"焉知其所终，焉知其所始"：

何谓无始而非卒？仲尼曰："化其万物而不知其禅之者，焉知其所终，焉知其所始，正而待之而已耳。"

这种超时间概念的道体，是不二而最初，怎么忽生大地山河而见有始终呢？原来大地山河因一心而起，这一心就是分别性，就是虚妄的知识，所以要说宇宙缘起，则心起的时候便是。心起而后有时空观念发生，因有心才有认识，才于无同异中而起同异，轰地一声而宇宙生起，千差万别便有许多事了。由此可见宇宙就是"心"之化自身为客观相对有限者，有心才有宇宙，离心就没有什么宇宙了。

这个"心"，《庄子·德充符篇》叫做"灵府"（成玄英云：灵府者，精神之宅，所谓心也。径寒暑治乱，千变万化，万物俱往。）《山木篇》《庚桑楚篇》叫做"灵台"。（郭象注：心也。案谓心有灵智能住持也。）《庚桑楚》云："灵台者有持，而不知其所持而不可持者也。"（有持者谓其不动，与物若有心持则失之远矣。）因此章太炎《齐物论释》把它来附会佛学，说"灵府"就是"阿罗那"（府藏同义），"灵台"就是"阿陀那"。所谓"灵台""有持"即指阿陀那识持一切种子,可持是言有情执此为自内我,就是妄执。其实庄子的唯心论,本很明白,太炎把他附会唯识宗,倒不容易明白了。庄子认心为宇宙根底,是万物所由发生存在的,所以叫做"灵府",叫做"灵台"。这个"心"并不是寻常有意念的心,所以不能以观念来求,若以观念求之,就属于所证之境,就不是这个真心了。所以须以直觉的方法,"以心复心"(《徐无鬼》);这个境界是怎样呢?他的答案,就是一切皆空的心的本体。所以《人间世篇》云:

回曰:"敢问心斋?"仲尼曰:"一若志,无听之以耳,而听之以心。无听之以心,而听之以气。听止于耳,心止于符。气也者,虚而待物者也。唯道集虚,虚者心齐也。"

四、自然论

老庄哲学均承认自然为一切宇宙万物的归宿,宇宙间的现象,都之"莫之命而常自然"。老子说:"人法地,地法天,天法道,道法自然。"宇宙间现象即是道的现象,亦即是自然的现象。例如:

天地之间,其犹橐籥乎!虚而不屈,动而愈出。(五章)
故飘风不终朝,骤雨不终日,孰为此者?天地。天地尚不能久,而况于人乎!(二十三章)
天之道其犹张弓舆!高者抑之,下者举之。有余者损之,不足者补之。天之道损有余而补不足。(七十七章)
天之道不争而善胜,不言而善应,不召而自来,繟然而善谋。(七十三章)

这些都是"莫之命而常自然"的现象。

"道之尊，德之贵，夫莫之命而常自然。"因为天道如此，故应用之于人事方面，就是"以辅万物之自然而不敢为"（六十四章）。在这里可注意的，就是自然的现象乃是必然的现象。宇宙好似那铜匠的风箱，抽动风扇，就生生不已，所谓"虚而不屈，动而愈出"的不得不然的虚体。一切现象均有一定自然的法则，其所有行动发展均各有不得不然之趋势。换言之，即均有其必然性。这种思想影响到庄子而更趋于极端。《齐物论》："物固有所然……无物不然。"《知北游篇》："天不得不高，地不得不广，日月不得不行，万物不得不昌，此其道与？"这"不得不"三字乃"自然"二字最好的解释。《田子方篇》"老聃曰：不然。夫水之于汋也，无为而才自然矣；至人之于德也，不修而物不能离焉。若天之自高，地之自厚，日月之自明，夫何修焉。"《缮性篇》："莫之为而常自然。"自然即是不假人为而自己如此，且非如此不可。因此"自然"二字便含有"必然"的意义。宇宙现象都是如此为自然的法则所规定，所以不是有意志作用，而那有人格的上帝，便用不着了。《齐物论》云：

喜怒哀乐，虑叹变慹，姚佚启态。乐出虚，蒸成菌。日夜相代乎前而莫知其所萌：已乎已乎，旦幕得此，其所由以生乎。非彼无我，非我无所取，是亦近矣。而不知其所为使，若有真宰，而特不得其朕。可行已信，而不见其形，有情而无形。

又《天运篇》云：

天其运乎？地其处乎？日月其争于所乎？孰主张是？孰维纲是？孰居无事推而行是？意者，其有机缄，而不得已邪。云者为雨乎？雨者为云乎？孰隆施是？孰居无事淫乐而劝是？风起北方，一西一东，有上彷徨。孰嘘吸是？孰居无事而披拂是，敢问何故？

看这两段所讨论的，都是宇宙间现象变迁的问题。他的要旨，就在郭象注说的"皆自尔耳"几个字罢了。郭注《齐物论》"凡物云云皆自尔耳"。注《天运》曰"云者为雨乎？雨者为云乎"云："二者俱不能相为，各自尔也。""自尔"就是自然如此。《德充符篇》"常因自然而不益生"；《天运篇》"调之以自然之命"；《秋水篇》"知尧舜之自然而相非"；《渔父篇》"真者所以受于天也，自然不可易也"。凡此自然之说皆有不得不然之意，就是"必然"。这分明是说宇宙人生现象都是自然而然的，不期然而然的，如果变化不是自然，就应该有个做主宰的上帝，所谓"真宰"，然而起索真宰之痕迹，而亦终不可得，可见天地万物变化日新，都只是自然而然，都只是自尔自化自然而归于必然罢了。所以《德充符篇》把这个道理，应用于人生哲学，而知"死生、存亡、穷达、富贵、贤与不肖、毁誉、饥渴、寒暑"也都有其自然而必然的法则，而淡然任之：

仲尼曰："死生、存亡、穷达、贫富、贤与不肖、毁誉、饥渴、寒暑，是事之变、命之行也。日夜相代乎前，而知不能规乎其始者也。故不足以滑和，不可入于灵府。"

《应帝王篇》"顺物自然而无容私焉！而天下治矣"；《天运篇》"夫至乐者……应之以为然"；宇宙现象皆由自然而成，人生社会自非例外。你看："鹄不日浴而白，乌不日黔而黑；白者不得不白，黑者不得不黑。"白的黑的都是自然如此。《骈拇篇》"凫胫虽短，续之则忧；鹤胫虽长，断之则悲"；此言短者不得不短，长者不得不长，短的长的都是自然如此。《秋水篇》"骐骥骅骝，一日而驰千里，捕鼠不如狸狌，言殊技也，鸱鸺夜撮蚤，察毫末，昼出瞋目而不见丘山，言殊性也"。宇宙万物自有如此不同，丝毫不得增减改变。《秋水篇》"蚿曰……今予动吾天机而不知其所以然。蚿谓蛇曰：吾以众足行而不及子之无足，何也？蛇曰：夫天机之所动何可易邪？吾安用足！"此处蚿之众足与蛇之无足，都只是天机之所动而不知其所以然，这即是自然如此。知道一切万物万事都只是自然如此，总可明了《齐物论》"物固有所然，物固有所可，无物不然，无物不可"的大道理。《秋水篇》云："物之生也，若骤若驰，无动而不变，无时而不移。何为乎？何不为乎？夫固将自化。"这个"自化"学说，又见于《在宥篇》"汝徒处无为，而物自化"；《则阳篇》"虽有大知，不能以言读其所自化"。又《列子·天瑞篇》云："自生自化，自形自色，自智自力，自消自息。"又"生者不得不生，化者不得不化，故常生常化。常生常化者无时不生，无时不化"（此引壶丘子林言）。又"生物者不生，化物者不化（张湛引向秀曰：生非吾之所生，则生自生耳。化非吾之所化，则物自化耳）。自生自化，谓之生化"。所谓自化，是"非能化而化，乃不得不化"（张湛注语），这就是很彻底的自然主义了。

五、演化论（天均律）

庄子所谓"道"是流转变化的，所以说："道行之而成。"（《齐物论》）要从行之中见道，这就是所谓演化学说。《大宗师篇》"然而夜半有力者负之而走，昧者不知也"，郭象注云：

夫无力之力，莫大于变化者也。故乃揭天地以趋新，负山岳以舍故。故不暂停，忽已涉新，则天地万物无时而不移也。世皆新矣，而自以为故；舟日易矣，而视之若旧；山日更矣，而视之若前。今交一臂而失之，皆在冥中去矣。故向者之我，非复今我也，我与今俱往，岂常守故哉！而世莫之觉，横谓今之所遇可系而在，岂不昧哉。

成玄英疏"冥中贸迁，无时暂息"；可见庄子的演化论，注重宇宙之密密迁移，即谁也不觉得底自然的变化。《列子·天瑞篇》"粥熊曰运转亡已，天地密移，畴觉之哉"。张湛注"此则庄子舟壑之义"；可见这种演化学说和现代西洋进化论很不相同。其次可指出的，即这种变化形式为循环演化论，而非直线造化论。《田子方篇》："消息满虚，一晦一阴，日改月化，日有所为，而莫见其功。生乎有所萌，死乎有所终，始终相反乎无端，而莫知其所穷。"又《秋水篇》"年不可举，时不可止，消息盈虚，终则有始"。"死生、存亡、穷达、贫富、贤而不肖、毁誉、饥渴、寒暑，是事之变、命之行也。日夜相代乎前，而不能规乎其始者也。"此处一消一息，一盈一虚，一晦一明，一生一死都是承承代代"相代乎前"；所谓"始卒若环，莫得其伦，是谓天均"。这可见庄子的天均律，即是变化的循环律，天均律之第一义。变化循环即案《寓言篇》云：

万物皆种也，以不同形相禅。（宣云：万物皆有种类各以其类，相禅于无穷，禅代也。夫物云云，禀之造化，受气一种，而形质不同，运转迁流，而更相代谢。）始卒若环，（物之迁流，譬彼循环，死去生来，终而复始，此出禅代之状也。）莫得其伦，（群索变化之道，竟无理之可致也。）是谓天均。天均者，天倪也。（此天然均平之道，亦名自然之分际，即所谓天倪也。）

又《天地篇》说："天地之大，其化均也。"这是庄子"天均"的界说。就是说物种相禅变化，由同形的变为不同形的，但是从何处变来，向何处变去，还看不见它的端倪。"天均"又作"天钧"。成玄英疏："均，齐也，是谓天然齐等之道，即以齐均之道，又名自然之分也。"案"天钧"，钧即是转轮，天造成万物，好比陶在转轮一般，随轮流转，轮的半径，都是相等，所以造出来的，也是均平得很，这就叫做"天均"。如《大宗师篇》"以无为首，以生为脊，以死为尻，孰知死生存亡之一体"；成疏："人起自虚无，故以无为首。从无生有，生则居次，故以生为脊；死最居后，故以死为尻""尻，脊，骨尽处也"。这一段即是死生存亡一体之平等观，即让一切物种使令形质不平等，地位不平等，而到头却自然趋于平等。所以自然平等即天均律之第二义。

庄子的演化学说和现代西洋生物进化论很不相同，我们最好看《学艺》第六卷第二号有章鸿钊《达尔文的天择律与庄子的天均律》一文，这篇是在民国十二年二月北京高师达尔文生日纪念会讲演的。他特别指出一点，即庄子的天均律，是认物种的变迁，是没有目标的，没有方向的；走的路线，是曲线形的，不是直线形的。好比人类，我们不要以为他是不变的，他实在还要万变，并且或变鸡，变弹，变轮，变马，或变鼠肝虫臂，都没有一定的。《大宗师篇》云：

> 子祀、子舆、子犁、子来四人相与语曰："孰能以无为首，以生为脊，以死为尻；孰知死生存亡之一体者，吾与之友矣！"四人相视而笑，莫逆于心，遂相与为友。俄而子舆有病，子祀往问之。曰："伟哉，夫造物者将以予为此拘拘也。"曲偻发背，上有五管，颐隐于齐，肩高于顶，句赘指天，阴阳之气有沴，其心

闲而无事，跰𫏋而鉴于井，曰："嗟乎！夫造物者又将以予为此拘拘也。"子祀曰："女恶之乎？"曰："亡，予何恶！浸假而化予之左臂以为鸡，予因以求时夜；浸假而化予之右臂以为弹，予因以求鸮炙；浸假而化予之尻以为轮，以神为马，予因以乘之，岂更驾哉！且夫得者，时也；失者，顺也。安时而处顺，哀乐不能入也，此古之所谓县解也，而不能自解者，物有结之。且夫物不胜天久矣，吾又何恶焉！"俄而子来有病，喘喘然将死。其妻子环而泣之。子犁往问之，曰："叱！避！无怛化！"倚其户与之语曰："伟哉造化！又将奚以汝为？将奚以汝适？以汝为鼠肝乎？以汝为虫臂乎？"子来曰："父母于子，东西南北，唯命之从。阴阳于人，不翅于父母。彼近吾死而我不听，我则悍矣，彼何罪焉？夫大块载我以形，劳我以生，佚我以老，息我以死。故善吾生者，乃所以善吾死也。今大冶铸金，金踊跃曰：'我且必为镆铘！'大冶必以为不祥之金。今一犯人之形而曰：'人耳！人耳！'夫造化者必以为不祥之人。今一以天地为大炉，以造化为大冶，恶乎往而不可哉！"成然寐，蘧然觉。

照这样说，庄子分明是将一切变迁的最初原因，归之自然，"以天地为大炉，以造化为大冶，恶乎往而不可哉"。这种学说，是认演化为自然而然，不期望而然，并不是像达尔文的天择说那样，一定要保存有益的个体，消减有害的个体。所以物种变迁之无目的观，可说是天钧律之第三义。

由上庄子天均律，认变化为纯任自然，而变化的始终，却是看不见的。《山木篇》"化其万有而不知禅之者，莫知其所始，莫知其所终"。然变化的始终，虽看不见，而那看不见的"无始无终"的"无"——"几"，却正是变化的始终。所以《至乐篇》云："万物皆出于机，皆入于机。"（"机"当作"几"）这个"几"字郭注、成疏都作"几何"的"几"解，直到胡适之氏（《中国哲学史大纲》）当做"几微"的"几"字解，说是指物种最初时代的种子，也可叫做无子。其实适之先生未免把这个字来附会进化论，这是错了的。这个"几"字，就是"无"字。万物出于几入于几，即是说万物从"无"出而入于"无"。王弼注《易》道："几者去无入有"；《正义》解云："几者去无入有，有理而未形之时"。可见道家一派本以"几"作自无而有的"无"解释。我们再打开《至乐篇》本文来看，他在未说到"种有几"以前，先说了几句话：

> 万物职职，皆从无为殖。……然察其始而本无生；非徒无生也，而本无形；非徒无形也，而本无气。杂乎芒芴之间，变而有气，气变而有形，形变而有生。今又变而之死。是相与为春秋冬夏四时行也。

这分明是说万物的变化，是从"无"而来，自无而有又自有而无，不过有气形生死这些过渡变相罢了。晓得这一层，才可看《至乐篇》末一段讲演化的文字：

> 种有几，得水则为䗩，得水土之际则为蛙蠙之衣，生于陵屯则为陵舄，陵舄得郁栖则为乌足，乌足之根为蛴螬，其叶为胡蝶。胡蝶胥也化而为虫，生于灶下，其状若脱，其名为鸲掇。鸲掇千日为鸟，其名为干余骨。干余骨之沫为斯弥，斯弥为食醯。颐辂生乎食醯，黄軦生乎九猷，瞀芮生乎腐蠸，羊奚比乎不筝，久竹生青宁，青宁生程，程生马，马生人，人又反入于机。万物皆出于机，皆入于机。

这一段据成玄英疏云:"机者发动,所谓造化也;造化者,无物也。人既从无生有,又反入归无也;岂唯在人,万物皆尔。"他的话实在解释得好,用不着再说了。只就这一段看,我觉得庄子主张的自无而有的生物变化论,在他当时,不能不算是一个顶大的贡献。现在分做两节来讲:

Ⅰ.演化的根本原理——万物皆有"无"而"有",自"有"复归"无"。

Ⅱ.自然发生的阶段——(A)"得水则为𥜽"。司马本做"继"。他说:"万物虽有兆朕,得水土气乃相继而生也。"王船山《庄子解》卷十八云:"𥜽,水中尘牵如丝者。"这话都有理。因为《管子·水地篇》也有以水为宇宙本原的话。《易》说"天一生水",苏东坡说"阴阳一交而生物,其始为水,水者无有之际也";可见庄子以水为自无而有之一过程,也是可能的说法。(B)"得水土之际,则为蛙嫔之衣"以下。案《墨经》上解"化"字说:"蛙买化也。"又说:"化若蛙化为鹑。"可见当时对于蛙嫔(买字疑误)的变化,很多人都注意他。不过当时的进化说,我们可以很容易看出是主张自然发生说的。在西洋希腊最初解说生物起源的人,也多抱这一种学说,如谓生命起源,是干的物体湿了,能生出动物;湿的物体干了,也是如此。直到第六世纪,化学家中还有如 Van Helmont 深信生物能自然发生。他说便是鼠也是自然发生的,若取汗布片和几粒麦或乳饼,放在柜中,便能化生鼠;又说蝎子自然发生,很是奇异。试验的方法,是"取一块砖,中央凿成一窝,窝中置了罗勒草,捣碎之后,别取一砖盖在上面,就日光下晒着,过数日,这罗勒草的气味薰蒸起来,便化生蝎子了。"(参周建人《生物之起源》,见《新青年》第六卷第四号)我们反转来看庄子说法,也是以为各种生物,从气或水或泥土变成。如说:"生于陵屯,则为陵舄",司马彪注"谓燥湿变也";又"乌足之根为蛴蟠",司马彪本作"蟠蛴",云:"蝎也。乌足,草名。"这话和由罗勒草变成蝎子不是一样的是生物自然发生说吗?(C)"程生马,马生人"一节,由一层层的演化,直到现在最高等生物的人类,这个意思,很和进化论派认人类为主兽中之最发达者,是一个道理。后人对于这一节都不敢解释。郭注无,成疏云"未详所据",《释文》云:"俗本多误。"惟王船山《庄子解》引方以智云:"青宁生程,程生马,马生人,世间自有此事。如史言武陵蛮生于畜狗,元始胎于狼鹿之类,不可以耳目所限而断之。"这当然只是推测之辞,因为当时没有进化论作旁证,所以这一段几乎无可解释了。

既然万物的变化都是自无而有,又自有而无,没有一刻不在变化当中,那么哲人的态度,就只有"观化"或"待化"了。《至乐篇》云:

> 支离叔与滑介叔观于冥伯之丘,昆仑之虚,黄帝之所休。俄而柳生其左肘,其意蹶蹶然恶之。支离叔曰:"子恶之乎?"滑介叔曰:"亡,予何恶!生者,假借也,假之而生生者,尘埃也。死生为昼夜。且吾与子观化而化及我,我又何恶焉!"

又《寓言篇》与《齐物论篇》均有"罔两问景"的寓言:

> 众罔两问于景曰:"若向也俯而今也仰,向也括撮而今也被发;向也坐而今也起;向也行而今也止:何也?"景曰:"搜搜也,奚稍问也!予有而不知其所以。予,蜩甲也,蛇蜕也,似之而非也。火与日,吾屯也;阴与夜,吾代也。彼,吾所以有待邪,而况乎以无有待者乎!彼来则我与之来,彼往则我与之往,彼强阳则我与之强阳。强阳者,又何以有问乎!"

罔两问景曰:"曩子行,今子止;曩子坐,今子起。何其无特操与?"景曰:"吾有待而然者邪,吾所待又有待而然者邪,吾待蛇蚹蜩翼邪,恶识所以然?恶识所以不然?"

由这几段,很可看出天均律对于人生观的影响。

第六章　历史哲学

一、历史哲学家之老、庄

《汉书·艺文志》："道家者流，盖出于史官，历记成败存亡祸福古今之道，然后知秉要执本，清虚以自守，卑弱以自持，此君人南面之术也。合于尧之克攘，《易》之嗛嗛，一谦而四益，此其所长也。及放者为之，则欲绝去礼学，兼弃仁义，曰：独狂清虚，可以为治。"这是用儒家的眼光，来叙述道家的源流的，实际则其学派之"绝去礼学，兼弃仁义"，乃为其历史哲学理论之必然的结果。《老子》三十八章云：

> 上德不德，是以有德；下德不失德，是以无德。上德无为而无不为，下德无为而有以为。上仁为之而无以为，上义为之而有以为。上礼为之而莫之应，则攘臂而扔之，故失道而后德，失德而后仁，失仁而后义，失义而后礼。夫礼者，忠信之薄而乱之首。前识者，道之华而愚之首，是以大丈夫处其厚，不居其薄；处其实，不居其华。故去彼取此。

在这里所列举道——德——仁——义——礼的顺序之中，道厚而德薄，德厚而仁薄，仁厚而义薄，义厚而礼薄，每下愈况。而且同在德之范畴，又有上德与下德之分，"上德无为而无不为，下德无为而有以为"。道家尊重无为为至上，故其结论自然是："绝圣弃智，绝仁弃义"，而"礼者忠信之薄"。庄子所谓"愦愦然为世俗之礼，以观众人之耳目"，殊失"礼意"（《大宗师》），"是欺德也"，当然更在反对之列了。《知北游篇》假托黄帝之言：

> 黄帝曰："……夫知者不言，言者不知，故圣人行不言之教。道不可致，德不可至。仁可为也，义可亏也，礼相伪也。故曰：'失道而后德，失德而后仁，失仁而后义，失义而后礼。'礼者，道之华而乱之首也。故曰：'为道者日损，损之又损之，以至于无为。无为而无不为也。今已为物也，欲复归根，不亦难乎！其易也其唯大人乎！……'"

这一段完全为《老子》三十八章的注脚。然而犹谓此乃外篇之言不足为据，则请看一下《应帝王篇》假托蒲衣子之言：

> 啮缺问于王倪，四问而四不知。啮缺因跃而大喜，行以告蒲衣子。蒲衣子曰："而乃今知之乎？有虞氏不及泰氏。有虞氏其犹藏仁以要人，亦得人矣，而未始出于非人。泰氏其卧徐徐，其觉于于。一以已为马，一以已为牛。其知情信，其德甚真，而未始入于非人。"

在这里"有虞氏不及泰氏"，即是仁义不如道德之意。这种历史哲学影响于其后各派，其实只是憧憬于原始公社时代。所谓至德之世，即是理想的一个"不尚贤，不使能，上如标枝，民如野鹿"的世界（《天地》），一个"阴阳和静，鬼神不扰，四时得节，万物不伤，群生不夭"的世界（《缮性》）。这时"山无蹊隧，泽无舟梁，万物群生，连属其乡，禽兽成群，草木遂长"(《马蹄》)。这时"民知其母不知其父，与麋鹿共处，耕而食，织而衣，无有相害之心"。(《盗跖》) 在《庄子》书中，无论左派也好，右派也好，莫不以此理想的原始公社为其历史的背景，即以复归于此原始的公社时代，为其历史的最大目标。《缮性篇》云：

> 古之人，在混芒之中，与一世而得淡漠焉。当是时也，阴阳和静，鬼神不扰，四时得节，万物不伤，群生不夭，人虽有知，无所用之，此之谓至一。当是时也，莫之为而常自然。逮德不衰，及燧人、伏羲始为天下，是故顺而不一。德又下衰，及神农、黄帝始为天下，是故安而不顺。德又下衰，及唐、虞始为天下，兴治化之流，澆淳散朴，离道以善，险德以行，然后去性而从于心。心与心识知，而不足以定天下，然后附之以文，益之以博。文灭质，博溺心，然后民始惑乱，无以反其性情而复其初。由是观之，世丧道矣，道丧世矣，世与道交相丧也。

又《天地篇》云：

> 门无鬼与赤张满稽观于武王之师，赤张满稽曰："不及有虞氏乎！故离此患也。"门无鬼曰："天下均治而有虞氏治之邪？其乱而后治之与？"赤张满稽曰："天下均治之为愿，而何计以有虞氏为！有虞氏之药疡也，秃而施髢，病而求医。孝子操药以修慈父，其色燋然，圣人羞之。至德之世，不尚贤，不使能，上如标枝，民如野鹿。端正而不知以为义，相爱而不以以为仁，实而不知以为忠，当而不知以为信，蠢动而相使不以为赐。是故行而无迹，事而无传。"

又《马蹄篇》云：

故至德之世，其行填填，其视颠颠。当是时也，山无蹊隧，泽无舟梁；万物群生，连属其乡；禽兽成群，草木遂长。是故禽兽可系羁而游，鸟鹊之巢可攀援而窥。夫至德之世，同与禽兽居，族与万物并。恶乎知君子小人哉！同乎无知，其德不离；同乎无欲，是谓素朴。素朴而民性得矣。及至圣人，蹩躠为仁，踶跂为义，而天下始疑矣。澶漫为乐，摘僻为礼，而天下始分矣。故纯朴不残，孰为牺尊！白玉不毁，孰为珪璋！道德不废，安取仁义！性情不离，安用礼乐！五色不乱，孰为文采！五声不乱，孰应六律！夫残朴以为器，工匠之罪也；毁道德以为仁义，圣人之过也。夫马陆居则食草饮水，喜则交颈相靡，怒则分背相踶。马知已此矣！夫加之以衡扼，齐之以月题，而马知介倪闉扼鸷曼诡衔窃辔。故马之知而态至盗者，伯乐之罪也。夫赫胥氏之时，民居不知所为，行不知所之，含哺而熙，鼓腹而游。民能已此矣！及至圣人，屈折礼乐以匡天下之形，县跂仁义以慰天下之心，而民乃始踶跂好知，争归于利，不可止也。此亦圣人之过也。

又《盗跖篇》云：

且吾闻之，古者禽兽多而人少，于是民皆巢居以避之。昼拾橡栗，暮栖木上，故命之曰"有巢氏之民"。古者民不知衣服，夏多积薪，冬则炀之，故命之曰"知生之民"。神农之世，卧则居居，起则于于。民知其母，不知其父，与麋鹿共处，耕而食，织而衣，无有相害之心。此至德之隆也。然而黄帝不能致德，与蚩尤战于涿鹿之野，流血百里。尧、舜作，立群臣，汤放其主，武王杀纣。自是之后，以强陵弱，以众暴寡。汤、武以来，皆乱人之徒也。

我们知道在古希腊时代，有与荷马（Homer）齐名的希西阿（Hesiod）曾作诗曰《工作与日期》，将历史分为黄金时代、白银时代、铜时代及铁时代。庄子所理想的"至德之世"（如《应帝王篇》之"泰氏"，《缮性篇》之"古之混芒之世"，《天地篇》之"至治之世"，《马蹄篇》之"赫胥氏之时"，《盗跖篇》之"有巢氏民"）如为黄金时代，则神农、黄帝当为白银时代，（《缮性》与《盗跖》二篇所见不同，无关紧要。）而尧、舜为铜时代，"汤武以来皆乱人之徒"，只好算是铁时代了。但同在一个时代之中，前一历史人物，亦必胜于后一历史人物。《天运篇》假托老子论三皇五帝之治天下，即有禹不及舜，舜不及尧，尧不及黄帝之语：

> 子贡曰："然则人固有尸居而龙见，雷声而渊默，发动如天地者乎？赐亦可得而观乎？"遂以孔子声见老聃。老聃方将倨堂而应，微曰："予年运而往矣，子将何以戒我乎？"子贡曰："夫三皇五帝之治天下不同，其系声名一也。而先生独以为非圣人，如何哉？"老聃曰："小子少进！子何以谓不同？"对曰："尧授舜，舜授禹。禹用力而汤用兵，文王顺纣而不敢逆，武王逆纣而不肯顺，故曰不同。"老聃曰："小子少进，余语汝三皇五帝之治天下：黄帝之治天下，使民心一。民有其亲死不哭而民不非也。尧之治天下，使民心亲。民有为其亲杀其服而民不非也。舜之治天下，使民心竞。民孕妇十月生子，子生五月而能言，不至乎孩而始谁，则人始有夭矣。禹之治天下，使民心变，人有心而兵有顺，杀盗非杀人。自为种而'天下'耳。是以天下大骇，儒墨皆

起。其作始有伦，而今乎妇女，何言哉！余语汝：三皇五帝之治天下，名曰治之，而乱莫甚焉。三皇之知，上悖日月之明，下睽山川之精，中堕四时之施。其知憯于蛎虿之尾，鲜规之兽，莫得安其性命之情者，而犹自以为圣人，不可耻乎？其无耻也！"子贡蹴蹴然立不安。

但为什么历史上的至德之世为黄金时代，而现代乃为下降的坏的铁时代呢？庄子以为这都是知识发达的结果。知识发达一步，便罪恶也跟着前进一步，因为知识是反于淳朴的本性自然性，所以自有知识而浇淳散朴，天下大乱了，什么道德呀！政治呀！制度文物呀！这些人工的反于大自然的圈套，何一不从知识发生出来。可见知识便是大乱的根本，没有知识，没有文化，也没有什么罪恶了。庄子《马蹄篇》："同乎无知，其德不离；同乎无欲，是谓素朴，素朴而民性得矣。及至圣人，蹩躠为仁，踶跂为义，而天下始疑矣。澶漫为乐，摘僻为礼，而天下始分矣。"这种反历史反文化的历史哲学，和法国革命时卢梭（Rousseau）之攻击不自然的文明而憧憬于自然人的素朴社会相同。还有托尔斯泰、Edward Carpenter，他们不满意于因袭的不自然的文化，而喊着返朴归真的时候，他们已经是受老庄影响，而憧憬于原始之文化的理想境了。谈得最明白的，是庄子的《胠箧篇》：

子独不知至德之世乎？昔者容成氏、大庭氏、伯皇氏、中央氏、栗陆氏、骊畜氏、轩辕氏、赫胥氏、尊卢氏、祝融氏、伏牺氏、神农氏，当是时也，民结绳而用之。甘其食，美其服，乐其俗，安其居，邻国相望，鸡狗之音相闻，民至老死而不相往来。若此之时，则至治已。今遂至使民延颈举踵，曰"某所有贤者"，赢粮而趣之，则内弃其亲而外去其主之事，足迹接乎诸侯之境，车轨结乎千里之外。则是上好知之过也！上诚好知而无道，则天下大乱矣！何以知其然邪？夫弓弩毕弋机变之知多，则鸟乱于上矣；钩饵罔罟罾笱之知多，则鱼乱于水矣；削格罗落罝罘之知多，则兽乱于泽矣；知诈渐毒、颉滑坚白、解垢同异之变多，则俗惑于辩矣。故天下每每大乱，罪在于好知。故天下皆知求其所不知而莫知求其所已知者，皆知非其所不善而莫知非其所已善者，是以大乱。故上悖日月之明，下烁山川之精，中堕四时之施，惴耎之虫，肖翘之物，莫不失其性。甚矣，夫好知之乱天下也！自三代以下者是已！舍夫种种之民而悦夫役役之佞；释夫恬淡无为而悦夫啍啍之意，啍啍已乱天下矣！

二、虚构的古史

《史记·五帝本纪》："百家言黄帝，其文不雅驯，荐绅先生难言之。"今案黄帝据郭沫若说，本为皇帝或上帝的转变，最初见于古器物铭文中，是在"陈侯因资敦"里，（《十批判书》）其文有"高祖黄帝，迩嗣桓文"之语。陈侯因脊就是齐宣王，这话意思是说远则祖述黄帝，近则继承齐桓晋文之霸业，可见黄帝的存在，在庄子时代已经信史化了。阴阳家的邹衍，其学说虽只剩得一鳞半爪，但据《史记》谓其"先序今以上至黄帝"，《吕氏春秋》有《应同篇》，马国翰《玉函山房辑佚书》认为邹子佚文，其言曰："黄帝之时先见大螾大蝼。黄帝曰：土气胜。"可见即在庄子时，阴阳家所创之终始五德说，已列入黄帝，庄子不过把这一段虚构的古史，更加以寓言化罢了。（近人罗根泽《晚周诸子反古考》，见《古史辨》第六册，谓"黄帝，《论语》无之，《墨》《孟》两书亦未言及，以今所知，最早见于《庄子》"，此实未深考。）《庄子》书中"寓言十九，重言十七"康有为解之曰：

　　《庄子》一书，所称黄帝、尧、舜、孔子、老聃皆是寓言。既自序出，人皆知之；然此实战国诸子之风，非特庄子为然，凡诸子皆然。所谓亲父不为其子媒，亲父誉之，不若非其父者也。故必托之他人而为寓言。寓言于谁，则少年不如耆艾，今人不如古人。耆古之容，易已重矣，耆艾莫如黄帝、尧、舜，故托于古人以为重，所谓重言也。凡诸子托古皆同此。(《孔子改制考》中《诸子改制托古考》，见《康南海文集》第九册)

　　庄子书中甚多随意假托，如《大宗师》所举副墨之子——洛诵之孙——瞻明——聂许——需役——于讴——玄冥——参寥——疑始，皆一望而知其非真有其人：

　　　　南伯子葵曰："子独恶乎闻之？"曰："闻诸副墨之子，副墨之子闻诸洛诵之孙，洛诵之孙闻之瞻明，瞻明闻之聂许，聂许闻之需役，需役闻之于讴，于讴闻之玄冥，玄冥闻之参寥，参寥闻之疑始。"

　　但亦有故意涂饰历史人物的故事，而使人莫名其妙。即以黄帝为例，《大宗师篇》"黄帝得之以登云天"，又"黄帝之亡其知"。《齐物论》"是皇帝之听莹也"，陆德明云"皇本又作黄"；内篇尚且如此，外杂篇更随在可指。如《在宥篇》有黄帝与广成子论道：

　　　　黄帝立为天子十九年，令行天下，闻广成子在于空同之上，故往见之，曰："我闻吾子达于至道，敢问至道之精。吾欲取天地之精，以佐五谷，以养民人。吾又欲官阴阳以遂群生，为之奈何？"广成子曰："而所欲问者，物之质也；而所欲官者，物之残也。自而治天下，云气不待族而雨，草木不待黄而落，日月之光益以荒矣，而佞人之心翦翦者，又奚足以语至道！"黄帝退，捐天下，筑特室，席白茅，闲居三月，复往邀之。广成子南首而卧，黄帝顺下风膝行而进，再拜稽首而问曰："闻吾子达于至道，敢问：治身奈何而可以长久？"广成子蹶然而起，曰："善哉问乎！来：吾语女至道：至道之精，窈窈冥冥；至道之极，昏昏默默。无视无听，抱神以静，形将自正。必静必清，无劳女形，无摇女精，乃可以长生。目无所见，耳无所闻，心无所知，女神将守形，形乃长生。慎女内，闭女外，多知为败。我为女遂于大明之上矣，至彼至阳之原也；为女入于窈冥之门矣，至彼至阴之原也。天地有官，阴阳有藏。慎守女身，物将自壮。我守其一以处其和。故我修身千二百岁矣，吾形未常衰。"黄帝再拜稽首曰："广成子之谓天矣！"广成子曰："来！余语女：彼其物无穷，而人皆以为有终；彼其物无测，而人皆以为有极。得吾道者，上为皇而下为王；失吾道者，上见光而下为土。今夫百昌皆生于土而反于土。故余将去女，入无穷之门，以游无极之野。吾与日月参光，吾与天地为常。当我缗乎，远我昏乎！人其尽死，而我独存乎！"

《徐无鬼篇》有黄帝与小童论为天下：

黄帝将见大隗乎具茨之山，方明为御，昌寓骖乘，张若、𧮫朋前马，昆阍、滑稽后车。至于襄城之野，七圣皆迷，无所问涂。适遇牧马童子，问涂焉，曰："若知具茨之山乎？"曰：

"然。""若知大隗之所存乎?"曰:"然。"黄帝曰:"异哉小童!非徒知具茨之山,又知大隗之所存。请问为天下。"小童曰:"夫为天下者,亦若此而已矣,又奚事焉!予少而自游于六合之内,予适有瞀病,有长者教予曰:'若乘日之车而游于襄城之野。'今予病少痊,予又且复游于六合之外。夫为天下亦若此而已。予又奚事焉!"黄帝曰:"夫为天下者,则诚非吾子之事,虽然,请问为天下。"小童辞。黄帝又问。小童曰:"夫为天下者,亦奚以异乎牧马者哉!亦去其害马者而已矣!"黄帝再拜稽首,称天师而退。

《天地篇》有黄帝游赤水遗其玄珠的故事:

黄帝游乎赤水之北,登乎昆仑之丘而南望。还归,遗其玄珠。使知索之而不得,使离朱索之而不得,使喫诟索之而不得也。乃使象罔,象罔得之。黄帝曰:"异哉,象罔乃可以得之乎?"

《天运篇》有黄帝与北门成的对话:

北门成问于黄帝曰:"帝张《咸池》之乐于洞庭之野,吾始闻之惧,复闻之怠,卒闻之而惑,荡荡默默,乃不自得。"帝曰:"汝殆其然哉!吾奏之以人,征之以天,行之以礼义,建之以大清。四时迭起,万物循生。一盛一衰,文武伦经。一清一浊,阴阳调和,流光其声。蛰虫始作,吾惊之以雷霆。其卒无尾,其始无首。一死一生,一偾一起,所常无穷,而一不可待。汝故惧也。吾又奏之以阴阳之和,烛之以日月之明。其声能短能长,能柔能刚,变化齐一,不主故常。在谷满谷,在坑满坑。涂郤守神,以物为量。其声挥绰,其名高明。是故鬼神守其幽,日月星辰行其纪。吾止之于有穷,流之于无止。子欲虑之而不能知也,望之而不能见也,逐之而不能及也。傥然立于四虚之道,倚于槁梧而吟:'目知穷乎所欲见,力屈乎所欲逐,吾既不及,已夫!'形充空虚,乃至委蛇。汝委蛇,故怠。吾又奏之以无怠之声,调之以自然之命。故若混逐丛生,林乐而无形,布挥而不曳,幽昏而无声。动于无方,居于窈冥,或谓之死,或谓之生;或谓之实,或谓之荣。行流散徙,不主常声。世疑之,稽于圣人。圣也者,达于情而遂于命也。天机不张而五官皆备。此之谓天乐,无言而心说。故有焱氏为之颂曰:'听之不闻其声,视之不见其形,充满天地,苞裹六极。'汝欲听之而无接焉,而故惑也。乐也者,始于惧,惧故祟;吾又次之以怠,怠故遁;卒之于惑,惑故愚;愚故道,道可载而与之俱也。"

《知北游篇》有黄帝与狂屈的问答:

　　知不得问,反于帝宫,见黄帝而问焉。黄帝曰:"无思无虑始知道,无处无服始安道,无从无道始得道。"知问黄帝曰:"我与若知之,彼与彼不知也,其孰是邪?"黄帝曰:"彼无为谓真是也,狂屈似之,我与汝终不近也。夫知者不言,言者不知,故圣人行不言之教。道不可致,德不可至。仁可为也,义可亏也,礼相伪也。故曰:'失道而后德,失德而后仁,失仁而后义,失义而后礼。'礼者,道之华而乱之首也。……"

　　这些伪托黄帝的话所以特别多,实因当时"自邹衍与齐之稷下先生如淳于髡、慎到、环渊、接子、田骈、驺奭之徒,皆著书言治乱之事，以干世主"；而其中许多人"皆学黄老道德之术，因发明序其指意。"（《史记·孟子荀卿列传》）庄子也是受其影响，以学黄老道德之术自命，所以托于黄帝，这正是那时代共同的倾向。不但如此，就当时的一般学者，尚有"尊古而卑今"的倾向。如《外物篇》所云：

夫尊古而卑今，学者之流也。且以狶韦氏之流观今之世，夫孰能不波。（尊古卑今人之情也，乃生于今则文不能出乎今而自为古也，即狶韦氏之辈，观于今日，亦何能不随其波。）

因此庄子乃更进一步，在当时所知的黄帝之前，更另添一些人物故事，如伏羲、神农虽不是庄子所创造的人物，却正是就传说所加以涂饰的历史人物。如伏羲一名，《周易·系辞》外即见于《庄子》。《人间世篇》"伏羲几蘧之所行路，而况散焉者乎"，《大宗师》"伏羲得以袭气母"；《田子方篇》"古之真人知者不得说，美人不得滥，盗人不得劫，伏羲、黄帝不得友"。此以伏羲置于黄帝之前。《胠箧篇》称"至德之世"有"容成氏……轩辕氏……伏羲氏"；案《帝王世纪》"黄帝居轩辕之丘，因以为名"；则轩辕氏即黄帝，又在伏羲氏之前了。就神农氏言，《胠箧篇》在伏羲氏之后，即神农氏；又《盗跖篇》以神农之世即为至德之隆，与《缮性篇》言德又下衰，又有神农者不同。《山木篇》言"神农黄帝之法则"：

若夫乘道德而浮游则不然，无誉无訾，一龙一蛇，与时俱化，而无肯专为。一上一下，以和为量，浮游乎万物之祖。物物而不物于物，则胡可得而累邪！此神农、黄帝之法则也。

《知北游篇》有"妸荷甘与神农同学于老龙吉"的故事：

妸荷甘与神农同学于老龙吉。神农隐几，阖户昼瞑。妸荷甘日中㫐户而入，曰："老龙死矣！"神农隐几拥杖而起，曝然放杖而笑，曰："天知予僻陋谩诞，故弃予而死。已矣，夫子无所发予之狂言而死矣夫！"弇堈吊闻之，曰："夫体道者，天下之君子所系焉。今于道，秋毫之端万分未得处一焉，而犹知藏其狂言而死，又况夫体道者乎！视之无形，听之无声，于人之论者，谓之冥冥，所以论道而非道也。"

神农本为农家所依托，此亦当有所本。至于尧、舜为孔、墨所本。《韩非子·显学》云："孔子、墨子俱道尧、舜，而取舍不同，皆自谓真尧、舜，尧、舜不复生，将谁使定儒、墨之诚乎？殷、周七百余岁，虞、夏二千余岁，而不能定儒、墨之真，今乃欲审尧、舜之道于三千岁之前，意者其不可必乎！"却是《庄子》书中，因他反对儒、墨，则对于儒、墨所尊重的尧、舜，自不能不加以指摘。因此三十三篇之中，关于尧、舜史迹，亦自不少。尧名共四十五见，舜名四十见。内篇《逍遥游》有"尧让天下于许由"一节：

尧让天下于许由，曰："日月出矣，而爝火不息，其于光也，不亦难乎！时雨降矣，而犹浸灌，其于泽也，不亦劳乎！夫子立而天下治，而我犹尸之，吾自视缺然。请致天下。"许由曰："子治天下，天下既已治也，而我犹代子，吾将为名乎？名者，实之宾也，吾将为宾乎？鹪鹩巢于深林，不过一枝；偃鼠饮河，不过满腹。归休乎君，予无所用天下为！庖人虽不治庖，尸祝不越樽俎而代之矣。"

《逍遥游》篇中还有尧"往见四子藐姑射之山"一节：

尧治天下之民,平海内之政。往见四子藐姑射之山,汾水之阳,窅然丧其天下焉。

《齐物论篇》中"尧问于舜"还有一节:

故昔者尧问于舜曰:"我欲伐宗脍、胥、敖,南面而不释然。其故何也?"舜曰:"夫三子者,犹存乎蓬艾之间。若不释然何哉!昔者十日并出,万物皆照,而况德之进乎日者乎!"

《人间世》有"尧攻丛枝、胥、敖"一节:

昔者尧攻丛枝、胥、敖,禹攻有扈。国为虚厉,身为刑戮。其用兵不止,其求实无已,是皆求名实者也,而独不闻之乎?

《天地篇》有尧问于许由和尧与华封人对话两节:

尧之师曰许由,许由之师曰啮缺,啮缺之师曰王倪,王倪之师曰被衣。尧问于许由曰:"啮缺可以配天乎?吾藉王倪以要之。"许由曰:"殆哉,圾乎天下!啮缺之为人也,聪明睿知,给数以敏,其性过人,而又乃以人受天。彼审乎禁过,而不知过之所由生。与之配天乎?彼且乘人而无天。方且本身而异形,方且尊知而火驰,方且为绪使,方且为物絯,方且四顾而物应,方且应众宜,方且与物化而未始有恒。夫何足以配天乎!虽然,有族有祖,可以为众父而不可以为众父父。治,乱之率也,北面之祸也,南面之贼也。"

尧观乎华,华封人曰:"嘻,圣人!请祝圣人,使圣人寿。"

尧曰："辞。""使圣人富。"尧曰："辞。""使圣人多男子。"尧曰："辞。"封人曰："寿，富，多男子，人之所欲也。女独不欲，何邪？"尧曰："多男子则多惧，富则多事，寿则多辱。是三者，非所以养德也，故辞。"封人曰："始也我以女为圣人邪，今然君子也。天生万民，必授之职。多男子而授之职，则何惧之有？富而使人分之，则何事之有？夫圣人，鹑居而鷇食，鸟行而无彰。天下有道，则与物皆昌；天下无道，则修德就闲。千岁厌世，去而上仙，乘彼白云，至于帝乡。三患莫至，身常无殃，则何辱之有？"封人去之，尧随之曰："请问。"封人曰："退已！"

《天道篇》有舜问于尧一节：

昔者舜问于尧曰："天王之用心何如？"尧曰："吾不敖无告，不废穷民，苦死者，嘉孺子而哀妇人，此吾所以用心已。"舜曰："美则美矣，而未大也。"尧曰："然则何如？"舜曰："天德而出宁，日月照而四时行，若昼夜之有经，云行而雨施矣！"尧曰："胶胶扰扰乎！子，天之合也；我，人之合也。"夫天地者，古之所大也，而黄帝、尧、舜之所共美也。故古之王天下者，奚为哉？天地而已矣！

《徐无鬼篇》有许由逃尧和"舜有膻行，百姓悦之"两节：

啮缺遇许由曰："子将奚之？"曰："将逃尧。"曰："奚谓邪？"曰："夫尧畜畜然仁，吾恐其为天下笑。后世其人与人相食与！夫民不难聚也，爱之则亲，利之则至，誉之则劝，致其所恶则散。爱利出乎仁义，捐仁义者寡，利仁义者众。夫仁义行,唯且无诚,且假乎禽贪者器。是以一人之断制天下,譬之犹一覕也。夫尧知贤人之利天下也,而不知其贼天下也。夫唯外乎贤者知之矣。"

有暖姝者,有濡需者,有卷娄者。所谓暖姝者,学一先生之言,则暖暖姝姝而私自说也,自以为足矣,而未知未始有物也。是以谓暖姝者也。濡需者,豕虱是也,择疏鬣长毛,自以为广宫大囿。奎蹄曲隈,乳间股脚,自以为安室利处。不知屠者之一旦鼓臂布草操烟火,而已与豕俱焦也。此以域进,此以域退,此其所谓濡需者也。卷娄者,舜也。羊肉不慕蚁,蚁慕羊肉,羊肉膻也。舜有膻行,百姓悦之,故三徙成都,至邓之虚而十有万家。尧闻舜之贤,举之童土之地,曰:"冀得其来之泽。"舜举乎童土之地,年齿长矣,聪明衰矣,而不得休归,所谓卷娄者也。是以神人恶众至,众至则不比,不比则不利也。故无所甚亲,无所甚疏,抱德炀和,以顺天下,此谓真人。于蚁弃知,于鱼得计,于羊弃意。以目视目,以耳听耳,以心复心。若然者,其平也绳,其变也循。古之真人!以天待之,不以人入天,古之真人!

至于《天地篇》伯成子高述"尧授舜、舜授禹",《庚桑楚》述大乱之本必生于尧舜之间,则均含有批判的意味:

尧治天下,伯成子高立为诸侯。尧授舜,舜授禹,伯成子高辞为诸侯而耕。禹往见之,则耕在野。禹趋就下风,立而问焉,曰:"昔尧治天下,吾子立为诸侯。尧授舜,舜授予,而吾子辞为诸侯而耕。敢问其故何也?"子高曰:"昔尧治天下,不赏而民劝,不罚而民畏。今子赏罚而民且不仁,德自此衰,刑自

此立，后世之乱自此始矣！夫子阖行邪？无落吾事！"俋俋乎耕而不顾。(《天地》)

弟子曰："不然。夫寻常之沟，巨鱼无所还其体，而鲵鳅为之制；步仞之丘陵，巨兽无所隐其躯，而孽狐为之祥。且夫尊贤授能，先善与利，自古尧、舜以然，而况畏垒之民乎！夫子亦听矣！"庚桑子曰："小子来！夫函车之兽，介而离山，则不免于网罟之患；吞舟之鱼，砀而失水，则蚁能苦之。故鸟兽不厌高，鱼鳖不厌深。夫全其形生之人，藏其身也，不厌深眇而已矣！且夫二子者，又何足以称扬哉！是其于辩也，将妄凿垣墙而殖蓬蒿也，简发而栉，数米而炊，窃窃乎又何足以济世哉！举贤则民相轧，任知则民相盗。之数物者，不足以厚民。民之于利甚勤，子有杀父，臣有杀君；正昼为盗，日中穴阫。吾语女：大乱之本，必生于尧、舜之间，其末存乎千世之后。千世之后，其必有人与人相食者也。"(《庚桑楚》)

至于《让王篇》更为明显，有尧以天下让子州支父，舜让天下于子州支伯、善卷、其友石户之农、其友北人无择，均为不客气的批评：

尧以天下让许由，许由不受。又让子州支父，子州支父曰："以我为天子，犹之可也。虽然，我适有幽忧之病，方且治之，未暇治天下也。"夫天下至重也，而不以害其生，又况他物乎！唯无以天下为者可以托天下也。舜让天下于子州支伯，子州支伯曰："予适有幽忧之病，方且治之，未暇治天下也。"故天下大器也，而不以易生。此有道者之所以异乎俗者也。舜以天下让善卷，善卷曰："余立于宇宙之中，冬日衣皮毛，夏日衣葛絺。春耕种，形足以劳动；秋收敛，身足以休食。日出而作，日入而息，逍遥于天地之间，而心意自得。吾何以天下为哉！悲夫，子之不知余也。"遂不受。于是去而入深山，莫知其处。舜以天下让其友石户之农。石户之农曰："卷卷乎，后之为人，葆力之士也。"以舜之德为未至也。于是夫负妻戴，携子以入于海，终身不反也。……舜以天下让其友北人无择，北人无择曰："异哉，后之为人也，居于畎亩之中，而游尧之门。不若是而已，又欲以其辱行漫我。吾羞见之。"因自投清泠之渊。

因此竟有人疑此篇为伪作。至于《大宗师篇》之"与其誉尧而非桀，不如两忘而化其道"。《应帝王篇》"有虞氏不及泰氏，有虞氏其犹存仁以要人，亦得人矣，而未始出于非人"；语句中均有不足之感。至于《盗跖篇》"尧不慈，舜不孝，禹偏枯，汤放其主，武王伐纣，文王拘羑里"及"尧杀长子，舜流母弟，汤伐桀，武王伐纣"；则简直为左派的过激之辞。《盗跖篇》云：

世之所高，莫若黄帝。黄帝尚不能全德，而战涿鹿之野，流血百里。尧不慈，舜不孝，禹偏枯，汤放其主，武王伐纣，文王拘羑里。此六子者，世之所高也。孰论之，皆以利惑其真而强反其情性，其行乃甚可羞也。世之所谓贤士：伯夷、叔齐。伯夷、叔齐辞孤竹之君，而饿死于首阳之山，骨肉不葬。鲍焦饰行非世，抱木而死。申徒狄谏而不听，负石自投于河，为鱼鳖所食。介子推至忠也，自割其股以食文公。文公后背之，子推怒而去，抱木而燔死。尾生与女子期于梁下，女子不来，水至不去，抱梁柱而死。此六子者，无异于磔犬流豕、操瓢而乞者，皆离名轻死，不念本养寿命者也。世所谓忠臣者，莫若王子比干、伍子胥。子胥沉江，比干剖心。此二子者，世谓忠臣也，然卒为天下笑。自上观之，至于子胥、比干，皆不足贵也。……子张曰："子不为行，即将疏戚无伦，贵贱无义，长幼无序。五纪六位，将何以为别乎？"满苟得曰："尧杀长子，舜流母弟，疏戚有伦乎？汤放桀，武王杀纣，贵贱有义乎？王季为适，周公杀兄，长幼有序乎？儒者伪辞，墨子兼爱，五纪六位，将有别乎？且子正为名，我正为利。名利之实，不顺于理，不监于道。吾日与子讼于无约，曰：'小人殉财，君子殉名，其所以变其情、易其性则异矣；乃至于弃其所为而殉其所不为则一也。'故曰：无为小人，反殉而天；无为君子，从天之理。若枉若直，相而天极。面观四方，与时消息。若是若非，执而圆机。独成而意，与道徘徊。无转而行，无成而义，将失而所为。无赴而富，无殉而成，将弃而天。比干剖心，子胥抉眼，忠之祸也；直躬证父，尾生溺死，信之患也；鲍子立干，申子不自理，廉之害也；孔子不见母，匡子不见父，义之失也。此上世之所传、下世之所语以为士者，正其言，必其行，故服其殃、离其患也。"

拿来和庄学右派的评语比较起来，便大有不同。如《天道篇》云："夫虚静恬淡，寂寞无为者，万物之本也。明此以南乡，尧之为君也，明此以北面，舜之为臣也。"又《田子方篇》："有虞氏死生不入于心。"可见《庄子》书中所述尧、舜，有左、右两派抑扬的态度之不同。《逍遥游篇》有"陶铸尧舜"的说法，说者谓其针对儒、墨而发，不为无理。《知北游篇》所谓："狶韦氏之囿，黄帝之圃，有虞氏之宫，汤武之室，君子之人。若儒墨者师，故以是非相虀也。而况今之人乎！"

这可说是庄子一派对于古代历史人物之总批评，亦即此一派对于古史的总态度。孔、墨称尧、舜，而庄子乃更追溯到尧、舜以前之伏羲、神农、黄帝。然且不止于此，在伏羲以前，他还举出许多更古更古的历史人物。如《大宗师》《外物》及《知北游》有狶韦氏，《天地篇》有浑沌氏，《则阳篇》有冉相氏，《马蹄篇》有赫胥氏（据俞樾云赫胥即《列子》所称华胥，华、赫一声之转。羊吉赤字伯华，公西赤字子华，亦赤也。赤谓之赫，亦谓之华，可证赫胥之即华胥矣），《应帝王篇》有泰氏，《胠箧篇》与《则阳篇》有容成氏，《缮性篇》《至乐篇》有燧人氏，《盗跖篇》有有巢氏。尤以《胠箧篇》所称古帝之多，为当时儒、墨各家所未见。所举有"容成氏，大庭氏，伯皇氏，中央氏，栗陆氏，骊畜氏，轩辕氏，赫胥氏，尊卢氏，祝融氏，伏牺氏，神农氏"。司马彪注"此十二氏皆古帝王"；最有趣的就是虚构的古史系统，以后竟为古史家采用为真正的史料。如《五帝德》，《三皇本纪》，尤其是宋罗泌的《路史》，简直把庄子的寓言，而居然认为史实记载起来。崔东壁《考信录》有云："战国之时，说客辩士，尤好借物以喻其意……乃汉晋著述者往往误以为实事，而采之入书，学者不复考其所本，遂信以为真有……传之益久，信者愈多，遂至虚言竟成实事。"幸而古史家对于《应帝王篇》之儵——忽——浑沌，尚知其为寓言，未敢承认：

南海之帝为儵，北海之帝为忽，中央之帝为浑沌，儵与忽时相与遇于浑沌之地，浑沌待之甚善。儵与忽谋报浑沌之德，曰："人皆有七窍以视听食息，此独无有，尝试凿之。"日凿一窍，七日而浑沌死。

不然则此没有感官的历史人物，岂不在古史界中闹出一个大笑话来！

三、进化乎？退化乎？

但是我们因此便可断定庄子一派是完全复古论者，那又不然。先秦诸子都是以不满意于现实的共同倾向为起点，有一个因不满意于现实而从积极的进化方面着想的理想世界，不过在这时代，人皆尊古而贱今，所以诸子百家"言必称先王，语必道上古"，儒、墨之祖述尧、舜、禹、汤、文、武为托古改制，诸子之托之于神农、黄帝，如"有为神农之言者许行"，也是托古改制。因为一般人民识域的限制，此时除去现实或过去以外，还不能设想，所以普遍地抱托古改制主义，因对于现实的反感，而想像古代的好处。以为现实是坠落的，古代是如何快乐安静的，因想将现实打破，而回复古代浑浑噩噩的时代，这正是老庄一派的理想，也是老庄一派消极革命的根据。但是因此便谓其完全不能摆开过去的残余，则事实刚刚相反。尤其是庄子，尤其是庄子左派，他们那样地抨击仁义，那样地诋毁尧、舜，可见他们不但反对现实的虚伪，甚至也是反对过去的虚伪。他们喊着要返朴归真，跑出不自然的生活，而向着本性自然性的生活方面发展，这乃是真正的对于现实之历史革命。不过因不满意于虚伪的现实，而仍不免憧憬于"无何有之乡"的原始公社时代。从表面上看，这种要返于自然、返于人的天真的理想，毕竟是"开倒车"，本意是将现实的制度根本推翻，而其结果乃不过厌恶纷浊世界思返于浑沌而已，毕竟不能丝毫改变现实的局面。

因此在庄子直传弟子及儒家化之庄子学派里面，乃发生一种应时而变的历史思想。《秋水篇》主张"帝皇殊禅，三代殊继"，"争让之礼，尧桀之行，贵贱有时，未可以为常"：

> 昔者尧、舜让而帝，之、哙让而绝；汤、武争而王，白公

争而灭。由此观之,争让之礼,尧、桀之行,贵贱有时,未可以为常也。梁丽可以冲城而不可以窒穴,言殊器也;骐骥骅骝一日而驰千里,捕鼠不如狸狌,言殊技也;鸱鸺夜撮蚤,察毫末,昼出瞋目而不见丘山,言殊性也。故曰:盖师是而无非,师治而无乱乎?是未明天地之理,万物之情也。是犹师天而无地,师阴而无阳,其不可行明矣!然且语而不舍,非愚则诬也!帝王殊禅,三代殊继。差其时,逆其俗者,谓之篡夫;当其时,顺其俗者,谓之义之徒。

《至乐篇》主张"先圣不一其能,不同其事":

颜渊东之齐,孔子有忧色。子贡下席而问曰:"小子敢问:回东之齐,夫子有忧色,何邪?"孔子曰:"善哉汝问。昔者管子有言,丘甚善之,曰'褚小者不可以怀大,绠短者不可以汲深。'夫若是者,以为命有所成而形有所适也,夫不可损益。吾恐回与齐侯言尧、舜、黄帝之道,而重以燧人、神农之言。彼将内求于己而不得,不得则惑,人惑则死。且女独不闻邪?昔者海鸟止于鲁郊,鲁侯御而觞之于庙,奏《九韶》以为乐,具太牢以为膳。鸟乃眩视忧悲,不敢食一脔,不敢饮一杯,三日而死。此以己养养鸟也,非以鸟养养鸟也。夫以鸟养养鸟者,宜栖之深林,游之坛陆,浮之江湖,食之鳅鲦,随行列而止,委蛇而处。彼唯人言之恶闻,奚以夫浇浇为乎!《咸池》《九韶》之乐,张之洞庭之野,鸟闻之而飞,兽闻之而走,鱼闻之而下入,人卒闻之,相与还而观之。鱼处水而生,人处水而死。彼必相与异,其好恶故异也。故先圣不一其能,不同其事。名止于实,义设于适,是之谓条达而福持。"

《天运篇》更明白地告诉我们"故譬三皇五帝之礼义法度，其犹柤梨橘柚邪！其味相反而皆可于口。故礼义法度者，应时而变者也"：

> 孔子西游于卫，颜渊问师金曰："以夫子之行为奚如？"师金曰："惜乎！而夫子其穷哉！"颜渊曰："何也？"师金曰："夫刍狗之未陈也，盛以箧衍，巾以文绣，尸祝齐戒以将之。及其已陈也，行者践其首脊，苏者取而爨之而已。将复取而盛以箧衍，巾以文绣，游居寝卧其下，彼不得梦，必且数眯焉。今而夫子亦取先王已陈刍狗，聚弟子游居寝卧其下。故伐树于宋，削迹于卫，穷于商周，是非其梦邪？围于陈蔡之间，七日不火食，死生相与邻，是非其眯邪？夫水行莫如用舟，而陆行莫如用车。以舟之可行于水也，而求推之于陆，则没世不行寻常。古今非水陆与？周鲁非舟车与？今蕲行周于鲁，是犹推舟于陆也！劳而无功，身必有殃。彼未知夫无方之传，应物而不穷者也。且子独不见夫桔槔者乎？引之则俯，舍之则仰。彼，人之所引，非引人者也。故俯仰而不得罪于人。故夫三皇五帝之礼义法度，不矜于同而矜于治。故譬三皇五帝之礼义法度，其犹柤梨橘柚邪！其味相反而皆可于口。故礼义法度者，应时而变者也。今取猨狙而衣以周公之服，彼必龁啮挽裂，尽去而后慊。观古今之异，犹猨狙之异乎周公也。故西施病心而矉其里，其里之丑人见之而美之，归亦捧心而矉其里。其里之富人见之，坚闭门而不出；贫人见之，挈妻子而去走。彼知矉美而不知矉之所以美。惜乎，而夫子其穷哉！"

这都是很明白地从复古思想的氛围气中摆脱出来，而走上新的改造的道路。所以说"当尧舜而天下无穷人，非知得也；当桀纣而天下无通人，非知失也，时势适然"。所以只好顺其时势之自然，而因势利导，道家所以看重"因"字，所以看重"无为而无为不为"，即由此历史哲学推论的结果。即因《庄子》书中有这一个矛盾，我们要解答庄子的历史哲学是进化论抑是退化论，很难有肯定的答案。由庄子看来，《天运篇》云"时不可止，道不可壅，苟得于道，无自而不可；失焉者，无自而可"：

> 孔子谓老聃曰："丘治《诗》《书》《礼》《乐》《易》《春秋》六经，自以为久矣，孰知其故矣，以奸者七十二君，论先王之道而明周、召之迹，一君无所钩用。甚矣！夫人之难说也？道之难明邪？"老子曰："幸矣，子之不遇治世之君！夫六经，先王之陈迹也，岂其所以迹哉！今子之所言，犹迹也。夫迹，履之所出，而迹岂履哉！夫白鶂之相视，眸子不运而风化；虫，雄鸣于上风，雌应于下风而风化。类自为雌雄，故风化。性不可易，命不可变，时不可止，道不可壅。苟得于道，无自而不可；失焉者，无自而可。"孔子不出三月，复见，曰："丘得之矣。乌鹊孺，鱼傅沫，细要者化，有弟而兄啼。久矣，夫丘不与化为人！不与化为人，安能化人。"老子曰："可，丘得之矣！"

所谓"道不可壅"，郭注谓："道亦贵于通而不可壅滞也。"这随时变化之历史的真理，当然要超出进化论和退化论矛盾的范畴，而成其具有矛盾之统一底特色的历史哲学。

第七章　人生哲学

> 托好老庄，贱物贵身。
> 志在守朴，养素全真。
>
> ——嵇康《幽愤诗》

一、生活艺术

在《天下篇》庄子说他自己的理想生活是："独与天地精神往来，而不敖倪于万物。不谴是非，以与世俗处。……上与造物者游，而下与外死生、无终始者为友。"这就是纯艺术的人生观。一种逍遥自得的人生观。生活艺术的极致则即为卷首的《逍遥游篇》：

> 若夫乘天地之正，而御六气之辩，以游无穷……乘云气，御飞龙，而游乎四海之外。……无何有之乡，广莫之野，彷徨乎无为其侧，逍遥乎寝卧其下。……

这是何等徜徉自得的艺术境界！《庄子》一书言"游"字的地方很多，计共八十七见，多是指这生活艺术的境界而言。例如《齐物论》：

> 若然者，乘云气，骑日月，而游乎四海之外……圣人不从

事于务,不就利,不违害,不喜求,不缘道。无谓有谓,有谓无谓,而游乎尘垢之外。

《大宗师》:

故圣人将游于物之所不得遁而皆存……孰能登天游雾,挠挑无极,相忘以生,无所终穷……彼方且与造物者为人,而游乎天地之一气。……芒然彷徨乎尘垢之外,逍遥乎无为之业。

《应帝王》:

予方将与造物者为人,厌则又乘夫莽眇之鸟,以出六极之外,而游无何有之乡,以处圹埌之野。……汝游心于淡,合气于漠,顺物自然而无容私焉,而天下治矣。……立乎不测而游于无有者也。……体尽无穷,而游无朕。

《在宥》:

入无穷之门,以游无极之野。……浮游不知所求,猖狂不知所往……出入六合,游乎九州,独往独来,是谓独有……处乎无响,行乎无方,挈汝适复之,挠挠以游无端……

《天地》:

夫明白入素,无为复朴,体性抱神,以游世俗之间者,汝将固惊邪?

《天运》：

　　古之至人，假道于仁，托宿于义，以游逍遥之虚，食于苟简之田，立于不贷之圃。逍遥，无为也；苟简，易养也，不贷，无出也。古者谓是采真之游。

《达生》：

　　游乎万物之所终始……子独不闻夫至人之自行邪？忘其肝胆，遗其耳目，芒然彷徨乎尘垢之外，逍遥乎无事之业。

《山木》：

　　若夫乘道德而浮游则不然，无誉无訾，一龙一蛇，与时俱化，而无肯专为。一上一下，以和为量。浮游乎万物之祖，物物而不物于物，则胡可得而累邪？……吾愿君刳形去皮，洒心去欲，而游于无人之野。……吾愿去君之累，除君之忧，而独与道游于大莫之国。

《知北游》：

　　尝相与游乎无何有之宫。

《田子方》：

　　老聃曰吾游心于物之初……始终相反乎无端，而莫知乎其所穷……孔子曰:"请问游是。"老聃曰:"夫得是至美至乐也,得至美而游乎至乐,谓之至人。"

《徐无鬼》:

予又且复游于六合之外……吾所与吾子游者,游于天地。

《则阳》:

知游心于无穷。

《外物》:

唯至人乃能游于世而不僻……心无游……

《让王》:

逍遥于天地之间而心意自得。

《列御寇》:

无能者无所求,饱食而遨游,汎若不系之舟,虚而遨游者也。

这种生活艺术,表面上虽极其超然,实乃由于对不自由环境之反动的结果。"逍遥"二字,《说文》不收而见于屈子,取其开放不拘怡然自得之意。《离骚》"折若木以拂日兮,聊逍遥以相羊""欲远集而无所止兮,聊浮游以逍遥",又《九歌·湘君》"时不可兮再得,聊逍遥兮容与",《湘夫人》"时不可兮骤得,聊逍遥兮容与",《九章·哀郢》"去终古之所居兮,今逍遥而来东",又《远游》"聊仿佯而逍遥兮,永历年而无成",由此可见《庄》《骚》用语有相通之处。王逸注《远游》云:"屈原履方直之行,不容于世,上为谗佞所谮毁,下为俗人所困极,章皇山泽,无所告诉,乃深惟元一,修执恬漠,思欲济世,则意中愤然,文采秀发,遂叙妙思,托配仙人,与俱游戏,周历天地,无所不到。"其开首几句话:"悲时俗之迫阨兮,愿轻举而远游。"这正是庄子《逍遥游》的同一背景,不过在《楚辞》作者用骚体来表现,在庄子则用哲学诗来表现,至其欲翱翔避世,却是完全相同的,《逍遥游篇》一则曰"归休乎君!予无所用天下为";再则曰"孰肯以物为事";三则曰"不夭斤斧,物无害者"。可见庄子之逍遥,乃所以逃世。所谓"游乎尘埃之外"(《齐物论》);所谓"游夫遥荡恣睢转徙之涂"(《大宗师》);所谓"游方之外"(《大宗师》),似此超世离俗,免脱患难,不正是对于其不自由环境之反动的结果是什么?因为不自由所以理想自由。"子独不见狸狌乎!卑身而伏,以候敖者,东西跳梁,不辟高下,中于机辟,死于罔罟。"(《逍遥游》)人们所以不能过自由生活,是因为人们为"功""名"与"己"三者所累,然而真正艺术的人生,则须超出于此三者之外,而独往独来。不但"功""名"与"己"完全抛弃,即列子御风而行,随风东西,虽免步行,犹必待风而动。故《逍遥游》标出无所待而游于无穷,为一篇纲要即是以"无所待"为生活艺术的真谛。所以说:

> 夫列子御风而行,泠然善也,旬有五日而后反。彼于致福者,未数数然也。此虽免乎行,犹有所待者也。若夫乘天地之正,而御六气之辩,以游无穷者,彼且恶乎待哉?故曰:至人无

己,神人无功,圣人无名。

至人是什么?《田子方篇》:"得至美而游乎至乐,谓之至人。"可见至人乃是生活艺术之实现者境界。在这生活艺术之中,首先是要超出自己,从有利害关系的自己本位世界,搬家到绝无利害关系的"忘己"或"无己"的艺术世界。所以《齐物论》南郭子綦之"吾丧我"乃是天籁:

> 南郭子綦隐机而坐,仰天而嘘,荅焉似丧其耦。颜成子游立侍乎前,曰:"何居乎?形固可使如槁木,而心固可使如死灰乎?今之隐机者,非昔之隐机者也?"子綦曰:"偃,不亦善乎而问之也!今者吾丧我,汝知之乎?女闻人籁而未闻地籁,女闻地籁而不闻天籁夫!"

《田子方篇》老聃"游心于物之初"乃是"至美至乐":

> 孔子见老聃,老聃新沐,方将被发而干,慹然似非人。孔子便而待之。少焉见,曰:"丘也眩与?其信然与?向者先生形体掘若槁木,似遗物离人而立于独也。"老聃曰:"吾游心于物之初。"孔子曰:"何谓邪?"曰:"心困焉而不能知,口辟焉而不能言。尝为汝议乎其将:至阴肃肃,至阳赫赫。肃肃出乎天,赫赫发乎地。两者交通成和而物生焉,或为之纪而莫见其形。消息满虚,一晦一明,日改月化,日有所为而莫见其功。生有所乎萌,死有所乎归,始终相反乎无端,而莫知乎其所穷。非是也,且孰为之宗!"孔子曰:"请问游是。"老聃曰:"夫得是至美至乐也。得至美而游乎至乐,谓之至人。"孔子曰:"愿闻其方。"

曰:"草食之兽,不疾易薮;水生之虫,不疾易水。行小变而不失其大常也,喜怒哀乐不入于胸次。夫天下也者,万物之所一也。得其所一而同焉,则四支百体将为尘垢,而死生终始将为昼夜,而莫之能滑,而况得丧祸福之所介乎!弃隶者若弃泥涂,知身贵于隶也。贵在于我而不失于变。且万化而未始有极也,夫孰足以患心!已为道者解乎此。"孔子曰:"夫子德配天地,而犹假至言以修心。古之君子,孰能脱焉!"老聃曰:"不然。夫水之于汋也,无为而才自然矣;至人之于德也,不修而物不能离焉。若天之自高,地之自厚,日月之自明,夫何修焉!"孔子出,以告颜回曰:"丘之于道也,其犹醯鸡与!微夫子之发吾覆也,吾不知天地之大全也。"

《在宥》言"大同而无己":

悲夫,有土者之不知也!夫有土者,有大物也。有大物者,不可以物。物而不物,故能物物。明乎物物者之非物也,岂独治天下百姓而已哉!出入六合,游乎九州,独往独来,是谓独有。独有之人,是谓至贵。大人之教,若形之于影,声之于响,有问而应之,尽其所怀,为天下配。处乎无响。行乎无方。挈汝适复之,挠挠以游无端,出入无旁,与日无始。颂论形躯,合乎大同。大同而无己。无己,恶乎得有有。睹有者,昔之君子;睹无者,天地之友。

《天地篇》言"忘己之人,是之谓入于天":

夫子问于老聃曰:"有人治道若相放,可不可,然不然。辩者有言曰：'离坚白，若县寓。'若是则可谓圣人乎？"老聃曰："是胥易技系，劳形怵心者也。执留之狗成思，猿狙之便自山林来。丘，予告若，而所不能闻与而所不能言：凡有首有趾、无心无耳者众；有形者与无形无状而皆存者尽无。其动止也，其死生也，其废起也，此又非其所以也。有治在人。忘乎物，忘乎天，其名为忘己。忘己之人，是之谓入于天。"

《秋水篇》言"大人无己"：

闻曰："道人不闻，至德不得，大人无己。"

《齐物论》瞿鹊子言"不就利，不违害，不喜求，不缘道"：

瞿鹊子问乎长梧子曰："吾闻诸夫子：圣人不从事于务，不就利，不违害，不喜求，不缘道，无谓有谓，有谓无谓，而游乎尘垢之外。夫子以为孟浪之言，而我以为妙道之行也。吾子以为奚若？"

这都是把生活当作一件艺术品看待，而进入物我两忘，乃至物我同一的境界。人之大患在有我，有我则有利害关系，于是乎有悲苦烦恼。庄子的生活艺术在乎使人们暂时忘去自我，摆脱了利害关系的世界移向至美至乐的世界，这对于人生，正是一种精神的解脱！

从消极方面说，生活艺术是"忘己""无己"的境界；从积极方面说，则是我没入大自然，我和大自然融化为一之自然的生活境界。所以《天地篇》"忘己之人，是之谓入于天"。入于天即是没入于自然，我的生命就是自然的生命，我和自然的生命往复交流，这乃是艺术家的生活境界。《庚桑楚》云：

> 夫至人者，相与交食乎地而交乐乎天，不以人物利害相撄，不相与为怪，不相与为谋，不相与为事，翛然而往，侗然而来。

这乃是纯任自然的人生。这里"天"就是自然的代名词，而庄子所要求的生活艺术，就是这种自然的人生。他把自然的生活和人为的生活分别得很严。天就是自然，和天相反的，就叫做"人"。人就是不自然的意思。所以说：

> 故曰：天在内，人在外，德在乎天。知天人之行本乎天，位乎得……曰："何谓天？何谓人？"北海若曰："牛马四足，是谓天。落马首，穿牛鼻，是谓人。故曰：'无以人灭天，无以故灭命，无以得殉名。谨守而勿失，是谓反其真。'"（《秋水》）

《大宗师》言：

> 子贡曰："敢问畸人？"曰："畸人者，畸于人而侔于天。故曰：天之小人，人之君子。人之君子，天之小人也。"

"无为而尊者无道也，有为而累者人道也。"（《在宥》）《陆象山语录》云："庄子云'眇乎小哉，以属诸人；謷乎大哉，独游于天'，又曰'天道之于人道也相远矣'，是分明裂天人而为二也。"这话很对，庄子也实在要分别自然的生活和人为的生活，把人为的生活看得丝毫没有价值，而要去人而反天，去不自然现实生活而返于自然的理想生活，故说：

不以人助天，是之谓真人。(《大宗师》)

古之真人，以天待之，不以人入无。(《徐无鬼》)

又分别游方之外与游方之内。游方之外的人，叫做"畸人"，"畸人者畸于人而侔于天"(《大宗师》)；又"不开人之天，而开天之天。开天者德生，开人者贼生"(《达生》)；但因此便如《荀子·解蔽篇》所云："庄子蔽于天而不知人"；则他亦自有其解释。盖庄子以"复归自然"为其生活的极则，而这种艺术生活虽以去人反天为起点，而实以天人合一为终点。所以《大宗师》云："庸讵知吾所谓天之非人乎？所谓人之非天乎？"

知天之所为，知人之所为者，至矣。知天之所为者，天而生也。知人之所以为者，以其知之所知以养其知之所不知，终其天年而不中道夭者，是知之盛也。虽然，有患夫知有所待而后当，其待者特未定也。庸讵知吾所谓天之非人乎？所谓人之非天乎？

《则阳篇》"未始有无，未始有人"：

冉相氏得其环中以随成，与物无终无始，无几无时。日与物化者，一不化者也。阖尝舍之。夫师天而不得师天，与物皆殉。其以为事也，若之何。夫圣人未始有天，未始有人，未始有始，未始有物，与世偕行而不替，所行之备而不洫，其合之也，若之何！

《庚桑楚》之"天乎人乎"：

圣人工乎天而拙乎人，夫工乎天而俍乎人者，唯全人能之。唯虫能虫，唯虫能天。全人恶天，恶人之天，而况吾天乎人乎。

这乃是天人合一底最高境界，同时也就是叔本华（Schopenhauer）所谓"一个无意志、无痛苦、无时间的纯粹的知识主宰（pure subject of knowledge）之艺术的最高境界"。

二、生死观

从生活艺术来看人生，则人生实在太小了。人生不过如沧海中之一粟，九牛中之一毛，其生其死都不过大气微尘的聚散，和万物有何分别？但另从一方面来看，"天下莫大于秋毫之末，而泰山为小"；何况人生？泰山为小则天下无大；秋毫为大，则天下无小，不但无小无大，而且无寿无夭。《齐物论》"莫寿乎天殇子，而彭祖为夭。天地与我并生，而万物与我为一"。苟足于自然而安其性命，则虽天地未足为寿，而与我并生；万物未足为异，而与我同得。什么是天地？什么是万物？什么是我？还不是一个东西？在这一个东西中，大即是大，小即是大；寿即是夭，夭即是寿。所以说："万物一府，死生同状"（《天地》）；"以死生为一条，以可不可为一贯"（《德充符》）。

所谓"死生，命也；其有夜旦之常，天也"：

> 一与天为徒，其不一与人为徒，天与人不相胜也，是之谓真人。死生，命也；其有夜旦之常，天也。人之有所不得与，皆物之情也。彼特以天为父，而身犹爱之，而况其卓乎！人特以有君为愈乎己，而身犹死之，而况其真乎！（《大宗师》）

"死生有待邪？皆有所一体。"

冉求问于仲尼曰："未有天地可知邪？"仲尼曰："可。古犹今也。"冉求失问而退。明日复见，曰："昔者吾问'未有天地可知乎？'夫子曰：'可。古犹今也。'昔日吾昭然，今日吾昧然。敢问何谓也？"仲尼曰："昔之昭然也，神者先受之；今之昧然也，且又为不神者求邪！无古无今，无始无终。未有子孙而有孙子可乎？"冉求未对。仲尼曰："已矣，末应矣！不以生生死，不以死死生。死生有待邪？皆有所一体。有先天地生者物邪？物物者非物，物出不得先物也，犹其有物也。犹其有物也无已！圣人之爱人也终无已者，亦乃取于是者也。"（《知北游》）

所谓"物已死生方圆，莫知其根也"（《知北游》）。"未生不可忌，已死不可阻。死生非远也，理不可睹。或之使，莫之为，疑之所假。"（《则阳》）

百年之身，其间相隔几何？未生者不能禁其不来，已死者不能穷其所往，这都只是自然而然，有如白天过了黑夜，黑夜过了白天，这都是必然之理，容不得一毫勉强、杜撰。所以人底一生，应该一切放任自然，一切听天由命。所以说：

今一犯人之形，而曰人耳人耳！夫造化者必以为不祥之人。今一以天地为大炉，以造化为大冶，恶乎往而不可哉？

就如生死一回事，什么希奇？也只算做自然变化的痕迹罢了。所以在达观底人看，原是不足介意的。所以：

> 故曰：圣人之生也天行，其死也物化。静而与阴同德，动而与阳同波。不为福先，不为祸始。感而后应，迫而后动，不得已而后起。去知与故，遁天之理。故无天灾，无物累，无人非，无鬼责。其生若浮，其死若休。不思虑，不豫谋。光矣而不耀，信矣而不期。其寝不梦，其觉无忧。其神纯粹，其魂不罢。虚无恬淡，乃合天德。（《刻意》）

> 与人和者，谓之人乐；与天和者，谓之天乐。庄子曰："吾师乎，吾师乎！齑万物而不为戾；泽及万世而不为仁；长于上古而不为寿；覆载天地、刻雕众形而不为巧。"此之谓天乐。故曰：知天乐者，其生也天行，其死也物化。静而与阴同德，动而与阳同波。故知天乐者，无天怨，无人非，无物累，无鬼责。（《天道》）

盖有生便不能无死，所谓"生之来不能却，其去不能止"，在这里生，安知不在那里死？在这里死，安知不在那里生呢？所以说"方生方死，方死方生"（《齐物论》）。《知北游》说得好：

> 生也死之徒，死也生之始，孰知其纪！人之生，气之聚也。聚则为生，散则为死。若死生为徒，吾又何患！故万物一也。是其所美者为神奇，其所恶者为臭腐。臭腐复化为神奇，神奇复化为臭腐。故曰："通天下一气耳。"圣人故贵一。

我们把那许多气质相结合而成的一个东西，叫他做"生"，而这"假于异物，托于同体"（《大宗师》）底暂时的"生"，也是很快要归于消灭的。所以说：

> 中国有人焉，非阴非阳，处于天地之间，直且为人，将反

于宗。自本观之，生者，喑醷物也。虽有寿夭，相去几何？须臾之说也，奚足以为尧、桀之是非！果蓏有理，人伦虽难，所以相齿。圣人遭之而不违，过之而不守。调而应之，德也；偶而应之，道也。帝之所兴，王之所起也。人生天地之间，若白驹之过郤，忽然而已。注然勃然，莫不出焉；油然漻然，莫不入焉。已化而生，又化而死。生物哀之，人类悲之。解其天弢，堕其天袠。纷乎宛乎，魂魄将往，乃身从之。乃大归乎！（《知北游》）

原来生死只是变化的痕迹。"已化而生，又化而死"，所以"大块载我以形，劳我以生，佚我以老，息我以死"：

夫大块载我以形，劳我以生，佚我以老，息我以死。故善吾生者，乃所以善吾死也。夫藏舟于壑，藏山于泽，谓之固矣！然而夜半有力者负之而走，昧者不知也。藏小大有宜，犹有所遁。若夫藏天下于天下而不得所遁，是恒物之大情也。特犯人之形而犹喜之。若人之形者，万化而未始有极也，其为乐可胜计邪？故圣人将游于物之所不得遁而皆存。善妖善老，善始善终，人犹效之，而况万物之所系而一化之所待乎！（《大宗师》）

死生只是无穷的变化，在这无穷之中，而能与宇宙合一，则尚何死生可言？所以"生者，假借也。假之而生生者，尘垢也。死生为昼夜"：

支离叔与滑介叔观于冥伯之丘，昆仑之虚，黄帝之所休。俄而柳生其左肘，其意蹶蹶然恶之。支离叔曰："子恶之乎？"滑介叔曰："亡，予何恶！生者，假借也。假之而生生者，尘

垢也。死生为昼夜。且吾与子观化而化及我，我又何恶焉！"（《至乐》）

所以"生非汝有，是天地之委和也；性命非汝有，是天地之委顺也；子孙非汝有，是天地之委蜕也"：

> 舜问乎丞："道可得而有乎？"曰："汝身非汝有也，汝何得有夫道！"舜曰："吾身非吾有也，孰有之哉？"曰："是天地之委形也；生非汝有，是天地之委和也；性命非汝有，是天地之委顺也；子孙非汝有，是天地之委蜕也。故行不知所往，处不知所持，食不知所味。天地之强阳气也，又胡可得而有邪！"（《知北游》）

"既而有生，生俄而死""孰知有无死生之一守者，吾与之为友"：

> 古之人，其知有所至矣。恶乎至？有以为未始有物者，至矣，尽矣，弗可以加矣！其次以为有物矣，将以生为丧也，以死为反也，是以分已。其次曰始无有，既而有生，生俄而死。以无有为首，以生为体，以死为尻。孰知有无死生之一守者，吾与之为友。（《庚桑楚》）

庄子所理想的人物，即是那"不知说生，不知恶死""生而不说，死而不祸"底人物：

> 古之真人，不知说生，不知恶死。其出不䜣，其入不距。翛然而往，翛然而来而已矣。不忘其所始，不求其所终。受而喜

之，忘而复之。是之谓不以心捐道，不以人助天，是之谓真人。若然者，其心志，其容寂，其颡頯。凄然似秋，暖然似春，喜怒通四时，与物有宜而莫知其极。(《大宗师》)

夫物，量无穷，时无止，分无常，终始无故。是故大知观于远近，故小而不寡，大而不多：知量无穷。证向今故，故遥而不闷，掇而不跂，知时无止。察乎盈虚，故得而不喜，失而不忧：知分之无常也。明乎坦涂，故生而不说，死而不祸：知终始之不可故也。计人之所知，不若其所不知；其生之时，不若未生之时；以其至小，求穷其至大之域，是故迷乱而不能自得也。(《秋水》)

《德充符》言"死生亦大矣，而不得与之变"；《田子方》言"死生亦大矣，而无变乎己"，又"有虞氏死生不入于心，故足以动人"：

鲁有兀者王骀，从之游者与仲尼相若。常季问于仲尼曰："王骀，兀者也，从之游者与夫子中分鲁。立不教，坐不议。虚而往，实而归。固有不言之教，无形而心成者邪？是何人也？"仲尼曰："夫子，圣人也，丘也直后而未往耳！丘将以为师，而况不若丘者乎！奚假鲁国，丘将引天下而与从之。"常季曰："彼兀者也，而王先生，其与庸亦远矣。若然者，其用心也，独若之何？"仲尼曰："死生亦大矣，而不得与之变；虽天地覆坠，亦将不与之遗；审乎无假而不与物迁，命物之化而守其宗也。"常季曰："何谓也？"仲尼曰："自其异者视之，肝胆楚越也；自其同者视之，万物皆一也。夫若然者，且不知耳目之所宜，而游心乎德之和。物视其所一而不见其所丧，视丧其足犹遗土也。"(《德充符》)

> 仲尼闻之曰:"古之真人,知者不得说,美人不得滥,盗人不得劫,伏戏、黄帝不得友。死生亦大矣,而无变乎己,况爵禄乎!若然者,其神经乎大山而无介,入乎渊泉而不濡,处卑细而不惫,充满天地,既以与人己愈有。"(《田子方》)

> 百里奚爵禄不入于心,故饭牛而牛肥,使秦穆公忘其贱,与之政也。有虞氏死生不入于心,故足以动人。(《田子方》)

悟得实际上本无生死,"而后能入于不死不生":

> 南伯子葵问乎女偊曰:"子之年长矣,而色若孺子,何也?"曰:"吾闻道矣。"南伯子葵曰:"道可得学邪?"曰:"恶!恶可!子非其人也。夫卜梁倚有圣人之才而无圣人之道,我有圣人之道而无圣人之才。吾欲以教之,庶几其果为圣人乎?不然,以圣人之道告圣人之才,亦易矣。吾犹守而告之,参日而后能外天下;已外天下矣,吾又守之,七日而后能外物;已外物矣,吾又守之,九日而后能外生;已外生矣,而后能朝彻;朝彻而后能见独;见独而后能无古今;无古今而后能入于不死不生。杀生者不死,生生者不生。其为物无不将也,无不迎也,无不毁也,无不成也。其名为撄宁。撄宁也者,撄而后成者也。"(《大宗师》)

而后知道生来死往,好似春夏秋冬、四时变化。所以《齐物论》"予恶乎知夫死者不悔其始之蕲生乎":

> 予恶乎知说生之非惑邪!予恶乎知恶死之非弱丧而不知归者邪!丽之姬,艾封人之子也。晋国之始得之也,涕泣沾襟。及其至于王所,与王同筐床,食刍豢,而后悔其泣也。予恶乎知夫

死者不悔其始之蕲生乎？梦饮酒者，旦而哭泣；梦哭泣者，旦而田猎。方其梦也，不知其梦也。梦之中又占其梦焉，觉而后知其梦也。且有大觉而后知此其大梦也，而愚者自以为觉，窃窃然知之。"君乎！牧乎！"固哉！丘也与女皆梦也，予谓女梦亦梦也。是其言也，其名为吊诡。万世之后而一遇大圣知其解者，是旦暮遇之也。

《大宗师》"不知所以生，不知所以死"：

颜回问仲尼曰："孟孙才，其母死，哭泣无涕，中心不戚，居丧不哀。无是三者，以善处丧盖鲁国，固有无其实而得其名者乎？回壹怪之。"仲尼曰："夫孟孙氏尽之矣，进于知矣，唯简之而不得，夫已有所简矣。孟孙氏不知所以生，不知所以死。不知就先，不知就后。若化为物，以待其所不知之化已乎。且方将化，恶知不化哉？方将不化，恶知已化哉？吾特与汝，其梦未始觉者邪！且彼有骇形而无损心，有旦宅而无情死。孟孙氏特觉，人哭亦哭，是自其所以乃。且也相与'吾之'耳矣，庸讵知吾所谓'吾之'乎？且汝梦为鸟而厉乎天，梦为鱼而没于渊。不识今之言者，其觉者乎？其梦者乎？造适不及笑，献笑不及排，安排而去化，乃入于寥天一。"

《大宗师》又载子舆与子来有病、子桑户之死，无不以生为附赘悬疣，以死为决疣溃痈：

子祀、子舆、子犁、子来四人相与语曰："孰能以无为首，以生为脊，以死为尻；孰知死生存亡之一体者，吾与之友矣！"

四人相视而笑,莫逆于心,遂相与为友。俄而子舆有病,子祀往问之。曰:"伟哉,夫造物者将以予为此拘拘也。"曲偻发背,上有五管,颐隐于齐,肩高于顶,句赘指天,阴阳之气有沴其心闲而无事,胼蹮而鉴于井,曰:"嗟乎!夫造物者又将以予为此拘拘也。"子祀曰:"女恶之乎?"曰:"亡,予何恶!浸假而化予之左臂以为鸡,予因以求时夜;浸假而化予之右臂以为弹,予因以求鸮炙;浸假而化予之尻以为轮,以神为马,予因以乘之,岂更驾哉!且夫得者,时也;失者,顺也。安时而处顺,哀乐不能入也,此古之所谓县解也,而不能自解者,物有结之。且夫物不胜天久矣,吾又何恶焉!"俄而子来有病,喘喘然将死。其妻子环而泣之。子犁往问之,曰:"叱!避!无怛化!"倚其户与之语曰:"伟哉造化!又将奚以汝为?将奚以汝适?以汝为鼠肝乎?以汝为虫臂乎?"子来曰:"父母于子,东西南北,唯命之从。阴阳于人,不翅于父母。彼近吾死而我不听,我则悍矣,彼何罪焉?夫大块以载我以形,劳我以生,佚我以老,息我以死。故善吾生者,乃所以善吾死也。今大冶铸金,金踊跃曰:'我且必为镆铘!'大冶必以为不祥之金。今一犯人之形而曰:'人耳!人耳!'夫造化者必以为不祥之人。今一以天地为大炉,以造化为大冶,恶乎往而不可哉!"成然寐,蘧然觉。

子桑户、孟子反、子琴张三人相与友曰:"孰能相与于无相与,相为于无相为;孰能登天游雾,挠挑无极,相忘以生,无所终穷!"三人相视而笑,莫逆于心,遂相与友。莫然有间,而子桑户死,未葬。孔子闻之,使子贡往侍事焉。或编曲,或鼓琴,相和而歌曰:"嗟来桑户乎!嗟来桑户乎!而已反其真,而我犹为人猗!"子贡趋而进曰:"敢问临尸而歌,礼乎?"二人相视而笑曰:"是恶知礼意!"子贡反,以告孔子曰:"彼何人者邪?

修行无有而外其形骸，临尸而歌，颜色不变，无以命之。彼何人者邪？"孔子曰："彼游方之外者也，而丘游方之内者也。外内不相及，而丘使女往吊之，丘则陋矣！彼方且与造物者为人，而游乎天地之一气。彼以生为附赘县疣，以死为决𤴯溃痈。夫若然者，又恶知死生先后之所在！假于异物，托于同体；忘其肝胆，遗其耳目；反复终始，不知端倪；芒然仿徨乎尘垢之外，逍遥乎无为之业。彼又恶能愦愦然为世俗之礼，以观众人之耳目哉！"

而《至乐篇》所载庄子妻死鼓盆而歌的故事、与髑髅问答的故事，乃至《列御寇篇》庄子将死的故事，无一处不告诉我们，以世人悦生恶死的可笑可怜，而同时又可见以天地之生死为生死，是如何地"翛然而往，翛然而来"，与无为一，生死不过是道之循环、生活艺术节奏而已：

庄子妻死，惠子吊之，庄子则方箕踞鼓盆而歌。惠子曰："与人居，长子、老、身死，不哭亦足矣，又鼓盆而歌，不亦甚乎！"庄子曰："不然。是其始死也，我独何能无概！然察其始而本无生；非徒无生也，而本无形；非徒无形也，而本无气。杂乎芒芴之间，变而有气，气变而有形，形变而有生。今又变而之死。是相与为春秋冬夏四时行也。人且偃然寝于巨室，而我噭噭然随而哭之，自以为不通乎命，故止也。"（《至乐》）

庄子之楚，见空髑髅，髐然有形。撽以马捶，因而问之，曰："夫子贪生失理而为此乎？将子有亡国之事、斧钺之诛而为此乎？将子有不善之行，愧遗父母妻子之丑而为此乎？将子有冻馁之患而为此乎？将子之春秋故及此乎？"于是语卒，援髑髅，枕而卧。夜半，髑髅见梦曰："子之谈者似辩士，视子所言，皆生人之累也,死则无此矣。子欲闻死之说乎?"庄子曰:"然。"髑髅曰:"死,无君于上,无臣于下,亦无四时之事,从然以天地为春秋,虽南面王乐,不能过也。"庄子不信,曰:"吾使司命复生子形,为子骨肉肌肤,反子父母、妻子、闾里、知识,子欲之乎?"髑髅深矉蹙额曰:"吾安能弃南面王乐而复为人间之劳乎!"(《至乐》)

庄子将死,弟子欲厚葬之。庄子曰:"吾以天地为棺椁,以日月为连璧,星辰为珠玑,万物为赍送。吾葬具岂不备邪?何以加此!"弟子曰:"吾恐乌鸢之食夫子也。"庄子曰:"在上为乌鸢食,在下为蝼蚁食,夺彼与此,何其偏也。"以不平平,其平也不平;以不征征,其征也不征。明者唯为之使,神者征之。夫明之不胜神也久矣,而愚者恃其所见入于人,其功外也,不亦悲夫!(《列御寇》)

但话虽如此,不要误会庄子的生死观为纯粹的厌世主义。《至乐篇》曾云:

人之生也与忧俱生,寿者惛惛,久忧不死。何之苦也,其为形也亦远矣。

这虽很近于厌世,但他有厌世之一面,同时更有精神不死之一面。《老子》"死而不亡者寿""谷神不死"。《庄子·田子方》亦云:"夫哀莫大于心死,而人死亦次之。"心死即《齐物论》所谓"其形化其心与之然,可不为大哀"之说,可见精神重于物质,物质的生命虽有生有灭,而精神的生命则是"无古今,无终始,先天地生而不为久,长于上古而不老"(《大宗师》)。"有乎生,有乎死;有乎出,有乎入;

出入不见其形，是谓天门"(《则阳》)。出是自无而有，入是自有而无，自无而有叫做"生"，自有而无叫做"死"，然而出必有入，人必有出，死无穷，生亦无穷，说得最明白的是《养生主》一段：

> 老聃死，秦失吊之，三号而出。弟子曰："非夫子之友邪？"曰："然。""然则吊焉若此可乎？"曰："然。始也吾以为其人也，而今非也。向吾入而吊焉，有老者哭之，如哭其子；少者哭之，如哭其母。彼其所以会之，必有不蕲言而言，不蕲哭而哭者。是遁天倍情，忘其所受，古者谓之遁天之刑。适来，夫子时也；适去，夫子顺也。安时而处顺，哀乐不能入也，古者谓是帝之县解。"指穷于为薪，火传也，不知其尽也。

此处借薪火以喻死生。"言为薪者，前持之薪甫尽，即必以后薪继续之，故其火相延不熄，未有知其尽时者。……夫形往而神存，与薪尽火传无异也。《知北游篇》曰'生也死之徒，死也生之始，孰知其纪'，《大宗师篇》曰'若人之形者，万化而未始有极也'，皆此不知其尽之义。"(阮毓崧：《庄子集注》) 不知其尽，即是精神之永生。

三、处世哲学

> 老子贵弱，庄子贵虚；
> 老子贵早，庄子贵忘。
>
> ——南漘楛语

庄子既然看得人间生劳老死都只是天道自然的运行，那么人生在世，最好就是处旁观的态度，对于实际生活有一种适当的距离。《人间世篇》告诉我们：处于污乱的世间和事物交接，应当不要声名，而隐晦自己的德行，乃是保全性命之道。末了引《接舆歌》，"来世不可待，往世不可追也"；过去的已经过去了，将来的不可预测，即就现实的世界（人间世）而言，也应该摆脱目前的利害关系，而安闲自在地顺着命运做去。《养生主》与《大宗师》同样告诉我们"适来夫子时也，适去夫子顺也（《大宗师》作："且夫得者时也，失者顺也。"），安时而处顺，哀乐不能入也"。"哀乐不能入"即是不以感情利害用事，如魏晋清谈家何晏、钟会等主张"圣人无喜怒哀乐"之说，然无喜怒哀乐，乃圣人之情应万物而无累于物，虽无情而非不复应物。只是从现实世界的束缚跳开，而以纯理性的高蹈精神处世。《德充符篇》首唱"无情主义"，"有人之形，无人之情。有人之形，故群于人；无人之情，故是非不得于身"。

有人之形，无人之情。有人之形，故群于人；无人之情，故是非不得于身。眇乎小哉，所以属于人也；謷乎大哉，独成其天。惠子谓庄子曰："人故无情乎？"庄子曰："然。"惠子曰："人而无情，何以谓之人？"庄子曰："道与之貌，天与之形，恶得不谓之人？"惠子曰："既谓之人，恶得无情？"庄子曰："是非吾所谓情也。吾所谓无情者，言人之不以好恶内伤其身，常因自然而不益生也。"惠子曰："不益生，何以有其身？"庄子曰："道与之貌，天与之形，无以好恶内伤其身。今子外乎子之神，劳乎子之精，倚树而吟，据槁梧而瞑。天选子之形，子以坚白鸣。"

《山木篇》言"刳形去皮，洒心去欲，而游于无人之野"：

市南宜僚见鲁侯，鲁侯有忧色。市南子曰："君有忧色，何也?"鲁侯曰:"吾学先王之道,修先君之业;吾敬鬼尊贤,亲而行之,无须臾离居。然不免于患,吾是以忧。"市南子曰:"君之除患之术浅矣!夫丰狐文豹,栖于山林,伏于岩穴,静也;夜行昼居,戒也;虽饥渴隐约,犹且胥疏于江湖之上而求食焉,定也。然且不免于罔罗机辟之患,是何罪之有哉?其皮为之灾也。今鲁国独非君之皮邪?吾愿君刳形去皮,洒心去欲,而游于无人之野。南越有邑焉,名为建德之国。其民愚而朴,少私而寡欲;知作而不知藏,与而不求其报;不知义之所适,不知礼之所将。猖狂妄行,乃蹈乎大方。其生可乐,其死可葬。吾愿君去国捐俗,与道相辅而行。"君曰:"彼其道远而险,又有江山,我无舟车,奈何?"市南子曰:"君无形倨,无留居,以为君车。"君曰:"彼其道幽远而无人,吾谁与为邻?吾无粮,我无食,安得而至焉?"市南子曰:"少君之费,寡君之欲,虽无粮而乃足。君其涉于江而浮于海,望之而不见其崖,愈往而不知其所穷。送君者皆自崖而反。君自此远矣!故有人者累,见有于人者忧。故尧非有人,非见有于人也。吾愿去君之累,除君之忧,而独与道游于大莫之国。……"

这种生活最明显的表现,即是以无用为用,以不材为材。《逍遥游篇》言"无所可用,安所困苦":

惠子谓庄子曰:"吾有大树,人谓之樗。其大本臃肿而不中绳墨,其小枝卷曲而不中规矩。立之涂,匠者不顾。今子之言,大而无用,众所同去也。"庄子曰:"子独不见狸狌乎?卑身而伏,以候敖者;东西跳梁,不避高下;中于机辟,死于罔罟。今夫斄牛,其大若垂天之云。此能为大矣,而不能执鼠。今子有大树,患其无用,何不树之于无何有之乡,广莫之野,彷徨乎无为其侧,逍遥乎寝卧其下。不夭斤斧,物无害者,无所可用,安所困苦哉!"

《外物篇》言"无用之为用":

> 惠子谓庄子曰:"子言无用。"庄子曰:"知无用而始可与言用矣。夫地非不广且大也,人之所用容足耳,然则厕足而垫之致黄泉,人尚有用乎?"惠子曰:"无用。"庄子曰:"然则无用之为用也亦明矣。"

《人间世》言"人皆知有用之用,而莫知无用之用也":

> 孔子适楚,楚狂接舆游其门曰:"凤兮凤兮,何如德之衰也。来世不可待,往世不可追也。天下有道,圣人成焉;天下无道,圣人生焉。方今之时,仅免刑焉!福轻乎羽,莫之知载;祸重乎地,莫之知避。已乎,已乎!临人以德。殆乎,殆乎!画地而趋。迷阳迷阳,无伤吾行。吾行郤曲,无伤吾足。"山木,自寇也;膏火,自煎也。桂可食,故伐之;漆可用,故割之。人皆知有用之用,而莫知无用之用也。

《人间世》又言"无所可用,故能若是之寿""神人以此不材","此皆巫祝以知之矣,所以为不祥也。此乃神人之所以为大祥也":

> 匠石之齐,至于曲辕,见栎社树。其大蔽数千牛,絜之百围,其高临山十仞而后有枝,其可以舟者旁十数。观者如市,匠伯不顾,遂行不辍。弟子厌观之,走及匠石,曰:"自吾执斧

斤以随夫子,未尝见材如此其美也。先生不肯视,行不辍,何邪?"曰:"已矣,勿言之矣!散木也。以为舟则沉,以为棺椁则速腐,以为器则速毁,以为门户则液樠,以为柱则蠹,是不材之木也。无所可用,故能若是之寿。"匠石归,栎社见梦曰:"女将恶乎比予哉?若将比予于文木邪?夫柤梨橘柚果蓏之属,实熟则剥,剥则辱。大枝折,小枝泄。此以其能苦其生者也。故不终其天年而中道夭,自掊击于世俗者也。物莫不若是。且予求无所可用久矣!几死,乃今得之,为予大用。使予也而有用,且得有此大也邪?且也若与予也皆物也,奈何哉其相物也?而几死之散人,又恶知散木!"匠石觉而诊其梦。弟子曰:"趣取无用,则为社何邪?"曰:"密!若无言!彼亦直寄焉!以为不知己者诟厉也。不为社者,且几有翦乎!且也彼其所保与众异,而以义喻之,不亦远乎!"

南伯子綦游乎商之丘,见大木焉,有异:结驷千乘,隐,将芘其所藾。子綦曰:"此何木也哉!此必有异材夫!"仰而视其细枝,则拳曲而不可以为栋梁;俯而视其大根,则轴解而不可以为棺椁;咶其叶,则口烂而为伤;嗅之,则使人狂酲三日而不已。子綦曰:"此果不材之木也,以至于此其大也。嗟乎,神人以此不材。"

宋有荆氏者,宜楸柏桑。其拱把而上者,求狙猴之杙斩之;三围四围,求高名之丽者斩之;七围八围,贵人富商之家求樿傍者斩之。故未终其天年而中道之夭于斧斤,此材之患也。故解之以牛之白颡者,与豚之亢鼻者,与人有痔病者,不可以适河。此皆巫祝以知之矣,所以为不祥也。此乃神人之所以为大祥也。

庄子以此处世,又恐不材亦不得终其天年,更将处夫材与不材之

间，即谓有材而不自见其材，然未免为物所累，仍需加以否定：

> 庄子行于山中，见大木，枝叶盛茂。伐木者止其旁而不取也。问其故，曰："无所可用。"庄子曰："此木以不材得终其天年。"夫子出于山，舍于故人之家。故人喜，命竖子杀雁而烹之。竖子请曰："其一能鸣，其一不能鸣，请奚杀？"主人曰："杀不能鸣者。"明日，弟子问于庄子曰："昨日山中之木，以不材得终其天年；今主人之雁，以不材死。先生将何处？"庄子笑曰："周将处乎材与不材之间。材与不材之间，似之而非也，故未免乎累。……"（《山木》）

因为庄子的处世哲学，本注意于全生免祸的方法，他知道一切事物皆属不得不然，而为人所无可奈何。所以人如以感情利害用事，则其结果反苦了自己。人如好弄聪明，则其结果，必致祸患来临，惟一方法，只有如古之通术，"于物无择，与之俱往"（《天下》）。只有一方面"独与天地精神往来"，一方面又"不谴是非，以与世俗处"。所谓《养生主》云：

> 为善无近名，为恶无近刑，缘督以为经，可以保身，可以全生，可以养亲，可以尽年。

又《人间世》云：

> 形莫若就，心莫若和。虽然，之二者有患。就不欲入，和不欲出，形就而入，且为颠、为灭、为崩、为蹶。心和而出，且为声、为名、为妖、为孽。彼且为婴儿，亦与之为婴儿；彼且为

无町畦，亦与之为无町畦；彼且为无崖，亦与之为无崖，达之入于无疵。

又《大宗师》云：

浸假而化予之左臂以为鸡，予因以求时夜；浸假而化予之右臂以为弹，予因以求鸮炙；浸假而化予之尻以为轮，以神为马，予因以乘之，岂更驾哉？

这种"无可无不可"的处世哲学，其末流可以养成阿世取容和苟免无耻之徒，但在庄子当时，却是一种消极革命的态度。如《人间世篇》云：

仲尼曰："天下有大戒二，其一命也，其一义也。子之爱亲，命也，不可解于心。臣之事君，义也。无适而非君也，无所逃于天地之间，是之谓大戒。是以夫事其亲者，不择地而安之，孝之至也。夫事其君者，不择事而安之，忠之盛也。自事其心者，哀乐不易施乎前，知其不可奈何而安之若命，德之至也。为人臣子者，固有所不得已，行事之情而忘其身，何暇至于悦生而恶死？

这就表面上看，和儒家处世的态度相同，实则"知其不可奈何而安之若命"，这里便含着消极批判意味。(《德充符篇》托为申徒嘉答子产语："知不可奈何而安之若命，惟有德者能之。"文意均同。)"知不可奈何皆命也，而安之则无哀无乐，故冥然以所遇为命，而不施心于其间，泯然共其至为一，而无休戚于其中。"（郭象注语）这乃是一种宿命论的哲学，乃是极端的压迫之下所产生的托尔斯泰和陀思妥夫斯基（Dostoyevsky）式的无抵抗的革命哲学。

无抵抗的革命哲学，使人能够在强大的压力之下，乐天知命。就消极方面上说，可以安慰自己，可以明哲保身。如《大宗师篇》的子桑、《达生篇》的子扁庆子都正是好例：

> 子舆与子桑友。而霖雨十日，子舆曰："子桑殆病矣！"裹饭而往食之。至子桑之门，则若歌若哭，鼓琴曰："父邪！母邪！天乎！人乎！"有不任其声而趋举其诗焉。子舆入，曰："子之歌诗，何故若是？"曰："吾思夫使我至此极者而弗得也。父母岂欲吾贫哉？天无私覆，地无私载，天地岂私贫我哉？求其为之者而不得也！然而至此极者，命也夫！"（《大宗师》）
>
> 有孙休者，踵门而诧子扁庆子曰："休居乡不见谓不修，临难不见谓不勇。然而田原不遇岁，事君不遇世，宾于乡里，逐于州部，则胡罪乎天哉？休恶遇此命也？"扁子曰："子独不闻夫至人之自行邪？忘其肝胆，遗其耳目，芒然彷徨乎尘垢之外，逍遥乎无事之业，是谓为而不恃，长而不宰。今汝饰知以惊愚，修身以明污，昭昭乎若揭日月而行也。汝得全而形躯，具而九窍，无中道夭于聋盲跛蹇而比于人数亦幸矣，又何暇乎天之怨哉！子往矣！"（《达生》）

积极方面则这种宿命观，也自然把得失成败祸福看得很轻，而只管一任自然命运做去。《秋水篇》所谓："知穷之有命，知通之有时，临大难而不惧者，圣人之勇也。"又《德充符》云：

> 死生、存亡、穷达、贫富、贤共不肖、毁誉、饥渴、寒暑，是事之变、命之行也。日夜相代乎前，而知不能规乎其始也，故

不足以滑和。

忘情之极,而至于"大泽焚而不能热,河汉冱而不能寒,疾雷破山风振海而不能惊"(《齐物论》),这不能不说是至人的伟大!忘情之极,而"至人之用心若镜,不将不迎,应而不藏"(《应帝王》),这更不能不说是人生艺术之纯理性之境界了:

> 体尽无穷。而游无朕,尽其所受乎天而无见得,亦虚而已!至人之用心若镜,不将不迎,应而不藏,故能胜物而不伤。

四、静的复性论

如果生活艺术的世界,有亚波罗(Appollo)的精神,也有狄安尼索斯(Dionysus)的精神,则在庄子学派中,也可以有右派底静的复性论和左派底动的复性论两种不同。所谓静的复性论,完全是无所为而为。在那静美之中,私欲的活动停止了,人的本性自然性显露了。本性之与私欲,有如一个明珠在大水里,私欲不生则如珠在那清底水里面,透底都明;私欲一萌,则如珠在浊底水里面,外面更不见光明处。(用朱子语意)这种"静"的人生观,虽发源于《庄子》内篇,却大大发挥于其右派。内篇中之"心斋""坐忘",无非将人之意识感情完全消灭净尽,而入于虚无恬静的境界。但到了右派,这种思想更为具体化起来,成为一种修养的方法。因为虚无恬静的生活,本来就是自然的生活;但自然的生活本然自己如此,无须增加什么,所以自然生活,只须将不自然根本推翻,既没有什么不自然的,那就是自然了。所以自然生活除却不自然生活便是。除却不自然的外诱,即是"去物欲",去物欲便自然返朴归真,到达虚无恬静的境界。试以

《刻意篇》为例：

刻意尚行，离世异俗，高论怨诽，为亢而已矣。此山谷之士，非世之人，枯槁赴渊者之所好也。语仁义忠信，恭俭推让，为修而已矣。此平世之士，教诲之人，游居学者之所好也。语大功，立大名，礼君臣，正上下，为治而已矣。此朝廷之士，尊主强国之人，致功并兼者之所好也。就薮泽，处闲旷，钓鱼闲处，无为而已矣。此江海之士，避世之人，闲暇者之所好也。吹呴呼吸，吐故纳新，熊经鸟申，为寿而已矣。此道引之士，养形之人，彭祖寿考者之所好也。若夫不刻意而高，无仁义而修，无功名而治，无江海而闲，不道引而寿，无不忘也，无不有也。淡然无极而众美从之。此天地之道，圣人之德也。

故曰：夫恬淡寂漠，虚无无为，此天地之平而道德之质也。故曰：圣人休休焉则平易矣。平易则恬淡矣。平易恬淡，则忧患不能入，邪气不能袭，故其德全而神不亏。故曰：圣人之生也天行，其死也物化。静而与阴同德，动而与阳同波。不为福先，不为祸始。感而后应，迫而后动，不得已而后起。去知与故，循天之理。故无天灾，无物累，无人非，无鬼责。其生若浮，其死若休。不思虑，不豫谋。光矣而不耀，信矣而不期。其寝不梦，其觉无忧。其神纯粹，其魂不罢。虚无恬淡，乃合天德。故曰：悲乐者，德之邪也；喜怒者，道之过也；好恶者，德之失也。故心不忧乐，德之至也；一而不变，静之至也；无所于忤，虚之至也；不与物交，惔之至也；无所于逆，粹之至也。故曰：形劳而不休则弊，精用而不已则劳，劳则竭。水之性，不杂则清，莫动则平；郁闭而不流，亦不能清；天德之象也。故曰：纯粹而不杂，静一而不变，淡而无为，动而以天行，此养神之道也。

夫有干越之剑者，柙而藏之，不敢用也，宝之至也。精神四达并流，无所不极，上际于天，下蟠于地，化育万物，不可为象，其名为同帝。纯素之道，唯神是守。守而勿失，与神为一。一之精通，合于天伦。野语有之曰："众人重利，廉士重名，贤士尚志，圣人贵精。"故素也者，谓其无所与杂也；纯也者，谓其不亏其神也。能体纯素，谓之真人。

这一篇大旨，是"虚无恬淡，乃合天德"八个大字。什么喜怒哀乐，什么是非好恶，都在禁绝之列。精神生活到了纯素的地步，便成为"真人"了。《缮性篇》把"丧己于物，失性于俗者"，叫做"倒置之民"。这和《达生篇》以养形不足以存生，必须"形全精复，与天为一"甚相近：

古之所谓隐士者，非伏其身而弗见也，非闭其言而不出也，非藏其知而不发也，时命大谬也。当时命而大行乎天下，则反一无迹；不当时命而大穷乎天下，则深根宁极而待：此存身之道也。古之存身者，不以辩饰知，不以知穷天下，不以知穷德，危然处其所而反其性，已又何为哉！道固不小行，德固不小识。小识伤德，小行伤道。故曰：正己而已矣。乐全之谓得志。古之所谓得志者，非轩冕之谓也，谓其无以益其乐而已矣。今之所谓得志者，轩冕之谓也。轩冕在身，非性命也，物之傥来，寄者也。寄之，其来不可圉，其去不可止。故不为轩冕肆志，不为穷约趋俗，其乐彼与此同，故无忧而已矣！今寄去则不乐。由是观之，虽乐，未尝不荒也。故曰：丧己于物，失性于俗者，谓之倒置之民。（《缮性》）

达生之情者，不务生之所无以为；达命之情者，不务知之所无奈何。养形必先之以物，物有余而形不养者有之矣。有生必先无离形，形不离而生亡者有之矣。生之来不能却，其去不能止。悲夫！世之人以为养形足以存生，而养形果不足以存生，则世奚足为哉！虽不足为而不可不为者，其为不免矣！夫欲免为形者，莫如弃世。弃世则无累，无累则正平，正平则与彼更生，更生则几矣！事奚足弃而生奚足遗？弃事则形不劳，遗生则精不亏。夫形全精复，与天为一。(《达生》)

谈得最明显的是《庚桑楚篇》：

彻志之勃，解心之谬，去德之累，达道之塞。贵富显严名利六者，勃志也；容动色里气意六者，谬心也；恶欲喜怒哀乐六者，累德也；去就取与知能六者，塞道也。此四六者不荡，胸中则正，正则静，静则明，明则虚，虚则无为而无不为也。

又《天地篇》：

百年之木，破为牺尊，青黄而文之，所断在沟中。比牺尊于沟中之断，则美恶有间矣，其于失性一也。跖与曾、史，行义有间矣，然其失性均也。且夫失性有五：一曰五色乱目，使目不明；二曰五声乱耳，使耳不聪；三曰五臭薰鼻，困惾中颡；四曰五味浊口，使口厉爽；五曰趣舍滑心，使性飞扬。此五者，皆生之害也。而杨、墨乃始离跂自以为得，非吾所谓得也。夫得者困，可以为得乎？则鸠鸮之在于笼也，亦可以为得矣。且夫趣舍声色以柴其内，皮弁鹬冠搢笏绅修以约其外。内支楹于柴栅，外重纆缴，睆睆然在纆缴之中而自以为得，则是罪人交臂历指而虎豹在于囊槛，亦可以为得矣。

这派本于《庄子·大宗师篇》"其耆欲深者，其天机浅"；以为物欲的生活就是返于自然的生活，那些向外逐物的人们，不知不觉之间，都把本性自然性完全白白送掉了。庄子中派即庄子直传弟子所作《至乐篇》，也有相似的思想：

> 夫天下之所尊者，富贵寿善也；所乐者，身安厚味美服好色音声也；所下者，贫贱夭恶也；所苦者，身不得安逸，口不得厚味，形不得美服，目不得好色，耳不得音声。若不得者，则大忧以惧，其为形也亦愚哉！夫富者，苦身疾作，多积财而不得尽用，其为形也亦外矣！夫贵者，夜以继日，思虑善否，其为形也亦疏矣！人之生也，与忧俱生。寿者惛惛，久忧不死，何苦也！其为形也亦远矣！

要之他们这些都是为着物质生活，不惜把精神生活牺牲了。依庄子右派意思，这都是吃着"有所为而为"的亏，所以应该倒转过来主张"无所为而为"，主张"虚无恬淡"的人生观。这一派和老子一样，以婴孩为其人生模范，以婴孩说明"虚无恬淡"的本质。老子说：

> 专气致柔，能如婴儿乎？（十章）
> 众人熙熙，如享太牢，如登春台。我独泊兮其未兆，沌沌兮如婴儿之未孩。（二十章）
> 含德之厚，比于赤子，蜂虿虺蛇不螫，猛兽不据，攫鸟不搏。骨弱筋柔而握固，未知牝牡之合而朘作，精之至也。终日号而不嗄，和之至也。（五十五章）

《庚桑楚篇》更发挥尽致说:

> 老子曰:"卫生之经,能抱一乎! 能勿失乎! 能无卜筮而知吉凶乎! 能止乎! 能已乎! 能舍诸人而求诸己乎! 能翛然乎! 能侗然乎! 能儿子乎! 儿子终日嗥而嗌不嗄,和之至也;终日握而手不掜,共其德也;终日视而目不瞚,偏不在外也。行不知所之,居不知所为,与物委蛇而同其波。是卫生之经已。"南荣趎曰:"然则是至人之德已乎?"曰:"非也。是乃所谓冰解冻释者,能乎? 夫至人者,相与交食乎地而交乐乎天,不以人物利害相撄,不相与为怪,不相与为谋,不相与为事,翛然而往,侗然而来。是谓卫生之经已。"曰:"然则是至乎?"曰:"未也。吾固告汝曰:'能儿子乎!'儿子动不知所为,行不知所之,身若槁木之枝而心若死灰。若是者,祸亦不至,福亦不来。祸福无有,恶有人灾也!"

这种"静"的复性论,其结果乃以于物无忤、于世无争的婴孩为其理想人格,这一套思想,以后影响于唐代李翱所作的《复性书》,而更间接影响于宋儒理学,这是很值得我们注意的。

五、动的复性论

《庄子》当中有主张静的复性论底右派,则时也有主张动的复性论底左派。如以右派是受了宋钘思想的影响,则左派实受了杨朱思想的影响。右派近于唯心论,左派近于唯物论;右派主静,左派主动;右派无我,左派有我;右派主张绝欲,左派主张纵欲。但这两派也有一个共同点,即是一种反本复始主义,要"返于自然"。由左派眼光看来，好像自然的东西都是好的，一入人的手中就弄坏了。引导人生于罪恶的，不是别的，就是所谓仁义、所谓圣智。因此他们就反对仁义，反对圣智，而主张返于人类的天真。本来在右派之中，也有以仁义为迂的话，见《天道篇》与《天运篇》：

> 孔子西藏书于周室，子路谋曰："由闻周之征藏史有老聃者，免而归居，夫子欲藏书，则试往因焉。"孔子曰："善。"往见老聃，而老聃不许，于是繙十二经以说。老聃中其说，曰："大谩，愿闻其要。"孔子曰："要在仁义。"老聃曰："请问：仁义，人之性邪？"孔子曰："然，君子不仁则不成，不义则不生。仁义，真人之性也，又将奚为矣？"老聃曰："请问：何谓仁义？"孔子曰："中心物恺，兼爱无私，此仁义之情也。"老聃曰："意，几乎后言！夫兼爱，不亦迂夫！无私焉，乃私也。夫子若欲使天下无失其牧乎？则天地固有常矣，日月固有明矣，星辰固有列矣，禽兽固有群矣，树木固有立矣。夫子亦放德而行，遁道而趋，已至矣！又何偈偈乎揭仁义，若击鼓而求亡子焉！意，夫子乱人之性也。"（《天道》）

> 孔子见老聃而语仁义。老聃曰："夫播糠眯目，则天地四方易位矣；蚊虻噆肤，则通昔不寐矣。夫仁义憯然，乃愤吾心，乱莫大焉。吾子使天下无失其朴，吾子亦放风而动，总德而立矣！又奚杰杰然若负建鼓而求亡子者邪！夫鹄不日浴而白，乌不日黔而黑。黑白之朴，不足以为辩；名誉之观，不足以为广。泉涸，鱼相与处于陆，相呴以湿，相濡以沫，不若相忘于江湖。"（《天运》）

《庄子·大宗师》也有"黥汝以仁义，而劓汝以是非"的名言：

> 意而子见许由，许由曰："尧何以资汝？"意而子曰："尧谓我：汝必躬服仁义而明言是非。"许由曰："而奚来为轵？夫尧既已黥汝以仁义，而劓汝以是非矣。汝将何以游夫遥荡恣睢转徙之涂乎？"意而子曰："虽然，吾愿游于其藩。"许由曰："不然。夫盲者无以与乎眉目颜色之好，瞽者无以与乎青黄黼黻之观。"意而子曰："夫无庄之失其美，据梁之失其力，黄帝之亡其知，皆在炉捶之间耳。庸讵知夫造物者之不息我黥而补我劓，使我乘成以随先生邪？"许由曰："噫！未可知也。我为汝言其大略：吾师乎！吾师乎！齑万物而不为义，泽及万世而不为仁，长于上古而不为老，覆载天地、刻雕众形而不为巧。此所游已！"

但他们仍然承认"道德已明而仁义次之"（《天道》）。"仁义先王之蘧庐止可以一宿，而不可久处……古之至人，假道于仁，托宿于义，以游逍遥之虚"（《天运》）。但在左派则根本取消仁义，说得最透澈的，是《骈拇》一篇：

> 骈拇枝指出乎性哉，而侈于德；附赘县疣出乎形哉，而侈于性；多方乎仁义而用之者，列于五藏哉，而非道德之正也。是故骈于足者，连无用之肉也；枝于手者，树无用之指也；多方骈枝于五藏之情者，淫僻于仁义之行，而多方于聪明之用也。
>
> 是故骈于明者，乱五色，淫文章，青黄黼黻之煌煌非乎？而离朱是已！多于聪者，乱五声，淫六律，金石丝竹黄钟大吕之声非乎？而师旷是已！枝于仁者，擢德塞性以收名声，使天下簧鼓以奉不及之法非乎？而曾、史是已！骈于辩者，累瓦结绳窜句，游心于坚白同异之间，而敝跬誉无用之言非乎？而杨、墨是已！故此皆多骈旁枝之道，非天下之至正也。

彼正正者，不失其性命之情。故合者不为骈，而枝者不为跂；长者不为有余，短者不为不足。是故凫胫虽短，续之则忧；鹤胫虽长，断之则悲。故性长非所断，性短非所续，无所去忧也。

意仁义其非人情乎！彼仁人何其多忧也。且夫骈于拇者，决之则泣；枝于手者，龁之则啼。二者或有余于数，或不足于数，其于忧一也。今世之仁人，蒿目而忧世之患；不仁之人，决性命之情而饕贵富。故意仁义其非人情乎！自三代以下者，天下何其嚣嚣也。

且夫待钩绳规矩而正者，是削其性者也；待绳约胶漆而固者，是侵其德者也；屈折礼乐，呴俞仁义，以慰天下之心者，此失其常然也。天下有常然。常然者，曲者不以钩，直者不以绳，圆者不以规，方者不以矩，附离不以胶漆，约束不以纆索。故天下诱然皆生，而不知其所以生；同焉皆得，而不知其所以得。故古今不二，不可亏也。则仁义又奚连连如胶漆纆索而游乎道德之间为哉！使天下惑也！

夫小惑易方，大惑易性。何以知其然邪？自虞氏招仁义以挠天下也，天下莫不奔命于仁义。是非以仁义易其性与？故尝试论之：自三代以下者，天下莫不以物易其性矣！小人则以身殉利；士则以身殉名；大夫则以身殉家；圣人则以身殉天下。故此数子者，事业不同，名声异号，其于伤性以身为殉，一也。

臧与谷，二人相与牧羊而俱亡其羊。问臧奚事，则挟策读书；问谷奚事，则博塞以游。二人者，事业不同，其于亡羊均也。伯夷死名于首阳之下，盗跖死利于东陵之上。二人者，所死不同，其于残生伤性均也。奚必伯夷之是而盗跖之非乎？天下尽殉也：彼其所殉仁义也，则俗谓之君子；其所殉货财也，则俗谓之小人。其殉一也，则有君子焉，有小人焉。若其残生损性，则盗跖亦伯夷已,又恶取君子小人于其间哉!

　　且夫属其性乎仁义者,虽通如曾、史,非吾所谓臧也;属其性于五味,虽通如俞儿,非吾所谓臧也;属其性乎五声,虽通如师旷,非吾所谓聪也;属其性乎五色,虽通如离朱,非吾所谓明也。吾所谓臧者,非所谓仁义之谓也,臧于其德而已矣;吾所谓臧者,非所谓仁义之谓也,任其性命之情而已矣;吾所谓聪者,非谓其闻彼也,自闻而已矣;吾所谓明者,非谓其见彼也,自见而已矣。夫不自见而见彼,不自得而得彼者,是得人之得而不自得其得者也,适人之适而不自适其适者也。夫适人之适而不自适其适,虽盗跖与伯夷,是同为淫僻也。余愧乎道德,是以上不敢为仁义之操,而下不敢为淫僻之行也。

人的本来面目,是很自然很朴素的,用不着什么仁义去教他为善,而最高的善却在乎"任其性命之情"。何则?仁义是发生于不仁不义,有了仁义这个名词,便把人类的天真失掉了。所以没有仁义总算得真仁义,"故意仁义其非人情乎!"仁义不是人的本性自然性,我们应该废掉它才好。而且因看重仁义的结果,使天下莫不奔走于仁义,这岂不是把仁义来换掉人的本性自然性吗?岂不是把性情做了仁义的牺牲吗?所以说"天下尽殉也,彼其所殉仁义也,则俗谓之君子;其所殉货财也,则俗谓之小人";从埋没本性这一点来看,又有什么分别呢?又不但仁义应该反对,即是所谓圣智,也都是人为的虚伪的一对吃人的怪物,应该加以否定。《胠箧篇》很大胆地告诉我们:

　　将为胠箧探囊发匮之盗而为守备,则必摄缄縢,固扃鐍,此世俗之所谓知也。然而巨盗至,则负匮揭箧担囊而趋,唯恐缄縢扃鐍之不固也。然则乡之所谓知者,不乃为大盗积者也?

故尝试论之：世俗之所谓知者，有不为大盗积者乎？所谓圣者，有不为大盗守者乎？何以知其然邪？昔者齐国邻邑相望，鸡狗之音相闻，罔罟之所布，耒耨之所刺，方二千余里。阖四竟之内，所以立宗庙社稷，治邑屋州闾乡曲者，曷尝不法圣人哉？然而田成子一旦杀齐君而盗其国，所盗者岂独其国邪？并与其圣知之法而盗之，故田成子有乎盗贼之名，而身处尧舜之安。小国不敢非，大国不敢诛，十二世有齐国，则是不乃窃齐国并与其圣知之法以守其盗贼之身乎？

尝试论之：世俗之所谓至知者，有不为大盗积者乎？所谓至圣者，有不为大盗守者乎？何以知其然邪？昔者龙逢斩，比干剖，苌弘胣，子胥靡。故四子之贤而身不免乎戮。故跖之徒问于跖曰："盗亦有道乎？"跖曰："何适而无有道邪？夫妄意室中之藏，圣也；入先，勇也；出后，义也；知可否，知也；分均，仁也。五者不备而能成大盗者，天下未之有也。"由是观之，善人不得圣人之道不立，跖不得圣人之道不行。天下之善人少而不善人多，则圣人之利天下也少而害天下也多。故曰：唇竭则齿寒，鲁酒薄而邯郸围，圣人生而大盗起。掊击圣人，纵舍盗贼，而天下始治矣。

夫川竭而谷虚，丘夷而渊实。圣人已死，则大盗不起，天下平而无故矣！圣人不死，大盗不止。虽重圣人而治天下，则是重利盗跖也。为之斗斛以量之，则并与斗斛而窃之；为之权衡以称之，则并与权衡而窃之；为之符玺以信之，则并与符玺而窃之；为之仁义以矫之，则并与仁义而窃之。何以知其然邪？彼窃钩者诛，窃国者为诸侯，诸侯之门而仁义存焉，则是非窃仁义圣知邪？故逐于大盗，揭诸侯，窃仁义并斗斛权衡符玺之利者，虽有轩冕之赏弗能劝，斧钺之威弗能禁。此重利盗跖而使不可禁者，是乃圣人之过也。故曰："鱼不可脱于渊，国之利器不可以示人。"

这一派主张复性的方法，不是静的而是动的，就其"任其性命之情"。所以仁义不要了，圣智也不要了，所有的只是人的本性的自然发展。如《盗跖篇》所云：

> 今吾告子以人之情，目欲视色，耳欲听声，口欲察味，志气欲盈。人上寿百岁，中寿八十，下寿六十，除病瘦死丧忧患，其中开口而笑者，一月之中，不过四五日而已矣。天与地无穷，人死者有时。操有时之具，而托于无穷之间，忽然无异骐骥之驰过隙也。不能说其志意，养其寿命者，皆非通道者也。

这和《列子·杨朱篇》主张"从心而动，从性而游""且趣当生，奚遑死后"的唯物的快乐主义，完全相同。杨朱说："则人之生也奚为哉？奚乐哉？为美厚尔，为声色尔。而美厚复不可常厌足，声色不可常玩闻，乃复为刑赏之所禁劝，名法之所进退，遑遑尔竞一时之虚誉，规死后之余荣，偶偶尔顺耳目之观听，惜身意之是非，徒失当年之至乐，不能自肆于一时。重囚累梏，何以异哉？"这是极彻底的论潮，而庄子左派此处乃竟托于盗跖之言，以明杨朱之道，这已经超出庄子学说的范围了。

第八章 庄子的神秘主义

一、神秘主义之产生

在我所著《中国文化之命运》里，曾将中国文化之根本类型，分为三大系：即是老庄代表"哲学的宗教"，墨家代表"哲学的科学"，孔家则代表"哲学的哲学"。再拿来和世界文化比较，这三家即接近于三种不同的文化类型：

①老家——宗教型——接近印度之宗教文化；
②孔家——哲学型——形成中国之哲学文化；
③墨家——科学型——接近西洋之科学文化。

凡接近宗教的，在知识论上主张"无知"；接近科学的便看重知识，而哲学则主张"格物致知"，即对于老家"解脱的知识"，与墨家"实用的知识"，而主张宇宙、人生、社会之"本质的知识"。又就宇宙论上观察，凡接近宗教的，主张"无论"；接近科学的，主张"有论"；而哲学的宇宙观，则为"有无合论"，即生命论。又就人生论观察，凡接近宗教的，必从个人本位出发，所以主实、主名，看重个体，看轻社会，其结果为"无为论"；接近科学的大概热心救国，从社会国家本位出发，主"名"以举实，看重社会，看轻个体，其结果为"有为论"；而哲学的人生观，则为"无为有为合"，即是为生活的本身而生活，所注重的既不是"名"也不是"实"，而为

"名""实"并重。现在把这一个文化哲学的观点,来看老庄,虽不是宗教家,但含有"哲学的宗教"意味,所以末流便成为道家,而完全走向宗教——神仙家——的路上去。如《庄子·天下篇》开头便说:

> 古之所谓道术者果恶乎在?曰:"无乎不在。"曰:"神何由降?明何由出?圣有所生,王有所成,皆原于一。不离于宗,谓之天人;不离于精,谓之神人。"

接着又说:

> 以本为精,以末为粗,以有积为不足。澹然独与神明居,古之道术有在于是者,关尹、老聃闻其风而悦之。

其自叙道术云:

> 寂漠无形,变化无常。死与?生与?天地并与?神明往与?芒乎何之?忽乎何适?万物毕罗,莫足以归。古之道术有在于是者,庄周闻其风而悦之。以谬悠之说,荒唐之言,无端崖之辞,时恣纵而不傥不以觭见之也。以天下为沈浊,不可与庄语,以卮言为曼衍,以重言为真,以寓言为广,独与天地精神往来,而不敖倪于万物。不谴是非,以与世俗处。其书虽瓌玮而连犿,无伤也。其辞虽参差而诚诡可观。彼其充实不可以已。上与造物者游,而下与外死生、无终始者为友。其于本也,弘大而辟,深闳而肆;其于宗也,可谓稠适而上遂矣。

在这里所说"神明"二字,显然是宗教上的名词。《淮南子·原道训》:"通其神明者,得其内者也。"《泰族训》:"其天生物也,莫见其所养而物长;其杀物也,莫见其所丧而物亡,此之谓神明。"又《道应训》:"若神明四通并流,无所不极。"《精神训》:"静谟者神明之定。"可见"神明"乃是宗教人生观的理想境界,而《庄子》书中"神"字与"明"字亦有分别。《列御寇篇》云:

> 以不征征,其征也不征。明者唯为之使,神者征之,夫明之不胜神也久矣,而愚者恃其所见,入于人,其功外也,不亦悲乎。

可见"神"乃在"明"之上。"神明"二字可以连举,而所重在"神","神"即神秘境界。此神秘思想之产生,乃由于宇宙本体及其现象之不可思议,所以用这穷微尽化绝妙的名称"神"来形容它;因而提高了人生之最高的境界。所以《天道篇》云"天尊地卑,神明之位也",又"莫神于天",又"天地至神"。这都无非说明宇宙之神秘所在。所以《大宗师篇》说"道"的本体是"神鬼神帝,生天生地":

> 夫道有情有信,无为无形;可传而不可受,可得而不可见;自本自根,未有天地,自古以固存;神鬼神帝,生天生地;在太极之先而不为高,在六极之下而不为深,先天地生而不为久,长于上古而不为老。豨韦氏得之,以挈天地;伏戏氏得之,以袭气母;维斗得之,终古不忒;日月得之,终古不息;堪坏得之,以袭昆仑;冯夷得之,以游大川;肩吾得之,以处大山;黄帝得之,以登云天;颛顼得之,以处玄宫;禺强得之,立乎北极;西王母得之,坐乎少广,莫知其始,莫知其终;彭祖得之,上及有虞,下及五伯;傅说得之,以相武丁,奄有天下,乘东维、骑箕尾而比于列星。

《天地篇》说"道"的作用是"深之又深而能物焉,神之又神而能精焉":

> 夫子曰:"夫道,渊乎其居也,漻乎其清也。金石不得无以鸣。故金石有声,不考不鸣。万物孰能定之!夫王德之人,素逝而耻通于事,立之本原而知通于神,故其德广。其心之出,有物采之。故形非道不生,生非德不明。存形穷生,立德明道,非王德者邪!荡荡乎!忽然出,勃然动,而万物从之乎!此谓王德之人。视乎冥冥,听乎无声。冥冥之中,独见晓焉;无声之中,独闻和焉。故深之又深而能物焉,神之又神而能精焉。故其与万物接也,至无而供其求,时骋而要其宿,大小、长短、修远。"

宇宙如此,人生亦然。《则阳篇》:"少知曰:'四方之内,六合之里,万物之所生,恶起?'"他的答案是:"睹道之人,不随其所废,不原其所起,此议之所止。"又"未生不可忌,已死不可阻,死生非远也,理不可睹"。这里一则曰"议之所止";二则曰"理不可睹";这都是把宇宙人生之形而上学的问题,看做永远神秘,神秘则不可思议,不可思议则自然而然成为可思议之理想境界。《汉书·艺文志》云:"神仙者,所以保性命之真,而游求于其外者也。聊以荡意平心,同死生之域,而忧惕于胸中。"这里"游求"即是"逍遥游"之意。《逍遥游》云"乘云气,御飞龙,而游乎四海之外";《齐物论》云"乘云气,骑日月,而游乎四海之外";《大宗师》云"孰能登天游雾,挠挑无极,相忘以生,无所终穷";《应帝王》云"厌则又乘夫莽眇之鸟,以出六极之外,而游无何有之乡,以处圹垠之野";这些表面上极其高超的生活艺术,同时却是神仙家的理想境界。所谓神仙家,不必即如后来之服食药物、导引形气、吐故纳新,即此出世的神秘思想便是。然而这种神秘主义的产生，无疑乎为对不自由环境之反动的结果。《天地篇》有一大段假托华封人与尧的对话，活画出神仙思想之社会背景来。试引之如下：

尧观乎华，华封人曰："嘻，圣人！请祝圣人，使圣人寿。"尧曰："辞。""使圣人富。"尧曰："辞。""使圣人多男子。"尧曰："辞。"封人曰："寿，富，多男子，人之所欲也。女独不欲，何邪？"尧曰："多男子则多惧，富则多事，寿则多辱。是三者，非所以养德也，故辞。"封人曰："始也我以女为圣人邪，今然君子也。天生万民，必授之职。多男子而授之职，则何惧之有？富而使人分之，则何事之有？夫圣人，鹑居而鷇食，鸟行而无彰。天下有道，则与物皆昌；天下无道，则修德就闲。千岁厌世，去而上仙，乘彼白云，至于帝乡。三患莫至，身常无殃，则何辱之有？"封人去之，尧随之曰："请问。"封人曰："退已。"

二、神人

神秘主义的境界，其在人方面，造诣最高者为"神人"，其次为"至人"，又称为"真人"。《逍遥游篇》"至人无己，神人无功"。《人间世篇》"神人所以为大祥"。（郭注："神人者，无心而顺物者也。"）《外物篇》："圣人之所以骇天下，神人未尝过而问焉。"（郭注："圣言其外，神言其内。"）但最形象化的是《逍遥游篇》所描写的藐姑射之山的神人：

肩吾问于连叔曰："吾闻言于接舆，大而无当，往而不反。吾惊怖其言，犹河汉而无极也，大有径庭，不近人情焉。"连叔曰:"其言谓何哉?"曰:"'藐姑射之山,有神人居焉。肌肤若冰雪,淖约若处子;不食五谷,吸风饮露;乘云气,御飞龙,而游乎四海之外;其神凝,使物不疵疠而年谷熟。'吾以是狂而不信也。"连叔曰:"然,瞽者无以与乎文章之观,聋者无以与乎钟鼓之声。岂唯形骸有聋盲哉?夫知亦有之。是其言也,犹时女也。之人也,之德也,将旁礴万物以为一,世蕲乎乱,孰弊弊焉以天下为事!之人也,物莫之伤,大浸稽天而不溺,大旱金石流、土山焦而不热。是其尘垢秕糠,将犹陶铸尧舜者也,孰肯以物为事!"

还有《天地篇》：

"愿闻神人。"曰:"上神乘光,与形灭亡,此谓照旷。致命尽情,天地乐而万事销亡。万物复情,此之谓混冥。"

由上所述,神人"慧光如镜,形来即照,形去而照亦寂然,故曰与形俱灭"。其最大特色在与浑沌合为一体,与天地同乐而物累都捐,这当然只有神秘的境界才可以说明,所以叫做"神人"。其次则为"至人""真人"。《齐物论》"至人神矣";《应帝王篇》"至人之用心若镜,不将不迎,应而不藏,故能胜物而不伤";可见仍含神人之神秘的色彩。今案《齐物论》云:

啮缺曰:"子不知利害,则至人固不知利害乎?"王倪曰:"至人神矣。大泽焚而不能热,河汉沍而不能寒,疾雷破山飘风海而不能惊。若然者,乘云气,骑日月,而游乎四海之外。死生无变于己,而况利害之端乎?"

又《达生篇》"至人潜行不窒,蹈火不热,行乎万物之上而不栗。"《田子方篇》"夫至人者,上窥青天,下潜黄泉,挥斥八极,神气不变。"似乎均承认至人可以有超自然的神力,非神仙而何?与此相同者,更有"真人",《天下篇》"不离于真,谓之至人";所以真人即是至人。《大宗师篇》云:

> 且有真人而后有真知。何谓真人?古之真人,不逆寡,不雄成,不谟士。若然者,过而弗悔,当而不自得也。若然者,登高不栗,入水不濡,入火不热,是知之能登假于道者也若此。古之真人,其寝不梦,其觉无忧,其食不甘,其息深深。真人之息以踵,众人之息以喉。屈服者,其嗌言若哇。其耆欲深者,其天机浅。古之真人,不知说生,不知恶死。其出不䜣,其入不距。翛然而往,翛然而来而已矣。不忘其所始,不求其所终。受而喜之,忘而复之。是之谓不以心捐道,不以人助天,是之谓真人。

这里"登高不栗,入水不濡,入火不热"的真人,当然也非神仙不能。又如《德充符篇》兀者王骀"虽天地覆坠,亦将不与之遗";当亦真人一流。大概这些在庄子不过利用寓言,藉以暗示人生之最高的神秘境界,而在后来寓言却说认做实事了,乃有愚笨底神仙家的产生。《老子》书中原也有"善摄生者陆行不过兕虎,入军不避甲兵"的话,庄子更把他寓言化了。其后乃有"吹呴呼吸,吐故纳新,熊经鸟申"之语(《刻意》)。又有"卫生之经",于是哲学家的庄子,竟一变再变而为神仙家的雏形。《史记·秦始皇本纪》记方士卢生骗秦始皇的话是:

> 真人者,入水不濡,入水不爇,陵云气,与天地长久。今

上治天下，未能恬淡。愿上所居官毋令人知，然后不死之药殆可得也。

这就是庄子神秘主义之由虚言变为实事，由量变质的结果！庄子一变成为南华真人，也就呜呼哀哉了。

三、列子的故事

《庄子》书中可注意的，就是他心目中以为当时堪称神人这一个名目的，只有列御寇一人。所以全书凡叙列子之处，都一致推许，更无异辞。也许这种神秘主义，即以此神秘的人物——列子——为其假托的原故。

案刘向《校录叙》云：

> 列子者，郑人也。与郑缪公同时，盖有道者也。其学本于黄帝老子，号曰道家。

班固《汉书·艺文志》自注云：

> 名圉寇，先庄子，庄子称之。

今案《庄子·让王篇》及《列子·说符篇》，均载列子不应郑子阳招聘的故事：

> 子列子穷，容貌有饥色。客有言之于郑子阳者，曰："列御寇，盖有道之士也，居君之国而穷，君无乃为不好士乎？"郑子

阳即令官遗之粟。子列子见使者，再拜而辞。使者去，子列子入，其妻望之而拊心曰："妾闻为有道者之妻子，皆得佚乐。今有饥色，君过而遗先生食，先生不受，岂不命邪？"子列子笑，谓之曰："君非自知我也，以人之言而遗我粟；至其罪我也，又且以人之言，此吾所以不受也。"其卒，民果作难而杀子阳。

郑子阳是死于缪公二十五年，因此武内义雄考据认为列子可说是郑缪公时代的人。他所著书，现残存《列子》八篇，有的人疑为后人伪作，武田却认为其中有很古的材料，应适当地分开研究，实则此书依高似孙《子略》说，谓与《庄子》合者十七章，这分明是列子会萃庄子而成，而非庄子用列子。而且如《天瑞篇》"有太易，有太初，有太始，有太素"一章，张湛注云："此一章全是《周易乾凿度》也。"《周穆王篇》叙驾八骏见西王母于瑶池事，与《穆天子传》同。《汤问篇》所言多《山海经》中事。《仲尼篇》"西方之人有圣者焉"，更分明是指佛法西传而言。凡此种种，可证《列子》之为伪书。（详见马叙伦《列子伪书考》《天马山房丛著》）而且许多是本于《庄子》寓言而来。依我看法，不但《列子》一书为伪，即列子亦无其人，不然《天下篇》叙述道术源流，举及关尹、老聃，何以对于列御寇，竟一字不提。《吕氏春秋·不二篇》"列子贵虚"，实本于《庄子·应帝王篇》"然后列子自以为未始学而归。三年不出……体尽无穷而游无朕，尽其所受乎天而无见得，亦虚而已"；这纯是一派寓言，所以司马迁不为列子立传，知其为乌有先生而已。晓得列子是这么一个为庄子所假设为神人底人物，而后才好进一步来领会《庄子》书中所述列子的几段故事和对话：

列御寇为伯昏无人射，引之盈贯，措杯水其肘上，发之，适矢复沓，方矢复寓。当是时，犹象人也。伯昏无人曰："是射之射，非不射之射也。尝与汝登高山，履危石，临百仞之渊，若能射乎？"于是无人遂登高山，履危石，临百仞之渊，背逡巡，足二分垂在外，揖御寇而进之。御寇伏地，汗流至踵。伯昏无人曰："夫至人者，上窥青天，下潜黄泉，挥斥八极，神气不变。今汝怵然有恂目之志，尔于中也殆矣夫！"（《田子方》）

夫列子御风而行，泠然善也，旬有五日而后反。（《逍遥游》）

子列子问关尹曰："至人潜行不窒，蹈火不热，行乎万物之上而不栗。请问何以至于此？"关尹曰："是纯气之守也，非知巧果敢之列。居，予语女。凡有貌象声色者，皆物也，物与物何以相远！夫奚足以至乎先！是色而已。则物之造乎不形，而止乎无所化。夫得是而穷之者，物焉得而止焉！彼将处乎不淫之度，而藏乎无端之纪，游乎万物之所终始。壹其性，养其气，合其德，以通乎物之所造。夫若是者，其天守全，其神无隙，物奚自入焉！夫醉者之坠车，虽疾不死。骨节与人同而犯害与人异，其神全也。乘亦不知也，坠亦不知也，死生惊惧不入乎其胸中，是故遻物而不慑。彼得全于酒而犹若是，而况得全于天乎？圣人藏于天，故莫之能伤也。复仇者，不折镆干；虽有忮心者，不怨飘瓦，是以天下平均。故无攻战之乱，无杀戮之刑者，由此道也。不开人之天，而开天之天。开天者德生，开人者贼生。不厌其天，不忽于人，民几乎以其真。"（《达生》）

郑有神巫曰季咸，知人之死生、存亡、祸福、寿夭，期以岁月旬日若神。郑人见之，皆弃而走。列子见之而心醉，归，以告壶子，曰："始吾以夫子之道为至矣，则又有至焉者矣。"壶子曰："吾与汝既其文，未既其实。而固得道与？众雌而无雄而又奚卵焉！而以道与世亢，必信，夫故使人得而相汝。尝试与来，以予示之。"明日，列子与之见壶子。出而谓列子曰："嘻！子之先生死矣！弗活矣！不以旬数矣！吾见怪焉，见湿灰焉。"列子入，泣涕沾襟以告壶子。壶子曰："乡吾示之以地文，萌乎不震不正，是殆见吾杜德机也。尝又与来。"明日，又与之见壶子。出而谓列子曰："幸矣！子之先生遇我也，有瘳矣！全然有生矣！吾见其杜权矣！"列子入，以告壶子。壶子曰："乡吾示之以天壤，名实不入，而机发于踵。是殆见吾善者机也。尝又与来。"明日，又与之见壶子。出而谓列子曰："子之先生不齐，吾无得而相焉。试齐，且复相之。"列子入，以告壶子。壶子曰："吾乡示之以以太冲莫胜，是殆见吾衡气机也。鲵桓之审为渊，止水之审为渊，流水之审为渊。渊有九名，此处三焉。尝又与来。"明日，又与之见壶子。立未定，自失而走。壶子曰："追之！"列子追之不及。反，以报壶子曰："已灭矣，已失矣，吾弗及已。"壶子曰："乡吾示之以未始出吾宗。吾与之虚而委蛇，不知其谁何，因以为弟靡，因以为波流，故逃也。"然后列子自以为未始学而归。三年不出，为其妻爨，食豕如食人，于事无与亲。雕琢复朴，块然独以其形立。纷而封哉，一以是终。无为名尸，无为谋府，无为事任，无为知主。体尽无穷，而游无朕。尽其所受乎天而无见得，亦虚而已！至人之用心若镜，不将不迎，应而不藏，故能胜物而不伤。(《应帝王》)

案《朱子语类》："老子之学，大抵以虚静无为、冲退自守为事。……若曰'旁日月，挟宇宙，挥斥八极，神气不变'者，是乃庄生之荒唐。"但其荒唐之处，尤莫过于《应帝王》一例，可算神秘主义之最高底表现。本节亦见《列子·黄帝篇》而未录其全文，显然为剿袭《庄子》而来。还有《庄子》"渊有九名，此处三焉"，不举九渊全名，马叙伦根据成玄英、林希逸等认此章之旨，有如佛家所言止观，三机正当三止三观，而《列子》此篇竟将《庄子》所言九渊，举而列之，未免画蛇添足，露出破绽来了。总而言之，列子之在《庄子》书中，只是神话所假设的人物。高似孙疑云："观太史公殊不传列子，如庄周所载许由、务光之事，汉去古未远也。许由、务光，往往可稽，迁独疑之。所谓御寇之说，独见于寓言耳，迁于此讵得不致疑耶？周之末篇叙墨翟、禽滑鳌、慎到、田骈、关尹之徒，以及于周，而御寇独不在其列，岂御寇者其亦所谓鸿蒙列缺者欤！"（《子略》卷二）这段最精彩，知道列子乃是"鸿蒙列缺"一流人物，而后便可明白庄子为什么要拿他来作"神人"底代表的理由了。

第九章　政治哲学

虚玄长而晋室乱，非老庄之罪也。

——《中说·周公篇》

一、政治哲学的根本观念

庄子的政治理想，乃本于他人生哲学的根本观念而来。他的人生哲学，归本于"无为"两个字，《大宗师》云："芒然彷徨乎尘垢之外，逍遥乎无为之业。"（芒然同茫然，无系之貌，彷徨犹翱翔。《达生篇》文句同。）《知北游》云："是故至人无为，大圣不作，观于天地之谓也。"可见无为是自然的本体，也是人生的归宿，所以应用到政治方面，也自然要主张"无为"的政治了。这种无为政治的理想，实发生于老子时代。老子说：

以辅万物之自然而不敢为。（六十四章）
为者败之，执者失之。（二十九章）
为无为，则无不治。（三章）
为学日益，为道日损，损之又损，以至于无为，无为而无不为。（四十八章）

《天下篇》老聃云："无为也而笑巧。"郭象注："巧者有为，以伤神器之自成；故无为者，因其自生，任其自成，万物各得自为。蜘蛛犹能结网，则人人自有所能矣，无贵于工倕也。"成玄英疏云："率性而动，淳朴无为，嗤彼俗人，机心巧伪也。"任凭你费了多大气力，总跳不出自然的大圈套，并且自然就是绝对的真，绝对的善，绝对的美，再加人工便毁坏自然了。所以一切有为都是痛苦的根本，罪恶的源泉；一切文化文明乃至有为的政治，也都是罪恶的结果。所以要"绝圣弃智""绝仁弃义""绝巧弃利"（十九章），把文物制度都一扫而空，使人们复归到自然无为的状态，这就老子的目的了。《庄子·应帝王篇》更设一个譬喻，来证明有为的害处：

> 南海之帝为儵，北海之帝为忽，中央之帝为浑沌。儵与忽时相与遇于浑沌之地，浑沌待之甚善，儵与忽谋报浑沌之德。曰："人皆有七窍，以视听食息，此独无有，尝试凿之。"日凿一窍，七日而浑沌死。

郭象注云"为者败之"，因有为的害处如此，所以不得不主张那返于自然状态的政治，其实这种自然状态的政治，实即反映原始公社的自然统治时代。《老子》有一段文字，把这理想中的天下写得顶好：

> 小国寡民，使有什佰之器而不用，使民重死而不远徙，虽有舟舆无所乘之，虽有甲兵无所陈之，使民复结绳而用之。甘其食，美其服，安其居，乐其俗，邻国相望，鸡犬之声相闻，民至老死不相往来。（八十章）

这在《列子·黄帝篇》，就变成很具体的华胥国了：

华胥氏之国，在弇州之西，台州之北，不知斯（离）齐国几千万里，盖非舟车足力之所及，神游而已。其国无师长，自然而已。其民无嗜欲，自然而已。不知乐生，不知恶死，故无夭殇；不知亲己，不知疏物，故无爱憎；不知背逆，不知向顺，故无利害。都无所爱惜，都无所畏忌，入水不溺，入火不热，斫挞无伤痛，指擿无痟痒。乘空如履实，寝虚如处床，云雾不硋其视[①]，雷霆不乱其听，美恶不滑其心，山谷不踬其步，神行而已。

这几段中国式的乌托邦（Utopia），正是代表一种新政治理想：原始公社的自然社会。在这自然社会里面，各个人虽群居共处，而毫无有为政治的拘束，人人不治天下而天下治。《应帝王篇》有一段：

天根游于殷阳，至蓼水之上，适遭无名人而问焉，曰："请问为天下。"无名人曰："去！汝鄙人也，何问之不豫也！予方将与造物者为人，厌则又乘夫莽眇之鸟，以出六极之外，而游无何有之乡，以处圹埌之野。汝又何帛以治天下感予之心为？"又复问，无名人曰："汝游心于淡，合气于漠，顺物自然而无容私焉，而天下治矣。"

又《逍遥游篇》许由对尧说"予无所用天下为"：

尧让天下于许由，曰："日月出矣，而爝火不息，其于光也，不亦难乎！时雨降矣，而犹浸灌，其于泽也，不亦劳乎！夫子立而天下治，而我犹尸之，吾自视缺然。请致天下。"许由曰："子

[①] "视"，原作"听"，误，据中大哲学系藏稿本改。——编者

治天下，天下既已治也，而我犹代子，吾将为名乎？名者，实之宾也，吾将为宾乎？鹪鹩巢于深林，不过一枝；偃鼠饮河，不过满腹。归休乎君，予无所用天下为！庖人虽不治庖，尸祝不越樽俎而代之矣。"

《应帝王篇》狂接舆对肩吾说，治天下犹如就海中凿河、使蚊虫背负山一样不能成功：

肩吾见狂接舆。狂接舆曰："日中始何以语女？"肩吾曰："告我：君人者以己出经式义度，人孰敢不听而化诸！"狂接舆曰："是欺德也。其于治天下也，犹涉海凿河而使蚊负山也。夫圣人之治也，治外乎？正而后行，确乎能其事者而已矣。且鸟高飞以避矰弋之害，鼷鼠深穴乎神丘之下以避熏凿之患，而曾二虫之无知？"

这都是很明显地反对有为的政治。但因此便谓庄子是抱无政府主义，那又不然。庄子虽主无治而实有君，不但《人间世篇》"臣之事君，义也，无适而非君也，无所逃于天地之间"；暗示有君，即《应帝王篇》首蒲衣子所言"有虞氏……泰氏"；也是无治而有君的境界。但这个"其卧徐徐，其觉于于"，浑浑沌沌像没有知识似的人，叫他做君好，叫他做牛做马也好（原文"一以己为马，一以己为牛"）。这是庄子很幽默地解决了君的问题，也是他的无为政治的认识。

蒲衣子曰："而乃今知之乎？有虞氏不及泰氏。有虞氏其犹藏仁以要人，亦得人矣，而未始出于非人。泰氏其卧徐徐，其觉

于于。一以己为马，一以己为牛。其知情信，其德甚真，而未始入于非人。"(《应帝王》)

无为政治不是没有政治，乃是最彻底的放任政治。《老子》"治大国若烹小鲜"（六十章），《庄子·应帝王篇》假设老聃说"明王之治"乃立足于神妙不可测的地位而行其所无事。

> 阳子居见老聃，曰："有人于此，向疾强梁，物彻疏明，学道不倦，如是者，可比明王乎？"老聃曰："是于圣人也，胥易技系，劳形怵心者也。且也虎豹之文来田；猨狙之便执嫠之狗来藉。如是者，可比明王乎？"阳子居蹴然曰："敢问明王之治。"老聃曰："明王之治：功盖天下而似不自己，化贷万物而民弗恃。有莫举名，使物自喜。立乎不测，而游于无有者也。"

这种强调无为之治，虽和近代无政府主义之绝对废弃政府法律者不同，但亦无疑乎如近人所云"无为之政治哲学，遂成为失望之有心人对于暴君苛政最微妙而最严重之抗议"。（萧公权：《中国政治思想史》第一册）其价值也正在于此。

二、内圣外王之道

庄子无为的政治哲学，传为后来左、右、中三派。右派特别注重内圣外王之道，左派则特别注重无治主义。案《汉书·艺文志》："道家者流，盖出于史官，历记成败存亡祸福古今之道，然后知秉要执本，清虚以自守，卑弱以自持，此君人南面之术也。合于尧之克攘（言其信恭能让也），《易》之嗛嗛，一谦而四益，（嗛与谦同。四益谓天道亏盈而益谦，地道变盈而流谦，鬼神害盈而福谦，人道恶盈而好谦也。）此其所长也。及放者为之，则欲绝去礼学，兼弃仁义。曰独任清虚，可以为治。"在这里"放者"即指庄学左派之无治主义而言。"秉要执本"为君人南面之术，（王先谦谓"君人"，当为"人君"之误，《穀梁传·序》疏、《尔雅·序》引此，皆不误。）则与庄学右派相近。此段本站在儒家立场上说话，实则此左、右两派政治思想，无不从庄子引申而来。庄子有君无治本为一种矛盾现象，所以流为左、右两派，一方面有如《天道》《天地》《天运》等篇之主张"君道"，一方面又有如《骈拇》《马蹄》《在宥》《让王》《盗跖》等篇之主张"无治"。这种在同一书中之矛盾，最难使人索解，（如萧公权《中国政治思想史》第一册，郭沫若《十批判书》，均无法自圆其说。）今知其全系学派不同之故，便很容易明白了。

先就庄子右派来说，《天下篇》"圣有所生，王有所成，皆原于一。……是故内圣外王之道，暗而不明，郁而不发"；这就是右派政治哲学的根据。《天道篇》分"道"为三种，而归结于"静而圣，动而王"：

> 天道运而无所积，故万物成；帝道运而无所积，故天下归；圣道运而无所积，故海内服。明于天，通于圣，六通四辟于帝王之德者，其自为也，昧然无不静者矣！圣人之静也，非曰静也善，故静也。万物无足以铙心者，故静也。水静则明烛须眉，平中准，大匠取法焉。水静犹明，而况精神！圣人之心静乎？天地之鉴也，万物之镜也。夫虚静恬淡寂漠无为者，天地之平而道德之至也。故帝王圣人休焉。休则虚，虚则实，实则伦矣。虚则静，静则动，动则得矣。静则无为，无为也，则任事者责矣。无为则俞俞。俞俞者，忧患不能处，年寿长矣。夫虚静恬淡寂漠无

为者，万物之本也。明此以南乡，尧之为君也；明此以北面，舜之为臣也。以此处上，帝王天子之德也；以此处下，玄圣素王之道也。以此退居而闲游，江海山林之士服；以此进为而抚世，则功大名显而天下一也。静而圣，动而王，无为也而尊，朴素而天下莫能与之争美。

在这里"帝王"与"玄圣"对称，所谓"静而圣，动而王"即言退则静而为玄圣，进则动而为帝王。"帝王"又称"天子"，"玄圣"又称"素王"，其实"玄圣""素王"虽有在乡、在野、在外之不同，而没有本质的差异。但无论"帝王"也好，"玄圣"也好，都应该以天道为根据。尤其是帝王之德，须同于天地之无为。《知此游篇》"至人无为，大圣不作，观于天地之谓也"；此为庄学中派之说，《天道篇》更为发挥道：

夫帝王之德，以天地为宗，以道德为主，以无为为常。无为也，则用天下而有余；有为也，则为天下用而不足。故古之人贵夫无为也。上无为也，下亦无为也，是下与上同德。下与上同德则不臣。下有为也，上亦有为也，是上与下同道。上与下同道则不主。上必无为而用下，下必有为为天下用，此不易之道也。故古之王天下者，知虽落天地，不自虑也；辩虽雕万物，不自说也；能虽穷海内，不自为也。天不产而万物化，地不长而万物育，帝王无为而天下功。故曰：莫神于天，莫富于地，莫大于帝王。故曰：帝王之德配天地。此乘天地，驰万物，而用人群之道也。

这里最重要的是主张君道与臣道的关系。上必无为、下必有为这一段，郭象注很精彩，使我们知道"主上无为于亲事，而有为于用臣。臣能亲事，主能用臣；斧能刻木，而工能用斧，各当其能，则天理自然，非有为也"。这也就是"秉要执本"的君人南面之术。所以接着说：

> 本在于上，末在于下；要在于主，详在于臣。三军五兵之运，德之末也；赏罚利害，五刑之辟，教之末也；礼法度数，刑名比详，治之末也；钟鼓之音，羽旄之容，乐之末也；哭泣衰绖，隆杀之服，哀之末也。此五末者，须精神之运，心术之动，然后从之者也。末学者，古人有之，而非所以先也。君先而臣从，父先而子从，兄先而弟从，长先而少从，男先而女从，夫先而妇从。夫尊卑先后，天地之行也，故圣人取象焉。天尊地卑，神明之位也；春夏先，秋冬后，四时之序也；万物化作，萌区有状，盛衰之杀，变化之流也。夫天地至神矣，而有尊卑先后之序，而况人道乎！宗庙尚亲，朝廷尚尊，乡党尚齿，行事尚贤，大道之序也。语道而非其序者，非其道也。语道而非其道者，安取道哉！是故古之明大道者，先明天而道德次之，道德已明而仁义次之，仁义已明而分守次之，分守已明而形名次之，形名已明而因任次之，因任已明而原省次之，原省已明而是非次之，是非已明而赏罚次之，赏罚已明而愚知处宜，贵贱履位，仁贤不肖袭情。必分其能，必由其名。以此事上，以此畜下，以此治物，以此修身，知谋不用，必归其天。此之谓大平，治之至也。

在这里讲明本末尊卑先后的次序，而"秉要执本"，以道德"无为"为先，所以说：

> 五变而形名可举，九变而赏罚可言也。骤而语形名，不知

其本也。骤而语赏罚，不知其始也。倒道而言，迕道而说者，人之所治也。安能治人？骤而语形名赏罚，此有知治之具，非知治之道。可用于天下，不足以用天下，此之谓辩士一曲之人也。礼法数度、形名比详，古人有之。此下之所以事上，非上之所以畜下也。

因为右派为儒家化的庄学，所以并不反对仁义，乃至礼法形名，不过以为这些皆为末学。"此下之所以事上，非上之所以畜下也。"而最好的政治，乃在使臣下各尽所能，而人君垂拱无为而治。《天地篇》把这个君臣之义更加确定化了，以为"人卒虽众，其主君也。君原于德而成于天"，故曰：

天地虽大，其化均也；万物虽多，其治一也；人卒虽众，其主君也。君原于德而成于天。故曰：玄古之君天下，无为也，天德而已矣。以道观言而天下之君正；以道观分而君臣之义明；以道观能而天下之官治；以道泛观而万物之应备。故通于天地者，德也；行于万物者，道也；上治人者，事也；能有所艺者，技也。技兼于事，事兼于义，义兼于德，德兼于道，道兼于天。故曰：古之畜天下者，无欲而天下足，无为而万物化，渊静而百姓定。《记》曰："通于一而万事毕，无心得而鬼神服。"

在这里君德即是天德，人君之主万民，好似天地之主万物，这都只是自然而然；自然而然即是"天运"。所以《天运篇》说：

"天其运乎？地其处乎？日月其争于所乎？孰主张是？孰维纲是？孰居无事推而行是？意者其有机缄而不得已邪？意者其运

转而不能自止邪？云者为雨乎？雨者为云乎？孰隆施是？孰居无事淫乐而劝是？风起北方，一西一东，有上仿徨。孰嘘吸是？孰居无事而披拂是？敢问何故？"巫咸袑曰："来，吾语女。天有六极五常，帝王顺之则治，逆之则凶。九洛之事，治成德备，临照下土，天下戴之，此谓上皇。"

但由这派看来，无为并不是"独任清虚，可以为治"，所以《徐无鬼篇》假托牧马童子对黄帝说为天下与牧马同，"亦去其罪马者而已矣"：

> 黄帝将见大隗乎具茨之山，方明为御，昌寓骖乘，张若、𧰼朋前马，昆阍、滑稽后车。至于襄城之野，七圣皆迷，无所问途。适遇牧马童子，问涂焉，曰："若知具茨之山乎？"曰："然。""若知大隗之所存乎？"曰："然。"黄帝曰："异哉小童！非徒知具茨之山，又知大隗之所存。请问为天下。"小童曰："夫为天下者，亦若此而已矣，又奚事焉！予少而自游于六合之内，予适有瞀病，有长者教予曰：'若乘日之车而游于襄城之野。'今予病少痊，予又且复游于六合之外。夫为天下亦若此而已。予又奚事焉！"黄帝曰："夫为天下者，则诚非吾子之事，虽然，请问为天下。"小童辞。黄帝又问。小童曰："夫为天下者，亦奚以异乎牧马者哉！亦去其害马者而已矣！"黄帝再拜稽首，称天师而退。

这不就是形法之说？又假托《徐无鬼》对魏武侯说"为义偃兵，造兵之本"：

> 武侯曰："欲见先生久矣！吾欲爱民而为义偃兵，其可乎？"

徐无鬼曰:"不可。爱民,害民之始也;为义偃兵,造兵之本也。君自此为之,则殆不成。凡成美,恶器也。君虽为仁义,几且伪哉!形固造形,成固有伐,变固外战。君亦必无盛鹤列于丽谯之间,无徒骥于锱坛之宫,无藏逆于得,无以巧胜人,无以谋胜人,无以战胜人。夫杀人之士民,兼人之土地,以养吾私与吾神者,其战不知孰善?胜之恶乎在?君若勿乎矣!修胸中之诚,以应天地之情而勿撄。夫民死已脱矣,君将恶乎用夫偃兵哉?"(《徐无鬼》)

这不就是攻战之说?然而形名赏罚攻战,都是为治之具,而为治之道,却要归本于"无为",此之谓太平。天地无为而化,帝王也无为而治,这有什么效验呢?据《天地篇》一则假托谆芒之言圣治,"行言自为而天下化,手挠顾指,四方之民莫不俱至":

谆芒将东之大壑,适遇苑风于东海之滨。苑风曰:"子将奚之?"曰:"将之大壑。"曰:"奚为焉?"曰:"夫大壑之为物也,注焉而不满,酌焉而不竭。吾将游焉!"苑风曰:"夫子无意于横目之民乎?愿闻圣治。"谆芒曰:"圣治乎?官施而不失其宜,拔举而不失其能,毕见其情事而行其所为,行言自为而天下化。手挠顾指,四方之民莫不俱至,此之谓圣治。"

二则假托季彻之言圣治,"摇荡民心,使之成教易俗……若性之自为,而民不知其所由然":

将闾葂见季彻曰:"鲁君谓葂也曰:'请受教。'辞不获命。既已告矣,未知中否。请尝荐之。吾谓鲁君曰:'必服恭俭,拔出公忠之属而无阿私,民孰敢不辑!'"季彻局局然笑曰:"若夫子之言,于帝王之德,犹螳螂之怒臂以当车轶,则必不胜任矣!且若是,则其自为处危,其观台多物,将往投迹者众。"将闾葂覤覤然惊曰:"葂也汒若于夫子之所言矣!虽然,愿先生之言其风也。"季彻曰:"大圣之治天下也,摇荡民心,使之成教易俗,举灭其贼心而皆进其独志。若性之自为,而民不知其所由然。若然者,岂兄尧、舜之教民溟涬然弟之哉?欲同乎德而心居矣!"

三则假托赤张满稽之言至德之世,"不尚贤,不使能,上如标枝(言树梢之枝,无心而在上也),民如野鹿"。

门无鬼与赤张满稽观于武王之师,赤张满稽曰:"不及有虞氏乎!故离此患也。"门无鬼曰:"天下均治而有虞氏治之邪?其乱而后治之与?"赤张满稽曰:"天下均治之为愿,而何计以有虞氏为!有虞氏之药疡也,秃而施髢,病而求医。孝子操药以修慈父,其色燋然,圣人羞之。至德之世,不尚贤,不使能,上如标枝,民如野鹿。端正而不知以为义,相爱而不知以为仁,实而不知以为忠,当而不知以为信,蠢动而相使不以为赐。是故行而无迹,事而无传。"

到了上如树梢之枝,无心而自然相忘,也就可以说完全实现了理想的无为政治了。

三、无治主义

庄子政治哲学的派别,一方面变为右派之"内圣外王之道",一方面却变成左派的无治思想。这无治主义很近于无政府主义，但显然与克鲁泡特金（Kropotkin）的无政府共产主义不同，而为带着复古色彩底原始公社之无政府主义。这一派确然反对政治社会的现状，而为顶激烈的革命家，他们很大胆地提出反政治、反政府、反战争的口号，如《马蹄篇》就是好例：

> 马，蹄可以践霜雪，毛可以御风寒。龁草饮水，翘足而陆，此马之真性也。虽有义台路寝，无所用之。及至伯乐，曰："我善治马。"烧之，剔之，刻之，雒之。连之以羁馽，编之以皂栈，马之死者十二三矣！饥之渴之，驰之骤之，整之齐之，前有橛饰之患，而后有鞭筴之威，而马之死者已过半矣！陶者曰："我善治埴。"圆者中规，方者中矩。匠人曰："我善治木。"曲者中钩，直者应绳。夫埴木之性，岂欲中规矩钩绳哉！然且世世称之曰："伯乐善治马，而陶匠善治埴木。"此亦治天下者之过也。
>
> 吾意善治天下者不然。彼民有常性，织而衣，耕而食，是谓同德。一而不党，命曰天放。故至德之世，其行填填，其视颠颠。当是时也，山无蹊隧，泽无舟梁；万物群生，连属其乡；禽兽成群，草木遂长。是故禽兽可系羁而游，鸟鹊之巢可攀援而窥。夫至德之世，同与禽兽居，族与万物并。恶乎知君子小人哉！同乎无知，其德不离；同乎无欲，是谓素朴。素朴而民性得矣。及至圣人，蹩躠为仁，踶跂为义，而天下始疑矣。澶漫为乐，摘僻为礼，而天下始分矣。故纯朴不残，孰为牺尊！白玉不毁，孰为珪璋！道德不废，安取仁义！性情不离，安用礼乐！五色不乱，孰为文采！五声不乱，孰应六律！
>
> 夫残朴以为器，工匠之罪也；毁道德以为仁义，圣人之过也。夫马陆居则食草饮水，喜则交颈相靡，怒则分背相踢。马知

已此矣！夫加之以衡扼，齐之以月题，而马知介倪闉扼鸷曼诡衔窃辔。故马之知而态至盗者，伯乐之罪也。夫赫胥氏之时，民居不知所为，行不知所之，含哺而熙，鼓腹而游。民能已此矣！及至圣人，屈折礼乐以匡天下之形，县跂仁义以慰天下之心，而民乃始踶跂好知，争归于利，不可止也。此亦圣人之过也。

由这一段可见"无治主义"的旨趣，只有这种"无治主义"才不会失掉人的本性自然性，而后世之所以使人失掉本性自然性的，有两个东西，一个是"仁义圣智"，一个是"政法赏罚"，而最可痛恨的，就是那些圣人，不但不足以治天下，且以乱天下。所以庄子左派主张破坏一切，而想像他至德无为底绝对自由平等的理想社会。《胠箧篇》最可以代表这种思想：

将为胠箧探囊发匮之盗而为守备，则必摄缄縢，固扃鐍，此世俗之所谓知也。然而巨盗至，则负匮揭箧担囊而趋，唯恐缄縢扃鐍之不固也。然则乡之所谓知者，不乃为大盗积者也？

故尝试论之：世俗之所谓知者，有不为大盗积者乎？所谓圣者，有不为大盗守者乎？何以知其然邪？昔者齐国邻邑相望，鸡狗之音相闻，罔罟之所布，耒耨之所刺，方二千余里。阖四竟之内，所以立宗庙社稷，治邑屋州闾乡曲者，曷尝不法圣人哉？然而田成子一旦杀齐君而盗其国，所盗者岂独其国邪？并与其圣知之法而盗之，故田成子有乎盗贼之名，而身处尧舜之安。小国不敢非，大国不敢诛，十二世有齐国，则是不乃窃齐国并与其圣知之法以守其盗贼之身乎？

尝试论之：世俗之所谓至知者，有不为大盗积者乎？所谓至圣者，有不为大盗守者乎？何以知其然邪？昔者龙逢斩，比干剖，苌弘胣，子胥靡。故四子之贤而身不免乎戮。故跖之徒问于跖曰："盗亦有道乎？"跖曰："何适而无有道邪？夫妄意室中之藏，圣也；入先，勇也；出后，义也；知可否，知也；分均，仁也。五者不备而能成大盗者，天下未之有也。"由是观之，善人不得圣人之道不立，跖不得圣人之道不行。天下之善人少而不善人多，则圣人之利天下也少而害天下也多。故曰：唇竭则齿寒，鲁酒薄而邯郸围，圣人生而大盗起。掊击圣人，纵舍盗贼，而天下始治矣。

夫川竭而谷虚，丘夷而渊实。圣人已死，则大盗不起，天下平而无故矣！圣人不死，大盗不止。虽重圣人而治天下，则是重利盗跖也。为之斗斛以量之，则并与斗斛而窃之；为之权衡以称之，则并与权衡而窃之；为之符玺以信之，则并与符玺而窃之；为之仁义以矫之，则并与仁义而窃之。何以知其然邪？彼窃钩者诛，窃国者为诸侯，诸侯之门而仁义存焉，则是非窃仁义圣知邪？故逐于大盗，揭诸侯，窃仁义并斗斛权衡符玺之利者，虽有轩冕之赏弗能劝，斧钺之威弗能禁。此重利盗跖而使不可禁者，是乃圣人之过也。

故曰："鱼不可脱于渊，国之利器不可以示人。"彼圣人者，天下之利器也，非所以明天下也。故绝圣弃知，大盗乃止；擿玉毁珠，小盗不起；焚符破玺，而民朴鄙；掊斗折衡，而民不争；殚残天下之圣法，而民始可与论议；擢乱六律，铄绝竽瑟，塞瞽旷之耳，而天下始人含其聪矣；灭文章，散五采，胶离朱之目，而天下始人含其明矣。毁绝钩绳而弃规矩，攦工倕之指，而天下始人有其巧矣。故曰：大巧若拙。削曾、史之行，钳杨、墨之口，攘弃仁义，而天下之德始玄同矣。彼人含其明，则天下不铄矣；人含其聪，则天下不累矣；人含其知，则天下不惑矣；人含其德，则天下不僻矣。彼曾、史、杨、墨、师旷、工倕、离朱，皆外立其德而以爘乱天下者也，法之所无用也。

子独不知至德之世乎？昔者容成氏、大庭氏、伯皇氏、中央氏、栗陆氏、骊畜氏、轩辕氏、赫胥氏、尊卢氏、祝融氏、伏牺氏、神农氏，当是时也，民结绳而用之。甘其食，美其服，乐其俗，安其居，邻国相望，鸡狗之音相闻，民至老死而不相往来。若此之时，则至治已。今遂至使民延颈举踵，曰"某所有贤者"，赢粮而趣之，则内弃其亲而外去其主之事，足迹接乎诸侯之境，车轨结乎千里之外。则是上好知之过也！

上诚好知而无道，则天下大乱矣！何以知其然邪？夫弓弩毕弋机变之知多，则鸟乱于上矣；钩饵罔罟罾笱之知多，则鱼乱于水矣；削格罗落罝罘之知多，则兽乱于泽矣；知诈渐毒、颉滑坚白、解垢同异之变多，则俗惑于辩矣。故天下每每大乱，罪在于好知。故天下皆知求其所不知而莫知求其所已知者，皆知非其所不善而莫知非其所已善者，是以大乱。故上悖日月之明，下烁山川之精，中堕四时之施，惴耎之虫，肖翘之物，莫不失其性。甚矣，夫好知之乱天下也！自三代以下者是已！舍夫种种之民而悦夫役役之佞；释夫恬淡无为而悦夫啍啍之意，啍啍已乱天下矣！

这是很激烈的无政府主义宣言了，但和近代科学的无政府主义，却有本质上的不同。现代无政府主义是将社会的种种罪恶，都归到政府、资本家身上，而庄学左派则更进一步，把罪恶归于有知识以来，以为政府尚是有知识以来的产物，还是有为的结果。我们所能做的，却要从根本上取消这个有为，而复归于绝对无为的境界。所以这一派可以说是最彻底的虚无主义者。他们屡屡说"绝圣弃智，而天下大治"；他们最痛恨的就是三代以下的人为政治，以为这些政治都是反自然的，都是由于好弄知识的结果，应该完全抛弃他。试以《在宥篇》为例：

闻在宥天下，不闻治天下也。在之也者，恐天下之淫其性也；宥之也者，恐天下之迁其德也。天下不淫其性，不迁其德，有治天下者哉？昔尧之治天下也，使天下欣欣焉人乐其性，是不恬也；桀之治天下也，使天下瘁瘁焉人苦其性，是不愉也。夫不恬不愉。非德也；非德也而可长久者，天下无之。

人大喜邪，毗于阳；大怒邪，毗于阴。阴阳并毗，四时不至，寒暑之和不成，其反伤人之形乎！使人喜怒失位，居处无常，思虑不自得，中道不成章。于是乎天下始乔诘卓鸷，而后有盗跖、曾、史之行。故举天下以赏其善者不足，举天下以罚其恶者不给。故天下之大不足以赏罚。自三代以下者，匈匈焉终以赏罚为事，彼何暇安其性命之情哉！

而且说明邪，是淫于色也；说聪邪，是淫于声也；说仁邪，是乱于德也；说义邪，是悖于理也；说礼邪，是相于技也；说乐邪，是相于淫也；说圣邪，是相于艺也；说知邪，是相于疵也。天下将安其性命之情，之八者，存可也，亡可也。天下将不安其性命之情，之八者，乃始脔卷狯囊而乱天下也。而天下乃始尊之惜。甚矣，天下之惑也！岂直过也而去之邪！乃齐戒以言之，跪坐以进之，鼓歌以儛之。吾若是何哉！

故君子不得已而临莅天下，莫若无为。无为也，而后安其性命之情。故贵以身于为天下，则可以托天下；爱以身于为天下，则可以寄天下。故君子苟能无解其五藏，无擢其聪明，尸居而龙见，渊默而雷声，神动而天随，从容无为而万物炊累焉。吾又何暇治天下哉！

因此得到一个结论，就是：

> 吾未知圣知之不为桁杨椄槢也，仁义之不为桎梏凿枘也，焉知曾、史之不为桀、跖嚆矢也！故曰：绝圣弃知，而天下大治。

人性本来完善，但自有圣智以来，就有许多人造的道德法律，设立了国家政府的种种组织，但这些法律道德，这些政治组织，那一个不是有为的结果？那一个不是和人的本性自然性反背的，所以"天下脊脊大乱，罪在撄人心"。故又托为老聃的话，来道破矫揉造作的大毛病。

> 崔瞿问于老聃曰："不治天下，安藏人心？"老聃曰："汝慎，无撄人心。人心排下而进上，上下囚杀，淖约柔乎刚强，廉刿雕琢，其热焦火，其寒凝冰。其疾俯仰之间，而再抚四海之外。其居也，渊而静；其动也，悬而天。偾骄而不可系者，其唯人心乎？"

但是怎样才可以顺其自然，而不伤害人的本性自然性呢？这一派的答案，只有一个，就是不要管他。故说：

> 闻在宥天下，不闻治天下也。在之也者，恐天下之淫其性也；宥之也者，恐天下之迁其德也。天下不淫其性，不迁其德，有治天下者哉？

"在宥"就是任人民绝对的自由，但是怎样才能使人民绝对的自由呢？惟一的方法，就是"无为"——他们心目中的无政府主义。

这无政府社会的理想境即是所谓"至德之世"。至德之世即是他们的乌托邦，他们的共产社会。《马蹄篇》云：

故至德之世。其行填填，其视颠颠。当是时也，山无蹊隧，泽无舟梁。万物群生，连属其乡。禽兽成群，草木遂长。是故禽兽可系羁而游，鸟鹊之巢可攀援而窥。夫至德之世，同与禽兽居，族与万物并，恶乎知君子小人哉？……夫赫胥氏之时，民居不知所为，行不知所之，含哺而熙，鼓腹而游。民能以此矣。

又《胠箧篇》云：

子独不知至德之世乎？……当是时也，民结绳而用之，甘其食，美其服，乐其俗，安其居，邻国相望，鸡狗之音相闻，民至老死而不相往来。若此之时，则至治已。

"至治"即是"无治"，即是带着原始公社时代色彩的无政府主义社会。由此可见庄子左派的理想世界和《老子》八十章所说的一模一样。在庄子本身和右派当中，也有这种思想倾向（如《天地篇》），不过只有这一派讲得更痛快、更彻底、更动人罢了。

还有这一派对待统治者的压迫，乃是一种消极抵抗方法，却又和托尔斯泰式的"无抵抗主义"本质不同。《让王篇》历举尧以天下让许由一节、舜让天下三节、越人三世杀君一节、韩魏相与争侵地一节、颜阖一节、曾子一节、舜让天下于北人无择一节：

尧以天下让许由，许由不受。……舜让天下于子州支伯，子州支伯曰："予适有幽忧之病，方且治之，未暇治天下也。"故天下大器也，而不以易生。此有道者之所以异乎俗者也。舜以天下让善卷，善卷曰："余立于宇宙之中，冬日衣皮毛，夏日衣葛絺。春耕种，形足以劳动；秋收敛，身足以休食。日出而作，日入而息，逍遥于天地之间，而心意自得。吾何以天下为哉！悲夫，子之不知余也。"遂不受。于是去而入深山，莫知其处。舜以天下让其友石户之农。石户之农曰："卷卷乎，后之为人，葆力之士也。"以舜之德为未至也。于是夫负妻戴，携子以入于海，终身不反也。……

越人三世弑其君，王子搜患之，逃乎丹穴，而越国无君。求王子搜不得，从之丹穴。王子搜不肯出，越人熏之以艾。乘以王舆。王子搜援绥登车，仰天而呼曰："君乎，君乎，独不可以舍我乎！"……

韩魏相与争侵地，子华子见昭僖侯……子华子曰："甚善。自是观之，两臂重于天下也，身亦重于两臂。韩之轻于天下亦远矣。今之所争者，其轻于韩又远。君恐愁身伤生以忧戚不得也。"……子华子可谓知轻重矣！

鲁君闻颜阖得道之人也，使人以币先焉。颜阖守陋闾，苴布之衣，而自饭牛。鲁君之使者至，颜阖自对之。使者曰："此颜阖之家与？"颜阖对曰："此阖之家也。"使者致币。颜阖对曰："恐听谬而遗使者罪，不若审之。"使者还，反审之，复来求之，则不得已！故若颜阖者，真恶富贵也。……

曾子居卫，缊袍无表，颜色肿哙，手足胼胝，三日不举火，十年不制衣。正冠而缨绝，捉衿而肘见，纳屦而踵决。曳纵而歌《商颂》，声满天地，若出金石。天子不得臣，诸侯不得友。……

舜以天下让其友北人无择，北人无择曰："异哉，后之为人也，居于畎亩之中，而游尧之门。不若是而已，又欲以其辱行漫我。吾羞见之。"因自投清泠之渊。……

除上述例子外，《让王》的其他节故事，也可作为消极革命的例证，同时也就是作为最彻底地主张人民自由思想的宣言。

附一：庄子用书要目[①]

Ⅰ．注释

《庄子注》，司马彪注，孙冯翼辑，问经堂本。

　　　　　　茆泮林辑，《十种古逸书》本。

　　　　　　黄奭辑，《汉学堂丛书》本。

《庄子注》，郭象注，世德堂本，《续古逸丛书》本（涵芬楼本宋本《南华真经》卷一至卷六南宋本，卷七至卷十北宋本）。

《南华真经注疏》，郭象注，成玄英疏，《道藏》"洞神部玉诀类"本，《古逸丛书》覆宋刊本，《丛书集成》本。

《南华真经口义》，林希逸，《道藏》"洞神部玉诀类"本，明嘉靖江汝璧重刊名《三子口义》本，万历二年《三子口义》本。

《南华真经章句音义》，陈景元，《道藏》"洞神部玉诀类"本，又《南华真经章句余事》，同上。

《南华真经义海纂微》，褚伯秀，《道藏》"洞神部玉诀类"本（此书集郭象以下十三家之说，为集解传世之最早者）。

《南华真经拾遗》，王雱，《道藏》"洞神部玉诀类"本。

《南华真经新传》，王雱，同上。

《南华真经直音》，贾善翔，同上。

《庄子翼》，焦竑，《金陵丛书》本，《续道藏》本。（此书集郭象以下注凡二十二家，以所引郭象、吕惠卿、褚伯秀、罗勉道、陆西星诸家为多。又从集解及他书录入者支道林、向秀、崔譔等家，关于章句音义者十一家，共四十九家。又明董懋策稿清董金鉴编《庄子翼评点》，有《董氏

[①] 作者手稿中原标明"附录"部分有二：一为《庄子用书要目》，一为《老子新探》。——编者

丛书》本。
《南华真经循本》，罗勉道，《道藏》"洞神部玉诀类"本。
《庄子解》，王夫之，《船山遗书》本，又《庄子通》一卷，同上。
《南华经解》，宣颖，清康熙刊本，江左书林石印本。
《庄子因》，林云铭，清康熙三年刊本，上海千顷堂书局石印本。
《庄子雪》，陆树芝，清嘉庆三年粤东儒雅堂本，上海千顷堂书局石印本。
《南华经传释》，周金然，艺海珠尘革集本，丛书集成本。
《庄子注》，王闿运，湘绮楼全书，湖南思贤书局本。
《庄子集释》，郭庆藩，湖南思贤书局本，扫叶山房本。
《庄子集解》，王先谦，湖南思贤书局本，扫叶山房本，商务印书馆《万有文库》本。
《庄子义证》，马叙伦，《天马山房丛》著，商务印书馆本。
《庄子集注》，阮毓崧，中华书局本。
《庄子诠诂》，胡远濬，商务印书馆本。
《庄子补正》，刘文典，商务印书馆本。
《齐物论释》，章炳麟，《章氏丛书》本。
《〈庄子·天下篇〉释义》，梁启超，见《饮冰室专集·中国古代学术流变研究》，中华书局本。
《〈庄子·天下篇〉讲疏》，顾实，商务印书馆本。
《〈庄子·天下篇〉疏记》，钱基博，商务印书馆本。
《〈庄子·天下篇〉释》，方光大，方山山馆印本。

Ⅱ. 考证

《庄子音义》，陆德明，在《经典释文》中，有《通志堂经解》本，《四部丛刊》本。案《唐书·艺文志》"道家"有陆德明《庄子文句义》二十卷，即此书，内征引古注如向秀《庄子解义》、司马彪注《庄子》、李颐《庄子集解》、崔譔注《庄子》、支遁注、王穆夜《庄子义疏》、简文帝《庄子义》等可资参证。又清卢文弨著《经典释文参证》内《庄子释文考证》三卷，《抱经堂丛书》本。
《庄子逸篇》，王应麟，浙江书局刊《玉海》中。
《庄子阙误》，焦竑，金陵丛书本，又明董懋策稿、清董金鑑编《庄子阙误评点》,《董氏丛书》本。

《庄子阙误》,杨慎,乐道斋刊《函海》本,子书百家本。

《庄子约解(附庄子逸语)》,刘鸿典,家刊本。

《读庄子存校》,王懋竑,原刊本。

《〈庄子·内篇〉订正》,吴澄,《道藏》"洞神部玉诀类"本。

《庄子人名考》,俞樾,《春在堂全书》本,《俞楼杂纂》之一。

《读庄子平议》,俞樾,见《诸子平议》卷十七至十九,《春在堂全书》本,商务印书馆《国学基本丛书》本。

《读庄子杂志》,王念孙,在《读书杂志》中。

《庄子校补》,刘师培,宁武南氏校印本。

《庄子解故》,章炳麟,《章氏丛书》本。

《庄子校释》,王叔岷,中央研究院历史语言研究所专刊之二十六,商务印书馆本。

《庄子考》,武内义雄,见《先秦经籍考》中册,商务印书馆本;又王古鲁译见《图书馆学季刊》第四卷第二期。原文见《庄子原始》弘文堂书店本。

《庄周生卒考》,钱穆,见《先秦诸子系年》,商务印书馆本。

《杨朱即庄周说》,蔡元培,见《中国伦理学史》第八章,收入《古史辨》第四册,开明书店本。

《庄周即子莫说》,王树荣,见《古史辨》第六册,开明书店本。

《〈庄子·天下篇〉作于荀子后考》,罗倬汉,《国立中山大学语言文学专刊》第二卷第一期。

《读庄初论》,黄仲琴,《岭南学报》第二卷第二期。

《庄子著作之分期及其师承》,李衍隆,《新中华》复刊第六卷第五期,中华书局本。

《〈庄子·内篇〉连语音训》,徐德庵,《国文月刊》第六十六期,开明书局本。

《〈庄子·天下篇〉关于老子评论之研究》,王维诚,《文讯月刊》第新十号,文通书局本。

《庄子年代的试探》,孔令毂,《新中华》复刊第四号第二十三期,中华书局本。

《庄子向郭注异同考》,王叔岷,《国立中央图书馆馆刊》第一卷第四号。

Ⅲ. 研究

《庄子哲学》，苏甲荣，《少年中国》第二卷第二期。
《庄子研究》，朱谦之，见《谦之文存》，泰东图书局本。
《庄子哲学》，胡适，见《中国哲学史大纲》卷上，商务印书馆本。
《庄子哲学》，蒋锡昌，商务印书馆本。
《老庄哲学》，胡哲敷，中华书局本。
《庄子学案》，郎擎霄，商务印书馆本。
《庄子研究》，叶国庆，商务印书馆本。
《老子与庄子》，陈柱，商务印书馆本。
《庄子及道家中之庄学》，冯友兰，见《中国哲学史》，商务印书馆本。
《庄子一派底全性派》，许地山，见《道教史》，商务印书馆本。
《达尔文的天择律与庄子之天钧律》，章鸿钊，《学艺》第六卷第二号。
《庄子的概念游戏论》，侯外庐，见《中国古代思想学说史》第七章第三节，文风书局本。
《庄子的批判》，郭沫若，见《十批判书》，群益出版社本。
《庄子的主观观念论》，侯外庐、杜守素等，见《中国思想通史》第一册第十章，新知书店本。
《庄子通论》，王叔岷，见《学原》第一卷第九期、第十期，商务印书馆本。

附二：老子新探[*]

（中山大学哲学系集体讨论资料）

　　《新建设》第四卷第四期，提出一个新问题，就是：有人说，老子是中国古代具有唯物论概念的哲学家之一，也有人说，道家哲学在认识论方面是属于唯心论的，这两说是否矛盾？对于这个问题许多的答复，我以为是不够圆满的。杨荣国的《中国古代唯物论研究》（页二三），苏联汉学家杨兴顺，都认为《老子》一书是古代中国具有唯物概念的最初哲学巨著之一，这是完全对的，问题乃在何以在这唯物论的哲学巨著之中，却包含着唯心论？这是一个不容易解决的问题，是《老子》一书之内在的矛盾，依我考证的结果，认为《老子》书中显然可分三派，左派近于唯物论，右派则近于唯心论。今传本《老子》如果把它看做是绝对完整底一家之言，就错了。因此，为要分析出一个作为唯物论底老子的真面目，把我旧作未发表的《老子新探》一文提出讨论，实在有此必要。

一九五一年八月十日

---

[*] 本文整理，以中山大学哲学系藏1951年8月油印本为底本，参以朱谦之先生校批文字。本文著于1948年12月，1951年8月作为中山大学哲学系集体讨论资料。——编者

一、老子是谁？

案《庄子》书中，"老子"名共二十二见，"老聃"名四十六见，"老莱子"名三见。据《史记·老庄申韩列传》："老子者，楚苦县厉乡曲仁里人也，姓李氏，名耳，字伯阳，谥曰聃。"又："或曰老莱子亦楚人也，著书十五篇，言道家之用，与孔子同时云。"《正义》云："太史公疑老子或是老莱子，故书之。"在此可见老子即是老聃，司马迁疑其即是老莱子。又本传："自孔子死之后，百二十九年，而史记周太史儋见秦献公曰：始秦与周合而离，离五百岁而后合，合七十岁而伯王者出焉。或曰儋即老子，或曰非也，世莫知其然否。"毕沅云："古聃儋字通，《说文》'聃，耳曼也'，又云'儋，耳垂也'，又云'耽，耳大垂也'，声义相同，故并借用。"由此则老子又疑其即是太史儋，或《吕氏春秋》中之老耽。但依我研究的结果，则本传中之老聃、老莱子、太史儋，实为三人非即一人。而老子字伯阳，或更进以老子为伯阳甫之说，则更不可信。试先辨后者。

今本《史记》："老子姓李氏……字伯阳……。"此"伯阳"二字据王念孙《史记杂志》"此后人取神仙家书改窜之耳。案《索隐》本'名耳字聃姓李氏'七家注云：'有本字伯阳，非正也。老莱子号伯阳父，此传不称也'；据此则唐时本已有作字伯阳者，而小司马引《说文》以正之……"又"《列仙传》曰'李耳字伯阳'，然则'字伯阳'乃《列仙传》文，非《史记》文也。若史公以老子为周之伯阳父，则不当列于管仲之后矣。"余案王说是也。老子与伯阳，或伯阳甫，实为二人非一人。《汉书·古今人表》有两伯阳，一在帝舜时，一在周厉王时。《史记·周本纪》："幽王二年，西州三川皆震，伯阳甫曰：周将亡矣。"《集解》云："韦昭曰：伯阳甫，周大夫也。唐固曰：伯阳甫，周柱下史老子也。"又高诱注《吕氏春秋·当染》云："伯阳盖老子也。舜时师之者也。"注重言云："老聃……周史伯阳也，三川竭，知周将亡，孔子师之也。"此处误以伯阳甫为老子，是认孔子前二百三十年（幽王）或更在前（舜）已有老子，为孔子或舜所师，可谓附会之至。其实《史记索隐》已经证明"字伯阳"三字为许慎所见本《史记》所无；可见本传中已有为后人窜乱的痕迹，而老子为伯阳甫之说，也可以不攻自破了。

现在重要的问题，乃在辨明老子与老莱子的关系，是一人或二人？案《史记》本传，太史公疑老子或是老莱子，而《仲尼弟子列传》序云："孔子之所严事，于周则老子，于楚则老莱子"，则分明认为二人。实则老子和老莱子，虽同属道家系统，而据《庄子》、大小戴《礼》、《战国策》等书，知其为二人无疑。

【大戴礼记·卫将军文子】孔子曰：德恭而行信，终日言，不在尤之内①，贫而乐也，盖老莱子之行也。（《史记·弟子列传》索隐引此文，无"在尤之内"四字。武内义雄《老子原始》页18—19以为此段可想见老莱子之为人及其书之大略。盖"德恭而行信，贫而乐"其言与儒家相近，故孔子称之。且非独孔子，曾子亦屡诵其言，如云"君子终日言不在尤之中，小人一言，终身为②罪"（《曾子立事》），"孝子不登高，不履危③，……临不指，故不在尤之中也"均可证。

【庄子·外物】老莱子之弟子出薪遇仲尼，反以告人曰："有人于彼，修上而趋下，末偻而后耳，视若营四海，不知其谁氏之子。"老莱子曰："是丘也。召而来。仲尼至，曰："丘，志汝躬矜，与汝容

---

① 《大戴礼记·卫将军文子》此句下云："在尤之外，处贱不闷，贫而能乐，盖老莱子之行也。"
② "为"，原作"无"，误，据《大戴礼记·曾子立事》改。——编者
③ "危"，原作"恭"，误，据《大戴礼记·曾子本孝》改。——编者

知,斯为君子矣。"仲尼揖而退,蹙然改容而问曰:"业可得进乎?"老莱子曰:"夫不忍一世之伤,而骜万世之患,抑固窭邪?亡其略弗及邪?惠以欢为骜,终身之丑,中民之行进焉耳。相引以名,相结以隐,与其誉尧而非桀,不如两忘而闭其所誉,反无非伤也,动无非邪也。圣人踌躇以兴事,以每成功,奈何哉!其载焉终矜尔。"

【战国策·楚策】或谓黄齐曰:"……公不闻老莱子之教孔子事君乎?示之以其齿,曰:'齿之坚也,六十而尽相靡也。'"

此处老莱子实和《庄子·内篇》之老聃、《礼记·曾子问》之老聃、《战国策·魏策》之老聃,决为二人非一人,不然则同在一书之中,不应前后所用人名不同如此。惟老莱子与老子,据传说亦有易于误认为一人之处。《路史》:"老子邑于苦之赖,赖乃莱也,故又曰老莱子,赖史作厉。"今案老子本传:"老子修道德,其学以自隐无名为务,居周久之,见周之衰,乃遂去,……莫知其所终。"老莱子也有同样传说。成玄英《庄子疏》云:"老莱子,楚之贤人隐者也,常隐蒙山,楚王遣使召为相,其妻采樵归,见门前车马迹,问其故。老莱曰楚王召我。妻曰:'受人存者,必为人所制。'妻遂舍而去,老莱随之,夫负妻戴,逃于江南,莫知所之。"一个"莫知所终",一个"莫知所之",不都是一样地以自隐无名为务的人物?还有就两人的学说而言,传说中亦混淆已久。如《史记》老子教孔子语"去子之骄气与多欲,态色与淫志,是皆无益于子之身"一节,和《庄子·外物篇》老莱子教孔子语"丘!去汝躬矜与尔容知,斯为君子矣"相同,而《外物篇》著作在先,当较可信。又传说中的老莱子,有辞聘的故事(详见刘向《列女传》),也有戏彩娱亲的故事,见《高士传》及《太平御览》四一三引《孝子传》,略云:"老莱子性至孝,行年七十,作婴儿戏,着五彩衣以娱其亲。楚王闻其贤,以为辅,弃去,止于江南。"又《列士传》:"老莱子孝养二亲,着五色彩衣,卧地为小儿啼。"此与儒家之"孝"的学说相近。《汉书·艺文志》"老莱子十六篇",班固自注云:"楚人,与孔子同时。"《战国策·楚策四》有老莱子教孔子事君,《孔丛子·抗志篇》以为老莱子语子思。大概就时代言,老莱子当较老聃为晚辈,而与孔子同时。至于太史儋,则在孔子殁后一百二十九年才出现,当然和孔子问礼的老聃决非一人,而只好算是老莱子的后辈之后辈了。

二、老子学三派

然则老子《道德经》,究竟是那一位老子所作?老聃,老莱子,还是太史儋?固然也有极端派不承认《老子》为老子作,而认为剽窃《庄子》书作,近人如顾颉刚、冯友兰,日本人如帆足万里,均有此想法,实则老在庄前,已成定论。问题乃在庄子前所著《老子》书,何以一书之内,前后自相矛盾。今人考据多谓太史儋为《老子》之真正作者,其说虽辩,仍不免于一偏之见。实则依我所见,则《老庄申韩列传》中之三位老子,均是《老子》书之作者。老聃为中派在先,老莱子为右派次之,周太史儋为左派,列最后。《老子》一书决不是一个老子所能作,乃为经过长久期间,将老聃、老莱子、太史儋三家学说汇集而成之一家言。试为列表明之如下:

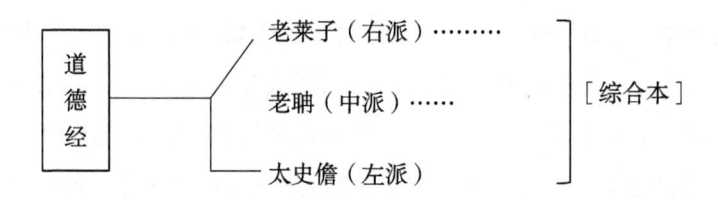

```
                ┌─ 老莱子(右派)……… ┐
道德经 ─────────┼─ 老聃(中派)……  ├ [综合本]
                └─ 太史儋(左派)      ┘
```

固然在我以前,也有人注意到《老子》五千言,是会萃种种材料而成,如武内义雄《老子原始》。但他却没有注意到,此所会萃的原始材料，即是《史记》本传中底三位老子著作。因此无法分出眉目，更无法判定那一篇是谁做的。其实五千言中，疑难之点太多了，但如认为由于三派的传本不同，取舍相反不同，问题便很容易解决了。

第一，《老子》书中多重复语，这证明各派所传本子不同。例如：

不贵难得之货（三章，六十四章）

物或恶之，故有道者不处也（二十四章，三十一章无"也"字）

侯王若能守，万物将自化（三十二章，三十七章"化"作"宾"字）

信不足焉，有不信（十七章，二十三章"焉"字在"信"下）

生而不有，为而不恃，长而不宰，是为玄德（十章，五十一章。二章前二句同，第三句作"功成而不居"）

弱之胜强，柔之胜刚（六十八章，三十六章两句倒置）

挫其锐，解其纷（四章，五十六章）

和其光，同其尘（四章，五十六章）

夫惟不争，故天下莫能与之争（二十二章，六十六章首二字作"以其"，八十一章下句作"故无尤"）

长而不宰（十章，五十一章）

故为天下贵（五十六章，六十二章）

为者败之，执者失之（二十九章，六十四章）

不言之教（二章，四十三章）

没身不殆（十六章，五十二章）

物壮则老，是谓不道，不道早已（三十章，五十五章）

案此种重复之处，当与《韩非子·显学》所云"孔墨之后，儒分为八，墨离为三"，现存《墨子》书，《尚贤》《尚同》《兼爱》《非攻》《天志》《非命》皆分上中下三篇，其情形略同。

第二，《老子》书中文体多不同，这证明各派所传本先后不同。如武内义雄《老子原始》页92—93所举第十章、二十章、二十一章，句句押韵，文体似颂赞；第五章、七十九章，文体类箴铭；第三十二章、六十六章，文体为散文。第二章在同一文字中前三句为一韵，后三句又为一韵。又五千言中之助字，关于乎与、夫其、如若、乃则焉、我吾等，凡同一的语词，没有一定的用法。据此，知此书不是出于一人之手。依我意思，这乃是由于三派传本先后不同的原故。

第三，《老子》书之最早解释便不同，这证明各派取舍相反不同。例如《庄子》内外篇、杂篇中讲述老聃的话，和《韩非子》《解老》《喻老》中讲述老聃的话，其看法便大不相同。

由上所述，可见今本《老子》，确非一人一家之言，而实为多人会萃而成一家之言。此多人之中，以老聃为最早，他所唱学说，也很多引用古语。如第六章"谷神不死"一节，引《黄帝书》（据《列子·天瑞篇》）即为好例。老莱子次之，如七十八章"弱之胜强，柔之胜刚……是以圣人云：'受国之垢，是为社稷主，受国不祥，是为天下王'，正言若反。"这一篇乃老莱子书称引圣人之言，据《庄子·天下篇》"老聃曰：'知其雄，守其雌，为天下溪；知其白，守其辱，为天下谷。'人皆取先，己独取后，曰'受天下之垢'"，可见圣人即老聃，老莱子为老子弟子无疑。且其学尊重圣人，《庄子·外物篇》老莱子教孔子，有"圣人踌躇以兴事，以每成功"之语，此实以老子之学而接近古儒。《说文》"儒，柔也，术士之称"，此儒乃未成学派前之儒，是一种靠讲礼貌讲道德吃饭的人。《战国策·楚策》老莱子教孔子以柔术事君之道，"示之以其齿之坚，六十而尽靡也"，可证其为"近儒派"。次之太史儋，与老莱子比较，其时代更后。就极缺乏之史料来观察，已可看出两人不同。（一）老莱子却楚之聘，为一隐者，太史儋见秦献公（一位好战的国君），为一积极份子。（二）老莱子戏彩娱亲，完全是一个道德家态度；太史儋言"霸王"之道，为一个政治家态度。（三）老莱子教孔子语，以齿为喻，乃一养生家；太史儋预言后代事，乃一预言家。然而这两种矛盾的思想，实均包含于《老子》一书之中，甚可注意。汪中《老子考异》云："夫助葬而遇日食，然且以见星为嫌，止柩以听变，其谨于礼如是，至其书则曰：'礼者，忠信之薄而乱之首也。'下殇之葬引周召史佚，其尊信前哲也如是，而其书则曰：'圣人不死，大盗不止。'彼此乖违甚矣。"汪氏只知《老子》一书的矛盾，而不知其所以矛盾。依我意思，则从哲学史眼光看来，《老子》书中显然可分三派，以老聃为中派，即正统派；老莱子为右派，为近儒派；太史儋为左派，为近法派。其重要分别如下：

	右派（老莱子）	左派（太史儋）
1	尊圣	非圣
2	讲礼	讲兵
3	尚道德	尚法术
4	清净无为	刻苦奋斗

右派"老莱子"，据《史记》"或曰老莱子……著书十五篇"，可知其著书，只是得之传闻，未必即为太史公所见之本。《汉书·艺文志》有十六篇，多一篇，更为后人编缀而成。实则《论语》"述而不作，信而好古[1]，窃比于我老彭"，老彭疑即老莱子，那里有十六篇的著作？即使有所传述，也已经归入《道德经》今本之中，决不会另有著书而今不传。《史记》云："李耳言道德之意，老莱子言道家之

---

[1] "信而好古"原脱，据《语论》补。——编者

用。"体与用不同，李耳（老聃）偏于本体方面，老莱子偏于工夫方面；李耳言本体方面在先，老莱子言工夫方面在后。有本体而后有工夫，有工夫而后本体可见，所以老莱子如有著书，也不过发明老子之学而已。后人将其所以发明老子之学者，附入《老子》原书中，自属情理中事。至于太史儋著书，史册无记，仅《史记·周本纪》《秦本纪》《老庄申韩列传》略载其言。《周本纪》云："烈王二年，周太史儋见秦献公曰：'始周与秦国合而别，别五百载复合，合十七岁而霸王者出焉。'"《秦本纪》云："献公十一年，周太史儋见献公曰：'周与秦国合而别，别五百岁复合，合七十七岁而霸王出。'"《老庄申韩列传》云："自孔子死之后百二十九年，而史记周太史儋见秦献公曰：'始周与秦合而离，离五百岁而复合，合七十岁而霸王者出焉。'"由上数节，可见太史儋乃预言家，属于法术家者流。案《老子》书中有"取天下"与谈兵处，所云"师之所处，荆棘生焉；大兵之后，必有凶年"，及"偏将军居左，上将军居右"，这些所用战国的成语，有些是战国的官名。据梁启超《老子考》、武内义雄《老子原始》均已提到，似非较晚出之太史儋，不能作此语。因此汪中及今人罗根泽等，均认《老子》书为太史儋作，此种全称肯定之说，固不可信，但认《老子》一部分较激烈处为太史儋所著，而以太史儋为《道德经》之最后完成者，似尚无可疑。案三十八章，宋吴子良《林下偶谈》已疑其"绝灭礼乐之老子，与孔子问礼之老子不同"，此非左派的思想而何？最可注意的，是在"夫礼者，忠信之薄而乱之首也"，接着便是"前识者道之华而愚之始"。《韩非子·解老》云："先物行、先理动之谓前识。"吴澄注："前识犹先知，智也。"僧德清云："前识犹言蚤智，谓明见利害于未然者。"这分明是预言家口气。又六十五章"古之善为道者，非以明民，将以愚之"，亦为政治家语。而且遍观《老子》一书，言圣人者有三十处，而同一圣人一名词，有被称与被黜之矛盾现象。被称者如二十二章"圣人抱一为天下式"，二章"圣人处无为之事"，四十九章"圣人之在天下，惵惵为天下浑其心"，四十九章"圣人无常心，以百姓心为心"，八十一章"圣人不积"。此所谓圣人，与《庄子·天下篇》所云"以天为宗，以德为本，以道为门，兆于变化，谓之圣人"相近，实为中派语。次之如七十九章"圣人执左契而不责于人"，七十章"圣人被褐怀玉"，六十六章"圣人欲上民，必以言下之"，十二章"圣人为腹不为目"，六十四章"圣人欲不欲"，七十二章"圣人自知不自见"，七十一章"圣人不病，以其病病，是以不病"。此所谓圣人，均从用处着想，实为右派语。又次圣人之被黜者如五章"圣人不仁，以百姓为刍狗"，十九章"绝圣弃智，民利百倍，此所谓圣人、圣智，与《庄子·胠箧篇》所掊击之圣人，圣智相同，实为右派语。惟左派亦有称圣人者，如二十六章"圣人终日行，而不离辎重"，二十九章"圣人去甚去奢去泰"，五十八章"圣人方而不割"。此三处"圣人"二字，据《韩非子》所引，均作"君子"二字，可见为后来窜改之误。

总之，凡《道德经》中称引圣人文句，有出于老聃者，有出于老莱子者。出于老聃者有二十二、二十八、六十三、四十九、八十一、六十三、七、二共八章十一见，出于老莱子者有七十九、七十、六十六、七十七、六十四、十二、七十二、七十一共八章十见。至于太史儋，非圣轻贤，凡主张"不尚贤"之文句，皆其所出，惟亦有原作"君子"二字，而改作"圣人"者，计共有五、三、二十九、二十七、五十八、五十七、四十七、二十六、六十共九章，圣人之名九见。这其间似乎仍有矛盾，此种矛盾，可解释为左派一面反对儒家之圣人，一面主张道家之圣人。左派和右派的区别，即在左派反对普通意义之圣人，右派则肯定普通意义之圣人。右派言圣人而无矛盾，此则一面"不尚贤",一面又用"圣人之治"(三章);一面言"取天下",一面又云"圣人云:'我无为而民自化'"(五十七章)。此种矛盾,正是以圣人掊击圣人,结果便是绝圣弃智而天下大治。

次之,左右两派有讲礼和谈兵之不同。右派讲礼,以谦卑自持,如六十六章、七十章、七十八章、十三章,比比皆是,而如五十四章"子孙以祭祀不辍"一语,尚存礼意。左派谈兵,如三十章、三十一章、四十三章、六十七章、六十八章、六十九章,皆为谈兵而作。

再次,左右两派有尚道德与尚法术之不同。右派讲道德兼重养生,如四十四章、六章、七章、十章、十二章、十三章、十五章、二十六章、五十章、五十五章、五十二章、五十九章、六十章、七十三章皆其例。左派尚法术,兼重纵横家言,如三十六章、四十七章皆其例。但无论注重"道",与注重"术",其源皆出于《老子》,老子学说原有此二种成分。《汉书·艺文志》列太公望于道家中,兵家中亦有"贵后"一派。《吕氏春秋·不二篇》"王廖贵先,兒良贵后。"高诱注:"王廖谋兵事贵先建策也,兒良作兵谋贵后。"《汉志》"兵权谋"有《兒良》一篇,此与《老子》六十九章"吾不敢为主而为客,不敢进寸而退尺"相合。

总而言之,左右二派,右派以老莱子为代表,言孝行,与儒家接近,左派以太史儋为代表,言霸术,尚前知,与法家接近;右派讲礼,左派谈兵;右派为道德家言,左派为形名家言;右派近唯心论而左派近唯物论,而此二派皆渊源于老聃。依《庄子·天下篇》及其他理由,我们知道《五千言》中,如一章、二章、二十五章、十四章、三十九章、四十二章、三十二章、五十一章、三十四章、十六章、二十九章、七十六章、七十八章等,皆为老聃原本,也就是老子学的中派。今本老子《道德经》,则为以老聃之中派思想为中心,兼包并容此左右二派之学说思想而成。

三、《老子》分章考证

现在试将老子《五千言》分章研究，按其所属学派的性质，考之如下：

［一章］——中派。案《庄子·天下篇》述老聃之道，"建之以常无有"，此章"道可道非常道，名可名非常名，无名天地之始，有名万物之母。故常无欲以观其妙，常有欲以观其徼"。此处"常无有"，"无"字皆与《天下篇》合，断为老子之言。又《淮南子·道应训》引"道可道"四句，作"老子曰"。《史记·日者传》引"无名天地之始"一句，作"老子"。

［二章］——中派。《淮南子·道应训》引"皆知善之为善，斯不善已"及"功成而弗居，夫唯弗居，是以不去"，均作"老子曰"。又"生而不有"一节，本老子说。重见于右派所作之第十章、第三十四章、第五十一章，当为右派依据于此而立之根本主张。

［三章］——左派。此章主"不尚贤"，"常使民无知无欲，使夫智者不敢为也"，乃一种政治家言，应属左派。《淮南子·齐俗训》引"不尚贤"及"不见可欲，使民心不乱"句，均误作"老子曰"，引"不贵难得之货"，则未注明出处。

［四章］——中派。《墨子》(《太平御览·兵部》五十三) 引"故老子曰：'道冲而用之，有弗盈也。'"墨子约死于周安王二二年，当纪元前三八〇年，可见此篇时代甚早，为老子言无疑。《淮南子·道应训》引"道冲而用之，或不盈"，又"挫其锐，解其纷，和其光，同其尘"，均作"老子曰"。

［五章］——上一段"天地不仁"等四句属左派，"天地之间"以下各句乃六章文，属中派。《淮南子》引"多言数穷，不如守中"，作

"老子曰"。

[六章]——中派。《列子·天瑞篇》引"谷神不死,是谓玄牝"全文,作《黄帝书》,即为《老子》本章学说所本。

[七章]——中派。《淮南子·道应训》引"是以圣人后其身而身先"四句作"老子曰",案《说苑·敬慎篇》引黄帝《金人铭》曰:"君子知天下之不可盖也,故后之下之,使人慕之。执雌持下,莫能与之争者",可见本章"圣人"即指黄帝,乃老子祖述黄帝之言。

[八章]——中派。案本章即《庄子·天下篇》所谓"人皆取先,己独取后,曰'受天下之垢'也"。

[九章]——中派。案《庄子·天下篇》曰"苟免于咎",曰"坚则毁矣,锐则拙矣",与本章文意同。"揣而梲之",各本均作"锐"字。《淮南子·道应训》引"持而盈之"四句及"功成身退,天之道",均作"老子曰"。《庄子·山木篇》"昔吾闻之大成之人曰:自伐者无功,功成者堕,名成者亏,孰能去功与名,而还与众人",语意本此,与二十二章"不自伐,故有功"皆老聃之言。所谓"大成之人",乃推崇老聃语。

[十章]——右派。《淮南子·道应训》引"营魄抱一"四句、"明白四达"二句,均误作"老子曰"。又《达生篇》引"为而不恃,长而不宰",未注明出处。今案此章为养生家口吻,与老莱子说相近。

[十一章]——右派。《史记》老莱子言"道家之用",此章四提及"用"字,就器用空虚处,形容道之妙用,即为此派之根本主张。

[十二章]——右派。此章为养生家口吻,与老莱子说相近,《淮南子·道应训》引"故去彼取此"作"老子曰",应为老莱子之误。

[十三章]——右派。此章上两句似引道家语,下各句加以说明"贵以身为天下"下四句,《庄子·在宥篇》引,未注明出处。《淮南子·道应训》引作"老子曰",实误。案"宠辱若惊"与成玄英《庄

子疏》所引老莱子妻劝夫辞聘时所云"受人存者，必为人所制"语相同。

〔十四章〕——中派。《韩非子·解老篇》引"无状之状，无物之象"未注明出处。《淮南子·道应训》引"此老聃所谓'无状之状，无物之象'也"。

〔十五章〕——中派。《淮南子·道应训》引"服此道者不欲盈"三句作"老子曰"。《史记》老子本传"老子曰：'……良贾深藏若虚，君子盛德容貌若愚'"，即"微妙玄通，深不可识"之旨。又"太史公曰：老子所贵道，虚无因应，变化于无为，故著书辞称微妙难识"，盖亦指此。

〔十六章〕——右派。此与五十五章、五十二章皆明"常道"之重要性。案《尸子》卷下引"老莱子曰：'人生于天地之间，其生也存，其死也亡，人生亦少矣，而岁往之亦速矣。'"此极言人生无常，乃常之反面。此章"夫物芸芸，各复归其根，归根曰静"，即明此万物死亡之理，意谓万物虽暂时存在，结果无不归于静寂，因而主张常道之可贵，而以虚静为人生归宿。"致虚极"下四句，《淮南子·道应训》误引作"老子曰"。

〔十七章〕——左派。《韩非子·难三篇》引"太上下知有之"，"知"作"智"。《淮南子·主术训》引此未注明出处。案本章与《韩非子·主道》"虚静以待"之术同。

〔十八章〕——左派。《意林》卷二引《慎子》云"六亲不和有孝慈，国家昏乱有忠臣"，文与此同，乃法术家语。

〔十九章〕——左派。《庄子·在宥篇》引"绝圣弃智，民利百倍"，前有"故曰"二字。又《胠箧篇》"故绝圣弃知，大盗乃止"亦本此，乃左派口吻。又二十章"绝学无忧"一句，据晁公武《郡斋读书志》，谓唐张君相《三十家老子注》，以"绝学无忧"一句附

"绝圣弃智"章末,以"唯之与阿"别为一章,与诸本不同,当从之。后归有光、姚鼐、今人蒋锡昌皆以此句属十九章,甚是。此句亦与"绝圣弃智……绝仁弃义……绝巧弃利"一段文字相连,亦属左派口吻。

[二十章]——中派。《淮南子》引"人之所畏,不可不畏"一句,作"老子曰"。案老子主变化,故有犹龙之叹,与此章旨合。

[二十一章]——中派。此章说道之精微处,"窈兮冥兮,其中有精,其精甚真,其中有信",《淮南子·道应训》引作"老子曰"。

[二十二章]——中派。《庄子·天下篇》述老聃曰:"人皆求祸,己独曲全,曰苟免于咎",即此章宗旨。《淮南子·道应训》引"曲则全,枉则直"与"夫惟不争,故天下莫能与之争",均作"老子曰"。案《孙子·九地篇》"善为道者,以曲而全",可见兵家亦受此思想之影响。

[二十三章]——右派。此章言暴疾美兴不长,颇似右派口吻。"从事于道者"二句,《淮南子·道应训》引作"老子曰",未知是否,盖《淮南子》时老子与老莱子混淆已久,不易辨明也。"信不足焉"二句与十七章同,奚侗、马叙伦均以二句与上文不相应,疑为重出。

[二十四章]——右派。此章"自见者不明"至"自矜者不长",均重述老子二十二章语。

[二十五章]——中派。张衡《灵宪》引"有物混成"二句,作"道志之言",《淮南子·道应训》引"道大天大地大"一节,作"老子曰"。

[二十六章]——左派。"圣人终日行不离辎重"句,《韩非子·喻老篇》引"圣人"作"君子",各本亦多作"君子"二字,应据改正。"轻则失本,躁则失君",此处"本"字即"秉要执本"之本,为人君南面之术。

［二十七章］——左派。《汉书·司马迁传》引晋灼曰："老子曰：'善闭者无关楗。'"严君平曰："拆关破楗，使奸者自止。"可见此为法家言。其"常善救人，故无弃人；常善救物，故无弃物"，据晁说之云："独得之河上公本，而古本无有。"《淮南子·道应训》引此作《老子》"人无弃人，物无弃物，是为袭明"，疑此段为窜入。至于"不善人者善人之资"，则完全为左派语。

［二十八章］——中派。《庄子·天下篇》引老聃曰："知其雄，守其雌，为天下溪；知其白，守其辱，为天下谷。"又有"受天下之垢"，"苟免于咎，以深为根，以约为纪"等语。《淮南子·道应训》引作"老子曰"。又"大制不割"，《道应训》引"老子曰：'大制无割，故致数舆无舆也'"，案"数舆无舆"，见三十九章，疑本系连文。

［二十九章］——左派。"天下神器不可为也"下四句，《淮南子·原道训》引，未注出处。"圣人去甚去奢去泰"，《韩非子·外储说》左下引作"故君子去泰去甚"，疑"圣人"二字乃后人窜改。

［三十章］——左派。《汉书·严助传》内淮南王安上书，引"师之所处，荆棘生焉；军旅之后，必有凶年"，作老子语，非是。此章实为谈兵而作，《孙子·作战篇》所谓"不尽知用兵之害者，则不能尽知用兵之利也"。

［三十一章］——左派。晁说之《跋王弼注老子》云："弼知'佳兵者不祥之器'，至于'战胜以丧礼处之'，非老子之言。"彭耜《道德真经集注·杂说上》云："王弼注《道德经》，以夫佳兵、民之饥二章，疑非老子所作。"案此章与《孙子·谋攻篇》之旨相同，亦兵家言。

［三十二章］——中派。此章拈出一"朴"字。

［三十三章］——右派。此章与五十二章、五十五章相通。

五十二章"见小曰明",此曰"自知者明",五十五章"心使气曰强",此曰"自胜者强",所讨论问题同,可归入右派。《韩非子·喻老篇》引"自见之谓明",又"自胜之谓强",未注明出处。

［三十四章］——中派。言道泛兮左右逢源,与二十章、十五章旨同。

［三十五章］——中派。言道用之不可穷极。

［三十六章］——左派。《韩非子·喻老篇》引"将欲歙之"四句,未注出处。又《说林》引《周书》曰:"将欲败之,必姑辅之;将欲取之,必姑予之",此乃左派窜入纵横家语。又《庄子·胠箧篇》引"鱼不可脱于渊"三句,未注出处,《韩非子·喻老篇》"国之利器"引作"邦之利器",《亡征篇》引作"国之利器",《淮南子·道应训》同。又《原道训》引作"老子曰",非是。

［三十七章］——中派。《淮南子·道应训》引作"老子曰"。《史记》老子本传"李耳无为自化,清静自正",此章正是"无为自化"之原型。

［三十八章］——左派。此章《韩非子·解老篇》几全部征引,可见其重视之程度。《史记·酷吏传》引"上德不德"下四句,末有"法令滋章,盗贼多有"。《庄子·知北游》引"故曰失道而后德"下各句,惟中节去"前识"一段,前识者犹言先知,太史儋为预言家者流,此章即其所著。

［三十九章］——中派。此章与《庄子·天下篇》、老聃"主之以太一"旨同。《淮南子·道应训》引"故贵以贱为本"二句,作"老子曰"。

［四十章］——中派。《庄子·天下篇》述老聃"以濡弱谦下为表,以空虚不毁万物为实",此言"弱者道之用"旨同。又"建之以常无有"与"有生于无"之旨同。

［四十一章］——右派。此章"建言有之"下各句，从"明道若昧"至"道隐无名"，皆老聃语，为老莱子所引。《庄子·寓言篇》引老子"大白若辱，广德若不足"，"广"字作"盛"字。案《史记》老子本传"君子盛德，容貌若愚"即此旨。"道隐无名"与本传"老子修道德，其学以自隐无名为务"可相参证。

［四十二章］——中派。《淮南子·精神训》及《天文训》引"道生一"下六句，《人间训》引"故物或损之而益"二句，均未注明出处。案"强梁者不得其死"，见《说苑·敬慎篇》所载之《金人铭》，下接以"好胜者必逢其敌"，此处"以为教父"，"教父"犹言教条，可见黄老间之关系。

［四十三章］——中派。《淮南子·原道训》引"天下之至柔者"四句，前有"故老聃之言曰"，《道应训》引"故老子曰"，"无有入无间"句引作"出于无有，入于无间"。又《说苑·敬慎篇》引叔向曰"老聃有言曰"，下有"又曰：人之生也柔弱，其死也刚强；草木之生也柔脆，其死也枯槁。因此观之，柔弱者生之徒也，刚强者死之徒也"一节，见七十六章。案叔向晋平公时人，与孔子同时，可见此篇与七十六章均为老聃之言。

［四十四章］——中派。《后汉书·方术传》引"名与身孰亲"二句，作"老子有言"。《韩非子·六反篇》引"知足不辱，知止不殆"句作"老聃有言曰"。《淮南子·人间训》引作"老子曰"。

［四十五章］——中派。《淮南子·道应训》引"大直若屈，大巧若拙"，作"老子曰"。《庄子·胠箧篇》引下一句作"故曰"。案《史记》本传"李耳无为自化，清静自正"，与此章"清静为天下正"文同。

［四十六章］——左派。《韩非子·解老》《喻老》引本章全文，均作"故曰"。案此章与《商君书·农战篇》"令民归心于农，则民

朴而可正"之旨相同。《韩非》引文在"祸莫大于不知足"句前，有"罪莫大于可欲"句，显出法家本色。

〔四十七章〕——左派。本章全文与《鬼谷子》本经《阴符》七篇文句略同，其文曰："不出户而知天下，不窥牖而见天道，不见而命，不行而至"，能知于不知，见于不见，惟太史儋一派有此语。《韩非子》引"不出户知天下"二句，作"故曰"，《淮南子·主术训》引作"是故"。又《淮南子·精神训》引"其出弥远"二句作"故曰"。《韩非子·喻老》引"是以圣人无常行也。……故曰不行而知"，此处"圣人"二字，乃道家之圣人。

〔四十八章〕——左派。《庄子·知北游篇》引"故曰为道者日损，损之又损，以至于无为，无为而无不为也"。本章"取天下常以无事"，乃左派语。

〔四十九章〕——中派。此章言圣人为天下浑其心，与《庄子·天下篇》述老聃之道"芴漠无形，变化无常"，《太史公自序》"道家……与时迁移，应物变化"之旨相同。

〔五十章〕——右派。此章注意生死问题，有养生家之口气。《韩非子·解老篇》引作"故曰"，《淮南子·诠言训》引"兕无所投其角"二句作"老子曰"，乃老莱子之误。

〔五十一章〕——右派。此章尊道德为万物主宰，属右派。惟"亭之毒之"一语不相似，据各本均作"成之熟之"，义较长。

〔五十二章〕——右派。此章言道家之用。"塞其兑闭其门"，《淮南子·道应训》引作"老子曰"。"见小曰明，守柔曰强"，《韩非子·喻老》引作"故曰"，《道应训》引作"老子曰"，此或老聃语为老莱子所述。

〔五十三章〕——左派。《韩非子·解老篇》引作"故曰"，本章与《商君书·垦令》《农战》诸篇之说相近。

［五十四章］——右派。此章尊道德，其言祭祀不辍，乃礼家言。《周易集解》虞氏注引老子曰："修之身，德乃真"，亦惟尚道德者，方为此语。《韩非子·喻老篇》引本章作"故曰"，《淮南子》引"善建者不拔"一句作"故"，引"修之于身"二句作"老子曰"，此处定为老莱子之言。

［五十五章］——右派。此章言有道之士，知和守柔，如赤子，当为道德家之言。"知常曰明"句见十六章，"物壮则老"三句见三十章，疑重出。《淮南子·道应训》引"益生曰祥"句前有"老子曰"，下有"是故用其光，复归其明也"。按《尸子》引老莱子语，极言人生无常，此言"知常曰明"，与之相反相成。盖老莱子固以"常"为道，五十二章言"习常"，此言"知常"，皆其说。

［五十六章］——右派。《庄子·知北游篇》引"夫知者不言，言者不知"为黄帝语。又"塞其兑"下六句均见前，"塞其兑"二句见五十二章，"挫其锐"四句与第四章同，当为老莱子述老聃之言。

［五十七章］——左派。"以正治国，以奇用兵，以无事取天下"，乃法术家语，曾为《尹文子·大道篇下》所引。"法令滋章，盗贼多有"，《淮南子·道应训》引作"故老子曰"。"我无为而民自化，我好静而民自正"，《汉书·曹参传》注引少"而"字。本文前有"故圣人云"，此处"圣人"与七十八章同例，乃以老聃为圣人，而征引其四十五章"清静为天下正"之文句。

［五十八章］——左派。《说苑·敬慎篇》："老子曰：得其所利，必虑其所害，乐其所成，必虑其所败；人为善者，天报以福，人为不善者，天报以祸也。故曰：祸兮福所倚，福兮祸所伏，戒之慎之。"此段与本章参看，知本章多佚文。"祸兮福所倚"前，原有"故曰"二字，此为太史儋引老子语之证，今文脱。又"圣人方而不割"下四句，《韩非子·解老》引作"故曰"，《淮南子·道应训》引前二句作

"老子曰"，均无"圣人"二字，窜入无疑。

〔五十九章〕——左派。《韩非子·解老篇》全引，每引时均作"故曰"。案《韩非子》本法家言，凡为其全部引用之语，多为左派作品，三十八章与本章，均其例。

〔六十章〕——左派。此章全文《韩非子》引作"故曰"，《淮南子》引"治大国若烹小鲜"，误作"老子曰"，案以烹小鲜比方治国，正是太史儋一派政治家言。

〔六十一章〕——左派。此章言"取小国""取大国"，乃霸术之一例。

〔六十二章〕——右派。《尹文子·大道上》，又《淮南子·人间训》引"道者，万物之奥"等句，均作"老子曰"。案此章言有道之善人，行事无求不得，属右派口吻。

〔六十三章〕——中派。《新书·退让篇》引"报怨以德"作"老子曰"，案"报怨以德"一语，确非老聃不能说。《韩非子·喻老篇》引各句作"故曰"。《难三篇》引"此谓图难于其易也，为大者于其细也"，"大小多少"似可解为大事化为小事，多事化为少事，此亦老聃无为自化之旨。

〔六十四章〕——右派。《韩非子·喻老篇》引"其安易持"二句作"故曰"。《新书·审微篇》引"为之于未有"二句，作"老聃曰"。此章"圣人"二字凡二见，为右派作品无疑。惟末二句"学不学，复众人之所遇，以辅万物之自然而不敢为"，《韩非子·喻老篇》引作"故曰"，此段实与六十五章连文，属左派之言。

〔六十五章〕——左派。此言不以智治国之道，乃政治家言。《韩非子·难三篇》引"故以智治国，国之贼"作"老子曰"，可见刑名法术之学，亦归本于老子。

〔六十六章〕——右派。《淮南子·说山训》引"江海所以能为百谷王者"二句，未注出处，文句亦稍异。"是以圣人处上而民不重"，各本多缺"圣人"二字。罗振玉云：景龙，御注，景福，敦煌庚、辛、壬诸本"以"下均有"圣人"二字，甚是。案《说苑·敬慎篇》引黄帝《金人铭》云："夫江河长百谷者，以其卑下也"，即为本章所本。

［六十七章］——左派。此章言慈俭无为，言战守，实为兵家所出。《韩非子·解老》引本文作"故曰"，"成器长"作"成事长"，"以战则胜"作"于战则胜"。

［六十八章］——左派。此章言卑谦、柔退、不争之争，为《三略》"因敌变化，不为事先"之说所本。"配天古之极"，据俞樾校云："古"字衍文。

［六十九章］——左派。"用兵有言"，疑为兒良《兵权谋》书中语。

［七十章］——右派。《淮南子·道应训》引"言有宗"等语，作"老子曰"。《汉书》扬雄《解难》引"知我者希"，作"老聃有遗言"，文中有"圣人"二字，似即指老聃，断为右派之言。

［七十一章］——右派。《吕氏春秋·似顺论·别类篇》引"知不知上"二句，未注出处，文稍不同。《淮南子·道应训》引"老子曰：'知而不知上矣，不知而知病也。'"《韩非子·喻老》引"圣人不病"二句，作"故曰"，此章亦疑为右派述老聃之言。

［七十二章］——右派。此章言圣人自知不自见，属右派语。

［七十三章］——中派。《淮南子·道应训》引"勇于敢则杀"二句，作"老子曰"。《列子·力命篇》引"天之所恶，孰知其故"，作"老聃语关尹曰"，似为老聃之遗言。

［七十四意］——左派。《尹文子·大道下》引"民不畏死，如何以死惧之"，作"老子曰"，《淮南子·道应训》引"夫代大匠斲者，

希有不伤其手矣",作"老子曰",均误。案此章与《阴符经》"天生天杀,道之理也"旨同。

[七十五章]——左派。《后汉书·郎顗传》引"民之饥"二句作"老子曰"。《淮南子·道应训》引"夫唯无以生为者"二句,亦作"老子曰"。今案彭耜《道德真经集注·杂说上》云:王弼注《道德经》以"夫佳兵者""民之饥"二章,疑非老子所作。今定为太史儋所作,较近是。

[七十六章]——中派。《列子·黄帝篇》引老聃曰:"兵强则灭,木强则折,柔弱者生之徒,坚强者死之徒。"又《说苑·敬慎篇》叔向全引,作"老聃有言曰",今即确定为老子之遗言。

[七十七章]——右派。此章言圣人为而不恃,功成而不处,损有补无,和光同尘,当属右派。

[七十八章]——右派。《淮南子·道应训》引"柔之胜刚也,弱之胜强也,天下莫不知,而莫之能行",又引"能受国之垢,是为社稷主;能受国之不祥,是谓天下王",均作"老子曰"。案此章所云"是以圣人云"之"圣人"即指老聃,《庄子·天下篇》"老聃曰:……'受天下之垢'"可证。

[七十九章]——右派。《史记·伯夷传》引"天道无亲,常与善人",作"或曰"。《说苑·敬慎篇》引黄帝《金人铭》,语亦同此,盖原系旧说,为"述而不作"之老莱子所引用。

[八十章]——左派。此章与《庄子·马蹄》《胠箧》之旨相近,文句亦与《胠箧篇》同。《史记·货殖列传》引老子曰:"至治之极,邻国相望,鸡狗之声相闻,民多甘其食,美其服,安其俗,乐其业,至老死不相往来。"

[八十一章]——中派。《战国策·魏策》魏武侯引老子曰:"尽以为人己愈有,既以与人己愈多。"案魏武侯死于周烈王五年,当纪

元前三七一年，上距孔子之卒一〇八年。又"圣人不积"句，与《庄子·天下篇》"以有积为不足……无藏也故有余"同，当为老聃语。

由上老子《道德经》五千言，按章分析来看，已知其为汇合各种原始材料而成。今姑假定此多种材料有三种，即（一）中派，以老聃为代表；（二）右派，以老莱子为代表；（三）左派，以太史儋为代表。合此三种材料，而会萃成为一家之言，即今本《道德经》。分开来看，则在此一书之中，实可分为三大派别，试作分章总表如下：

中派（老聃）	右派（老莱子）	左派（太史儋）
第一章，二章，六章，七章，八章，九章，十四章，十五章，二十一章，二十二章，二十五章，二十八章，三十二章，三十四章，三十五章，三十七章，三十九章，四十章，四十二章，四十三章，四十四章，四十五章，四十九章，六十三章，七十三章，七十六章，八十一章	第十章，十一章，十二章，十三章，十六章，二十章（首一句属左派），二十三章，二十四章，三十三章，四十一章，五十章，五十一章，五十二章，五十四章，五十五章，五十六章，六十二章，六十四章（除末三句属左派），六十六章，七十章，七十一章，七十二章，七十七章，七十八章，七十九章	第三章，五章，十七章，十八章，十九章，二十章首一句，二十六章，二十七章，二十九章，三十章，三十一章，三十六章，三十八章，四十六章，四十七章，四十八章，五十三章，五十七章，五十八章，五十九章，六十章，六十一章，六十四章末三句，六十五章，六十七章，六十八章，六十九章，七十四章，七十五章，八十章

合计中派二十八章，右派二十五章，左派二十八章，共八十一章。若以时代考之，则中派之二十八章在先，右派之二十五章次之，左派之二十八章最后。若以思想的性质考之，则中派之二十八章，注重宇宙观；右派之二十五章，注重人生观；左派之二十八章，注重社会政治观。因其各有偏重之处，分开来，固可成其说，合拢起来，也

能形成一个完整的思想体系，恰似一家之言。而且这三派，从思想方法上看，都是用辩证的方法。中派以辩证法说明宇宙的性质，是一有一无，"有无相生"，右派以辩证法说明人生的性质，是一动一静，"吾以观复"；一彼一此，"去彼取此"。左派以辩证法说明社会政治的性质，是一歙一张，一弱一强，一废一兴，一夺一与。"将欲歙之，必固张之；将欲弱之，必固强之；将欲废之，必固兴之；将欲夺之，必固与之。"因为老子学三派立论虽有矛盾，而可在辩证的方法里统一起来，所以自来注家因了统一而看掉差别，而以老子俯视百家，认为绝对完整底一家言看了。

一九四八，十二月六日

老子校释

本书撰成于1954年，1958年9月由上海龙门联合书局初版发行。1968年11月，台北世界书局将此书列入"大学用书"出版，其署名为"朱晴园"。1984年11月，中华书局将其收入"新编诸子集成"。2002年收入福建本第三卷。本次整理，以中华本为底本，以龙门书局本、福建本为校本。又据中山大学哲学系藏稿本，除《老子韵例》外，又依朱谦之先生本意，将《老子哲学》一文列为本书附录。

——编者

目　　次

序文	415
老子道经一卷	419
一章	421
二章	426
三章	431
四章	434
五章	438
六章	442
七章	445
八章	447
九章	449
十章	452
十一章	458
十二章	461
十三章	463
十四章	467
十五章	472
十六章	479
十七章	483
十八章	486

十九章	488
二十章	491
二十一章	501
二十二章	504
二十三章	508
二十四章	510
二十五章	513
二十六章	517
二十七章	520
二十八章	524
二十九章	527
三十章	531
三十一章	535
三十二章	541
三十三章	544
三十四章	547
三十五章	551
三十六章	553
三十七章	557

老子德经 ... 561

三十八章	561
三十九章	565
四十章	575
四十一章	577
四十二章	584
四十三章	587

四十四章 589
四十五章 591
四十六章 594
四十七章 598
四十八章 601
四十九章 603
五十章 606
五十一章 611
五十二章 613
五十三章 617
五十四章 622
五十五章 626
五十六章 635
五十七章 637
五十八章 641
五十九章 646
六十章 650
六十一章 654
六十二章 658
六十三章 662
六十四章 664
六十五章 669
六十六章 672
六十七章 675
六十八章 679
六十九章 682

七十章 685
七十一章 687
七十二章 688
七十三章 691
七十四章 693
七十五章 696
七十六章 699
七十七章 702
七十八章 705
七十九章 708
八十章 710
八十一章 714

附录　老子韵例 717

后记 738
补遗 740
补注 741

附：老子哲学 745

序　文

　　今案《老子道德经》旧本，流传最广者，有河上公、王弼二种。河上本近民间系统，文句简古，其流派为景龙碑本、遂州碑本与敦煌本，多古字，亦杂俗俚。王本属文人系统，文笔晓畅，其流派为苏辙、陆希声、吴澄诸本，多善属文，而参错己见，与古《老子》相远。自开元御注本出，因时世俗尚，依违于河上、王弼二本之间。今所见正统《道藏》中者，非从开元御注如强思齐、杜光庭、李约、刘惟永辈，即从政和御注如李霖、邵若愚、江澂、彭耜诸本。若明太祖，则上承吴澄，下开《大典》，其皆非六朝旧本，固无可疑也。然则言旧本者，严遵与傅奕尚矣。严遵本与河上本相接近，傅奕则为王弼本之发展，此为《老子》旧本之两大系统。就严本论，近怡兰堂校刊据明姚舜咨手抄蓝格本，较《道藏》本及《秘册汇函》本为胜。惟此书既残阙将半，所传经文除可与河上本相参证外，缺乏成为独立定本之条件。（如三十八章"攘臂而仍之"，王本作"扔"，《韩非·解老》、严本与河上本均作"仍"。五十章"长之育之"下，王本作"亭之毒之"，严本与河上本均作"成之熟之"。五十九章"深根固蒂"，王本作"柢"，严本及河上本均作"蒂"。六十五章二"楷式"，王本均作"稽式"，严、河上本作"楷式"，可证严、河上为同一系统。）傅奕校定《老子》古本，字句独较他本为繁，毕沅据之作《道德经考异》，劳健则参之以范应元本作《古本考》，实则文辞蔓衍，较王本为尤甚。刘师培《老子斠补》，疑今傅本亦或为后人所改。今案：《老子》"毒虫不螫"，范应元本作"毒虫、虺蛇不螫"，谓傅同古本。今傅本作"蜂虿不螫"，与范古本不同，此其铁证。又王昶《金石萃编》称"其书字句，亦足以资参定"，而严可均《铁桥金石跋》则竟谓"傅奕古本字句较繁，亦难尽从"，信矣。范应元号称古本，而五十五章"毒虫、虺蛇不螫"，乃河上公注文羼入。二十章"而贵食母"，范从开元御注作"求食于母"，而玄宗自注云："先无'求于'两字，今所加也。"足证范本亦非古，其不足尽从之也甚明。盖《五千言》古本惟河上本差相仿佛，虽今传较以《意林》《治要》，缪误实多；而分章标题，尤为道流者所妄作。惟在河上、王弼二注俱行之中，河上相传已久，王注则多后人所改。孙诒让《札迻》（卷四）已疑今本王注不分《道》《德》二经，与《释文》本异，为唐时王注有别本之证。洪颐煊《读书丛录》（卷十三）则竟称："王注出于明代，或后人掇拾为之。"以河上本与王弼本相较，《唐书·刘子玄传》称《老子》无河上公注，欲废之而立王弼，为识者所讥。实则即据宋刊河上与王本对勘，其优劣可见。一、河上所用文字较古：如二章"长短相形"，王本作"长短相较"。毕沅曰："古无'较'字，本文以'形'与'倾'为韵，不应作'较'。"三十七章"我无欲而民自樸"，"樸"字河上本作"朴"，景龙、敦煌均作"朴"。五十五章"未知牝牡之合，而峻作"，王本"峻"作"全"，"全"字误。二、河上本于义为优：如三章"使心不乱"，王本"心"上有"民"字，赘。九章"功成、名遂、身退"，王本"名遂"二字缺。五十一章河上本"成之熟之"，王本作"亭之毒之"。十三章河上本"何谓宠辱？宠为上，辱为下"，王本作"何谓宠辱若惊？宠为下"。三、河上本合韵：如十五章"俨兮其若客"，毕沅曰："河上公作'俨兮其若客'。王弼作'俨兮其若容'，非是。'客'与'释''朴'等字为韵也。"四、河上本与严遵本、景龙碑本、遂州碑本多相合。至敦煌发见之六朝、唐写本，则为河上本之古钞本。五、河上本较王本为早：如五十五章，河上本"毒虫不螫"，王本作"蜂虿、虺蛇不螫"。案此六字乃河上公注，王本误以河上公注羼入，此为王本后于河上之铁证。六、王本多脱文：如四十六章，河上本有"罪莫大于可欲"句，严本、傅本及《韩非·解老》同，王本无此句。四十九章"圣人皆孩之"上，河上本有"百姓皆注其耳目"句，王本误脱。由上各点，可见河上本与王本较，以河上本为优。但同在河上本之中，又有北方传本与南方传本之不同。宋刊本介在南北两本之间，盖在王本盛行之时，曾据王本妄改经文者，此可以中间本称之。北方本以敦煌发见之六朝、唐写本为代表，即敦煌本。南方本则以日本奈良圣语藏镰仓旧抄《卷子》残本及东北大学教授武内义雄所藏室町时代抄本为代表。就中北方本又优于南方本。何以证之？以字数证之。北方本据法京图书馆所藏敦煌本残卷（伯希和《目录》二五九九）末尾题"《道经》卅七章二千一百八十四字，《德经》卌四章二千八百一十五字，《五千文》上下二卷合八十一章，四千九百九十九字"。南方本如室町期之古写本，则有五千三百二字。此详略二本之不同，武内氏谓由于南北朝以来，河上本之传播，河北与江南各地风俗言语之影响不同。《颜氏家训·书证篇》所称："也、是、语、已、及助字之辞，文籍备有之矣。河北经传，悉略此字。""又有俗学闻经传中时须'也'字，辄以意改之。"由此可知河上本中，南本详而北本略，略者字数与《五千言》古本相同，而详者则以意改之，以求合于文人系统，此不可不辨。乃武内氏译注《老子》（《岩波文库》一六三〇）竟以所藏室町期之古写本为底本，不知此本文辞蔓衍，与傅奕本同，其欲以王弼本与河上本相合之目的亦同，此一见而知其非河上本之旧者，更何足以为《老子》之定本哉？如是则敦煌本足珍矣。敦煌本有六朝及唐写残卷，罗振玉《道德经考异》所据诸本，合以武内义雄所见法京图书馆所藏残卷，几得其全，惟上卷尚阙廿二章至卅七章，虽可以北京图书馆旧藏唐写本《道经》残卷二十八行，存第二十章之下半至第二十七章之上半补之，但仍嫌美中不足！武内之所谓阙者，既皆以《道藏罔》字号所收《道德真经次解》与景龙碑本补之，则曷如即取景、遂二本为《老子》定本之为愈也？以吾所见，遂州碑本与强本成疏所用经文相合，宜若可用矣。然而焦竑《考异》中之龙兴碑，王昶、严可均之所谓邢州本，与今之以《次解》为遂州碑者，是一是二尚待考证。以原碑不在，赖《次解》而存，则其不如唐景龙二年《易州龙兴观道德经碑》之更为可信又明矣。钱大昕《潜研堂金石文跋尾》谓："景龙碑本为初唐所刻，字句与他本多异。如'無'作'无'，'愈'作'俞'，'芸'作'云'，'誉'作'豫'，'荒'作'忙'，'佐'作'作'，'噲'作'禽'之类，皆从古字、以为远胜他本。"严可均谓"世间真旧本，必以景龙碑为最。其异同数百事，文谊简古，远胜今本者甚多"。钱、严二氏之说，余意皆然之、故作《老子校释》，即取景龙碑本为底本，以与敦煌本、遂州碑本、旧钞《卷子》本、御注本、严遵本、河上本、王弼本、傅奕本、范应元本互相参校，并加考订。浅学如余非敢有越前修诸子，盖惟衷取群解，略发指趣，亦欲以此去伪存真，竭其绵薄，以复《五千言》古本与乎声韵文句之真，并藉以窥见古代哲学诗之真面目焉。此则余之新本《校释》之所为作也。

一九五四年十二月，朱谦之序，于北京大学

老子道经一卷

唐《易州龙兴观道德经碑》本

钱大昕曰：案河上公注本"道可道"以下为《道经》卷上，"上德不德"以下为《德经》卷下。晁说之跋王弼注本，谓其不析"道德"而上下之，犹近于古。不知陆德明所撰《释文》，正用辅嗣本，题云"《道经》卷上""《德经》卷下"，与河上本不异。晁氏所见者，特宋时转写之本，而翻以为近古，亦未之考矣。予家藏石刻《道德经》凡五本，惟明皇御注本及此本，皆分《道经》《德经》为二，盖汉以来篇目如此。而此本为初唐所刻，字句与他本多异。如"無"作"无"，"愈"作"俞"，"芸"作"云"，"誉"作"豫"，"荒"作"忙"，"佐"作"作"，"噏"作"翕"之类，皆从古字。又如"故能蔽不新成"，石本作"能蔽复成"。"师之所处，荆棘生"下，石本无"大军之后，必有凶年"二句。"上将军居右"下，石本无"言以丧礼处之"句。"夫唯病病，是以不病；圣人不病，以其病病，是以不病"，石本但云："是以圣人不病，以其病病，是以不病。"此类皆远胜他本，聊举一二，以见古石刻之可贵也。武亿曰：分《老子·道经》卷上，《德经》卷下，亦与古本相彷。后陆放翁题跋云："晁以道谓王辅嗣《老子》曰：'《道德经》不析乎"道德"而上下之，犹近于古。'今此本已久离析。"然则宋已失辅嗣定本。今邢氏《论语》疏引《老子·德经》云："天网恢恢，疏而不失。"此其可征之一也。然又考《汉书》注，如颜氏于《魏豹传》，引《老子·道经》曰："国家昏乱有忠臣。"《田横传》引《老子·德经》曰："贵以贱为本，高以下为基，是以侯王自谓孤、寡、不谷。"《楚元王传》引《老子·德经》云："知足不辱。"《严助传》：《老子》所谓"师之所处，荆棘生之"者也。师古曰："《老子·道经》之言也。"《扬雄传》"贵知我者希"，师古曰：《老子·德经》云"知我者希，则我贵矣"。《酷吏传》老氏称"上德不德，是以有德；下德不失德，是以无德。法令滋章，盗贼多有"。师古曰："《老子·德经》之言也。""下士闻道，大笑"，师古曰："《老子·道经》之言也。"《西域传》注：《老子·德经》曰"天下有道，却走马以为粪"。盖其所引以《道》《德》分篇者若此，而与《释文》题《道经音义》《德经音义》者并合。又贾公彦《周礼·师氏》疏，亦以为《老子·道经》云："道可道，非常道。"其下案《德经》云："上德不德，是以有德。"章怀太子注《后汉书》，其于《翟酺传》也，则又谓《老子·道经》曰："鱼不可以脱于泉。"是数子于初唐时，并同所证。（《梦真客碑》："稽之《道经》，以慈为宝。"其必袭自晋、宋旧本，如此碑所分题，固有据也。

王昶曰：碑上卷题"老子道经"，下卷题"老子德经"，皆《道》《德》分见，未尝混而为一，则玄宗所注，实从古本如此。董迥《藏书志》谓"玄宗注成，始改定章句为《道德经》，凡言道者类之上卷，言德者类之下卷"，非也。

吴云曰：《隋书·经籍志》载《道德经》二卷，王弼注。晁说之、熊克重跋，皆称不分《道德经》，而今本《释文》实分上下二卷，或疑为刻者增入。然邢昺《论语》疏引《老子·德经》"天网恢恢"二句，颜师古《汉书》注多引《老子·道经》《德经》，分之者当不自陆德明始。此石亦书《德经》，殆有据也。

孙诒让曰：《老子》上下篇八十一章，分题"道经""德经"。河上公本,《经典释文》所载王注本,《道藏》唐傅奕校本,石刻唐玄宗注本并同。

《弘明集·牟子理惑论》云:"所理正于三十七条,兼法老氏《道经》三十七篇。"则汉时此书已分《道》《德》二经,其《道经》三十七章,《德经》四十四章,亦与今本正同。今所传王注,出于宋晁说之所校,不分《道》《德》二经,于义虽通,然非汉、唐故书之旧。

一章

洪颐煊曰:《道德经》王辅嗣本,今世所行,俱有分章。此本虽不记章数,然每章皆空一格以别之。其中亦有与今王本不同者,如今王本"道冲而用之"至"象帝之先"为三章,"天地不仁"至"不如守中"为四章,"谷神不死"至"用之不勤"为六章,此本皆并为一。"故有之以为利,无之以为用",今王本属十二章,此本无"故"字,二句属下章之首。"重为轻根,静为躁君",今王本为二十七章,此本属上章之末。陆德明《老子音义》已为后人改变其分章,惜不得与此一本证之。

道,可道,非常道;名,可名,非常名。
俞正燮曰:《老子》此二语,"道""名",与他语"道""名"异。此言"道"者言词也,"名"者文字也。《文子·精诚》云:"名可名,非常名。著于竹帛,镂于金石,皆其粗也。"《上义》云:"诵先王之书,不若闻其言;闻其言,不若得其所以言。故名可名,非常名也。"《上礼》云:"先王之法度有变易,故曰'名可名,非常名'也。"《淮南·本经训》云:"至人钳口寝说,天下莫知贵其不言也。故道可道,非常道;名可名,非常名。著于竹帛,镂于金石,可传于人者,其粗也。晚世学者博学多闻，而不免于惑。"《缪称训》云："道之有篇章形埒者，非其至者也。"《道应训》云："桓公读书于堂，轮扁曰：'独其糟粕在耳。'故《老子》曰：'道可道，非常道；名可名，非常名。'"皆以《老子》"道"为言词，"名"为文字。

　　谦之案：俞说是也。老子著五千之文，于此首发其立言之旨趣。盖"道"者，变化之总名。与时迁移，应物变化，虽有变易，而有不易者在，此之谓常。自昔解《老》者流，以道为不可言。高诱注《淮南·氾论训》曰："常道，言深隐幽冥，不可道也。"伪《关尹子》推而广之，谓"不可言即道"。实则《老子》一书，无之以为用，有之以为利，非不可言说也。曰"美言"，曰"言有君"，曰"正言若反"，曰"吾言甚易知，甚易行"，皆言也，皆可道可名也。自解《老》者偏于一面，以"常"为不变不易之谓，可道可名则有变有易，不可道不可名则无变无易（林希逸），于是可言之道，为不可言矣；可名之名，为不可名矣。不知老聃所谓道，乃变动不居，周流六虚，既无永久不变之道，亦无永久不变之名。故以此处世，则无常心，"以百姓之心为心"（四十九章）。以此应物，则"建之以常无有"（《庄子·天下篇》），言能常无、常有，不主故常也。不主故常，故曰非常。常有常无，故曰"复命曰常"（十六章），"知和曰常"（五十五章），常即非常也。夫旦明夜暗，死往生来，安时处顺，与时俱往，《庄子》所云："死生命也，其有夜旦之'常'，天也。"天地之道，恒久而不已，四时变化，而能久成。若不可变、不可易，则安有所谓常者？故曰"道可道，非常道"也；"名可名，非常名"也。

　　无名，天地始；有名，万物母。

　　严可均曰："无名"，各本作"無"，下皆放此。"天地始"，御注与此同。河上、王弼作"天地之始"，下句亦有"之"字。

老子道经一卷 一章

魏稼孙曰：严校云："各本作'無'，下皆放此。"后"行无行"一条，校语同。按是刻《道经》皆作"无"，《德经》前作"無"，"行无行"以下作"无"。此条当云"《道经》放此"。

罗振玉曰：景龙本、敦煌本"無"皆作"无"，下并同，御注石本作"無"。又景龙、御注、敦煌三本均无二"之"字，河上本有。

谦之案：《经典释文》卷二《周易音义》云："'无'音無，《易》内皆作此字。《说文》云：'奇字无也，通于元，此虚无道也。王育说天屈西北为无。'"俗作"旡"，非。旡音暨，"炁"等字从之。《老子》作"无"，与《易》同。又王弼、傅奕、范应元本均有"之"字。范本"萬"作"万"。"无名天地始"，《史记·日者传》引作"无名者，万物之始也"。王弼注："凡有皆始于无，故未形无名之时，则为万物之始。"似两句皆作"万物"，非。案"始"与"母"不同字义。《说文》："始，女之初也。""母"则"象怀子形，一曰象乳子也"。以此分别有名与无名之二境界，意味深长。盖天地未生，浑浑沌沌，正如少女之初，纯朴天真。经文二十五章："有物混成，先天地生。"四十章："有生于无。"此无名天地始也。"天下万物生于有"，有则生生不息；四十二章："道生一，一生二，二生三，三生万物。"此有名万物母也。又《庄子·齐物论》"天地与我并生，万物与我为一"，亦皆"天地"与"万物"二语相对而言。

常无，欲观其妙；常有，欲观其徼。

范应元曰：古本并河上公、王弼、李若愚、张君相"常无"上并有"故"字。又引《音辩》云："常无、常有，合作断句。"

王应麟曰：首章以"有""无"字断句，自王介甫始。

严可均曰：御注与此同。"观"上，河上、王弼有"以"字，下句亦然。

罗振玉曰：敦煌三本均无"故"字及二"以"字。又"徼"，敦煌本作"曒"。

俞樾曰：按易州唐景龙二年所刻《道德经》碑无两"以"字，当从之。司马温公、王荆公并于"无"字绝句，亦当从之。

易顺鼎曰：按《庄子·天下篇》："老聃闻其风而悦之，建之以常无有。""常无有"即此章"常无""常有"，以"常无""常有"为句，自《庄子》已然矣。

谦之案：御注、邢玄、景福、庆阳、楼正、磻溪、顾欢、彭耜、高翿均无"故"字。"徼"，傅、范本与碑本同，宜从敦煌本作"曒"。十四章"其上不皦"，景龙本亦作"曒"，是也。《一切经音义》卷八十四引："《说文》'徼'作'循也'，以遮遏之。"是徼有遮训，在此无义。又卷七十九、卷八十三引："《说文》'曒'从日，敫声，二徐本无。"田潜曰："案慧琳引《埤苍》'明也'，《韵会》云'明也'，未著所出。《诗》'有如曒日'，《诗》传云：'曒，光也。'《说文》古本旧有'曒'字，后世或借用'皎'。'皎'，月之白也，《诗》'月出皎兮'是也。或借用'皦'，皦，白玉之白也，《论语》'皦如'是也。字义各有所属，'有如曒日'之'曒'，确从日，不从白也。"

（《一切经音义引说文笺》卷七）经文"常无观其妙"，妙者，微眇之谓，荀悦《申鉴》所云："理微谓之妙也。""常有观其曒"，"曒"者，光明之谓，与"妙"为对文，意曰理显谓之曒也。

此两者同出而异名，

谦之案：陈景元《藏室纂微篇》以"此两者同"为句。严复曰："同字逗，一切皆从同得。"惟"同出""异名"为对文，不应于"同"字断句。又蒋锡昌曰："'此两者同'下十二字，范本无。"案《续古

《逸丛书》范本有此十二字，蒋误校。又四十章"天下万物生于有，有生于无"，此两者盖指有无而言。有无异名，而道通为一。

同谓之玄，玄之又玄，众妙之门。

谦之案："玄"字，《绩语堂碑录》因避清帝讳，改为"元"，当据原碑改正。以下仿此。盖华夏先哲之论宇宙，一气而已，言其变化不测，则谓之玄。变化不测之极，故能造成天地，化育万物，而为天地万物之所由出。鸢飞鱼跃，山峙川流，故曰"众妙之门"。张衡曰："玄者无形之类，自然之根；作于太始，莫之能先；包含道德，构掩乾坤；橐籥元气，禀受无形。"(《御览》引《玄图》) 扬雄曰："玄者，幽攤万类而不见形者也。"(《太玄经·玄攤图》) 义皆出此。

【音韵】李道纯曰："此《经》文辞多叶韵。"邓廷桢曰："诸子多有韵之文，惟《老子》独密，《易》《诗》而外，斯为最古矣。"刘师培曰："欲考古韵之分，古必考周代有韵之书。而周代之书，其纯用韵文者，舍《易经》《离骚》而外，莫若《老子》。"今试以江有诰《老子韵读》为主，参之以吴棫之《韵补》，顾炎武之《唐韵正》，江永之《古韵标准》，姚文田之《古音谐》，邓廷桢之《双砚斋笔记》（卷三），李赓芸之《炳烛编》，推求经文古韵，句求字索。又刘师培、奚侗、陈柱及高本汉之《老子韵考》（Bernhard Karlgren: The Poetical Parts in Lao-Tsi）说《老子》古音，颇多肊说，亦有可取者，间附以己见，然后知五千文率谐声律，斐然成章。韵理既明，则其哲学诗之为美者可知矣。以下试分章述之。

此章江氏《韵读》：道、道韵（幽部），名、名韵（耕部），始、母韵（之部，母，满以反），妙、徼韵（宵部，徼，去声），玄、门韵（文、真通韵，玄，胡均反）。

谦之案："玄"，真部，"门"，文部，文、真通韵。姚文田：玄、玄、门韵，余同。又高本汉：同、名为韵，非。邓廷桢：道、道，名、名，无韵，亦非。

右景龙碑本五十四字，敦煌本同。河上本（宋刊本）、王弼本（《古逸丛书》本）、傅奕（经训堂本）、范应元（《续古逸丛书》本）并五十九字。严可均曰："'众妙之门'句下空一字，所以分章，御注不空。河上于'道可道'前，题'体道第一'，王弼题'一章'。此无标目，下皆放此。"今案老子著书上下二篇，后世乃有分章，有分五十五、六十四、六十八、七十二、八十一之殊，碑本虽不记章数，然每章皆空一格以别之，与河上、王弼、傅、范诸家分章略同，今即以诸家所传分章为准。又此章范本题"道可道章第一"。

二章

天下皆知美之为美，斯恶已；皆知善之为善，斯不善已。

谦之案：《淮南·道应训》引下句作"天下皆知善之为善，斯不善已"。彭耜曰："达真、清源'皆知善之为善'上，并有'天下'二字。"范应元本同，范注云："古本。"又《论语集解义疏》九引"皆知"，并作"以知"。广明本、赵孟頫本引下"已"作"矣"，李道纯本上"已"作"矣"，苏辙本、董思靖本两"已"并作"矣"。"已""矣"古可通用。《说文》五："矣，语已词也，从矢，目声。"字亦作"已"。

故有无相生，难易相成，长短相形，高下相倾，

谦之案：敦煌本、遂州碑本、顾欢本无"故"字。六"相"上，

广明、景福、庆阳、磻溪、楼正、室町、彭耜、傅、范、高翿、赵孟頫本,及《后汉书·朱穆传》注均有"之"字,王弼、河上本无。李道纯曰:"'有无相生'已下六句,多加一'之'字者非也。"

严可均曰:"相形",王弼作"相较",见《释文》。

谦之案:作"相形"是也。毕沅曰:"'形',王弼作'较',陆德明亦作'较',并非。古无'较'字,本文以'形'与'倾'为韵,不应用'较'又明矣。"刘师培曰:"案《文子》云:'长短不相形。'《淮南子·齐俗训》曰:'短修相形。'疑《老子》本文亦作'形',与生、成、倾协韵,'较'乃后人旁注之字,以'较'释'形',校者遂以'较'易'形'矣。"案:《淮南·齐俗训》"故高下之相倾也,短修之相形也",有二"也"字。"长",因避父讳改"修"。

马叙伦曰:"较",各本并作"形"。《说文》"荆"之古文作"莿",则古文"形"或亦有作"彣"者。"爻"旁与"较"字之"爻"旁相同。或《老子》本作"彣",传写脱讹成"爻",读者以为义不可通,加车成"较",后世"较"行"較"废,因为"较"字矣。

音声相和,前后相随。

谦之案:"前",敦煌本作"先",遂州碑本、顾欢本、强思齐本亦作"先"。蒋锡昌曰:"按顾本成疏'何先何后',是成'前'作'先',强本严君平注:'先以后见,后以先明。'是严亦作'先'。《老子》本书'先''后'连言,不应于此独异。如七章'是以圣人后其身而身先',六十六章'欲先民,必以身后之',六十七章'舍后且先',皆其证也。"

是以圣人处无为之事,行不言之教。

谦之案:遂州碑本"人"下有"治"字,敦煌本同。成玄英疏:

"故云'是以圣人治也'。"又《群书治要》卷三十四引无"治"字。

万物作而不辞，

毕沅曰：河上公、王弼并作"万物作焉而不辞"。陆希声及《太平御览》引皆无"焉"字。

罗振玉曰：景龙、御注、景福三本均无"焉"字。

谦之案：遂州碑本、傅奕本亦无"焉"字。又"不辞"，遂州、敦煌、傅、范本作"不为始"。范应元曰："王弼、杨孚同古本。"是范所见王本亦作"不为始"。

易顺鼎曰：考十七章王注云"大人在上，居无为之事，行不言之教，万物作焉而不为始"数语，全引此章经文，是王本作"不为始"之证，但比傅本多一"焉"字耳。

谦之案：作"不为始"是也，当据订正。毕沅曰："古始、辞声同，以此致异，奕义为长。"劳健曰："《说文》'辤'籀文从台作'辝'，夏竦《古文四声韵》引石经'词'作'䛐'，古《孝经》'始'作'䛐'，盖二字古文形本相近。"今按《吕氏春秋·贵公篇》曰："天地大矣，生而弗子，成而弗有，万物皆被其利而莫知其所由始。"又《审分篇》曰："全乎万物而不宰，泽被天下，而莫知其所自始。"盖皆出《老子》此章，作"始"义长。

生而不有，为而不恃，

罗振玉曰："生而不有"，敦煌本无此句。

谦之案：遂州碑本亦无。《群书治要》卷三十四引同此石。

成功不居。夫唯不居，是以不去。

严可均曰：御注、王弼作"功成不居"，河上作"功成而弗居"。

罗振玉曰：景福本作"功成不居"，敦煌本作"成功不处"。又"夫唯弗居"，景龙、御注二本"弗"均作"不"，敦煌作"不处"。

马叙伦曰：王弼注曰："因物而用，功自彼成，故不居也。"则王作"不居"。今王"不"作"弗"者，或后人据河上改之。

蒋锡昌曰：按《淮南·道应训》及《后汉书·朱儁传》注引"弗"并作"不"，《易·系辞·正义》引"而弗居"作"不居"。强本严注："夫唯不敢宁居。"是严"弗"作"不"。强本引成疏经文"成功不处"，是成作"成功不处"。古本所引"弗"皆作"不"。二十四章"故有道者不处"，三十八章"不居其薄，不居其华"，七十七章"功成而不处"，"不居"或作"不处"，"居""处"盖可互用。惟"弗"均作"不"，以《老》校《老》，可证《老子》原本如此。

谦之案：王注旧刻附孙鑛《古今本考正》云："'弗居'，一本作'不居'。"又纪昀校据《永乐大典》本"功成而弗居"，无"而"字，"弗"与"不"同，作"不"是也。又《论衡·自然篇》曰："故无为之为大矣。本不求功，故其功立；本不求名，故其名成。"亦即此章"夫唯不居，是以不去"也。盖天下之物，未有无对待者，有矛盾斯有前进。故有美者，则有更美者与之相争，而美之为美斯不美已。有善者，则有更善者与之相争，而善之为善斯不善已。故有无，一对待也；天下万物生于有，有生于无，此有无之相生也。难易，一对待也；难以易显，易以难彰，无难则无以知易，无易则无以知难，此难易之相成也。长短，一对待也；寸以尺短，尺以寸长，无长则无以明短，无短则无以见长，此长短之相形也。高下，一对待也；山以谷摧，谷以山颓，无山则无以见谷，无谷则无以知山，此高下之相倾也。音声，一对待也；安乐悲怨，其出不同，无悲则无以知乐，无乐则无以知悲，此音声之相和也。先后，一对待也；先以后见，后以先明，无后则无以知先，无先则无以知后，此先后之相随也（用严君平义）。由此观之，天下之物，无处不有矛盾，即无处不在其对待之中各自动作。夫唯无心而顺自然者，不求功，不求名，因天任物而治。"处无为之事，行不言之教"，深澈乎万物相反相成之理，消息盈虚，与时俱行。万物并作，而吾不为始；吾所施为，而不以迹自累；功成事遂，退避其位。不可得而美，故不可得而恶；不可得而先，故不可得而后。立于对待之先，是谓不居；超乎有无六境之外，是谓不有。有而不有，物不能先；居于不居，是以不去也。

【音韵】此章江氏《韵读》：生、成、形、倾韵（耕部），和、随韵（歌部，随，徐禾反），事、教、辞、有、恃韵（之、宵合韵，教叶音记，辞，去声，有音以），居、居、去韵（鱼部，去，平声）。姚文田、邓廷桢同，惟未及事、教。又陈柱以已、已为韵。

谦之案："辞"，敦、遂本、傅、范本作"始"；"居"，敦本作"处"。高本汉以始与事、教、有、恃叶韵，处、处与去叶韵。又教，宵部，事、辞、有、恃，之部，之、宵合韵。

顾炎武曰："随"，古音句禾反，引《老子》"音声相和，前后相随"，和、随为韵。旁证：《管子·白心篇》："人不倡不和。"又"不始不随"。《韩非·解老》："大奸作则小盗随，大奸唱则小盗和。"又"故竽先则钟瑟必随，竽唱则诸乐皆和"（《唐韵正·五支》）。

江有诰曰：辞，似兹切，按古有"去"声，《老子·养身篇》"万物作焉而不辞"，与"事""教"合韵。又曰："居"，九鱼切，按古有"去"声，当与御部并收。《老子·养身篇》"功成而不居"，与"去"叶（《唐韵四声正七之、九鱼》）。

　　　　右景龙碑本七十八字，敦煌本八十五字，河上、王弼本八十八字，傅奕本九十三字，范应元本九十七字。河上本题"养身第二"(一作"美善章")。王弼本题"二章",范本题"天下皆知章第二"。

三章

不上贤,使民不争;

严可均曰:各本"上"作"尚"。

罗振玉曰:敦煌本作"不上宝"。

谦之案:作"上"是也。"宝"字疑误。"上"与"尚"同。《淮南·齐俗训》:"故《老子》曰'不上贤'者,言不致鱼于木,沉鸟于渊。"引亦作"上",与景龙、敦煌、遂州诸本同。遂州"民"作"人",下句同。

不贵难得之货,使民不盗;

谦之案:河上、王、傅、范各本,"盗"下均有"为"字,遂州、敦煌、御注本与此石同省。《北堂书钞》二七引作"不贵货,使民不盗",是所见本亦无"为"字。

不见可欲,使心不乱。

严可均曰:"使心不乱",王弼"使"下有"民"字。

毕沅曰:河上公作"使心不乱",无"民"字。案《淮南子》引亦无"民"。

易顺鼎曰:《晋书·吴隐之传》曰:"不见可欲,使心不乱。"《文选·东京赋》注、沈休文《钟山诗》注两引亦皆无"民"字。《素问》卷一王冰注引《老子》亦无"民"字。

纪昀曰:原本及各本俱无"民"字,惟《永乐大典》有之。据弼注"故可欲不见",上承"没命为盗",则经文本有"民"字。

刘师培曰:《文选·东京赋》注引作"使心不乱",《易·艮卦》孔疏引此文亦无"民"字,盖唐初避讳删此字也。古本实有"民"字,与上两"民"一律。

谦之案:纪、刘之说非也。王弼注"穿窬探箧,没命而盗,故可欲不见,则心无所乱也"。是王本并无"民"字。《永乐大典》盖沿袭吴澄本妄增"民"字。刘氏谓无"民"字乃唐初避讳所删,不知古本实无"民"字,唐初《群书治要》卷三十四引亦无"民"字。此如与避讳有关,则何不并上两句"民"字删之?此非妄删,直妄增耳。但吴澄亦有所本,褚遂良贞观十五年跋之王羲之帖本,作"民心不乱",与傅、范本同,知其误已久。傅、范虽称古本,实亦为后人所改,其字句均较他本为繁,此其一例耳。

圣人治:

严可均曰:各本句上有"是以"二字,王弼"人"下有"之"字。

吴云曰:傅本"圣人之治"下,有"也"字;李道纯无"之治"二字。

谦之案:有"之"字是。

虚其心、实其腹、弱其志、强其骨。

罗振玉曰:《释文》"'强',又作'彊'。"敦煌本作"彊"。

谦之案:楼正本亦作"彊"。又《群书治要》卷三十四引"是以圣人之治,常使民无知无欲",缺"虚其心"四句。

常使民无知无欲,

严可均曰:"常使民",御注作"使人"。

罗振玉曰：御注本避讳作"人"。

谦之案：王羲之本无"常"字，遂州本无"民"字。

使知者不敢为，则无不治。

严可均曰："使知者"，各本"使"下有"夫"字。"不敢为"，各本句下有"为无为"三字。王弼有"也为无为"四字。

罗振玉曰："知"，今本作"智"，《释文》出"知者"二字，注音"智"，知王本作"知"。景龙、御注、敦煌三本亦作"知"。又景龙、御注、敦煌、景福四本"为"下均无"也"字。

谦之案，据罗氏影印贞松堂藏《西陲秘籍丛残》校敦煌本，"敢"下有"不"字，罗《考异》中失校。又遂州碑本亦作"不敢不为也"。强思齐引成玄英疏："前既舍有欲无欲，复恐无欲之人滞于空见，以无欲为道，而言不敢不为者，即遣无欲也。恐执此不为，故继以不敢也。"是成疏本亦作"不敢不为"。惟顾本成疏作"而言不敢为者，即遣无欲也"，脱此"不"字。今案"不敢""不为"乃二事，典前文"无知""无欲"相对而言，"不敢"断句。经文三十章"不以取强"各本"不"下有"敢"字，"敢"字衍文。但六十七章"不敢为天下先"，六十九章"吾不敢为主而为客，不敢进寸而退尺"，七十三章"勇于不敢则活"，以"不敢"与"不为"对，知顾本成疏经文有误脱。老子原意谓常使一般人民无知、无欲，常使少数知者不敢、不为，如是则清静自化，而无不治。

又案不敢、不为，即不治治之。《论衡·自然篇》曰："蘧伯玉治卫，子贡使人问之：'何以治卫？'对曰：'以不治治之。'夫不治之治，无为之道也。"谊即本此。盖老子之意，以为太上无治。世之所谓治者，尚贤则民争；贵难得之货，则民为盗；见可欲则心乱。今一反之，使民不见可尚之人，可贵之货，可欲之事。如是，则混混沌沌，反朴守醇，常使民无知无欲，则自然泊然，不争不盗不乱，此所以知者不敢不为。至德之世，上如标枝，民如野鹿；含哺而熙，鼓腹而游。此则太古无为而民自化，翱翔自然而无物不治者也。

【音韵】此章江氏《韵读》无韵。高本汉以腹、骨、欲为韵，陈柱同。陈又以为、治韵，云："盖歌之音变也。"

谦之案：王念孙《毛诗群经楚辞古韵谱》"欲""腹"均入幽部，引《乐记》"君子乐得其道"二句，道、欲为韵。

《诗经·蓼莪》四章鞠、蓄、育、复、腹为韵。《楚辞·天问》育、腹为韵。

谦之又案："贤""争"为韵。孔广森《诗声类》二《阳声》二十出"坚"字云："《行苇》：'敦弓既坚，四镞既钧，舍矢既均，序宾以贤。'案'坚'从'臤'，'臤'即古文'贤'，今十七真有'礥'字，'礥'乃'贤'声正读也。"又出"贤"字云："《北山》：'大夫不均，我从事独贤。'《行苇》见'坚'下。"案"贤"与"争"音近，印度旧译"贤豆"，可为旁证。王念孙《古韵谱》与"坚"同入真部，"争"（音真）入耕部，此为真、耕通韵之证。

右景龙碑本五十七字，敦煌本五十八字，河上本六十六字，王本六十七字，傅本六十八字，范本六十九字。河上本题"安民第三"，王本题"三章"，范本题"不尚贤章第三"。

四章

道冲，而用之久不盈。

谦之案："冲"，傅奕本作"盅"，"盅"即"冲"之古文。《说文·皿部》："盅，器虚也。《老子》曰：'道盅而用之。'"

郭忠恕《汗简》(上之二)"冲"字,引古《老子》作𠅃。毕沅曰:"《说文解字》引本书作'盅',诸本皆作'冲',《淮南子》亦作'冲',并非是。"盖器中之虚曰盅,盅则容物,故《庄子·应帝王篇》曰:"太盅莫胜。"

严可均曰:"久不盈",各本作"或不盈"。

罗振玉曰:景龙本作"久",敦煌本作"又",乃"久"之讹。

俞樾曰:"道盅而用之","盅"训虚,与"盈"正相对,作"冲"者,假字也。第四十五章"大盈若冲","冲"亦当作"盅"。又按"或不盈",唐景龙碑作"久不盈",久而不盈,所以为盅,殊胜今本。河上公注曰:"或,常也。"训或为常,古无此义,疑河上本正作"久"也。

谦之案:作"久"是也。《太平御览》三百二十二引《墨子》曰:"善持胜者,以强为弱,故《老子》曰'道冲而用之,有弗盈'也。"有弗盈即又不盈。贾昌朝《群经音辨》曰:"有,又也。王弼注:'故冲而用之,又复不盈。'"是王本亦作"又",不作"或"。有、又、久古通。马叙伦曰:"《墨子》引作'有',河上作'或',易州作'久',四字古皆通。'又''有''或'古通,具见《经传释词》,谂义则'久'字为长。'又''有''久'亦通。《庄子·至乐篇》:'人又反入于机。《列子·天瑞篇》'又'作'久'。《列子·天瑞篇》:'精神者天之久。'殷敬顺、陈景元《释文》曰:'久音有,本作又。'《汉书》杨王孙曰:'精神者天之有。'即本此文,并其证。盖'又''久''有'三字声,并属《之类》也。"

谦之案:傅本"盈"作"满",陆德明曰:"'盈',本亦作'满'。"盈、满同义。《一切经音义》卷十三引《说文》"盈"作"器满也"。二徐本作"满器也"。田潜曰:"案《水部》'溢'下云:'器满也。'器满即溢,亦即盈也。故'满'下云:'盈,溢也。'训义甚明。"可证"盈""满"可互用,惟原本当作"盈"。马叙伦曰:"'满'

字诸本作'盈'者，荀悦曰：'讳盈之字曰满。'盖汉惠帝名盈，讳之改为'满'也，'盈'字是故书。"

深乎！万物宗。

严可均曰："深乎"，御注作"渊似"，河上作"渊乎似"，王弼作"渊兮似"。"万物宗"，河上、王弼"物"下有"之"字。

罗振玉曰：敦煌本作"渊似万物之宗"。

谦之案：《释文》出"渊旨"，云："河上作'乎'。"毕沅曰："旨，古兮字。"卢文弨曰："'旨'，今本皆作'兮'。"又傅、范本："渊兮似万物之宗。"范"萬"均作"万"。《玉篇》："'万'，俗'萬'字，十千也。"举此一例，知范本多古训，亦存俗字。又案："深"与"渊"义同。《玉篇》："'渊'，水停又深也。"《小尔雅广诂》："'渊'深也。"劳健曰："景龙作'深乎万物宗'。当是唐人避讳改'渊'作'深'。"

挫其锐，解其忿，和其光，同其尘。

俞樾曰：按《释文》，河上公本"纷"作"芬"，然"芬"字无义。此句亦见五十六章，河上公于此注云："纷，结恨也。"……于彼注云："纷，结恨不休。"注文大略相同。则河上本"芬"字当读为"忿"，若以本字读之，则注中结恨之义不可解。……王弼本五十六章作"解其分"，注云："除争原也。"则亦读为忿矣。顾欢本正作"忿"，乃其本字，"芬""纷"并叚字耳。

武内义雄曰："解其纷"，河上作"芬"。按"芬"当作"忿"。此句在四章，又见于第五十六章。《旧钞》河上本，彼章作"忿"，此章作"纷"。王本于彼章作"分"，据其注，则"分"者"忿"之讹。此章与《旧钞》河上本同此，王、河两本字亦同。至景龙碑及敦煌本此章之"纷",皆改为"忿",此以假借字而还为正字者也。

谭献曰:五十六章亦有"挫其锐"四句,疑羼误。

湛常存。

严可均曰:河上作"湛兮似若存",王弼作"湛兮似或存"。

罗振玉曰:景龙、御注二本均作"湛常存",敦煌本作"湛似常存"。

武内义雄曰:敦本此句作"湛然常存",遂州本"湛似常存"。

王昶曰:邢州本"湛似或存"下句"谁"下有"之"字。

谦之案:傅、范本与王弼同。邢州本旧谓即遂州本,今知非是。又十四章"是谓忽恍",王昶曰:"诸本并同,邢州本无此句。"案今遂州本实有,作"是谓忽悦",此亦一证也。又"湛",《说文》:"没也。"《小尔雅·广诂》:"没,无也。"此云"湛常存",言其虚灵不昧,似无而实有也。

吾不知谁子?象帝之先。

严可均曰:"谁子",河上、王弼作"谁之子"。

焦竑曰:"谁之子",陈碧虚司马本无之。

罗振玉曰:景龙、御注、敦煌三本均无上"之"字。

谦之案:室町本"谁"上有"其"字,下有"之"字。案无"之"字是也。《广雅·释言》:"子,似也。""吾不知谁子",即吾不知谁似也,语意已足。此段意谓神耶帝耶?此世所称生杀之主,而道独居其先。道者疑似之间,若不知其谁子;然而自本自根,未有天地自古以固存也。

【音韵】此章江氏《韵读》:纷、尘、存、先韵(文部;先,思殷反)。姚文田、邓廷桢同。邓曰:"'先',古音读若'诜'。"

谦之案:盅、盈、宗亦韵。奚侗、陈柱、高本汉说同。

姚鼐曰:"道冲"为句,与"宗"为韵,言道之体至冲也。

奚侗曰:盅、盈、宗为韵。东、庚之变,如二十四章以"功"韵"明",《庄子·在宥篇》以"虫"韵"情""成""鸣"也。又纷、尘、先为韵。《素问·八正神明论》"先"与"神""存"韵,《楚辞·招魂》"先"与"纷""陈"韵。

钱大昕曰:《说文》"冲"读若"动"。《书》"予惟冲人",《释文》:"直忠反。"古读"直"如"特",冲子犹动子也。

谦之又案:"湛常存",河上、王"湛"下有"兮"字,"兮"字为《楚辞》最常见之助字,《老子》书已发其端。孔广森《诗声类》七曰:"'兮',《唐韵》在《十二齐》,古音未有确证。然《泰誓》'断断猗',《大学》引作'断断兮',似'兮''猗'音义相同。'猗',古读'阿',则'兮'字亦当读'阿'。"

右景龙碑本三十七字,不分章。河上、王弼、傅奕本四十二字,范应元本四十三字,敦煌本三十九字。(武内本云"三十七字",实三十九字。罗卷注"四十九字","四"乃"三"字之误。)河上题"无源第四",王弼题"四章",范应元题"道冲章第四"。

五章

天地不仁,以万物为刍狗;圣人不仁,以百姓为刍狗。

严可均曰:"刍狗",别体字。

罗振玉曰:景龙、广明二本作"茍",敦煌本作"芻",均"刍"之别构。

谦之案：河上、王弼、傅、范并作"刍狗"。《释文》《群书治要》及遂州本"刍"作"蒭"。李文仲《字鉴》曰："'刍'，《说文》：'刈草也，象包束草之形。'从二屮，即'草'字也。俗又加'草'非。"

刘师培曰：案刍狗者，古代祭祀所用之物也。《淮南·齐俗训》曰："譬若刍狗土龙之始成：文以青黄，绢以绮绣，缠以朱丝，尸祝衸祛，大夫端冕，以送迎之；及其已用之后，则壤土草劀而已，夫有孰贵之？"高诱注："刍狗，束刍为狗，以谢过求福。"《说山训》云："圣人用物，若用朱丝约刍狗。"又曰："刍狗待之以求福。"高注："待刍狗之灵，而得福也。"是古代祭祀，均以刍狗为求福之用。盖束刍为狗，与刍灵同，乃始用终弃之物也。《老子》此旨曰：天地之于万物，圣人之于百姓，均始用而旋弃，故以刍狗为喻，而斥为不仁。

谦之案：《吕氏春秋·贵公篇》高诱注引《老子》二句同。又《庄子·庚桑楚篇》："至仁无亲。"《齐物论》："大仁不仁。"《天运篇》："夫刍狗之未陈也，盛以箧衍，巾以文绣，尸祝斋戒以将之；及其已陈也，行者践其首脊，苏者取而爨之而已。"语皆出此。

天地之间，其犹橐籥。

严可均曰："橐籥"，御注作"橐籋"，河上、王弼末有"乎"字。

谦之案：王弼注："'橐'，排橐也。'籥'，乐籥也。"孙诒让曰："案《一切经音义》一云：'鞴囊'，《东观汉记》作'排'，王弼注书作'橐'，同皮拜反，所以治家用，吹火令炽者也。又十二云：'排筒'，《东观汉记》'因水作排'，王弼注：'橐，橐囊也。'（《玉篇·橐部》云：'橐，吹火囊。'据玄应说，则所见王注'排橐'作'橐囊'，今本及陆氏《释文》并作'排橐'（《释文》云：'排，扶拜反。'与皮拜音同。'排橐'，亦见《淮南子·本经训》高注）。'排'字正与

《汉记》同，岂唐时王注固有两本乎？"（今本王注不分《道》《德》二经，与《释文》本异。又释法琳《辩正论》引"人法地地法天"章注，与今本不同，亦唐时王注有别本之证。）又乐簫之说，与成玄英"簫，箫管也"说同，而与吴澄之释橐簫异。吴澄曰："'橐簫'，冶铸所以吹风炽火之器也。为函以周罩于外者，橐也，为辖以鼓扇于内者，簫也。天地间犹橐簫者，橐象太虚，包含周遍之体；簫象元气，絪缊流行之用。"吴说义长。

虚而不屈，动而俞出。

严可均曰：王弼、顾欢作"不掘"。"俞出"，各本作"愈出"。

谦之案：傅、范本亦作"俞"。

罗振玉曰：今本王作"屈"，与景龙、御注、景福三本同。《释文》出"掘"字，知王本作"掘"。《释文》又云："河上本作屈，顾作掘。"

谦之案：作"屈"是也。王注"故虚而不得穷屈"，是王注本原作"屈"，范本同。傅本"屈"作"诎"。劳健曰："按《说文》'屈'训无尾，引申为凡短之称，故有竭义。'诎'训诘诎，乃'诎伸'本字。掘与搰互训，《释文》引顾云'犹竭'者，谓通叚作屈也。傅之作'诎'，盖释为诎伸，非是。此字当作'屈'，训竭，音掘。"毕沅曰："俞"，诸本并作"愈"。案古无"愈"字，盖即用"俞"也。诸本并非。

多言数穷，不如守中。

谦之案：武内义雄曰："敦、遂二本中作忠。"知法京图书馆所藏河上本敦煌残卷作"守忠"，与遂州碑同。惟"忠"字无义，《淮南·道应训》引上二句作"守中"，是。又"多言"，遂州碑本作

"多闻",《文子·道原篇》引亦作"多闻",强本成疏:"多闻,博赡也。数穷,多言也。"盖据遂州本而强为之辞耳。

又案"守中"之"中",说据章炳麟《文始》七:"中,本册之类。故《春官·天府》:'凡官府乡州及都鄙之治中,受而藏之。'郑司农云:'治中,谓治职簿书之要。'《秋官·小司寇》:'以三刺断民狱讼之中,岁终则令群吏计弊狱讼,升中于天府。'《礼记·礼器》:'因名山,升中于天。'升中犹登中,谓献民数政要之籍也。《尧典》'允执厥中',谓握图籍也。"此章"守中",谊同此,盖犹司契之类。罗运贤曰:"中亦契也。为政不在多言,但司法契以辅天下,所谓无为,正此意耳。"

【音韵】此章江氏《韵读》:屈、出韵(脂部),穷、中韵(中部)。诸家并同。

孔广森《诗声类》五,《阳声》五上《冬类》引《论语》:"天之历数在尔躬,允执其中,四海困穷,天禄永终。"《老子·道经》:"多言数穷,不如守中。"《德经》"大盈若冲,其用不穷。"《庄子》:"吾已往来焉,而不知其所终,彷徨乎冯闳,大知入焉而不知其所穷。"《管子》:"举所美,以观其所终;废所恶,必计其所穷。"大抵所同用者,不越乎"中""终""穷"三字,以见冬韵之狭,非可滥通东、钟者也。

谦之案:《庄子·齐物论》"枢始得其环中,以应无穷",亦中、穷为韵。又《老子》"中""穷"各上一字"数""守",亦相为韵。此为韵上韵。本马叙伦说,见《毛诗正韵后序》。

右景龙碑四十四字,不分章,敦煌本字同。河、王、傅、范本四十五字。河上题"虚用第五",王本题"五章",范本题"天地不仁章第五"。

六章

谷神不死,是谓玄牝。

毕沅曰:陆德明曰:"谷,河上本作浴,云:'浴,养也。'"案后汉陈相边韶《建老子碑铭》引亦作"浴神",是与河上本同。

俞樾曰:"浴"字实无养义。河上本"浴"字当读为穀。《诗·小弁篇》《蓼莪篇》《四月篇》并云:"民莫不穀。"毛传并云:"穀,养也。""穀"亦通作"谷"。《尔雅·释天》:"东风谓之谷风。"《诗正义》引孙炎曰:"谷之言穀,穀,生也,生亦养也。"王弼所据本作"谷"者,"穀"之叚字。河上古本作"浴"者,"谷"之异文。

洪颐煊曰:案《释文》引河上公本作"浴"。《易》称"君子以惩忿窒欲",孟喜本作"浴"。"谷""浴"皆"欲"之借字。《孟子·尽心下》:"养心莫善于寡欲。"是以欲神不死。《列仙传》:"容成公者,能善补导之事,取精于玄牝、其要谷神不死,守生养气者也。"亦同此义。

徐鼐曰:据河上注训"谷"为养,则当为"穀"。《诗》毛传、郑笺,《广雅·释诂》,俱云:"穀,养也。"盖"穀"与"谷"通,音同之叚借也。《书·尧典》"宅西曰昧谷",《周礼·缝人》注作"度西曰柳穀"即伏生《书·大传》所云"秋祀柳穀"也。而《史记》又作"柳谷"。《庄子》"臧与穀二人牧羊",崔撰本作"臧与谷二人牧羊",其证也。又按《释文》云:"谷,河上本作浴,云:'浴者,养也。'"与今本异。洪适《隶释》载《老子铭》云"或有浴神不死。"则是古本自作"浴"也。盖"谷"为"穀"之叚借,"浴"又为"谷"之叚借也。

谦之案:作"谷神"是也。今宋本及《道藏》河上本皆作

"谷",不作"浴"。《列子·天瑞篇》引《黄帝书》:"谷神不死,是谓玄牝。"庾肩吾诗:"谈玄止谷神。"庾信诗:"虚无养谷神。"后汉高义方《清诫》曰:"智虑赫赫尽,谷神绵绵存。"范应元曰:"谷神二字,傅奕云:'幽而通也。'"皆以"谷神"二字连读。惟《老子书》中,实以"谷"与"神"对。三十九章"神得一以灵,谷得一以盈"即其证。司马光曰:"中虚故曰谷,不测故曰神,天地有穷而道无穷,故曰不死。"严复曰:"以其虚,故曰谷,以其因应无穷,故称神;以其不屈愈出,故曰不死。三者皆道之德也。"是知"谷""神"二字连读者误。

玄牝门,天地根。

严可均曰:河上、王弼"门"上有"之"字,"天地"上有"是谓"二字。

谦之案:遂州、敦煌、御注三本与此石同。

绵绵若存,用之不勤。

谦之案:"绵绵",诸本作"緜緜"。成玄英曰:"绵绵,微细不断貌也。""绵"为俗字。《玉篇》:"緜,新絮也,缠也,緜緜不绝。今作绵。"《五经文字》云:"作'绵'者讹。"又"緜緜"下,景福本有"兮"字,室町本有"乎"字。"勤"字,武内敦本作"懃"。

洪颐煊曰:案"勤"通作"廑"字。《文选·长杨赋》李善注引《古今字诂》:"'廑',今'勤'字也。"《汉书·文帝纪》晋灼曰:"廑,古勤字。"《说文》:"廑,少劣之凥。"言其气息绵绵若存,其用之则不弱少也。

于省吾曰:按旧多读"勤"如字,洪颐煊读"用之不勤"之"勤"为"廑",训为弱少。用之弱少,不辞甚矣。

"勤"应读作"覲",金文"勤""覲"并作"堇"。《宗周钟》"王肇遹省文、武堇彊土",《齐陈曼簠》"肇堇经德",《帅佳鼎》"念王母堇勾","堇"并应读作"勤"。《颂鼎》"反入堇章",《女𡥜毁》"女𡥜堇于王",《𪔂卣》"先以夷于堇","堇"并应读作"覲"。《诗·韩奕》:"韩侯入覲。"《左》僖二十八年《传》:"出入三覲。"覲,见也。用之不覲,言用之不见也。上言"绵绵若存",言其绵绵微妙,似存而非存,正与用之不见之义相因,犹三十五章言"视之不足见"也。

【音韵】此章江氏《韵读》:死、牝韵(脂部;牝音匕)。门、根、存、勤韵(文部)。姚文田同。邓廷桢未及死、牝与门字。

谦之案:王念孙《古韵谱》引《大戴礼·易本命篇》"高者为生"四句,亦"死""牝"为韵。

薛蕙曰:《老子书》大抵用韵,故其遗辞多变文以叶韵,非取义于一字之间也。如此章曰"是谓玄牝",则读"牝"为"否",以叶上句。曰"玄牝之门",则特衍其辞,与下句相叶。或者乃随语生解后,指一处为玄牝之门,殊失之矣。

顾炎武曰:按"山谷"之"谷",《广韵》虽有"余蜀""古禄"二切,其实"欲"乃正音。《易·井》九二"井谷射鲋",陆德明《音义》一音浴。《书·尧典》:"宅嵎夷曰旸谷。"一音欲。《左传》僖三十二年注:"此道在二殽之间南谷中,一音欲。"《史记·樊哙传》"破豨胡骑横谷",《正义》曰:"谷音欲。"《货殖传》"畜至用谷量马牛",《索隐》曰:"谷音欲。"汉苦县《老子铭》:"谷神不死。"作"浴神"是也。转去声则音裕,今人读谷为穀,而加"山"作峪,乃音裕,非矣(《唐韵正》入声《三烛》)。又曰"牝",古音扶履反。《老子》:"谷神不死,是谓玄牝。"旁证:《文子·守弱篇》:"为天下牝,故能神不死。"《自然篇》:"天下有始,莫知其理,惟圣人能知所以,非雌非雄,非牡非牝,生而不死。"(卷八,《十六轸》)

江永曰："牝"，毗履切。《老子》："谷神不死，是谓玄牝。"按"牝"从匕得声，而今音为毗忍切，此后世方音之转，犹"敏"为眉陨切，"準"为之尹切，隼"为息允切，"窀"为居隐切也。顾氏谓"牝"字后人以其通俗不雅而改音，非是（《古韵标准》，上声第二部）。

严可均曰："牝"，《广韵》旨、轸兼收"牝"字。按《大戴·易本命》"死""牝"协音，《老子》"谷神不死，是谓玄牝"，皆未转入轸（《说文声类·上篇·脂类》）。

魏建功曰：死、牝、门、根、存、勤六句相叶。《经典释文》："牝，频忍反，旧音扶死反，简文扶紧反。"是旧音与"死"相叶，而后改音与"门""根"诸字叶。其初当全相叶可知（《古音系研究》二九四）。

右景龙碑本二十二字，合"道冲而用之"下至此为一章。敦煌本二十三字，河上、王弼、范应元本二十五字，傅奕本二十六字。河上本题"成象第六"，王弼本题"六章"，范应元本题"谷神不死章第六"。

七章

天长地久。天地所以能长久者，以其不自生，

严可均曰："长久者"，河上、王弼"长"下有"且"字。

谦之案：傅、范本同。遂州碑作"天地长久"。又"天长地久"，盖古有此语，此引而释之耳。

故能长久。

谦之案："故"字碑本磨灭不明。"长久"，各本作"长生"。严

可均曰："王氏《萃编》引邢州本与此同。易州石柱及河上、王弼作'长生',非也。"又案敦煌本与晋纪瞻《易太极论》引均作"长久"。此"久"字盖叚借为"有",与前二"久"字稍别。《列子·天瑞篇》："精神者,天之久;道进乎本不久。"注:"当作有。"故能长久,即言故能长有也。

是以圣人后其身而身先,外其身而身存。

谦之案:杜光庭本无此二句。《韩诗外传》引"故《老子》曰'后其身而身先,外其身而身存'",与诸本均同。

以其无私,故能成其私。

严可均曰:"以其无私",《释文》引河上与此同。御注、王弼"以"字上有"非"字,王弼句末有"邪"字。

谦之案:陈碧虚曰:"河上公、严君平本'以其无私',王弼古本作:'不以其无私邪?'是陈所见严本与此石同。王古本与傅本及《淮南·道应训》引同。广明、庆阳、楼正、高翿、范应元、室町钞本与今王本同。又遂州碑本作"此其无尸,故能成其尸"。强本成疏:"尸,主也,……而言成其尸者,结叹圣人也。"成所据经文,盖即遂州碑本。案"私"作"尸",非也。《后汉·方术传》"尸解"注:"言将登仙,假托为尸以解化也。"此为神仙家言,窜入《老子》本文,强本成疏与遂州本皆如此。

【音韵】此章江氏《韵读》无韵。姚文田:先、存韵,奚侗同。陈柱生、生韵,先、存、私韵。"私"字音变与"先"均,犹"西施"又作"先施"。

谦之案:"长生"之"生",敦、景、遂三本均作"长久",知此章久、久、久为韵,生、生无韵。又"不自生"之"生"入耕部,与

"先""存"入文部字相叶,此为文、耕通韵。

右景龙碑本四十六字,敦煌本同,河、王、傅、范本四十九字。河上本题"韬光第七",王弼本题"七章",范应元本题"天长地久章第七"。

八章

上善若水。水善利万物,又不争。

严可均曰:"又不",河上、王弼作"而不"。

谦之案:《御览》五十八引无"善"字,"萬"作"万"。"又不争",敦煌、遂州、御注、楼正、司马光、曹道冲、强思齐、李荣、室町本皆如此。傅、范本作"而不争",与王本同。

又案古代道家言,往往以水喻道。《管子·水地篇》曰:"地者,万物之本原,诸生之根基也。水者,地之血脉,如筋脉之通流也。"又"水者,何也?万物之本原也,诸生之宗室也"。其说可与《老子》相参证。《淮南子》曰:"天下之物,莫柔弱于水,然而大不可极,深不可测,修极于无穷,远沦于无涯,息耗减益,通于不訾。上天则为雨露,下地则为润泽,万物弗得不生,百事不得不成,大包群生而无所私,泽及蚑蛲而不求报,富赡天下而不既,德施百姓而不费。"薛君采谓《淮南》之说实推广"善利万物"之义,信矣。

处众人□所恶,故几于道。

谦之案:"人"下各本有"之"字,碑本泐。陆德明曰:"处,一本作居。"案河、王本作"处",傅、范本作"居",敦煌本与此石同。室町本"道"下有"矣"字。

大田晴轩曰："几"，平声，近也。《系辞·上传》曰："乾坤或几乎息矣。"《礼·乐记》曰："知乐则几于礼矣。"

注："几，近也。"《庄子·渔父篇》曰："几于不免矣。"《吕氏春秋·大乐篇》曰："则几于知之矣。"注："几，近也。"道者无形，而水犹有形，故水之利万物与诸生，其为可见也，未能若道之无形施与也，故曰几于道矣。近世解者释"几"为机转之义，妄矣。《淮南·原道训》曰："夫无形者，物之大祖也；无音者，声之大宗也。其子为光，其孙为水，皆生于无形乎！"夫光可见而不可握，水可循而不可毁，故有像之类，莫尊于水，是此章"几于道"之注脚。

居善地，心善渊，与善人，

严可均曰："善人"各本作"善仁"，古字通。

谦之案：王羲之本亦作"人"。又《庄子·在宥篇》"其居也渊而静"，郭注："静之可使如渊。"又《诗·燕燕》"其心塞渊"，传："渊，深也。"《太玄》"闲中心渊也"，注："渊，深也。""渊"有静而深之义，"心善渊"，以言其心渊静而莫测，所谓"良贾深藏若虚"。

言善信，政善治，

严可均曰："政善"，河上作"正善"。

纪昀曰：《永乐大典》作"政"，古通用。

毕沅曰：《永乐大典》作"政"，作"正"者非。

谦之案，作"政"是也。《老子书》中"正""政"二字互见。五十八章"其政闷闷，其政察察"，与此均用"政"。"治"字，《释名·释言语》："治，值也，物皆值其所也。"

事善能，动善时。夫唯不争，故无尤。

谦之案："尤"下傅本有"矣"字。河上、王弼、范应元本同此石。

【音韵】此章江氏《韵读》：渊、信韵（真部；渊，一均反，信，平声）。治、能、尤韵（之部；能，奴其反，尤音怡）。姚文田：渊、仁、信韵，治、能、时、尤韵。邓廷桢同。邓曰："'能'，古音在之、咍部。'尤'，古读若怡，《诗·载驰》以韵子、思、之。"

江有诰曰："'信'，息晋切。按古惟读平声，至汉人乃间读去声，当与真部并收。《老子·易性篇》'善''信'与'渊''信'叶。《虚心篇》'其中有信'与'真'叶。"（《唐韵四声正·二十一震》）

右景龙碑本五十字，敦煌本与河、王、范本同，傅奕本五十二字。河上题"易性第八"，王弼题"八章"，范应元题"上善若水章第八"。

九章

持而盈之，不若其以。

严可均曰："不若其以"，各本作"不如其已"，古字通。

谦之案：《后汉书》申屠刚《对策》曰："持满之戒，老氏所慎。""持满"即"持盈"也。《史记·乐书》："满而不损则溢，盈而不持则倾。"此作"持而盈之"，于义为优。《荀子·宥坐篇》："孔子观于鲁桓公之庙，有欹器焉。弟子挹水而注之，中而正，满而覆，虚而欹。孔子喟然而叹曰：'吁！恶有满而不覆者哉！'"按此即惧其盈之易溢，不若其已也。严君乎作"殖而盈之"，陈碧虚云："谓积其财宝也。"谦之案：此盖涉下文"金玉满室，莫之能守"，而误改上文。

揣而锐之，不可长保。

严可均曰："而锐"，王弼作"而梲"；"长保"，邢州本作"长宝"。

谦之案："揣而锐之"，传本作"敪而梲之"，高翻作"敪而锐之"。

毕沅曰：《说文解字》无"敪"字。奕本惟此句下有音义云："敪音揣，量也。"案"量"之义即"揣"字。《左传》所称"揣高卑"，是或"敪"为"揣"字古文欤？

谦之案："揣"乃《老子书》中方言。扬雄《方言》十三"揣，试也"，郭璞注："揣度试之。"以试训揣，义不明。"揣"应训摧，顾欢注："治也。"《集韵》："'揣'，冶击也。"皆是。夏竦《古文四声韵》卷三"揣"字，引《古老子》作敪，傅奕本作"敪"，即古"揣"字。

孙诒让曰："敪"即"揣"之或体，见《集韵四纸》。然以注义推之，"揣"字当读为"捶"（《集韵三十四梁》文以"敪"为或"捶"字，二字古本通也）。王云：既揣末令尖，锐之令利。"即谓捶锻钩针，使之尖锐（河上公本"梲"作"锐"。《淮南子·道应训》云：大马之捶钩者。"高注云："捶，锻击也。"《说文·手部》云："揣，量也，一曰捶之。"盖揣与捶声转字通也。傅校"揣"作"敪"，于文无异，而训为量，则非其义。

易顺鼎曰："梲"字当从河上本作"锐"。《说文》："梲，木杖也。"梲既为木杖，不得云"揣而梲之"。《释文》虽据王本作"梲"，然言梲字"音菟夺反，又徒活反"。考《玉篇·手部》："捝，徒活、兔夺二切，《说文》云：'解也。'"《木部》"梲"字两见，一之悦切，一朱悦切，并无"菟夺""徒活"两音，则《释文》"梲"字明系"捝"字之误。……实则王本作"锐"与古本作"捝"不同，注云："既揣末令尖，又锐之令利，势必摧衄。"是其证。

《文子·微明篇》《淮南子·道应训》作"锐"，并同。

谦之案：易说是也。马叙伦曰："彭相引《释文》正作'捝'，盖王本作'挩'而读为'锐'。"蒋锡昌曰:"刘惟永《考异》:'严遵、杨孚、王弼并同古本。'又引王本经文'揣而锐之',则刘见王本作'锐',易氏谓王本作'锐'是也。"

武内义雄曰:"揣而梲之",河上本作"锐"。按王注云:"既揣末令尖,又锐之令利。"则王氏以"梲"字为"锐"之假借,河上从正字作"锐"。

金玉满堂,莫之能守。

谦之案:"堂",《释文》:"本或作室。"范应元曰:"'室'字,严遵、杨孚、王弼同古本。"今案傅本亦作"室",作"室"义优。《说文》:"室,实也。"《释名》:"人物实满其中也。"陈碧虚所见严君平、王弼本亦作"室"。

富贵而骄,自遗其咎。

严可均曰:"而骄",御注作"而憍"。

罗振玉曰:景龙、御注、景福三本作"咎",乃"咎"别构。

谦之案:楼正、司马光"骄"亦作"憍",高翿本作"慭"。"自遗其咎",《治要》作"还自遗咎",室町本作"还自遗其咎"。《玉篇》:"'咎',《说文》云:'灾也,从人从各,各有相违也。'"

功成、名遂、身退,天之道。

严可均曰:王弼作"功遂、身退",傅奕作"成名、功遂、身退",邢州本作"名成、功遂、身退"。

罗振玉曰:景龙、御注、景福三本均作"功成、名遂、身退"。景福本"道"下有"也"字。

谦之案:《文子·上德篇》引:"功成、名遂、身退,天道然也。"《淮南·道应训》:"故《老子》曰:'功成、名遂、身退,天之道也。'"亦均有"也"字。又"身退",开元御注本作"身逯"。《字鉴》曰:"逯,《说文》:'却也,从月从攵,从辵。'俗作退。"

【音韵】此章江氏《韵读》:已、保、守、咎、道韵(之、幽通韵,已叶音酉,保音探)。姚文田同。邓廷桢:保、守、咎、道韵。"保",古音补阜切。"道",首声,古音在幽部。

谦之案:已音以,碑本作"以"。以,之部;保、守、咎,幽部;道,之、幽二部并入,此之、幽通韵。应包括"盈之""锐之"二"之"字,即之、以、之、保、守、咎、道为韵。又高本汉以"骄"字叶已、保、守、咎、道为韵。

奚侗曰:已、保、守、咎、道为韵。之、尤互转,如《易·恒》以"道"韵"已""始"也。

江永《古韵标准》上声第十一部"保"字,本证:"永言保之"韵考、寿,"他人是保"韵栲、杻、扫、考,"南土是保"韵宝、舅,"王躬是保"韵考。旁证:《老子》"揣而锐之,不可长保,金玉满堂,莫之能守"。

右景龙碑本四十一字,敦煌本、傅奕本同,河上、范应元本四十字,王弼本三十九字。河上题"运夷第九",王本题"九章",范本题"持而盈之章第九"。

十章

载营魄抱一,能无离?

严可均曰:"能无离",傅奕及近刻王弼句末有"乎"字,下五句皆然。

俞樾曰：河上公本无"乎"字，唐景龙碑亦无"乎"字，然《淮南·道应》引《老子》曰："载营魄抱一，能无离乎？专气致柔，能如婴儿乎？"则古本固有"乎"字。

谦之案："乎"字系衍文。罗振玉曰："景龙、御注、敦煌乙、丙、英伦诸本，均无'乎'字，以后各'乎'字同。"李道纯曰："'抱一能无离'已下六句，加一'乎'字，非。"

首"载"字，按郭忠恕《佩觿》卷上："是故《老子》上卷改'载'为'哉'。"注云："唐玄宗诏：'朕钦承圣训，覃思玄宗，顷改《道德经》"载"字为"哉"，仍属上文。及乎议定，众以为然，遂错综真诠，因成注解云。'"孙诒让《札迻》："案旧注并以'天之道'断章，而读'载营魄抱一'为句，《淮南子·道应训》及《群书治要》三十九引'道'下并有'也'字，而《章句》亦同。《楚辞·远游》云：'载营魄而登霞兮。'王注云：'抱我灵魂而上升也。'屈子似即用《老子》语。然则自先秦、西汉至今，释此书者，咸无异读。惟《册府元龟》载唐玄宗天宝五载诏云：'顷改《道德经》'载'字为'哉'，仍隶属上句，遂成注解。"郭忠恕《佩觿》则云：'《老子》上卷改载为哉。'注亦引玄宗此诏。检《道经》三十七章王本及玄宗注本，并止第十章有一'载'字，则玄宗所改为'哉'者，即此'载'字；又改属上章'天之道'为句。今易州石刻玄宗《道德经注》仍作'载'读，亦与旧同者，彼石立于开元二十年，盖以后别有改定，故特宣示，石刻在前，尚沿旧义也。'载''哉'古字通，玄宗此读，虽与古绝异，而审文校义，亦尚可通。天宝后定之注，世无传帙，开元颁本虽石刻具存，而与天宝诏两不相应。近代毕沅（《考异》）、钱大昕（《潜研堂金石跋尾》）、武亿（《授堂金石跋》）、王昶（《金石萃编》）考录御注，咸莫能证核。今用诏文推校石本，得其鞁迹，聊复记之，以存异读。"

次"抱"字,傅本、高翿本作"袌"。毕沅曰:"诸本'袌'并作'抱',案袌,裹也,抱同抒,取也,义异,应用'袌'字。"

谦之案:毕说非也。《广韵·号部》"袌,衣襟",又云:"今朝服衣。"与"抱"字义别。经文四十二章"万物负阴而抱阳",六十四章"合抱之木",十九章"见素抱朴",二十二章"是以圣人抱一,为天下式",傅奕本皆作"袌"。毕沅曰:"'袌'作'抱',非也。流俗所行,河上公、王弼诸本并作'抱'矣。"毕说不如何据。《广韵》"袌"字上有"菢"字,注"鸟伏卵",疑为"抱"字正字,义较"袌"字为优。

刘师培曰:案《素问·调精论》云:"取血于营。"《淮南子·俶真训》云:"夫人之事其神,而娆其精营(句),慧然而有求于外(高注'营慧'连读,失之),此皆失其神明,而离其宅也。"《法言·修身篇》云:"荧魂旷枯,糟莩旷沈。"此之"营魄",即《素问》《淮南》所言"营",《法言》所谓"荧魂"也。《楚辞·远游》"载营魄而登遐兮",王注:"抱我灵魂而上升也。"以抱训载,以灵魂训营魄,是为汉人故训。载营魄者,即安持其神也。载、抱同义。至于此文"乎"字,当从河上本、景龙碑衍,下文诸"乎"字亦然。

谦之案:刘说虽是,但以灵魂训营魄,似有未至。魄,形体也,与魂不同,故《礼运》有"体魄",《郊特牲》有"形魄"。又魂为阳为气,魄为阴为形。高诱注《淮南·说山训》曰:"魄,人阴神也,魂,人阳神也。"王逸注《楚辞·大招》曰:"魂者阳之精也,魄者阴之形也。"此云营魄即阴魄。《素问·调精论》"取血于营",注:"营主血,阴气也。"又《淮南·精神训》:"烛营指天。"知营者阴也,营训为阴,不训为灵。"载营魄抱一",是以阴魄守阳魂也。抱如鸡抱卵,一者,气也,魂也,抱一则以血肉之躯,守气而不使散泄,如是则形与灵合,魄与魂合,抱神以静,故曰:"能无离?"

专气致柔，能婴儿？

谦之案：经纶堂本无"乎"字，下同。"婴"作"㜯"，注亦作"㜯"。景福本同。"气"，范本作"炁"。"能"下，傅奕本、室町本有"如"字。又《淮南·道应训》引"致"作"至"。奚侗曰："傅奕本'能'下有'如'字，乃增字以足其谊。《淮南·道应训》引'能'下有'无'字，盖涉'无离''无为''无疵''无知'等'无'字而衍。《庄子·庚桑楚篇》引老子曰：'能侗然乎？能儿子乎？'与此文例正同。"

谦之案："气"字为华夏先哲之素朴唯物主义思想。《老子》之"专气"，即《管子·内业》之"抟气"，所谓"抟气如神，万物备存"（尹注"抟谓结聚也"）。又曰："此气也，不可止以力。""心静气理，道乃可止。"皆与专气致柔说同。又《心术下》与《内业》均引"能抟气乎？能一乎？能勿卜筮而知吉凶乎？能止乎？能已乎？能勿求诸人而得之己乎"？此与《庄子·庚桑楚篇》文同，而此文之前，引"《老子》曰卫生之经"。则又可见《老子书》中实包含古代医家之言。又《孟子》"志壹则动气"，注："志之所向专一，则气为之动。"亦与专气之说相近。

涤除玄览，能无疵？爱人治国，能无为？天门开阖，能为雌？明白四达，能无知？

奚侗曰："玄"借为"眩"。《荀子·正论篇》"上周密，则下疑玄矣"，杨注："玄，或读为眩。"是其例。《文子·上德篇》《淮南·主术训》均云："心有目则眩。""玄览"犹云妄见。涤除妄见，欲使心无目也。心无目则虚壹而静，不碍于物矣。《淮南·泛论训》"故目中有疵"，高注："疵，赘也。"

严可均曰："爱人"，各本作"爱民"。"能无为"，王弼作"无知"。"能为雌"，河上作"无雌"。"能无知"，王弼作"无为"。

罗振玉曰："爱民"，景龙本避讳作"人"。"国"下，敦煌丙本作"而无知"，景龙、御注、英伦三本均作"能无为"。"天门"，敦煌丙本作"天地"。"阖"下，敦煌丙本作"而为"，景龙、御注、英伦三本均作"能为"。"达"下，敦煌丙本作"能无为"，景龙、御注、景福、英伦诸本均作"能无知"。

李翘曰："爱国治民"，河上本"治"作"活"，讹。"天门开阖"，成疏曰："河上公本作'天地开阖'。""明白四达，能无知乎"，《淮南·道应训》作"明白四达，能无以知乎"。

俞樾曰：按唐景龙碑，作"爱民治国能无为？天门开阖能为雌？明白四达能无知"，其义并胜，当从之。"爱民治国能无为"，即孔子"无为而治"之旨。"明白四达能无知"，即"知白守黑"之义也。王弼本误倒之。河上公本两句并作"无知"，则词复矣。"天门开阖能为雌"，义不可通，盖涉上下文诸句而误。王弼注云："言天门开阖，能为雌乎？则物自宾而处自安矣。"是王弼本正作"能为雌"也。河上公注云："治身当如雌牝，安静柔弱。"是亦不作"无雌"。故知"无"字乃传写之误，当据景龙本订正。

谦之案：俞说是也。景龙本"为雌"，敦煌本、傅、范本均同。范应元曰："河上公并苏注皆作'为雌'，一本或作'无雌'，恐非经义，盖当经中有'知其雄，守其雌'也，理亦当作'为雌'。"今案石本如邢玄、景福、庆阳、磻溪、楼正，诸王本如《道藏》本、《集唐字》本，皆作"为雌"，与景龙同。纪昀校《聚珍》本亦云："案王注义，'无'似作'为'。"又刘惟永《道德真经集义》引王本经文，与景龙亦同，惟每两句加一"乎"字。

生之畜之，生而不有，为而不恃，长而不宰，是谓玄德。

谦之案："生而不有"下两句，与二章文同。"恃"，河上本作

"恃",《庄子·达生篇》引"为而不恃,长而不宰",同此。顾本成疏:"故施为利物,亦无思造之可恃也。"又《庄子·大宗师》成疏:"为而不恃,长而不宰,岂雄据成绩,欲处物先耶?"是成所见本亦作"恃"。"是谓玄德"句,经文中共三见,五十一章"生而不有"下四句同此。六十五章"常知楷式,是谓玄德",奚侗曰:"'玄德'犹云至德,以其深远,故云玄也。"此盖赞叹之辞,故不避重叠。

【音韵】此章江氏《韵读》:离、儿、疵、为、疵(雌)、知韵(歌、支通韵,离叶音黎,为叶音惟。案"雌"字江本误作"疵")。有、恃、宰韵(之部;宰音梓)。姚文田、邓廷桢:离、儿、疵、知、雌、知韵。

谦之案:离、为,歌部;儿、雌、知,支部;为,古音怡,此歌、支通韵。又有、恃、宰、德为韵。奚侗,高本汉同。陈柱以离、儿、疵、知、雌、为、之、有、恃、宰、德为韵,则不但歌、支通韵,之、支亦通也。第二十八章雌、溪、离、儿,亦歌、支通韵。

张畊《古韵发明凡例》云:"楚人歌、戈转支,江淮寒、桓转歌,此全部流变不可改者。"由此可证《老子书》中多存楚方音。

顾炎武《唐韵正》卷二《五支》:"离",古音罗,引《老子》此章及第二十八章。又《庄子·马蹄篇》:"同乎无知,其德不离。"《在宥篇》:"若彼知之,乃是离之。"始以"离""为"二字与"知"为韵。江永《古韵标准》平声第二部论之曰:"如'离'字,《少司命篇》曰:'悲莫悲兮生别离,乐莫乐兮新相知。'顾氏误解之,谓上句不入韵。然《老子》以'离'韵儿、疵、雌、知、溪,《庄子》两以'离'韵知,此其灼然者。《老》《庄》用'离'字音皆变,则屈子用'离'字宁必其音罗乎?"张畊《古韵发明》第一类引此,并云:"江氏所举《少司命》之离韵,当从楚方音。老、庄皆楚人,故与楚声合，诸韵皆当如此分别读之。"

邓廷桢曰：此章用韵颇为出入。"离"，古读若罗。《诗·新台》与施韵，施古音它；《易·离》九三爻辞与歌、嗟韵，嗟古音磋；未有与支、脂部字为韵者。而此章以韵儿、疵、雌、知，"疵""雌"皆此声，隶脂部。《诗·新台》以"泚"韵"沵"，《车攻》以"柴"韵"佽"，"泚""柴"皆此声也。而此章以韵离、儿、知，儿、知，并隶支部。"知"字《诗》凡六见，皆与支、觿、枝、伎、箎等字为韵，而此章以韵离、疵、雌，并与《三百篇》不合。惟《诗·小弁》"尚求其雌"，与伎、枝、知为韵，已因音近而转，则疵、雌、知为韵有可援据。又"能无知乎"之"知"，一本作"为"，"为"古音讹，正与离韵。则一本作"为"，不误，其作"知"者，或传写之讹也。

又顾炎武《唐韵正》卷十四《十四有》："有"，古音以。引《老子》："生而不有，为而不恃，长而不宰。""执古之道，以御今之有，能知古始，是谓道纪。""名亦既有，夫亦将知止，知止所以不殆；譬道之在天下，犹川谷之于江海。""绝巧弃利，盗贼无有。""人多伎巧，奇物滋起，法令滋彰，盗贼多有。"

右景龙碑本六十三字，敦煌本、河上本同，王弼本六十九字，傅、范本七十二字。河上本题"能为第十"，王弼本题"十章"，范应元本题"载营魄章第十"。

十一章

三十辐共一毂，当其无有，车之用。

罗振玉曰：敦煌乙、丙本、景龙、广明本均作"卅"。

谦之案：景龙作"三十"，敦煌、广明作"卅"，罗误校。又室町本亦作"卅"。吴云曰："卅，诸本作三十。"是也。《玉篇》："卅，先阖切，三十也。"又"辐"字，疑本或作"輹"。《易·小畜》"舆，脱辐"，《释文》："'辐'，本作'輹'。"《说文》引作"輹"。夏竦《古文四声韵》出"輹"字，引《古老子》，无"辐"字。

毕沅曰：本皆以"当其无"断句。案《考工记》"利转者，以无有为用也"，是应以"有"字断句。下并同。

杨树达曰："无有"为句，"车之用"句不完全，毕说可酌。

钱坫曰：《考工记》曰："轮辐三十，象日月。"日三十日而与月会，辐数象之，《老子》亦云。又曰："辐所凑，谓之毂。"《老子》曰："三十辐共一毂，当其无有，车之用。"河上公说："无有谓空虚。"故《考工记》注亦云："利转者，以无有为用也。"《说文解字》："毂，辐所凑也。"言毂外为辐所凑，而中空虚受轴，以利转为用（《车制考》，见《清经解续编》卷二百十六）。

埏埴以为器，当其无有，器之用。

纪昀曰：按"埏"各本俱作"埏"，惟《释文》作"挻"。

罗振玉曰：今本作"埏"，《释文》出"挻"字，知王本作"挻"，今据改。御注本同。景龙本、敦煌丙本作"埏"。

马叙伦曰：《说文》无"埏"字，当依王本作"挻"。

谦之案："埏""挻"义通，不必改字。《说文》："挻，长也，从手从延。"《字林》："'挻'，柔也，今字作'揉'。"朱骏声曰："凡柔和之物，引之使长，抟之使短，可折可合，可方可圆，谓之挻。"王念孙曰："'挻'亦和也。《老子》：'挻埴以为器。'河上公曰：'挻，和也，埴，土也。和土以为饮食之器。'《太玄·玄文》：'与阴阳挻其化。'萧该《汉书叙传音义》引守忠注曰：'挻，和也。'《淮南·精神篇》：'譬犹陶人之剋挺埴也。'萧该引许慎注曰：'挺，揉也。'《齐策》："桃梗谓土偶人曰：'子西岸之土也，挺子以为人。'"高诱曰："'挺，治也。'义与和相通。"由上知"挺"有揉挺之义，惟经文自作"埏"。夏竦《古文四声韵》引《古老子》作"埏𤣥"，《文选·西征》《长笛赋》注引作"挻"。又《荀子·性恶篇》："陶人埏埴以为器。"又云："陶人埏埴而生瓦。"注："埏音羶，击也；埴，黏土也。"又《庄子·马蹄篇》："陶人曰：'我善治埴。'"崔云："土也。"司马云："埴土可以为陶器。"文谊均与《老子》同，当从之。

凿户牖以为室，当其无有，室之用。
谦之案：景龙碑本止此句为一章。

有之以为利，无之以为用。
严可均曰："有之以为利"，各本句上有"故"字。
罗振玉曰：景龙、敦煌乙、丙三本均无"故"字。
【音韵】此章江氏《韵读》无韵。高本汉：辐、毂韵。案《释文》："'幅'音福，车幅。'毂'，古木反，车毂。"
顾炎武《唐韵正》下平声《九麻》："'车'，古音居。"王应麟曰："古'车'本音'居'，至《说文》始有'尺遮'之音，乃自汉而转其声。陆氏《释文》引韦昭云：古皆'尺遮'反，后汉始有'居'音，非也。"

右景龙碑本一章二句、四十八字，敦煌本四十七字，河上、王弼、傅、范本四十九字。河上题"无用第十一"，王本"十一章"，范本题"三十辐章第十一"。

十二章

　　五色令人目盲；五音令人耳聋，五味令人口爽；

　　谦之案：牟融《理惑论》引首二句同，《文选·七命》注引第二句同。《七发》注引作"五味实口爽伤"。《左传》昭公二十五年《正义》引："五味令人口臭，五色令人目盲，五音令人耳聋。"文次稍不同。又《庄子·天地篇》曰："且夫失性有五：一曰五色乱目，使目不明；二曰五声乱耳，使耳不聪；三曰五臭薰鼻，困惾中颡；四曰五味浊口，使口厉爽；五曰趣舍滑心，使性飞扬。此五者，皆生之害也。"《淮南子·精神训》曰："五色乱目，使目不明；五声譁耳，使耳不聪；五味乱口，使口爽伤；趣舍滑心，使行飞扬。此四者，天下之所养性也，然皆人累也。"文谊皆本此章。

　　奚侗曰：《广雅·释诂》三："爽，败也。"《楚辞·招魂》"厉而不爽些"，王注："楚人名羹败曰爽。"古尝以爽为口病专名，如《列子·仲尼篇》："口将爽者，先辨淄、渑。"《庄子·天地篇》："五味浊口，使口厉爽。"《淮南子·精神训》："五味乱口，使口爽伤。"疑"爽"乃"桑"之借字，由桑亡谊引申为败为伤。

　　于省吾曰：按"爽""丧"二字，音义古并通。《免毁》"王在周昧酆"，"酆"即"丧"，"昧丧"即"昧爽"。《诗·皇矣》"受禄无丧"，即受禄无爽也。五味令人口丧，言五味令人丧其口之本然也。河上公训"丧"为"亡"，义正相符。

　　驰骋田猎，令人心发狂；

　　谦之案："田猎"，《永乐大典》本作"畋"，《道藏》本作"田"。罗振玉曰："景龙、景福、敦煌乙、丙、御注诸本均作'田'。"案

《宋书》谢灵运《山居赋》,《文选·七命》注,引作"田",与此石同。"田"叚借为"畋",《说文》段注:"'田'即'畋'字。"《易·师》"田有禽",《周礼·田仆》"以田、以鄙",注:"猎也。"

又按"猎"字,罗云:"敦煌两本均作'獦',乃'猎'之别构。"案罗卷乙本作"獦",丙本作"獦",《颜氏家训·书证篇》所云"猎化为獦"是也。贾谊《新书·势卑篇》:"不獦猛兽,而獦田彘……,所獦得毋小?""獦"即"猎"之别构。

难得之货,令人行妨。是以圣人为腹不为目。故去彼取此。

谦之案:《牟子理惑论》引无"是以"二字,高本汉《老子韵考》所据本无"是以圣人"四字。二章、七章同此。

"难得之货,令人行妨",马其昶曰:"'行妨',妨农事也。"以此可见老子为华夏重农学派之元祖。

【音韵】此章江氏《韵读》:盲、聋、爽、狂、妨韵(阳、东通韵,盲音芒,聋叶音郎,爽,平声)。腹、目韵(幽部)。姚文田同。邓廷桢未及"聋"字,误。又盲、聋,东部;爽、狂、妨,阳部,此东、阳通韵。姚文田曰:"'聋'字从东转入。"奚侗曰:东、阳两部古音相近。"

吴棫《韵补十阳》:"聋,卢黄切,耳病。《易林》:'黇纩塞耳,使君闻聋。'"又引《老子》此章:"盲音茫。爽音霜。"顾炎武《唐韵正》卷五《十二庚》,"盲",古音武郎反,引《老子》此章,云:"惟聋字非韵。"江永《古韵标准》平声第一部:"聋,卢红切。《战国策》苏秦语:'舌敝耳聋,不见成功。'《吕氏春秋》:'何以知其聋?以其耳之聪也。'按'聋'字以此为正。《老子》'五色令人目盲'四句,'聋'字入阳韵矣。顾氏谓'聋'字不入韵,非也。今时方音,犹有似此。"

王念孙曰:"爽"字古读若"霜",正与明、聪、扬为韵。故《老子》"五味令人口爽"亦与盲、聋、狂、妨为韵。而《庄子·天地篇》"五色乱目,使目不明;五声乱耳,使耳不聪;五味浊口,使口厉爽;趣舍滑心,使性飞扬",即《淮南》所本也(《读书杂志》卷九)。

江有诰曰:爽,疏两切。按古惟读平声,至曹植《释愁文》"乱我情爽",与掌、党叶,始作上声。当与阳部并收。《老子·检欲篇》"五味令人口爽",与聋、狂通韵(《唐韵四声正·三十六养》)。

严可均曰:阳东声近,故阳可通东。《烈文》:公、疆、邦、功协音;《老子》:聋、盲、爽、狂协音;《卜居》:长、明、通协音……此东、阳通也(《说文声类·下篇·阳类》)。

章炳麟曰:阳部转东者,如《老子》以盲、爽、狂与"聋"为韵(《国故论衡·小学略记》)。

右景龙碑本四十九字,敦煌本与河上、王、傅、范本均同。河上题"检欲第十二",王本题"十二章",范本题"五色章第十二"。

十三章

宠辱若惊,贵大患若身。何谓宠辱?辱为下。

严可均曰:"何谓宠辱?辱为下",王弼、傅奕作"何谓宠辱若惊?宠为下"。

罗振玉曰:河上、景龙、御注、景福、敦煌丙诸本均无"若惊"二字。景龙本"辱为下",景福本作"宠为上,辱为下"。

李道纯曰:"宠为上,辱为下",或云"宠为下",不合经义。

俞樾曰：河上公本作"何谓宠辱？辱为下"。注曰："辱为下贱。"疑两本均有夺误。当云："何谓宠辱若惊？宠为上，辱为下。"河上公作注时，上句未夺，亦必有注，当与"辱为下贱"对文成义，传写者失上句，遂并注失之。陈景元、李道纯本均作"何谓宠辱若惊？宠为上，辱为下"。可据以订诸本之误。

劳健曰："宠为上，辱为下"，景福本如此。傅、范与开元本诸王本皆作"宠为下"一句；景龙与河上作"辱为下"一句。以景福本证之，知二者皆有阙文。《道藏》、陈景元、李道纯、寇才质诸本并如景福，亦作二句。陈云："河上本作'宠为上，辱为下'，于经义完全，理无迂阔。知古河上本原不阙上句。"按"宠辱"，谓宠辱之见也；"为上""为下"，犹第六十一章"以其静为下""大者宜为下"，诸言为下之见也。盖谓以为上为宠，以为下为辱，则得之失之，皆有以动其心，其惊惟均也。若从阙文作"宠为下"一句而解，如以受宠者为下，故惊得如惊失，非其旨矣。作"辱为下"一句者，更不可通。

武内义雄曰：按《旧钞》河上本作："何谓宠辱？宠为上，辱为下。"诸王弼本作："何谓宠辱若惊？宠为下。"虽然，陆氏惟注"河上本无'若惊'二字"耳。今本王本"宠"字下"为"字之上，当脱去"为上辱"三字，河上本似脱去"若惊"二字。盖王弼、河上两本相同，后河上本脱去"若惊"二字，王本脱去"为上辱"三字，在后以两脱误本互校，遂生种种之异。

得之若惊，失之若惊，是谓宠辱若惊。

奚侗曰：吴澄本无"是谓宠辱若惊"六字，以下文例之，似是。

谦之案：林希逸亦无此六字。又"惊"借为"警"。《易》"震惊百里"，郑注："惊之言警戒也。"

老子道经一卷　十三章　465

何谓贵大患若身？吾所以有大患，为我有身。及我无身，吾有何患！

严可均曰："有大患"，各本句末有"者"字。两"我"字，各本作"吾"。

罗振玉曰：景龙、敦煌丙本均无"者"字。二"吾"字，景龙及敦煌乙、丙本均作"我"。

谦之案："及"字，傅、范本作"苟"。范曰："'苟'字，应吉父、司马公同古本。"盖"及"与"若"同义。王念孙曰："'及'犹'若'也……《老子》曰：'吾所以有大患者，为吾有身；及吾无身，吾有何患！'言若吾无身也。又曰：'取天下常以无事，及其有事，不足以取天下。'言若其有事也。'及'与'若'同义，故'及'可训为'若'，'若'亦可训为'及'。"（《经传释词》）今证之古本，知"及"与"若"同。与"苟"字亦可互用。又"患"下，室町本有"乎"字。

故贵身于天下，若可托天下；爱以身为天下者，若可寄天下。

严可均曰："故贵身于天下"，御注作"故贵以身为天下"，与王弼同，河上作"故贵以身为天下者"。"若可托天下"，御注、王弼作"若可寄天下"，河上作"则可寄于天下"，《永乐大典》作"则可以寄天下"。"若可寄天下"，河上作"乃可以托于天下"，王弼作"若可托天下"，《大典》作"乃可以托天下"。

刘文典曰：《庄子·在宥篇》："故贵以身于为天下，则可以托天下；爱以身于为天下，则可以寄天下。"案"身于为天下"，义不可通，两"于"字疑当在"托"字、"寄"字下。《道经》"厌耻第十三"，正作："故贵以身为天下者，则可寄于天下；爱以身为天下者，乃可以托天下。"《淮南子·道应训》引《老子》作："贵以身为天下，焉可以托天下；爱以身为天下，焉可以寄天下矣。"两"身"字下亦并无"于"字。

谦之案：刘说非也。此段各本经文不同，惟《庄子·在宥篇》云："故君子不得已而临莅天下，莫若无为；无为也而后安其性命之情。故贵以身于为天下，则可以托天下；爱以身于为天下，则可以寄天下。"二"身"字下有"于"字。又"托天下"在"寄天下"之前，与景龙、遂州、敦煌三本相合，惟上句衍一"为"字，下句衍一"于"字。

王念孙曰：《庄子》本作"故贵以身于天下，爱以身于天下"。"于"犹"为"也。后人依《老子》傍记"为"字，而写者因讹入正文。《老子释文》"为，于伪反。"此《释文》不出"为"字，以是明之。

王引之曰："于"犹"为"也（此"为"字读去声）。《老子》曰："故贵以身为天下，若可寄天下；爱以身为天下，若可托天下。"《庄子·在宥篇》作："故贵以身于天下，则可以托天下；爱以身于天下，则可以寄天下。""于天下"即"为天下"也。

谦之案：二王说是也。"于""为"互训。《庄子》上文作"于天下"，下文"为天下"，与碑本正相同。傅、范本作："故贵以身为天下者，则可以托天下矣；爱以身为天下者，则可以寄天下矣。"范注"古本"二字，陈碧虚引王弼本与傅、范同，当亦王之古本。谕《道藏·宋张太守汇刻四家注》引王弼云："无物以易其身，故曰贵也，如此乃可以托天下也。无物可以损其身，故曰爱也，如此乃可以寄天下也。"亦"托天下"在"寄天下"之前。遂州本作："故贵以身于天下者，可托天下；爱以身于天下者，可寄天下。"敦煌两本作："故贵以身于天下，若可托天下；爱以身为天下，若可寄天下。"各本大致与《庄子》文同，而以敦煌本为优，当据校改。

又此二"若"字，与"则"字同义。王引之曰："'若'犹'则'也。《老子》曰：故贵以身为天下，若可寄天下；爱以身为天下，若可托天下。《庄子·在宥篇》'若'并作'则'。"今案河上本、《大典》本亦作"则"，此其证也。又"爱以身"，广明、景福二本作"爱身以"。吴云《二百兰亭斋金石记》误校广明作"爱以身与为天下者"，与景龙同。又"为天下"者，罗振玉《道德经考异》误校景龙本"者"作"矣"，蒋锡昌竟沿其误。举此一例，足见校书之难。

又案《庄子·让王篇》曰："夫天下之重也，而不以害其生，又况他物乎？唯无以天下为者，可以托天下也。"又《吕氏春秋·贵公篇》曰："天下，重物也，而不以害其生，又况于他物乎？惟不以天下害其生者，可以托天下。"文谊皆出此章。

【音韵】此章江氏《韵读》无韵。高本汉以身、患为韵，实际非韵。陈柱：五"惊"字韵，三"身"字韵，四"下"字韵。杨树达曰："上文身、惊系两节，不必强以为韵。"

右景龙碑本七十八字，敦煌本同，王本八十一字，河上本八十四字，范本八十五字，傅本八十八字。河上本题"猒耻第十三"，王本题"十三章"，范本题"宠辱章第十三"。

十四章

视之不见，名曰夷；听之不闻，名曰希；

谦之案：范本"夷"作"几"。范应元曰："'几'字，孙登、王弼同古本。傅奕云：'几者幽而无象也。'"此引傅云，知傅本亦为后人所改，古本亦作"几"。作"几"是也，且与《易》义相合。

《易·系》言"极深研几",言"知几其神,几者动之微,吉之先见者也",郑康成注:"几,微也。"与傅云正合。马叙伦谓草书"几"字似草书"夷"字,音复相近,因讹为"夷"。

抟之不得,名曰微。

谦之案:"抟",王本作"搏"。《释文》:"'搏'音博,简文博各反。"遂州本、敦煌本均误作"博"。易顺鼎曰:"'搏'乃'抟'之误。抟即《淮南·俶真》'抟垸刚柔'之'抟'。《一切经音义》引《通俗文》:'手团曰抟。'是也。《易·乾凿度》云:'视之不见,听之不闻,循之不得,故曰《易》也。'《列子·天瑞篇》亦同。'搏之不得',即'循之不得';'抟''循'古音相近。"马叙伦曰:"《庄子·知北游篇》'抟之而不得',盖本此文,亦作'抟'。《列子》作'循'者,'揗'之借字。《老子》本文当作'揗'。《说文》:'揗,摩也。'《礼记·内则》'循其首',亦借'循'为'揗'。此作'抟'者,亦借为'揗'。"谦之案:易、马之说是也。《淮南子·原道训》:"是故视之不见其形,听之不闻其声,循之不得其身,无形而有形生焉,无声而五音鸣焉,无味而五味形焉,无色而五色成焉。是故有生于无,实出于虚。"此节正用《老子》本文。《易·乾凿度》《列子·天瑞篇》《淮南·原道训》皆以"循之不得"与"视之不见""听之不闻"连文,知老子经文亦当作"循"。"循"为"揗"叚。《汉书·李陵传》:"数数自循其刀环。"注:"谓摩顺也。"《说文》"揗,摩也,从手,盾声。"朱骏声曰:"今抚揗字,以循为之。"抟之不得,即循之不得,亦即抚摩之而不得其身也。

此三者不可致诘,故混而为一。

谦之案:傅本"一"下有"一者"二字,《文选·头陀寺碑文》

注引同。又庆阳、磻溪二本作"故复混而为一",孙盛《老子疑问反讯》引作"混然为一"

其上不皦,在下不昧。
谦之案:各本"在"并作"其",作"其"是也。"皦",河、王、傅、范并作"皦",敦煌丙本作"皎"。毕沅曰:"皦或作皦,从日者非也。"案毕说非是,辨见一章"常有,欲以观其徼"句下。

绳绳不可名,复归于无物。
严可均曰:"绳绳",《大典》作"绳绳兮"。
谦之案:傅、范本同。又《辅行记》引"名"下有"焉"字,引"复归于无"无"物"字。
武内义雄曰:按《释文》唯出一"绳"字,谓"河上本作绳",其意不可能解。卢文弨《考证》谓"当是作绳绳",王本既作"绳绳",则河上本作"绳绳",亦无以异于王本。《旧钞》河上本"绳绳"下有"兮"字,陆注本似脱去末一"兮"字。然则此条王、河之差,只在"兮"字之有无耳。

是谓无状之状,无物之象,
罗振玉曰:敦煌丙本无"谓"字。
谦之案:遂州本同。又"无物之象",苏辙、李道纯、林希逸、吴澄、董思靖各本均作"无象之象",义长。
高亨曰:"按作'无象之象'义胜。'无状之状''无象之象',句法一律,其证一也。上句既云'无物',此不宜又云'无物',以致复沓,其证二也。"今案:《韩非·解老篇》曰:"人希见生象也,而得死象之骨,案其图以想其生也,故诸人之所以意想者,皆谓之象也。

今道虽不可得闻见，圣人执其见功以处见其形，故曰无状之状、无像之像。"其证三也。又遂州本"象"作"像"。

是谓忽恍。
谦之案："忽恍"二字，与御注、景福、河上、李道纯各本同。诸王本作"惚恍"，傅、范本作"芴芒"。《释文》出"怳"字，陆希声、黄茂材、陈景元、曹道冲各本作"惚怳"，《道藏》河上本作"忽怳"，要之"怳""恍"字同。奚侗曰："'忽怳'亦可倒言'怳忽'，与'仿佛'同谊。"蒋锡昌曰："'惚恍'或作'芴芒'，或作'惚怳'，双声叠字皆可通用。盖双声叠字以声为主，苟声相近，亦可通假。'恍惚'亦即'仿佛'……而《老子》必欲以'恍惚'倒成'惚恍'者，因'象''恍'为韵耳。"

迎不见其首，随不见其后。
谦之案：各本二"不"字上有"之"字，御注、敦煌丙、英伦诸本均无。广明本、室町本两句互易，《文选·头陀寺碑文》同。吴云曰："'其后'二字在'迎之'之上，想二语倒转。"

执古之道，以语今之有。
严可均曰："'以语今之有'，各本作'御'。"
谦之案：《素问·气交变大论》第六十九曰："余闻之，善言天者，必应于人；善言古者，必验于今；善言气者，必彰于物。"《老子》此章，盖即善于言气者也。而"执古之道，以语今之有"，则是言古而有验于今。执古语今，可见柱下史乃善用历史之术者。
刘师培曰："'有'即"域"字之叚字也。"有"通为"或"，"或"即古之"域"字。《诗·商颂·烈祖》"奄有九有"，《毛传》："九域，九州也。"又"正域彼四方",《毛传》:"域,有也。"《国语·楚语》"共工氏之伯九有也",韦注:"有,域也。"此文"有"字,与"九有"之"有"同。"有"即"域","域"即二十五章"域中有四大"之"域"也。"御今之有",犹言御今之天下国家也。《礼记·中庸》:"生乎今之世,反古之道。"此文"今之有",与彼"今之世"略同。

以知古始,是谓道已。

严可均曰:"以知古始",御注、王弼作"能知"。

谦之案:诸河上本、广明本、景福本皆作"以知"。

吴云曰:"以知",傅本作"能知",与此石同。

谦之案:傅本与《经幢》不同,吴误校。

严可均曰:"是谓道已。"御注、河上作"道纪",审观王弼注亦是"已"字。

谦之案:作"纪"是也。"已"字无义。《小尔雅·广言》:"纪,基也。""纪"即借为"基","道纪"即"道基"。

【音韵】此章江氏《韵读》:夷、希、微、诘、一、昧、物韵(脂部;昧音密)状、象、恍韵(阳部;恍,去声),首、后韵(幽、侯合韵),有、始、纪韵(之部)。

谦之案:"夷",范本作"几",江氏《二十一部谐声表》与夷、希、微三字均属脂部。首,幽部;后,侯部,幽、侯合韵。姚文田:夷、希、微韵(五齐,平声),诘、一韵(四𩂏,入声),昧、物韵(二月,入声),状、象、恍韵(十六庚,去声),首、后、道、有韵(十四丝,上声),始、纪韵(四之,上声)。"后"字与"侯"通谐。"有"从"之"转入。邓廷祯同,惟未及首、后、道、有。诘,吉声,诘、一,至部之入声也。奚侗:夷、希、微韵,喆、一、昧、物韵,首、后、道、有、始、纪韵。由诸家分合所见不同,益知经文其初自多相叶也。如首、后为韵，而顾炎武乃疑"'后'古无与'首'为韵者，《老子》'迎之不见其首，随之不见其后'，乃散文，非韵也"（《唐韵正》卷十四《十五厚》），则亦不知幽、侯合韵，而《老子》哲学诗之真面目竟熟视而无睹矣。

孔广森《诗声类》八《脂类》曰："在古本无去入之别。"其可旁证者，引《老子》："其上不皦，其下不昧。绳绳不可名，复归于无物。"

江有诰《唐韵四声正·八物》曰："'物'，文弗切。按古有去声，当与'未部'并收。《老子·赞玄篇》'复归于无物'，与'昧'叶。"邓廷桢曰："昧、物为韵，从未从勿之字，古音同部。《说文》昒、昧二字相次。昒云：'尚冥也。'昧云：'昧爽，旦明也。'声同义近，故字亦连文。《司马相如传》'昒爽暗昧'，韦昭读'昒'为梅愦切，皆可为未声、勿声同部之证。"

右景龙碑本九十二字，敦煌本注九十字（实九十一字），河、王本九十四字，傅本一百字，范本九十五字。河上本题"赞玄第十四"，王本题"十四章"，范本题"视之不见章第十四"。

十五章

古之善为士者，

俞樾曰：河上公注曰："谓得道之君也。"则"善为士者"，当作"善为上者"，故以得道之君释之。"上"与"士"形似而误耳。

谦之案：俞说非也。依河上公注，"善为士者"，当作"善为道者"。傅奕本"士"作"道"，即其证。毕沅曰："'道'，河上公、王弼作'士'。"案：作"道"是也，高翿本亦作"道"。马叙伦曰："《后汉·党锢传》引作'道',依河上注,盖河上亦作'道'字。……谂文,'道'字为是。今王本作'士'者,盖六十八章之文。"又案此句与六十五章"古之善为道者"谊同,与下文"保此道者"句亦遥应。

微妙玄通,深不可识。夫唯不可识,故强为之容:

蒋锡昌曰:《史记·老子列传》:"老子曰:'……良贾深藏若虚;君子盛德,容貌若愚。'"皆此文"微妙玄通,深不可识"之谊也。

易顺鼎曰:《文选·魏都赋》张载注引《老子》曰:"古之士,微妙玄通,深不可识。夫唯不可识,故强为之颂。"……作"颂"者古字,作"容"者今字。……强为之容,犹云强为之状。

陈柱曰:"颂"之籀文为"额",则"容"亦古叚借字,不必改。

谦之案:"不可识",范本作"不可测",注云"古本"。

豫若冬涉川,

严可均曰:河上"豫"作"与兮",王弼作"豫焉"。

罗振玉曰:"豫",《释文》:"本或作'懊'。""焉",景福本作"兮"。景龙、御注、敦煌丙本无"焉"字。

李道纯曰:"豫兮若冬涉川",或云"与兮",或以下六句、三句无"兮"字者,非也。

犹若畏四邻,

严可均曰:"犹",河上、王弼作"犹兮"。

王昶曰:诸本"犹"下亦有"兮"字,陆希声至元本二句并与此同。

罗振玉曰:景龙、御注二本均无"兮"字。

谦之案：叶梦得《岩下放言·上》曰："先事而戒谓之豫，后事而戒谓之犹。犹豫本二兽名。古语因物取义，往往便以其物名之，后世沿习，但知其义，不知其物，遂妄为穿凿，未有不误者。"今按《尔雅·释兽》"犹如麂，善登木"，《释文》引《尸子》："犹，五尺大犬也。"《说文·犬部》："犹，玃属。一曰：陇西谓犬子为猷。"又《颜氏家训·书证篇》："犹，兽名也，既闻人声，乃豫缘木，如此上下，故称犹豫。"《汉书·高后纪》"计犹豫未有所决"，师古曰："犹，兽名也。《尔雅》曰：'犹如麂，善登木。'此兽性多疑虑，常居山中，忽闻有声，即恐有人且来害之，每豫上树，久之无人，然后敢下，须臾又上，如此非一，故不决者称犹豫焉。一曰：陇西俗谓犬子为犹。犬随人行，每豫在前，待人不得，又来迎候，故云犹豫也。""犹豫"一作"犹与"。《史记·吕后纪》"犹与未决"，《索隐》："犹，猿类也，卬鼻长尾，性多疑。"《汉书·霍光传》"不忍犹与"，注："犹与，不决也。"又作"尤豫"。《后汉书·窦武传》注："尤豫，不定也。"又高诱注《吕览》作"由与"。王念孙《读书杂志》（卷四之一）谓："犹豫双声字，犹《楚辞》之言夷犹耳，非谓兽畏人而豫上树，亦非谓犬子豫在人前。"二说均可通，王说为胜。此云若冬涉川者怯寒，若畏四邻者惧敌，犹兮与兮，迟回不进，盖因物而状其容如此。

俨若客，

严可均曰：河上、王弼"俨"下有"兮其"二字。

王昶曰：河上公作"俨兮其若客"，王弼作"俨兮其若容"。案"客"字与下文释、朴、谷、浊等四字为韵，作"容"者非也。

陈柱曰：王弼本"客"作"容"。罗振玉云："景福本作'客'，景龙、英伦、御注诸本均作'俨若客'。"柱按傅奕本亦作"俨若客"，作"客"者是也。客、释为韵。作"容"者，因上文"强为之容"而误耳。

涣若冰将释，

严可均曰：河上、王弼作"涣兮若冰之将释"，下三句皆有"兮"字。

罗振玉曰：景龙、英伦、御注三本均作"涣若冰将释"。

武内义雄曰：敦本"释"作"汋"。谦之案：遂州本亦作"汋"。

刘师培曰：《文子·上仁篇》作"涣兮其若冰之液"。疑《老子》古本作"液"。"将释"字，系后人旁记之词，校者用以代正文。

易顺鼎曰：《考工记·弓人》注："液，读为醳。"《山海经·北山经》曰："液，音悦怿之怿。""醳""怿"皆与"释"通……《顾命》"王不怿"，马本作"不释"，是其证也。"液"音义与"释"同，故可通用。

蒋锡昌曰：《说文》："释，解也。""液，水尽也。"冰可言解，而不可言水尽，谊固以"释"为长。然"释"古亦假"液"为之。《礼记·月令》"冰冻消释"，《释文》："释，本作液。"是其例也。《文子》作"液"者，假字，《老子》作"释"者，乃本字也。

敦若朴，混若浊，旷若谷。

严可均曰：御注作"旷若谷，浑若浊"，河上作"旷兮其若谷，浑兮其若浊"。王弼与河上同，"浑"字作"混"。

王昶曰：邢州本作"混若朴，旷若谷，混若浊"，句法与此同。"敦"作"混"，疑涉下文而误。

魏稼孙曰："敦若朴"，"朴"八见，惟"镇之"句，御注作"朴"，余作"扑"。严于"朴""朴虽小""之朴"三条，校"朴""扑"字赘漏。按木旁隶字多借手，唐人行押更无一定，当著此最后一句，后校可省。

　　谦之案："混"与"浑"同。御注、邢玄、庆阳、磻溪、楼正、室町、河上、顾欢、李道纯、范应元各本均作"浑"。王念孙《读书杂志》卷九曰："混、浑古同声。"

孰能浊以静之？徐清。

　　魏稼孙曰：碑皆以"熟"为"孰"，御注"成之熟之"作"熟"，余作"孰"，严失校。

　　谦之案：古无"熟"字。"熟"，《说文》作："孰，食饪也。"《礼记·礼运》："然后饭腥而苴孰。"《汉书·严安传》："五谷蕃孰。""孰""熟"可通用，加"火"乃后起字。《公羊》隐元《传》："王者孰谓？《论语》："孰不可忍也？"注："谁也。"谁、孰亦一声之转。

　　毕沅曰：河上公作："孰能浊以止静之，徐清。"……或说作"止"者，与下"久"字为韵，当是也。

安以动之？徐生。

　　严可均曰：御注作"安以久"，河上、王弼作"孰能安以久"。《大典》作"孰能安以"，无"久"字。

　　武内义雄曰：敦、景、遂三本并无二"孰能"字。

　　谦之案：此二句各本经文不同。傅本作："孰能浊以澄靖之，而徐清？孰能安以久动之，而徐生？"范本上句少一"澄"字，下句同。广明本作："孰能浊以静，动之以徐清？孰能安以久，动之以□□（'徐生'二字已泐）？"又"徐"字有宽舒迟缓之义。《说文》："徐，缓也。"《尔雅·释天》李注："徐，舒也。"《释地》李注："淮、海间其气宽舒，禀性安徐，故曰徐。""浊以静之，徐清"，与"安以动之,徐生"为对文。吴澄曰:"浊者,动之时也,继之以静,则徐徐而清矣。安者,静之时也,静继以动,则徐徐而生矣。"

保此道者,不欲盈。

毕沅曰:高诱《淮南子》注云:"保,本或作服。"

马叙伦曰:按庄本《淮南·道应训》引"保"作"复",汪本引同此。《文子·守弱篇》引作"服"。伦谓"保""复""服",之、幽二类通假也。

蒋锡昌曰:保、复、服虽可通假,然应从庄本《淮南》作"复"。《说文》:"复,往来也。"殷注《彳部》曰:"返,还也。""还,复也。"皆训往而仍来,是复与返还谊同。四十章"反者道之动",反即返。"复此道者,不欲盈",犹言返此道者,不欲盈也。

夫唯不盈,能弊复成。

严可均曰:御注作"故能弊不新成",河上作"故能蔽不新成",《大典》作"故能敝不新成"。按弼注"蔽,覆盖也",当与河上同。

洪颐煊曰:"故能蔽不新成",案"蔽"字与"新"对言之,"蔽"即"敝"字。下文"弊则新",《释文》作"蔽"。《论语·子罕》"衣敝缊袍",《释文》:"弊,本作敝。"《庄子·逍遥游篇》"孰弊弊焉",《释文》:"司马本作蔽。"古字皆通用。

俞樾曰:"蔽"乃"敝"之叚字。唐景龙碑作"弊",亦"敝"之叚字。《永乐大典》正作"敝"。"不新成"三字,景龙碑作"复成"二字。然《淮南子·道应篇》引《老子》曰:"服此道者,不欲盈,故能弊而不新成。"则古本如此。但今本无"而"字,于文义似未足耳。

易顺鼎曰:疑当作"故能蔽而新成。""蔽"者,"敝"之借字;

"不"者,"而"之误字也。"敝"与"新"对,"能敝而新成"者,即二十二章所云"敝则新",与上文"能浊而清,能安而生"同意。《淮南·道应训》作"故能蔽而不新成"。可证古本原有"而"字,"不"字殆后人肛加。《文子·十守篇》作"是以蔽不新成",亦后人所改。诸本或作"而不成"者,或作"复成"者,皆不得其谊,而以意改之,不若以本书证本书之可据也。

谦之案:钱大昕曰:"'故能蔽不新成',石本作'能弊复成',远胜他本。"是也。傅本作"是以能敝而不成",脱一"新"字,与《老子》义相反。《易说》以"敝则新"证此文当作"故能蔽而新成",其说亦较俞樾"宁损蔽而不敢新鲜"之说为胜。如陈继儒《老子隽》,谓"能敝不新成者,不变不易,百年如一日矣",真迂腐之极。惟谂文,"能蔽复成",当与上文"复此道者不欲盈"句相应,则"蔽而新成"不如景龙、遂州及李荣、司马光本作"蔽而复成",为更与《老子》义相合也明矣。

【音韵】此章江氏《韵读》:通、容韵(东部),川、邻韵(文、真通韵,川音春)。客、释韵(鱼部;释,书入声),朴、谷、浊韵(侯部;朴,旁木反,浊,宅木反)。清、生、盈、盈、成韵(耕部)。又奚侗、高本汉皆以客、释、朴、谷、浊为一韵,姚文田以客、释为一韵(五昔;入声),朴、谷、浊为一韵(六屋;入声)。高本汉:"豫兮"作"懊兮","懊"与"犹"韵,"俨"与"涣"韵,"敦"与"混"韵。俨、涣实际非韵。"客"一作"容","释"又作"汋"作"液",皆韵。又"孰能浊以静之,徐清","静"上有"止"字,一作"澄","止"与下"久"字为韵,"澄"与下"清"字及生、盈、成为韵。又案此章碑本删去"兮"字,致失《五千言》楚声之妙,当以他本正之。谭献《复堂日纪》(五)称:"易州石刻语助最少,论者以为近古。傅奕定本在石本前,语助最繁,疑皆失真,过犹不及。"

正谓此也。

顾炎武《唐韵正》卷五《十二庚》:"生",所庚切,当作所争。引《老子》:"故有无相生,难易相成,长短相形,高下相倾。""孰能浊以止静之?徐清。孰能安以久动之?徐生。保此道者,不欲盈。夫惟不盈,故其蔽不新成。""昔之得一者,天得一以清,地得一以宁,神得一以盈,万物得一以生,侯王得一以为天下贞。"

右景龙碑本八十字,敦煌本注八十字(实七十九字),河上、王本九十七字,傅本九十八字,范本九十九字。河上本题"显德第十五",王本题"十五章",范本题"古之善为士章第十五"。

十六章

致虚极,守静笃。

谦之案:"致"字,景福本、河上本作"至"。"笃"字,景龙本、景福本、赵孟頫本均作"篤"。《字鑑》曰:"笃,《说文》:'马行顿迟,从马,竹声。'俗作篤。"又室町本"极"字"笃"字下有"也"字。

谦之案:《老子》言"虚"共五见,惟五章"虚而不屈",与此章"致虚极",似有虚无之义。《广雅·释诂》三:"虚,空也。"《西京赋》"有凭虚公子者",注:"虚,无也。"虚有空窍之义,故训为空为无。然而虚无之说,自是后人沿《庄》《列》而误,《老子》无此也。"虚而不屈,动而俞出",此乃《老子》得《易》之变通屈伸者。邵雍曰"《老子》得《易》之体",正谓此也。"致虚极"即秉要执本,清虚自守之说,亦即《论语》"修己以安百姓"。王通曰"清虚长而晋室乱,非《老子》之罪",正谓此也。

万物并作，吾以观其复。

严可均曰：王弼无"其"字。

纪昀曰：案"观"下河上注本及各本俱有"其"字。

罗振玉曰：景龙、御注、景福、英伦诸本"观"下均有"其"字。

蒋锡昌曰：按《淮南·道应训》曰"吾以观其复也"，《文子·道原篇》作"吾以观其复"，均有"其"字。王本脱去，当据补正。王注"以虚静观其反复"，可证也。

夫物云云，各归其根。

谦之案："云云"，河上、王弼本作"芸芸"，傅、范本作"凡物贠贠"。《庄子·在宥篇》，《文选》江淹《杂拟诗》注引，与遂州碑本均作"云云"。案作"云云"是。"贠""芸"二字亦通。顾野王《玉篇·云部》引《老子》："凡物云云，复归其根。"案"云"，不安静之辞也。《吕氏春秋》"云气西行，云云然冬夏不辍"，《汉书》"谈说者云云"，并是也。又"贠"，《玉篇》云："音云，又音运，物数乱也。"《说文》："物数纷贠乱也。"义亦可通。一说"云云"是"贠贠"之省，奕用正字。又"芸"，河上注《老子》："芸芸者，华叶盛。"彭耜《集注释文》曰："'芸芸'，喻万物也，以茂盛为动，以凋衰为静。'云云'者，喻人事也，以逐欲为动，以息念为静，义同。盖经有'根'字，故作'芸芸'。"

归根曰静，静曰复命，复命曰常，知常曰明。

谦之案："静曰复命"，御注、邢玄、庆阳、楼正、磻溪、王羲之、高翿、赵孟頫、傅、范各本与此石同。河上、王弼作"是谓复命"。

奚侗曰："静曰"，各本作"是谓"，与上下文例不合。

不知常，忘作，凶。

严可均曰："忘作，凶"，各本作"妄作，凶"。河上或作"萎"，误也。

谦之案："忘""妄"古通。《韩非·解老篇》"前识者，无缘而忘意度也"，王先慎注："'忘'与'妄'通。"《左传》襄二十七年注"言公之多忘"，《释文》：'忘'，本又作'妄'。《庄子·盗跖篇》"故推正不忘耶"，《释文》："'忘'，或作'妄'。"此"忘""妄"古通之证。"忘作凶"即"妄作凶"也。此云"复命曰常"，"不知常，妄作凶"，与《易》义相合。《序卦传》："复则不妄矣，故受之以无妄。"

知常容，容能公，公能王，王能天，天能道，道能久，

严可均曰："容能公"，御注、河上、王弼"能"作"乃"，下四句皆然。又"公能王"四句，邢州本作"公能生，生能天"。

武内义雄曰："知常"下诸本无"曰"字，《旧钞》河上本、广明幢并有。……依注义，王本亦有"曰"字也。"公乃生"，诸王本"生"作"王"，今据敦煌无注本及《道藏·次解》本改正。

劳健曰："知常容，容乃公"，以"容""公"二字为韵。"天乃道、道乃久"，以"道""久"二字为韵。独"公乃王，王乃天"二句韵相远。"王"字义本可疑，王弼注此二句云："荡然公平，则乃至于无所不周普也；无所不周普，则乃至于同乎天也。""周普"显非释"王"字。《道藏》龙兴碑本作"公能生，生能天"，"生"字更不可通。按《庄子·天地篇》云："执道者德全，德全者形全，形全者神全，神全者，圣人之道也。"此二句"王"字盖即"全"字之讹。"公乃全，全乃天"，"全""天"二字为韵。王弼注云"周普"，是也。又《吕览·本生篇》"天子之动也，以全天为故者也"，高注"全犹

顺也",可补王注未尽之义。今本"王"字、碑本"生"字,当并是"全"之坏字,"生"字尤形近于"全",可为蜕变之验也。

没身不殆。

谦之案:御注本"没"作"殁",傅、范本亦作"殁",劳健《古本考》从傅本作"没",实误校。

【音韵】此章江氏《韵读》:笃、复韵(幽部),芸、根韵(文部),静、命韵(耕部),常、明、常、凶、容、公、王韵(阳、东通韵,明音芒,凶叶虚王反,容叶音王,公叶音光)。道、久、殆韵(之、幽通韵,道叶徒以反,久音已,殆,徒以反)。

谦之案:常、明、王,阳部,凶、容、公,东部,阳、东通韵。又殆,之部,道、久,之、幽二部兼入,之、幽通韵。姚文田以常、明为一韵(十六庚,平声),凶、容、公为一韵(一东,平声)。邓廷祯同。

顾炎武《唐韵正》卷五《十二庚》:"明,古音谟郎反,今以字母求之,似当作弥郎反。"引《老子》:"复命曰常,知常曰明。""不自见故明,不自是故彰。""跂者不立,跨者不行,自见者不明,自是者不彰。""知人者知。自知者明,胜人者有力,自胜者强。""是谓微明,柔胜刚,弱胜强。""见小曰明,守柔曰强,用其光,复归其明,无遗身殃,是谓习常。""知和曰常,知常曰明,益生曰祥,心使气曰强。"

又卷十四《十四有》:"久,古音儿。"引《老子》:"天乃道,道乃久,没身不殆。""知足不辱,知止不殆,可以长久。""有国之母,可以长久。"又引杨慎曰:"孔子以前,久皆音儿,至孔子传《易》方有韭音。《临·象传》'大亨以正,天之道也,至于八月有凶,消不久也';《乾·象传》"亢龙有悔,盈不可久也,用九天德,不可为首也"；《大过·象传》'枯杨生华，何可久也，老妇士夫，亦可丑也'；《离·象传》'履错之敬，以辟咎也，黄离元吉，得中道也；日昃之离，何可久也'。"然《既济·象传》以韵悆、疑、时、来，《杂卦传》以韵止，则几、韭二音两存以之《易》传矣。《老子》："不失其所者久，死而不亡者寿。"按老子与夫子同时，《老子书》中"久"字三见，一韵殆，一韵母，一韵寿。

右景龙碑本六十七字，敦煌本六十六字，河上本六十八字，王、傅、范本六十七字。河上本题"归根第十六"，王本题"十六章"，范本题"致虚极章第十六"。

十七章

太上，下知有之；

谦之案：《礼记·曲礼》"太上贵德，其次务施报"，郑注："太上，帝皇之世，其民施而不惟报。"《老子》所云，正指太古至治之极，以道在宥天下，而未尝治之，民相忘于无为，不知有其上也。"下知有之"，纪昀曰："'下'，《永乐大典》作'不'，吴澄本亦作'不'。"今按焦竑《老子翼》从吴澄本。又王注旧刻附孙鑛《考正》云："今本'下'作'不'。"作"不"义亦长。

其次，亲之豫之；

严可均曰：御注、河上作"亲之、誉之"，王弼作"亲而誉之"。

谦之案：傅奕本作"其次亲之，其次誉之"。

其次，畏之侮之。

严可均曰：河上"畏之"下有"其次"字。

李道纯曰：其次畏之，其次侮之，或云"畏之、侮之"者非。

于省吾曰：何氏校刊，诸本无下"其次"二字。纪昀谓《大典》"侮之"上无"其次"二字。按作"其次畏之、侮之"者，是也。上句"其次亲而誉之"，河上本"而"作"之"，是也。诸石刊本同（景龙本"誉"作"豫"，二字古通）。二句相对为文。"畏"应读作"威"，二字古通，不烦举证。《广雅·释诂》："侮，轻也。""威"与"侮"义相因，上句"亲"与"誉"亦义相因也。

信不足，有不信！

严可均曰："信不足"，河上、王弼"足"下有"焉"字。"有不信"，王弼"信"下有"焉"字。

王念孙曰：案无下"焉"者是也。"信不足"为句，"焉有不信"为句。"焉"，于是也，言信不足，于是有不信也。《吕氏春秋·季春篇》注曰："焉，犹于是也。"《聘礼记》曰："及享发气焉盈容。"言发气，于是盈容也。……《晋语》曰："焉始为令。"言于是始为令也。《三年问》曰："故先王焉为之立中制节。"言先王于是为之立中制节也。《管子·揆度篇》曰："民财足，则君赋敛焉不穷。"言赋敛于是不穷也。……后人不晓"焉"字之义，而误"信不足焉"为一句，故又加"焉"字于下句之末，以与上句相对，而不知其谬也。

谦之案：王说是也。惟王知下"焉"字当衍，不知上"焉"字亦疑衍。御注、邢玄、庆阳、楼正、磻溪、顾欢、高翿各本，上下句均无"焉"字，与此石同。

由其贵言。

严可均曰："由其贵言"，御注"由"作"犹"，河上作"犹兮"，王弼作"悠兮"。

陆德明曰:"悠",孙登、张凭、杜弼俱作"由",一本"犹"。

谦之案:御注、邢玄、庆阳、磻溪、楼正、室町、顾欢、高翿、彭耜、范应元俱作"犹"。"由"与"犹"同。《荀子·富国》"由将不足以勉也",注:"与犹同。"《楚辞》"尚由由而进之",注:"犹豫也。"《老子》十五章"犹兮若畏四邻",与此"由其贵言"之"由"字谊同,并有思悠悠貌。故作"悠"字,义亦通。

成功事遂,百姓谓我自然。

严可均曰:"成功",各本作"功成"。

谦之案:景福本、法京敦甲本作"成功遂事",宜从之。"百姓谓我自然",河上本、王弼"谓"上有"皆"字。范应元本作"百姓皆曰我自然";《庄子·庚桑楚篇》郭注引作"而百姓皆谓我自尔",经训堂傅本作"百姓皆曰我不然"。《晋书》王坦之《废庄论》曰:"成功遂事,百姓皆曰我自然。"皆川愿《老子绎解》与《晋书》文同。

宋翔凤曰:"百姓皆谓我自然",按《白虎通义》曰:"黄帝有天下号曰自然,自然者,独宏大道德也。"此云"百姓皆谓我自然",正述黄帝之语。下文云"希言自然",又申自然之义曰:"故从事于道者,道者同于道,德者同于德。"即宏大道德之谓也。他书作"有熊",形似而误。且有熊无宏大道德之义。又《列子》记黄帝游华胥氏之国,屡言"自然而已",故知自然为黄帝有天下之号。

谦之案:宋说未必是,然自昔黄、老并称,《论衡·自然篇》:"黄者黄帝也,老者老子也。"黄、老宗自然,《论衡》引《击壤歌》"日出而作,日入而息,凿井而饮,耕田而食,帝力何有于我哉!"此即自然之谓也,而老子宗之。二十五章"人法地,地法天,天法道,道法自然",五十一章"夫莫之命而常自然",二十三章"希言自然",六十四章"以辅万物之自然而不敢为",观此知老子之学,其最后之归宿乃自然也。故《论衡·寒温篇》曰:"夫天道自然,自然无为。"《谴告篇》曰:"黄、老之家,论说天道,得其实矣。"

【音韵】此章江氏《韵读》:誉、侮韵(侯、鱼通韵,誉,上声,侮叶音武),焉、言、然韵(元部)。谦之案:誉,鱼部,侮,侯部,侯、鱼通韵。高本汉以信、言、然为韵。陈柱:四"之"字韵,有、誉、畏、侮韵,焉、焉、言、然韵。誉从与声,与、以古通。侮从每声,每从母声。

右景龙碑本三十八字,敦煌本同,河上本四十字,王、范本四十四字,傅本四十七字。河上题"淳风第十七",王本题"十七章",范本题"太上章第十七"。

十八章

大道癈,有人义。智惠出,有大伪。

严可均曰:"有人义",各本作"仁义"。"智惠出",王弼作"智慧",或作"慧知",非。

洪颐煊曰:"智惠出,有大伪",煊案"惠"当作"慧"。《释文》本作"知慧"。《说文》:"惠,仁也,从心从叀。""慧,儇也,从心,彗声。""惠""慧"不同。《论语·卫灵公》"好行小慧",《释文》"鲁读慧为惠",是假借字。

纪昀曰:案"慧""惠"古通。

谦之案:"癈"当作"废"。景龙、广明均作"癈"。《字鉴》曰:"废,放肺切,《说文》'屋顿也',与笃癈字异。"又"人义"当从诸本作"仁义",《庄子·马蹄篇》"道德不废,安取仁义",即本此。

六亲不和，有孝慈。

严可均曰："孝慈"，《大典》作"孝子"。

罗振玉曰：此三句"废"下"出"下"和"下，广明本均有"焉"字。下"国家昏乱有忠臣"，"乱"下亦必有"焉"字，石泐不可见。

谦之案：室町本有"焉"字，与广明同，"乱"下亦有"焉"字。"六亲"，王注："父子、兄弟、夫妇也。《吕览·论人篇》曰："何谓六戚？父母、兄弟、妻子。"谳义作"孝慈"二字是。《左传》昭二十五年《正义》，《诗·小雅·采芑》孔颖达《正义》，引《老子》有增字与误倒处，"孝慈"二字则同此石。

国家昏乱，有忠臣。

谦之案：《淮南·道应训》引此句同。范本"有贞臣焉"引王本"贞"字同。皆川愿本"忠臣"作"忠信"，与上"孝慈"对文。又"昏"字，宋刊河上本、赵孟頫本、楼正本作"昬"，敦、遂本、诸王本、傅、范本并皆作"昏"。案《说文》："昏，日冥也，从日氏省，一曰民声。"段注《匡谬》引戴侗《六书故》曰："唐本《说文》从民省，徐本从氏省，晁说之云因唐讳'民'改为'氏'也。然则《说文》原作'昬'字，从日，民声，唐本以避讳减一笔，故云从民省"。丁仲祐曰："考汉碑'昬'为正字，'昏'为别体。……又《旧唐书·高宗纪》'昬'字改'昏'，在显庆二年十二月。据此知'昬'字因庙讳，故改从'昏'之别体'昏'。试观唐显庆前之魏碑，凡'昏'皆从民，显庆后之唐碑，因避讳皆作'昏'。"（《说文解字诂林》辰集《日部》）

【音韵】此章江氏《韵读》无韵。姚文田：义、伪韵（十一麻，去声）。邓廷桢：废、出亦韵。邓曰："'出'，古音读若《易·鼎》

初六'鼎颠趾，利出否'之'出'。'伪'，古音读若讹。《尧典》'平秩南讹'，《汉书·王莽传》作'南伪'。"又高本汉：废、义、出、伪隔句为韵，乱、臣为韵。

谦之案："义"，古皆音"俄"。《洪范》"无偏无颇，遵王之义"，唐玄宗改"颇"为"陂"，其敕略云："朕三复兹句，常有所据，据下文并皆协韵，惟'颇'一字，寔则不伦，宜改为'陂'。"吴棫曰："古'义'字皆音'俄'，《周官》注亦音'俄'，故古文《尚书》本作'无偏无颇，遵王之义'，以叶俄音。唐明皇以'义'字今音为'乂'，改'颇'为'陂'，以从今音，古音遂湮没矣。"今证之以《易》："鼎耳革，失其义也；覆公餗，信如何也。"《中庸》："仁者人也，义者宜也。"知《老子》此章"义"亦当音"俄"。"伪"字，案《庄子·知北游》："仁可为也，义可亏也，礼相伪也。"伪亦属歌部，与为、亏叶。顾炎武曰："《诗》'民之讹言'，石经作'伪言'；《汉书·王莽传》'以劝南伪'，师古'读曰讹'，郭璞注《方言》'伪言讹'。"由此知义、伪合韵。又马叙伦《毛诗正韵后序》曰："此章大、智、六、国相韵于上句之首，废、出、和、乱又协于上句之末。"则又不但义、伪为句末之韵而已。

右景龙碑本二十六字，敦煌本、河、王本同，傅本二十八字，范本三十字。河上本题"俗薄第十八"，王本题"十八章"，范本题"大道废章第十八"。

十九章

绝圣棄智，民利百倍。

纪昀曰：《永乐大典》"绝圣"二句在"绝仁"二句之下。

武内义雄曰：遂州本"民"作"人"，盖避唐讳。

魏稼孙曰："绝圣弃智"，御注"智"作"知"。

谦之案：遂州本、傅、范本亦作"知"，范本"棄"作"弃"，下二句同。又《庄子·胠箧篇》"故绝圣弃知，大盗乃止"，《在宥篇》"绝圣弃知，而天下大治"，皆作"知"。《淮南·道应训》引《老子》作"智"。

绝民弃义，民复孝慈；绝巧弃利，盗贼无有。

严可均曰："绝民"，各本作"绝仁"。

谦之案："民"字涉上下文"民"字而误。

此三者，为文不足，故令有所属：

魏稼孙曰：御注"为"上有"以"字。

罗振玉曰：景龙、景福二本均无"以"字。

武内义雄曰：遂本"此三者言为"，景本"此三者为"，敦本"此三言为"。

谦之案：范本无"此"字，傅本"不"作"未"，傅、范本"足"下有"也"字。又《群书治要》卷三十四引"盗贼无有"下，即接"以为文不足，见素抱朴，少私寡欲"，无"此三者"与"故令有所属"八字，疑此为旁记之言，传写者误入正文。

于省吾曰：按"为""伪"古通。《书·尧典》"平秩南伪"，《史记·五帝纪》作"南为"。《礼记·月令》"毋或作为淫巧"，注："今《月令》'作为'为'诈伪'。""文"，读《荀子·儒效》"取是而文之也"之"文"，文，饰也。"此三者"，谓圣智、仁义、巧利。"以伪文不足"，言以伪诈文饰其所不足也。下言"故令有所属，见素抱朴，少私寡欲"，是皆不以伪诈文饰为事，绝之于彼，而属之于此，此

《老子》本义也。

　　见素抱朴，少私寡欲。

　　谦之案："朴"字，河上、顾、范与此石同。王弼、傅奕作"樸"，御注作"撲"。毕沅曰："'樸'，或作'朴'，刘师培曰：按"私"当作"思"。《韩非子·解老篇》曰："凡德者以无为集，以无欲成，以不思安，以不用固。""思""欲"并言。又《文选》谢灵运《邻里相送方山诗》李注引《老子》曰："少思寡欲。"此古本作"思"之证，即释此"少思"也。

　　谦之案："私"本作"思"。唐王真《论兵要义述》，及强思齐本，宋陈象古本，元大德三年《陕西宝鸡县磻溪宫道德经幢》，"私"均作"思"，此其证也。惟《庄子·山木篇》"其民愚而朴，少私而寡欲"，语同此石。河上注"少私"曰："正无私也。"与经文七章"非以其无私邪，故能成其私"义合。以《老》解《老》，知刘说虽可通，而未可据以为定论也。

　　【音韵】此章江氏《韵读》：倍、慈、有韵（之部，倍音痞，慈，上声）。足、属、朴、欲韵（侯部）。姚文田、邓廷桢同。高亨谓"绝学无忧"句应属此章，以足、属、朴、欲、忧为韵。案忧，幽部，与侯部通谐。

　　邓廷桢曰：倍、慈、有为韵。音声、兹声、有声之字，古音隶之部。《诗·瞻卬》"如贾三倍"，与"妇无公事"为韵。

　　右景龙碑本四十四字，敦煌本同，河、王、范本四十五字，傅本四十七字。河上本题"还淳第十九"，王本题"十九章"，范本题"绝圣弃智章第十九"。

二十章

绝学无忧。

易顺鼎曰：《文子》引"绝学无忧"在"绝圣弃智"之上，疑古本如此。盖与三"绝"字意义相同。今在"唯之与阿"句上，则意似不属矣。

马叙伦曰："绝学无忧"一句，当在上章。又曰：晁氏《读书记》引明皇本，亦以"绝学无忧"属于旧第十九章之末。

蒋锡昌曰：此句自文谊求之，应属上章，乃"绝圣弃智，绝仁弃义，绝巧弃利"一段文字之总结也。晁公武《郡斋读书志》谓唐张君相《三十家老子注》以"绝学无忧"一句，附"绝圣弃知"章末，以"唯之与阿"别为一章，与诸本不同，当从之。后归有光、姚鼐亦以此章属上章，是也。

李大防曰：案"绝学无忧"句，断不能割归下章。盖"见素抱朴，少私寡欲，绝学无忧"三句，是承上文"此三者以为文不足，故令有所属"句。"见素抱朴"，承"绝仁"二句；"少私寡欲"，承"绝巧"二句；"绝学无忧"，承"绝圣"二句；"此三者以为文不足"句，是统括上文；"故令有所属"句，是启下文。脉络分明，毫无疑义。

唯之与阿，相去几何？善之与恶，相去何若？

吴澄曰："唯""阿"皆应声："唯"，正顺："阿"，邪诡。几何，言甚不相远也。

刘师培曰："阿"当作"诃"。《说文》："诃，大言而怒也。"《广雅·释诂》："诃，怒也。""诃"俗作"呵"。《汉书·食货志》"结而弗呵乎",颜注:"责怒也。"盖"唯"为应声,"诃"为责怒之词。人心之怒,必起于所否,故《老子》因叶下文何韵,以"诃"代"否"。唯之与阿,犹言从之与违也。

武内义雄曰:敦、遂二本"善"作"美"。

易顺鼎曰:王本作"美之与恶,相去何若",正与傅奕本同。注云:"唯阿美恶,相去何若。"是其证也。今本作"若何",非王本之旧。

蒋锡昌曰:顾本成疏"顺意为美,逆心为恶",是成作"美"。二章"天下皆知美之为美,斯恶已",彼此并美恶对言。傅本"善"作"美",应从之。此文阿、何、恶、若为韵,诸本"若何"作"何若",亦应从之。

严可均曰:"相去何若",王弼或作"若何",非。

人之所畏,不可不畏。

孙矿《古今本考正》曰:"不可",一作"不敢"。

谦之案:《淮南·道应训》引上二句,同此石。

忙□其未央!

魏稼孙曰:"忙其"二字间,原空一格,或待补刻,或误分章,严连写。后"纯纯"二字间,亦泐一格,例以碑阴首行,疑当时即因石泐跳书,"忙"下石完。

谦之案"忙"下空格、非泐字,亦非分章,疑为"兮"字未刻。

严可均曰:"忙其未央",御注作"荒其"。河上、王弼"荒"下有"兮"字,句末有"哉"字。

吴云曰:邢本"荒"作"莽"。王氏兰泉云:疑即"荒"字之误。

谦之案:广明本、室町本作"荒",碑本作"忙"。"忙"与

"茫"同，实"芒"字，"芒"借为"荒"，即今"茫"字。《诗·长发》"洪水芒芒"，《玄鸟》"宅殷土芒芒"，传："大貌。"《左传》襄四"芒芒禹迹"，注："远貌。"《淮南·俶真》"其道芒芒昧昧然"，注："广大之貌。"《叹逝赋》"何视天之芒芒"，注："犹梦梦也。"《庄子·大宗师》"芒然彷徨乎尘垢之外"，《释文》："无系之貌。"遂州碑作"莽"，盖以草深曰莽，与"忙"同有苍芒荒远之义。《小尔雅·广诂》："莽，大也。"《吕览·知接》"何以为之莽莽也"，注："长大貌。"《庄子·逍遥游》"适莽苍者"，崔注："草野之色。""忙""莽""荒"义相近。

众人熙熙，若享太牢，

马叙伦曰："熙"为"娭"之借字。《说文》"娭，说乐也。"

谦之案："熙熙"，与《庄子·马蹄篇》"含哺而熙"，《列子·杨朱篇》"熙熙然以俟死"之"熙"字义同。"熙熙"即"嘻嘻"，《书钞》一五引《庄子》"熙"作"嘻"，《初学记》九、《事文类聚·后集》二十引并作"嬉"。《晏子春秋》六"圣人非所与熙也"本作"嬉"。熙、嘻、嬉义同，此云"众人熙熙"，亦却众人嘻嘻也。

严可均曰："若享太牢"，"牢"别体字。御注作"如享"，《释文》作"若亨"，引河上作"飨"。

谦之案：遂州本"太牢"作"大宰"，误。《艺文类聚》三引河上作"若享"，《玉烛宝典》三引作"而飨"。

武内义雄曰："若亨太牢"，王本"亨"字，陆氏读为"烹"。河上公读为"享"，又改"亨"作"飨"。现在河上本、王弼本皆作"享"。《玉烛宝典》三引此文作"飨"，与陆所引河上本合。盖唯一"亨"字，诸家异其解释，遂至成本文之异也。

若春登台。

严可均曰：御注、王弼作"如春登台"，河上作"如登春台"。

毕沅曰："如春登台"，王弼、顾欢并同，明皇、易州石刻亦同。明正统十年《道藏》所刊明皇本始误作"登春台"，陆希声、王真诸本并误，今流俗本皆然矣。又李善《闲居赋》注引亦误。

俞樾曰：按"如春登台"与十五章"若冬涉川"一律，河上公本作"如登春台"，非是。然其注曰："春阴阳交通，万物感动，登台观之，意志淫淫然。"是亦未尝以"春台"连文，其所据本，亦必作"春登台"，今传写误倒耳。

蒋锡昌曰：唐强思齐《道德真经玄德纂疏》引河本经文作"如春登台"，正与宋河本合；俞氏谓河所据本必作"春登台"是也。顾本成疏"又如春日登台"，是成亦作"如春登台"。……王本、河本及各石本皆作"春登台"，盖古本如此，似未可据最后诸本擅改也。"如"，应从碑本作"若"，以与上句一律。《释文》上句作"若"，此当同也。

我魄未兆，

严可均曰：御注作"我独怕其未兆"，河上作"我独怕兮其未兆"。《释文》作"廓"，引河上作"泊"。傅奕作"我独魄兮其未兆"，《大典》作"我泊兮其未兆"。王氏引邢州本与此同。

卢文弨曰：今文"我独泊兮其未兆"，王弼本"泊"作"廓"，《藏》本作"怕"。《说文》："怕，无为也。"《藏》本为是。今王弼本作"泊"，古本作"魄"。

罗振玉曰：景福、英伦二本作"怕"。

洪颐煊曰：我独怕兮其未兆，河上注："我独怕然安静，未有静欲之形兆也。"颐煊案：《说文》"怕，无为也，从心，白声"，义即本此。俗本作"泊"字，非。

谦之案：今文"泊"与"魄"字声训通。《史记·郦食其传》"落泊"作"落魄"。又如"虎魄"字作"珀"。《国语·晋语》"其魄兆于民矣"，韦昭注："兆，见也。"此云"我魄未兆"，即怕乎无为之意。

若婴儿未孩。

严可均曰：各本作"如婴儿之未孩"。

毕沅曰：河上公、王弼"若"作"如"。"咳"，河上公作"孩"。《说文解字》曰："咳，篆文孩。"古文字同。

劳健曰："如婴儿之未咳"，"咳"字，景龙、开元作"孩"，傅、范、景福与《释文》并作"咳"，范注："咳，何来切。张玄静与古本同。"《集韵》通作"孩"，按"孩"即"咳"之古文。

谦之案：《说文·子部》无"孩"字，见口部"咳"字下。《广韵》"孩，始生小儿"，"咳，小儿笑，同音户来切。《类篇》："孩与咳同，为小儿笑。""孩""咳"本一字，傅、范本作"咳"，音义同。《释文》出"咳"字，知王本作"咳"，景福本、室町本亦作"咳"。

乘乘无所归！

严可均曰：河上"乘乘"下有"兮若"二字。王弼作"儽儽兮若无所归"。

谦之案：傅奕本作"儡儡兮其不足，以无所归"，范本作"儽儽兮其若不足，似无所归"，遂州本、顾欢本作"魁无所归"，景福、楼正、邢玄、磻溪、英伦各本作"乘乘兮若无所归"。

朱骏声曰：儽，《说文》："垂皃。一曰嬾懈，从人，纍声。"与

"儡"微别,字亦作"儽",又误作"像"。《广雅·释诂》二:"像,劳也。"

《释训》:"儽儽,疲也。"《老子》"儽儽兮若无所归",《释文》:"败也,又散也。"河上本作"乘乘","垂垂"之误。

武内义雄曰:王本"儽儽兮",《旧钞》河上本作"儡儡兮",景龙碑作"乘乘兮"。按儽、儡声相同,据《说文》"儽儽,垂皃",与"乘乘"音义不近。疑"乘乘"是"垂垂"之讹。果然,则河上本作"儡儡",据其义训作"垂"字也。

众人皆有余,我独若遗。

严可均曰:河上"我"上有"而"字。

罗振玉曰:景龙本、御注本均无"而"字。

奚侗曰:"遗"借为"匮",不足之意。《礼记·祭义》"而穷老不遗",《释文》"遗,本作匮",是其证。

于省吾曰:按"遗"应读作"匮",二字均谐贵声,音近字通。……《广雅·释诂》:"匮,加也。"王念孙谓"匮当作遗",以"遗"有加义,"匮"无加义也。《礼记·乐记》"其财匮",《释文》:"匮,乏也。""众人皆有余,而我独若匮","匮乏"与"有余"为对文。自来解者皆读"遗"如字,不得不以遗失为言矣。

我愚人之心,纯纯。

严可均曰:"之心",河上、王弼"心"下有"也哉"字。"纯纯",河上、王弼作"沌沌兮",《释文》:"沌,本又作忳。"

毕沅曰:王弼同河上公作"纯",苏灵芝书亦作"纯",作"纯"为是。陆德明曰:"本又作忳。""沌""忳"并非也。

谦之案:作"纯"是也。《易·文言》"纯粹精也",崔觐注:"不杂曰纯。"《淮南·要略》"不剖判纯朴",注:"纯朴,太素也。"碑本"纯纯",室町本作"沌沌",义同。《庄子·山木篇》:"纯纯常常,乃比于狂。"《在宥篇》:"浑浑沌沌,终身不离。"纯纯即沌沌也。彭耜《释文》曰:"李纯纯如字,质朴无欲之称。"其说是也。

俗人昭昭,我独若昏。

严可均曰:王弼作"我独昏昏"。

奚侗曰:"昏昏",诸本作"若昏",句法不协,兹从王弼本。《庄子·在宥篇》:"至道之极,昏昏默默。"

蒋锡昌曰:以文谊而论,作"昏昏"者是也。下文弼注"无所欲为,闷闷昏昏,若无所识",可证《老子》古本作"昏昏",不作"若昏","昏昏"为"昭昭"之反。

俗人察察,我独闷闷。

焦竑曰:"昭昭""察察",古本作"皆昭昭""皆督督"。

谦之案:傅、范本如此。范云:"王弼同古本,世本无'皆'字。"知王本当有"皆"字。又"闷闷",傅、范作"闵闵","闵"上均有"若"字。

范应元曰:河上公及诸家并作"闷闷",音同。韩文公《古赋》有"独闵闵其曷已兮,凭文章以自宣",详此"闵闵"字,注云"一作闷闷",正与此合,今从古本。

淡若海,

严可均曰:御注作"忽若晦",河上作"忽兮若海",王弼作"澹兮其若海",《大典》作"漂乎",一本作"忽兮"。

谦之案:严遵本作"忽兮若晦",傅本作"淡兮其若海",范本作"澹兮若海",御注、英伦二本作"忽若晦",广明、景福、室町三本作"忽兮其若海"。李道纯曰:"'忽乎若晦',或云'淡乎其若海',非。"谦之案:王、范本作"澹"字是也。王羲之本亦作"澹",碑本误作"淡"。《说文》:"澹,水摇也,从水,詹声。"与"淡"迥别。"海",本或作"晦",为"海"之假借。《书考灵曜》:"海之言昏晦无睹。《释名·释水》:"海,晦也。主承秽浊,其色黑而晦也。"海、晦义同。此形容如海之恍惚,不可穷极。

漂无所止。

严可均曰:御注作"寂兮似无所止",河上作"漂兮若无所止",《释文》引河上作"渊兮",王弼作"飂兮若无止",梁简文、傅奕作"飘兮"。

谦之案:室町本同。河上、王羲之本作"飂兮若无所止",广明作"瀏兮若无所止",范本作"飘兮似无所止",馆本作"寂无所以",英伦本与御注同。又孙鑛《古今本考正》曰:"'飂兮若无止',一作'漂兮若无止'一作'胶兮似无止',一作'寂若无所止'。''胶兮似无止',不知所据何本,疑"廖"字之误。

武内义雄曰:《天文钞》河上本作"瀏兮",广明幢作"瀏兮",泷川本及世德堂本作"漂兮"。按"瀏""瀏"为"漂"之或体,而漂、飂音相近。

吴云曰:王兰泉引河上公"瀏"作"渊",注云:"今河上本作漂。"按此石作"瀏",北碑多有之。

毕沅曰:《庄子》"渊渊乎其若海",即用此文。

谦之案:"漂无所止",义长。漂然若长风之御太虚,与"飂"字义同。《说文》:"飂,高风也。"字亦作"飅",《吴都赋》:"翼飂风之飅飅。"又作"飘",《玉篇》:"飘,高风貌。"

众人皆有已，我独顽似鄙。

严可均曰："有已"，各本作"有以"。"我独顽"，河上、王弼"我"上有"而"字。

武内义雄曰：敦、景二本"以"作"已"。

谦之案："有已"即"有以"。《说文》："已，用也。"隶亦作"目"，作"以"。《广雅·释言》："已，目也。"郑注《考工记》曰："已或作以。"注《檀弓篇》曰："以与已字本同。"《荀子·非相篇》曰："何已也？"注："与以同。"此云"皆有已"，即"皆有以"，《庄子》所谓"其必有以"是也。

我独异于人，而贵食母。

陶鸿庆曰：傅奕本"我独"下有"欲"字。据王注"我独欲异于人"，是王所见本亦有"欲"字，而传写夺之。《老子》状道之要妙，多为支离惝悦之辞，或曰若、曰如、曰似、曰将、曰欲，皆此旨也。当以有"欲"字为胜。

谦之案：敦煌本、遂州本"独"正作"欲"。

严可均曰："而贵食母"，御注作"而贵求食于母"。

李道纯曰："而贵食母"，或云"儿贵求食于母"，非。

劳健曰："食母"二字，范本误从唐玄宗加字，作"求食于母"。玄宗自注云"先无'求''于'两字，今所加也"，明非古本，范氏失于校正。

谦之案：此句诸家解多误，惟苏辙得其义曰："譬如婴儿，无所杂食，食于母而已。又《庄子·德充符篇》"豚子食于其死母"，郭注云："食乳也。"此云"食母"，即食乳于母之意。又王羲之本"贵"下亦有"求"字，此帖断为明皇增字后所作无疑。

【音韵】此章江氏《韵读》：阿、何韵（歌部），恶、若韵（鱼部,恶,乌入声,若,入声),畏、畏韵(脂部),哉、熙、台、孩韵(之部,哉音兹,台,徒其反,孩,胡其反)。归、遗韵(《脂部》),昏、闷韵(文部,闷,平声),海、止、以、鄙、母韵(之部,海音喜)。奚侗:阿、何、恶、若韵,熙、牢、台、孩韵,归、遗韵,沌、昏、闷韵,晦、止、以、鄙、母韵。陈柱:忧、阿、何、恶、若韵,熙、牢、台、孩、归、遗、哉韵。余同奚。高本汉:荒(一作芒)、央韵,熙、牢、台、兆、孩、归、遗、哉为一韵,归、遗又自为韵。又昏、闷(一作闵)、海(一作晦)、止、以、鄙、母为一韵。

杨树达曰:江韵得之,奚、陈、高并误。

邓廷桢曰:恶、若为韵。古音善恶、好恶皆作去声,后世强分善恶之恶为入声。"若"字,《诗·烝民》与"赋"韵,《大田》《閟宫》皆与"硕"韵,"硕"古音与"柘"韵同。《生民》"柘"与"路"韵,《大学》"硕"与"恶"韵,《閟宫》"若"又韵"作","作"古音与"祚""胙"同。彼此互证,大抵"若"字亦鱼、虞部之去声,今音则由去转入也。

江有诰曰:闷,莫困切。按古有平声,当与魂部并收。《老子·异俗篇》"我独闷闷",与"昏"叶。《顺化篇》"其政闷闷",与"醇"叶(《唐韵四声正·二十六慁》)。

又一说,江有诰以"牢"非韵。谦之案:"牢",古音读若厘。江永《古韵标准》平声第十一部曰:"牢,郎侯切。按牢,古音如此,故《释名》云:'留,牢也。'《老子》:'众人熙熙,如享太牢,如登春台。'庄辛引鄙语:'亡羊而补牢,未为迟也。'盖皆读如厘,盖方言耳。"又"台",古读如持,《释名》:"台,持也。""台"字当从㠯声,故与"持"近。"孩,户黎切",牢、台、孩为韵是也。又牢、兆亦韵。马叙伦曰:"熙、台、孩为句末之韵,前贤已能明之。若牢之

与兆，亦协于句末，乃诗之间韵也。"（《修辞十论》）

右景龙碑本一百十六字，敦煌本一百十五字，河、王本一百三十二字，傅本一百三十七字，范本一百四十一字。河上本题"异俗第二十"，王本题"二十章"，范本题"绝学无忧章第二十"。

二十一章

孔得之容，唯道是从。

魏稼孙曰："孔得"，御注"得"作"德"。

严可均曰："是从"，《大典》作"之从"。

谦之案："唯"字，诸王本作"惟"，《道藏》王本作"唯"。孔，甚也。《书》"六府孔修"，《史记》作"甚修"。甚有盛义，孔德犹言盛德，此言盛德之容，惟道体之是从也。

道之为物，唯恍唯忽。忽恍中有象，恍忽中有物。

严可均曰："忽恍中有象，恍忽中有物"，顾欢与此同。御注作："忽兮恍，其中有象；恍兮忽，其中有物。"河上作："忽兮恍兮，其中有像；恍兮忽兮，其中有物。"本或二句互倒。王弼与河上同，"忽"作"惚"。

谦之案：《道藏》王本二"惚兮"皆作"忽"。《释文》出"怳"字，知王本作"怳"。《头陀寺碑文》注引《老子》作"怳"，王注亦作"怳"。《抱朴子·地真篇》引"老君曰"与河上本同。英伦本与御注同。又敦煌本"惟恍"作"惟慌"。《广雅·释诂》二："慌，忽也。"《神女赋序》"精神怳惚"，注：不自觉知之意。"《续一切经音义》引《字林》:"恍惚,心不明也。"二字傅、范本均作"芒芴",古通用。又《庄子·至乐篇》:"芒乎芴乎,而无从出乎?芴乎芒乎,而无有象乎?"又"杂乎芒芴之间"。语皆出此。褚伯秀云:"'芒芴',读同'恍惚'。"《广弘明集》一三释法琳《辨正论九箴篇》引"芒芴"正作"恍惚"。

俞樾曰:按"惚兮恍兮"二句,当在"恍兮惚兮"二句之下。盖承上"惟恍惟惚"之文,故先言"恍兮惚兮,其中有物",与上"道之为物,惟恍惟惚"四句为韵;下文"惚兮恍兮,其中有象",乃始变韵也。王弼注曰:"万物以始以成,而不知其所以然,故曰恍兮惚兮,惚兮恍兮,其中有象也。"注文当是全举经文,而夺"其中有物"四字,然据此可知王氏所见本经文犹未倒也。

蒋锡昌曰:按强本成疏引经文云:"恍惚中有象,惚恍中有物。"是成本经文作"恍惚中有象,惚恍中有物"。《道藏》河上本作"怳兮忽兮,其中有物;忽兮怳兮,其中有像"。正与俞说合。

窈冥中有精,其精甚真,其中有信。

严可均曰:"窈冥中有精",顾欢与此同。御注作"窈兮冥,其中有精",河上、王弼作"窈兮冥兮,其中有精"。

罗振玉曰:御注本"真"作"贞",乃"真"之别字。

谦之案:《淮南道·应训》引四句与王本同。《文选》《沈约》《钟山诗》注引"窈兮冥,中其有精";楼正、磻溪作"杳兮冥,其中有精";馆本作"窈冥中有精";傅本作"幽兮冥兮,其中有精";范本作"幽兮冥兮,中有精兮"。案"窈""幽""杳"三字音近,可通用。又"其精甚真",王羲之作"有精甚真"。此句遂州本无。又案:《管子·内业篇》:"精,气之极也;精也者,气之精者也。凡人之生也,天出其精。"与此章"精"之意义相合。"精"为古代之素朴唯物思想，说详冯友兰《先秦道家所谓道之物质性》一文。又《庄子德·充符篇》"夫道有情有信，无为无形，可传而不可受，可得而不可见"，"情"亦当为"精"，"有情有信"即此云"其中有精，其中有信"也。

自古及今，其名不去，

吴云曰：傅本作"自今及古"，王弼同此石。

范应元曰："自今及古"，严遵、王弼同古本。

马叙伦曰：各本作"自古及今"，非是。古、去、甫韵。范谓"王弼同古本"，则今弼注中两作"自古及今"，盖后人依别本改经文，并及弼注矣。

蒋锡昌曰：按《道德真经集注》（唐明皇、河上公、王弼、王雱注）引王弼曰："故曰'自今及古，其名不去'也。"正与范见王本合，足证今本已为后人所改，马说是也。

以阅众甫。吾何以知众甫之然？以此。

武内义雄曰：敦、景、遂三本"众"作"终"，众、终古音通。

谦之案：景龙本作"众"不作"终"，此误校。馆本亦作"终"。案作"终"非。"阅"字古文训"总"，大田晴轩引《列子·仲尼篇》："阅弟子四十人同行。"《淮南·原道训》："万物之总，皆阅一孔；百事之根，皆出一门。"《俶真训》："夫天之所覆，地之所载，六合所包，阴阳所呴，雨露所濡，道德所扶，此皆生一父母而阅一和也。"高诱注：阅，总也。"惟大田谓"众甫"即"众父"，引《庄子·天地篇》论啮缺曰："有族有祖，可以为众父，而不可以为众父父。"谓古文"甫"与"父"通。其说与俞樾同，而实甚牵强。案经典"甫"皆训"大"，甫之孳乳字，经典均有"大"义。若《荀子·荣辱篇》"薄"注"广大貌"；《韩诗外传·常武》"'敷'，大也"；《说文》"'博',大通也";《诗·北山》"溥,《毛传》"大也";《诗·车攻》"敷",《毛传》"博也";《说文》"'醑',王德布大饮酒也";又"誧,大言也"(见戴宗祥《释甫》)。由此可见众甫即众大,域中有四大,"以阅众甫"者,即以总四大也。

严可均曰:"之然",御注、今河上作"之然哉",王弼作"之状哉"。《释文》:阿上一本直云'吾何状也'。"吴云曰:"吾何以知",傅本作"奚以知"。

范应元曰:"奚"字古本。

【音韵】此章江氏《韵读》:容、从韵(东部)。物、惚韵(脂部,惚,呼橘反)。恍,象韵(阳部)。惚,物韵(脂部)。冥、精韵(耕部)。真、信韵(真部,信,平声)。去、甫韵(鱼部)。姚文田、邓廷桢、奚侗同。高本汉"自古及今"作"自今及古"以古、去、甫为韵。

又冥、精、真、信两句相叶。魏建功谓此四句当注意其相叶之可能性,正如"名"之与"门"叶,"盈"之兴"尘"叶(《古音系研究》)。

右景龙碑本六十一字,敦煌本同,河、王、傅、范本七十一字。河上题"虚心第二十一",王本题"二十一章",范本题"孔德之容章第二十一"。

二十二章

曲则全,枉则正;
严可均曰:"枉则正",傅奕与此同,诸本作"则直"。
谦之案:遂州本、馆本、范应元本均作"正"。范曰:"'正'

字,王弼同古本,一作'直'。"武内义雄曰:"景、遂二本'直'作'正',与《淮南子·道应训》所引合。"今案《道应训》引上二句作"直",武内误校。

又案"曲则全"即《庄子·天下篇》所述"老聃之道,人皆求福,己独曲全"也。《书·洪范》"木曰曲直",此亦以木为喻。曲者,《庄子·逍遥游》所谓"卷曲而不中规矩",《人间世》所谓"拳曲而不可以为栋梁"也。盖"直木先伐,甘井先竭""吾行却曲,无伤我足",此即"曲则全"之义。"枉则正","枉",《说文》"衺曲也,从木,㞷声",《广雅·释诂》一"桎,诎也",即诘诎之义,实为屈。"正",诸本作"直","枉""直"对文,枉则直者,大直若屈也。《论语》:"举直错诸枉。"《淮南·本经训》:"矫枉以为直。"碑文作"正",正亦直也。《鬼谷子·磨篇》:"正者直也。"《广雅·释诂》一:"直,正也。"《易·文言传》:"直其正也。"直、正可互训。

洼则盈,弊则新;

严可均曰:"弊则新",《释文》作"蔽",傅奕、今王弼作"敝"。

谦之案:《道藏》王本作"弊",御注本、馆本、遂州本、河上本、诸石本均作"弊",《御览》一百五十九引亦作"弊"。又"窪"字,《道藏》河上本作"洿","窪""洿"字同,皆洿下低陷之义。"洿"为"窪"之古文。《说文》:"洿,污衺下也。"《广雅·释诂》:"洿,下也。"夏竦《古文四声韵》卷二引《古老子》作"洿窪"。彭耜《释文》:"窪,李乌瓜切,塪也。地窪则水满,喻谦德常盈。"

少则得,多则或。是以圣人抱一为天下式。

严可均曰:"或",各本作"惑"。

谦之案:遂州本、馆本同此石。又《慎子·外篇》引"《老子》

曰"七句,惟无"是以"二字,与傅奕同。"得"即三十九章所云"得一"。"或"当读如惑,有或此或彼之意,与得一义相对。

不自见,故明;不自是,故彰;□自伐,故有功;不自矜,故长。

谦之案:碑本"彰"字残缺不明,下"不"字泐,当据他本补之。又遂州本、馆本"不自见,故明",在"不自是,故彰"句下;唐李约本"不自伐,故有功",在"不自矜,故长"句下。

又案《庄子·山木篇》:"吾闻之大成之人曰:'自伐者无功,功成者堕,名成者亏。'孰能去功与名,而还与众人?"此即《老子》九章"功遂、身退,天之道",与此章"不自伐,故有功"之说。

夫惟不争,故天下莫能与之争。

严可均曰:河上无"能"字。

谦之案:《淮南·原道训》"以其无争于万物也,故莫敢与之争",即本此章而言。王念孙云:"'莫敢',本作'莫能',此后人依《文子·道原篇》改之也。唯不与万物争,故莫能与之争,所谓柔弱胜刚强也。若云'莫敢',则非其旨矣。下文曰:'功大礨坚,莫能与之争。'《老子》曰:'夫唯不争,故天下莫能与之争。'又曰:'以其不争,故天下莫能与之争。'皆其证也。"魏征《群书治要》引此句,正作"莫能与之争"。

古之所谓"曲则全",岂虚语?故成全而归之。

严可均曰:"岂虚语",各本作"岂虚语哉"。"故成全",各本作"诚全",无"故"字。

魏稼孙曰:御注"全"下有"者"字,下句作"岂虚言哉"。严举"哉"字,失校"者"字、"言"字。

谦之案:遂州本与此石同。"成"当作"诚"。夏竦《古文四声韵》卷二引《古老子》出"成"字作㤸,又出"诚"字作感。经文"成"字共十七见,"诚"字只此一见。又"曲则全"为古语,《孙子·九地篇》"善为道者,以曲而全",即其明证。《庄子·天下篇》论老子曰:"人皆求福,己独曲全,曰'苟免于咎'",即出此章。

【音韵】此章江氏《韵读》:盈、新韵(真、耕通韵,此二句本在"枉则直"之下,今据韵移在此)。直、得、惑、式韵(之部,惑,呼逼反),明、彰、功、长韵(阳、东通韵,功叶音光),争、争韵(耕部)。

谦之案:盈,耕部,新,真部,此真、耕通韵。明、彰、长,阳部,功,东部,此阳、东通韵。"直"字,景、遂本、馆本作"正",正,耕部。奚侗以全、正、盈、新为韵,云:"以全、新韵正、盈,乃音变,如《九辩》清、人、新、年、生、怜、声、鸣、征、成相韵之例。"高本汉同奚,惟以正、盈为句中韵。又得、惑为韵,一、式为韵,明、彰、功、长、争、争为一韵。诸说纷纭,惟江氏移经文就韵,似有未安。此章实两韵隔协,全、盈、新为一韵,直、得、惑、式为一韵。又陈柱以哉、之为韵。案哉、之同属之部。

姚鼐以"古之所谓曲则全者,岂虚言哉,诚全而归之",与下章"希言自然"为一节。谓:"言、全、然为韵。'犹兮其贵言,功成事遂,百姓皆曰我自然',即此句之解。"

右景龙碑本七十七字,馆本七十四字,河上、王、傅、范本七十八字。河上题"益谦第二十二",王本题"二十二章",范本题"曲则全章第二十二"。

二十三章

希言自然。飘风不终朝，骤雨□终日。

谦之案："雨"下"不"字泐，当据他本补之。"希"，诸本并同，传本作"稀"。"终"，傅、范并作"崇"。"飘风"上，王、傅、范本有"故"字。

罗振玉曰：景龙、广明、景福、英伦诸本均无"故"字。又馆本"骤"作"趨"，范本作"暴"。

马叙伦曰："崇""终"古通假，《书·君奭》"其终出于不祥"，马本"终"作"崇"，是其证。又曰："骤"，馆卷作"趨"者，"趨""骤"古亦通假。

孰为此？天地。天地上不能久，而况于人？

严可均曰：河上、王弼"此"字下有"者"字。"上不"，各本作"尚不"，"于人"，各本句末有"乎"字。

谦之案：馆本、遂州本无"乎"字。《左传》昭公二十八年《正义》引"天地尚不能常，况人乎"，又《牟子理惑论》引"天地尚不得长久，而况人乎"，均有"乎"字。

故从事而道者，道德之；同于德者，德德之；同于失者，道失之。

严可均曰：古"得""德"字通，"德之"即"得之"也。河上作："故从事于道者，道者同于道，德者同于德，失者同于失。同于道者，道亦乐得之；同于德者，德亦乐得之；同于失者，失亦乐得之。"御注、王弼无三"乐"字，余与河上同。

俞樾曰：按王本下"道者"二字，衍文也。本作"从事于道者，同于道"，其下"德者""失者"蒙上"从事"之文而省，犹云"从事于道者，同于道；从事于德者，同于德；从事于失者，同于失也"。《淮南子·道应篇》引《老子》曰："从事于道者，同于道。"可证古本不叠"道者"二字。王弼注曰："故从事于道者，……故曰同于道。"是王所据本正作"故从事于道者，同于道"。

纪昀曰：《永乐大典》无"乐"字，下二句同。

易顺鼎曰：王冰《四气调神大论篇》注引此并无"乐"字。

罗振玉曰：御注、英伦二本无"乐"字。

谦之案：傅、范本亦无"乐"字。二"德之"，"德"字当作"得"。"德""得"虽古通，而此当作"得"。遂州本、馆本均作"道得之""德得之"，傅、范本亦作"得"，盖此"得"与下"失"字相对成文。又首句"从事而道者"，各本"而"均作"于"，义同。

信不足，有不信。

严可均曰：河上、王弼作"信不足焉，有不信焉"。

罗振玉曰：景龙、英伦二本无二"焉"字，景福本无下"焉"字。

谦之案：遂州本、馆本、王羲之本亦无二"焉"字，傅本、室町本无下"焉"字。无下"焉"者是也，说见王念孙《读书杂志·余编上》。又此二句已见第十七章，疑为错简重出。

【音韵】此章江氏《韵读》无韵。陈柱：三"德""之"字韵。高本汉：言、然韵。谦之案：言、然皆在元部。又天、地二字，叠句为韵；六"同"字，句首隔句为韵；"信""信"二字，首尾为韵。此为《老子》书中所用自由押韵式。

右景龙碑本五十八字，馆本同，河上本八十七字，王本八十八字，傅本九十二字，范本八十三字。河上本题"虚无第二十三"，王本题"二十三章"，范本题"希言自然章第二十三"。

二十四章

企者不久，

严可均曰：御注、河上作"跂者不立"，王弼作"企者不立"。

罗振玉曰："企"，《释文》："河上作'跂'。"案"跂"殆"跂"字之讹。御注、广明二本亦作"跂"。广明本此上有"喘者不久"句。

吴云《二百兰亭斋金石记》校广明本云：诸本皆无"喘者不久"四字。

魏稼孙曰：此幢存字无几，中惟"喘者不文"句（谦之案"文"字为"久"字之误），为今世所传板本及他石刻所无。

谦之案：馆本、遂州本全句正作"喘者不久"。"喘"，《说文》云："疾息也。"又"企"与"跂"古通用。《庄子·秋水篇》"掇而不跂"，《释文》："跂，一作企。"《庚桑楚》"人见其跂"，《古钞卷子》本作"企"。又《文选·江赋》李善注："企与跂同。"是河上本作"跂"，即"企"也。《汉书·高帝纪》颜注曰："企谓举足而竦身。"《玉篇》："跂，蹜跂切。有跂踵国，其人行，脚跟不着地。"《字林》："企，举踵也。"二字义亦同。

夸者不行，

严可均曰："夸者"，各本作"跨者"。按当是"夅者"。

魏稼孙曰："夸者"，"夸"原刻偏右，疑是"跨"字失刻左半。严作"夸"，谓当是"夅"，甚误。

谦之案:"牵"与"跨"同。《玉篇·夂部》出"牛"字:"口化、口瓦二切,跨步也,与跨同。"《说文》"跨,渡也",段玉裁曰:"谓大其两股间,以有所越也。"又室町本上二句作"跂者不立,跂者不行","跂"字重,有误。

自见不明,自是不彰,自伐无功,自矜不长。

严可均曰:河上、王弼"自见"下有"者"字,下四句皆然。

魏稼孙曰:御注"见"下有"者"字,下三句无。

谦之案:《文选·奏弹王源文》注引无二"者"字。又馆本、遂州本"自伐"作"自饶"。

其在道,曰余食赘行,

严可均曰:"其在道",王弼作"其在道也",御注、河上作"其于道也"。

谦之案:"赘"字,馆本、遂州本作"餟",非。《方言》十二:"餟,餽也。"《字林》:"餟,以酒沃也,祭也。""餟行"无义,盖音近而误。

王道曰:"行"当作"形"。"赘形",形之附赘者,骈拇之类。

易顺鼎曰:"行"疑通作"形","赘形"即王注所云"肬赘"。肬赘可言形,不可言行也。《列子·汤问篇》"太形、王屋二山",张湛注:"形当作行。"是古书"行""形"固有通用者。

蒋锡昌曰:按唐李约《道德真经新注》:"如食之残,如形之剩肉也。"宋林希逸《道德真经口义》曰:"食之余弃,形之赘疣,人必恶之。"宋陈景元《道德真经藏室纂微篇》:"犹弃余之食,适使人恶;附赘之形,适使人丑。"是三书皆以"行"为"形"。

谦之案:"行"读作"形",是也。《庄子·骈拇篇》:"附赘县疣,出乎形哉！而侈于性。""赘",《广雅》云："疣也。"《释名》云："横生一肉,属着体也。一云瘤结也。""縣"字,《一切经音义》二十、《文选》陈孔彰《为袁绍檄豫州文》注并引作"悬"。附赘悬疣出乎形,故曰赘形。"赘行"当读作"赘形",古字通。

高亨曰：余疑"行"当作"衣",古文"衣"作仌,"行"作尖,形近而讹。《法言·问道篇》"智用不用,益不益则不赘亏矣",司马光注："有余曰赘,不足曰亏。"是赘亦余也。余食、赘衣犹言余食、余衣。食有余则饥者恶之,衣有余则寒者恶之,故曰："物或恶之",此今谚所谓"一家饱暖千家怨"也。

谦之案：高说甚辨,但改字解经,难以使人致信,且以"赘衣"连文,非即余衣义。《广韵·霁部》"赘"下云："赘衣,官名也。"其不可与"余食"对文也甚明。

物或有恶之,故有道不处。

严可均曰："物或有恶之",各本无"有"字。"故有道不处",御注、王弼"道"下有"者"字,河上有"者"字,句末有"也"字。

谦之案："或"下"有"字,各本无。馆本、遂州本"有"下无"或"字。《广雅·释诂》一："或,有也。"知"或""有"古通,其中必有一字衍,疑此"有"字乃"丑"字一音之转。夏竦《古文四声韵》卷五引《古老子》有"丑"字,作㕗。又案司马光注："是皆外竞而内亡者也。如弃余之食,适使人恶；附赘之形,适使人丑。""丑""恶"对文。疑司马所见本正作"物或丑恶之"为句。

【音韵】此章江氏《韵读》：行、明、彰、功、长、行韵（阳、东通韵,功叶音光）,恶、处韵（鱼部,处,去声）。姚文田同,邓廷桢未及"功"字。案行、明、彰、长,阳部,功,东部,此阳、东通韵。

右景龙碑本四十二字，馆本注云"卅一字"，按卅乃册之误。河上本、傅本四十八字，王、范本四十七字。河上题"苦恩第二十四"；王本题"二十四章"，范本题"跂者不立章第二十四"。

二十五章

有物混成，先天地生。寂漠！

严可均曰：王弼作"宋寞"，河上、今王弼作"寂兮寥兮"，钟会作"飂"。

范应元曰："宋"，古"寂"字。"寞"字，王弼与古本同，河上本作"寥"。

毕沅曰：《说文解字》无"寥寞"字。"寥"应作"廫"，"寞"应作"募"。陆德明"宋，本亦作寂"，"寂"亦俗字。

谦之案，陆氏《音义》及焦氏《考异》引王本作"宋兮寞兮"与傅、范本同。今本"寞"作"寥"，与景福本同。又碑本无二"兮"字。强本成疏引经文云"寂寥"，知成所见本亦无二"兮"字。

独立不改，

严可均曰：御注、河上"立"下有"而"字。罗振玉曰：御注、景福、英伦三本有"而"字。

谦之案：邢玄、庆阳、楼正、高翿、赵孟頫、傅、范各本亦均有"而"字。

周行不殆，

严可均曰：各本"行"下有"而"字。

谦之案：邢玄、顾欢无"而"字。

罗运贤曰：案"殆""佁"同声通用。《司马相如传》"佁儗"，张揖训为"不前"，不前，凝止之意也。故"不殆"犹不止，与周行义相成。《管子·法法篇》"旁行而不疑"，俞樾读"疑"为"碍"，正与此文同趣。

可以为天下母。

谦之案：遂州本无"以"字，范本"下"作"地"。范应元曰："'天地'字，古本如此，一作'天下母'，宜从古本。"

马叙伦曰：范说是也。上谓"先天地生"，则此自当作"为天地母"。成疏曰："间化阴阳，安立天地"，则成亦作"天地"。

吾不知其名，字之曰道，吾强为之名曰□。

谦之案：碑本"吾强为之名曰"字下，有"大"字，漫漶不明，当据他本补之。又此句各本无下"吾"字，疑衍。范本"字"上有"故强"二字，傅"强"作"彊"。范应元曰："王弼同古本，河上本无'强'字，今从古本。"

刘师培曰：按《韩非子·解老篇》"圣人观其玄虚，用其周行，强字之曰道"，则"字"上当有"强"字，与下"强为之名曰大"一律，今本脱。

易顺鼎曰：按《周易集解》卷十七引干宝曰："《老子》曰：'吾不知其名，强字之曰道。'""字"上有"强"字，与《牟子》引同。

蒋锡昌曰：范谓"王弼同古本"，则范见王本"字"上有"强"字。《庄子·则阳》郭注"而强字之曰道"，是郭本亦有"强"字。以理而推，大既强名，则道亦强字，"字"上有"强"字者是也。

□□逝，逝曰远，远曰返。

谦之案：碑本"逝"字上有"大曰"字，缺泐不明，当据他本补之。

严可均曰："远曰返"，河上、王弼作"反"。吴云曰：傅本、易州本"反"并作"返"。

谦之案：磻溪、楼正、顾欢、赵孟頫亦作"返"，同此石。返者，夫物云云，各归其根也。盖形容道体，大不足以尽之，故名之曰"逝"。《广雅·释诂》："逝，行也。"《论语》"逝者如斯夫"，皇疏："往去之辞也。"逝又不足以尽之，故又名曰"远"。《说文》："远，辽也。"《尔雅·释诂》："远，遐也。"《国语》注："谓非耳目所及也。"然有往必有反，故又曰："返"也。返，《说文》："还也。"《广雅·释诂》二："返，归也。"返则周流不息矣。

道大，天大，地大，王大。

严可均曰："道大"，各本"道"上有"故"字。"王大"，各本"王"下有"亦"字。

谦之案：傅本无"故"字，遂州本无"亦"字，馆本无"故"字"亦"字。又傅、范本"王"作"人"。

范应元曰："人"字，傅奕同古本，河上公本作"王"。观河上公之意，以为王者人中之尊，固有尊君之义，然按后文"人法地"，则古本文义相贯。况人为万物之最灵，与天地并立而为三才，身任斯道，则人实亦大矣。

陈柱曰：《说文·大部》"大"下云："天大，地大，人亦大焉，象人形。"是许君所见作"人亦大"也。段玉裁注云："《老子》'道大，天大，地大，人亦大'……'人法地，地法天，天法道'。"则段氏本疑亦作"人亦大"也。不然，应申言今本作"王亦大"矣。今据正。人为万物之灵，为天演中最进化之物，故曰"人亦大"。

域中有四大，而王处一。

严可均曰："而王处一"，河上、王弼作"而王居其一焉"。

谦之案：范本"王"作"人"。傅本作"而王处其一尊"，"尊"字殆"焉"字形似而误。《广弘明集》法琳《对傅奕废佛僧事》，引下句作"而道居其一"。又"处"字，馆本、傅本均作"处"，范本作"居"，作"处"是也。

蒋锡昌曰："按王注'处人主之大也'，是王本'居'作'处'。《淮南·道应训》引亦作'处'。"

人法地，地法天，天法道，道法自然。

谦之案："人法地"，傅本"人"字未改，寇才质本作"王法地"，"王"字乃尊君者妄改经文，其说由来已久。但顾本成疏"人，王也"，说虽迂曲，尚可证《老子》本作"人"，不作"王"也。

【音韵】此章江氏《韵读》：成、生韵（耕部），改、殆、母、道韵（之、幽通韵，改音已，道叶徒以反）。大、逝韵（祭部，大，徒列反，逝，时列反）。远、反韵（元部）。姚文田、邓廷桢均未及"道"字。谦之案：改、殆、母，之部，道，幽部，此之、幽通韵。奚侗：改、殆、母为韵，逝、远、反为韵，云："逝读若鲜。如《诗·桑柔》'逝不以濯'，《墨子·尚贤》引作'鲜不以濯'，《诗·新台》以'鲜'韵'泚''瀰'，《谷风》以'茪''萎'韵'怨'，皆其例也。"陈柱：五"大"字韵，焉、天、然韵。高本汉：大、逝、远、返为一韵，远、返又自叶韵。又天、然为韵。谦之案：远、反为韵。《论语》中《子罕》逸《诗》，《楚辞》中《离骚》《国殇》《哀郢》，皆有旁证。又"强名之曰大"之"大"字，与下五

"大"字隔句遥韵。

陈第曰:"改"音己,《说文》己声。《老子》"独立而不改,周行而不殆",《庄子》引古诗"美成在久,恶成不及改"。

右景龙碑本七十九字,馆本章末注字数同,河上八十六字,王本八十五字,傅本八十七字,范本八十八字。河上题"象玄章第二十五",王本题"二十五章",范本题"有物混成章第二十五"。又景龙碑误止下章"静为躁君"为一章。

二十六章

重为轻根,静为躁君。

谦之案:皇侃《论语·学而》义疏引作"重为轻根,静为躁本","根""本"对文、义亦优。

是以君子终日行,不离辎重,

严可均曰:"是以君子",河上、王弼作"是以圣人"。

谦之案:《韩非·解老》作"君子",磻溪、楼正、高翿、傅、范、王羲之本并同。高本汉本无"是以君子"四字。

"终日行",遂州本作"行终日"。又御注、景福二本"辎"作"轜",罗云:"乃辎之别构。"

洪颐煊曰:河上注:"辎,静也。圣人终日行道,不离其静与重也。"颐煊案《文选·东京赋》"终日不离其辎重",薛综注:"辎重,车也。"李善注:"张楫曰:'辎重,有衣之车也。'"言圣人终日如处衣车以养静,非谓辎即静也,注义失之。

徐鼒曰:按训"辎"为"静",古无此训。……据《选》注如此,较"辎,静也"之训为长矣。盖"辎重"与"荣观""燕处""万乘之主"等语,本是一例。

　　谦之案:洪、徐之说是也。方日升《韵会小补》引:"《说文》'辎,軿车,前衣车,后从车、甾声',徐曰:'所谓库车。'《字林》:'载衣物车、前后皆蔽。'《左传》宣十二年《正义》引《说文》云:'辎,一名軿、前后皆蔽。'《后·舆服志》注'軿车有衣蔽无后辕者,谓之辎。'《释名》:'辎,屏也。有邸曰辎、无邸曰軿。'又《光武纪》注:'《释名》:"辎,厕也。谓军粮什物杂厕载之,以其累重,故称辎重。"'又《前·韩安国传》'击辎重',师古曰:'辎谓衣车,重谓载重物车,故行者之资,总曰辎重。'"(卷二)方氏所考甚明,盖辎重为载物之车,前后有蔽,载物有重,故谓辎重。古者吉行乘乘车,师行乘兵军,皆有辎重车在后。此以喻君子终日行,皆当以重为本,而不可轻举妄动也。

虽有荣观,燕处超然。
　　严可均曰:"燕处",王弼、傅奕本作"宴处"。
　　谦之案:今王本作"燕",御注、景福、馆本亦作"燕",《释文》出"宴"字:"于见反,简文云:'谓静思之所宴居也。'《文选·游天台山赋》注引同。

如何万乘之主,以身轻天下?
　　严可均曰:"如何"各本作"奈何","以身",各本"以"上有"而"字。
　　焦竑曰:"奈何",古本作"如之何"。
　　谦之案:傅、范古本并作"如之何","之"字疑衍。"奈何"乃注文,强本成疏"如何奈何也"。可证。

轻则失臣，躁则失君。

严可均曰："轻则失臣"，王弼作"失本"，《大典》作"失根"。

谦之案：此文当作"轻则失根，躁则失君"，与上首句"重为轻根，静为躁君"相对成文。遂州本、傅、范本"失臣"均作"失本"。毕沅曰："王弼同河上公作'轻则失臣'。"范应元曰："'本'字，严遵、王弼同古本。河上公作'轻则失臣'，与前文不相贯，宜从古本。"马叙伦曰："《老子》本作'根'，'根'写脱讹成为'木'，后人改为'本'以就义。"又《永乐大典》王弼本作"轻则失根"，吴澄、焦竑、李贽及释德清诸本同此。俞樾曰："当从之。盖此章首云'重为轻根，静为躁君'，故终之曰'轻则失根，躁则失君'，言不重则无根，不静则无君也。"至"君""臣"对立之文，则为后之尊君者所妄改，当非《老子》本文。

【音韵】此章江氏《韵读》：根、君韵（文部），行、重韵（阳、东通韵，重叶宅王反）。观、然韵（元部，观音涓），主、下韵（侯、鱼通韵，主叶音渚）。臣、君韵（冬、真通韵）。

谦之案：高本汉同。行，阳部，重，东部，阳、东通韵。臣，真部，君，文部，文，真通韵。惟"失臣"之"臣"，当从《永乐大典》本作"根"，以与首句相应，"根""君"为韵。

右景龙碑本四十六字，馆本章末注"卅六字"，卅为卌字之误。河、王本四十七字，傅、范本四十九字。河上题"重德第二十六"，王本题"二十六章"，范本题"重为轻根章第二十六"。

二十七章

善行，无辙迹；

罗振玉曰：景福本"行"下有"者"字，"善言""善教""善闭""善结"下并同。广明本同。

谦之案：室町本亦同。

严可均曰："辙迹"，河上作"彻迹"，王弼作"彻跡"。梁简文云："应'车'边，今作'彳'边者，古字少也。"

吴云曰："辙"，傅本作"彻"。

卢氏抱经《释文考异》：《说文》无"辙"字，《庄子》《战国策》《史记》皆以"轶"为"辙"。案"轶"借字，实应用"辙"。

谦之案：《老子书》中"彻""辙"二字，字义不同。七十九章"无德司彻"，用"彻"字。此章"善行无辙迹"，用"辙"字。夏竦《古文四声韵》卷五引《古老子》，"彻"字作𢔚，"辙"字作𨌤，辙为车迹。彭耜《释文》曰："辙，李直列切。轮辗地为辙。"

善言，无瑕谪；

严可均曰："瑕谪"，御注、河上作"瑕讁"，王弼"瑕谪"。

吴云曰："无瑕谪"，今本作"讁"，易州本同，俗字也。

谦之案：《释文》出"谪"字，作"讁"亦通。扬雄《方言》三"谪，怒也"，郭璞注："相责怒。"又夏竦《古文四声韵》卷三"谪"字引《古老子》作𧩂，馆本、遂州本作"適"。

高亨曰："瑕谪"，皆玉疵也。《管子·水地篇》："夫玉，瑕适皆见，精也。"尹注："瑕适，玉疵也。"《荀子·宥坐篇》："瑕适并见，情也。"义同。《吕氏春秋·举难篇》："寸之玉，必有瓅瑕。""適""讁"

古通用,"璃"则后起专字也。无瑕谪,犹言无疵病耳。

善计,不用筹策;
严可均曰:"善计",王弼作"善数"。"筹策",御注作"筹算"。
范应元曰:数,上声。王弼、严遵同古本,河上公作"计"。
罗振玉曰:河上、景龙、御注、英伦、广明、景福诸本均作"计"。"筹策",御注、英伦二本"策"作"算"。
谦之案:《御览》六百五十九引亦作"算",馆本作"筭"。《论语·八佾·集解》:"多筭饮少筭,《释文》:'筭,筹也。'"朱骏声曰:"筭长六寸,计历数者,从竹从弄,会意,言常弄乃不误也。字亦作笇。"

善闭,无关键不可开;
严可均曰:"不可开",各本"不"上有"而"字,下句亦然。
孙鑛曰:"键",今本作"楗"。纪昀曰:案"楗"原本作"键"。
谦之案:"关键"连文,傅本作"键"。《淮南·说山训》引"善闭者不用关楗",《道应训》引亦作"键"。
范应元曰:楗,拒门木也,或从金傍,非也。横曰关,竖曰楗。傅奕云:"古字作閮。"
谦之案:作"閮"是也。"关",《说文》:"以木横持门户也,从门,幵声。"《淮南子·览冥篇》"城郭不关",为"关"字本义。此引申为闭门横木。"閮"乃《老子书》中用楚方言,假借为"楗"。《方言》五:"户钥,自关而东,陈、楚之间,谓之键,字亦作閮。"今案"閮"为古字。夏竦《古文四声韵》卷三出"閮"字,引《古老子》作䦼。

善结,无绳约不可解。
谦之案:"绳约"为连文。《说文》"绳,索也。""约,缠束也。"

《庄子·骈拇篇》："待绳约胶漆而固者，是侵其德也。""约"字亦是索，绳约犹今言绳索。《左传》哀十一年公孙挥曰："人寻约，吴发短。"杜注："约，绳也。"《仪礼·既夕记》"约绥约辔"，郑注："约，绳也。"旧注谓约为约束之约，当非《老子》古义。

是以圣人常善救人，而无弃人；常善救物，而无弃物。是谓袭明。

严可均曰："而无弃人"，各本"而"作"故"，下句亦然。

孙矿《古今本考正》曰："常善救人"四句，一本无。"故"，一作"而"。

晁说之曰："常善救人，故无弃人；常善救物，故无弃物"，独得诸河上公，而古本无有也，赖傅奕辨之尔。

东条一堂曰：按傅奕曰："是以"至"弃物"二十字，独得诸河上本，而古本无有，晁说之跋举此说以驳王氏。予始以为信，然后检《淮南子·道应训》引《老子》曰："人无弃人，物无弃物，是谓袭明。"以此观之，傅奕古本亦不足为正。

善人，不善人之师；不善人，善人之资。

严可均曰："善人"，御注、《大典》作"故善人"，河上作"故善人者"。"不善人"，河上"善人"下有"者"字。

蒋锡昌曰：《淮南·道应训》引下句作"不善人，善人之资也"，是《淮南》所见本无二"者"字，有二"也"字。王注："故不善人，善人之所取也。"似王本与《淮南》同。

不贵其师，不爱其资，

谦之案：日本天明本《群书治要》作"贵其师"，眉注："旧无

'贵其师'三字,补之。"此无"不"字,是所见旧本作"贵其师,不贵其资",于义为长。此言"不善人,善人之资",与上文"常善救人,故无弃人"之旨相合。河上公"不贵其师"注"独无辅也","不爱其资"注"无所使也"。独无辅而无所使,似经文亦作"贵其师,不爱其资",于义为长。

虽知大迷,此谓要妙。

严可均曰:"虽知",河上、王弼作"虽智"。"此谓",各本作"是谓"。

谦之案:敦煌本、傅本与此石同。又"要妙"即幼妙,亦即幽妙。《汉书·元帝纪》"穷极幼眇",师古曰:"'幼眇'读曰'要妙'。"

刘台拱曰:案幼,幽也;眇,微也。古字"幼""窈"通。《尔雅》"冥,幼也",本或作"窈"。孙炎注云:"深暗之窈也。"(《汉学拾遗》,见《刘端临遗书》卷七)知"要妙"即幽妙。《淮南·本经》:"以穷要妙之望。"《楚辞·远游》"神要眇以淫放",集注:"要妙,深远貌。"是也。

【音韵】此章江氏《韵读》:迹、谪、策、解韵(支部,谪音滴,策,初益反,解音击)。师、资、师、资、迷韵(脂部)。奚侗:迹、谪、策、开、解韵,师、资、师、资、迷韵。陈柱:迹、谪、策韵,开、解韵,人、人、物、物韵,师、资、师、资、迷、妙韵。高本汉:迹、谪、策,开、解,分为二韵,与陈同。邓廷桢:谪、策、解韵,"迹"字不韵。

朱骏声曰:"策"字,《老子》巧用叶迹、谪、策、解。

江有诰曰:"解",胡买、佳买、古买三切。按古有入声,当与麦部并收。《老子·巧运篇》"善键无绳约而不可解",与迹、策叶(《唐韵四声正·十二蟹》)。

邓廷桢曰：解隶蟹部，为支、佳部之上声，谪、策，则支、佳部之入声。《诗·殷武》："勿予祸适，稼穑匪解。"适、解为韵，是其证也。至此章首句"迹"字，段氏《音韵表》亦隶此部，似亦当以为韵，然"迹"从亦声，"亦"字古音在鱼、虞部，不当隶此。段氏所以入此部者，以"迹"字籀文从朿作"速"，朿声古音在此部，故云尔也。但《说文》既明云"从辵，亦声"，则为鱼、虞部之字无可议者，今以小篆从亦之字，而用籀文从朿之声，终觉未安，故余于"迹"字不敢以为韵，而存其说于此以质疑。然细绎之，首句实当有韵。盖古本从朿作"速"，而传写者易以小篆，遂并其韵而失之，不知柱下史在周时固止识古籀也。案《史记·太史公自序》："桀、纣失其道而汤、武作，周失其道而《春秋》作，秦失其道而陈涉发迹。"以"迹"与"作"韵，则为鱼、虞部之字明矣。意者籀文从朿作"速"，故转入平声之支部，篆文从亦作"迹"，转入平声之鱼部，其即籀篆升降之不同欤？晋梅陶《怨诗行》以"迹"与壑、客、魄为韵，盖汉以后无以"迹"入支韵者矣。

右景龙碑八十九字，敦煌本无全章，字数不明。河上、王本九十一字、傅本九十七字，范本无"而不可开""而不可解"八字，共八十七字。河上题"巧运第二十七"，王本题"二十七章"，范本题"善行章第二十七"。

二十八章

知其雄，守其雌，为天下蹊。

严可均曰："为天下蹊"各本作"谿"。《释文》"谿，或作溪。"

罗振玉曰：景福本亦作"溪"，景龙本作"蹊"，敦煌本作

"奚",下并同。

谦之案：作"奚"是也。《庄子·天下篇》《淮南·道应训》引作"谿"，此或后人以《老子》误字改之。"谿",《玉篇》："诘难切、与溪同。"《说文》"谿，山渎无所通者，从谷，奚声。"此虽可说为表卑下之德、但与下文"为天下谷"义重。若作"蹊"，则更无义。案敦煌丁本作"奚"，"奚"乃古奴仆之称。《周礼·天官》序官"奚三百人"，注："古者从坐男女没入县官为奴，其少才知以为奚。""为天下奚"，犹今言公仆，典知雄守雌之旨正合。

为天下蹊，常德不离，复归于婴儿。
罗振玉曰："为天下蹊"，敦煌本无此句。
谦之案：遂州本亦不重此句，下仿此。

知其白，守其黑，为天下式。常得不忒，复归于无极。
魏稼孙曰："为天下式"，"谿""谷"二句重，此句不重，盖脱。御注三句皆重。
孙鑛《古今本考正》曰："为天下式"等重句，一本无。
严可均曰："常得不忒"，各本作"常德"。
谦之案："忒"，敦煌本作"贷"。按"贷"叚借为"忒"。《礼记·月令》"毋有差贷"，即毋有差忒也。章炳麟《新方言》曰："《月令》注：'不贷，不得过差也。贷本作忒。'今人谓过曰忒，如过长曰忒长，过短曰忒短，亦通言泰，一音之转。"

知其荣，守其辱，为天下谷。为天下谷，常得乃足，复归于朴。
严可均曰："常得乃足"，各本作"常德"。"于朴"，御注作

"扑",王弼作"朴",下句亦然。

罗振玉曰:景龙、景福二本作"朴",下同。

易顺鼎曰:按此章有后人窜入之语,非尽《老子》原文。《庄子·天下篇》引老聃曰:"知其雄,守其雌,为天下豀。知其白,守其辱,为天下谷。"此《老子》原文也。盖本以"雌"对"雄",以"辱"对"白"。辱有黑义,《仪礼》注:"以白造缁曰辱。"此古义之可证者。后人不"辱"与"白"对,以为必"黑"始可对"白",必"荣"始可对"辱",如是,加"守其黑"一句于"知其白"之下,加"知其荣"一句于"守其辱"之上;又加"为天下式,为天下式,常德不忒,复归于无极"四句,以叶"黑"韵,而窜改之迹显然矣。以"辱"对"白",此自周至汉古义,而彼竟不知,其显然者,一也。"为天下豀""为天下谷","豀""谷"同意,皆水所归,"为天下式",则与"豀""谷"不伦,凑合成韵,其显然者,二也。王弼已为"式"字等句作注,则窜改即在魏、晋之初,幸赖《庄子》所引,可以考见原文,亟当订正,以存真面。

朴散为器,圣人用为官长。

严可均曰:"朴散",各本"散"下有"则"字。"用为官长",各本"用"下有"之则"字。

谦之案:"朴",本或作"璞"。《玉篇》引《老子》曰:"璞散则为器。"《文选·演连珠》注《尸子》曰:"郑人谓玉未理者为璞。"

是以大制无割。

严可均曰:各本作"故大制不割"。

罗振玉曰:敦煌本"制"作"剬"。"无",今王本作"不",与御注、景福二本同。《释文》出"无割"二字,知王本作"无",今据改。景龙本、敦煌本均作"是以大制无割"。

谦之案：作"无割"是也。傅、范本"不"亦作"无"。范应元曰："严遵、王弼同古本，河上与世本作'不割'。"易顺鼎曰："'不割'当作'无割'。王注云：'以天下之心为心，故无割也。'足证王本作'无'。《道应训》正作'大制无割'。此作'不'者，后人因下篇有'方而不割'之语，改之。"

【音韵】此章江氏《韵读》：雌、豀、豀、离、儿韵（歌、支通韵，离叶音黎）。黑、式、式、忒、极韵（之部，黑，呼力反，忒，他力反）。辱、谷、谷、足、朴韵（侯部）。谦之案：雌、豀、儿，支部，离，歌部，歌、支通韵，说详第十章。高本汉：白、黑、式、式、忒、极韵，器、割韵。武内义雄：白、黑、式、式、极韵。案白古音博，一说"白"字非韵。高氏以雌、溪、离、儿为韵，而不以雄为韵，然此两节文意语法皆平行，不应"白"字独韵。

右景龙碑本不分章，八十字，敦煌本七十六字，河上本、范本八十六字，王本八十二字，傅本八十五字。河上题"反朴第三十一"，王本题"二十八章"，范本题"知其雄章第二十八"。

二十九章

将欲取天下而为之，吾见其不得已。

谦之案：傅、范本、王羲之本、赵孟頫本"为之"下有"者"字。又《道藏·宋张太守汇刻四家注》在"为之"句下，王注有"为造为也"四字，他王本脱去此句。

天下神器，不可为。为者败之，执者失之。

严可均曰："神器"，《大典》"器"下有"也"字。"不可为"，各本"为"下有"也"字。

谦之案：遂州、景福、敦煌三本均无"也"字。又"天"字上，傅、范本有"夫"字，河上公、王弼无。范应元曰："'夫'字，阮籍同古本。"

易顺鼎曰：按"不可为也"下，当有"不可执也"一句，请举三证以明之。《文选》干令升《晋纪总论》引《文子》称《老子》曰："天下，大器也，不可执也，不可为也。为者败之，执者失之。"其证一。王注云："故可因而不可为也，可通而不可执也。"王注有，则本文可知。其证二。下篇六十四章云："为者败之，执者失之。是以圣人无为故无败，无执故无失。""无为"即"不可为"，"无执"即"不可执"。彼文有，则此文亦有。其证三。盖有"执者失之"一句，必先有"不可执也"一句明矣。

马叙伦曰：彭耜引黄茂材曰："天下神器，不可为也，不可执也，至于人身，独非神器乎？"是黄见本有此一句。

谦之案："为者败之"二句，又见第六十四章。《鹖冠子·备知篇》曰："故为者败之，治者乱之。"当亦本此。

夫物或行或随，或嘘或吹，

严可均曰："夫物"，各本作"故物"。

谦之案：遂州本、敦煌本同此石。又"或嘘"，河上、御注作"或呴"，王弼作"或歔"，景福本作"或煦"，敦煌二本同此石。案敦、景、遂各本作"或嘘"是也。"嘘"与"吹"互训。嘘，吹也，从口，虚声；吹，嘘也，从口从欠。《一切经音义》卷八十引《说文》"嘘"作"吹嘘也"。卷五十《四先》引顾野王云"口出气曰嘘"，次引《说文》"亦出气也"。但"吹"与"嘘"出气相同,而缓急有别。易顺鼎曰:"按'歔'本字当作'嘘',下文'或强或羸','强'与'羸'反,则'嘘'亦与'吹'反。《玉篇·口部》,嘘、吹二字相通,即本《老子》。又引《声类》云:'出气急曰吹,缓曰嘘。'此吹、嘘之别,即《老子》古义也。《玉篇》又有'响'字,引《老子》曰'或响或吹',与河上本同,盖汉以后俗字。"又"嘘"字,傅、范本作"噤"。范应元曰:"'噤',严遵同古本,注引《楚辞》曰:'噤闭而不言。'"谦之案:《说文》:"噤,口闭也。"《楚辞》云:"闭口为噤。"义与"吹"相反。夏竦《古文四声韵》引《道德经》"吹"字作 𠻺,"吹""噤"对立,其说亦通。

或强或羸,或接或隳。

严可均曰:"或羸",各本作"或羸"。"或接",御注、河上"接"作"载",王弼、梁简文作"挫"。

罗振玉曰:"或强",敦煌本作"彊"。"或挫",河上、御注、景福三本作"载",景龙、敦煌二本作"接"。

范应元曰:"或强或剉,或培或堕",严遵、王弼、傅奕、阮籍同古本。毕沅曰:"堕",俗作"隳",非。

俞樾曰:按"挫",河上本作"载",注"载,安也","隳,危也",是"载"与"隳"相对为文,与上文"或强或羸"一律。而王弼本乃作"挫",则与"隳"不分二义矣。疑"挫"乃"在"字之误。"在",篆文作扗,故误为挫也。"或在或隳",即"或载或隳",载从𢦏声,在从才声,而或亦从𢦏声,《州辅碑》"𢦏贵不濡"是也。其声既同,故得通用矣。

武内义雄曰:贾大隐《述义》云:"王本或作接,或作隳。"(泷川本栏外所引)据此则王本作"接",而不作"挫"。景龙碑亦作

"接"。虽然,"挫""接"不通。据范应元《集解》则王本作"培",或作"堕"。按王本作"培",由"培"字讹为"接",又讹而为"挫"。"培"即《庄子·逍遥游篇》"培风"之"培"同义,即乘之意,正与"隳"字相对。河上本作"载"字,亦乘之意,是河上本从义训而改字者也。

于省吾曰:按"接"应读为"捷"。"接""捷"乃双声叠韵字。《礼记·内则》"接以大牢",注:"接读为捷。"《公羊》僖三十二年"郑伯接卒",《左传》《穀梁》作"捷"。《左》庄十二年"宋万弑其君捷",《公羊》作"接"。《荀子·大略》"先事虑事谓之接",注:"接读为捷。"《庄子·人间世》"王公必将乘人而斗其捷",《释文》:"捷作接。"《尔雅·释诂》:"捷,胜也。"《说文》:"败城自曰陮,隳篆文。"是堕有败义,捷胜与堕败,义正相对也。

谦之案:碑本"隓"乃"隳"之别构。又俞说谓"载""隳"相对,武内说谓"培""隳"相对,于说谓"捷""堕"相对,三说各有所明,谊皆可通,以于说为胜。

是以圣人去甚,去奢,去泰。

谦之案:《韩非子·外储说左下》引作"故君子去泰,去甚"。"甚"字,河上注谓"贪淫声色",是也。《说文》:"甚,尤安乐也,从甘从匹。匹,耦也。"朱骏声曰:"按甘者饮食,匹者男女,人之大欲存焉,故训安乐之尤。"

【音韵】此章江氏《韵读》:随、吹、羸、堕韵(歌部,吹音磋,羸音罗,堕,平声)。奚侗:"羸",从范本作"剉",随、吹、剉、堕为韵。

邓廷桢曰:随、吹、羸、陮为韵,古音皆歌部字也。"随",古音素何切,《论语》八士之名,"随"与"騧"为韵。"吹",古音曲阿切，《诗·籜兮》"风其吹女"，与"和"为韵。"嬴"，古音读若嬴、嬴。"隆"，今今文《尚书·皋陶谟》与"胜""惰"为韵。

右景龙碑本不分章，五十七字，敦煌本同，河上、王本五十八字，傅、范本六十字。河上本题"无为第二十九"，王本题"二十九章"，范本题"将欲章第二十九"。

三十章

以道作人主者，不以兵强天下，

严可均曰："以道作"，各本作"以道佐"。

罗振玉曰：景福本无"者"字，"强"下有"于"字。敦煌本"强"作"彊"，下亦有"于"字。

马叙伦曰：谦弼注曰："尚不可以兵强于天下。"则王本亦有"于"字。东条一堂曰：按《臣轨·守道篇》引"强"字下，有"于"字，与王注合。

俞樾曰：按唐景龙碑作"以道作人主者"，乃古本也。河上公注曰："谓人主能以道自辅佐也。"则河上公亦是"作"字。若曰："以道佐人主"，则是人臣以道辅佐其主，何言人主以道自辅佐乎？因"作""佐"二字相似，又涉注文"辅佐"字而误耳。王弼所据本已为"佐"字，故注曰："以道佐人主，尚不可以兵强于天下，况人主躬于道者乎？"后人以王本改河上本，而河上注义晦矣。

蒋锡昌曰：景龙碑作"以道作人主者"，他人从未言及，疑俞氏所见之本乃偶然之笔误，未可据以为证也。

谦之案：蒋说误也。谦原拓本及《绩语堂碑录》所载碑文，与严可均校语，又古本《道德经》校刊拓本，均作"以道作人主者"，石刻尚在，俞氏之说万无可疑。昔罗振玉作《道德经考异》云："读《铁桥漫稿》中，有答徐星伯先生书，言'作《老子唐本考异》，据易州本、傅奕本、明皇注本与《释文》互校'，知铁桥先生曾依据唐刻别为《考异》，然求之三十年不可得。"今蒋氏云云，殆亦未见严可均书与景龙碑刻而致疑者，此亦可见考证工夫之难。

其事好还：

魏稼孙曰：御注脱"好还"二字，严失校。

谦之案："还"，《释文》"音旋"。范应元云："还，句缘切；经史'旋''还'通。"案"其事好还"，谓兵凶战危，反自为祸也。

师之所处，荆棘生。

严可均曰：各本"生"下有"焉"字，此句下各本有"大军之后，必有凶年"八字，盖注语羼入正文，此本无。王氏引邢州本亦无。

罗振玉曰：景龙、敦煌二本均无以上九字。

劳健曰："大军之后，必有凶年"，景龙、敦煌与《道藏》龙兴碑本无此二句，他本皆有之。《汉书·严助传》淮南王安上书云："臣闻军旅之后，必有凶年。"又云："此《老子》所谓'师之所处，荆棘生之'者也。"按其词意，"军旅""凶年"当别属古语，非同出《老子》。又王弼注止云"贼害人民，残荒田亩，故曰荆棘生焉"，亦似本无其语，或古义疏常引之，适与"还"字、"焉"字偶合谐韵，遂并衍入经文也。今据景龙诸本，别以为存疑。

谦之案：《汉书·严助传》引《老子》"焉"作"之"，师古曰："《老子·道经》之言也。"盖指"师之所处"二句，劳说是也。又"大军之后，必有凶年"，广明本"凶"作"荒"，御注本作"凶"。《释文》出"凶年"，曰："天应恶气，灾害五谷，尽伤人也。"附校于此。

故善者果而已，不以取强。

严可均曰："故善者果而已"，河上、王弼无"故"字，《大典》亦无"故"字，"而已"下有"矣"字。今王弼"者"作"有"。"不以取强"，各本"不"下有"敢"字。

罗振玉曰：景龙、御注、敦煌、景福诸本均作"故善者果而已"，广明本作"善者果而已矣"。"不敢以取强"，景龙本、敦煌本均无"敢"字。"强"，敦煌本作"彊"，景福本句末有"焉"字。

俞樾曰：按"敢"字衍文。河上注曰："不以果敢取强大之名也。"注中"不以"二字，即本经文。其"果敢"字乃释上文"果"字之义，非此文又有"果"字也。今作"不敢以取强"，即涉河上注而衍。王注曰："不以兵力取强于天下也。"亦"不以"二字连文，可证经文"敢"字之衍。唐景龙碑正作"不以取强"，当据以订正。

果而勿骄，果而勿矜，果而勿伐，

严可均曰：御注"骄"作"憍"。各本"果而勿骄"句在"果而勿伐"下。

谦之案：遂州、敦煌、景福三本"果而勿骄"亦在"果而勿矜"之前。又"骄"，范本、楼正本亦作"憍"。

杨树达曰："憍"字从心，乃"骄傲"之"骄"本字，但《说文》未收耳。"骄"则"憍"之假字。

果而不得以，是果而勿强。

严可均曰："果而不得以是"，各本"以"作"已"，无"是"。

魏稼孙曰：按御注"已"下有"是"字，与碑同。

俞樾曰：按傅奕本作"是果而勿强"，当从之。上文云"善者果而已，不以取强"，又云"果而勿矜，果而勿伐，果而勿骄，果而不得已"，皆言其果，不言其强。故总之曰："是果而勿强"，正与上文"果而已，不以取强"相应。读者误谓此句与"果而勿矜"诸句一律，遂妄删"是"字耳。唐景龙碑亦有"是"字，当据增。

谦之案：《广雅·释诂》一："果，信也。"《论语》："行必果。"缪协曰："成也。"《淮南·道应训》"令不果往"，注："诚也。"《老子》："善有果而已。"盖以诚信为果之第一义，谓唯诚信可以得人，不必用兵也。旧解以"敢"字释"果"，不知《老子》以"不敢"为教，"勇于敢则杀，勇于不敢则活"，"敢"非《老子》古义，在此且为衍文。果而勿骄、勿矜、勿伐，皆言诚信之功效如此。《老子书》中最重"信"字，四十九章："信者，吾信之；不信者，吾亦信之，德信。"十七章、二十三章："信不足，有不信。"果即信也。信不足而至于用兵，是"果而不得已"，然亦以告成事而已。王弼注："果犹济也。"此为果之第二义。《左传》宣十二年，楚庄王曰："其为先君宫，告成事而已，武非吾功也。"此即"果而勿强"也。用兵而寓于不得已，是视胜犹不胜，不以兵强天下者也。蒋锡昌误解《老子》，谓"果在能杀敌人"，是杀人犯，非老子也。

物牡则老，谓之非道，非道早已。

严可均曰：御注、河上、王弼作"是谓不道，不道早已"，傅奕、王氏引邢州本皆作"非道"。

魏稼孙曰：御注"牡"作"壮"，与《德经》一句同。《德经》句，碑亦作"牡"，此"牡"字误。严失校。

谦之案：此三句亦见五十五章，碑本于此作"非道"，于彼作"不道"。河上本作"不道"，遂州本全句："物壮则老，谓非道早已。"

案"非道"即"不道"。"已"一作"亡",顾欢本"不道早亡",注:"亡,死也。"《内经》卷一王冰注引亦作"不道早亡",疑古本作"亡"。又姚鼐曰:"'物壮则老'十二字衍,以在下篇'含德'章'心使气曰强'下,诵者误入此'勿强'句下。"

【音韵】此章江氏《韵读》:者、下韵(鱼部,者音渚),还、焉、年韵(元、真合韵,还音旋,年叶奴连反)。谦之案:还、焉,元部,年,真部,此元、真合韵。奚侗:矜、强为韵,云:"例如《易林·坤》之履梁、禁相韵,比之中孚金、乡相韵。"又老、道、已为韵,高本汉同。高以主、下、处、后为韵,还、焉、年为间韵。谦之案:主、下、处、后皆非韵,高说误。

右景龙碑本六十七字,敦煌本同,河上、王本七十五字,傅本七十九字,范本七十八字。河上题"俭武第三十",王本题"三十章",范本题"以道佐人主章第三十"。

三十一章

夫佳兵者,不祥之器,

严可均曰:河上无"者"字。"不祥之器",《大典》无"之器"二字。

谦之案:"佳"字,傅奕本作"美",室町本作"饰",《史记·仓公传》引作"美好者不祥之器",皆为望文生义。宋翔凤曰:"'夫佳兵者不祥之器',按'佳兵'当是'作兵'。《大戴礼·用兵篇》曰:'用兵者其由不祥乎!'"又:"公曰:'蚩尤作兵与?'子曰:'否。蚩尤,庶人之贪者,何器之能作?'此'作兵'之证。或以'佳'为'隹',古字通'惟'。篆文'隹'与'作'相近,与'佳'远,不当作'佳'。"谦之案："作兵"义亦不明，作"佳"是也。元大德三年《陕西宝鸡县磻溪宫道德经幢》"佳"字正作"佳"，可证（见古本《道德经》校刊拓本）。又"之器"二字，吴澄本、吴勉学本均无。

王念孙曰：《释文》"佳，善也"，河上云："饰也。"念孙按"善""饰"二训，皆于义未安。古所谓兵者，皆指五兵而言，故曰："兵者不祥之器。"若自用兵者言之，则但可谓之不祥，而不可谓之"不祥之器"矣。今按"佳"当作"隹"，字之误也。"隹"，古"唯"字也（"唯"或作"惟"，又或作"维"）。唯兵为不祥之器，故有道者不处。上言"夫唯"，下言"故"，文义正相承也。八章曰："夫唯不争，故无尤。"十五章云："夫唯不可识，故强为之容。"又云："夫唯不盈，故能蔽不新成。"二十二章云："夫唯不争，故天下莫能与之争。"皆其证也。古钟鼎文"唯"字作"隹"，石鼓文亦然。又夏竦《古文四声韵》载《道德经》"唯"字作"崔"。据此，则今本作"唯"者，皆后人所改，此"佳"字若不误为"隹"，则后人亦必改为"唯"矣。

阮元曰：《老子》"夫佳兵者，不祥之器"，"佳"为"隹"（同惟）之讹。《老子》"夫惟"二字相连为辞者甚多，若以为"佳"，则当云"不祥之事"，不当云"器"（《经传释词序》）。

物或恶之，故有道不处。

严可均曰：各本"道"下有"者"字，《大典》"处"下有"也"字。

罗振玉曰：景龙、敦煌二本均无"者"字。

谦之案：陈象《古道德真经解》无此二句。

君子居则贵左，用兵则贵右。

中井履轩曰：古人皆贵右，故下降曰左迁，殊无贵左之证，至汉犹然。及其后官贵左者，自五胡猾夏始也。胡则贵左，其俗云（《老谦之案：此说非也。《左传》桓八年"楚人尚左"，与《老子》"君子居则贵左""吉事尚左"之俗相合。又遂州本作"贵佐"，乃"左"字之误。又傅、范本"君子"上有"是以"二字，王羲之本、室町本同。

兵者不祥之器，非君子之器，不得已而用之，

王道曰：此章自"兵者不祥之器"以下，似古义疏语，而传习之久，混入于经者也，详其文义可见。

纪昀曰：案自"兵者不祥之器"至"言以丧礼处之"，似有注语杂入，但河上公注本及各本俱作经文，今仍之。

刘师培曰：案此节王本无注，而古注及王注恒混入正文，如"不祥之器，非君子之器"，二语必系注文，盖以"非君子之器"释上"不祥之器"也。本文当作"兵者不得已而用之"，"兵者"以下九字均系衍文。

马叙伦曰：纪、刘之说是也。《文子·上仁篇》引曰："兵者不祥之器，不得已而用之。"释慧皎《高僧传》八《义解论》曰：兵者不祥之器，不获已而用之。"盖《老子》本文作"夫唯兵者，不祥之器，不得已而用之。""物或"两句，系二十四章错简；"君子"两句，乃下文而错在上者；"非君子之器"，正释"不祥之器"也。

恬憺为上，

严可均曰：御注作"恬淡"，河上作"恬憺"，一作"恬然"，王弼作"恬澹"。

罗振玉曰："恬"，《释文》："本或作'栝'。""澹"，今王本作"淡"，与御注本、广明本同。河上本作"憺"，简文及景龙、敦煌本

均作"惔"。

谦之案：遂州本亦作"惔"，傅本作"憺。《释文》出"澹"，云："'澹'，本亦作'惔'。"毕沅曰："《说文》：'憺，安也，从心，詹声。''惔，忧也，从心，炎声。'《诗》曰：'忧心如惔。'据之则作'惔'者非。"

故不美，若美之，是乐煞人。

严可均曰："故不美，若美之"，御注、河上、王弼作"胜而不美，而美之者"，《大典》无"而"字。"是乐煞人"，各本作"杀人"，《大典》"人"下有"也"字。

罗振玉曰："胜而不美"，景龙本、敦煌本均作"故不美"。"而美之者"，景龙本作"若美之"，敦煌本作"若美必乐之"。"是乐杀人"，景福本"人"下有"也"字。

谦之案：傅本各句作："故不美也，若美必乐之，乐之者，是乐杀人也。"范本"若美"下有"之"字，余同。室町本作："胜而不美也，而美之者，是乐杀人也。"遂州本同敦本，但"煞"字同傅本作"杀"，敦本作"煞"。案"煞"，此石俗字也。《广韵》曰："'煞'，俗'杀'字。此字见于《白虎通》。"又河上、王弼作"胜而不美"，有"胜"字义优。李道纯曰："'胜而不美'，或云'故不美也'，非。"又《中都四子》本"胜而不美"下，无下二句。

夫乐煞者，不可得意于天下。

严可均曰："不可得意于天下"，御注作"得志"，河上、王弼作"则不可以得志于天下矣"，《大典》无"则"字。

罗振玉曰：王本"夫乐杀人者，则不可以得志于天下矣"，景龙本、敦煌本均无"人"字。与御注三本均无"则"字、"以"字。又与英伦诸本均无"矣"字。"得志",景龙、敦煌二本"志"均作"意"。

谦之案:遂州本此句作"夫乐之者,不可得意于天下",傅本作"夫乐人杀人者,不可以得志于天下矣"。范本同傅本,唯无第一"人"字。

故吉事尚左,凶事尚右。是以偏将军居左,上将军居右。

严可均曰:"故吉事尚左",各本无"故"字。"居左",御注、《大典》作"处左",下"居右"亦作"处右"。

魏稼孙曰:"是以偏将军",御注无"是以"二字。

罗振玉曰:景龙、敦煌二本"吉"字上有"故"字,景福本"尚"作"上",下同。"凶",敦煌本作"丧"。"尚右"下,景龙、敦煌二本均有"是以"二字。

谦之案:河上、王弼无"是以"二字,王羲之本、傅、范本有。又傅、范"居"并作"处"。

煞人众多,以悲哀泣之;

严可均曰:河上、王弼作"杀人之众"。此句上,御注、河上有"言以丧礼处之"六字,盖注语羼入正文,此与《大典》皆无。

易顺鼎曰:王弼本独此章无注,晁景迂遂疑王弼此章为非《老子》之言。今按此章乃《老子》精言,与下篇"抗兵相加,哀者胜矣"同意,不解晁氏何以为此谬论也?惟此章语颇冗复,疑有古注误入正文,"言以丧礼处之",观一"言"字,即似注家之语。

谭献曰:昔人云:"大兵之后,必有凶年"八字,注文误入。予以为"偏将军居左,上将军居右,言以丧礼处之"三句亦注文。"言以丧礼处之"句,易州石本及《御览》引皆无。

严可均曰:"悲哀",王弼作"哀悲"。

谦之案:《道藏》王本作"悲哀",可据订正。

又"泣",一说当作"涖"。罗运贤曰:按"泣"当为"涖"之讹。《说文》无"涖"字,盖即"埭"(本书三十二章及《周官》《左传》《庄子》并有"涖"字,《说文》盖遗而未收,"涖""埭"古同。《淮南·俶真训》注引《老子》"以道涖天下","涖"正作"埭")。《说文》:"埭,临也。""涖之"与下句"处之"一律。《申鉴·政体》"好恶以章之,喜怒以涖之,哀乐以恤①之",与"以哀悲涖之",文法正通。

战胜,以哀礼处之。

严可均曰:"哀礼",各本作"丧礼"。

谦之案:《道藏·张太守汇刻四家注》,此章末引王弼"疑此非老子之作也"一句,今诸王本皆佚,知弼有所疑,故独无注。河上本于"兵者不祥之器"至"言以丧礼处之"诸句,均加注释,所见之本同,而见解不同,不可以此遂谓河上注之后于王注也。此章虽多古注窜入之处,惟其中如"夫佳兵者不祥之器","杀人众多,以悲哀涖之","战胜,以哀礼处之"等语,皆千古精言,非老子不敢道、不能道。今试删其冗复,订定经文如次:

夫佳兵者,不祥之器,(兵者不祥之器,非君子之器。)物或恶之,故有道者不处。(不得已而用之,恬淡为上。)君子居则贵左,用兵则贵右。(吉事尚左,凶事尚右,是以偏将军居左,上将军居右。)杀人众多,以悲哀涖之。(胜而不美,若美之,是乐杀人。夫乐杀者,不可得意于天下。)战胜,以哀礼处之。(言

---

① "恤",原作"趣",误,据《申鉴》改。——编者

居上世，则以丧礼处之。）

谦之案：王羲之本、傅、范本"言以丧礼处之"，"言"下有"居上势则"四字。程大昌《易老通言》引"势"作"世"，疑为古注，今据补。

【音韵】此章旧说以文多错乱，故不言其韵。实则此章以者、器、恶、处为韵（鱼部），右、之、之为韵（之部）。者，古音渚，右，古音以。知文多相协，只中间所插入注语可删。

右景龙碑本不分章，一百七字，敦煌本一百一十四字，河上本一百一十六字，王本一百一十七字，傅本一百三十三字，范本一百三十四字。河上本题"偃武第三十一"，王本题"三十一章"，范本题"夫佳兵章第三十一"。

三十二章

道常无名。朴虽小，天下不敢臣。

严可均曰："朴虽小"，御注作"扑"，王弼作"朴"。"天下不敢臣"，王弼作"天下莫能臣也"。

罗振玉曰：景龙、御注、敦煌、英伦诸本"莫能"作"不敢"，景福本作"莫敢"，又均无"也"字。

谦之案：《道藏》王本脱"朴虽小"三字。"天下不敢臣"，谓道尊，可名于大也。

王侯若能守，万物将自宾。

严可均曰："王侯若能守"，御注、河上、王弼作"侯王"，梁武与此同，河上、王弼"守"下有"之"字。

罗振玉曰：梁武、景龙、敦煌三本并作"王侯"。

劳健曰："王侯若能守"，傅与景龙、敦煌皆如此。范作"王侯若能守之"，诸王本"侯王若能守之"。他本皆无"之"字，"王侯"皆作"侯王"。《释文》云："梁武作'王侯'。"按"侯""守"二字，自谐句中韵，与第四十二章"王公以为称"，"公""称"字同，当作"王侯"。

谦之案：作"王侯"是也。惟公、称，侯、守叶韵之说，皆非。

天地相合，以降甘露，人莫之令而自均。

严可均曰："人莫之令"，阿上作"民莫"。

罗振玉曰：景龙、御注二本"民"均作"人"。广明、景福二本"均"下有"焉"字。

谦之案："人"字，诸王本作"民"，《永乐大典》作"人"，傅本作"民"，范同此石。室町本"均"下有"焉"字。

易顺鼎曰：按唐韩鄂《岁华纪丽》引作"民莫之合而自均"，"令"疑"合"字之误。"莫之合"，即听其自然之意也。言天地相合则甘露自降，若民则莫为之合，而亦且自均，极言无为之效耳。

谦之案：《玉篇》"均，平也，等也。"《周礼》"均其稍食"，注云："均，犹调度也。"又《字林》："均，田也。"此言"人莫之令而自均"，盖古原始共产社会之反映，语意与五十一章"夫莫之命而常自然"相同。作"令"、作"合"、作"命"谊均可通，惟此作"令"是故书。

始制有名。名亦既有，天将知止。

严可均曰："天将知止"，御注、王弼作"夫亦将知止"，河上作"夫亦将知之"。

罗振玉曰：景龙"夫"作"天"，无"亦"字。景福本"夫"作"天"，有"亦"字。

　　谦之案：作"天"乃字误。宋刊河上本、室町本皆然。白玉蟾曰："一本作'天亦将知之'，下同。"毕沅曰："河上公作'天亦将知止'。"知其误已久。广明本"夫"字稍缺，吴云亦误校为"天"，云："'天'，傅本作'夫'，易州本亦作'夫'。"不知"天"乃"夫"字之误。王弼、傅、范皆作"夫"。范应元曰："'夫亦将知止'马诞、王弼同古本。"当从之。

知止不殆。

　　严可均曰：御注作"知止所以不殆"，河上作"知之所以不殆"，王弼作"知止可以不殆"。

　　罗振玉曰：御注、景福、英伦三本作"所以"，景龙、敦煌二本均无此二字。

　　俞樾曰：案唐景龙碑无"可以"二字，是也。王注曰："知止所以不殆也。"盖加"所以"二字以足句，而写者误入正文，故今河上作"知之所以不殆"。此作"可以"者，又"所以"之误矣。

　　谦之案：《道藏》王本作"所以"。《聚珍》版殿本作"可以"，"可以"为"所以"之误，俞说是也。

譬道在天下，犹川谷与江海。

　　严可均曰：河上、王弼"道"下有"之"字。"与江海"，御注、河上作"之与江海"，王弼作"之于江海"。

　　罗振玉曰："之于"，御注、景福、英伦三本作"之与"，景龙、敦煌二本均作"与"。

　　易顺鼎曰：王注云："犹川谷之与江海也。"是本文"于江海"当作"与江海"。《牟子》引此云："譬道于天下，犹川谷与江海。"字正作"与"。

蒋锡昌曰：《道藏》王弼本"于"作"与"，当据改正。二字古本通用，见《经义述闻》及《经传释词》。

【音韵】此章江氏《韵读》：名、臣、宾、均、名韵（耕、真通韵），有、止、殆、海韵（之部）。奚侗：臣、宾、均韵，有、止、止、殆、海韵。

谦之案：臣、宾，真部，名，耕部，均真、耕兼收，此为耕部通真部之证。《离骚》亦"名""均"为韵，奚侗未及此。武内义雄本"止"作"之"，云："'无名''有名'之两'名'字韵，其间'朴虽小'以下三十五字，臣、宾韵，之字为别韵，疑错简，参照'名亦既有'以下三句，有、之、殆韵。"武内殆亦未知耕、真通韵也。

王念孙曰："止"与"有"为韵，"有"，古读若以，见《诗》及《楚辞》（《读书杂志》卷三之四）。

右景龙碑本不分章，六十四字，敦煌本六十五字，河上本七十字，王弼、傅、范本七十一字。河上题"圣德第三十二"，王本题"三十二章"，范本题"道常无名章第三十二"。

三十三章

知人者智，自知者明。

谦之案：傅、范本首句起，每句末并有"也"字。范应元曰："古本每句下有'也'字，文意雍容，世本并无'也'字，至'不失其所者久'，若无'也'字，则文意不足，今依古本。"案：范说非也。《老子》古本有详略各本不同，此盖由南北朝以来，河北与江南各地风俗言语之影响不同。《颜氏家训·书证篇》所云："也、是、语、已、及助字之辞，文籍备有之矣，河北经传悉略此字。""又有俗学闻经传中时须'也'字，辄以意改之。"今诸本中南本详而北本略，详者如傅、范本，如此章每句下有"也"字，略者如景龙、遂州、敦煌诸本，字数与《五千言》古本相近，而详者实以意改之，不可不辨。

又案《韩非子·喻老篇》"自见之谓明"，王先慎曰："'自见'，《老子》作'自知'。《道经》'自知'即承'知人者智也'而言，无作'见'之本。此'见'字即系上两'见'而误，非韩非所见本有不同也，当依《老子》作'知'。"

谦之案：《三国志·诸葛亮传》裴注，并《周易集解》"震"下虞翻引此句，均作"自知者明"，作"知"字是。"自见之谓明"，与经文二十四章"自见者不明"，谊相反。

胜人有力，自胜者强。

魏稼孙曰："胜人有力"，御注"人"下有"者"字。

罗振玉曰：敦煌本"强"作"彊"，下"强行"同。

谦之案：阿、王、傅、范本"人"下均有"者"字，《周易集解》"坤"下虞翻引此句亦有"者"字。又《韩非子·喻老》"自胜者强"作"自胜之谓强"。《吕氏春秋·先己篇》："故欲胜人者，必先自胜；欲知人者，必先自知。又《自知篇》："存亡安危，勿求于外，务在自知。……败莫大于不自知。"盖皆出于《老子》而变其文。

知足者富，强行有志。

严可均曰："强行有志"，各本"行"下有"者"字。

罗振玉曰：景龙本、敦煌本均无"者"字。

谦之案：《群书治要》卷三十四引"行者"下有"则"字，室町本"行"下有"者"字。

不失其所者久，死而不亡者寿。

谦之案：夫物各有所，"飞龙乘云，腾蛇游雾，云罢雾霁，而龙蛇与螾蟻同矣"（《韩非子·难势》引《慎子》），此言失其所也。不失其所者，如《易·艮·象》云："艮，止也。时止则止，时行则行，动静不失其时，其道光明。""艮其止，止其所也。"又《墨经·说上》："止以久也。"皆此旨。

易顺鼎曰：《意林》"亡"作"妄"。死而不妄，谓得正而毙者也。河上本虽亦作"亡"，而注云："目不妄视，耳不妄听，口不妄言，则无怨恶于天下，故长寿。"是亦读"亡"为"妄"矣。

谦之案：室町旧钞本、《中都四子》本"亡"均作"妄"。《意林》卷一、《群书治要》卷三十引《道德经》"死而不妄者寿"，并引河上公注，知河上所见古本亦作"妄"。"亡""妄"古通用。

【音韵】此章江氏《韵读》：明、强韵（阳部），富、志韵（之部），久、寿韵（之、幽通韵，久叶音九）。谦之案：久，之部，寿，幽部，此之、幽通韵。姚文田、奚侗同。邓廷桢：富、志、久韵。高本汉、陈柱：富、志、久、寿为一韵。

邓廷桢曰："富""志""久"为韵。"富"，古音读若备。《说文》："富，备也。"《诗》凡五见，《易》凡三见，皆与之、咍部字为韵。"久"，古音读若几，《诗》凡三见，《易》凡二见，皆与之、咍部为韵。"久"下文"死而不亡者寿"，"久"字既上与"富""志"为韵，又下就"寿"字为韵，盖东周以后音之渐转有如此者。又曰："久"字古读若己。《诗·旄丘》二章与"以"韵，《六月》卒章与"喜""祉""友""鲤""矣"韵，《蓼莪》三章与"耻""恃"韵。从"久"声之字，则《木瓜》之"琼""玖"与"李"韵，《丘中有麻》之"佩""玖"与"李""子"韵,《采薇》之"孔""疚"与"来"韵,《杕杜》之"孔""玖"与"来"韵,《大东》之"心""疚"与"来"韵,《召旻》之"维今之疚"与"富""时""兹"韵,是"久"声之在之、咍部,凿然无异。而《易》韵唯《既济·象传》"久"与"愆""疑""时""来"韵,《杂卦传》"恒久也"与"节止也"韵。此外则《临·象传》与"道"韵,《乾·象传》与"道""咎""造""首"韵,《大过·象传》与"丑""咎"韵,《离·象传》与"咎""道"韵,皆与今韵同。盖声音之道,与时转移,当孔子赞《易》时,音已小变,故与《诗》或同或异。《老子》"不殆可以长久","久"韵"殆"。"有国之母,可以长久","久"韵"母"。与《诗》韵同。"知足者富,强行有志,不失其所者久,死而不亡者寿","久"韵"富""志",既与《诗》同,下文相涉成文,又韵"寿",乃与《易》同。是当时自有此音,未可执一说以概之。《说文》"玖"字下云:"《诗》曰:'贻我佩玖。'读若芑。或曰:若人句脊之句。"读若芑,古音也;读若句,又一音也。句虽在侯部,而尤、侯音近,或其理与?

右景龙碑本三十八字,敦煌本三十六字,河上、王本三十八字,傅、范本四十六字。河上本题"辩德第三十三",王本题"三十三章",范本题"知人者知章第三十三"。

三十四章

大道汜,其可左右。

严可均曰:"道汜",御注作"道泛",河上作"道汜兮"。

罗振玉曰:《释文》:"本又作汎,周、张并同。"景龙、御注、敦煌三本均无"兮"字。

谦之案:"汜"字碑文不明,本作"汜",或作"汜"。《道藏》王本作"汎",注亦作"汎",《道藏·张太守汇刻四家注》引王注作"汎"。

傅本作"汎汎兮",范本作"汜汜兮"。作"汜"与右、辞、有、主合韵;作"汎"义亦可通。

马叙伦曰:"汜""汎"二字古通假。《礼记·王制》"汜与众共之",《释文》"汜,本亦作汎",其例证也。《说文》:"汜,滥也。""汎,浮貌。"二义不同,作"汜"是。

万物恃之以生而不辞,

严可均曰:"以生",河上作"而生"。

罗振玉曰:景龙、御注、敦煌、英伦诸本"而"均作"以"。

谦之案:刘孝标《辨命》注引亦作"以生",《大典》本、傅、范本同。

易顺鼎曰:《文选·辨命》注引作"万物得之以生而不辞",又引王注云:"万物皆得道而生。"则今本"恃"乃"得"之误。

成功不名有。

严可均曰:"成功",各本作"功成"。"不名有",傅奕、《大典》作"而不居"。

谦之案:广明本"成"下有"而"字,景福同。室町本作"功成而不名有",赵孟頫、王羲之本作"功成不居"。

易顺鼎曰:《辨命论》注引"功成而不有,爱养万物而不为主",按下又连引王注,则所引为王本无疑矣。今王本"功成不名有"当为"功成而不有","名"字衍。

爱养万物不为主，

严可均曰："爱养"，王弼作"衣养"，《大典》作"衣被"。"不为主"，各本"不"上有"而"字，下句亦然。

吴云曰："爱养"，傅本作"衣被"，王弼作"衣养"，毕云"衣、爱声近"，是也。

罗振玉曰：河上、景龙、御注、英伦、广明、景福诸本作"爱养"，敦煌本作"衣被"。又景龙、敦煌、广明三本均无"而"字。

谦之案："爱养"，王羲之、范本作"衣被"，遂州本作"依养"，义均可通。朱骏声曰："'爱'叚借为'薆'。《说文》：'薆，蔽不见也，从竹，爱声。'《楚辞·九歌》：'余处幽篁兮终不见天。'竹善蔽，故从竹。《诗·静女》'爱而不见'，以'爱'为之。《诗·烝民》'爱莫助之'，传：'隐也。'又'衣'，《说文》：'所以蔽体者也。'假借为'爱'。《老子》：'衣养万物而不为主。'"范应元曰："'衣被'，王弼、马诞同古本。衣被犹覆盖也。"案韩康伯《易》注："衣被万物，故显诸仁。"成玄英《老子》疏："衣被万物，陶铸生灵。"《说文》："衣，依也。"《释名》："人所依以芘寒者也。"衣被、衣养、依养，与爱养同义，而爱养义尤胜。李道纯曰："或以爱养为衣被者，非。"

俞樾曰：按河上公本作"爱养"，此作"衣养"者，古字通也。盖"衣"字古音与"隐"同，故《白虎通·衣裳篇》曰："衣者隐也。"以声为例也。而"爱"古音亦与"隐"同，故《诗·烝民篇》毛传训"爱"为"隐"。《孝经》训引刘炫曰："爱者，隐惜而结于内。"不直训"惜"而必训"隐惜"者，亦以声为训也。两字之音本同，故"爱养"可为"衣养"。傅奕本作"衣被"，则由后人不通古音，不达古义，率臆妄改耳。

可名于大。

魏稼孙曰："不为主，可名于大"，御注"主"下"可"上有"常无欲，可名于小，万物归之不为主"十四字。

谦之案：诸河、王本"归之"作"归焉而"，共十五字。傅、范本作"故常无欲，可名于小矣（范本'于'作'为'），万物归之而不知主"，共十七字。敦煌本、遂州本、顾欢本无"常无欲"三字，余各本与阿、王本略同。英伦、敦煌二本"焉"作"之"。"而"字，御注本、敦煌本无。此三句严可均失校。

又案：此三句必非《老子》本文。"常无欲，可名于小"，当为首章"常无，欲观其妙"之古注。《法言·孝至篇》李轨注曰："道至微妙，故曰小也。"在此则为赘语。敦、遂本无"常无欲"三字，亦其证也。"可名于小"一句，与"可名于大"相偶，但审校文义，爱养万物，可名为大，为小义不可通。"万物归焉而不为主"，与上文"爱养万物不为主"，实为重句，可删。以此疑有古注语杂入。证以景龙碑无此三句，其可信，胜他本多矣。

严可均曰：河上作"为大"，《大典》作"于大矣"，又有"是以圣人能成其大也"。

谦之案："于""为"古音相近，"于大"即"为大"也。"大"即二十五章"强为之名曰大"之"大"。傅本作"可名于大矣"，范本作"可名为大矣"，义同。

是以圣人终不为大，故能成其大。

严可均曰："终不为大"，河上句末有"也"字，王弼作"以其终不为大"，《大典》作"以其不自大"。

罗振玉曰：河上、景龙、敦煌、御注、景福、英伦诸本均作"是以圣人终不为大"。

谦之案：王羲之本"大"下"故"上，有"也以其不自大"六字，傅本同王弼，范本作"是以圣人以其终不自为大"，引"严遵、王弼同古本"。

【音韵】此章江氏《韵读》：右、辞韵（之部，右音异，辞，去声），居、主韵（侯、鱼通韵，居，上声，主叶音诸）。谦之案：居，鱼部，主，侯部，此侯、鱼通韵。"居"本作"有"，陈柱：右、辞、有、主韵，大、大、大韵。高本汉、武内义雄：右、辞、有韵。又案"道汜"本又作"汎"，范应元"汜音泛"，非也。汜当音纪，此章汜、右、辞、有、主为韵，《楚辞·天问》汜、晦、里韵之例。

江有诰曰："辞"，似兹切。按古有去声，当之、志二部并收。《任成篇》"万物恃之而生而不辞"，与右叶（《唐韵四声正》）。

右景龙碑本四十四字，敦煌本五十五字，河上本六十二字，王本六十一字，傅本七十三字，范本六十九字。河上本题"任成第三十四"，王本题"三十四章"，范本题"大道汜汜兮章第三十四"。

三十五章

执大象，天下往。

谦之案：傅、范本"象"下有"者"字。御注"象"作"象"。案"象"借为"像"，《易·系辞》："见乃谓之象。""大象"即大像也。成玄英疏"大象，犹大道之法象"，是也。

往而不害，安平太。

严可均曰："平太"，御注、《大典》作"平泰"。

谦之案：傅、范本、遂州本、邢玄、庆阳、磻溪、楼正均作"泰"，诸河、王本作"太"，《道藏》王本作"大"，"泰""太"古通。依旧说：安，静也。《释名·释言语》："安，晏也。"晏晏然和乐无动惧也。平者安之至，泰者平之至，"安平太"为并列语。王引之《经传释词》持吴议、谓："'安'犹于是也，乃也，则也。《老子》曰：'往而不害，安平太。'言往而不害，乃得平泰也。"

乐与饵，过客止。道出言、淡无味，

严可均曰："道出言"御注、河上、王弼作"道之出口"，傅奕作"道之出言"。下"视""听""用"三句各本皆有"之"字。"淡无味"各本"淡"下有"乎其"二字。

罗振玉曰：敦煌本"口"作"言"，"淡"作"惔"，无"乎其"二字。

谦之案：王羲之本、范本亦"口"作"言"。范曰："'出言'，王弼同古本。"是王本亦作"出言"。

东条一堂曰："道之出口"，古本、碑本"口"并作"言"。弘按此注及二十三章注，俱作"出言"。《释文》出"尺类反"。合而稽之，王本经文本作"出言"明矣。其作"口"者，盖缺上画也。何晏《景福殿赋》注引亦作"出言"。

陶鸿庆曰：傅奕本"出口"作"出言"。据王注言："道之出言，淡然无味。"而二十三章"希言自然"，亦云："下章言道之出言，淡兮其无味也。"似所见本与傅奕同也。岂"言"字阙坏为"口"欤？

视不足见，听不足闻，用不可既。

严可均曰："用不可既"，御注、河上作"用之不可既"，王弼作"用之不足既"。

魏稼孙曰："视之不见"，御法"不"上有"之"字，下句同。"用不可既"，按御注脱"既"字。

罗振玉曰：景龙本、敦煌本均无"之"字。

谦之案：景福、磻溪、楼正、室町与傅、范、赵孟頫、高翿诸本均有"之"字。又《永乐大典》王本作"用之不足既"，他王本"足"亦作"可"，傅、范、遂州、室町、《中都四子》亦作"可"，同此石。又案《说文》："既，小食也，从皀，旡声。"《玉篇·皀部》："既，居毅切，小食也，又已也。"罗运贤曰："'用之不足既'，案《说文》：'既，小食也。'上文谓乐饵可以止过客，而道则异是。乐可听，饵可视可食，而道则不可视听食也。故云：'视之不足见，听之不足闻，用之不足既。'旧注训'既'为尽，昧于古训，故不能豈切也。"（此亦古义之仅存也）杨树达曰："乐与饵，谓喜与人饮食。乐音洛，非谓音乐。"

【音韵】此章江氏《韵读》：象、往韵（阳部），害、太韵（祭部，害，胡列反，太，他列反），饵、止韵（之部），味、见、既韵（脂、元合韵）。谦之案：味、既，脂部，见，元部，此脂、元合韵。邓廷桢、奚桐：味、既韵。

江有诰曰："饵"，仍吏切，按古有上声，当与止部并收。《老子·仁德篇》"乐与饵"，与止叶。

右景龙碑本三十七字，敦煌本同，河上、王本四十三字，傅、范本四十四字。河上本题"仁德第三十五"，王本题"三十五章"，范本题"执大象章第三十五"。

三十六章

将欲翕之，必故张之；

严可均曰："翕之"，河上作"噏之"，王弼作"歙之"，简文作

"歙之",又作"給"。"必故",各本作"必固",下三句皆然。

谦之案:作"翕"是也。傅、范皆作"翕"。范曰:"翕,敛也,合也,聚也。王弼同古本。"是王本亦作"翕",今本作"歙"。《释文》出"将欲斂",知《释文》所见王本作"斂"。敦煌、景福、室町三本作"噏"。

毕沅曰:古无"噏""斂"二字。《说文解字》云:"歙,缩鼻也。"歙有缩义,故与"张"为对,顾欢因之,亦得闭塞之义矣。"翕"古文字,少通用。

武内义雄曰:按《天文钞》河上本及景龙碑作"翕",范应元所见王弼本亦作"翕",《韩非·喻老》引亦同。似王、河两本均作"翕",后人改王本为"斂"或"歙",而改河上本为"噏"。

将欲弱之,必故强之;将欲废之,必固兴之;将欲夺之,必固与之。是谓微明。

魏稼孙曰:"故张""故强""固兴""固与",上二句作"故",下二句作"固"。严云"'必故',各本作'必固',下三句皆然",误。

吴云曰:河上公本"将欲弱之"作"使非弱之"。

谦之案:吴校亦误,河上本作"将使弱之"。又范本、彭耜本"将欲夺之"作"将欲取之"。

马叙伦曰:《韩非·喻老篇》引无"废之"两句。"夺",范及《韩非·喻老篇》引并作"取",《说林上篇》引《周书》亦作"取"。各本及《后汉书·桓谭传》引"将欲夺之"四句,同此。

蒋锡昌曰:《史记·管晏列传》云:"故曰:知与之为取,政之宝也。"《索隐》:"《老子》曰:'将欲取之,必固与之。'"看《史记》用"故曰"云云,疑"与之为取"即本之《老子》"将欲取之,必固与之"而来。是《史记》与《索隐》并作"取"也。谊义亦以作

"取"为是，当据《韩非》改正。

劳健曰："兴"当作"举"，叶下句"必固与之"。"将欲夺之"，范与《韩非》作"将欲取之"。范注："取，一作夺，非古也。"按"翕弱""张强""废夺""举与"皆两句相间成韵、当作"夺"无疑。

东条一堂曰：按《魏策》，任章曰："《周书》曰：'将欲败之，必姑辅之；将欲取之，必姑与之。'"注：王应麟曰："《周书》云云者，岂苏秦所谓《周书·阴符》者欤？老氏之言出于此。"朱子曰："老子为柱下史，故见此书。"按《韩非子·说林》所引《周书》，与《国策》同。

谦之案：《吕氏春秋·行论篇》曰："《诗》曰：'将欲毁之。必重累之；将欲踣之。必高举之。'"亦与此词异谊同，疑亦为《老子》所出。又案"是谓微明"，高延第曰："首八句即祸福盛衰倚伏之几，天地自然之运，似幽实明。'微明'谓微而显也。"

柔胜刚，弱胜强。

严可均曰：《大典》与此同。御注、河上、王弼作"柔弱胜刚强"，傅奕作"柔之胜刚，弱之胜强"。

谦之案：王羲之本、彭耜本、范本与傅本同。七十八章碑本作"弱胜强，柔胜刚"，文与此倒置。王本作"弱之胜强，柔之胜刚"，傅本作"柔之胜刚，弱之胜强"，均分二句。李道纯曰："'柔弱胜刚强'分二句，非。"

鱼不可脱于渊，

谦之案：傅、范本"脱"作"挩"。毕沅曰："河上公、王弼并作'脱'。古无'挩'字，作'脱'者是。《庄子》《说苑》作'脱'。"

蒋锡昌曰：《后汉书·隗嚣公孙述列传》曰："要之，鱼不可脱于渊。"所引同此。惟注云："《老子》曰：'鱼不可脱于泉。'脱，失也，失泉则涸矣。"又《翟酺传》注引"渊"亦作"泉"。是古本"渊"或作"泉"也。

谦之案：作"泉"非也。此章渊、人为韵，宜作"渊"。"泉"字乃唐人避高祖讳，改"渊"为"泉"。《韩非·喻老篇》"故曰'鱼不可脱于深渊'"，王先慎曰："深字衍。唐避渊改深，后人回改，兼改深字耳。"今案：唐人避讳，多改"渊"为"深"，则亦可改"渊"为"泉"也，唯"渊"字是故书。

国有利器，不可示人。

严可均曰："国有"，各本作"国之"。"可示"，各本作"可以示"。

谦之案：《韩非·喻老》引"邦之利器"，《六微篇》引"邦"作"国"，"国"字是也。《庄子·胠箧篇》《淮南·道应训》《荀子·正名篇》杨倞注、《淮南·主术训》高诱注、《文选·关中诗》李善注、《后汉书·翟酺传》《杜笃传》均引作"国"。又《说苑·君道篇》引作"国之利器，不可以借人"。据此，知宜作"国"，不作"邦"。王先慎、刘师培谓"国"字为"邦"字讳改，于他章则然，此则不可一概论也。又《说苑·君道》引作"不可以借人"，此与《六韬·守土篇》"无借人利器，借人利器则为人所害，而不终其世"，均用"借"字。又《淮南·主术训》"有愚质者，不可与利器"，高诱注引《老子》曰：国之利器，不可以假人。"假亦借也，疑《老子》古本有"借"字者。

【音韵】此章江氏《韵读》：明、刚、强韵（阳部），渊、人韵（真部）。"将欲翕之"八句无韵，非也。邓廷桢、姚文田：张、强韵。奚侗：张、彊、兴与明韵，刚、彊韵。陈柱：张、强、兴与明、强韵。高本汉：歙、弱、废、取、与五字与张、强、兴三字相间为韵。

"取",碑本作"夺"。劳健曰:"按翕弱、张强、废夺、举与皆两句相间成韵,当作夺。"是也。一说歙、弱非韵。案"翕",《释文》:"简文作歙,河上本作噏,许及反。"

又明、刚、强或明、强为韵。顾炎武曰:"明,古音谟郎反,今以字母求之,似当作弥郎反。明与强为韵。旁证:《中庸》:'果能此道,虽柔必强。'"(《唐韵正》卷五《十二庚》)又:"柔,古读如蠕。《说文》㹝、䀀皆训㹝,魏太武改柔然为蠕蠕,则柔音如蠕,可知也。"

又渊、人为韵。诸家并同。江永曰:"渊,一均切。旁证:《老子》:'鱼不可脱于渊,国之利器不可以示人。'本证:《诗》'其心塞渊'韵身、人,'秉心塞渊'韵零、人、田、千。"邓廷桢曰:"渊古音真、先同部。《易·乾》九四'或跃在渊'与九五'利见大人'为韵。《诗·燕燕》'其心塞渊'与'寡人'为韵,《定之方中》'秉心塞渊'与两'人'字为韵。"

右景龙碑本五十三字,敦煌丁本不全,字数不明。河上、王本五十六字,傅本五十七字,范本五十九字。河上本题"微明第三十六",王本题"三十六章",范本题"将欲翕之章第三十六"。

三十七章

道常无为而无不为。侯王若能守,万物将自化。

严可均曰:"能守",王弼"守"下或有"之"字。

谦之案:傅、范本"侯王"作"王侯",景福本"若"作"而"。"之"字,景龙、御注、英伦、傅奕本均无,范本、室町本有。"无为而无不为",即《庄子·天下篇》所述关尹、老聃之道:"在己无居,形物自著,其动若水,其静若镜,其应若响。"无为也,而无不为也。又阮籍《通老论》曰:"道者法自然而为化,侯王能守之,万物将自化。《易》谓之太极,《春秋》谓之元,《老子》谓之道。"

化而欲作,吾将镇之以无名之朴。

严可均曰:御注、王弼作"之樸"。

谦之案:傅、范本亦作"樸"。毕沅曰:"'樸'本作'朴'同。""化而欲作","作"与"无"为对。《尔雅·释言》:"作,为也。"又为"变"。《礼记·哀公问》"作色而对",注:"变也。""化而欲作",即化而欲变。"朴",《说文》:"木素也。"《书·梓材》"既勤樸斲",马注:"未成器也。"《论衡·量知篇》曰:"无刀斧之断者,谓之樸。"

无名之朴,亦将不欲。

严可均曰:"亦将不欲",王弼作"夫亦将无欲"。

罗振玉曰:"无名之樸",据《释文》,王本似无此句。"夫亦将无欲",《释文》:"无,简文作不。"又景龙、御注、景福、英伦诸本均无"夫"字,"无"亦作"不"。

于省吾曰:按《老子》"夫"字多为后人所增。"无"作"不"者是也。河上公本正作"亦将不欲,不欲以静"。今以古书重文之例验之,"亦将不欲,不欲以静",本应作"亦将不'欲'以静",是"无"应作"不"之证。

不欲以静,天下将自正。

谦之案:"天下将自正",各本有"将"字,遂州本无。"正",诸王本与宋刊河上本作"定",王羲之本、傅、范本、高翿本及诸石本皆作"正"。"正""定"义通,定从正声,形亦近同。劳健引《说文》古文"正"作疋,夏竦《古文韵》"定"字引《汗简》作疋。

【音韵】此章江氏《韵读》:为、为、化韵(歌部,为音讹,化音呵),朴、朴、欲韵(侯部),静、正韵(耕部)。奚侗:为、化韵,作、朴、朴、欲韵,静、定韵,盖"正"一作"定"也。高本汉同,"正""定"二字兼收。邓廷桢同,惟未及"作"字,云:"正,一本作定,静、定亦韵也。"

谦之案:五十七章"我无为而民自化",亦为、化为韵。《庄子·大宗师》:"伟哉造化!又将奚以汝为?"《在宥篇》:"处无为而民自化。"《天地篇》:"无为而万物化。"《秋水篇》:"何为乎!何不为乎!夫固将自化。"皆为、化为韵。又静、定为韵,《楚辞·大招》静、定韵,其例证。

顾炎武曰:"朴",古音普木反。《老子》:"敦兮其若朴,旷兮其若谷,浑兮其若浊。""此三者以为文不足,故令有所属,见素抱朴,少私寡欲。""知其荣,守其辱,为天下谷;为天下谷,常德乃足,复归于朴。""化而欲作,吾将镇之以无名之朴;无名之朴,亦将不欲。""我无欲,而民自朴。"(《唐韵正·三烛》)

江有诰曰:"静",疾郢切。按古惟有平去二声,至魏晋始间读上声,当与清、劲二部并收。《老子·为政篇》"不欲以静"与正叶,《洪德篇》"清静"与正叶,《淳风篇》"我好静"与正叶,"归根曰静"与命叶。以上去声(《唐韵四声正·四十静》)。

右景龙碑本四十八字,英伦本、河上本同,傅本四十九字,王、范本五十字。河上本题"为政第三十七",王本题"三十七章",范本题"道常无为章第三十七"。

景龙碑经文下原空六格，接下衔名"前重光观都监斋兼知威仪事至神龙元年名入龙兴观检校观主张窨行"共二十九字。以上经碑正面，共《道经》卅二行：前廿九行，行七十一字；后三行，行七十字。

老子德经

唐《易州龙兴观道德经碑》本

陆德明曰：德者得也。道生万物，有得有获，故名《德经》，四十四章。一本四十三章。

严可均曰：《老子德经》，御注、河上作"《老子德经》卷下"，王弼作"《老子德经下篇》"。

三十八章

上德不德，是以有德。下德不失德，是以无德。上德无为而无以为，下德□□而有以为。

谦之案：石刻末句"下德□□而有以为"，□□二字原缺泐，据他本补之，似当作"为之"二字，实误。谳文义当作"下德无为而有以为"，补"无为"二字。"上德不德，是以有德"，《内经太素》卷二《顺养篇》杨上善注及《周易集解》《乾九家易》引二句并同。《史记·酷吏传》引首四句同。"上德无为而无以为"，《文选·魏都赋》注引作"而无不为"，与傅、范本同。

范应元曰："上德无为"两句，《韩非》、王诩、王弼、郭云、傅奕同古本，河上公作"上德无为而无以为，下德为之而有以为"。今从古本。

俞樾曰：案……《韩非子·解老篇》作"上德无为而无不为也"，盖古本《老子》如此，今作"无以为"者，涉下"上仁"句而误耳。傅奕本正作"不"。

谦之案：碑本作"无以为"，是也。皆川愿《老子绎解》云："一作'上德无为而无不为，下德为之而无以为'，疑从褚本者。"褚本者，晋王右军书《道德经》有褚遂良贞观十五年跋之本，由此知王羲之本与傅本正同。惟"上德无为而无以为"，较之"上德无为而无不为"，于义为优。盖太上下知有之，故不为而成也，五十七章所云"我无为而民自化"是也。"无为"与"无以为"似无所区别，然而"无为而无以为"与"无为而有以为"则区别甚大。傅、范本下句"下德为之而无以为"，较以碑本"下德无为而有以为"，傅、范本"下德"与"上仁"句无别，"下德为之而无以为"与"上仁为之而无以为"二句全同，于理安乎？毕沅曰："'无'，河上公、王弼作'有'。案应作'有'，或奕本传刻误。"毕说是也。且"上德为之而无以为"，范云："《韩非》同古本。"今《韩非》无此句，非《韩非》无之，经文固无是也。

马其昶曰：案"无为"旧作"为之"，误同"上义"句，傅本又误同"上仁"句，注家强为之说，皆非是，今为正之。德有上下，其无为一也。以其不失德，故虽无为之中，而仍有以为。

谦之案：马说是也。六十三章曰："为无为。"无为而有以为也。

上仁为之而无以为，上义为之而有以为。

谦之案：上文以"无为"为主，分别"无以为"与"有以为"，上德"无以为"，下德"有以为"。此文以"为之"为主，分别"无以为"与"有以为"，上仁"无以为"，上义"有以为"。范本同此，傅本"上义"作"下义"，误。

上礼为之而莫之应，则攘臂而仍之。

毕沅曰："仍"，王弼作"扔"。案《说文解字》："仍，因也。"扔亦因也，夏时有扔氏是此字。

谦之案：御注、遂州、邢玄、景福、庆阳、磻溪、楼正诸石本，严遵、傅奕、柰卷、室町、顾、彭诸本，皆作"仍"，范本作"扔"，作"扔"是也。《广雅》曰："扔，引也。"《广韵》曰："扔，强牵引也。""扔"与"仍"音义同，但"扔"字从手，与攘臂之义合。范曰："揎袖出臂曰攘。'扔'字，王弼与古本同，世本作'仍'，今从古本。"

故失道而后德，失德而后仁，失仁而后义，失义而后礼。

刘师培曰：案《韩非·解老篇》云："故曰：'失道而后失德，失德而后失仁，失仁而后失义，失义而后失礼。'"据此文观之，则王本、河上本均脱四"失"字。

马叙伦曰：《后汉书·崔骃传》注引无四字，《朱穆传》注引有。《辅行记》一之三引更有"失礼而后智，失智而后信"两句，然各本及《庄子·知北游篇》引并同此，又谊义亦不当有此两句及四"失"字。

夫礼者，忠信之薄，而乱之首。

严可均曰："忠信之薄"，御注作"之簿"，下"不处其薄"亦然。

罗振玉曰："首"下，景福本有"也"字。

谦之案：傅、范本、室町本亦有"也"字。李翘曰："《庄子·知北游篇》引云'礼者道之华而乱之首也'，误合下为一句。"

宋翔凤曰：老子著书以明黄帝自然之治，即《礼运篇》所谓"大道之行"，故先道德而后仁义。孔子定《六经》，明禹、汤、文、武、周公之道，即《礼运》所谓"大道既隐，天下为家"，故中明仁义礼知，以救斯世。故黄、老之学与孔子之传，相为表里者也。又曰："夫礼者忠信之薄而乱之首也"，按此言世风之日漓也，道德仁义递降，而以礼为治民。三千三百皆所以约束整齐其民，由忠信之既薄，而礼为治国之首。乱，治也。老子言礼，故孔子问礼。

谦之案：宋说辨矣，然未明学术源流，以"乱"训"治"。证之经文六十四章"治之于未乱"，则"治""乱"对文，此处不应独训"治"。老子盖知礼而反礼者也，故曰："处其厚，不处其薄。"

前识者，道之华，而愚之始。

谦之案：《韩非·解老》作"前识者，道之华也，而愚之首也"。"前识"二字，严遵本作"前职"，注："预设然也。"据注知"职"为误字。"愚之始"，傅本"始"作"首"，王弼注"道之华而愚之首"，是王本当亦作"首"。范、奈卷作"始"。又《礼记·曲礼》正义引云："礼者忠信之薄，道德之华，争愚之始。"

易顺鼎曰：按所引"道"下有"德"字，"愚"上有"争"字。窃谓"愚"当作"遇"，即《书·盘庚》"暂遇奸宄"之"遇"，又即《淮南》"偶䁯智故"之"偶"。《吕氏春秋·勿躬篇》"幽诡愚险之言"，王氏《经义述闻》以为"愚"即"遇"。"愚""遇"古字通用，知此书亦然矣。愚之始，即邪伪之始也。

是以大丈夫处其厚不处其薄，居其实不居其华。故去彼取此。

严可均曰：河上作"处其厚不居其薄，处其实不居其华"。王弼亦然。

谦之案：诸河上本有异同。一河上本下两句并作"居"，室町本、傅、范本四句皆作"处"，孙盛《老子疑问反训》引同。范应元曰："《韩非》、严遵同古本。一本下两句'处'作'居'。"毕沅曰："王符《潜夫论》作'不居其薄'，与王弼本同。朱穆《崇厚论》引上二句作'处'，下二句作'居'。"又"故去彼取此"，严本无"故"字，《淮南·道应训》引此句同此石。

【音韵】此章江氏《韵读》无韵。奚侗：首、始韵，薄、华韵。

李赓芸曰：按薄与华韵，首与始韵。古读华如尃。《公羊》哀四年"蒲社灾"，《穀梁》《左氏》皆作"亳社"。《礼记·郊特牲》"薄社北牖"，《释文》云："本又作亳。"是"蒲"即"亳"之证也。邓廷桢曰：薄、华为韵。华古音读若荂，鱼、虞部字。薄从溥声，则鱼、虞部之入声也。

右景龙碑一百二十九字，敦煌本，河、王本同，傅本一百三十一字，范本一百三十三字。河上题"论德第三十八"，王本题"三十八章"，范本题"上德不德章第三十八"。

三十九章

昔之得一者：天得一以清，地得一以宁，

谦之案："宁"字，《绩语堂碑录》因避清帝讳改为"甯"，今据原碑文改正，下同。

神得一以灵，谷得一以盈，万物得一以生，

严可均曰："万物"，各本作"萬物"。

罗振玉曰：敦煌戊本无此句。

谦之案：景福本、范本"萬"亦作"万"。又陈碧虚曰："严君平本无'万物得之以生'，并下文'万物无以生将恐灭'十四字。"

侯王得一以为天下正。

严可均曰:"天下正",御注、王弼作"下贞"。

范应元曰:贞,正也。王弼、郭云同古本。一本"贞"作"正",亦后人避讳也。河上本作"侯王"。

谦之案:傅、范本、奈卷作"王侯",《群书治要》、孙盛《老子疑问反讯》《晋书·裴楷传》《书钞》一四九引并作"贞",严遵、河上、顾欢、景福、楼正、庆阳、磻溪、室町及《玉篇》"一"字下引均作"正",遂州本作"政"。《中都四子》本此句作"以天下为正"。

王念孙曰:河上本"贞"作"正",注云:"为天下平正。"念孙案:《尔雅》曰:"正,长也。"《吕氏春秋·君守篇》"可以为天下正",高注曰:"正,主也。""为天下正",犹《洪范》言"为天下主"耳。下文"天无以清""地无以宁",即承上文"天得一以清,地得一以宁"言之。又云"侯王无以贵高","贵高"二字正承"为天下正"言之,是"正"为君长之义,非平正之义也。王弼本"正"作"贞",借字耳。

东条一堂曰:"为天下贞",按"贞"一本作"正",与注乖。下同。《贞观政要·刑法》第三十一引亦作"正"。

彭耜曰:"诸本贞作正,避庙讳。"

易顺鼎曰:"贞"或作"正",古字通用。王氏《读书杂志》谓此"贞"为借字,似未尽然。《易》"贞胜者也",韩注引《老子》曰:"王侯得一以为天下贞。"王弼《周易略例》:"制天下之动者,贞夫一者也。"邢璹注引《老子》亦作"贞"。《文选》王元长《曲水诗序》注引亦作"贞"。是"贞"为本字。

劳健曰:"侯王得一以为天下贞","贞"字景龙、景福作"正",开元、傅、范与诸王本皆作"贞"。范注:"贞,正也。一本作正,后人避讳也。"按《道藏·御注》《御疏》本原作"正",疏云:"本或作贞字,贞即正也。"开元石刻乃改从"贞",范云"后人避讳",非也。又此章凡"侯王"字，傅、范亦作"王侯"，非也。诸唐本、诸王本、河上本皆作"侯王"，与"贞"字自谐句中韵。

谦之案：作"贞"是也。《易·系辞》曰："天下之动，贞夫一者也。"又曰："言致其一也。"《老子》此章言"侯王得一以为天下贞"下，傅、范及《释文》下有"其致之一也"，与《易》义均合。又奈卷及大阪图书馆旧钞本，均作"天下贞"，狩野直喜谓："河上公本亦有作'贞'者，盖自宋刻避帝讳改'贞'作'正'。"今证之以景龙碑文，知"贞""正"字古通用，而避讳之说亦非。

天無以清，将恐裂；地無以宁，将恐发；

谦之案：碑文与罗卷此均作"無"，不作"无"，为变例。武内法京敦乙本作"无"。又《庄子·至乐篇》："天无为以之清，地无为以之宁。"语意本此。

刘师培曰："发"读为"废"。《说文》："废，屋顿也。"《淮南子·览冥训》"四极废"，高注："废，顿也。"《左传》定三年"废于炉炭"，杜注："废，坠也。"顿坠之义，与倾圮同。恐发者，犹言将崩圮也，即地倾之义。"发"为"废"字之省形。

蒋锡昌曰：刘说是。《庄子·列御寇》"先生既来，曾不发药乎"，《释文》："发，司马本作废。"《列子·黄帝篇》引作"废"。又《缮性》"非藏其智而不发也"，《御览·逸民部》引作"废"。《左传》哀十一年疏引《竹书纪年》云：梁惠王废逢忌之薮以赐民。"《汉书·地理志》引作"发"。均其证也。"发""废"双声，故可通用。此言天无以清将恐裂，地无以宁将恐废也。

神無以灵，将恐歇；谷無以盈，将恐竭；

毕沅曰："竭"，河上公、王弼并作"歇"，案应作"竭"。

谦之案：河上公、王弼并作"竭"，上句作"歇"，毕误校。"歇"，《说文》："息也。一曰气越泄也。"《广雅·释诂》二："歇，泄也。"《七发》："精神越泄，百病咸生。""竭"借为"渴"，"渴，尽也，从水，曷声。"《尔雅·释诂》"涸，渴也。"经传多以"竭"为之，是竭有涸尽之义。《周语》"伊、洛竭而夏亡"，注："涸也。"《淮南·说林》："渊泉不能竭。"《本经》："竭泽而渔。"河上注此："言谷当有盈缩虚实，不可但欲盈满无已时，将恐枯竭不为谷。""竭"与"渴"同义，不必改字。

万物无以生，将恐灭；
罗振玉曰：敦煌本无此句。

侯王无以贵高，将恐蹶。
武内义雄曰：景、遂、敦三本"侯王"与上文合，下又同。景、遂二本"贵高"，敦本无"高"字，然下文"贵高"并称，有"高"字是。

罗振玉曰：敦煌本"贞"下有"而"字。

谦之案：此句疑有误文。诸河、王本、顾欢本、磻溪、景福、楼正、室町、奈卷句同此。范本作"王侯无以为贞，将恐蹶"，高翿作"侯王无以贞而贵高，将恐蹶"，傅奕作"王侯无以为贞而贵高，将恐蹶"，彭耜、赵孟頫同傅本，惟"王侯"作"侯王"。严遵同彭本，惟"无以为贞"作"无以为正"。皆川愿《老子绎解》又与严遵同。

刘师培曰：案上文"天无以清""地无以宁""神无以灵""谷无以盈""万物无以生"，均承上"以清""以宁""以盈""以生"言，惟此句"无以贵高"与上"以为天下贞"不相应，疑"贵"即"贞"字之讹。"贵""贞"形近，后人据此节王注有"清不足贵"诸文，遂改"贞"为"贵",又疑"贵高"并文,与下"贵高"二语相应,遂于"贵"下增"高"字,实则"贵"当作"贞","高"乃衍文也。

易顺鼎曰:当作"侯王无以贞,将恐蹶","贞"误为"贵"。后人见下文"贵以贱为本,高以下为基"二句,以为承上文而言,妄于"贵"下又加"高"字,遂致踵讹袭谬,而义理不可通矣。

谦之案:"将恐蹶",诸王本"蹶"作"蹙"。《说文》:"蹙,僵也,从足,厥声。一曰跳也,亦读若橜。"《广韵》:"蹙,失脚也,僵也,亦作蹶。"《广雅·释诂》三:"蹶,败也。"《吕览·慎行》"小人之行,不蹶于山",注:"蹶踬颠顿也。"《荀子·成相》"国乃蹶",注:"颠覆也。""侯王无以贞,将恐蹶",言侯王无以为贞,将恐颠覆失其位也。《治要》引作"蹶",夏竦《古文四声韵》卷五引《古老子》亦作"蹶"(𦒎)。

故贵以贱为本,高以下为基。

严可均曰:"高以下为基",御注脱"为"字,河上"高"下有"必"字。

宇惠曰:《齐策》"贵以""高以"上并有"虽"字。

谦之案:景福、室町、奈卷、顾欢诸本及《淮南·道应训》《群书治要》《意林》引二"以"上均有"必"字。《淮南·原道训》:"是故贵者必以贱为号,而高者必以下为基。"语亦本此。

是以侯王自谓孤、寡、不穀,

严可均曰:"不穀",王弼作"不谷"。河上云:"不穀,喻不能如车毂为众辐所凑。"四十二章"不穀"亦然。

谦之案:"侯王",傅、范作"王侯",《文选·雪赋》注引作"王公"。"自谓",景福本"谓"作"曰",彭耜、范应元、赵孟頫、室町、奈卷及《治要》引作"称"。

　　易顺鼎曰：按"自谓"当作"自称"。四十二章云："人之所恶，唯孤、寡、不谷，而王公以为称。"则此亦必作"称"也。《淮南》高注正作"称"，《文选》邱希范《与陈伯之书》注引此作"王侯自称孤、寡、不谷"，皆其证。

　　洪颐煊曰：《德经》"是以侯王自谓孤、寡、不谷"，案《礼记·曲礼》"于内自称曰不谷"，郑注："谷，善也。"《左氏》僖四年《传》"岂不谷是为"，杜预注："孤、寡、不谷，诸侯谦辞。"字皆作"谷"。《列子·天瑞篇》"鹢之为布毂"，《释文》："毂，本又作谷。"此"毂"为"谷"之借字，河上注读为"车毂"之毂，失之。

　　徐鼐曰：《老子》法：本章"是以侯王自谓孤、寡、不毂"，河上《章句》云："不毂，喻不能如车毂为众辐所凑。""道化"章"人之所恶，唯孤、寡、不毂，而王公以为称"，《章句》云："孤、寡、不毂，不祥之名。"鼐谓"不祥"说是，"不能如车毂"之说乃是望文生义，非古训也。"毂"与"谷"通。《诗·正月》"蔌蔌方有谷"，《后汉书·蔡邕传》作"速速方毂"。《列子·天瑞篇》"鹢之为布毂"，《释文》云："本又作谷。"《吕览·观表篇》"卫右宰谷臣"，《文选》刘孝标《广绝交论》注作"毂臣"。盖音近叚借之字也。按"毂"之言善也，郑注《曲礼》用之，言己之不善，谦词也。又"谷"之言禄也，高诱注《淮南·人间训》用之，犹言不禄也，亦谦词也。又王弼本亦作"谷"。

　　谦之案：孤、寡、不谷，谦辞是也。《吕览·君守篇》"君名孤、寡，而不可障壅"，高注："孤、寡，人君之谦辞也。"碑本"不谷"作"不毂"，"毂"，此借为"谷"。《后汉书·蔡邕传》"速速方毂"，注："毂，禄也。"按谷亦禄也，知"不毂"即"不谷"。惟谷虽训禄，而不谷非即不禄义，此为方言，犹言仆也。章炳麟曰："自称曰仆，本是臣仆，亦兼短义。王侯谦以自称不谷，'不谷'即'仆'之合音。《淮南·人间训》注：'不谷，不禄也。'此为望文生训，古人死言不禄，不应以此自称。"说详于《新方言》。

此其以贱为本耶非？

严可均曰："非"，各本作"非乎"。

谦之案："此其"，御注、邢玄、庆阳、磻溪、楼正、景福、顾欢、彭耜、高翿、赵孟頫均同此石。傅、范作"是其"，严遵作"唯斯"，诸河、王本作"此非"。范应元曰："王弼同古本，河上公作'此非以贱为本邪，非乎'，今从古本。"知范所见王本"非"作"其"。又"耶"字，敦煌本、严遵本作"与"，顾欢、傅、范作"也"，遂州本同此石。"非"，范作"非欤"，景福作"悲乎"，敦煌本作"非也"。

谦之案：作"其"是也。此经文中用楚方言。蒋锡昌曰："按《史记·高祖纪》'其以沛为朕汤沐邑'，《集解》引《风俗通》：'其者，楚言也。'老子楚人，当用楚言。五十八章'其无正'，犹言'无正'也。七十七章'其不欲见贤'，犹不欲见贤也。'是其以贱为本也，非欤'犹言是以贱为本也非欤也。"

故致数车无车。

严可均曰：御注、王弼作"数舆无舆"，苏灵芝书上"舆"作"与"，误也。

谦之案：两"车"字，河上、顾欢、景福、室町、奈卷同此石，严遵、敦煌本作"舆"。严"致数舆"作"造舆于"，敦本句末有"也"字。法京敦乙本上之"车"作"与"，下之"车"作"誉"，与苏灵芝御注本同。遂州、傅、范上下均作"誉"。范应元曰："王弼同古本，河上公作'数车无车'。"今案诸王本作"舆"，《道藏》王本作"誉"，与范说同。又《道藏》王本与《道藏宋张太守汇刻四家注》本引王弼注亦作"故致数誉，乃无誉也"。案作"誉"是也。两"车"或"舆"，皆"誉"之讹，"誉"与"古通，"誉"书为"与"，误为"舆"为"车"，苏灵芝书与法京敦乙本皆其证也。"数车无车"，诸说纷纭。李道纯曰："诸家解不通，予谓数车之各件，无一名车者，喻我是一身，无一名我也。"成玄英曰："舆，车也，箱、辐、毂、辋，假合而成，徒有车名，数即无实。五物四大，为幻亦然。所以身既浮处，贵将安寄？"李贽曰："今夫轮、辐、盖、轸、衡、轭、毂、辀，合而成车，人但见有此数者，曷尝有车哉？然而名之曰车，而不曰轮、辐、盖、轸、衡、轭、毂、辀也。"谦之案：二李皆佛说也，现存巴利文之《弥兰王问经》与东晋失译之《那先比丘经》，即为明证。

那先问王："言名车，何所为车者？轴为车耶？"王言："轴不为车。"那先言："辋为车耶？"王言："辋不为车。"那先言："辐为车耶？"王言："辐不为车。"那先言："毂为车耶？"王言："毂不为车。"那先言："辕为车耶？"王言："辕不为车。"那先言："轭为车耶？"王言："轭不为车。"那先言："舆为车耶？"王言："舆不为车。"那先言："扛为车耶？"王言："扛不为车。"那先言："盖为车耶？"王言："盖不为车。"那先言："合聚是诸材木，着一面宁为车耶？"王言："合聚是诸材木，着一面不为车也。"那先言："假令不合聚是诸材木，宁为车耶？"王言："不合聚是诸材木，不为车。"那先言："音声为车耶？"王言："音声不为车。"那先言："何所为车者？"王便默然不语。那先言："佛说之，如合聚是诸材木，用为车，因得车。人亦如是。

合聚头、面、耳、鼻、口、颈、项、肩、臂、骨肉、手足、肝、腑、心、脾、肾、肠、胃、颜色、声响、喘息、苦乐、善恶,合聚名为人。"王言:"善哉!善哉!"

自佛教流入中国,于是而有"数车无车"之说。作"车"、作"舆",义虽可通,然非《老子》之言也甚明。

高延第曰:"至誉无誉",河上本作"致数车无车",王弼本、《淮南子·道应训》作"致数舆无舆",各为曲说,与本文谊不相附。陆氏《释文》出"誉"字,注:"毁誉也。"是原本作"誉"。由"誉"讹为"舆",由"舆"讹为"车",后人反谓《释文》为误,非也。《庄子·至乐篇》"至誉无誉",下又云"天无为以之清,地无为以之宁"云云,正引此章语,尤可证。

罗运贤曰:案"誉",毁誉也。吴澄本"舆"作"誉",焦氏《考异》"舆"古本作"誉",盖"誉"字于义始通。疑此文本作"致数与无与",与"誉"古通(《射义》郑注"誉或为与")。数,计也,数誉无誉,言计誉反无誉也。侯王自谓孤、寡、不谷,此不计誉矣,而誉自归之,然则计誉无誉甚明。《淮南·说山训》"求美则不得美,不求美则美矣",注:"心自求美则不得美名也,而自损则有美名也,故《老子》曰'致数舆无舆'也。"(文虽作"舆"而以美名为释,知其读为誉也。)颇识此意。

不欲琭琭如玉,落落如石。

严可均曰:"落落",王弼作"珞珞"。

罗振玉曰:敦煌本作"禄禄""落落"。

谦之案:"琭琭",景福本作"渌渌",严遵、傅奕本作"碌碌"。"落落",御注、遂州、邢玄、庆阳、磻溪、楼正、室町、奈卷、严遵、河上、顾欢、彭、范、赵同此石，景福作"硌硌"。又二"如"字，傅、范并作"若"。

毕沅曰：案古无"珱""碌""珞"三字，"硌"应作"落"。《广韵》以"公等录录"为"婗婗"。《说文解字》云："婗，随从也。"《广韵》是应用之欤？

洪颐煊曰：案"珱珱"犹录录。《广雅·释训》："逯逯，众也。"《说文》："婗，随从也。"并通用字。王本："贵物以多而见贱。落落，石坚貌。石本贱物，以坚而自贞，是以两不欲也。"《晏子春秋·内篇问下》："坚哉石乎！落落，视之则坚，无以为久，是以速亡也。"即此义。

高延第曰："珱珱"，《史记·平原君传》作"录录"，《后汉·冯衍传》作"碌碌"，注："碌碌为人所贵，落落为人所贱。"河上注以"珱珱喻少，落落喻多"，王弼以为一珱珱珞珞，体尽于形。王逸《九思》注："硌硌，长而多有貌也。"以上诸解，皆与本文义不合。且证以毛遂讥十九人曰："公等录录，因人成事者也。"《萧何世家》："录录未有奇节。"（注："录录犹鹿鹿。"）荀悦《汉纪》王仲翁讥萧望之曰："不肯碌碌，反抱关木。"《后汉书·马援传》："今更陆陆，欲往坿之。"则诸解尤不可通。按《说文》："婗，随从也。"（言为人所役使。）《索隐》王劭曰："录，借字耳。《说文》云：'婗婗，随从之貌。'"《广韵》"婗"下引毛遂曰："公等婗婗，可谓因人成事耳。"《史记》亦作"录"。则珱、碌、录、鹿、陆皆"婗"之假借，以随从之义释之，与以上诸人讥刺之语，并可意会。后人徒见下有"玉""石"字，遂以从玉从石为正，各为异说，不悟其不可通耳。"落""珞""硌"亦传写之异，今从《后汉书·耿弇传》"落落难合"，注"疏阔貌"，言其厓异，与人不相入，与随从之义正相反也。

谦之案："琭琭"，或作"碌碌"，或作"渌渌"，又作"禄禄"，又作"鹿鹿"。"落落"，或作"珞珞"，或作"硌硌"，盖皆一声之转与传写之异，古人通用。其义则《后汉书·冯衍传》注曾言之，谓："可贵可贱，皆非道真。玉貌珞珞，为人所贵，石形落落，为人所贱，贱既失矣，贵亦未得。言当处才不才之间。"此盖以《庄子》义释《老》。

【音韵】此章江氏《韵读》：清、宁、灵、盈、生、贞韵（耕部），裂、发、歇、竭、灭、蹶韵（祭部），邪、乎、车韵（鱼部，邪音余），琭、玉韵（侯部），落、石韵（鱼部，落，卢入声，石，蜥入声）。谦之案：邪、乎同属鱼部，"车""舆"皆"誉"之误，邪、乎、誉为韵。又发，古音歇，歇，高本汉本一作"泄"，裂、发、泄、竭、灭、蹶为韵。又"天无以清，将恐裂"下五句，实以清、宁、灵、盈、生、贞与裂、发、歇、竭、灭、蹶为句中两韵互协。此外"不谷"之谷，亦与下琭、玉同属六屋入声，为隔句遥韵。

姚文田曰："落落如石"，落、石韵，此与上句皆句中自谐。

右景龙碑不分章，一百三十三字，敦煌本一百三十二字，河上本一百三十五字，王本一百三十四字，傅本一百三十九字，范本一百三十六字。河上本题"法本第三十九"，王本题"三十九章"，范本题"昔之得一章第三十九"。

四十章

反者道之动，弱者道之用。

谦之案：碑本"昔之得一者"止"有生于无"句为一章。严遵本与上章相连，同此石。又宋赵志坚《疏义》"反"作"返"。又案"反",复也,此《易》义也。《易·复·象》曰:"反复其道,七日来复,天行也,复其见天地之心乎!"《杂卦传》曰:"复,反也。"《乾·象传》曰:"终日乾乾,反复道也。"《泰·象》曰:"无平不陂,无往不复。"反即复也。故《老子》曰:"万物并作,吾以观其复。夫物云云,各复归其根,归根曰静,静曰复命。"又曰:"复归于婴儿""复归于无极""复归于朴",此复之即返而归之也。"大曰逝,逝曰远,远曰反",此待其远而后反也。反自是动,不动则无所谓反,故曰:"反者道之动。"反自是逆,逆而后顺,故曰:"玄德深矣远矣,与物反矣,然后乃至大顺。"又"弱者道之用",盖得《易》之坤者也,乾藏于坤,故曰弱。《易》曰"潜龙勿用",而《老》言无用之用,是道之用。

天下万物生于有,有生于無。

严可均曰:"天下万物",河上、王弼作"万物",御注作"之物"。

谦之案:广明、景福、《御览》六百十九引并作"万物",同此石。邢玄、磻溪、楼正、室町、傅、范、高、赵并作"之物",同御注。敦煌、严遵本作"天地之物"。又景福、范本"無"作"无"。马叙伦曰:"弼注曰:'天下之物,皆有以为生。'是王亦作'之物'。今作'万物'者,后人据河上本改也。"谦之案:首章"无名,天地始,有名,万物母",以"无名"与"有名"对,"天地"与"万物"对,"始"与"母"对。此章亦言"有""无",则"天下万物",当作"天地万物",于义为优。

【音韵】此章江氏《韵读》、姚文田、奚侗无韵。邓廷桢、陈柱、高本汉:动、用韵,是也。案孔广森《诗声类》(四)《阳声》四东、钟、江合为一部,并收"动""用"二字,引《老子》曰:"反者道之动,弱者道之用。"

右景龙碑本二十一字,敦煌本、河、王、傅、范本同。河上题"去用第四十",王本题"四十章",范本题"反者道之动章第四十"。

四十一章

上士闻道,勤而行之;
　　严可均曰:"勤而行之",御注无"之"字,傅奕作"而勤行之"。
　　谦之案:法京敦乙本作"懃能行",罗卷同此石,与武内本异。范本作"懃",注云"古本"。案夏竦《古文四声韵》卷一引《古老子》作"懃"(蘁)。

中士闻道,若存若亡;下士闻道,大咲之。
　　谦之案:"咲",各本作"笑",遂州本作"咲",御注作"噗"。傅、范本作"而大笑之"。
　　俞樾曰:"按王氏念孙《读书杂志》曰:'"大笑之",本作"大而笑之",犹言迂而笑之也。《牟子》引《老子》,正作"大而笑之"。《抱朴子·微旨篇》亦云:"大而笑之,其来久矣。"是牟、葛所见本皆作"大而笑之"。'今按王说是也。"下士闻道,大而笑之",与上文"上士闻道,勤而行之"两句相对。傅奕本作:"上士闻道,而勤行之;下士闻道,而大笑之。"盖误移两"而"字于句首,然下句之有"而"字,则尚可藉以考见也。"而勤行之"是"勤而行之"之误。然则"而大笑之",是"大而笑之"之误,可以隅反矣。
　　高亨曰:"亡"读为"忘",二字古通用。《诗·假乐》"不愆不忘",《说苑·建本篇》引"忘"作"亡"。《荀子·劝学篇》"怠慢忘身"，《大戴礼·劝学篇》"忘"作"亡"。《吕氏春秋·权勋篇》"是忘荆国之社稷而不恤吾众也"，《韩非子·十过篇》《淮南子·人间篇》并"忘"作"亡"。皆其证。《诗·绿衣》"心之忧矣，曷维其亡"，郑笺"亡之言忘也"，亦其例也。《周易略例》："存言者，非得象者也；存象者，非得意者也。忘言者，乃得象者也；忘象者，乃得意者也。""存""忘"对举，与此文同。

不咲不足以为道。
罗振玉曰：敦煌本"笑"下有"之"字。

故《建言》有之：
严可均曰：御注无"故"字。
谦之案：邢玄、景福、庆阳、磻溪、楼正、高翻、室町本与御注同。武内敦乙本"建言"下有"是以"二字，顾欢本同。
罗振玉曰：敦煌本作"是以建言有之曰"。
谦之案：傅、范本亦有"曰"字。范应元曰："王弼、孙登、阮咸同古本，河上公本无'曰'字。"
奚侗曰："建言"当是古载籍名。高亨曰："《建言》"，殆《老子》所称书名也。《庄子·人间世篇》引《法言》，《鹖冠子·天权篇》引《逸言》，《鬼谷子·谋篇》引《阴言》，《汉书·艺文志》有《谰言》（班自注"不知作者"），可证名书曰言，古人之通例也。

明道若昧，进道若退，夷道若类，
严可均曰："若类"，御注、王弼作"若纇"。
谦之案："进道若退"，御注"退"作"迟"，傅奕、彭耜、林希逸、赵孟頫此句在"夷道若类"句下。"类"字，《释文》、河上、敦煌、景福、奈卷、顾欢并同，傅、范本作"颣"。范曰："'颣'，古本音耒，丝节也，河上公作'类'。今从古本。"今案："颣""类"古通用。《广雅·释言》："颣，节也。"《通俗文》："多节曰颣。""夷道若颣"，简文注："疵也。"《淮南·氾论》"明月之珠，不能无颣"，注："颣，盘若丝之结颣也。"叚借为"戾"。《左传》昭十六"刑之颇颣"，服注："不平也。"不平与平对立，故曰："夷道若颣"。夷，平也，"颣"则引申为不平之义。

上德若谷，大白若辱，

武内义雄曰：敦、遂二本"谷"作"俗"。

罗振玉曰："大白若辱"，此句敦煌本在"上德若谷"之前。

谦之案：罗卷敦戊本"谷"不作"俗"，与法京敦乙本异。成玄英曰："'谷'本亦作'俗'字者，言亦能忘德，不异嚣俗也。"马叙伦曰："各本作'谷'，'俗'之省也。言高上之德，反如流俗，即和光同尘之义。"

又"大白"，《道藏》王本"大"作"太"。

又"辱"字，傅、范本作"黥"。范曰："'黥'音辱，黑垢也。古本如此，河上本作'辱'。"毕沅曰："'黥'，河上公、王弼并作'辱'。作'黥'者，所谓'以白造缁'是矣。《说文解字》无'黥'字。"谦之案：《玉篇》："黥，垢黑也。"当为"辱"之古文。《广雅·释诂》三："辱，污也，又恶也。"《仪礼·士昏礼》"今吾子辱"，注："以白造缁曰辱。"《素问·气交变大论》："黑气迺辱。"辱有黑义，与白对立，故曰："大白若辱"。易顺鼎曰：按"辱"者，《仪礼·士昏礼》注云"以白造缁曰辱"，即此"辱"字之义。……盖以白造缁，除去污辱之迹，故曰辱也。此《老子》本义，幸有《诗》传、《礼》注可以互证。

广德若不足，

　　谦之案：《庄子·寓言篇》："《老子》曰：'而睢睢盱盱，而谁与居？大白若辱，盛德若不足。'"末二句与此章同。又《史记·老子本传》老子教孔子语："良贾深藏若虚，君子盛德，容貌若愚。"疑"广德"为"盛德"之讹。马叙伦谓此文当从《庄子》，作"盛"是故书，是也。严遵本作"盛德"，当从之。又罗卷"若不足"作"若濡"，与诸本异。

建德若偷，

　　狩野直喜曰："河上公本之与王弼本，经文原不相同，后世辅嗣义行，而河上注渐微，遂据王本妄改经文，以致两者混而无别，幸有旧钞足以正刊本之误。……第四十一"建德若偷，质真若渝"，此本（谦之案：指奈卷）"若偷"作"若揄"。案王弼注"偷，匹也。建德者因物自然，不立不施，故若偷匹。"河上注："建设道德之人若可偷引使空虚也。""偷引"此本亦作"揄引"。盖王弼本作"偷"，其训为匹；河上本作"揄"，其训为引。《说文·手部》："揄，引也。"《韩非子·饰邪篇》："庞援揄兵而南。"《汉书·礼乐志》"神之揄"，颜师古云："揄，引也。"是其证也。可见两家经文不同，训释亦殊，后人无识。妄改"揄"为"偷"，以从王本，注亦改为"偷"，而河上公义更不可问矣。又曰：案唐景龙刻石作"建德若偷"，……则河上公本为王本所乱，自唐时已然。

　　谦之案：河上本为王本所乱，是也。惟此句，敦煌本无，河上公、王弼作"偷"，与此石同。广明本、傅本作"媮"，高翿本作"输"，奈卷、室町本作"揄"。范应元曰："'输'，傅奕云'古本作输'，引'《广韵》云："输，愚也。"河上公作揄，乃草字，变车为手。'傅奕云：'手字之误，动经数代，况"辱"字少"黑"字乎？'

傅奕当时必有所据。王弼作'偷',董遇作'摇',今从古本。"案范说有误,傅奕此句作"媮",下句作"输",范本作"输",乃误引傅奕。案作"偷"是也。《说文》:"媮,巧黠也,从女,俞声。字亦作偷。"朱骏声曰:"媮假为愉,《汉书·食货志》:'民媮甘食好衣。'《路温舒传》'媮为一切',注:'苟且也。'《礼记·表记》:'安肆曰偷。'《左》文十七《传》'齐君之语偷',注:'苟且。'又《东京赋》'勤民以媮乐',注:'犹饶幸也。'又《后汉·张衡传》'虽邀游以媮乐兮',注:'怀安也。'《尔雅·释言》:'佻,偷也。'又《荀子·修身》'偷儒转脱',《非十二子》'偷儒而罔',注:'当为输,苟避于事也。'又为揄。"由上知"偷""媮""揄""输"古可通用,"偷"字是故书。

俞樾曰:按河上公注曰:"建设道德之人,若可偷引,使空虚也。"王弼注曰:"偷,匹也。建德者因物自然,不立不施,故若偷匹。"然偷匹之义,于古无征,义亦难晓。……今按"建"当读为"健"。《释名·释言语》曰:"健,建也,能有所建为也。"是"建""健"音同,而义亦得通。"健德者偷",言刚健之德,反若偷惰也。正与上句"广德若不足"一律。

质真若渝,

谦之案:傅奕本作"质直若输",柰卷"真"亦作"直"。"渝""输"古字通。毕沅曰:"河上公、王弼作'渝',古字通,如《春秋》'渝平'为'输平'是也。"案"输"叚为"愉"有苟且怀安之意,又为"渝"。"质真"之"真",为"惠"之讹。"质惠若渝",盖谓质朴之人,行动迟缓,驽弱有若输愚者也。

刘师培曰:案上文言"广德若不足,建德若偷",此与并文,疑"真"亦作"德",盖"德"字正文作"惠",与"真"相似也。"质德"与"广德""建德"一律,"广德"为广大之德,与"不足"相反;"建德"为刚健之德,与"偷"相反(用俞说);"质德"为质朴之德,与"渝"相反;三德乃并文也。

大方無隅,大器晚成,大音希声,大象無形。道隐無名。
谦之案:法京敦乙本"無"作"无",罗卷均作"無"。
易顺鼎曰:"大方无隅",《道德指归论》作"大方不矩"。
顾广圻曰:"大音希声",傅本"希"作"稀",按同字也。
王先慎曰:傅本"音"作"言",与各本全异。
李翘曰:《吕氏春秋·乐成篇》首曰:"大智不形,大器晚成,大音希声",不引《老子》。

夫唯道,善贷且善。
严可均曰:"善贷且善",各本作"且成"。
罗振玉曰:敦煌本"贷"作"始"。
谦之案:谳罗卷敦煌乙本"无名"下缺,此云"贷"作"始",乃据《老子义》本。傅本、诸王本、室町本作"善贷且成",范本作"善贷且善成",云:"严遵、王弼同古本,河上公作'善贷且成',今从古本。"今按怡兰堂严本亦作"善贷且成",与范所见不同,盖与王本同脱一"善"字,碑本句末脱一"成"字,宜从范本增入。"成"与成、声、形、名为韵。"贷"与《庄子·应帝王篇》述老聃语"化贷万物而民弗恃"之"贷"意旨相同。"道隐无名",亦即《庄子》"有莫举名,使物自喜"之意,所谓功成不名,立乎不测,而游于无有者也。

于省吾曰:景龙本作"夫唯道,善贷且善",当脱"成"字。敦煌"贷"作"始",乃声之转。《周语》"纯明则终",注:"终,成也。"又"故高明令终",注:"终犹成也。"《书·皋陶谟》"《箫韶》

九成",郑注:"成犹终也。"是成、终互训,义同。然则"善始且成",即善始且终也。六十四章"慎终如始",亦"终""始"对文。

【音韵】此章江氏《韵读》:行、亡韵(阳部),笑、道韵(幽、宵通韵,道叶音盗)。昧、退、类韵(脂部,昧音寐,退,吐位反)。谷、辱、足、偷、渝、隅韵(侯部,渝,喻蓝反,隅,俄蓝反)。成、声、形、名、成韵(耕部)。

谦之案:笑,宵部,道,幽部,幽、宵通韵。惟道音盗,似误。"道",徒皓切。古,徒苟切。"道",首声,九章与守、咎韵,十四章与有韵,四十七章与牖、少韵,此其例证。又谷、辱、足、偷、渝、隅一韵,姚文田、邓廷桢分谷、辱、足一韵(六屋入声),偷、渝、隅一韵(十三侯平声)。又"建德若偷"之"偷"字,高本汉本一作"媮",一作"输",皆韵。

顾炎武曰:"行",古音杭,引《老子》:"上士闻道,勤而行之;中士闻道,若存若亡。""故弱之胜强,柔之胜刚,天下莫不知,莫能行。"(《唐韵正》卷五《十二庚》)又曰:四句二韵,而语助"之"字,一有一无,在他诗亦有可证者。《老子》曰:"上士闻道,勤而行之,中士闻道,若存若亡",行与亡为韵。又《唐韵正》卷十七,《十三末》:"昧",今考古书"昧"字,有读去声者,有读入声者。去声则莫佩反。《老子》"明道若昧,夷道若类,进道若退"。又卷六《十九侯》:"偷",古音俞。《老子》"建德若偷,质直若渝,大方无隅"。

邓廷桢曰:偷、渝、隅为韵。"渝",古音读若褕。《诗·羔裘》"舍命不渝",与"侯"为韵。"隅",古音盖读若耦之平声。《诗·绸缪》"三星在隅",与"逅"为韵。偷、渝、隅古音皆侯部字。又曰:俞、禺二字今音与鱼、虞同,而古音皆在侯部,其从俞声、禺声之字,竝当入侯。……《老子》:"上德若谷,大白若辱,广德若不足,建德若偷，质直若渝，大方若隅。"谷、辱、足皆侯部之入声，偷、渝皆侯部之平声，而隅与之为韵，则从禺声之字皆隅之类，不但如《唐韵·厚部》所收之偶、耦、藕等字矣。

右景龙碑本九十五字，敦煌本、河本、王本同，傅本九十七字，范本九十八字。河上本题"同异第四十一"，王本题"四十一章"，范本题"上士闻道章第四十一"。

四十二章

道生一，一生二，二生三，三生万物。

谦之案：《淮南子·天文训》："道曰规，始于一。"王念孙曰："'曰规'二字与上下文义不相属，此因上文'故曰规生矩杀'而误衍也。《宋书·律书》作'道始于一'，无'曰规'二字。"今案王说是也。《淮南》义本《老子》此章，故下文曰："一而不生，故分而为阴阳，阴阳合和万物生。故曰一生二，二生三，三生万物。"又《庄子·天地篇》"泰初有无无，有无名，一之所起，有一而未形"，语本《老子》一章"无名，天地始"与本章"道生一"之旨。又《黄帝内经太素卷》十九《知针石篇》杨上善注曰："从道生一，谓之朴也；一分为二，谓天地也；从二生三，谓阴阳和气也；从三以生万物，分为九野、四时、日月乃至万物。"语亦出此。

又案：道生一，一者气也。《庄子·知北游篇》曰："通天下一气耳，圣人故贵一。"李道纯曰："道生一，虚无生一气；一生二，一气判阴阳。"赵志坚曰："一，元气，道之始也，古昔天地万物同得一气而有生。"大田晴轩曰："一二三，古今解者纷纭不一。案《淮南·天文训》：'规生矩杀，衡长权藏，绳居中央，为四时根。道曰规，始于一,一而不生,故分而为阴阳,阴阳合和而万物生。故曰道生一,一生二,二生三,三生万物。'此以一为一气,二为阴阳,三为阴阳交通之和也,此说极妥帖。"又曰:"案道,理也;一,一气也;庄周所谓'一之所起,有一而未形',是也。二,阴阳也;三,形气质之始也。第十四章曰:'此三者不可致诘,故混而为一。'盖此三也。意谓道生一气,一气分为阴阳,气化流行于天地之间,形气质具,而后万物生焉,故曰'三生万物'。"

万物负阴而抱阳,冲气以为和。

谦之案:《淮南·精神训》引"万物背阴而抱阳,冲气以为和",高诱注:"万物以背为阴,以腹为阳。"又《汉书·高帝纪》注引作"向阴而负阳"。又《列子·天瑞篇》:"冲和气者为人。"《太素》卷十九《知针石篇》杨上善注曰:"万物负阴抱阳,冲气以为和,万物尽从三气而生,故人之形不离阴阳也。"语皆本此。"抱",傅本作"裹";"冲",范应元、高翿作"盅";"气",张嗣成作"炁"。

人之所恶,唯孤、寡、不穀,而王公以为称。

严可均曰:"不穀",御注、王弼作"不谷"。

魏稼孙曰:"而王公以为称",御注"王公"字倒。

罗振玉曰:敦煌已本"为称"作"自名"。

谦之案:傅本作"王侯以自称也",范本作"王侯以自谓也"。范曰:"严遵同古本,河上公作'而王公以为称',今从古本。"按今怡兰堂与《道藏》二严本均作"而王公以名称",与范所见不同。劳健曰:"'王公以为称',诸唐本河上本皆如此。此作'王公',乃与'称'字谐韵,亦如第三十二章'侯''守'字,第三十九章'王''贞''王''称'字,当从诸唐本。"案从唐本是也,公、称为韵非。

故物或损之而益，或益之而损。

严可均曰："或益之而损"，御注无"或"字。

罗振玉曰：御注本、敦煌本无"或"字。

谦之案：磻溪、楼正、顾欢、彭耜、高翿亦无下"或"字，严遵本无下"或"字及首三字。

人之所教，我亦教之：

罗振玉曰：御注本、敦煌本均作"亦我义教之"。

谦之案：邢玄、磻溪、楼正、彭耜、赵、高与敦本同。室町本作"人之所教，我亦教人"。孙盛《老子疑问反讯》引"亦"下有"以"字。傅本"人之所教我，亦我之所教人"，范本"亦"上有"而"字。范云："王弼、严遵同古本，河上公作'人之所教，亦我义教之'。"案严本今作"人之所教，亦我教之"，与范所见不同。诸王本、广明本同此石。

强梁者不得其死，吾将以为教父。

谦之案：敦煌本"强"作"彊"，"教父"作"学父"，傅、范本同。

范应元曰：《音辩》云："古本作'学父'，河上公作'教父'。"按《尚书》"惟敩学半"，古本并作"学"字，则"学"宜音"敩"，亦教也，义同。父，始也。今并从古本。

马叙伦曰：范、罗卷及《弘明集》六释慧通《驳顾道士夷夏论》引并作"学父"。成疏曰："将为学道之先，父亦本也。"是成亦作"学父"。成疏引顾欢曰："其敩学之本父也。"则顾本作"敩"，"学"为"敩"省。《说文》曰："敩，觉悟也。"各本作"教父"。

谦之案："教父"即学父，犹今言师傅。《方言》六："凡尊老，南楚谓之父。"将"字与《庄子·德充符》"丘将以为师"之"将"义合。

【音韵】此章江氏《韵读》无韵。

右景龙碑七十三字,敦煌本、河、王本同,傅本七十九字,范本八十字。河上本题"道化第四十二",王本题"四十二章",范本题"道生一章第四十二"。

四十三章

天下之至柔,驰骋天下之至坚。

罗振玉曰:敦煌本无"骋"字。

彭耜曰:叶梦得无"骋"字,达真子"坚"作"刚"。

谦之案:诸河、王本及傅本同此石。范本作"天下之至柔,驰骋于天下之至坚",并云:"《淮南子》有'于'字,与古本合。"案《淮南子·原道》《道应》二篇今本引此均无"于"字,与范所见不同。又《御览·木部》一亦引"坚"作"刚"。

无有入于无闻。

严可均曰:御注、河上、王弼无"于"字,傅奕、《淮南子》作"出于无有,入于无间"。

魏稼孙曰:"无有入于无闻","闻"疑碑误。"闻"释"间",严误。

焦竑曰:古本《淮南子》并作"出于无有,入于无间"。

范应元曰:间,隙也。傅奕、严遵同古本。案今严本作"无有入于无间"。

刘师培曰：案《淮南·原道训》引作"出于无有，入于无间"，此《老子》古本也。王本亦有"出于"字。王弼上文注云："气无所不入，水无所不出于经。"注文"无所不出于经"，当作"无所不经"，与上"无所不入"对立。"出于"字必"无有"上之正文。盖王本亦作"出于无有，入于无间"，而"出于"二字误入注文也。傅奕本与《淮南》同。

刘文典曰：今本《老子》河上公《章句》"偏用第四十三"作"天下之至柔，驰骋天下之至坚，无有入无间"，"无有"上敓"出"字，可据《淮南子》引文增。《道应篇》引作"出于无有，入于无间"，疑后人改之也。《老子注》："无有，谓道也。道无形质，故能出入无间。"是所见本尚未敓"出"字。

王道曰：无间，无隙也。寻丈之水，能浮万斛之舟；六尺之辔，能驭千里之马。至柔驰骋至刚者，此类是也。天地之气，本无形也，而能贯乎金石；日月之光，本无质也，而能透乎蔀屋。无有入于无间者，此类是也。

是以知無為有益。

严可均曰：御注作"是以知无为之有益益"，河上、王弼有"之"字，不重"益"字。

魏稼孙曰：严举御注"之"字"益"字，失校，御注"是"上"吾"字。

罗振玉曰：景龙本、敦煌本均无"吾"字、"之"字。

谦之案：诸河、王本均作"吾是以知无为之有益"，景福、室町、范本同，"無"作"无"。顾欢作"吾是以知无为有益"，彭耜作"是以知无为之有益也"。

不言之教，無为之益，天下希及之。

谦之案：傅本"希"作"稀"，下有"矣"字。范本、景福本"無"作"无"。此所云即七十章"吾言甚易知，甚易行；天下莫能知，莫能行"之旨。

【音韵】此章江氏《韵读》无韵。高本汉、奚侗：坚、间为韵。按坚，真部，间，元部，此元、真通韵。薛蕙曰："坚犹刚强，不曰刚曰强，变文叶韵也。"

右景龙碑三十八字，敦煌本三十七字，河、本三十九字，傅本四十四字，范本四十二字。河上本题"遍用第四十三"，王本题"四十三章"，范本题"天下之至柔章第四十三"。

四十四章

名与身孰亲？身与货孰多？得与亡孰病？

谦之案："孰"，各本作"孰"，"孰""孰"古通用。"亡"字，李道纯、张嗣成作"失"，马叙伦曰："后人妄改也，亡与病韵。""孰多"之"多"训重。奚侗曰："《说文》：'多，重也。'谊为'重叠'之重，引申可训为'轻重'之重。《汉书·黥布传》'又多其材'，师古注：'多犹重也。'"

是故甚爱必大费、多藏必厚亡。

严可均曰："是故甚爱"，河上无"是故"。

谦之案：景福、奈卷、室町、顾欢均无，诸王本、敦、遂及《韩诗外传》九引有。《吕氏春秋·侈乐篇》高注引《老子》曰："多藏厚亡。"碑本"蔵"即"藏"字之别构。

故知足不辱，知止不殆，可以长久。

严可均曰："故知足"，各本无"故"字。

罗振玉曰：此句之首，景龙本、敦煌本皆有"故"字。

谦之案，遂州、严本亦有"故"字。又罗卷"辱"作"厚"，误。

李翹曰：《韩诗外传》九引《老子》自四十四章至四十六章止，中文字稍有不同。"知足不辱"句，《淮南·道应训》引同。《汉书·疏广传》："受曰：'吾闻知足不辱，知止不殆。功遂、身退，天之道也。'"《后汉书·张霸传》引一句同。"知足不辱，知止不殆"，《韩非子·六反篇》引二句同，《淮南子·人间训》引三句同，惟"长"作"脩"，《淮南书》讳父名也。

【音韵】此章江氏《韵读》。身、亲韵（真部），货、多韵（歌部，货，平声），亡、病韵（阳部，亡，平声、病音旁）。爱、费韵（脂部，爱音懿），藏、亡韵（阳部），足、辱韵（侯部），止、殆、久韵（之部）。姚文田分足、辱为一韵（六屋入声），止、殆、久为一韵（四之，上声）。邓廷桢："久"字无韵，云："以上七句，皆本句五字四字中自为韵，如《诗》'于嗟乎驺虞'，'日居月诸'之例。"江有诰曰："货"，呼卧切。按古有平声，当与戈部并收。《老子·立戒篇》"身与货孰多"为句中韵，"不贵难得之货"与过为叶（《唐韵四声正·三十九过》）。又曰："病"，皮命切。按有平声，读皮羊切，当与阳部并收。《老子·立戒篇》"得与亡孰病"，亡、病为句中韵（四十三映）。

又《古韵总论》曰：古人有一句一转韵而韵在句中者，如《老子》"名与身孰亲"七句，"我无为而民自化"四句。

马叙伦《毛诗正韵后序》引此章曰：身、亲、货、多、亡、病、爱、费、藏、亡、足、辱、止、殆、久，皆句中韵也。

右景龙碑本四十字，敦煌本同，河上本三十七字，王、傅、范本三十九字。河上本题"立戒第四十四",王本题"四十四章",范本题"名与身孰亲章第四十四"。

四十五章

大成若缺,其用不弊。

谦之案:"缺",各本作"缺",《意林》卷一引经及河上公注均作"鈌",宋刊河上本作"缺"。马叙伦曰:"'鈌''缺'并'缺'之讹,六朝俗书'缶'旁与'垂'旁往往相乱。'缶'写成'缶',因复误为'金'也。""弊"字,傅奕、彭、赵及《韩诗外传》九均作"敝"。《韵会小补》曰:"敝,笔别切,《老子》云云。"是方日昇所见本作"敝"。毕沅曰:"'敝',河上公、王弼作'獘'。"是毕所见河、王本作"獘"。今诸河、王本皆作"弊",同此石。

大盈若冲,其用不穷。

谦之案:敦煌、遂州、傅、范本及《文选·魏都赋》注、《赠陆机出为吴王郎中令诗》注、《一切经音义》五一"盈"均作"满"。傅、范"冲"作"盅"。范应元曰:"'大满若盅',郭云、王弼同古本。"是范所见王本亦作"满"。案作"盈"是也。"满"字以避汉惠帝讳而改(蒋锡昌说)。各本作"盈","盈"字是故书(马叙伦说)。"冲",从傅、范本作"盅",是也。字亦作"冲"。《淮南·原道》"冲而徐盈",注:"虚也。"此"大盈若冲",即大盈若虚也。

又案"大盈"与上文"大成"相对成文,"成"即"盛"字。盛与盈皆从皿,为饮食用古器物。马叙伦曰:"案'成'为'盛'省。《说文》曰:'盛黍稷在器中以祀者也。'引申谓器曰盛,《礼·丧大记》'食粥于盛'是也。此文'盛''缺'相对。《说文》:'缺,器破也。'"谦之案"盈"亦器也,《说文》:"盈,满器也,从皿及。"引申谓满贮为盈。"大盈若冲","冲"宜作"盅",《说文·皿部》"盅,器虚也,从皿,中声。《老子》曰:'道盅而用之。'"器虚对器满而言,言大盈之器,有如虚中之器,则其用不穷也。

大直若屈,

谦之案:诸河、王本同,傅、范"屈"作"诎"。罗卷"直"作"真",误。

范应元曰:诎音屈,枉曲也。太史公司马谈同古本。

马叙伦曰:各本及《淮南·道应训》《后汉书·荀爽传》注引并作"屈"。《说文》:"屈,无尾也。""诎,诘诎也。""頔,头頡頔也。""蚰,蛣蚰也。"是诘诎为屈曲之义。古书"屈申"字亦多用"诎"。又案此下当有"其用不屈"句。

孙诒让曰:案《韩诗外传》九引《老子》"屈"亦作"诎",与傅本正同,"大巧若拙"句在"大辩若讷"下,下又有"其用不屈"四字。以上文"其用不弊""其用不穷"二句例之,则有者是也。韩所据者,犹是先秦、西汉古本,故独完备。魏、晋以后本皆脱此句矣。

大巧若拙,大辩若讷。

罗振玉曰:"讷",敦煌本作"呐"。

谦之案:李道纯本、楼正本"辩"作"辨"。《庄子·胠箧》引"大巧若拙"句,《淮南·道应训》引上二句,并与此同。《韩诗外传》九引作"大辩若讷,大巧若拙,其用不屈",《牟子理惑论》引作"大辩若讷,大巧若拙",二句倒置。

易顺鼎曰:《道德指归论·大成若缺篇》"大巧若拙"下又云"是以赢而若诎",疑所据本有"大赢若诎"一句,无"大辩若讷"一句。

躁胜寒,静胜热,

魏稼孙曰:"躁胜塞",御注"塞"作"寒",严失校。

谦之案:"塞",诸本作"寒",此误字。"静",傅本作"靖",下同。又"躁"字,马叙伦曰:"'躁',《说文》作'趮',疾也,今通作'躁'。此当作'燥'。"案:马说是也。《释名》:"躁,燥也,物燥乃动而飞扬也。"《释言语》:"燥,焦也。"《说文》:"燥,干也。"严遵《道德指归论·大成若缺篇》曰:"故阴之至也,地裂而冰凝,清风飂冽,霜雪严凝,鱼鳖蛰伏,万物宛拳。当此之时,一处温室,临炉火,重狐貉,袭毳绵,犹不能御也;及至定神安精,动体劳形,则是理泄汗流,捐衣出室,暖有余身矣。"此以"动体劳形"释"躁"字,虽有见地,然欲以此说明"处温室,临炉火,重狐貉,袭毳绵",不足以胜寒,则与常识所见不同,此盖误于以"躁"为"趮"之说。实则"躁"者燥也,"燥"乃《老子书》中用楚方言,正指炉火而言。《诗·汝坟释文》曰:"楚人名火曰燥,齐人曰燬,吴人曰㷉。"老子楚人,故用"躁"字。"躁胜寒"与"静胜热"为对文。"静"与"瀞"字同,《楚辞》"收潦而水清",注作"瀞"。《说文》:"瀞,从水,静声。"意谓清水可以胜热,而炉火可以御寒也。

清静以为天下正。

严可均曰:"以为天下正",各本无"以"字。

谦之案:景福、邢玄、室町、顾欢、傅、范本均有"以"字。范"清"上有"知"字,云:"古本有'知以'二字。""清静",严本与《文选》扬雄《解嘲》注引作"能清能静"。"正",遂州本作"政",敦煌本作"正",不作"政",武内误校云:"敦、景、遂三本作'政'。"马叙伦曰:各本及《文选·东征赋》注引作"清静为天下正"。譣河上注曰:"能清能静,则为天下长。"是河上作"能清能静,为天下正"。成疏曰："清虚宁静，可以自利利他，以正治邪，故为天下正。"则成作"清静以为天下正"。《史记·老子传》曰："李耳无为自化，清静自正。"盖节文。

【音韵】此章江氏《韵读》：缺、弊韵（祭部，弊音蹩），仲、穷韵（中部），屈、拙、讷、热韵（脂、祭通韵、屈音缺，拙叶音税，讷叶奴月反）。静，正韵（耕部）。邓廷桢：缺、弊韵，云："'弊'音在祭部，'缺'则祭部之入声也。"谦之案：姚文田与江同、邓廷桢、高本汉、奚侗、陈柱均不以"热"字为韵。

李道纯曰："弊"叶韵作"鳖"。

顾炎武《唐韵正·十六屑》："缺"去声则苦惠反，亦作"觖"。《老子》："大成若缺，其用不獘。大盈若冲，其用不穷。"

右景龙碑本四十一字，敦煌本、河、王本四十字，傅、范本四十二字。河上本题"洪德第四十五"，王本题"四十五章"，范本题"大成若缺章第四十五"。

四十六章

天下有道，却走马以董；天下无道，戎马生于郊。

罗振玉曰："粪"，敦煌本作"董"，乃"粪"之别构。

谦之案：碑本同。又罗卷"戎"误作"我"，罗失校。"粪"，傅本作"播"。毕沅曰："'粪''播'古字通用。"《玉篇》："播，种也。"疑《老子》此处或有播种之义。

彭耜曰："朱文公本'粪'下有'车'字，谓以走马却粪车也。顷在江西见有所谓粪车者，方晓此。"吴澄曰："'粪'下诸家并无'车'字，惟《朱子语录》所说有之，而人莫知其所本。今按张衡《东京赋》

云'却走马以粪车',是用《老子》全句,则后汉之末,'车'字未阙,魏王弼注去衡未远,而已阙矣。盖其初偶脱一字,后人承舛,遂不知补。车、郊叶韵,阙'车'字则无韵。"谦之案:车、郊无韵,说见下。

易顺鼎曰:按《文子·精诚篇》云:"惟夜行者能有之,故却走马以粪,车轨不接于远方之外。"或以"车"字连上读,亦可为吴说作证。然《淮南·览冥训》云:"故却走马以粪,而车轨不接于远方之外。""粪"下有"而"字,则"车轨"当连读矣。高注云:"'却走马以粪',《老子》词也,止马不以走,但以粪粪田也。一说:国君无道,戎马生于郊,无事走马以粪田也,故兵车之轨不接远方之外。"《淮南》有许慎、高诱两注,此一说疑许注,而与高义同。《东京赋》薛综注亦引《老子》"却走马以粪",是汉末传《老子》者皆无"车"字,张衡殆误读《文子》与!王弼"以粪田",正用旧义也。车、郊音亦相远,吴氏以为叶韵,尤所未详。又按《文子·自然篇》云:"足迹不接于诸侯之境,车轨不结于千里之外。"是"车轨"连读无疑矣。何氏焯《读书记》谓《文子》作"粪车",李注偶未引及,非也。

谦之案:张景阳《七命》注引王弼曰:"天下有道,修于田而已,故却走马以粪田。"又《汉书·西域传》颜师古注:"《老子德经》曰:'天下有道,却走马以为粪。'"疑"粪"字或上有"为"字,或下有"田"字,此与"粪车"同为误引无疑。《韩非·解老》《喻老》引经文,与此石同。

又案《盐铁论·未通篇》曰:"当此之时,却走马以粪。其后师旅数发,戎马不足,㸺牝入阵,故驹犊生于战地也。"此以军中所用之戎马不足,牝马上阵为言,当为《老子》之古义。

罪莫大于可欲,祸莫大于不知足,咎莫大于欲得。

严可均曰:"罪莫大于欲得",王弼无此句。

罗振玉曰：景龙、御注、敦煌、景福四本均有"罪莫大于可欲"句，《释文》河上本亦有此句。又"大"字，敦煌本作"甚"。

谦之案：广明、庆阳、磻溪、楼正、遂州、奈卷、室町、高、顾、彭、傅、范均同此石。惟傅、范本第三句作"咎莫憯于欲得"，遂州、顾欢"大"作"甚"。《韩诗外传》九引首句"可欲"作"多欲"，吴澄本第三句在第二句上。又"咎"乃"咎"之别构，与第九章同。

俞樾曰：按河上本此句之上，有"罪莫大于可欲"一句，据《韩非子·解老篇》则此句当有。惟《韩子》作"祸莫大于可欲"，误也。其上文曰："夫上侵弱君，而下伤人民者，大罪也。"则本是"罪"字明矣。

刘师培曰：俞说是。《韩非子·解老篇》"祸"字涉上文"君祸"而讹。又《喻老篇》亦引此三语，正作"罪莫大于可欲"。且承上文"以名号为罪，以城与地为罪"言，则《老子》本文作"罪"明矣。惟《韩非子·解老》《喻老》二篇引"咎莫大于欲得"句，"大"均作"憯"，《解老篇》"得"又作"利"。又《解老篇》此语上文云"苦痛杂于肠胃之间则伤人也憯，憯则退而自咎"，即释此"憯"字之义也。"憯"与"痛"同，犹言"祸莫痛于欲得"也。《老子》古本亦必作"憯"，傅本犹然。今本作"大"，盖后人以上语"大"字律之耳。至于《解老篇》"得"作"利"，则涉上文"欲利"而讹，顾千里《识误》谓仍当作"得"，是也。

谦之案："大"作"憯"，是也。"憯"与"甚"通。敦、遂本作"甚"，傅、范本作"憯"。范曰："憯音惨，痛也。"毕沅曰："河上公、王弼'憯'字亦作'大'，《韩非》作'咎莫憯于欲利'，李约'憯'作'甚'。《说文解字》：'憯，痛也。'古音甚、憯同。"

马叙伦曰：成疏、罗卷作"甚"。成疏曰："其为咎责，莫甚于斯。"是成亦作"甚"。"甚"借为"憯",声同侵类。《说文》"糂"重文作"糣"是其例证。

故知足之足,常足。

严可均曰:"常足",御注、王弼作"常足矣"。

罗振玉曰:敦煌本无"故"字、"矣"字。

谦之案:严遵本亦无"故"字,遂州本无"矣"字,《韩诗外传》引有。司马光本无"之足"二字。《韩非·喻老》引"知足之为足矣",《文选·东京赋》注引"知足常足"。案"足"字从止,即"趾"字,故义为止。《易》"鼎折足",郑注:"无事曰趾,陈设曰足。"《汉书·五行志》:"足者止也。"二十八章"常德乃足",河上注:"止也。"

刘咸炘曰:"知止即知反。经屡言知足,即知止,知止谓保富贵也,相对往来皆不常久,必反乃为常,乃能久。"常久,实《老子》之宗旨。

【音韵】此章江氏《韵读》无韵。姚文田:欲、足韵(六屋入声)。邓廷桢、奚侗同。高本汉、陈柱:欲、足、得、足韵。案吴澄云:"'粪'下有'车'字,车、郊叶韵。"车,鱼部,郊,宵部,易顺鼎谓车、郊音亦相远,是也。魏源《老子本义》曰:"'静胜寒'三句,或谓此当属下章,盖正、粪为韵,而有道却走马,即清静治天下之效也。姑存其疑。"案正、粪为韵,更所未详。此章以道、郊为韵。道,幽部,郊,宵部,此幽、宵通韵,与四十章笑、道为韵同例。

吴棫《韵补》入声《一屋》:"得",得失。《老子》:"辠莫大于可欲,祸莫大于欲得。"《易林》:"入市求鹿,不见头足;终日至夜,竟无所得。"

右景龙碑本四十四字,敦煌本四十三字,河上本四十四字,王本三十九字,傅、范本四十五字。河上本题"俭欲第四十六",王本题"四十六章",范本题"天下有道章第四十六"。

四十七章

不出户,知天下;

罗振玉曰:景福本"户"下及下句"牖"下,均有"以"字。

谦之案:奈卷、室町及《淮南·道应训》《文子·道原篇》《治要》《意林》引与景福本同。又《文子·精诚篇》《下德篇》引"户"下有"以"字,《淮南·主术训》《后汉书·张衡传》注、《文选·思齐赋》注、《韩诗外传》三引有"而"字。《吕氏春秋·君守篇》引作"不出于户而知天下",傅、范本作"不出户,可以知天下",《韩非子·喻老》作"不出于户,可以知天下"。又《淮南·主术训》:"人主者,以天下之目视,以天下之耳听,以天下之智虑,以天下之力争。"盖即"不出户,知天下"之古义。

不窥牖,见天道。

罗振玉曰:景龙本、御注本"牖"作"牖","牖"之别体。

谦之案:罗卷"窥"作"闚",缺"牖"字,"见天道"作"知天道"。御注、邢玄、庆阳、磻溪、楼正、河上、顾欢、彭耜、傅奕、高翿均作"窥",同此石。诸王本、室町本作"闚"。又"牖"下,顾欢、室町本有"以"字,陆希声有"而"字。《吕氏春秋·君守篇》引作"不窥于牖,而知天道",《文子·精诚篇》作"不窥于牖,以知天道",傅、范本作"不窥牖,可以知天道"。又《尸子·处道篇》

引仲尼曰："不出于户而知天下，不下其堂而治四方。"《鬼谷子·本经阴符七篇》引："不出户而知天下，不窥牖而知天道；不见而命，不行而至。"语亦本此。

毕沅曰：案《韩非子》作"不阚于牖，可以知天道。"《说文解字》曰："窥，小视也。""阚，闪也。""闪，窥头门中也。"《方言》："凡相窃视，南楚谓之阚。"阮以为穴中窃视曰窥，门中窃视曰窥，应用"阚"字。老子楚人，用楚语矣。《韩非》是。

谦之案：毕说是也。《玉篇》："阚，相视也，与窥同。"《字林》："阚，倾头门内视也，字亦作阚。"任大椿《字林考逸》引《汉孟郁修尧庙碑》云"阚极道之要妙"云云，据此知"阚""阚"二字通。又"窥"，《说文》："小视也，从穴，规声。"与"阚"略同。《易观》"窥观利女贞"用"窥"，《丰》"阚其户"用"阚"，此当用"阚"。敦煌本作"阚"，与《韩非·喻老篇》同，当从之。夏竦《古文四声韵》出"阚"字，引厉山木《道德经》本作𧡴。

其出弥远，其知弥近。

严可均曰："弥近"，各本作"弥少"。

谦之案："弥"，傅本作"𢑥"，"近"乃"少"字之误。"少"，傅、范本作"尟"。范曰："'尟'字，《韩非》、王弼同古本。"又《韩非·喻老篇》《淮南·道应训》《精神训》《吕氏春秋·君守篇》引"远"下有"者"字。《淮南·精神训》"故曰其出弥远者，其知弥少"，注："以言夫精神之不可使外溢也。"王念孙云："此十二字是引《老子》而释之，后人误以为注文，故改入注耳。"又《吕氏春秋·先己篇》云："不出于门户，而天下治者，其惟知反于己身者乎？"《论人篇》云："太上反诸己，其次求诸人。其索之弥远者，其推之弥疏；其求之弥强者，失之弥远。"盖皆《老子》之变文。《君守篇》云：

"故曰不出于户而知天下，不窥于牖而知天道，其出弥远者，其知弥少。"则虽不引《老子》，一见而知其是引《老子》而释之也。又案傅本作"尟"，《说文》："尟，是少也。"朱骏声曰："贾侍中《说字》亦作尠。《易·系辞》郑本'故君子之道尟矣'，虞本'尟不及矣'，经传皆以'鲜'以'罕'为之。《尔雅·释诂》：'鲜，罕也。''鲜，寡也。'鲜、罕皆即此尟字。"毕沅曰："'尟'，古'鲜少'字，诸本皆作少。"马叙伦曰："案此当作'少'，'尟'为俗字，少与道为韵。"

　　是以圣人不行而知，不见而名，不为而成。

　　谦之案："不见而名"，《韩非·喻老》及张嗣成本、危大有本均引"名"作"明"。武内义雄曰："'名'乃'明'字之假借。"蒋锡昌曰："'名''明'古虽通用，然《老子》作'明'，不作'名'。二十二章'不自见故明'，五十二章'见小曰明'，皆'见''明'连言，均其证也。此当据张本改。"今案：《释名·释言语》："名，明也。""名"与"明"音义通，不必改字。又"不为"，河上本、赵孟𫖯本作"无为"，以上"不行""不见"连语证之，作"不为"是。

　　【音韵】此章江氏《韵读》：户、下韵（鱼部），牖、道韵（幽部）。姚文田、邓廷桢：增、名、成韵。陈柱：牖、道、少韵，名、成韵。高本汉同。奚侗：远、尠为韵，行、明、成为韵。盖"少"本作"尟"，"名"本作"明"，"不行而知"句，奚误改为"不知而行"也，"行"实际非韵。

　　顾炎武《唐韵正》卷九《三十五马》："下"古音户，《老子》："不出户，知天下。""修之天下，其德乃普。""九层之台，起于累土；千里之行，始于足下。""是以圣人欲上民必以其言下之，欲先民必以其身后之。""善为士者不武，善战者不怒，善胜敌者不争，善用人者为之下。"陈第引魏了翁云："六经凡下皆音户，舍皆音暑。不特六经，古音皆然。"

　　右景龙碑本不分章，三十六字，敦煌本、河、王本同，傅、范本四十字。河上题"鉴远第四十七"，王本题"四十七章"，范本题"不出户章第四十七"。

四十八章

　　为学日益，为道日损，
　　谦之案：傅、范本二"日"上并有"者"字。范曰："傅奕、严遵与古本有'者'字。"按今怡兰堂校刊严本无。"为学日益"与二十章"绝学无忧"，皆指学礼而言。《庄子·知北游篇》："礼者，道之华而乱之首也，故曰：'为道者日损。'"又《后汉书》六十六《范升传》，升奏议引：颜渊曰：'博我以文，约我以礼。'孔子可谓知教，颜可谓善学矣。"下引《老子》曰："学道日损。"以"学道"二字连，知有误文，惟以博文约礼为"学"，则为"学"之古义。

　　损之又损之，以至于无为。
　　严可均曰："又损之"，河上、王弼无"之"字。
　　谦之案：敦煌、御注、景福、庆阳、磻溪、室町、高、顾、傅、范本及《庄子·知北游》《治要》《意林》《文选·东京赋》注引均有"之"字。罗卷无"于"字，脱第一"损"字。严本无"以"字。

　　无为无不为。
　　严可均曰："无不为"，各本"无"上有"而"字。
　　罗振玉曰：景龙本、敦煌本均无"而"字。

谦之案：严本脱首"无为"二字，"不"作"以"。遂州本第二"无"下有"所"字，顾本第二"为"下有"也"字，赵孟頫本有"矣"字。傅、范本"无为"下有"则"字。范曰："'则'字，陈韶、王弼同古本。"又《淮南·道应训》引作"漠然无为，而无不为也"，下释之曰："所谓无为者，不先物为也；所谓无不为者，因物之所为。"

取天下常以无事，

谦之案：高翿、赵孟頫、彭耜上有"故"字，范本上有"将"字，严遵、傅奕上有"将欲"二字。范本"取"下有"于"字，严、傅、彭有"者"字。又《文子·自然篇》"无为故能取百川，不求故能得，不行故能至，是以取天下而无事"，即释此章。

俞樾曰：按"常"乃"当"字之误。河上公注曰："取，治也。治天下常当以无事。"疑河上原注作"治天下当以无事"，后人因经文讹作"常"，因于注文增入"常"字耳。

及其有事，不足以取天下。

谦之案：傅本"不"上有"又"字。诸王本五十七章注曰："上章云：'其取天下者常以无事，及其有事，又不足以取天下也。'"《道藏·宋张太守汇刻四家注》无"又"字，校云："傅奕本第四十一章经文作'又不足以取天下矣'。"

【音韵】此章江氏《韵读》无韵，诸家并同。按此章益、为、为韵，益、为皆支部。又损、损，事、事，句各自谐。

右景龙碑本四十字，敦煌本、河、王本同，傅本四十八字，范本四十六字。河上题"忘知第四十八"，王本题"四十八章"，范本题"为学日益章第四十八"。

四十九章

圣人无心,以百姓心为心。

谦之案:各本"无"下均有"常"字,敦煌本、顾欢本无。又《北堂书钞》七引"姓"下无"心"字,《御览》四百一引"姓"下有"之"字。案此言圣人不师心自用,唯以百姓之心为心而已。

善者吾善之,不善者吾亦善之,得善。信者吾信之,不信者吾亦信之,得信。

严可均曰:"得善信者",各本作"德善",下句亦然。御注脱"信"字。

罗振玉曰:"德"字,景龙本、敦煌本均作"得"。

谦之案:严、傅、遂州本及顾本引《节解》,强本成疏及荣注引经文,亦均作"得"。严、傅本"得善矣",《节解》与《御览》七六引同。奈卷、室町、顾、范、彭、赵本作"德善矣,德信矣"。《治要》引无"得善"与"得信"字。李道纯曰:"'德善''德信'下,或加'矣'字者,非。"

圣人在天下,怵怵;为天下,浑其心。

严可均曰:"怵怵",御注作"惵惵",河上作"忧忧",王弼作"歙歙"。简文云:"河上作'怵'。"高翿作"喋喋"。

罗振玉曰:案景龙、景福二本作"怵怵",御注本、敦煌本作"惵惵"。"浑",敦煌本作"混"。

毕沅曰:河上公作"怵怵",王弼作"歙歙",苏灵芝书明皇注本作"惵惵"。陆德明曰:"一本作'惵惵',河上本作'淡淡'。简文云:'河上本作怵怵。'今案河上公作"怵怵",与简文所见之本同。古无"惵"字,作"怵怵","歙""怵"声义相近。

谦之案:室町、奈卷、顾欢作"怵怵",同此石。傅、范本作"歙歙",同王弼。庆阳、磻溪、楼正、彭、赵作"惵惵",同御注。河上注:"圣人在天下怵怵,常恐怖富贵,不敢骄奢。"是河上本作"怵怵",简文云"河本作怵",是也。唐本"怵"多作"惵",盖本严注。严君平曰:"惵惵若恢恢,言虚心以包万方也。"彭耜《释文》曰:"歙歙固无义,惵惵亦无理。愚意惵惵当作憸憸,危惧貌。盖字之讹也。"谦之案:《玉篇》:"惵,徒烦切,恐惧也。""怵,耻律切,惧也。"又《说文》:"怵,恐也。"《广雅·释诂》二:"怵,惧也。"《释训》:"怵惕,恐惧也。"《礼记·祭统》:"心怵而奉之以礼。"《孟子》:"皆有怵惕恻隐之心。"是"惵惵"与"怵怵"均为恐惧之貌,义通。又案"浑其心",遂州、景福、御注、庆阳、磻溪、楼正、奈卷、室町、河上、顾、高、赵并同此石。严遵、彭耜无"其"字,傅本作"浑浑焉",范本作"浑心焉"。范云:"严遵、王弼同古本。"案浑其心,即浑浑沌沌之意。《吕览·大乐篇》:"浑浑沌沌。"《文选·江赋》注:"浑浑沌沌,鸡卵未分也。"《左传》文十八"谓之浑敦",注:"不开通之貌。"

刘师培曰:案此文"圣人在天下"句,"歙歙为"句,"在"疑"任"字之讹。"歙歙为"者,与二十章"沌沌兮"一律,乃形容"任天下"之词也。《文选·东京赋》李注引《老子》曰:"圣人在天下,惵惵焉。""惵惵"即"歙歙"异文,"焉"与"为"同。足证古本"歙歙为"句,"为"与"焉"同。

谦之案:刘说非也。各本均作"在",不作"任",此全句当为:"圣人在天下,怵怵;为天下,浑浑。""在天下"与"为天下"对,"怵怵"与"浑浑"对,"浑其心"三字乃"浑浑"注文窜入。傅本

"圣人之在天下，歙歙焉；为天下，浑浑焉"，"之"字、"焉"字皆增字，但"浑浑"二字与"怵怵"相对则无疑也。

百姓皆注其耳目，圣人皆孩之。

罗振玉曰："百姓皆注其耳目"，王本今本脱此句，景龙、御注、敦煌本均有之。

纪昀曰：案"孩"，《释文》云："王弼作咳。"据注文仍宜作"孩"。

武内义雄曰：敦、遂二本"孩"作"侅"。《释文》："咳，本或作孩。"

谦之案：今傅、范本作"咳"，严遵本作"骇"。范曰："咳，何来切，小儿笑貌。旧本、《释文》并作咳。"

俞樾曰：按"为天下，浑其心"下，河上本有"百姓皆注其耳目"七字，王弼本当亦有之，故注云："如此则言者言其所知，行者行其所能，百姓各皆注其耳目焉，吾皆孩之而已。"是可证其有此句也。注有"各用聪明"四字，在"为天下，浑其心"句下，正解"百姓皆注其耳目"之谊，而经文夺此句，当据河上公本补之。

谦之案：据补之是也。诸王本误脱此句，《道藏》王本有之。又"注"犹聚也，《周礼·兽人》及《豢田》疏："注犹聚也。"注其耳目，即聚其耳目。顾本成疏"河上作'注'，诸本作'浮'，浮者染滞也，颠倒之徒，迷没世境，纵恣耳目，滞着声色，既而漂浪长流，悠非自积"云云，案"浮"乃妄人以意改字，以求合于佛说，《老子》无此。

高亨曰：按"孩"借为"閡"。《说文》："閡，外闭也。"《汉书·律历志》"閡藏万物"，颜注引晋灼曰："外闭曰閡。"圣人皆孩之者，言圣人皆闭百姓之耳目也。上文云"歙歙为天下浑其心"，即谓使天下人心胥浑浑噩噩而无识无知也。此文云"百姓皆注其耳目，圣人皆阂之"，即谓闭塞百姓耳目之聪明，使无闻无见也。此老子之愚民政策耳。"孩""咳"一字，因其为借字，故亦作"骇"作"咳"。《晏子·外篇》第八："颈尾咳于天地乎！"孙星衍曰："咳与阂同。"亦以"咳"为"阂"。

【音韵】此章江氏《韵读》无韵。陈柱：二"心"字韵，三"善"字韵，三"信"字韵。

　　右景龙碑本六十三字，敦煌本六十二字，河上、王本六十四字，傅本六十八字，范本六十九字。河上本题"任德第四十九"，王本题"四十九章"，范本题"圣人无常心章第四十九"。

五十章

出生入死。生之徒十有三，死之徒十有三，
　　罗振玉曰：敦煌本"十"作"什"，下同。
　　马叙伦曰：《说文》无"塗""途"字，盖"徒"即"塗""途"本字也。《庄子·至乐篇》"食于道徒"，即道塗也。此"徒"字盖如字读。
　　谦之案："出生入死"，《吕氏春秋·情欲篇》高注引与此同。《庄子》："万物皆出于机，皆入于机。"又"其出不忻，其入不拒"，又"有乎出，有乎入，入出而无见其形"，皆出生入死之说。

人之生，动之死地，十有三。
　　严可均曰：王弼、高翿"地"下有"亦"字。
　　罗振玉曰：景龙、御注、景福、敦煌四本均无"亦"字，景福本

"动"下有"皆"字。

毕沅曰：傅本"而民之生生而动，动皆之死地，亦十有三"，河上公、王弼作"人之生，动之死地，亦十有三"，《谷神子》作"而民生动之死地，十有三"。案《韩非子》与奕同。

谦之案：严本、遂州本、奈卷均无"亦"字，奈卷、室町有"皆"字。范应元本作"民之生生而动之死地，亦十有三"，并云："《韩非》、严遵同古本。"

易顺鼎曰：王本及《韩非》似皆有误。《文选》鲍照《代君子有所思行》注引《老子》云："人之生生之厚，动皆之死地，十有三。"所引似为可据。盖以"人之生生之厚"六字共为一句。《老子》意谓人求生太厚，遂动之死地。故下文又申明之曰："夫何故？以其生生之厚。"夫生，十有三；死，十有三；其数本各居半，至于求生过厚，而死之数遂多于生矣。若作"人之生，生而动"，语近于不可解。观王注亦云："而民生生之厚，更之无生之地焉。"是"动之死地"之上有"生生之厚"四字之证。

高延第曰："生之徒"，谓得天厚者，可以久生；"死之徒"，谓得天薄者，中道而殀；"动而之死"者，谓得天本厚，可以久生，而不自保持，自蹈死地。盖天地之大，人物之蕃，生死纷纭，总不出此三者。"生生之厚"，谓富贵之人厚自奉养，服食药饵以求长生，适自蹈于死地，此即动而之死者之一端。缘世人但知戕贼为伤生，而以厚自奉养者为能养生，不知其取死同也，故申言之。夫天下之人以十分为率，殀死者居其三，自蹈于死者居其三，幸而得遂其生死之常者，仅居十之三耳。吁！此正命之人所由少与！

谦之案：十有三之说，自《韩非子》、河上公、碧虚子、叶梦得以四肢九窍为十三，已涉附会。乃又有以十恶三业为十三者，如杜广成；以五行生死之数为十三者，如范应元。其说皆穿凿不足信。苏辙谓生死之道九，而不生不死之道一，《老子》之言其九，不言其一，使人自得之。似深得《老子》之旨，而实以佛解《老》。焦竑因之而有读《老子》至"出生入死"章，大悟游戏死生之说。吁！亦诬矣！

夫何故？以其生生之厚。

马叙伦曰：范"故"作"哉"，奈卷及《文选·有新思行》注引"故"下有"哉"字。范曰："夫何哉"，《韩非》与古本同。

谦之案：景福本、傅、范本、室町本"厚"下有"也"字。罗振玉曰："景龙本'厚'下有'也'字。"盖误校。蒋锡昌沿其误而不知。

盖闻善摄生者，陆行不遇兕虎，入军不被甲兵。

谦之案："兕虎"乃"兕虎"之别构。"兕虎"当为"虎兕"。王弼注"虎兕无所措其爪角"，《淮南·诠言训》"虎无所措其爪，兕无所措其角"，皆"虎"在"兕"前，知古本当亦"虎兕"连文无疑。又敦煌本"甲"作"鉀"，乃"甲"之别构。"遇"，严本作"避"，"被"，河上本、赵本亦作"避"。

俞樾曰：按"被"，河上公本作"避"。据《韩非子·解老篇》云"入山不恃备以救害，故曰'入军不备甲兵'"，则"甲兵"以在己者言，自当以作"被"为长。

刘师培曰：按《韩非子·解老篇》云："圣人之游世也，无害人之心，则必无人害，无人害，则不备人，故曰'陆行不遇兕虎'。入山不恃备以救害，故曰'入军不备甲兵'。"（顾千里《识误》曰："入山当为入世。"）《老子》古本"被"当作"备"，言不恃甲兵之备也。"备""被"音近，后人改"备"为"被"，非古本矣。俞说非。

谦之案：作"被"是也。《韩非·解老》本亦作"被"。卢文弨曰："张凌本作被。"顾广圻曰："《藏》本作被，备、被义同。"王先慎曰："《广雅·释诂》：'备，具也。'《史记·绛侯世家集解》引张揖注：'被，具也。'故本书作'备'，王弼本作'被'，'甲兵'以在己者言，明作'备'作'被'二字并通。河上本作'避'，声之误。"

兕无所投其角，

谦之案：兕，兽名，犀之雌者。《尔雅》云："形似野牛，一角，重千斤。"《淮南子·坠形训》"南方之美者，有梁山之犀象焉"，高诱注："梁山在会稽。长沙湘南有犀角象牙，皆物之珍也。"《山海经》云："兕出湘水之南，苍黑色。"老子楚人，故以兕为喻。"无所投其角"，敦、遂本"投"作"驻"。顾本成疏："诸本言驻，驻，立也。"是成所见本作"驻"。《淮南·诠言训》引"虎无所措其爪，兕无所措其角"二句均作"措"。

蒋锡昌曰："驻"，盖与"注"通。《庄子·达生》"以瓦注者巧"，《释文》引李注："注，击也。""驻""注"均为"投"之假。《说文》："投，擿也。""兕无所投其角"言善摄生者，既不为兕所遇，故兕亦无所擿其角也。

谦之案：蒋说是也。《盐铁论·世务篇》引作"兕无用其角"，用亦注也。《老子》"百姓皆注其耳目"，注："用也。"

虎无所揩其爪，兵无所容其刃。

严可均曰："揩其爪"，御注、河上、王弼作"措"，《释文》作"错"。

武内义雄曰：敦、遂二本"措"作"错"，《释文》本同。

谦之案：罗卷"爪"作"狐"，误。碑本"措"作"揩"，亦误。"揩"乃"揩"之误字。《韩非·解老》《释文》、遂州本、范本均作"错"，景福、磻溪、室町、奈卷、傅奕均作"措"，"措""错"

古通。"措",安也,无所措其抓,即无所安其抓也。"爪",罗卷作"狐",乃"抓"之形似。夏竦《古文四声韵》卷四有"抓"字,引《古老子》作狐。

夫何故?以其无死地。

刘师培曰:案《韩非子·解老篇》云:"体天地之道,故曰:'无死地焉。'"则此文"也"字系"地"字之讹。王以"何地之有"相释,则王本亦作"地"。今河上本作"地",王本作"也",盖传写之讹也。

谦之案:诸王本皆作"地",不作"也",刘所据为误本。诸王本惟浙局据华亭张氏原本作"死也","死也"无义。诸石本、诸写本均同此石,惟遂州本"何"作"其"。范本"故"作"哉"。傅本、奈卷"故"下有"也"字,严本、室町本有"哉"字。《韩非·解老》与王羲之本、傅本"地"下有"焉"字,此则以意增字,助长语势,无关宏旨。

高延第曰:此章为处乱世者指示兕虎、兵刃皆凶暴不祥,喻世路之崎岖,人情之险诈。读《庄子·养生主》《人间世》二篇足尽此章之旨,非真谓饥虎可尾也。葛洪之徒不达此义,创为符咒厌胜,云可入山伏怪,谬妄甚矣。

【音韵】此章江氏《韵读》无韵。陈柱:三"三"字韵。谦之案:三,古音读若森。《诗·摽有梅》"其实三兮,求我庶士,迨其今兮",谐今韵。又厚、角为韵。方以智《通雅》曰:"角,古音禄,《诗》以叶屋,东方朔以叶足,仲长统以叶俗。"今案"禄"与"厚""足""屋",王念孙《谱》均入侯部,是角与厚同部为韵。

右景龙碑本七十九字,敦煌本同,河上公世德堂本同(宋刊本七十七字,有误脱)。王本八十字,傅本八十七字,范本八十三字。河上本题"贵生第五十",王本题"五十章",范本题"出生入死章第五十"。

五十一章

道生之,德畜之,物形之,势成之。是以万物莫不尊道而贵德。

严可均曰:"是以万物",御注作"是以圣人"。

魏稼孙曰:"德畜之",御注无"德"字。

罗振玉曰:敦煌本无"莫不"二字,景福本无"而"字。

武内义雄曰:敦本"势"作"热",恐误。

谦之案:遂州本作"熟成之","熟"字亦误。"畜之",广明作"蓄之","贵德",顾欢作"首德"。又严本无"莫不"二字,《后汉书·冯衍传》引无"是以"二字。

大田晴轩曰:道者理也,德者一气也。生之,谓始之也;畜之,谓赋之以气也。然细寻《老》《庄》之书,一气之外,更无所谓道者,道者亦唯此一气。故庄周以道为天地之彊阳气(《知北游》),"彊阳",运动不息之意(本郭象,"彊阳"二字又见《寓言篇》)。后儒所谓活泼泼地,盖谓此也。"物形之,势成之","形",定形,谓物物而与之定形也。庄周曰:"物生成理谓之形。"是也。"势成之",谓因其自然之势而成之也。

道之尊,德之贵,夫莫之命而常自然。

罗振玉曰:"道之尊,德之贵",敦煌本作"道尊、德贵"。"之命",御注本、敦煌本均作"爵"。

严可均曰:"夫莫之命",御注、傅奕作"之爵"。

谦之案：遂州、严遵、顾欢亦作"爵"。又《道藏·宋张太守汇刻四家注》此节附注校语云："明皇、王弼二本'命'并作'爵'。"各王注本均误录作弼注，殿本亦如此。纪昀曰："案此句，疑'命'字下原校语误作弼注。"案纪说是也。《道藏》张刻所见王弼本作"爵"，与严遵、傅奕古本并同，敦煌本亦作"爵"，作"爵"谊亦可通。

故道生之，德畜之，长之育之，成之熟之，养之覆之。

严可均曰："成之熟之"，王弼作"亭之毒之"。

罗振玉曰：景龙、御注、敦煌、景福四本均作"成之熟之"。又"德畜之"，罗卷脱此三字，武内敦本无"德"字。

谦之案：御注、庆阳、磻溪、楼正、顾、彭、赵、高、范均无"德"字，范"畜"作"蓄"。"成之熟之"，庆阳、楼正、磻溪、赵、顾、彭、高、奈卷、室町、河上、王羲之同此石。"养之覆之"，傅、范与《文选·辨命论》李注作"盖之覆之"。"成之熟之"，傅、范作"亭之毒之"。范曰："'亭毒'，王弼、李奇同古本。傅奕引《史记》云：'亭，凝结也。'《广雅》云：'毒，安也。'"毕沅曰："《说文解字》：'毒，厚也。'《释名》：'亭，停也。'据之，是亭、成、毒、孰声义皆相近。"

生而不有，为而不恃，长而不宰，是谓玄德。

奚侗曰：四句已见第十章，此复出。

谦之案：罗卷"恃"误作"怅"，严本"谓"作"为"。又唐李约本无"长而不宰"句。

【音韵】此章江氏《韵读》：畜、育、熟、覆韵（幽部），有、恃、宰韵（之部）。武内义雄、陈柱：有、恃、宰、德韵。邓廷桢曰：

有、恃、宰皆之、哈部字，德则之、哈部之入声也。"姚文田：生、形、成韵（十青平声），畜、育、毒、覆韵（七匊入声）。盖"成之熟之"作"亭之毒之"，熟、毒韵同。《列子·黄帝篇》："与汝游者，莫汝告也；彼所小言，尽人毒也；莫觉莫悟，何相孰也！"告、毒、孰为韵，即其例证。又高本汉以生、畜、长、育相间为韵。

顾炎武《唐韵正》卷十四："熟"，殊六切，去声则殊溜反。《老子》："故道生之畜之，长之育之，成之熟之，养之覆之。"又"育"余六切，去声则音柚。《老子》见上。

右景龙碑本七十二字，敦煌本注六十八字（实六十六字），河、王、傅本七十二字，范本七十一字。河上本题"养德第五十一"，王本题"五十一章"，范本题"道生之章第五十一"。

五十二章

天下有始，以为天下母。

谦之案：傅奕本作"可以为天下母"，诸本无"可"字，惟《道藏》王本此句下注：善始之，则善养畜之矣，故天下有始，则可以为天下母矣。"《道藏·宋张太守汇刻四家注》与《藏》本同，殿本误脱此二十二字。案注文"可以为天下母"，与傅奕本同。

既知其母，又知其子。

严可均曰："又知其子"，河上作"复知"，王弼、高翿作"以知"。

谦之案："既知其母"，《道藏》王本同，诸王本、敦、遂本、王羲之本、傅、范本"知"作"得"，景福、广明、河上、奈卷、室町、顾欢及《文选·思玄赋》注引同此石。"又知其子"，室町"又"下有

"以"字，敦、遂二本作"以知"，奈卷作"复知"。李道纯曰："'既得其母，以知其子'，或云'既知其母，复知其子'，二句皆非。"

既知□子，复守其母。没身不殆。

谦之案："知"下"其"字已泐，当据他本补之。"复守其母"，景福本作"复知其母"，盖涉上二"知"字而误。又李道纯本"守"作"归"，邢玄、奈卷、傅、范本"没"作"殁"。又此章所云，即二十五章所谓"周行而不殆"之旨。"周行而不殆，可以为天下母"，即此章"天下有始，以为天下母"也。"既知其母，又知其子，既知其子，复守其母"，子母相承不绝，即不殆之义。不殆犹不止，说详二十五章。

塞其兑，闭其门。终身不勤。

罗振玉曰："兑"，《释文》："河上本作'锐'。"景福本亦作"锐"，下同。

武内义雄曰：敦本"勤"作"懃"。

谦之案：罗卷作"勤"。又"兑"，今诸河上本并作"兑"，《淮南·道应训》引上三句同。

俞樾曰：案"兑"当读为"穴"。《文选·风赋》"空穴来风"，注引《庄子》"空阅来风"。"阅"从兑声，可叚作"穴"，"兑"亦可叚为"穴"也。"塞其穴"正与"闭其门"文义一律。

孙诒让曰：案"兑"当读为"隧"，二字古通用。襄二十三年《左传》"杞植、华还载甲夜入且于之隧"，《礼记·檀弓》郑注引之云："隧或为兑。"《晏子春秋·内篇问下篇》又作"兹于兑"，是其证也。《广雅·释室》云："隧，道也。"《左传》文元年杜注云："隧，径也。""塞其兑"，亦谓塞其道径也。

谦之案：俞说是也。"兑"者通之处，"兑"叚借为"阅"，实为穴为窍，耳目鼻口是也。《易·说卦》："兑为口。"《老子》"塞其兑"，河上注："兑，目也。"《庄子·德充符》"通而不失于兑"，亦指耳目而言。《淮南·道应训》"太公曰'塞民于兑'"，高诱注："兑，耳目鼻口也。《老子》曰：'塞其兑。'"是也。

开其兑，济其事，终身不救。

谦之案："开其兑"，遂州本"兑"作"门"，景福本作"锐"。"终身不救"与"终身不勤"二语相对成文，而用意相反。"勤"借为"瘽"。《说文》曰："瘽，病也。"（马叙伦说）"救"借为"捄"。《说文》曰："捄，聚敛也。"（罗运贤说不捄即无得之意）塞其兑，闭其门，夫唯病病，是以终身不病。开其兑，济其事，咎莫大于欲得，而终身无得。

见小曰明，守柔曰强。

谦之案：罗卷"小"下有"是"字，误。景福本、吴澄本"曰"并作"日"，奈卷、河上下句作"日"。吴曰："日或作曰，传写之误。"案文例与五十五章同应作"曰"，诸王本皆作"曰"，《淮南·道应训》引亦作"曰"，作"日"误。武内义雄谓"见小曰明"之"小"字，为"常"字之坏体，以五十五章"知常曰明"为证。此说甚辨。惟《淮南·兵略》云"见人之所不可见谓之明"，则"见小曰明"之说更为可通。又"守柔曰强"，敦煌本"守"作"用"，又强本荣注引经文云："用柔曰强。"盖皆涉下文"用"字而误。

用其光，复归其明，

谦之案：《淮南·道应训》引二句上有"是故"字，《牟子理惑论》引三句"用其光，复其明，无遗身殃"，无"归"字。又"复归其明"，高翻作"于明"。

无遗身殃，是谓习常。

严可均曰："习常"，御注、高翻作"袭常"。

武内义雄曰：敦、遂二本作"袭常"，"习""袭"同音相通。

谦之案：景福、奈卷、顾欢、诸河上、王本均作"习常"。邢玄、楼正、磻溪、严、彭、傅、范、王羲之、赵孟頫作"袭常"，"袭""习"古通。《文选》任彦升《萧公行状》注引《尚书·金縢》"习"作"袭"，云："习、袭通。"《周礼·地官胥师》注云："故书袭为习。"皆其例证。又"常"，《说文》："下帬也，从巾，尚声，或从衣。"盖"常"即古"裳"字。《释名》："裳，障也；所以自障蔽也。"此云"袭常"，与二十七章"是谓袭明"，同有韬光匿明之意。"袭"，《玉篇》："左衽袍也，入也，重衣也。"意即重衣下帬，所以自障蔽也。又"习常"之"常"，叶梦得本正作"裳"。惟《老子书》中，"光"与"明"异义（大田晴轩说）。十六章"复命曰常，知常曰明"，五十五章"知和曰常，知常曰明"，三十三章"知人者智，自知者明"，五十二章"见小曰明"，二十二章"不自见故明"，二十四章"自见不明"，言"明"皆就内在之智慧而言。五十八章"光而不耀"，四章、五十六章"和其光"，五十二章"用其光，复归其明"，言"光"皆就外表之智慧而言。盖和光同尘，光而不耀，是韬藏其光，亦即《庄子·齐物论》所谓"葆光"，此之谓"袭裳"也。不自见故明，明道若昧（四十一章），则是韬藏其明，"是谓微明"（三十六章），"是谓袭明"（二十七章）。盖袭明之与袭常，似同而实异也。

【音韵】此章江氏《韵读》：始、母、母、子、母、殆韵（之部)、门、勤韵(文部)、事、救韵(之、幽通韵、事叶士瘦反)、明、强、光、明、殃、常韵(阳部)。谦之案:事,之部,救,幽部,之、幽通韵。奚侗同。奚曰:"母读若每。事、救为韵。《鹖冠子·世兵篇》以、之韵游、邮,亦其例"。

顾炎武《唐韵正》卷十《四十五厚》:"母",古音满以反,引《老子》此章及"无名天地之始,有名万物之母""忽兮若海,漂兮若无所止,众人皆有以,而我独顽以鄙,我独异于人而贵食母""独立而不改,周行而不殆,可以为天下母""有国之母,可以长久"。

邓廷桢曰:事、救为韵。事为之部之去声,救为幽部之去声,非韵而以为韵者,犹之《诗·丝衣》以"俅"韵"鼐""基""牛""鼒"也。

右景龙碑本七十二字,敦煌本、河上、王本同,傅本七十三字,范本七十二字。河上本题"归元第五十二",王本题"五十二章",范本题"天下有始章第五十二"。

五十三章

使我介然有知,行于大道,唯施是畏。

丁仲祜曰:介,微也,《一切经音义》十五引《易》刘瓛注,《列子·杨朱篇》"无介然之虑者"《释文》。《列子·仲尼篇》:"其有介然之有,唯然之音,虽远在八荒之外,近在眉睫之内,来干我者,我必知之。"宋林希逸曰:"介然之有,言一介可见之微也。"又介然,坚固貌,《荀子·修身篇》"善在身,介然必以自好也"注。张充《与王俭书》:"介然之志,峭耸霜崖,确乎之情,峰横海岸。"

王念孙曰:王弼曰"唯施为之是畏也",河上公注略同。念孙案二家以"施为"释"施"字，非也。"施"读为"迆"，迆，邪也。言行于大道之中，唯惧其入于邪道也。下文云"大道甚夷，而民好径"，河上公注："径，邪不正也。"是其证矣。（案径即上文所谓施也。邪道足以惑人，故曰唯施是畏。王注曰："言大道荡然正平，而民犹尚舍之而不由，好从邪径，况复施为以塞大道之中乎！"于正文之外，又增一义，非是。）《说文》"迆，衺行也"，引《禹贡》："东迆北会于汇。"《孟子·离娄篇》"施从良人之所之"，赵注曰："施者，邪施而行。"丁公著音迆。《淮南·齐俗篇》"去非者，非批邪施也"，高注曰："施，微曲也。"《要略篇》"接径直施"，高注曰："施，邪也。"是"施"与"迆"通。《史记·贾生传》"庚子日施兮"，《汉书》"施"作"斜"，斜亦邪也。《韩非·解老篇》释此章之义曰："所谓大道也者，端道也。所谓貌施也者，邪道也。所谓径也者，佳丽也。佳丽也者，邪道之分也。"此尤其明证矣。

刘师培曰：案王说是。惟《韩非子·解老篇》曰："书之所谓大道也者，端道也。所谓貌施也者，邪道也。所谓径大也者，佳丽也。佳丽也者，邪道之分也。"据此文观之，则"唯施"古本作"貌施"，或"貌施"之上有"唯"字。《国语·晋语》云："夫貌，情之华也。"《广雅·释诂》："貌，巧也。"是"貌"字之义与夸饰同，故与"施"同为邪道。

大道甚夷，而人好俓。

严可均曰："而人好径"，御注、高翿作"民其好径"，河上、王弼作"而民"。

罗振玉曰："而"，敦煌本作"其"。

谦之案："夷"，范本作"侇"。范曰："侇，古本如此，《说文》云：'行平易也。'"又"径"字，严本作"迳"，景龙、御注、宋刊河上本皆作"俓"。《意林》卷一引《经》,"而民好俓",注引河上公"俓,邪不平正也",是马总所见本作"俓"。《玉篇·人部》:"'径',牛耕、牛燕二切,急也。"作"俓"恐非。"而人",高翿、磻溪、楼正、范、赵均作"民甚"。

刘师培曰:"俓"字之下当有"大"字。四十一章"大笑之",王念孙谓当作"大而笑之"。"大"与"迂"同,王以迂义解彼文"大"字,义虽稍曲,然此文"径大",大实训迂。《汉书·郊祀志》"怪迂",颜注:"迂谓回远也。"是"迂"与"径"同,故此文"径""大"并言。谦之案:刘说本《韩非子》,虽辨而曲。王先慎曰:"《德经》'大道甚夷,而民好径',河上公云:'径,邪不平正也。'此'大'字衍。"

朝甚除,田甚芜,仓甚虚,

马叙伦曰:"朝甚除","除"借为"污",犹"杇"之作"塗"也,诸家以除治解之,非也。

武内义雄曰:敦、遂二本"芜"作"苗"。

谦之案:法京敦丁本作"苗",罗卷作"芜"。《说文》:"苗,艸生于田者。"《公羊传》桓四年注:"苗,毛也。"此亦"芜"之假借。"芜",《说文》:"薉也。"《周语》"田畴荒芜",注:"秽也。""田甚芜",谓土地芜秽不治也。又"除",高本汉本一作"持",误。

服文綵,带利剑,厌饮食,财货有余,

严可均曰:"服文綵",御注、高翿作"彩"。"厌饮食",御注作"猒",高翿作"冒"。

罗振玉曰:"綵",广明本作"丝"。"厌",敦煌本作"猒"。"财",敦煌本作"资"。

武内义雄曰：敦、遂二本作"资货"，与《韩非·喻老》合。

谦之案："綵"，严、彭、范、磻溪、楼正作"采"。"綵"与"采"同，《说文》："从纟，采声。"《一切经音义》引《尚书》云："吕五綵彰施于五色。"《考工记》云："五綵备者谓之绣。"陈景元注引傅奕云："采乃古文绣字。"宇惠曰："'服文彩'，林本綵作采，《韩非子》同。一本作绣。"又"财货"，傅、范作"货财"，王羲之、赵、彭作"资财"，顾作"资货"。"饮食"，殿本作"饫食"。

是谓盗夸。非道也哉！

严可均曰：王弼"盗夸"下复有"盗夸"二字，《释文》引河上本同。

谦之案：《道藏·宋张太守汇刻四家注》引弼注："誇而不以其道得之，盗誇也；贵而不以其道得之，窃位也。故举非道以明，非道则皆盗誇也。"知王本读夸为誇。武内敦乙本与罗卷均作"盗誇"，下复有"盗誇"二字，想王本亦同。惟武内敦乙本有"也哉"二字，罗卷无。又严、彭、王羲之、磻溪、楼正均作"盗誇"，范本作"盗牵"。

杨慎曰："是谓盗誇"，诸本皆作"誇"。柳子厚诗亦押盗誇，盖赵韵之故。今据《韩非·解老篇》改作"竽"。

非之解曰："竽为众乐之倡，一竽唱而众乐和。大盗倡而小盗和，故曰盗竽。"其说既有证，又与"余"字韵叶，且韩去老不远，当得其真，故宜从之，虽使老子复生，不能易此字也。又柳子厚押韵，林萧翁、刘会孟解训，皆作"誇"，盖不考之过。河上公注亦作"誇"，岂有如此低神仙乎？

俞樾曰：按"夸"字无义。《韩非子·解老篇》作"盗竽"，其解曰："竽也者，五声之长者也。故竽先则钟瑟皆随，竽唱则诸乐皆和。今大奸作则俗之民唱，俗之民唱则小盗必和。故服文采，带利剑，厌饮食，而资货有余者，是之谓盗竽矣。"盖古本如此，当从之。

顾炎武曰："夸"，古音枯。《老子》"朝甚除"至"是谓盗夸"，《说文》："夸，从大，于声。"又洿、刳、刳、绔字皆从夸得声。杨慎据《韩非子》改《老子》"盗夸"为"盗竽"，恐非（《唐韵正》卷四）。又曰："是谓盗夸"，杨慎改为"盗竽"，谓本之《韩非子》，而不知古人读夸为刳，正与"除"为韵也（《答李子德书》）。

于省吾曰：按"盗"应读作"诞"，盗、诞双声，并定母字。敦煌本"夸"作"誇"，"盗誇"即"诞誇"。《说文》："夸，从大，于声。"景龙本"夸"作"夻"。《韩非子·解老》作"盗竽"，"盗竽"即"诞迂"，"迂""竽"并"夸"之借字，《韩非子》解竽为乐器，误矣。《吕览·本生》"非夸以名也"，注："夸，虚也。"《荀子·荣辱》"岂不迂乎哉"，注："迂，失也。"失与虚义相因。《汉书·五行志》"叔迂季伐"，注："迂，夸诞也。"上言"朝甚除，田甚芜，仓甚虚，服文绣，带利剑，厌饮食，财货有余"，皆诞夸之事，上下文义，适相连接。"诞夸""诞迂"乃古人謰语，亦作"誇诞""迂诞"。《荀子·不苟》："夸诞生惑。"《儒效》："夸诞则虚。《抱朴子·祛惑》："浅薄之徒，率多誇诞。"《史记·孝武本纪》："事如迂诞。"《汉书·艺文志》："则诞欺怪迂之文，弥以益多。"语例并同。自读"盗"如字，而"盗夸"二字遂不可解诂。

谦之案：作"盗夻"是也。夏竦《古文四声韵》卷二引《古老子》作夻，与碑本合。御注、赵孟頫本同此。范本作"牵"，疑与"夻"字通。牵，《说文》："所以惊人也，从大从羊。一曰：俗语以盗不止为牵，读若瓠。"

【音韵】此章江氏《韵读》无韵。姚文田：除、芜、虚、余、竽韵（十二鱼平声）。邓廷桢、奚侗。"竽"作"夸"。高本汉：除、芜、虚、余、竽（一作"夸"）与采、食、哉相间为韵。武内义雄：

畏、夷、径为韵。谦之案：畏、夷皆脂部，"径"字非韵。

江永《古韵标准》卷一《九麻》"夸"，引《老子》"朝甚除"至"是谓盗夸"。

右景龙碑本五十二字，敦煌本、王、范本同，河上本五十一字，傅本五十四字。河上本题"益证第五十三"，王本题"五十三章"，范本题"使我介然章第五十三"。

五十四章

善建者不拔，善抱者不脱，子孙祭祀不辍。

严可均曰："子孙祭祀不辍"，王弼"子孙"下有"以"字，《韩非子》有是"以其""世世"四字。

罗振玉曰：敦煌本无"者"字，景龙本、敦煌本无"以"字。"祀"，敦煌本作"祠"。

谦之案：顾欢本第一句亦无"者"字。傅本"抱"作"襃"，范本"脱"作"挩"。严遵、河上、御注、磻溪、楼正、顾、赵、傅、范、高均无"以"字。又《周易集解》"屯"下虞翻引第一句同此石。《淮南·主术训》引"善建者不拔"，注："言建之无形也。"王念孙云："此六字乃正文，非注文也。'故善建者不拔'者，引《老子》语也。'言建之无形也'者，释其义也。《文子》正作'故善建者不拔，言建之无形也'。"案《老子》古谊如此。又《韩非·喻老》"善建不拔，善抱不脱，子孙以其祭祀世世不辍"，顾广圻曰："《德经》无'以其''世世'四字。"又《解老》引"不拔""不脱""祭祀不绝"，则"辍"亦作"绝"，"辍""绝"义同。武内敦本作"醊"，罗卷作"餟"，均非。

修之身，其德乃真；修之家，其德有余；修之乡，其德乃长；修之于国，其德乃丰；修之于天下，其德乃普。

严可均曰："修之身"，河上、王弼"修之"下有"于"字，下"修之家""修之乡"亦然。御注、高翿五句皆无"于"字。"其德有余"，众本作"乃余"，御注作"其德能有余"，《韩非子》与此同。"修之于国"，《韩非子》作"于邦"，与丰叶韵，今沿汉避讳改也。

罗振玉曰：景福本无"之"字，下同。景龙、御注、敦煌三本均无"于"，下四句同。又敦煌本"乃"作"能"，下四句"乃"字同。御注"真"作"貞"。"其德乃余"，景龙、景福二本"乃"作"有"，敦煌本"余"上有"有"字。武内义雄曰：敦、遂二本"乃"皆作"能"。

谦之案：彭、赵、傅、范、楼正、高翿亦无五"于"字，室町本"有"字上有"乃"字，无上四"于"字。严本无"其德乃真"句，"其德有余"句与河上、奈卷同此石。又傅、范"国"作"邦"，傅"普"作"溥"。范曰："'邦'字，《韩非》与古本同。"

顾广圻曰：傅本"普"作"溥"，案"普""溥"同字也。

易顺鼎曰：按《周易集解》虞氏注引《老子》曰："修之身，德乃真。"《诗序·正义》曰："《老子》云：'修之家，其德乃余；修之邦，其德乃丰。'"皆无"于"字。虞所引并无"其"字矣。

焦竑曰："邦"，一作"国"，汉人避高帝讳改之，于韵不叶，今从《韩非》本。

洪颐煊曰："修之于国，其德乃丰"，案"国"当为"邦"。上下文身、真、家、余、乡、长、下、普皆为韵，此以邦、丰为韵。《韩非子·解老篇》"修之邦，其德乃丰"，又云"以邦观邦"，字尚未改。

故以身观身，以家观家，以乡观乡，以国观国，以天下观天下。吾何以知天下之然？以此。

严可均曰："天下之然"，河上作"之然哉"，王弼作"然哉"，无"之"字。

罗振玉曰：景龙、御注、敦煌三本均作"吾何以知天下之然？以此"。

谦之案：景福、磻溪、楼正、室町、奈卷、顾、彭、傅、范、高"然"下均有"哉"字。严本"天下"二字作"其"，傅、范"何"作"奚"，《韩非子·解老》引亦作"奚"。顾广圻曰："今《德经》'奚'作'何'，非。傅本作'奚'，与此合。"

【音韵】此章江氏《韵读》：拔、脱、辍韵（祭部，拔音蹩，脱，他厥反）。身、真韵（真部），家、余韵（鱼部，家音姑），乡、长韵（阳部），邦、丰韵（东部，邦，博工反，原作"修之国"，今从《韩非子·解老篇》所引改）。下、普韵（鱼部）。邓廷桢：拔、脱、辍韵，云："祭部之入声也。"

顾炎武《唐韵正四江》："邦"，古音博工反。引《老子》："修之邦，其德乃丰。"又《九麻》"家"，古音姑，引《老子》："修之家，其德乃余。"

毛奇龄《古今通韵》曰：向疑《老子》"修之于乡，其德乃长；修之于国，其德乃丰"，当是丰与乡协，即东、阳之通。既得《易林》功、国之协，始知乡、长、丰、国各自为协，乃辘轳押法，犹未敢遽信也。最后读《常武》诗，则"父"与"士"协，"国"与"我"协，旷若发矇。盖"国"隶职部，为蒸之入声，东、蒸本相通，故取为叶。然则叶自有踪迹，非偶然也（卷一）。谦之案：毛说非也。柴绍炳《古韵通》卷一《东部》旁通诸韵，引《老子》此章"国音公"，其误竟同。盖皆不知"邦"今为"国"，乃汉避讳所改，《韩非》作

"邦",其明证也。

江永《古韵标准》入声第六部曰:《老子》"修之于邦,其德乃丰",别本"邦"作"国",或是汉人避讳所改。《易林》"后稷农功,富利我国","国"亦是"邦"字。今人韵书引此叶国古红切,误甚。

孔广森《诗声类》(四)曰:案《说文解字》:"邦,从邑,丰声。"《释名》曰:"邦,封也,封有功于是也。"邦音曰封明矣。《老子》"修之于国,其德乃丰",《韩非·解老》引作"修之邦",故与"丰"合韵。今本承汉避高帝讳而改耳。毛氏《古今通韵》乃谓国有工音,疏谬至此,则其他支离之说,亦何足置辨!

江有诰曰:汉人往往避讳改古书,如《老子》"修之邦"与下"丰"韵,"邦"改为"国",避高帝讳也。《史记》"启"字悉改为"开",避景帝讳也。然则古韵间有不合,未必非汉人所改(《古韵总论》)。

李赓芸曰:《老子德经》"修之于身,其德乃真",此八句四易韵。"国"本"邦"字,与"丰"协。又《管子·牧民篇》:"毋曰不同生,远者不听;毋曰不同乡,远者不行;毋曰不同国,远者不从。""国"亦"邦"字,与"从"协也。汉人避高祖讳,改为"国",后人不知更正,沿之至今。

邓廷桢曰:"国",一本作"邦",按作"邦"者是也。邦之为言封也。《书序》云"邦康叔,邦诸侯",邦康叔者,封康叔也。《论语》云"且在邦域之中矣",邦域者,封域也。古音东、冬、钟、江同部,"邦"音薄工切,正与本句"丰"字为韵。

右景龙碑本八十七字,敦煌本八十四字(字数照武内,罗卷无),河上本九十字,王本九十一字,傅、范本八十六字。河上本题"修观第五十四",王本题"五十四章",范本题"善建者不拔章第五十四。"

五十五章

含德之厚,比于赤子。

谦之案:傅本"含德之厚者,比之于赤子也",范本无"之"字,河上公、王弼无"者""之""也"三字。又《列子·天瑞篇》张湛注引并同此石。此云"赤子",案《汉书·贾谊传》刘奉世注曰:"婴儿体色赤,故曰赤子耳。"

毒虫不螫,

严可均曰:御注、河上、高翿作"毒蟲不螫",王弼作"蜂虿虺蛇不蛰"。按"虫""虺"两通,作"蟲"者误。

谦之案:遂州、景福同此石。磻溪、楼正、柰卷、严、顾、彭、赵同御注,范同王弼。傅本作"蜂虿不螫"。

毕沅曰:依字"虿"应作"蠆","蜂"应作"蠭"。《汉书》"蝮蠚手则斩手,蠚足则斩足",即螫之谓也。《说文解字》"蠆"作"蛋",云:"螫也。"知两字声义近矣。

谦之案:"虫",《玉篇》:"一名蝮,此古文虺字。""虺,今以注鸣者,亦为蝮蟲也。""蜂"当作"蠭"。《字林》:"蠭,飞虫螫人者。""螫,蟲行毒也。""虺蛇"二字,在此无义,当从碑本。

俞樾曰:按河上公本作"毒蟲不螫",注云:"蜂虿蛇虺不螫。"是此六字乃河上公注也。王弼本亦当作"毒蟲不螫",后人以河上注羼入之。

蒋锡昌曰:王注"赤子无求无欲,不犯众物,故毒蟲之物,无犯于人也"，是王作"毒蟲"。顾本成疏"毒蟲，虺蛇类也"，强本荣注"是以毒蟲不得流其毒"，则成、荣并作"毒蟲"。"蜂蠆虺蛇"当改"毒蟲"，以复古本之真，俞说是也。

猛兽不据，攫鸟不搏。

武内义雄曰：此二句敦本作"攫鸟猛狩不搏"，遂本同敦本，唯"狩"字作"兽"。

谦之案：范本同遂本，惟"猛兽"在"攫鸟"前，均无"不据"字。严遵本作"攫鸟不搏，猛兽不据"，二句颠倒。

马叙伦曰：此文当作"猛兽不攫，鸷鸟不搏"。《淮南·齐俗训》曰："鸟穷则搏，兽穷则攫"，《礼记·儒行篇》曰"鸷虫攫搏"，并"搏""攫"连文，可证。"据""攫"形似而误，又夺"鸷"字耳。成疏曰："攫鸟，鹰鹯类也。"鹰鹯，正鸷鸟也。《说苑·修文篇》曰："天地阴阳盛长之时，猛兽不攫，鸷鸟不搏，蝮虿不螫"，疑本此文，亦"猛兽""鸷鸟"相对，"攫""搏"相对，尤可为例证也。潘正作"猛兽不攫，鸷鸟不搏"。

谦之案：潘静观本改"据"为"攫"，与敦、遂、范本无"不据"二字，均非。案"攫"字，唐玄宗御注《道德真经疏》、李约、李道纯、杜道坚、强思齐、宋刊河上本均作"攫"，乃"攫"之别构。傅本作"攫"是。《说文》："攫，爪持也。"《一切经音义》引《仓颉篇》："攫，搏也。"并引《淮南子》云："兽穷则攫。"高诱注："攫，撮也。"皆合爪持之义。攫鸟，鹰鹯之类，罗卷作"玃鸟"，遂州本作"貜鸟"，皆俗字。夏竦《古文四声韵》卷五有"攫"字，引《古老子》作𤔌；卷五有"据"字，引《古老子》作𢪘。"据"字作两虎相捔状，是故书。按王念孙《读书杂志》卷二："《战国策·楚策》：'楚与秦构难，此所谓两虎相搏者也。'引之曰：《太平御览·兵部》引此

'搏'作'据','据'字是也。'据'读若戟,谓两虎相挶持也。……《文选》江淹《杂诗》'幽、并逢虎据',李善注引此策'两虎相据',尤其明证矣。《史记·张仪传》载此文,当亦作'两虎相据',《集解》引徐广'音戟',正是'据'之音。……《老子》曰'猛兽不据,攫鸟不搏',《盐铁论·击之篇》曰'虎兕相拒,而蝼蚁得志',皆其证也。今本史记作'两虎相搏',盖后人多闻'搏',少闻'据',故改'据'为'搏'。"知《史记》《战国策》可改"据"为"搏",则《淮南》《说苑》亦可改"据"为"攫"明矣。此宜从碑本,作"据"是也。

骨弱筋柔而握固。

谦之案:"莇",当从各本作"筋"。《说文》:筋,从力,象筋也。"田潜曰:"力,筋也,象人筋之形,竹为物之多筋者,从力象其形。"今按"筋",景龙、敦煌、景福三本作"莇",御注、河上、王羲之、赵孟頫作"筋",皆俗字。陆德明曰:"筋者俗。"《九经字样》曰:"作'筯'讹俗,又作'勜',误。"

未知牝牡之合而□作,精之至。

严可均曰:"而峻作",王弼作"而全作"。《释文》引河上作"峻",本一作"朘"。"精之至",河上、王弼"至"下有"也"字,下句亦然。

魏稼孙曰:"而作","而"下原空一格,严臆增"峻"字,御注泐。

罗振玉曰:敦煌本、景福本亦作"峻"。"精之至也",景龙、御注、敦煌三本均无"也"字,下"和之至也"同。

谦之案:遂州、磻溪、楼正、奈卷、严、顾、彭、王羲之、赵孟頫诸本并作"峻",傅、范作"朘",高翿作"屡"。范应元曰:'朘',傅奕与古本同,今诸本多作'峻'。《玉篇》'朘'字注亦作

'峻''朘',系三字通用,并子雷切,赤子阴也。"

俞樾曰:按"而全作","全"字之义未详。王注:"作,长也,无物损其身,故能全长也。"说殊未安。河上本"全"作"峻",而其注曰:"赤子未知男女之合会,而阴作怒者,由精气多之所致也。"是以"阴"字释"峻"字。《玉篇·肉部》:"朘,赤子阴也。""峻"即"朘"也。疑王氏所据本作"全"者,乃"佥"字之误。"佥"者,"阴"之本字。……《老子》古本,盖从古文作"佥",而隶书或为"佥",《武梁祠堂画象》"阴"字左旁作"佥"是也。"佥"字阙坏,止存上半,则与"全"字相似,因误为"全"矣。是故作"佥"者《老子》之原文,作"全"者"佥"之误字,作"峻"者其别本也。王氏据误本作注,不能订正,遂使《老子》原文不可复见,惜之。

易顺鼎曰:按《释文》云:"河上本一作朘。"又引《说文》:"朘,赤子阴也。"《说文》无"朘"字,据此则唐本有之。《玉篇》亦云"朘,赤子阴也",即本《说文》之义。是《说文》本收"朘"字,盖即出于《老子》。"朘""全"音近,故或假"全"为之。王注之误,在于望文生义,不知"全"为"朘"之假借。

洪颐煊曰:按《说文》无"朘"字。《玉篇》:"朘,赤子阴也。亦作峻,《声类》又作朘。"《说文》亦无"朘"字,"朘"疑"𡵺"字之讹。《说文》:"𡵺,堫盖也,象皮包覆堫,下有两臂,而夕在下,读若范。"《素问·六节藏象论》"诸髓者皆属于脑",与下文"精之至也",义亦相合。

章炳麟曰:《老子》"未知牝牡之合而峻作",《释文》:"峻,赤子阴也,子垂反。"三州谓赤子阴曰"峻"(《岭外三州语》)。

终日号而不嗄,和之至。

谦之案:"号而不嗄",严可均曰:"高翿'而'下有'嗌'字。"

案严、彭、傅、范、王羲之、赵孟頫、磻溪均有"嗌"字。"号",严作"嗥"。"嗄",河上、奈卷作"哑",傅作"歍",严作"嚘"。案《庄子·庚桑楚篇》"儿子终日嗥而嗌不嗄,和之至也",《释文》:"'嗥',本又作'号'。'嗄',本又作'嚘'。"古钞《卷子》本正作"儿子终日号而嗌不嚘",疑出《老子》。"嗌"乃秦、晋方言,李颐曰:"嗌音厄,谓噎也。"扬雄《方言》六曰:"廝(音斯)、嗌(恶介反),噎也(皆谓咽痛也,音翳)。楚曰嘶,秦、晋或曰嗌,又曰噎。"《老子》楚人,当用楚语。

成玄英疏:"言赤子终日啼号而声不嘶嗄者,为无心作声,和气不散也。"成所见本经文,疑作"终日号而嘶不嗄"。彭耜《释文》曰:"嗌,咽也。黄茂材云:'古本无嗌字。而"嗌不嗄",《庄子》之文也,后人乃增于《老子》之书,今不取。'"又"嗄",本又作"噫",或作"哑"。陆德明曰:"而声不嗄,当作噫。"《道藏·张太守汇刻四家注》曰:"弼本'嗄'作'噫'。"又引弼曰:"无争欲之心,故终日出声而不噫也。"是王本作"噫"。噫与欧、噎、嚘均一声之转。严本作"嚘",《指归》"啼号不嚘,可谓志和",《玉篇》亦引作"终日号而不嚘"。《说文》"嚘"字云:"语未定貌。"扬雄《太玄·夷》:"次三柔,婴儿于号,三日不嚘。测曰:婴儿于号,中心和也。"语本《老子》。"嚘",从口从憂,與"嗄"形近,与"噎"义近,盖"嚘"为本字。《庄子·庚桑楚篇》司马彪注:"楚人谓噎极无声曰嚘。"《老子》楚人,用楚方言,用之秦、晋则为"嗌",又为"噎"。"噎"有憂义。刘端临《经传小记》曰:"噎,忧也。《诗》'中心如噎',传曰:'噎忧不能息也。'噎忧双声字。《玉篇》引《诗》"中心如噎",谓噎忧不能息也',增一'谓'字,最得毛氏之意。'噎忧'即'欧嚘',气逆也。《说文》'欧'字注:'忧也。'《玉篇》'嚘'字注:'《老子》曰:"终日号而不嚘。"嚘,气逆也,亦作歍。'

《广韵》：'欧，忧叹也。''歔，气逆也。'嚘、噎、欧、忧一声之转。"案端临所见，王念孙《方言疏证补》（高邮《王氏遗书》本第三册）引之，谓"实贯通《毛传》《方言》之旨"是也。今据以订正《老子》，知"号而嗌不嘎"，"嘎"是故书，其演变为"嚘"，为"歔"，因又转为"噎"，为"哑"，盖皆方言之变耳。易顺鼎曰："按《庄子·庚桑楚篇》云'终日号而嗌不嘎'，正本《老子》之文，较之《太玄》《玉篇》更为近古可据。'嘎'即《史记·刺客传》'吞炭为哑'之'哑'，《索隐》谓：'哑，瘖病也。'此章以螫、据、搏、固、作、嘎为韵，皆古音同部字，若作'嚘'则无韵矣。《释文》：'嘎，一迈反，又于介反。'音并非。"章炳麟曰："司马彪曰：'楚人谓嗌极无声曰嘎。'今通谓不能言者为'嘎'，嗌极无声亦曰'嘎'，通借'哑'字为之。'哑'本训笑，《易》言'笑言哑哑'，然《史记·刺客列传》已云'吞炭为哑'，其假借久矣。"（《新方言》四）据此知"哑"为假借字，本字实为"嘎"。"嘎""哑"同字，故河上、奈卷作"哑"，然"哑"为后起之字，欲复《老子》古本之真，则宜从碑本作"嘎"，作"嚘"、作"歔"、作"噎"、作"哑"皆非也。

知和曰常，知常曰明，益生曰祥，心使气曰强。

严可均曰："知常曰明"，河上作"日明"，下二句皆然。

武内义雄曰："益生曰祥"之"祥"字，罗振玉所藏敦煌本作"详"。案"祥"为"牂"之假借，与"壮"同义，与下"物壮则老"之"壮"字相应。

谦之案：罗《考异》未及此。校罗卷确为"详"字，与遂州本同，罗失校。遂本无"知常曰明"句。"曰"字，景福、奈卷作"日"，下三句皆然；室町本下三句作"日"，首句作"曰"。"强"字，楼正、武内敦本作"彊"，傅奕"曰强"作"则彊"。又"益生曰祥"，李道纯作"益生不祥"。《道德会元序例》云："'益生不祥'，或云'日祥'，或云'曰祥'，皆非也。"李本据河上丈人《章句》白本，理长。《庄子·德充符篇》："常因自然而不益生。"盖益生则《老子》所谓"生生之厚"，反于自然而动之，不祥是也。"不祥"二字，经文三见：三十一章"夫佳兵者不祥之器""兵者不祥之器"，七十八章"受国不祥"。惟此独作"祥"字，似有可疑。盖祥有妖祥之义。李奇曰："内妖曰眚，外妖曰祥。"《玉篇》："祥，妖怪也。"是祥即不祥。《道德经取善集》引孙登曰："生生之厚，动之妖祥。"是也。"曰祥"，说亦通。

易顺鼎曰：按祥即不祥。《书序》云"有祥桑谷共生于朝"，与此"祥"字同义。王注曰："生不可益，益之则夭。""夭"字当为"妖"，盖以"妖"解"祥"字。谦之案：《道藏·张太守汇刻四家注》引王弼正作"妖"。

马叙伦曰：河上注曰："人能知道之常行，则日以明达于玄妙也。"是河上亦作"日明"。成疏曰："多贪世利，厚益其生，所以烦恼障累，日日增广。"又曰："是以生死之业，日日强盛。"是成"曰祥"作"日祥"。……伦谓"日"为"曰"误，"曰""则"通用。

谦之案：作"曰"是也。《淮南·道应训》《文子·下德篇》引并作"曰"，当从之。刘文典《三余札记》（卷一）谓"曰当为日，形似而误"，以河上本此章为证，非是。

马叙伦又曰："氣"当作"气"，"彊"借为"僵"。《庄子·则阳篇》"推而彊之"，《玉篇》引作"僵"，是其例证……《老》《庄》"氣"字有视"心"字义为胜者，如《庄子·人间世篇》："无听之以耳，而听之以心；无听之以心，而听之以氣。氣也者，虚而待物者也。"《应帝王》曰："汝游心于淡，合氣于漠。"本书"专氣致柔""冲氣以为和"，皆是也。此"氣"字义亦然，故曰："心使氣曰僵"。

俞樾曰：按此下本有"是故用其光，复归其明"二句，后人因已见于五十二章而删去之耳。《淮南·道应篇》引《老子》曰："知和曰常，知常曰明，益生曰祥，心使气曰强，是故用其光，复归其明也。"是古本有此二句之明证。且"用其光，复归其明"，正见物不可终壮之意。故下文曰："物壮则老，谓之不道，不道早已。"今脱此二句，则与下文之意不属矣。《文子·下德篇》曰："知和曰常，知常曰明，益生曰祥，心使氣曰强，是谓玄同，用其光，复归其明"，亦有下二句。

物壮则老，谓之不道，不道早已。

严可均曰："谓之不道"，御注、高翿作"是谓不道"。

罗振玉曰：两"不"字，敦煌本并作"非"。

谦之案：作"不"是也。"早已"当作"早亡"，说见第三十章。遂州本、顾本"不"作"非"，严本上句作"非"，下句作"不"。楼正、磻溪、彭、傅、范、赵并同此石。王羲之"谓之"作"是谓"，河上"物壮则老"作"物壮将老"，广明"早已"作"早以"。又《太素》卷三引《老子》三句同此。

【音韵】此章江氏《韵读》：螫、据、搏、固、作、嗄韵（鱼部，螫音恕，搏音布，作音诅，嗄，疏去声）。常、明、祥、强韵（阳部），老、道、已韵（之、幽通韵，老，卢叟反，已叶音西）。谦之案：老、道，幽部，已，之部，此之、幽通韵。姚文田、邓廷桢同，惟"嗄"作"哑"，"已"字无韵。高本汉："螫"作"赦"，赦、搏、作与据、固相间为韵，老、道、已韵。

顾炎武《唐韵正·二十二昔》："螫"去声则音赦。《十九铎》"搏"去声则音甫，引《老子》此章，作音则故反，嗄音户。

江有诰《唐韵四声正·二十二昔》曰："螫"，施只切。按古有去声，当与御部并收。《老子·玄符篇》"毒虫不螫"，与据、搏（音布）叶。

孔广森《诗声类》（九）《鱼类》曰：古文去入通协者，《老子》："猛兽不据，攫鸟不搏，骨弱筋柔而握固。"

邓廷桢曰：螫、据、搏、固、作、嗄为韵。按"搏"当作"搏"。《说文》"搏"字解云："索持也。"《周礼·射人》《貍首》注云："貍善持者也，持即搏也。"《淮南子》曰："鸟穷则搏，兽穷则攫。"此其义也。《周礼·环人》"搏谍贼"，《经典释文》"搏，房布反"，为御部字，此其音也。此节上下文皆用御韵，不应此句独无，惟作"搏"则于韵正叶。又《尔雅》曰："攫父善顾"，郭注云："能攫持人，善顾盼。"《说文》"攫"字解云："大母猴也，善攫持人。"此节文义，盖言毒虫善螫而不螫，猛兽善据而不据，攫鸟善搏而不搏，则于义亦通矣。又"作"，古音读若阼、胙。夏声之字古音在御部，《说文》无"嗄"字。《广韵》"嗄"字引《老子》"终日号而不嗄"，注云："声不变也。"《庄子·庚桑楚》曰："终日嗥而嗌不嗄"，与此文同。是《老子》本作"嗄"，与螫、据、搏、固、作等字为韵。傅奕校定《老子》，作"不歇"，《玉篇》"嚘"字引此句作"不嚘"，注云："气逆也。"皆缘不知"嗄"为入韵之字，故致有异文耳。又老、道为韵，老、道皆幽部之上声也。"老"，古音在黝部，《诗·击鼓》与"手"韵，《女曰鸡鸣》与"酒"韵，《采芑》与"雠""犹""丑"韵，《小弁》与"首"韵，《泮水》与"茆""酒""道""丑"韵。

右景龙碑本七十七字，敦煌本七十五字，河上七十九字，王本八十一字，傅本八十三字，范本八十二字。河上题"玄符第五十五"，王本题"五十五章"，范本题"含德之厚章第五十五"。

五十六章

知者不言,言者不知。

谦之案:傅、范本"不言""不知"下并有"也"字。河上公、王弼诸本及《理惑论》《文选·魏都赋》《运命论》两注引均无二"也"字。《辅行纪》三引同,惟"者"作"则"。《庄子·天道篇》"则知者不言,言者不知。"《知北游篇》"夫知者不言,言者不知。"语皆本此,亦无"也"字。

塞其兑,闭其门,挫其锐,解其忿,和其光,同其尘,是谓玄同。

严可均曰:"解其忿",河上作"纷",王弼作"分"。

武内义雄曰:"敦、景、遂三本作"忿",盖"纷"为"忿"之借字。

谦之案:景福、严遵、高翿亦作"忿",邢玄、磻溪、楼正、奈卷、顾、彭、傅、范、赵作"纷"。案《吕览·慎大篇》"纷纷分分",注:"恐恨也。"疑"分"字为"棼"字之省字。《左》隐四《传》"犹治丝而棼之也",《释文》:"乱也。"王本"解其分"即解其紊乱也。敦、景、遂本作"忿"。按《广雅·释诂》三:"忿,怒也。"《易·象传》"君子以惩忿窒欲。"《楚辞·怀沙》"惩改忿兮",注:"恨也。""改忿"亦即"解其忿",二说均通。

易顺鼎曰:按此六句皆已见前,疑为复出。"挫其锐"四句,与上篇第四章同,乃上篇无注,而此皆有注,疑此注亦上篇第四章之注也。《文选·魏都赋》《运命论》两注皆引《老子》"知者不言,言者不知,是谓玄同",并无此六句,可证其为衍文矣。

故不可得而亲，不可得而疏；

严可均曰："不可得而疏"，河上"不"上有"亦"字，下二句皆然。

罗振玉曰：景福本无"而"字，下五句同。

谦之案：敦、遂二本无六"而"字，严、彭、傅、范无"故"字，傅、范本有"亦"字，下同。

不可得而利，亦不可得而害；

毕沅曰：王弼无"亦"字，下同。又"害"作"剌"。苏灵芝书作"秽"。《说文解字》："剌，利伤也。"无"秽"字。

不可得而贵，亦不可得而贱。故为天下贵。

严可均曰：诸本无"亦"字，河上有。

谦之案："而疏"句，奈卷有"亦"字。"而害""而贱"句，奈卷、顾欢有"亦"字。"不可得而贵"，赵无此句。又《庄子·徐无鬼篇》："故无所甚亲，无所甚疏，抱德炀和，以顺天下，此谓真人。"语意同此。

【音韵】此章江氏《韵读》：门、纷、尘韵（文部）。姚文田、奚侗同。高本汉以兑、锐，门、纷、尘、光、同交错为韵。兑与锐叶，门与纷、尘叶，光与同叶，此为隔句押韵式。

右景龙碑本六十八字，敦煌本六十字，河上本六十九字，王本六十六字，傅、范本七十字。河上题"玄德第五十六"，王本题"五十六章"，范本题"知者不言章第五十六"。

五十七章

以正治国,

严可均曰:"以正",御注作"以政"。

武内义雄曰:敦、遂二本作"政"。

谦之案:傅奕、邢玄、磻溪与《文子·上礼篇》引均作"政"。奈卷作"以正之国",顾欢作"以正理国",河上公、王弼同此石。《尹文子·大道下》引《老子》曰:"以政治国,以奇用兵,以无事取天下。政者,名法是也。"

顾本成疏"政谓名教法律也",与《尹文子》义同,盖名法家言。案"正""政"古二字通用,唯此与"奇"对,当作"正"。四十五章"清静为天下正",与此章"我好静而民自正",皆当用本字。

以奇用兵,

严可均曰:"以奇",御注误作"以其"。

刘师培曰:案"奇"与"正"对文,则奇义同邪。《管子·白心篇》"奇身名废"注云:"奇,邪不正也。"是奇即不正,以奇用兵,即不依正术用兵也。

以无事取天下。吾何以知其然?以此。

谦之案:取天下者,谓得民心也。四十八章:"所谓取天下者当以无事,及其有事,不足以取天下也。"证之以《荀子·王制篇》曰:"成侯、嗣公,聚敛计数之君也,未及取民也。子产,取民者也,未及为政者也。"

杨倞注:"未及,谓其才未及也;取民,谓得民心。"盖观有事不足以得民心，即知无事者之能得民心而取天下也。

　　严可均曰："知其然"，河上、王弼、高翿"然"下有"哉"字。

　　武内义雄曰：敦、遂二本"其然"作"天下之然"。

　　罗振玉曰：景龙、御注、景福三本均无"哉"字。

　　谦之案：傅、范本"何"作"奚"，又"知"下有"天下"二字。磻溪、楼正、顾欢同。严、彭、高翿，吴勉学本无"以此"二字。

　　俞樾曰：自"以正治国"至此数句，当属上章。如二十一章曰："吾何以知众甫之然哉？以此。"五十四章曰："吾何以知天下之然哉？以此。"并用"以此"字为章末结句，是其例矣。下文"天下多忌讳，而人弥贫"，乃别为一章，今误合之。

天下多忌讳，而人弥贫；人多利器，国家滋昏，

　　严可均曰：各本"人"作"民"。

　　吴云曰：傅本作"夫天下多忌讳"，诸本无"夫"字。

　　谦之案：彭、范、高同傅本，有"夫"字。"弥"，傅本作"镾"。《说文》："镾，久长也，从长，尔声；今字作弥。"《小尔雅广诂》："弥，久也。"又《仪礼·士冠礼》"三加弥尊"，注："犹益也。"《晋语》"赞言弥兴"，《东京赋》"历世弥光"，皆以"弥"假借为"益"。"天下多忌讳"，王注："所畏为忌，所隐为讳。"言天下忌讳愈多，而人乃益贫也。"多利器"句，河上公、王弼上并有"民"字，傅本无。此"民"字，遂州、磻溪、楼正、彭均作"人"。范"器"下有"而"字。范曰："古本有'而'字。"

人多伎巧，奇物滋起；

　　谦之案：傅、范本"人"作"民"，河上公、王弼作"人"。傅、范"民多知慧而衺事滋起"，范曰："王弼同古本，衺与邪同。"案弼注：

"民多知慧则巧伪生，巧伪生则邪事起。"是王所见本正作"邪事"，与傅、范、陆希声本同也。"伎巧"，司马"伎"作"利"，御注、楼正作"技"。案"邪""奇"二字通假。《贾子道术》"方直不曲谓之正，反正为邪。"《礼记·祭义》"虽有奇邪而不治者"，"奇邪"或作"奇衺"。《周礼·比长》"有皋奇衺则相及"，注："犹恶也。"《宫正》"与其奇衺之民"，注："奇衺，谲觚。"《内宰》"禁其奇衺"，注："若今媚道。"《司救》"衺恶过失"，注："衺恶谓侮慢长老，言语无忌，而未丽于皋者。"此言人多伎巧而邪事滋起也。此章"伎巧"乃"知巧"之讹，王注以"知慧"与"巧伪"并列，强本成疏"知巧谓机心"也。又遂州本正作"知巧"，可证经文当作"人多知巧，衺事滋起"。古谓衺为奇，谓事为物，"奇物"所以释"衺事"之义。然傅、范谊古而理胜，当从之。

法物滋彰，盗贼多有。

严可均曰：御注、王弼、高翿作"法令"。河上云："法物，好物也。"

谦之案：景福、奈卷、河上并作"法物"，楼正、傅、范、王羲之并作"法令"。案作"法令"是也，"法物"无义。强本成疏"法物犹法令"，知"法令"义优。《淮南·道应训》《文子·道原篇》《史记·酷吏列传》《后汉书·东夷传》引并作"法令"。"物"字盖涉上文"奇物"字而误。"法令滋彰"与"上食税之多"，及"夫佳兵者不祥之器"，均可代表《老子》之政治主张，非仅反对珍好之物而已。又"彰"，傅、范作"章"，范下有"而"字，赘。

故圣人云："我无为，人自化；我好静，人自正；我无事，人自富；我无欲，人自朴。"

严可均曰："人自化"，各本"人"作"而民"，下三句亦然。"我无事，人自富"，御注此句在"我好静"之上。

毕沅曰：明《道藏》河上公本下又有"我无情而民自清"句，考诸本皆无之。

纪昀曰：案一本有"我无情而民自清"句。

罗振玉曰：景龙、敦煌、景福三本"樸"均作"朴"。又敦煌本有"我无情而民自清"句。

谦之案：严遵、邢玄、磻溪、楼正、遂州及《文子道原篇》《御览》七六、《文选东京赋》注"无事"句并在"好静"句上，与御注同。《盐铁论·周秦篇》引《老子》"无欲"句在"无事"句上。又遂州"正"作"政"，傅"静"作"靖"，"自正"上有"天下"二字。

毕沅曰："靖"，诸本作"静"；"天下"，诸本亦作"民"。《庄子》作"无为而万物化，渊静而百姓定"。又赵孟頫本亦有"我无情而民自清"句。《汉书·曹参传》颜注引"我无为，民自化；我好静，民自正"，文同此石，唯"人"作"民"。案作"民"是也，碑本此章"人"字皆避唐讳而改。

【音韵】此章江氏《韵读》：贫、昏韵（文部），起、有韵（之部），为、化韵（歌部），静、正韵（耕部），事、富韵（之部），欲、朴韵（侯部）。姚文田、邓廷桢、奚侗同。溪曰："无为、好静、无事、无欲，语异谊同，变文以叶韵耳。"高本汉以讳、器，贫、昏，隔句交错为韵，余同。

姚鼐曰：清静为天下正，故以正治国，无二术矣。奇者余也，零余之道，备而不施，以是用兵可也。世以奇谲解之，大谬。正、兵合韵。

顾炎武《唐韵正·五支》："为"，古音訛。引《老子》："道常无为而无不为，侯王若能守，万物将自化。""我无为而民自化。""是以圣人欲不欲，不贵难得之货；学不学，复众人之所过；以辅万物之自然而不敢为。"

右景龙碑本八十三字，敦煌本八十五字，河上、王本八十八字，傅本九十二字，范本九十四字。河上本题"淳风第五十七"，王本题"五十七章"，范本题"以正治国章第五十七"。

五十八章

其政闷闷，其人醇醇；

严可均曰："其人醇醇"，各本作"其民"，御注、王弼、高翿作"淳淳"。

罗振玉曰：景龙、敦煌、景福三本均作"醕醕"。

武内义雄曰：敦、遂二本"醇醇"作"蠢蠢"。

谦之案：河上公作"醇醇"，《意林》引作"湻湻"。奈卷、顾欢同河上，楼正、彭、赵同王弼；王羲之与此石同。"醇""淳"古通用。马叙伦曰："《庄子·缮性篇》'浇淳散朴'，《释文》：'淳，本亦作醇。'是其证。"又敦、遂二本作"蠢蠢"。《说文》："蠢，动也。"又重言，形况字。《左》昭廿二《传》"今王室实蠢蠢焉"，注："动扰貌。"《说文》引作"惷"。又傅、范本及严本作"偆偆"。《春秋繁露》："偆偆者，喜乐之貌也。"《说文》："偆，富也。"又《淮南·道应训》引作"纯纯"，纯纯即焞焞，亦即钝钝，要之皆愚而无知之貌也。又"闷闷"，傅、范作"闵闵"。范曰："闵音门。"案"闵闵""闷闷"可通用，说见二十章。"闷"，《说文》："懑也。"《楚辞·惜诵》"中闷瞀之忳忳"，注："烦也。"疑"闷闷"本或作"懑懑"。夏竦《古文四声韵》引《古老子》有"懑"字，作𢟤。

易顺鼎曰：按《道德指归论》云："不施不予，闵闵缦缦；万民思挽，墨墨偆偆。""闵闵"即是"闷闷"之异文，"偆偆"即"湻湻"

之异文。傅奕本作"闵闵""偆偆"，即本此也。

其政察察，其人缺缺。

罗振玉曰：敦煌本无"其政"二字。

谦之案：傅、范本"察察"作"詧詧"。又诸本"人"作"民"，遂州本作"人"。"缺"，诸本作"缺"。《说文》："缺，器破也。"朱骏声曰："按谓瓦器破。又按字亦作'缺'，因误为'缺'。"

祸，福之所倚；福，祸之所伏。孰知其极？

严可均曰：御注作"祸兮福所倚，福兮祸所伏"。河上、王弼有两"兮"字，无两"之"字。

谦之案：景福、磻溪、楼正、彭、范、高、王羲之、赵孟頫并与河上、王弼同。遂州本二"兮"字并无。又"孰知其极"，诸本"孰"皆作"孰"。此言众人不知祸福之所归也。《文子·微明篇》云："利与害同门，祸与福同邻，非神圣莫之能分，故曰：'祸兮福所倚，福兮祸所伏，孰知其极？'"《吕氏春秋·制乐篇》云："故祸者福之所倚，福者祸之所伏。圣人所独见，众人焉知其极？"《荀子·正名篇》云："权不正则祸托于欲，而人以为福；福托于恶，而人以为祸。此亦人所以惑乱祸福也。"又《大略篇》云："庆者在堂，吊者在闾。祸与福邻，莫知其门。"此与贾谊《鹏赋》所云："夫祸之与福，何异纠缠；命不可测，孰知其极？"语皆出于《老子》。又《韩非·解老篇》云："故曰'祸兮福之所倚'，以成其功也。……故曰'福兮祸之所伏'……故谕人曰：'孰知其极？'"刘师培以所引于"祸兮"句下有"以成其功也"五字，疑此节多佚文。又《御览》四百五十九《说苑》引《老子》曰："得其所利，必虑其所害，乐其所乐，必顾其败。人为善者，天报以福；人为不善者，天报以祸。故曰：'祸兮福所倚，福兮祸所伏。'"易顺鼎以所引疑系此处逸文。实则《老子》语盖只此三句,《韩非》"以成其功也"与《说苑》引"故曰"以上诸语,皆为后人发挥《老子》之旨,非其本文,不可不辨。

其无正。政复为奇,善复为妖。

严可均曰:"其无正",御注作"正邪"。"政复为奇",各本作"正复"。

罗振玉曰:"妖",御注本作"祅",敦煌、景福二本作"訞"。

毕沅曰:傅奕作"䄏",河上公作"訞",王弼作"妖"。案"妖"应作"媄",古无"訞"字。

谦之案:傅、范皆作"䄏",赵作"媄",御注作"祅",邢玄、顾、彭作"祅",遂州本作"訞"。"祅""䄏""訞"并通。《玉篇·示部》"祅,于骄切。天反时为灾,地反物为祅。《说文》作䄏。"又《言部》:"訞,灾也。"黎本《玉篇》:"媄,于骄反,《字书》亦祅字也。"夏竦《古文四声韵》引《古老子》作"訞"(𧥛)。

又案"其无正","正"读为"定",言其无定也。《玉篇》:"正,长也,定也。"此作定解,言祸福倚伏,孰知其所极?其无定,即莫知其所归也。传本"正"下有"衺"字,与"邪"同。又奚侗改"正"为"止",谓天下之一治一乱,其始卒若环,无止境。说虽可通,但嫌以意改字,奚于四十七章改"不行而知"作"不知而行",均无所根据,为校勘家所不取。

人之迷,其日固久。

严可均曰:"人之迷",御注、河上、高翿作"民之"。

谦之案:磻溪、楼正、顾、范、赵并同御注。彭作"民之迷也"。"其日固久",御注作"其曰固久",赵作"其曰固已久矣",

"曰"字误。王羲之、范、彭作"其日固已久矣",与《易·明夷》王注引及《法言》卷十李轨注引并同。严、傅本"久"下亦有"矣"字,与范同。"人之迷",案《韩非·解老》曰:"凡失其所欲之路而妄行者之谓迷。"是也。

是以圣人方而不割,廉而不害,

严可均曰:"廉而不害",御注作"不刿",王弼作"不劌"。

罗振玉曰:《释文》、河上作"害",景龙、景福、敦煌三本均同。

谦之案:奈卷、室町、顾欢作"害",遂州、磻溪、楼正及武内敦本作"刿",《韩非·解老》引此,乾道本作"刿",《道藏》本作"刿"。顾广圻云:"《藏》本乃以他本《老子》改耳,《韩非》自作刿。"王先慎云:"刿、刿声近而误,非《韩子》本作刿也。"今案作"刿"是也。傅、范本均作"刿",《淮南·道应训》引亦作"刿"。景龙本作"害",乃涉上文"割"字而误。"刿",《庄子·释文》:"居卫反,司马云:伤也。"伤、害义同。"廉而不刿"与上文"方而不割"对文。方,方正也;廉,谓廉隅也:皆棱角伤刺之意。杨倞注《荀子·不苟篇》"廉而不刿"曰:"廉,棱也。《说文》:'刿,利伤也。'但有廉隅,不至于刃伤也。"此于义为长。"廉而不刿"一语,《荀子》中数见。《法行》云:"廉而不刿,行也。"《荣辱》云:"廉而不见贵者,刿也。"又《礼聘义》"廉而不刿",疏:"廉,棱也。"皆与此同。

直而不肆,光而不曜。

严可均曰:"不曜",御注作"耀",王弼作"燿"。

毕沅曰:王弼"燿"作"燿"。"燿"俗作"耀"。

罗振玉曰:景龙、景福、敦煌三本作"曜"。

王先慎曰:《说文》无"耀"字,河上公作"曜",傅本作"燿"。

李约本作"方而不割,直而不肆,光而不燿,廉而不刿",与各本全异,误倒。

谦之案:"曜""燿""耀"古通用。今奈卷、室町作"曜",磻溪、楼正、严、顾、彭、赵、傅、范作"耀"。《释名》:"曜,耀也,光明照耀也。"《玉篇》:"曜,余照切,照也。亦作燿。"《庄子·刻意篇》:"光矣而不燿。"《汉书·司马迁传》曰:"光耀天下,复反无名。"《释文》又作"嬥"。《玉篇·女部》:"'嬥',徒了、徒聊二切。嬥嬥,往来也。"义亦可通。

【音韵】此章江氏《韵读》:闷、醇韵(文部,闷,平声),察、缺韵(祭部,察音掣),祸、倚韵(歌部,倚音阘),福、伏、极韵(之部,福,方逼反,伏,扶逼反)。奚侗:伏、极、止为韵,奇、妖为韵。歌、宵相转,如《易·大过》过、弱为韵之例。割、刿、肆、燿为韵,以燿韵割、刿、肆,音转,如粜音弥,榖从粜得声,读若寮。高本汉:闷(一作"闵")、淳(一作"偆")为韵,妖、久为韵,刿(一作"秽",一作"害")、割为韵。姚文田、奚侗、陈柱、高本汉皆未知此章之首尾韵。

顾炎武《唐韵正》卷八《四纸》:"倚",古音于我反。《老子》"祸兮福所倚,福兮祸所伏",祸与倚为韵,福与伏为韵。

江有诰《古韵总论》曰:古人有一句首尾为韵者,如《老子》"祸兮福所倚"二句是也。

江永《古韵标准》入声第三部:"缺",苦穴切。《老子》:"其政察察,其民缺缺。"

右景龙碑本六十八字,敦煌本六十四字,河上、王本七十字,傅本七十三字,范本七十一字。河上题"顺化第五十八",王本题"五十八章",范本题"其政闷闷章第五十八"。

五十九章

治人事天，莫若啬。

魏稼孙曰："治人事天"，御注"人"作"民"。

武内义雄曰：敦、遂二本"啬"作"式"，"式"为"啬"之借字。

谦之案：邢玄"人"亦作"民"。"若"字，严、顾、彭、赵作"如"，《释文》出"如"字。"啬"，敦、遂二本及赵志坚本作"式"，作"式"是也。顾本成疏："'天'，自然也。'式'，法也。'莫若'，犹无过也。言上合天道，下化黎元者，无过用无为之法也。"是成所见本作"式"。又强本荣注："莫过以道用为法式。"是李荣所见本亦作"式"。"式"即法式，犹今语规律。《说文》："式，法也。"《周书·谥法》："式，法也。"《广雅·释诂》一："式，瀍也。"《诗·下武》"下士之式"，传："法也。"经文二十二章"圣人抱一为天下式"，易顺鼎曰："'式'即'栻'字。《广雅》'栻、桐也。'桐有天地、所以推阴阳，占吉凶，以枫子枣心木为之。《汉书·王莽传》'天文郎案栻于前'即此，"字亦作'式'。《周礼》"太史抱天时，与太师同车"，郑司农云"大出师，则太史主抱式以知天时，主吉凶。"……《老子》'式'字即此义。谦之案：《易》说甚辨。《老子》为周柱下史，《曾子问》引郑玄云："老聃，周之太史。"则其曾抱式以知天时，或亦分内之事。惟此云"治人事天莫若式"，乃就法式而言。二十八章"为天下式"，六十五章"两者亦楷式，常知楷式"，"式"字均作法式解，而法式之观念则固从观察天文之现象来也。

夫唯啬，是谓早服。

谦之案："啬"，敦、遂二本作"式"。"谓"，敦、遂本及严、彭、顾、傅、范作"以"。"早"殿本作"蚤"。"以""蚤"二字并与《韩非子·解老》同。"早服",敦、遂二本"服"作"伏",彭、赵作"复",傅、范同此石。范曰:"王弼、孙登及世本作'早服'。"

俞樾曰:按《困学纪闻》卷十引此文,两"服"字皆作"复",且引司马公、朱文公说并云"不远而复"。又曰:"王弼本作'早服',而注云'早服常也',亦当为'复'。"今案《韩非子·解老篇》曰:"夫能啬也,是从于道而服于理者也。众人离于患,陷于祸,犹未知退而不服从道理。圣人虽未见祸患之形,虚无服从于道理、以称蚤服。"然则古本自是"服"字。王说非。

又案《韩非·解老》引"夫谓啬,啬是以蚤服",卢文弨曰:"张本'谓'作'惟','以'作'谓',凌本'服'作'复'上下句皆同。王弼本作'复',《释文》:'复音服。'"顾广圻曰:"传本及今《德经》'谓'皆作'惟'。今《德经》'以'作'谓',傅本与此合。"

王先慎曰:凌本作"复"者,用《老子》误本改也。上文"从于道而服于理",又言"不服从道理",又云"虚无服从道理",即解《老子》"蚤服"之义。"服从"之服当作"服",更无疑义。知韩子所见《德经》本作"服",不作"复"也。《困学纪闻》十引《老子》"服"作"复",并引司马光、朱文公说云"不远而复",谓"王弼本作'早服',而注云'早服常也',亦当作'复'"。据此则王弼本仍作"服",与本书合。宋儒据《释文》为训,未检《韩子》也。凌氏依误本《老子》改本书,非是。

谦之案:作"蚤服"是也。范本引王本作"早复",《道藏·宋张太守汇刻四家注》引王注"早复常也","早复谓之重积德者也",是范、张皆见王本亦有作"复"者。司马光谓:"不远而复,不离于德,可以修身。"

朱熹谓:"能啬则不远而复,重积德者,先己有所积,后养以啬,是又加积之也。"盖皆以儒家之说解老，擅改"早服"为"早复"，王先慎所云"误本"者，殆即此耳。

高亨曰：窃疑"服"下当有"道"字，"早服道"与"重积德"句法相同，辞意相因，"服道"即二十三章所云"从事于道"之意也。《韩非子》引已无"道"字，盖其说也久矣。本章啬、道、德、克、极、母、久、道为韵。下句"早服"下亦说"道"字。

谦之案：高说是也。河上公注"早服"句："早，先也；服，得也。夫独爱民财，爱精气，则能先得天道也。"又注"重积德"句云："先得天道，是谓重积德于己也。"知河上公二句皆有"道"字，今脱。

早服谓之重积德。

王先慎曰：河上"谓之"作"是谓"，与《韩非·解老》文合。

谦之案：严遵本无此句。"早服"字可从《韩子》注，"服"训服从道理。《虞书》"五刑有服"，传："从也。"《尔雅·释诂》："服，事也。"《礼记·孔子闲居》"君子之服之也"，注："犹习也。"服有从习之义，谓从于道而习于理也。又"德"借为"悳"。《广雅·释诂》三："悳，得也。"《左》襄廿四《传》："德，国家之基也。"《家语·入官》："德，政之始也。"《吕览·精通》："德也者，万民之宰也。"皆借"德"为"悳"。言早服从道理，则积得深厚也。

重积德则无不剋，无不剋则莫知其极。

严可均曰："则无不剋"，御注、王弼作"不克"，下句亦然。

谦之案：景福、严遵、河上、室町、奈卷均作"剋"，敦煌、傅、范作"克"，遂州误作"充"。严无下"无不剋则"二句。案"克""剋"可通用。《字林》《尔雅释言》均训"克"为能。河上注：

"克，胜也。"案《字林》"尅，能也"，是音义同。又"莫知其极"，《尔雅·释诂》"极，至也。"《吕览·制乐》"乐人焉知其极"，注："犹终也。"《礼记·大学》"君子无所不用其极"，注："尽也。"《离骚》"亲民之计极"，注："穷也。"此"莫知其极"，即莫知其所穷尽之义。

莫知其极，可以有国。有国之母，可以长久。

谦之案：敦、遂二本"莫"作"能"，严本"有"作"为"，遂州本"长久"作"久长"。范本"极"下有"则"字。

范曰："'则'字，河上公、《韩非》同古本。"

是谓深根、固蒂、长生、久视之道。

严可均曰："固蔕"，御注作"故蔕"，王弼作"固柢"。

毕沅曰："柢"，河上公作"蔕"，《韩非》作"深其根，固其柢"，无"是谓"二字。苏灵芝书亦为"蔕"。

罗振玉曰："柢"，《释文》："亦作'蔕'。"敦煌、御注、景福三本作"蔕"。

谦之案：遂州、邢玄、磻溪、楼正、室町、奈卷、严、顾、赵、高并作"蔕"，《意林》《御览》六百五十九引同。傅、范本作"柢"范曰："'柢'字，傅奕引古本云：'柢，木根也。'又引郭璞云'柢谓根柢也。'河上公作'蔕'，非经义。夫'柢'亦是根。"谦之案：《字林》云："蔕、柢音同。"夏辣《古文四声韵》卷四引《古老子》亦作"蔕"（蔕），范说非。又"长生久视"为当时通行语。《荀子·荣辱篇》云："是庶人之所以取煖衣饱食、长生久视以免于刑戮也。"《吕氏春秋·重己篇》云"世之人主贵人，无贤不肖莫不欲长生久视"，高诱注："视，活也。"《老子》义同此。

【音韵】此章江氏《韵读》：啬、啬、复、德、德、克、克、极、国、母、久、道韵（之、幽通报、啬、史入声，服叶房逼反，克，枯力反，国，古逼反，道叶徒以反）。谦之案：啬、复、德、克、极、国、母，之部，久、道，之、幽并收，此之、幽通韵。姚文田分啬、啬、服、德、克、极、极、国为一韵（一韵入声），母、久为一韵（四之上声）。邓廷桢同。邓曰："久字上与母韵、与《诗》韵同；下与道韵、与《易·象传》韵同。"奚侗分啬、啬、复、复、德、德、克、克、极、极、国为一韵，复读若服。母、久、道为一韵。盖皆未审"之""幽"诸字其初皆全相叶也。又"啬"，敦、遂本作"式"，"式"亦之部入声。

陈第《屈宋古音义》曰："服音逼，《诗》《易》及秦、汉古辞无有不读逼者。"顾炎武《唐韵正》入声《一屋》："服"，古音蒲北反，引《老子》此章。旁证：《楚辞·离骚》："瞻前而顾后兮，相观民之计极，夫孰非善而可服！"

右景龙碑本六十四字，敦煌本六十三字，河上、王、傅本六十四字，范本六十五字。河上本题"守道第五十九"，王本题"五十九章"，范本题"治人事天章第五十九"。

六十章

治大国若亨小鲜。

罗振玉曰："亨"，王本作"烹"，与景福本同。《释文》出"烹"，注："不当加'火'。"则王本原作"亨"，今改正。景龙本、敦煌本均作"亨"，御注本、敦煌庚本作"享"。又"鲜"，敦煌辛本作"腥"，注："河上作'鲜'。"

谦之案：遂州本作"厚小腥"，"厚"字误。范本作"亨小鳞"，注："小鳞，小鱼也。治大国譬如亨小鳞。夫亨小鳞者不可扰，扰之则鱼烂。治大国者当无为，为之则民伤。盖天下神器不可为也。"鳞、神为韵，于义可通。又"腥"字，成玄英疏："腥，鱼也；河上公作鲜字，亦鱼也。"唯腥有臭义。《楚辞·涉江》"腥臊并御"，注："臭也。"又"肉则糜腥"，疏："生肉也，又为鲑。"《通俗文》："鱼臭曰腥。"作"腥"义短，仍从碑本作"亨小鲜"为是。孔广森《诗声类》三"亨"字下曰："案'亨''烹''享'三字，后人所别，古人皆只作'亨'字，而随义用之，其读似亦只有亨音。"河上注："烹小鱼不去肠，不去鳞，不敢挠，恐其糜也。"《淮南·齐俗训》引《老子》曰："治大国若烹小鲜，为宽裕者，曰勿数挠，为刻削者，曰致其醎酸而已。"皆合《老子》古义。

洪颐煊曰：按《韩非子·解老篇》："事大众而数摇之，则少成功；藏大器而数徙之，则多败伤；烹小鲜而数挠之，则贼其泽；治大国而数变法，则民苦之。是以有道之君贵静，不重变法。故曰：'治大国者苦烹小鲜。'""若"是"苦"字之讹。

易顺鼎曰：旧注皆以烹小鲜为烹小鱼，然义颇难解。《道德指归论·治大国篇》云："是以明王之治大国也，若亨小澌。"亨，通也。"澌"者，《说文》云："水索也。"水索谓水将尽。亨小澌，谓通极小之水，若行所无事矣。"亨"读如字，后人误读为烹；"澌"与"鲜"古字亦通。《诗》"有兔斯首"，笺："斯，白也。"今俗语"斯白"之字作"鲜"，是其证。小鲜即小澌也。

谦之案：洪、易皆颇迂曲其说，惟以此知"若"字疑本或作"苦"，"鲜"字疑严本作"澌"，是也。又《韩非·解老》引"国"下有"者"字，顾广圻曰："傅本及今《德经》皆无'者'字。"王先慎曰："《治要》有'者'字。"今案《三国志》卷四十四陈寿《评》，

"治大国者若烹小鲜",《后汉书·循吏传》注引"理大国者若亨小鲜也",《蜀志·姜维传评》引"治大国者犹烹小鲜",皆有"者"字。《北堂书钞》二十七引"治国若烹小鲜",《后汉书·逸民传》引"理大国若烹小鲜",《类聚》五十二、《淮南·齐俗训》《文子·道德篇》引"治大国若烹小鲜",均无"者"字,同此石。又马其昶曰:"《诗毛传》云:'烹鱼烦则碎,治民烦则散,知烹鱼则知治民。'义出《老子》。"

以道莅天下,其鬼不神。

顾广圻曰:傅本"下"下有"者"字,与各本全异。

王先慎曰:《治要》引《老子》亦有"者"字,盖唐人所见《老子》本有"者"字。

罗振玉曰:敦煌庚本、景福本均有"者"字。

谦之案:奈卷、室町、彭、赵亦有"者"字。

又"莅",傅本作"涖"。毕沅曰:"古'涖'字作'䇐',亦通用位,俗作'涖'及'莅',并非也。"陆德明曰:"莅,古无此字,《说文》作'䇐'。"易顺鼎曰:"按《淮南·俶真训》注云:'以道䇐天下,其鬼不神。''䇐'乃'莅'之正字,知高诱所见《老子》本作'䇐',作'莅'与'涖'者非也。此与《说文》引《老子书》'蛊'字,同为古文之可宝贵者。"

谦之案:"䇐"与"莅"义同。"莅",《玉篇》:"力致切。《诗》云:'方叔莅止。'莅,临也。""䇐",《玉篇》:"力季、力至二切,临也,从也。"此云"以道䇐天下"者,即以道临天下也,与"莅"无二义。"莅"字见《诗经》,《说文》未收,非古无此字。

谦之案:《论衡·知实篇》曰:"故夫贤圣者,道德智能之号;神者,渺茫恍惚无形之实。"以"贤圣"与"神"对举,其谊出于《老子》。又王道曰："传曰：'国将兴，听于人；国将亡，听于神。'圣人以道临天下，则公道昭明，人心纯正，善恶祸福，悉听于人；而妖诞之说，阴邪之气，举不得存乎其间，故其鬼不神。"

非其鬼不神，其神不伤人。

严可均曰：御注作"伤民"，下二句亦然。

谦之案：庆阳、磻溪、楼正、彭、范、高并作"民"，传本作"人"。《韩非子》引"非其鬼不神，其神不伤人也"，下有"也"字。惟乾道本"伤"下脱"人"字。

顾广圻曰：傅本及今《德经》皆无上下两"也"字。《藏》本"伤"下有"人"字"是也，傅本及今《德经》皆有。

非其神不伤人，圣人亦不伤人。夫两不相伤，故得交归。

严可均曰："交归"，各本作"交归焉"。

魏稼孙曰：御注"故德交归焉"，严举"焉"字，失校"德"字。

罗振玉曰：景龙本、敦煌辛本均作"故得交归"。

谦之案：庆阳、磻溪、楼正、彭、范、高"人"并作"民"。《韩非子·解老》"故"作"则"，与范本同。又引"圣人亦不伤民"，顾广圻曰："传本及今《德经》'民'皆作'人'。案《韩子》自作'民'。"王先慎曰："上当有'非其神不伤'句，惟赵孟頫本无，疑刊本书者从误本《老子》删之也。河上公、王弼、傅本并有。"又案"亦"字，诸本同，惟敦煌辛本作"之"并云："诸本皆作'亦'字，唯张係天（案强本成疏'天'作'师'）、陆先生本作'之'字。然'之''亦'二字形似，故写者误作'亦'字、今用'之'为是。言非此鬼之不伤物，但为人以道莅天下，能制伏耶恶（顾本、强本成疏'耶'作'邪'），故鬼不复伤害于人。力在圣治（顾本成疏'治'作

'理'），故云'圣人之不伤人'也。"

陶鸿庆曰："非其"二字，盖涉上文"非其鬼不神"而误衍也。王注云："道洽则神不伤人；神不伤人，则不知神之为神。道洽则圣人亦不伤人；圣人不伤人，则不知圣之为圣也。犹云不知神之为神，亦不知圣人之为圣也。"是其所见经文本作"神不伤人，圣人亦不伤人"。

【音韵】此章江氏《韵读》无韵。姚文田：鲜、神、神、人韵（七真平声）。高本汉同。奚侗：鲜、神、神、人、人、人韵。陈柱：鲜、神、神、人、人、人、焉韵。谦之案：鲜与神、人、焉为韵是也。鲜、神、人，真部，焉，元部，此为元、真通韵。

右景龙碑本不分章，四十七字，敦煌本、河上本同，王、范本四十八字，傅本四十九字。敦煌本题"治大国章"，河上题"居位第六十"，王本题"六十章"，范本题"治大国章第六十"。

六十一章

大国者下流，

高亨曰：此句当作"治大国若居下流"，转写挩"治"字"若"字，而"居"字又讹为"者"字也。河上注："治大国当如居下流。"是河上本原作"治大国若居下流"，其证一也。王注："江海居大而处下，则百川流之；大国居大而处下，则天下流之。故曰'大国下流'也。"末句当作"故曰'治大国若居下流'也"，转写挩字。盖王以江海之处下喻大国之处下，即释经文"若"字，"处下"即释"居下"，是王本原有"若"字"居"字无"者"字，明矣。其证二也。《释文》"茌"字"牝"字之间出"治"字，云："直吏反。"是陆所据王本原有"治"字，明矣。其证三也。"治大国若居下流"与上章"治大国若烹小鲜"句法一律,文有讹挩,遂不可读矣。《论语·阳货篇》:"恶居下流而讪上者。"《子张篇》:"君子恶居下流。"可证"居下流"为古代习用语。居下流者不敢自满自傲,故老子取焉。

天下之交,天下之牝。牝常以静胜牡,以静为下。

严可均曰:"天下之牝",御注作"之交",高翻作"之交牝"。"牡常以静胜牝",各本作"牝常以静胜牡"。

魏稼孙曰:严分"天下之牝"及"牝常以静胜牡"为二条。按各本作"牝常以静胜牡",当以六字为句,如此刻则似"天下之牝牝"一句,"常以静胜"一句,"牝以静为下"句。

谦之案:"天下之交",敦煌辛本及遂州本"交"作"郊",成玄英曰:"郊,郊外也。"又"天下之郊"重叠,成曰:"'天下之郊'牒前,又以生后句也,无上'牝'字。"严遵本作"大国者,天下之所流,天下之所交",无"常"字,下"以"上有"牝"字。范本作:"天下之下流,天下之所交也。天下之牝,牝常以静胜牡,以其静,故为下也。"傅本末句同范本,"静"作"靖"。磻溪、楼正、顾欢、高翻作"天下之交牝",敦、遂二本无"以静为下"句。诸本纷异,碑本句读从严可均,惟第三句当从诸河上本作"牝常以静常牡"。盖"天下之牝"犹言天下之母也。二十五章"以为天下母",《说文》:"母,牧也。"段注:"牧者,养人者也。以譬人之乳子,引申之,凡能生以启后者,皆曰母。"牝,畜母也,雌也,主生养人,故与"母"同义。下云"大国不过欲兼畜人",兼畜人者,即善生养人,乃言牝也。吴澄注:"牝不先动以求牡,牡常先动以求牝。动求者招损,静俟者受益,故曰'以静胜牡'。动求者居上,静俟者居下,故曰'以静为下'。"吴说得之。

又案"静"字,敦煌辛本作"彭",傅本作"靖"。"静""彭"

"靖"三字可通用。夏竦《古文四声韵》卷三出"静"字，引《古老子》作㪲。又出"彰"字，引《古老子》作㪲、㪲，卷四出"净"字，引《古老子》字与"彰"字下所引同，引《箱韵》作㪲，惟无"靖"字。盖"靖"即"净"字。四十五章"清静以为天下正"，敦煌己本"静"作"净"，知"静""净""靖"三字互通。

又案"交"字，即六十章"故得交归"之"交"。吴澄曰："交，会也。大国者，诸小国之交会，如水之下流，为天下众水之交会也。"可见遂州本以"交"为"郊"，与磻溪、诸本以"交牝"连文，均误。

故大国以下小国，则取小国；小国以下大国，则取大国。

严可均曰："则取大国"，御注作"则聚"。

罗振玉曰：御注本、敦煌辛本均作"聚"，下"而取"同。

谦之案：遂州、顾欢、《道藏》河上本、赵至坚本亦作"聚"。成玄英疏："小国自知卑下，守分雌柔，聚于大国之中，钦风慕义也。"又曰："小国用柔，故聚于大国；大国用下，故取得万国之欢心。用下则同，聚取斯别，故言或也。"知成疏下句下"取"亦作"聚"。又"取"下，傅本皆有"于"字。

劳健曰："聚"字诸本多误同上句，亦作"取"。开元本、敦煌唐写本，周氏残片与《道藏》龙兴碑本、赵至坚本皆作"聚"，是也。聚者犹言附保，即下章"不善，人所保"之义。诸作"取"者，当是"冣"之讹。《说文》："冣，积也。"徐锴曰："古之人以聚物之聚为冣。"按此字自汉以来，相承用为"最"字，如《蔡湛颂碑》"三载励冣"，即其例。是必传写者不识"冣"字本义，乃妄去"冖"作"取"，注家多因而曲为之说，实不可通也。

谦之案："取"字即聚义，上一"取"借为"聚"。《左》昭二十《传》"取人于萑苻之泽"，《庄子·天运篇》"取弟子游居寝卧其下"皆聚义。《易·萃卦·彖》"聚以正也",《释文》:"荀作取。"知"取""聚"字通,不必改字。下二"取"字为"聚于"义,即趣义。《释名·释言语》:"取,趣也。"《汉书·王吉传》注:"取,进趣也。"按趣,向也。《淮南·原道》"秉其要归之趣",即向也。小国而下大国,则趣向于大国。

故或下以取,或下如取。

严可均曰:御注下句作"或下而聚",河上、王弼、高翿作"而取"。

罗振玉曰:敦煌本"以"作"而"。下句景龙、景福、敦煌庚本均作"如",辛本作"而"。

谦之案:傅本无"故"字。遂州、顾欢、《道藏》河上本、赵志坚本下"取"亦作"聚"。严遵本作"故或下而取,或下而取于人"。

俞樾曰:按古"以"字与"而"字通。《周易·同人·象传》曰:"文明以健,中正而应。"《系辞传》曰:"蓍之德圆而神,卦之德方以知。"昭十一年《左传》曰:"桀克有缗以丧其国,纣克东夷而陨其身。"《孟子·告子篇》曰:"秦、楚之王悦于利,以罢三军之师""秦、楚之王悦于仁义,而罢三军之师"。并"以""而"互用,是其义同也。"大国以下小国,则取小国,小国以下大国,则取大国",犹曰大国而下小国,则取小国,小国而下大国,则取大国也。故"或下以取,或下而取"两句文义无别,疑有夺误。

大国不过欲兼畜人,小国不过欲入事人。此两者各得其所欲,大者宜为下。

严可均曰:"此两者",河上、王弼"此"作"夫",高翿无"此"字。

罗振玉曰：景福本、敦煌庚本无"夫两者"三字，御注本、敦煌辛本"大者"句首均有"故"字。

谦之案：邢玄、磻溪、楼正、彭、范、赵、高均无"此"字，有"故"字。范作"故大国者宜为下"。又此章武内敦本与罗卷辛本同，与庚本异。

【音韵】此章江氏《韵读》无韵，诸家并同。陈柱：四"国"字韵，两"人"字韵。

右景龙碑本不分章，八十二字，敦煌辛本八十字，河上、王本八十二字，傅本八十九字，范本九十一字。河上本题"谦德第六十一"，王本题"六十一章"，范本题"大国者天下之下流章第六十一"。

六十二章

道者，万物之奥。

谦之案：罗卷、范本同上。彭、傅本下有"也"字，《后汉书·冯衍传》注引亦有"也"字。"奥"字，《说文》："奧，宛也，室之西南隅。"夏竦《古文四声韵》卷四出"奥""懊""墺""隩"四字，下三字均引《古老子》，惟"奥"字下无，疑古本"奥"字有偏旁。《书·尧典》"厥民隩"，司马迁作"其民燠"，马融曰："隩，煖也。"孙星衍疏曰："史公'隩'作'燠'者，《老子·释文》'奥，暖也。'""隩""奥"通字，"燠"义同煖，是奥有煖义。但亦有藏义，《广雅·释诂》："奥，藏也。"河上注："奥，藏也。道为万物之藏，无所不容也。"

彭耜《释文》曰："'奥'，李乌报切。言道体无外而万物资给于奥中。"《隋书·经籍志》曰:"道者,盖为万物之奥",即本此。合此二义,则道为万物之奥,即为万物之温燠处也。高亨说:"奧,藏谷也,从艹,奉米内穴中。"此则非是。案《字鉴》曰:"奥,于到切,深也,从宀从采。"《音辨》从廾,音拱,今作大,俗。中从米粟字"误。"

善,人之宝;不善,人之所不保。

严可均曰:"不善,人之所不保",各本作"所保"。

罗振玉曰:敦煌辛本"所"下有"不"字。

武内义雄曰:敦、景、遂三本作"所不保","不"字恐衍。

谦之案:严遵亦作"所不保",赵志坚同,但"保"作"宝"。《尹文子·大道篇》引"不善人之所宝",傅、范本有"所"字,无"不"字。今案此文当以"善""不善"断句,道既含有万物庇荫之义。则"善""不善"均在奥中。惟人则不能无所选择,善为人之宝、故"宝而持之",持之犹固执之也。"不善,人之所不保",以不善则为人所不附,《庄子·列御寇篇》"人将保汝矣",司马云:"保,附也。"不保犹言人将不亲附之也。

美言可以市尊,行可以加人。

谦之案:傅本作"美言可以于市,尊言可以加于人",范同,惟"言"作"行",注云:"'于市'上疑脱一字。"盖此文传写多误,傅、范本亦然。《淮南子·人间训》《道应训》引并作"美言可以市尊,美行可以加人",可据改正。

俞樾曰:按《淮南子·道应训》《人间训》引此文,是今本脱一"美"字是也。惟《人间训》引"君子曰",王念孙云:"'君子'本作《老子》,此浅学人改之也。"今《老子》作"美言可以市,尊行可以加人",无下"美"字,而以"市"字绝句,"尊"字下属为句。《道应篇》引《老子》亦有下"美"字，则所见本异也。

　　谦之案：此文以"美言"与"美行"对文，又"尊""人"字，尊，文部，人，真部，此文、真通韵，宜从《淮南》。

　　人之不善，何弃之有？

　　罗振玉曰：敦煌辛本"何"作"奚"。"弃"，景龙本、敦煌庚本均作"弃"。

　　谦之案：遂州、顾欢、赵志坚本均作"奚"，顾本成疏："奚，何也。"《意林》诸本引并作"何"。美言美行既见重于人，则不善者可以善者为师，而进至于善，故曰："何弃之有"。

　　故立天子，置三公，虽有拱璧以先驷马，不如坐进此道。

　　武内义雄曰："拱璧"，敦本作"供之璧"，"之"字恐衍。又"驷马"作"四马"。

　　谦之案：《左传》襄十九年《正义》引《老子》曰："虽有拱抱之璧以先驷马。""拱抱之璧"即王注所云"拱抱宝璧"也。易顺鼎非之，谓："《左传》襄三十一年'叔仲带窃其拱璧'，杜注：'拱璧，公大璧。'《玉篇》：'珙，大璧也。''拱璧'即'珙璧'。"今案：范本正作"珙璧"。

　　古之所以贵此道者何？不曰求以得，有罪以勉，故为天下贵。

　　严可均曰："不日求以得"，河上、王弼"求"字在"以"字下，高翻"日"作"曰"。"有罪以勉"，诸本作"以免邪"，高翻作"不免邪"。

　　罗振玉曰：敦煌庚本无"何"字，辛、壬本有之。景龙、御注、敦煌庚、辛本均作"求以得"，王本、景福本作"以求得"。庚本

"得"下有"之"字。又景龙本、敦煌辛本均无"也"字。

毕沅曰：河上公作"日"，王弼作"不曰以求得"。

陈碧虚曰：古本作"不曰求以得"，严君平本作"不求而自得"。

谦之案：谳碑文，"日"亦作"曰"，严校误。罗卷、傅、范、彭、王羲之、赵孟頫均作"曰"，御注、磻溪、景福、楼正、室町、奈卷、顾欢作"日"，作"日"讹。

俞樾曰：唐景龙碑及傅奕本并作"求以得"，正与"有罪以免"相对成文，当从之。"古之所以贵此道者何"九字为句，乃设为问辞以晓人也。"不曰求以得，有罪以免邪"，言人能修道则所求者可以得，有罪者可以免也。"不曰"字"邪"字相应，犹言岂不以此邪，谦不敢质言也。下云"故为天下贵"，则自问还自答也。河上公本"不曰"误作"不日"，因曲为之说曰："不日日远行求索，近待于身"，失其义矣。

谦之又案：此文"贵"字有二义。《说文》："贵，物不贱也。"此可训上一"贵"字。《老子》"不贵难得之货"，王注"隆之称也"是也。下一"贵"字，从声训为归。《初学记》引《说文》："汝、颖言'贵'声如'归'。"又《释名·释言语》："贵，归也，物所归仰也。汝、颖言贵声如'归往'之归也。"此言"为天下贵"，即为天下所归往也。旧解作"尊贵"之贵，非。

【音韵】此章江氏《韵读》：奥、宝、保韵（幽部，奥，胡叟反，宝音探）。邓廷桢同。奚侗、陈柱、高本汉增尊、人为韵。溪曰："各本挩下'美'字，而断'美言可以市'为句，'尊行可以加人'为句，大谬。兹从《淮南·道应训》《人间训》引订正，二句盖偶语亦韵语也。"又劳健曰："'坐进此道'，案'道'字与上文'有'字、'马'字韵。"谦之案：马，古音姥。尊、人为文、真通韵。'尊'，《广韵》误入霰韵，谓读若镇。

右景龙碑本不分章，八十字，敦煌本八十一字，河、王本八十字，傅本八十五字，范本八十三字。河上题"为道第六十二"，王本题"六十二章"，范本题"道者万物之奥章第六十二"。

六十三章

为无为，事无事，味无味。

谦之案：成玄英《庄子·逍遥游篇》疏、《后汉书·荀爽传》引首二句并同，《文子·道原篇》引首二句同，第三句作"知不知也"，疑"味"字乃"知"字倒植而误。知无知，即七十一章"知不知上"之旨。

大小多少，报怨以德。

姚鼐曰："大小多少"下有脱字，不可强解。

谦之案："大小多少"，即下文"天下难事必作于易，大事必作于细"之说，谊非不可解。六十四章"九层之台，起于累土；千里之行，起于足下"，亦即本此。此谓大由于小，多出于少。《韩非》曰："有形之类，大必起于小；行久之物，族必起于少。"

又案刘向《新序杂事》四引"报怨以德"句。《论语·宪问篇》："或曰：'以德报怨何如？'子曰：'何以报德？以直报怨，以德报德。'"康有为《孔子改制考》曰："以德报怨，其学出于老子。"

图难于易，为大于细。

严可均曰：各本"于"下皆有"其"字。

罗振玉曰：景龙本、敦煌辛本均无"其"字。

谦之案：《韩非·喻老》及《难三篇》，又《续汉书·五行志》引《马融集》，并有"其"字，傅、范本"于其"上并有"乎"字，遂州、严遵、顾欢、强本成疏、荣注及《意林》引并无"其"字。

天下难事，必作于易；天下大事，必作于细。
武内义雄曰：敦、遂二本"细"作"小"。
罗振玉曰：敦煌辛本无"天下"二字。
谦之案：据贞松堂藏《西陲秘籍丛残》校敦煌壬本有"天下"二字，遂州本无。又彭、赵、傅、范及《韩非·喻老篇》于"难事""大事"上，均有"之"字。严本二句"难事作于易，大事作于细"，高翿"细"均作"纱"。

是以圣人终不为大，故能成其大。
武内义雄曰：敦、遂二本无此二句。
谦之案：敦煌壬本有此二句。
奚侗曰：二句乃三十四章文，复出于此。

夫轻诺必寡信，多易必多难，是以圣人犹难之，故终无难。
严可均曰："故终无难"，王弼作"无难矣"。
魏稼孙曰："犹难"，御注"犹"作"由"。
罗振玉曰：景龙、御注、景福及敦煌庚、辛、壬诸本均无"矣"字。
谦之案：严遵本无"夫"字，二"必"上均有"者"字，与傅、范同。遂州、磻溪、楼正、俨、顾、河上、奈卷、王羲之、高翿亦均无"矣"字，同此石。

【音韵】此章江氏《韵读》无韵。奚侗：为、味韵，易、细、易、细、大、大韵。案为、味实际非韵。

右景龙碑本七十六字，敦煌本七十一字，河上本七十八字，王本七十九字，傅本八十五字，范本八十四字。河上题"恩始第六十三"，王本题"六十三章"，范本题"为无为章第六十三"。

六十四章

其安易持，其未兆易谋，其脆易破，其微易散。

严可均曰："其脆易破"，河上作"其脃"，王弼作"易泮"。

罗振玉曰："易泮"，景龙、御注、景福、敦煌庚、辛、壬诸本均作"破"。

武内义雄曰：敦、遂二本"脆"作"毳"。

谦之案：范本"脆"作"脃"，"破"与傅本作"判"。范曰："判，分也。王弼、司马公同古本。"是范所见王本作"判"。"泮""判"字通。遂州、邢玄、磻溪、楼正、奈卷、河上、俨、顾、赵及《治要》引均作"破"。又"脆"字，敦、遂二本作"毳"。《释文》曰："河上本作脃。"又七十六章"万物草木之生也柔脆"，遂本作"柔毳"。"脆"即《说文》"脃"字。《一切经音义》卷十四引《说文》"脃"作"小耎易断也"，卷三十二引作"少肉耎易断也"，与二徐本及《玉篇》引均合。惟卷三引有"或作膬"三字，田潜《说文笺》卷四以为是"膬"为"脃"之或体。二徐本"膬"训"耎易破也"，别为一字。《周礼释文》谓《字书》无"脃"字，但有"膬"字。李善于《魏都》《七发》分引此二字，固可证有"脃"字。慧琳引"或作膬"，尤足证"脃""膬"为一字。《玉篇》"脃""膬"音训相同，亦是一证。惟"脆"当从范本作"脃"，作"脆"俗。"毳"，当从古文作"膬"。夏竦《古文四声韵》卷五引《古老子》正作"脃"。

为之于未有，治之于未乱。

罗振玉曰：敦煌庚本"于"下有"其"字。

谦之案：贾谊《新书·审微篇》引老聃同此石。傅、范本两"于"字并作"乎"，《史记·苏秦传》引"于"并作"其"，下并有"也"字。《吴志·孙策传》引同敦本。严遵本二"于"字并无。

又大田晴轩曰："《尚书·周官》：'制治于未乱，保邦于未危。'王西庄后案以为用此章之语。"

又案景龙、罗卷、奈卷"亂"均作"乱"，俗字。案《字鉴》四："亂，《说文》从乙从矞。俗作乱。"

合抱之木，生于毫末；九层之台，起于累土；

罗振玉曰："层"，敦煌庚本作"成"，辛本作"重"，壬本作"曾"。

谦之案：《类聚》八八引首二句，六二引下二句，均同。"毫"，庆阳、罗卷、奈卷、高翿、傅、范均作"豪"。传"抱"作"襃"。又"层"，傅、范作"成"，遂州、严遵作"重"。《说文》："层，重屋也。"《吕览·音初篇》"有娀氏有二佚女，为之九成之台"，高注："成犹重也。"又《尔雅》以丘一重、再重为一成。《楚辞·九问》："璜台十成。"十成即十重也。成、层、重义同。

高亨曰："累"当读为藟，土笼也。起于累土，犹言起于蕢土也。《淮南子·说山篇》"针成幕，藟成城，事之成败，必由小生"，高注："藟，土笼也。"字亦作"蕢"。《孟子·滕文公篇》"蕢里而掩之。"刘熙注："蕢，盛土笼也。"（《音义》"蕢"或作"藟"）字又作"蠡"。《越绝书》："越人使干戈人一堁土以葬之。"司马贞曰："堁，小竹笼以盛土也。"又或作"蠡"。《管子·山国轨篇》"桯笼蠡箕"（据王念孙《读书杂志》校），是也。"蠡"即"累"之正字。

千里之行，始于足下。

罗振玉曰：敦煌辛本"千里之行"作"而百刃之高"，"始"作"起"。

谦之案：遂州本、赵志坚本作"百刃之高"，"始"作"起"。严遵本"刃"作"仞"。成玄英曰："河上本作'千里'，此言'百仞'，七尺曰仞。"是成与严同。

马叙伦曰：言远亦得称仞。然古书言仞，皆属于高。疑上"九层"句，盖有作"百仞"者，传写乃以误易"千里"耳。

谦之案：《荀子·劝学篇》云："跬步而不休，跛鳖千里；累土而不辍，丘山崇成。"盖本此文。足证"千里之行"是故书。

为者败之，執者失之。是以圣人无为，故无败，无執，故无失。

严可均曰：河上无"是以"。

罗振玉曰：景福、敦煌庚、壬三本均无"是以"字。又敦煌壬本"无执"上有"圣人"二字。

谦之案：奈卷与敦煌壬本同，严本"是以"作"故"，下二"故"字作"则"。又碑本"執"字乃"执"之别构。

奚侗曰：四句与上下文谊不相属。此第二十九章中文，彼章说下二句，误羼于此。

民之从事，常于几成而败之。慎终如始，则无败事。

谦之案：彭本"民"上有"故"字，傅、范本"于"下有"其"字，遂州本"民"作"人"，彭、傅本"事"下有"矣"字。

按《韩诗外传》云："官怠于有成，病加于小愈，祸生于懈惰，孝衰于妻子，察此四者，慎终如始。"盖亦本此。

是以圣人欲不欲，不贵难得之货；学不学，复众人之所过。

严可均曰："复众人"，御注作"众民"。

罗振玉曰："复"，敦煌辛本作"备"。

谦之案：罗卷壬本作"复"，遂州作"备"，诸王本、宋河上本、傅、范本均作"复"。传本"复"上有"以"字，谂王注亦有"以"字。

刘师培曰：《韩非·喻老篇》述此义曰："故知者不以言谈教，而慧者不以书藏箧，此世之所过也，而王寿复之，是学不学也。故曰：'学不学，复归众人之所过也。'"据此，则古本"复"下有"归"字，与十四章"复归于无物"，二十八章"复归于婴儿""复归于无极""复归于朴"律。

谦之案：刘说非也。"复归"之"归"字无义，敦煌一本作"备"，成玄英曰："复，河上作备。""备"亦无义。复也者，犹复补也。《庄子·德充符篇》："夫无趾，兀者也，犹务学以复补前行之恶。"此复之本义。

《韩非·喻老篇》引"复归众人之所过也"，顾广圻曰："傅本及《德经》无'归'字、'也'字。"王先慎曰："王弼注：'学不学，以复众人之过。'归字疑衍。"

以辅万物之自然而不敢为。

罗振玉曰：景福本、敦煌壬本"为"下有"焉"字。

谦之案：傅、范本下有"也"字，奈卷及《治要》引有"焉"字。广明本与此石同。

又案焦竑《考异》曰："'以恃万物之自然而不敢为'，'恃'旧作'辅'，非。"今案作"辅"是也。《韩非·喻老篇》引"恃万物之自然而不敢为"，刘师培谓"'恃'盖'待'字之讹，义'辅'字为长"。

《广雅·释诂》二:"辅,助也。"《易·象传》:"辅相天地之宜。"《论衡·自然篇》曰:"然虽自然,一须有为辅助之也。"此即《老子》"以辅万物自然"之旨。

【音韵】此章江氏《韵读》:持、谋韵(之部,谋,明丕反),散、乱、末韵(祭、元通韵,散音线,乱音恋,末音蔑)。土、下韵(鱼部),货、过为韵(歌部,货,平声)。案散、乱,元部,末,祭部,此祭、元通韵。邓廷桢:持、谋韵,云:"谋,古音在之、咍部,凡《诗》五见,皆与蚩、丝、丘、期、蝶、姬、思、骐、时等字为韵。"又散、乱韵,木、末韵,土、下韵,始、事韵,货、过为韵。高本汉:持、谋、有与泮、散、乱相间为韵,木、末韵,土、下韵,欲、学与货、过、为相间为韵。

顾炎武《唐韵正》卷六《十八尤》:"谋",古音媒,引《老子》此章。"不兆而自来,绅然而善谋。"旁证:《庄子·知北游篇》:"形若槁骸,心若死灰,真其实知,不以故自持,媒媒晦晦,无心而不可与谋。"

吴棫《韵补十月》:"脆",昌说切,易断也。《老子》:"其脆易判。"案"判",河上本及碑本作"破","破"字无韵,从傅本作"判"。

又木、末为韵。李赓芸曰:"按末、土、下皆韵也。末字当读上声如姆,而《广韵·十姥》不收。"邓廷桢曰:"木为《侯部》之入声,末为《祭部》之入声,非韵而以为韵者,乃古人文字双声为韵之例。《诗·车攻》'弓矢既调,射夫既同'为韵。《思齐》'小子有造,誉髦斯士'造、士为韵。《载芟》'匪且有且',且读若苴,'振古如兹'且、兹为韵。是其证也。"

夏燮《述韵》(卷八)曰:"古货与化通,详《唐韵正》,亦古平音。《老子》'不贵难得之货',与过为韵。"

右景龙碑本一百二十五字,敦煌本、王本同,河上本一百二十三字,傅本一百三十一字,范本一百二十九字。河上本题"守微第六十四",王本题"六十四章",范本题"其安易持章第六十四"。

六十五章

古之善为道者,非以明人,将以愚之。

严可均曰:"非以明人",各本作"明民"。

罗振玉曰:敦煌辛、壬本"之"均作"民"。武内义雄曰:敦、遂二本"愚"作"娱"。

谦之案:遂州、赵志坚本"明"亦作"人",罗卷壬本"愚"作"遇",又下"民"字重,《考异》未及。又强本成疏:"为道犹修道也。言古者善修道之士,实智内明,无幽不烛,外若愚昧,不曜于人,闭智塞聪,韬光晦迹也。"是成所见本亦作"明人"。又"愚"字,武内敦本作"娱"。《说文》:"娱,乐也。"《诗·出其东门》:"聊可与娱。"张景阳《咏史诗》:"朝野多欢娱。""娱"字义长。又壬本作"遇","愚""遇"古可通用。《吕氏春秋·勿躬篇》"幽诡愚险之言",《经义述闻》以为愚即遇也,惟此作"遇",无义。又案"愚"与"智"对,愚之谓使人之心纯纯,纯纯即沌沌也。二十章"我愚人之心,纯纯",盖《老子》所谓古之善为道者,乃率民相安于闷闷湣湣之天,先自全其愚人之心,乃推以自全者全人耳。高延第曰:"道,理也,谓理天下。愚之,谓反朴还淳,革去浇漓之习,即为天下浑其心之义,与秦人燔《诗》《书》,愚黔首不同。"

民之难治,以其多智。

严可均曰:"以其多智",各本作"智多"。

罗振玉曰：景龙本、敦煌辛本均作"多智"。

武内义雄曰：敦、遂二本"智多"作"智故"。

谦之案：傅本作"多知"，范本作"知多"。易顺鼎曰："王注：'多智，巧诈。'下文又注云：'以其多智也。'是王本亦作'多智'。"

以智治国，国之贼；不以智治国，国之福。

严可均曰：御注、王弼、高翿作"故以"。

罗振玉曰：景龙、景福、敦煌庚、壬诸本均无"故"字，敦煌辛本"福"作"德"。

谦之案：严、河上、遂州及《释文》《治要》《书钞》引均无"故"字，傅、范本有，磻溪作"是故"，《韩非·难三篇》《后汉纪·灵帝纪》引"贼"下有"也"字，傅本同。敦煌壬本"治国"误作"知国"，遂州本"福"亦作"德"。

易顺鼎曰：《文子·道原篇》引"不以智治国，国之德"，或后人不知此"贼"与"福"为韵而改之。

谦之案：易说是也。此宜作"福"。《荀子·大略篇》："天子即位，上卿进曰：'如之何忧之长也！能除患则为福，不能除患则为贼。'"亦"福""贼"并举为韵。敦煌二本"福"作"德"，"福""德"义可通。《礼记·哀公问》"百姓之德也"，注："犹福也。"《晋语》："夫德，福之基也。""德"或为"福"之注文。

知此两者，亦楷式。常知楷式，是谓玄德。

严可均曰："亦楷式"，河上作"楷"，王弼作"稽"，下句亦然。

罗振玉曰：《释文》："严、河上作'楷式'。"景龙、御注、景福、敦煌庚、辛、壬诸本亦作"楷式"，下同。

谦之案：遂州、磻溪、奈卷、顾、彭、王羲之本均作"楷式"，傅、范、高作"稽式"。"常知",范作"知此",傅、赵、高作"能知"。范曰:"傅奕、王弼同古本。稽,古兮反,考也,同也,如《尚书》'稽古'之'稽'。传奕云:'稽式,今古之所同式也。'今案《道藏宋张太守汇刻四家注》引弼注:"楷,同也。今古之所同,则不可废,能知楷式,是谓玄德。"是张太守所见王本亦作"楷式"与此石同。虽"稽""楷"古混,《庄子·大宗师篇》"狐不偕",《韩非子·说疑》作"狐不稽","稽式"亦即"楷式",但"楷"为本字。"稽",《字林》"留也,止也。"《玉篇》:"留也,治也,考也,合也,计当也。"在此皆无义。《玉篇》:"楷式也。"《礼记》曰:"今世之行,后世以为楷。"《广雅·释诂》:"楷,法也。"是"楷式"即"法式",义长。碑文"楷"作"揩",案《字林》:"揩,摩也。"《广雅·释诂》三:"揩,磨也。"与"楷"字迥别,当从六朝写本与诸唐本作"楷"。

马其昶曰:"楷式",承"古之善为道者"而言。盖以智治国、不以智治国两者,古皆有知之矣,亦各有楷式可以师法。能知与物反而实大顺者之楷式,乃可谓之玄德。

玄德深远,与物反,然后乃至大顺。

严可均曰:"深远与物反",各本作"深矣远矣,与物反矣"。

罗振玉曰:景龙本、敦煌辛本作"深远",庚本作"深矣远"。又"与物反矣",景龙本、敦煌辛本无"矣"字,庚本无此句。"然后"二字,景龙本、敦煌庚、壬二本无。"乃至"下,敦煌庚本有"于"字。

东条一堂曰:按一本无"然后"二字。孙鑛《考正》亦云:"今本无'然后'二字。"今案嵇康《养生论》注《老子》曰'与物反矣,乃至大顺'",亦无"然后"二字。

谦之案:严遵、河上、景福、奈卷、王羲之、傅、范均无"然后"二字，傅、范"至"上有"复"字，下有"于"字。《文子·自然篇》引"与"上有"其"字，遂州、顾、赵至坚本首二句同此石。

【音韵】此章江氏《韵读》：国、贼、国、福、式、式、德韵（之部，贼，徂力反），远、反韵（元部）。邓廷桢：贼、福、式、德韵，远、反韵。奚侗：贼、福、式、式、德韵，远、反、顺韵。

江永《古韵标准》入声第六部："福"，笔力切。旁证引《老子》此章。顾炎武《唐韵正》入声《一屋》："福"，古音方墨反。引《老子》此章，曰："案此福与贼、式、德为韵"。旁证：《诗经·既醉》首章："既醉以酒，既饱以德，君子万年，介尔景福。"《管子·白心篇》："小取焉则小得福，大取焉则大得福，尽行之而天下服；殊无取焉，则民反，其身不免于贼。"又《荀子·大略篇》："能除患则为福，不能除患则为贼。"

右景龙碑本六十五字，敦煌本同，河上本六十七字，王本六十九字，傅本七十四字，范本七十一字。河上题"淳德第六十五"，王本题"六十五章"，范本题"古之善为道章第六十五"。

六十六章

江海所以能为百谷王，以其善下之，故能为百谷王。

严可均曰："百谷王"，各本"王"下有"者"字。"以其善下之"，河上无"其"字。

谦之案：《治要》引无"者"字，《御览·地部》引有。又傅、赵本"之"下有"也"字，《御览·地部》《皇王部》引同。唯《地部》引无"之"字，高翿本同。柰卷作"以其善下之故"。

丁仲佑曰："水注溪曰谷"，见《公羊》僖三年《传》"无障谷"注，及《尔雅·释水》李注，《楚辞·招魂》"川谷径复"注。

谦之案："王"，往也。"百谷王"，谓为百川之所归往，故能为百谷长也。

是以圣人欲上人，必以言下之；欲先人，必以身后之。

严可均曰：王弼无"圣人"，河上、王弼作"上民"。"必以言下之"，御注作"以其言"。

罗振玉曰：景龙、御注、景福、敦煌庚、辛、壬诸本均有"圣人"二字。"上民"，景龙、御注、敦煌庚、辛诸本"民"均作"人"。"必以"，御注本、敦煌辛本均作"以其"。下同。

谦之案：遂州、磻溪、楼正、顾、彭、傅、范、赵、高、奈卷均有"圣人"二字，《道藏》王本亦有。严遵有"圣人其"三字。又"必以"，杭州、高翿、磻溪、顾、彭、赵并作"以其"，傅、范作"必以其"。严本无二"必"字，二"欲"上均有"其"字，"人"并作"民"。《御览·皇王部》引同此石，惟二"人"下均有"也"字。《金人铭》曰："君子知天下之不可上也，故下之；知众人之不可先也，故后之。"《淮南·说山训》曰："江海所以能长百谷者，能下之也；夫唯能下，是以能上之。"语意同此。

是以圣人处上而人不重，处前而人不害，是以天下乐推而不厌。

魏稼孙曰：御注无"圣人"二字。"乐推而不厌"，此句"厌"字及后"无厌其所生，夫唯不厌"，御注作"猒"。前"厌饮食，是以不厌"，御注作"猒"。

毕沅曰：河上公作"处民上而不重，处民前而不害"。王弼作

"处上而民不重，处前而民不害"。明皇同弼，"民"作"人"。

罗振玉曰：敦煌辛本无"圣人"字。

谦之案：景福、河上、顾、彭、高、赵、傅、范均有"圣人"字，遂州、磻溪、楼正本无。《文子·道德篇》引作"居上而民不重，居前而众不害，天下乐推而不厌"。严遵本作"故在上而民不重，居民之前而民不害，天下乐推而上之而不知厌"。傅奕本作"是以圣人处之上而民弗重，处之前而民不害也，是以天下乐推而不厌"。范本同，惟下"不"作"弗"，无"也"字。

高亨曰：民戴其君，若有重负，以为大累，即此文所谓重。故重犹累也。而民不重，言民不以为累也。《诗·无将大车》"无思百忧，祇自重兮"，郑笺："重犹累也。"《汉书·荆燕吴王传》"事发相重"，颜注："重犹累也。"此重有累义之证。《淮南子·原道篇》："处上而民弗重，居前而民弗害。"《主术训》："百姓载之，上弗重也；错之，前弗害也。"盖皆本于《老子》。

以其不争，故天下莫与之争。

罗振玉曰：敦煌庚本"争"下有"也"字，辛本"不"作"无"，壬本作"非以其不争"。

谦之案：王本、河上本作"莫能与之争"，傅本首句上有"不"字，范本"以其不"作"不以其"，严本作"非以"。又强本成疏及荣注引经文，与敦煌辛本同。

【音韵】此章江氏《韵读》无韵。高本汉：下、后韵。陈柱增二"争"字韵。

右景龙碑本七十七字，敦煌本七十六字，河上本七十八字，王本七十六字，傅本八十五字，范本八十二字。河上本题"后己第六十六",王本题"六十六章",范本题"江海为百谷王章第六十六"。

六十七章

天下皆谓我大,不肖。

严可均曰:"我大",王弼作"我道大"。"不肖",各本上有"似"字,下"故不肖"亦然。

罗振玉曰:敦煌辛本"谓"作"以"。景龙、御注、景福、敦煌庚、辛、壬诸本均无"道"字。"不肖",敦煌辛本"肖"作"笑",下二"肖"字同。《义疏》河上本作"肖"字。

武内义雄曰:敦、景、遂三本均无"似"字。敦、遂二本"肖"作"笑"。

谦之案:傅、范本"我"作"吾","大"下有"似"字。范曰:'吾大',傅奕与西晋本同古本。"奈卷"大"下有"似倾"二字,"倾"字衍。成玄英曰:"河上本作'肖',诸家云'笑'。笑者,言老君体道自然,妙果圆极,故天下苍生莫不尊之为大圣也。何意得如此耶? 只为接物谦和,不矜夸嗤笑于物,故致然也。"案成说纤曲难通。"笑"与"肖"本声韵相同。于省吾《荀子新证》引《非相篇》:"今夫狌狌形笑,亦二足而毛也。"谓"形笑"即"形肖",则知此"不笑"亦即"不肖"耳。然碑本作"肖"乃本字,作"笑"者通假,若罗卷"笑"作"喀",则俗字耳。作"肖",乃《老子书》中用楚方言。扬雄《方言》七:"肖、类,法也。齐曰类,西楚、梁、益之间曰肖。……西南、梁、益之间凡言相类者,亦谓之肖。"郭璞注:"肖者似也。"《小尔雅·广训》:"不肖,不似也。"谶谊,"不肖"上不应再有"似"字。

夫唯大，故不肖。若肖，久矣其细！

严可均曰："其细"，御注、王弼作"其细也夫"，高翿作"其纱也夫"，河上"其细"绝，以"夫"字属下句。

罗振玉曰："夫唯大，故似"，景龙本、敦煌本均无"似"字。"不肖"，敦煌辛本作"故不笑"。"其细也夫"，景龙本无"也夫"二字，景福本无"也"字，敦煌壬本无"夫"字，辛本作"若笑救其小"，殆有误字。

武内义雄曰：敦、遂二本"细"作"小"。

谦之案：遂州作"夫唯大，故不笑，若笑，久其小"。严遵本作"若肖，久其小矣"。奈卷作"若肖，久矣，久其细也"。案作"小"义通。《说文》："小，物之微也。"与肖为韵。《说文·声类》：小、肖皆《宵部》小声。

我有三宝，持而宝之：

严可均曰："持而宝之"，御注作"保而持之"，高翿同。河上、王弼作"持而保之"。

罗振玉曰："持而保之"，景龙本、敦煌庚、壬本"保"作"宝"，辛本作"宝而持之"。

谦之案：遂州、王羲之、顾、彭与敦煌辛本同，傅、范与碑本同。范曰："《韩非》、王弼、傅奕同古本。"是范所见王本亦与碑本同。又"我有三宝"，傅"我"作"吾"，奈卷上有"夫"字。案作"持而宝之"是也。

蒋锡昌曰："持而宝之"与九章"持而盈之"文法一律。《广雅·释诂》："宝，道也。"《檀弓》"丧人无宝，仁亲以为宝"，郑注："宝谓善道可守者。"六十二章"道者……善人之宝"，是《老子》以宝为道。六十九章"轻敌几丧吾宝"，谓几丧吾道也。此言我有三道，持而宝之也。

　　劳健曰：按"宝""保"字，古文近同，互通。二"宝"字为韵，"宝"字宜在下。

一曰慈，二曰俭，三曰不敢为天下先。

　　罗振玉曰：敦煌辛本无"敢"字。

　　谦之案：文中子《中说·魏相篇》仇璋说"三有"曰："有慈，有俭，有不为天下先。"实即本此，亦无"敢"字。

夫慈，故能勇；俭，故能广；不敢为天下先，故能成器长。

　　严可均曰：河上、王弼无"夫"字。

　　罗振玉曰：景龙、御注、敦煌辛诸本句首均有"夫"字。"成器长"，敦煌壬本"成"上有"为民"二字。

　　纪昀曰：案"器"，《韩非子》作"事"。

　　谦之案：顾、彭、傅、范、高、赵、楼正诸本均有"夫"字。《韩非·解老》及《治要》引均作"慈故能勇"。范本"成器"上有"为"字，案有"为"字是也。

　　俞樾曰：《韩子·解老篇》作"不敢为天下先，故能为成事长"。"事""器"异文，或相传之本异，或彼涉上文"事无不事"句而误，皆不可知。至"故能"下有"为"字，则当从之，盖"成器"二字相连为文。襄十四年《左传》"成国不过半天子之军"，杜注曰："成国，大国。"昭五年《传》"皆成县也"，成县亦谓大县。然则成器者大器也。二十九章"天下神器不可为也"，《尔雅·释诂》："神，重也。""神器"为重器，"成器"为大器，二者并以天下言，质言之，则止是不敢为天下先，故能为天下长耳。

　　刘师培曰：古本"成器长"上有"为"字。成器长，大官也；为者，居也。盖古代"工""官"通用，故大官亦名"成器长"。今本脱"为"字，谊不可通。

杨椿曰：《易》之坤卦曰："坤至柔而动也刚"，则得乎仁者有勇之说，故曰："慈故能勇。"节卦曰："节以制度，不伤财，不害民"，则得乎俭以足用之说，故曰："俭故能广。"谦卦曰："谦尊而光，卑而不可踰"，则得乎一谦而四益具之说，故曰：不敢为天下先，故能成器长。"《大易》、老氏之书，若合符节。

今舍慈且勇，舍俭且广，舍后且先，死矣。

严可均曰："今舍慈且勇"，御注、高翿"舍"下有"其"字，下二句亦然。"且先"，御注误作"先且"。

罗振玉曰："舍"，御注作"舍"。御注本、敦煌辛本此三句"舍"下均有"其"字。御注本"且先"二字颠倒。

谦之案："舍"字，严遵本并作"释"，敦煌壬本第一"舍"字作"释"。广阳、磻溪、楼正、顾、彭、傅、赵、高翿、邢玄、河上并作"舍"，王弼、范应元作"舍"。"死矣"，严本作"则死矣"，御注作"且死矣"，傅、范作"是谓入死门"。

夫慈，以战则胜，以守则固。天将救之，以慈卫之。

罗振玉曰：王本作"战"，与景龙、御注、景福、敦煌壬本同。《释文》出"以陈"二字，知王本作"陈"，今据改。又敦煌庚、辛二本亦作"陈"。"天将救之"，景福本、敦煌壬本"之"下有"以善"二字。

武内义雄曰：敦、遂二本作"以陈则政"。

谦之案：谳遂州本作"以陈则止"，"止"字"正"之误。傅、范本作"以陈则正"。毕沅曰："河上公、王弼作'慈以战则胜'，《韩非》作'慈于战则胜'，依义当作皴字。"又谳王弼注"夫慈以陈则胜，以守则固，故能勇也"，又"相憋而不避于难，故胜也"。"胜"字，《道藏》王本作"正"，知王本原亦作"以陈则正"也。

【音韵】此章江氏《韵读》：勇、广、长韵（阳、东通韵，勇叶音枉）。案勇，东部，广、长，阳部，此阳、东通韵。奚侗同。姚文田、邓廷桢：广、长韵。"久矣其细"，严本"细"作"小"，肖、肖、肖、小韵。

吴棫《韵补·三十六养》："勇"，羽两切，健也。《老子》："慈故能勇，俭故能广，不敢为天下先，故能成器长。"长，上声。

右景龙碑本九十五字，敦煌本九十七字，河上本同，王本九十九字，傅本一百五字，范本一百六字。河上本题"三宝第六十七"，王本题"六十七章"，范本题"天下皆谓章第六十七"。

六十八章

古之善为士者不武，
严可均曰："古之善为士者"，各本无"古之"。
罗振玉曰：景龙本、敦煌辛本句首均有"古之"二字。
武内义雄曰：敦、遂、景三本句首有"古之"二字，王弼本亦然。
谦之案：诸王本均无"古之"字，惟明和刻《老子》王注冠以《考异》云："古本作'古之善为士者不武也'。"
此盖指傅奕古本而言。武内误校。又顾、范本亦有"古之"二字。

善战者不怒，善胜敌者不争，善用仁者为下。
严可均曰："不争"，河上、王弼作"不与"。"善用仁者为下"，各本"仁"作"人"，御注、王弼作"为之下"。

罗振玉曰："善战者"，敦煌辛本无"者"字，下三句同。"不与"，景龙、御注、敦煌庚、辛诸本"与"均作"争"，敦煌壬本作"与"。"善用人者为之下"，景龙本"人"作"仁"，无"之"字。景福本、敦煌辛本亦无"之"字。

武内义雄曰：敦、遂、景三本"与"作"争"，按此"争"字与下"不争之德"相对，作"争"是也。

谦之案：邢玄、磻溪、楼正、顾、彭、傅、范、赵、高均作"不争"。遂州、邢玄、顾、赵、河上亦无"之"字。又磻溪，"怒"作"恕"，敦煌壬本"之"作"天"皆误。

刘师培曰：王注"不与争也"，案"与"当作"举"，"举"即举兵，犹古籍"大举"之省"兵"字也。

陶鸿庆曰：王注"不与争"，而但云"不与"，不辞甚矣。"与"即"争"也。《墨子·非儒下篇》云"若皆仁人也，则无说而相与"，与下文"若雨暴交争"云云文义相对，是"相与"即"相争"也。王氏引之《经义述闻》谓"古者相当、相敌，皆谓之与"，疏证最详。"当"与"敌"并与"争"义近。疑注文本作"与争也"。后人不达其义，肊增"不"字耳。

谦之案：陶说是也。《经义述闻》引《汉书·高帝纪》"吾知与之矣，与犹敌也。"又《史记·燕世家》曰："庞煖易与耳。"《白起传》曰："廉颇易与。"《淮阴侯传》曰："吾生平知韩信为人易与耳。"古谓对敌为与。《左传》襄公二十五年："一与一，谁能惧我？"是与即争也。劳健、高亨引证所见亦同。今《道藏》河上本作"不与争"，义重。"与"与武、怒、下为韵，作"争"则无韵。

是谓不争之德，是以用人之力，是谓配天古之极。

罗振玉曰：景福本、敦煌庚本、壬本"极"下有"也"字。

武内义雄曰："配天古之极""古"字衍文，俞樾《老子平议》有考证。

谦之案：首句"是谓"，顾作"是以"。第二句"是以"，严本无，各本均作"是谓"。又傅、范、奈卷、顾"极"下有"也"字。

俞樾曰：此章每句有韵。前四句，以"武""怒""与""下"为韵；后三句，以"德""力""极"为韵。若以"是谓配天"为句，则不韵矣，疑"古"字衍文也。"是谓配天之极"六字为句，与上文"是谓不争之德，是谓用人之力"，文法一律。其衍"古"字者，"古"即"天"也。《周书·周祝篇》曰："天为古。"《尚书·尧典》曰"若稽古帝尧"，郑注："古，天也。"是"古"与"天"同义。此经"配天之极"，他本或有作"配古之极"者，后人传写误合之耳。

谦之案：俞说又见《古书疑义举例》五"两字义同而衍例"，其说甚是。案《尔雅·释诂》"极，至也。"《诗·崧高》"骏极于天"，传："至也。"《礼记·乐记》"极乎天而蟠于地"，注：至也。""配天之极"与"骏极于天""极乎天"之义略同。配，合也。《庄子·天地篇》"尧问于许由曰：'啮缺可以配天乎？'"成疏："配，合也。尧云啮缺之贤者有合天位之德。"《荀子·大略篇》："天子即位……中卿进曰：'配天而有下土者，先事处事，先患虑患。'"所谓"配天之极"，即与天合德之至。"古"字疑属下章，错入于此。"古用兵有言"，与二十二章"古之所谓曲则全者"，同为执古之道以语今之有。于省吾谓："'配天'二字，应有重文，本作'是谓配'天'古之极'。读作'是谓配天'句，'配天古之极'句。"此可备一说。

【音韵】此章江氏《韵读》：武、怒、与、下韵（鱼部，怒，上声），德、力、极韵（之部）。诸家并同。武内义雄"与"作"争"，谓"此'争'字与下'不争之德'相对，作'争'是"。故惟武、怒、下韵，"争"字无韵。谦之案：作"争"非，说见前文。

右景龙碑本四十四字，敦煌本四十一字，河上本四十二字，王本四十三字，傅本四十七字，范本四十八字。河上本题"配天第六十八"，王本题"六十八章"，范本题"古之善为士者不武章第六十八"。

六十九章

用兵有言："吾不敢为主而为客，不敢进寸而退尺。"
罗振玉曰："敢"字，敦煌壬本作"能"。
谦之案：范本"兵"下有"者"字，傅、范本"言"下有"曰"字，遂州本"敢"下有"求"字。又焦竑曰："'用兵有言'，古兵家有此言也。"知"用兵"上应有"古"字。

是谓行无行，攘无臂，仍无敌，執无兵。
严可均曰："行无行"，各本"无"作"無"，下皆仿此。"仍无敌"，王弼作"扔"。
罗振玉曰：景龙、景福、敦煌庚、辛、壬诸本"扔"均作"仍"。"执无兵"，敦煌辛、壬本此句在"扔无敌"前。
武内义雄曰：敦、遂二本作"执无兵，仍无敌"。按此是上二句隔句押韵，敦、遂二本似优。
谦之案：邢玄、磻溪、楼正、严、顾、彭、傅、赵、奈卷、河上诸本均作"仍"，同此石。严、傅、顾及陆希声本亦"执无兵"句在"仍无敌"前。谶诸王本注："用战犹行无行，攘无臂，执无兵，扔无敌也。言无有与之抗也。"是王所见本应同敦、遂。

祸莫大于轻敌，轻敌几丧吾宝。
罗振玉曰：敦煌庚、壬本"轻敌"作"敌"，下句同。辛本作

"侮敌则几亡吾宝"。

武内义雄曰：敦、遂二本"轻"作"侮"，"几"上有"则"字。

谦之案："轻敌"，傅本作"无敌"，敦、遂本作"侮敌"。强本成疏引经文作"侮"，顾本成疏"轻，凌侮也"，是亦作"侮"。又"几丧吾宝"，傅、范、磻溪、楼正、高翿、顾、赵均上有"则"字。"丧"，碑本作"㦮"，王羲之本作"㦮"，傅、范、遂州、奈卷、顾均作"亡"。王弼注："宝，三宝也，故曰'几亡吾宝'。""丧""亡"古通用。

故抗兵相加，则哀者胜。

严可均曰：各本作"哀者胜矣"，无"则"字。

罗振玉曰：敦煌辛本"加"作"若"，壬本作"如"。景龙本、敦煌辛本均作"则哀者胜"。

武内义雄曰：敦本"加"作"若"，又一本作"争"，遂本"加""若"二字两存。又敦、遂二本作"哀者胜"。

谦之案：诸王本注："抗，举也。加，当也。"《道藏·宋张太守汇刻四家注》引作"抗，举也。若，当也"。是王本亦"加""若"字两存。罗卷作"亢兵相若"。顾本成疏："若，当也。哀，慈也。抗，举也。"强本荣注："两边举众，名曰抗兵；多少均齐，故云相若。"均作"若"，与傅奕本同。惟赵孟頫本作"故抗兵加"，脱一"相"字。敦煌壬本"敌"作"歒"，"哀"作"衰"，误字颇多，但此作"抗兵相如"，"如"字义长，"加"疑形似"如"字而讹。

劳健曰："抗兵相如"，敦煌唐写本如此。范与开元、河上、诸王本皆讹作"相加"。王弼注："抗，举也。加，当也。"按《战国策》"夫宋之不如梁也"高注："如，当也。"证王注"加"字同是"如"之形误。《礼记·曾子问》"如爵弁而用布"，又"如有兄弟"，《释文》并云："如，本作加。"盖二字自古常互讹。……"加"字形误所由，当作"如"。今注家多循讹文，解成相交之义，失其旨矣。

俞樾曰：案"哀"字无义，疑"襄"字之误。《史记》："梁惠卒，襄王立，襄王卒，哀王立。"据《竹书纪年》无哀王，顾氏《日知录》谓"哀""襄"字近，《史记》误分为二人。又按秦哀公、陈哀公，《史记·十二诸侯年表》皆作"襄公"，是二字之相混久矣。"襄"者"让"之叚字。《周官·保氏职》郑注"襄尺"，《释文》："襄音让，本作让。"是古"襄""让"通用。上文曰："吾不敢为主而为客，吾不敢进寸而退尺"，即所谓让也。故曰："抗兵相加，让者胜矣。"因叚"襄"为"让"，又误"襄"为"哀"，故学者失其解耳。

谦之案：俞说迂曲，且改字解经，而武内义雄从之。易顺鼎曰："'哀'即'爱'，古字通。《诗序》：'哀窈窕而不淫其色。''哀'亦当读为爱。'抗兵相加，哀者胜'即上章'慈，以战则胜也'。"蒋锡昌曰："《说文》：'哀，闵也。'闵者，即六十七章所谓'慈'也。此言两方举兵相当，其结果必慈者胜。六十七章所谓'慈，以战则胜'也。"二说谊优。证之以三十一章"杀人众多，以悲哀莅之，战胜，以哀礼处之"，皆古用兵精言，知"哀"字并不误也。

【音韵】此章江氏《韵读》：客、尺韵（鱼部，尺，杵入声）行、兵韵（阳部），臂、敌韵（支部），并据韵移"执无兵"句于"仍无敌"之上。案江说是矣。惟敦、遂二本作"执无兵，仍无敌"，严本亦然。此行、兵、臂、敌相问为韵，江氏移韵为"行无行，执无兵，攘无臂，扔无敌"似尚未得间韵之妙。姚文田依旧本，以行、兵为韵，谓"中二句臂、敌自谐"，则又逊江说一等矣。又"行"上如字，下音杭。

邓廷桢曰：客、尺为韵，鱼、虞都之入声也。客，各声，古音在御部。《诗·楚茨》与"莫""庶""度""错"等字为韵。尺，古音在御部，《诗·閟宫》与"柏""度"等字为韵。

江有诰《唐韵四声正·二十三锡》："敌"，徒历切。按古有去声，当与寘部并收。《老子·玄用篇》"仍"与"敌"与"臂"叶。

右景龙碑本五十四字，敦煌本五十五字，河上、王本五十四字，傅本五十七字，范本五十八字。河上本题"玄用第六十九"，王本题"六十九章"，范本题"用兵者有言章第六十九"。

七十章

吾言甚易知，甚易行。天下莫能知，莫能行。
谦之案："天下"二句，严本"天"上有"而"字。傅、范本作"而人莫之能知，莫之能行"。

言有宗，事有君。
谦之案：《淮南·道应训》引二句同。《文子·精诚篇》作"事有本"，《微明篇》作"事有君"，所引分歧。傅、范"君"作"主"。范云："'主'字从古本。"

夫唯无知，是以不我知。
罗振玉曰：敦煌本"我"作"吾"。
谦之案：傅、范、严、彭及《淮南·道应训》引并作"吾"。严本"夫唯无知"作"唯无我知"。遂州"不"作"莫"，傅、范、彭、赵第二"知"下有"也"字，《淮南子》同。

知我者希，则我者贵。
严可均曰：御注脱"我者希则"四字，而注中有之。

罗振玉曰：景福本"则"作"明"，敦煌庚、壬二本作"则我贵矣"。

李翘曰：《汉书·扬雄传·解难》云："老聃有遗言：'贵知我者希。'"颜注下句作"则我贵矣"。《金楼子自序》引同此，下有"矣"字。

谦之案：傅、彭"希"作"稀"。严、彭、傅、范、赵、奈卷及《治要》引均下有"矣"字，无"者"字。

是以圣人被褐怀玉。

谦之案：范本"被"作"披"，傅本"褐"误作"祸"。傅、范"褐"下均有"而"字，敦煌壬本同。案"褐"乃《老子书》中用楚《方言》。《淮南子·齐俗训》注："楚人谓袍为短褐大衣。"又褐为粗衣，又为短衣。宋绵初《释服》曰："《诗》'无衣无褐'，笺：'褐，毛布也。'《孟子》'许子衣褐'，注：'褐以毳织之，若今马衣也。'或曰：褐，编枲衣也。一曰粗布衣。《说文》：'褐，编枲韤，一曰粗衣。'《急就编》注：'褐毛为衣，或曰粗衣也。'"（《清经解续编》卷二百二十五）任大椿《深衣释例》三（同上卷百九十三）引："《晏子·谏上篇》：'百姓老弱冻寒，不得短褐。'《墨子·公输篇》《战国策·宋策》并云：'舍其文绣，邻有短褐而欲窃之。'《荀子·大略篇》'衣则竖褐不完'，注'竖褐，童竖之褐'，亦短褐也。《淮南子·齐俗训》：'必有菅蹻跐踦短褐不完者。'《览冥训》：'霜雪亟集，短褐不完。'《新序》：'无盐乃拂短褐，自请宣王。'《史记·秦始皇纪》'夫寒者利短褐'，《索隐》曰：'谓褐布，竖裁为劳役之衣，短而且狭，故谓之短褐，亦曰竖褐。'凡此言褐者，必曰短褐。"又案《孔子家语·三恕篇》："子路问于孔子曰：'有人于此，被褐而怀玉，何如？'孔子曰：'国无道，隐之可也；国有道，则裹冕而执玉。'"语亦出此。

【音韵】此章江氏《韵读》无韵。高本汉：希、贵韵。陈柱：知、知韵，行、行韵，知、知韵。又武内义雄；褐、玉韵。劳健：君、宗韵。谦之案：褐、玉，君、宗，皆非韵。

右景龙碑本四十七字，敦煌本注同，实四十八字。河上、王本四十七字，傅、范本五十一字。河上本题"知难第七十"，王本题"七十章"，范本题"吾言甚易知章第七十"。

七十一章

知不知上，不知知，病。

谦之案：《淮南·道应训》引"知而不知，尚矣；不知而知，病也。"傅、范本同，唯无二"而"字，"也"作"矣"。《文子·符言篇》引："知不知，上也；不知知，病也。"李道纯曰："'知不知上'，或云知不知，尚矣，非。"

是以圣人不病。以其病病，是以不病。

严可均曰："是以圣人不病"，御注作"夫唯病，是以不病，圣人不病"。河上、王弼、高翿"夫唯病"下复有"病"字。

罗振玉曰："夫唯病病"，景龙本、敦煌辛本均无此四字，壬本无下"病"字。"是以不病"，敦煌庚本无"不"字，敦煌壬本无此四字，景龙本、敦煌辛本无"不病"字。

谦之案：《韩非·喻老篇》引"圣人之不病，以其不病，是以无病也"，傅、范本作"夫唯病病，是以不病；圣人之不病，以其病病，是以不吾病"。遂州本无"夫唯病病，是以不病"句，同此石。今案《广雅·释诂》三："病，难也。"《论语》"尧、舜其犹病诸"，孔注："犹难也。""圣人不病，以其病病，是以不病"，与六十三章"是以圣人犹难之，故终无难"义同。六十三章以事言，此则以知言。《庄子·让王》"学而不能行谓之病"，亦以知言，即此章"病"之本义。诸本文赘，既云"夫唯病病，是以不病"，又云"以其病病，是以不病"。傅、范本更赘，决非《老子》古本之旧。钱大昕曰："'夫唯病病，是以不病；圣人不病，以其病病，是以不病'，石本但云'是以圣人不病，以其病病，是以不病'。此类皆远胜他本。"是也。

【音韵】 此章江氏《韵读》、姚文田无韵。高本汉：上、病韵。奚侗"上"作"尚"。陈柱：六"病"字韵。顾炎武《唐韵正·四十三映》："病"，古音平漾反，引《老子》此章。

江有诰《唐韵四声正·四十一漾》："上"，时亮、时雨二切。按古有平声，当与阳部并收。此字惟《周书》引谚"民恶其上"与"网"叶，读上声。《老子·玄用篇》（谦之案：《知病篇》之误）"知不知上"与病叶，读去声，余无读上去者。

右景龙碑本二十二字，敦煌本同，河上、王本二十八字，傅、范本三十二字。河上本题"知病第七十一"，王本题"七十一章"，范本题"知不知章七十一"。

七十二章

民不畏威，大威至。

严可均曰："大威至"，御注、王弼、高翿句上有"则"字。河上无"则"字，末有"矣"字。

魏稼孙曰：御注"民"作"人"。

罗振玉曰：敦煌庚本作"大畏至矣"，壬本、景福本均作"大威至矣"。

　　武内义雄曰：敦、遂二本第二句首有"则"字，句末无"矣"字。

　　谦之案：广明本"则大威至矣"，彭、傅、范同。奈卷作"大威至矣"，罗卷作"不畏威，民不畏威"。古"畏""威"通用。

　　高亨曰："至"者碍止之义。言民不畏威，则君主威权碍止而不能通行也，正所以为人君用威者警。下文云"无狭其所居，无厌其所生"，即明告以勿用威权矣。

无狭其所居，无厌其所生。

　　严可均曰："无狭"，王弼作"无狎"。

　　罗振玉曰：景龙、御注、景福、敦煌庚、辛、壬诸本"狎"均作"狭"。

　　谦之案：邢玄、广明、庆阳、磻溪、楼正、奈卷、河上、高翿、严、顾、彭、赵并作"狭"（蒋锡昌校严本作"挟"，案怡兰堂本严亦作"狭"，傅、范本作"狎"，作"狭"是也。《道藏宋张太守汇刻四家注》引王弼注："无狭其所居，无厌其所生，言威力不可任也。"又"自爱不自贵"句，引王注："自贵则物狭厌居生。"疑王本亦作"狭"。又毕沅疑《说文解字》无"狭"字。奚侗曰："'狭'即《说文》'陕'字，隘也。隘有迫谊。'厌'，《说文》：'笮也。'此言治天下者无狭迫人民之居处，使不得安舒；无厌笮人民之生活，使不能顺适。"

夫唯不厌，是以不厌。

　　谦之案：二"不"字，傅、范本并作"无"。又"厌"字，御注、范、夏竦《古文四声韵》并作"猒"。下一字是，上二字非。盖古厌饫、厌憎作"猒",迫逼作"厌"(参照邓廷桢《双砚斋笔记》卷四)。此章下一字作"猒",上二字皆作"厌"。经文五十三章"厌饮食",六十六章"是以天下乐推而不厌",亦作"猒"。又吴澄本上"厌"作"狎",亦非。吴曰:"'不狎',旧本作'不厌'。庐陵刘氏云:'上句"不厌"当作"不狎"。'今从之。夫惟不狎其所居而畏所畏,是以不厌其所生,而大可畏者不至矣。"案其说盖不明"厌"之二义,而妄改经文也。上"厌"字与下"厌"字,今字形虽同,而音义尚异。上"厌",压也;下"厌",恶也。盖"厌"字四声转用,最为分明(参照顾炎武《唐韵正·二十九叶》)。"夫唯不厌","厌",益涉切,则入声也。"是以不厌","厌",于艳切,则去声也。《释文》出"厌"字:"于艳反。"是知有下"厌"而不知上二"厌"字,遂使《老》义为之不明。《说文》:"厌,笮也,从厂,猒声。"徐曰:"笮,镇也,压也。"《左传》昭公二十六年:"将以厌众。"《后汉·杜邺传》:"折冲厌难。"《前五行志》"地震陇西,厌四百余家。"《礼记·檀弓》,"畏、厌、溺。"《荀子·强国》:"如墙厌之。"又《解蔽》:"厌目而视者,视一以为两。"《集韵》或作"猒",亦作"压"。此云"夫唯不厌",即"夫唯不压"也。下一"厌"字,于艳切,当如《论语》"学而不厌"之"厌",《周礼·大司徒》注疏"有嫌厌"之"厌",《淮南·主术篇》"是以君臣弥久而不相猒"之"厌"。"是以不厌",即"是以不恶"也。夫唯为上者无压笮之政,是以人民亦不厌恶之也。

是以圣人自知不自见,自爱不自贵。故去彼取此。

罗振玉曰:"是以",敦煌辛本作"故"。

谦之案:遂州本亦作"故"。傅、范本"不"上均有"而"字。又"去彼取此"句见十三章、三十八章,《淮南·道应训》引同此。

【音韵】此章江氏《韵读》无韵。高本汉：威、至韵。武内义雄：增知、爱、贵韵。谦之案：严可均《说文·声类·脂部》收"至声""威声"。王念孙《古韵谱》威、爱与贵同入脂部，至，并入脂部、至部。又知，入支部，则不但威、至为韵，威、至、知、爱、贵实支、脂合韵也。

右景龙碑本四十四字，敦煌本同，河上、王本四十五字，傅、范本四十八字。河上题"爱己第七十二"，王本题"七十二章"，范本题"民不畏威章第七十二"。

七十三章

勇于敢则杀，勇于不敢则活，知此两者或利或害。天之所恶，孰知其故？

严可均曰："知此两者"，河上、王弼无"知"字。"孰知其故"，此句下各本有"是以圣人犹难之"。

罗振玉曰：景龙、御注、景福三本均作"知此两者"，敦煌庚、壬二本作"常知此两者"。"是以圣人犹难之"，景龙本、敦煌辛本无此句。

谦之案：严遵、遂州亦无此句。景福、敦煌壬本"杀"作"煞"。磻溪、楼正、高翿、奈卷作"知此两者"，严遵、景福作"常知此两者"。《淮南·道应训》引第二句同，《人间训》："能勇于敢，而未能勇于不敢也。"又《列子·力命篇》："老聃语关尹曰：'天之所恶，孰知其故？'言迎天意，揣利害，不如其已。"语皆出于此章。又各本有"是以"一句，当从碑本删去。马叙伦曰："'是以'一句，乃六十三章错简复出者，易州无此句，可证也。"

天之道，不争而善胜，不言而善应，不召而自来，□然而善谋。

严可均曰:"不召而自来，然而善谋"，"来"下一字未刻。御注、王弼、高翿作"繟"，《释文》引梁王尚、钟会、孙登、张嗣作"繟坦"二字，引河上作"墠"。

罗振玉曰:《释文》:"墠，梁王尚、钟会、孙登、张嗣本作'坦'。"敦煌庚本亦作"坦"，辛、壬本作"不言"。

谦之案：此文"繟""坦"并出，碑文空一格，何字不明。严、彭、王羲之本作"坦"，柰卷作"繟"。方以智曰:"'繟然'与'坦然''啴然'互通。焦氏《翼》曰:'繟音阐，王作坦，严作默，不如作繟为长。'智按王辅嗣注作'坦然'者亦通。盖'单'与'亶'古通，犹'嬗'之于'禅'，'儃'之于'啴'也。'啴'音单音善，缓也，其音啴以缓，故唐人用'啴然。'"(《通雅》卷八)卢文弨曰:"繟、坦、墠三字音相近，得通用。"大田晴轩:曰:"'坦然'，平貌。言天道平易，似无谋者，而歙、张、与、夺、善谋而不失也。'坦然'或作'繟然'，繟音阐，舒缓貌，亦通。"今案严本作"默"，谊古。或作"繟"作"坦"，皆非。傅、范本亦作"默"。范曰:"'默'字，傅奕同古本，河上公并开元御注本作'繟'，王弼、梁王尚、孙登、张嗣作'坦'，今依古本。"又王充《论衡·初禀篇》曰:"人徒不召而至，瑞物不招而来，黯然谐合，自然道也。"即本《老子》此章，但"坦然"作"黯然"。此字景龙碑未刻，郭、遂本作"不言"，"不言"亦即"黯然"也。傅、范本作"默然"，与"黯然"形义相近，必有一是，当从之。

天网恢恢，疎而不漏。

严可均曰:"疎而不漏"，各本作"不失"。

毕沅曰：河上"不"作"勿"。

谦之案：作"不漏"是也。孙鑛《古今本考正》曰："'疏而不失'，'失'一作'漏'。"《后汉书·杜林传》注、《魏书·景穆十二传》均引"失"作"漏"。《群书治要》亦作"漏"。"漏"，《玉篇》"力豆切，漏泄也。"《淮南·泰族》"朱弦漏越"，注"穿也。"不漏即不泄不穿，亦即不失也。

【音韵】此章江氏《韵读》：杀、活、害韵（祭部，杀音设，活，胡厥反，害，胡折反）。恶、故韵（鱼部），胜、应韵（蒸部），来、谋韵（之部）。姚文田同。奚侗：杀、活为韵，未及"害"字。陈柱：来、谋、恢、失韵。按"害"，古读割，《释名》："害，割也，如割削物也。"又通"曷"，《孟子》："时日害丧？"经文三十五章"害"，去声，叶太。此"害"入声，叶杀、活。

江有诰《唐韵四声正·十四泰》："害"，胡盖切。按古有入声，当与曷部并收。《老子·任为篇》"此两者或利或害"，与杀，活叶。

邓廷桢曰：杀、活、害为韵。害在祭部，杀、活则祭部之入声。《诗·蓼莪》五章烈、发、害为韵，是其证也。

右景龙碑本五十八字，敦煌本五十七字，河上、王、傅、范本均六十四字。河上题"任为第七十三"，王本题"七十三章"，范本题"勇于敢章第七十三"。

七十四章

民不畏死，奈何以死惧之？若使常畏死，而为奇者，吾执得而煞之，孰敢？

严可均曰："民不畏死"，高翿"民"下有"情"字。"若使常畏死",御注、高翿"使"下有"人"字,河上、王弼有"民"字。"憨之",各本作"杀之",下仿此。

罗振玉曰:"若使民",景龙本、敦煌辛本无"民"字。"常畏死",敦煌辛本"畏"上有"不"字。"吾得执",景龙本、敦煌辛本"得执"均作"执得"。"孰敢",敦煌辛本"敢"下有"矣"字。

武内义雄曰:"民不畏死",敦、遂二本"民"下有"常"字,景本无。"惧之"句末,敦一本有"哉"字,诸本无。"若使民",敦、遂二本无"民"字,"常"下有"不"字。"吾得执而杀之",敦本"得执而"作"诚得而",遂本作"试得而",景本作"执得而"。

谦之案:磻溪、楼正、顾、彭、傅、范、赵、高翿首"民"下均有"常"字,磻溪、奈卷、遂州、赵"使"下均有"人"字。传舞"执"字,"敢"下有"也"字。严"孰"上有"夫"字,下有"矣"字。又《尹文子·大道下》《慎子外篇》均引《老子》曰:"民不畏死,如何以死惧之?"与傅、范本作"如之何"略同。

易顺鼎曰:毕氏《考异》傅奕本作"民常不畏死"。按下云"若使民常畏死",则此亦当有"常"字矣。《容斋续笔》卷五、卷十两引皆有"常"字。……"而"皆作"则","奇"一作"恶"。

谦之案:"杀"作"煞"俗。"杀"字据《一切经音义》卷六引《说文》:"戮也,法也。"二徐本无"法也"二字。"杀"之古训不明,遂使惨礉寡恩者本《老子》而归于刑名矣。

常有司煞者煞。夫代司煞者,是谓代大匠斲。

罗振玉曰:"常有司杀者杀",敦煌庚本、景福本均无"杀"字。"夫代司杀者杀",景龙、御注、景福、敦煌庚、辛诸本均无"杀"字。"是谓",敦煌庚本作"谓",辛本作"是"。"代大匠",御注本无"大"字,"匠"作"近",即"匠"之别构。

孙鑛《古今本考正》曰:"夫司杀者",今本"夫"下多"代"字,"者"字下多"杀"字。

马叙伦曰:《文子·上仁篇》《广弘明集》五、孙盛《老子非大贤论》引无"谓"字。

谦之案:遂州本无"常"字,河上、奈卷无首句下"杀",字,遂州、庆阳、河上、奈卷、顾无次句下"杀"字。遂州、严、彭、傅、范,高翿无"谓"字。"大匠斲","斲"字,遂州本作"斩",诸河、王本均作"斵"。"斲"为"斵"之别构。《玉篇》"斵,斫也。"《易·系辞下传》:"斵木为耜。""斩"疑为"斲"字之误。《字林》:"斲,斩也。"《玉篇》:"斵,例略切,斩也,断也,削也。"

夫代大匠斲,希有不伤其手。

严可均曰:御注无"夫"字。"其手",御注、王弼作"其手矣",河上作"其手者矣"。

罗振玉曰:"夫代大匠斲者",景龙、御注、景福、敦煌庚、辛诸本均无"者"字。"希有不伤其手矣",景龙本、敦煌辛本均无"矣"字,敦煌庚、辛本均无"有"字。

谦之案:遂州、庆阳、磻溪、楼正、严、顾、彭、赵均无"者"字。遂州、严、傅均无"有"字。傅"希"作"稀","不"下有"自"字。又《淮南·道应训》引二句有"者"字,亦无"有"字"矣"字。毕沅曰:"本皆异,唯陆希声同奕。《道德书》,河上公多与王同,奕多与希声同也。"

【音韵】此章江氏《韵读》无韵,诸家并同。谦之案:此章斲、手为韵。

李赓芸曰:"斲"在《广韵》入声《四觉》,竹角切。按"斲"从斤,𠁁声,今本无"声"字,必徐鼎臣所删也。《说文》:"鐲,酒器也，象酒器形。"此即《毛诗》"酌以大斗"之"斗"。"斗"为借字，"𣃔"为正字。既是象形，"𣃔"字当为建首。"鐘"字"金"旁，后儒所加，宜为重文也。《说文》如"斷"字从斗，㪿声，"覸"字从见，𣃔声，读若兜，皆一例。《老子》"制惑"章"夫代司杀者，是谓代大匠斲；夫代大匠斲者，希有不伤其手矣"，斲与手韵。《吕氏春秋·贵可篇》："故曰大匠不斲，大庖不豆，大勇不鬬，大兵不寇。"《淮南·说林训》略同。是"斲"之本音当与"鬬"同，竹角切者，其转音也。

右景龙碑本五十五字，敦煌本五十四字，河上本五十六字，王本五十九字，傅本六十一字，范本六十字。河上题"制惑第七十四"，王本题"七十四章"，范本题"民常不畏死章第七十四"。

七十五章

民之饥，以其上食税之多，是以饥。

严可均曰："民之饥"，御注作"人之"。

罗振玉曰：御注本、敦煌辛本诸"民"字均作"人"。"饥"，诸本均作"饥"，下同。

谦之案：景福、庆阳、楼正、奈卷、河上、顾、赵、诸王本均作"民"，遂州、邢玄、严及《后汉书·郎顗传》引并作"人"，傅、范本"饥"下有"者"字。毕沅曰："'飢'，河上公、王弼诸本皆作'饑'。案古'饥馑'字作'饑'，'饥饿'字作'飢'，此应作'飢'。"今案：毕说是也。《字林》："飢，饿也。""饑，谷不熟。""民之饥"正作饥饿解，宜作"飢"，不作"饑"。御注、景福、邢玄、庆阳、楼正、奈卷、河上、顾、严、傅、范、赵、《群书治要》、《后汉书·郎顗传》引并作"飢"。又《道藏》王本二"饑"字亦并作"飢"。

民之难治，以其上有为，是以难治。

严可均曰："上有为"，河上、王弼、高翿作"上之有为"。

罗振玉曰："民"，敦煌辛本作"百姓"。"上之"，景龙本、敦煌辛本均无"之"字。

谦之案：严本作"百姓难治，以上有为，是以不治"。傅、范本作"民之难治者，以其上之有为也，是以难治"，与诸本稍异。

彭耜曰："《五注》无此十五字。"又《道藏宋张太守汇刻四家注》引王弼注："言民之所以僻，治之所以乱，皆由上不由其下也，民从上也。"下云："疑此非老子之所作。"

人之轻死，以其生生之厚，是以轻死。

严可均曰："生生之厚"，各本作"求生"。

罗振玉曰："求生"，景龙本、敦煌辛本作"生生"。谦之案：遂州、彭、范作"生生"，奈卷、王羲之、赵孟頫作"求生"，高翿作"生求"，傅作"求生生"。严无"以其"二字，傅、范、彭、奈卷"厚"下有"也"字。案作"生生之厚"是也。

易顺鼎曰：按"求生之厚"当作"生生之厚"。《文选·魏都赋》"生生之所常厚"，张载注引《老子》曰："人之轻死，以其生生之厚也。"谓通生生之情以自厚也。足证古本原作"生生"。《淮南·精神训》《文选·鹡鸰赋》注、《容斋随笔》并引作"生生之厚"，皆其证。五十章云"夫何故？以其生生之厚"，又其证之见于本书者矣。

夫唯无以生为者，是贤于贵生。

吴云曰：傅本作"无以生为贵者，是贤于贵生也"，王弼无第一"贵"字。

罗振玉曰：敦煌辛本"为"下更有"生"字。"贵生"，景福本"生"下有"也"字。

谦之案：首句广明、景福、王羲之、赵孟頫同此石。邢玄同敦煌辛本。"贵生"下，奈卷、彭、传、范及《治要》引均有"也"字，《淮南·道应训》引有"焉"字。又案《淮南·精神训》："夫人之所以不能终其寿命而中道夭于刑戮者，何也？以其生生之厚。夫惟能无以生为者，则所以修得生也。"语亦本此。惟《淮南》以父讳长，故变"长"言"修"。俞樾曰："'修得生'，本作'得修生'，'得修生'即得长生也。"《文子·十守篇》正作"夫唯无以生为者，即所以得长生"。疑《老子》古本在"贤于贵生"上本有此一句。七章"以其不自生，故能长生"，五十九章"长生久视之道"，"长生"一语，得此而三。又此章每段三句，"是贤于贵生"与上文"是以轻死"为对句。

【音韵】此章江氏《韵读》无韵。姚文田、邓廷桢、奚侗同。陈柱：饥、饥韵，治、治韵，死、死韵。谦之案："饑"当作"飢"，说见前。又敦煌辛本"生为"下更有"生"字。"贤于贵生"上据《文子·十守篇》有"即所以得长生"句，是生、生亦韵也。

　　右景龙碑本不分章，五十二字，敦煌本注五十三字（实五十四字），河上、王本五十三字，傅本六十三字，范本六十字。河上本题"贪损第七十五"，王本题"七十五章"，范本题"民之饥章第七十五"。

七十六章

人生之柔弱，其死坚强。

严可均曰："人生之"，众本作"人之生也"，高翿作"民之生也"。"其死"，各本作"其死也"。

罗振玉曰：景龙本、敦煌辛本均无两"也"字，下二句同。敦煌辛本"坚"作"刚"。

谦之案：诸河、王本、傅本均有两"也"字。范本同，但"坚强"作"刚强"。《说苑·敬慎篇》亦引"坚"作"刚"，下同。此盖真类与阳类通假，《易系》"刚柔相摩"，《音义》引作"坚柔"，即其例证。又《文选·座右铭》引无"之"字，遂州、严亦无二"也"字。此章以人生之肌肤柔软而活动，可以屈伸，以示柔弱之可贵，则作"人生"字是也。

万物草木生之柔脆，其死枯槁。

严可均曰："生之"，御注作"生也"，众本作"之生也"。"其死"，各本作"其死也"。

武内义雄曰：敦本"生之柔毳"，景本同敦本，但"毳"作"脆"。

罗振玉曰：景龙、御注、敦煌辛诸本均作"生之"，敦煌庚本无"也"字"枯"字。

谦之案：御注作"生也"，罗校误。庆阳、磻溪、楼正同。严、彭、傅、赵、无"万物"二字。遂州本"脆"作"毳"，盖即"脆"之或体。又《文选·庐陵王墓下作诗》注引《庄子》逸文："其生也柔脆者，死者枯槁。"

故坚强者死之徒，柔弱者生之徒。

罗振玉曰：敦煌庚本作"故曰"。

蒋锡昌曰：《淮南·原道训》作"柔弱者生之干也，而坚强者死之徒也"。《文子·道原篇》作"柔弱者生之干，坚强者死之徒"。《说苑·敬慎篇》作"柔弱者生之徒也，刚强者死之徒也"。《列子·黄帝篇》作"柔弱者生之徒，坚强者死之徒"。《御览·木部》作"柔弱生之徒，刚强死之徒"。皆"坚强"句在"柔弱"句下，疑《老子》古本如此。

是以兵强则不胜，木强则共。

谦之案："木强则共"，御注、景福、邢玄、磻溪、楼正、高翿、奈卷、河上、王羲之、顾、范、彭、敦煌庚、辛诸本均同。诸王本作"兵"，《道藏》王本作"共"，经训堂傅本作"兵"，《道藏》傅本作"共"。"共"字未详。强本成疏曰："譬树木分强，故枝条共压其上；亦犹梁栋宏壮，故椽瓦共压其上也。"知成所见本亦作"共"，故缴绕穿凿其辞。丁仲祐曰："《集韵》'共'为'拱'之省文。《穀梁》僖三十三年《传》'子之冢木已拱矣'，注：'拱，合抱也。'又《公羊传》注：'拱，可以手对抱。'"说虽可通，但以较"木强则兵"，所谓直木先伐，犹觉后义胜也。黄茂材曰："《列子》载老聃之言曰：'兵强则灭，木强则折。'《列子》之书，大抵祖述老子之意，且其世相去不远。'木强则折'，其文为顺。今作'共'，又读为'拱'，其说不通，当以《列子》之书为正。"谦之案：黄说是也。灭、折为韵。"折"，篆文作𣂶，《说文》在《艸部》。陈柱曰："古文'折'或有作𣂚者，以'兵'字篆文作𠂳，形极近。"高亨亦谓"古'折'亦作𣂚，上'斤'下'艸'，与'兵'形似，故讹为'兵'耳"。

俞樾曰：案"木强则兵"，于义难通，河上公本作"木强则共"，更无义矣。《老子》原文作"木强则折",因"折"字阙坏,止存右旁之"斤",又涉上句"兵强则不胜",而误为"兵"耳,"共"字则又"兵"字之误也。《列子·黄帝篇》引老聃曰:"兵强则灭,木强则折",即此章之文,可据以订正。

易顺鼎曰:俞氏《平议》据《列子》引《老子》作"兵强则灭,木强则折"是矣。鼎又按《文子·道原篇》作"兵强即灭,木强即折",《淮南·原道训》亦生"兵强则灭,木强则折",皆与《列子》相同。王注"木强则兵",云"物所加也",四字疑非原本。

奚侗曰:"折"以残缺误为"兵",复以形似误为"共"耳。兹据《列子·黄帝篇》《文子·道原篇》《淮南·原道训》引改。但《文子》《淮南》于"木强则折"下,有"革强则裂,齿坚于舌而先敝",皆韵语,或《老子》原本有之,而今挽去。

故坚强处下,柔弱处上。

严可均曰:各本作"强大处下",无"故"字。

罗振玉曰:敦煌辛本作"故坚强居下",庚本作"故强大处下"。

谦之案:遂州、彭上"处"作"居",范作"取",高本汉二"处"并作"居"。严"柔"作"小"。"坚强处下",彭、傅、赵同此石。盖即草木为喻,以明根干坚强处下,枝叶柔弱处上也。

【音韵】此章江氏《韵读》无韵。姚文田、邓廷桢同。奚侗:灭、折韵。陈柱增徒、徒韵。又高本汉:胜、兵韵,下、上韵。谦之案:胜、兵、下、上皆非韵,高说误。

武内义雄曰:"兵强则灭,木强则折",《列子·黄帝篇》引老聃语。《老子》第七十六章亦载此语,文不同。灭、折韵。

右景龙碑本五十四章,敦煌本同,河上、王本五十七字,傅本五十九字,范本五十八字。河上题"戒强第七十六",王本题"七十六章",范本题"人之生章第七十六"。

七十七章

天之道,其犹张弓!
严可均曰:"张弓",御注、河上作"张弓乎",王弼作"张弓与"。
罗振玉曰:景龙本、敦煌辛本均无"与"字。御注、景福、敦煌庚本"与"作"乎"。
谦之案:遂州、严本亦无"与"字。傅、范本"弓"下作"者欤"。邢玄、庆阳、磻溪、楼正、奈卷、高翿、顾彭并作"张弓乎",《类聚》七十四引同。

高者抑之,下者举之,有余者损之,不足者与之。
严可均曰:"不足者与之",王弼作"补之"。
罗振玉曰:敦煌庚本、景福本均无"者"字,下句同。又景龙、御注、景福、敦煌庚、辛本"补"均作"与"。
谦之案:严本"抑"作"案",李道纯本"下"作"低"。邢玄、庆阳、磻溪、楼正、河上、奈卷、遂州、顾、彭均作"与之",同此石。
又谦之案:严遵曰:"夫弓人之为弓也,既煞既生,既禽既张,制以规矩,督以准绳。弦高急者,宽而缓之;弦驰下者,摄而上之;其有余者,削而损之,其不足者,补而益之。"据此,知四句皆以张弓明消息盈虚自然之理。焦竑曰:"'抑之''举之'二句言张弓,'有余''不足'二句言天道",非也。

老子德经 七十七章

天之道，损有余而补不足，人道则不然，损不足，奉有余。

严可均曰："而补不足"。御注无"而"字。"人道"，各本作"人之道"。"损不足"各本"足"下有"以"字。

罗振玉曰：御注、景福、敦煌庚、辛本均无"而"字。景龙、景福、敦煌辛本均无"以"字，敦煌庚本"以"作"而"。

谦之案：遂州、邢玄、庆阳、磻溪、高翿、严、顾、彭均无"而"字。遂州、严、顾亦无"以"字。

易佩绅曰：道在天下均而已，均而后适于用。此有余则彼不足，此不足而彼有余，皆不可用矣。抑其高者、损有余也；举其下者，补不足也。天之道如是，故其用不穷也。

沈一贯曰：人之道则不然。哀聚穷贱之财，以媚尊贵者之心；下则棰楚流血，取之尽锱铢；上则多藏而不尽用，或用之如泥沙：损不足以奉有余，与天道异矣。

孰能有余以奉天下？其唯有道者。

严可均曰：御注"以"字在"能"字下。"其唯有道者"各本无"其"字。

罗振玉曰：御注、景福、广明、敦煌庚本"能"下均有"以"字。"有余以"，御注、景福二本均无"以"字。

谦之案：傅本作"孰能损有余而奉不足于天下者、其惟道者乎"！严、彭、范亦作"损"字，彭有"不足于"三字。李道纯曰："'孰能以有余奉天下'，其中加'不足'二字者非。"谥义，有道者不以有余自奉，而以奉天下，于义已足，传本"不足"二字赘。

是以圣人为而不恃，功成不处，斯不见贤。

严可均曰："为而不恃"，御注无"而"字。"功成不处"，河上、王弼"成"下有"而"字。"斯不见贤",各本作"其不欲见贤",高翻句末有"邪"字。

罗振玉曰:"功成而不处",敦煌庚、辛本"功成"作"成功",景龙、御注、敦煌辛本均无"而"字。"其不欲见贤",敦煌庚本"贤"下有"也"字,辛本"则其欲退贤"。

武内义雄曰:敦本"见"作"示"。

谦之案:河上注:"不欲示人知己之贤。"是河上"见"亦作"示",顾欢同。遂州本"见"作"贵"。"斯不见贤","斯"即"厮"字。"斯""厮"古今字。《左传》哀二年"人臣隶圉免",杜注:"去厮役。"《释文》:"厮字又作斯。"《新序杂事》四、《潜夫论叙录》"厮役"均作"斯役"。此云"斯不见贤",案《诗》毛传:"贤,劳也。"圣人能损有余,补不足,衰多以益寡,抑高而举下,岂劳烦厮役者耶?传本"贤"下有"邪"字。高亨曰:"'贤'下当有'邪'字。本章全是韵文,无'邪'字则失韵,是其证。"

【音韵】此章江氏《韵读》无韵。邓廷桢:举、与韵,云:"'与',一本作'补',举、补亦韵也。"奚侗:举、补韵。陈柱同,增余、下韵。高本汉同。武内义雄:恃、处韵。谦之案:诸说均不全。此章与、举、与(补)、余、下、者、处、邪皆鱼部,实通篇一韵。恃、处非韵,武内说误。

右景龙碑本七十五字,敦煌本七十四字,河上、王本七十九字,傅本七十七字,范本八十三字。河上本题"天道第七十七",王本题"七十七章",范本题"天之道章第七十七"。

七十八章

天下柔弱莫过于水,而攻坚;强莫之能先。

严可均曰:"天下柔弱莫过于水",王弼作"天下莫柔弱于水"。御注、王弼"强"下有"者"字,"先"作"胜"。河上亦有"者"字,作"莫之能胜",高翿作"莫之能爽"。

罗振玉曰:《释文》:"河上本作'天下柔弱莫过于水'。"御注、敦煌辛本、景福诸本并同。"攻",敦煌辛本作"功"。"强者",景龙本、敦煌辛本均无"者"字,敦煌庚本此句上有"言水柔弱"四字。又景龙本、敦煌辛本"胜"均作"先"。

武内义雄曰:敦、遂、景三本"胜"作"先"。

李道纯曰:"天下柔弱莫过于水",或云"莫柔弱于水",非也。

谦之案:世德堂河上公本作"莫知能胜","知"字误。又"而攻坚"句,与四十二章"天下之至柔,驰骋天下之至坚"语意正同。坚与先叶。水能怀山襄陵,磨铁销铜,故曰攻坚也。旧说"坚强"二字连,则无韵。又"强"下从各本有"者"字。"先"字,严、彭、傅、范同此石。

其无以易之。

罗振玉曰:敦煌庚本作"无易之",景福本作"以其无能易之"。

焦竑曰:"以其无以易之也",一无"以也"。

谦之案:严本下有"矣"字,傅、范本下有"也"字。

故弱胜强,柔胜刚,天下莫能知,莫能行。

严可均曰:御注、高翿作"故柔胜刚,弱胜强",河上、王弼无

"故"字,作"弱之胜强,柔之胜刚"。"莫能知",各本"能"作"不"。

罗振玉曰:"柔之胜刚",景福本"胜"作"能",敦煌庚本与景龙本同,而无"故"字;御注本、敦煌辛本作"故柔胜刚,弱胜强"。又"不"均作"能"。

谦之案:《淮南·道应训》引《老子》曰:"柔之胜刚也,弱之胜强也,天下莫不知,而莫之能行。"与傅奕本同。唯传本无二"也"字。

故圣人云:

严可均曰:御注作"是以圣人言",王弼作"是以圣人云"。

罗振玉曰:敦煌辛本无"云"字,御注本"云"作"言"。景龙本作"故圣人云",景福本、敦煌庚本作"故圣人言云"。

谦之案:奈卷、河上作"云",邢玄、庆阳、磻溪、楼正、高、顾、彭、范、赵均作"言"。传本"人"下有"之言"二字。案作"言"是也。"言""云"义重,"云"字衍。

"受国之垢,是谓社稷主;受国不祥,是谓天下王。"

严可均曰:"受国不祥",河上、高翻"国"下有"之"字。

孙鑛《考正》曰:"受国不祥"今本"受国"下多"之"字。

刘师培曰:案《淮南·道应训》引《老子》"受国"上均有"能"字,"不祥"上又有"之"字,当为古本。

谦之案:"垢"有垢污之义。按《庄子·天下篇》引老聃曰:"知其雄,守其雌,为天下溪。知其白,守其辱,为天下谷。人皆取先、己独取后。曰受天下之垢。"郭象注"雌、辱、后、下之类,皆物之所谓垢。"宣十五年《左传》"伯宗曰'川泽纳污,山薮藏疾,瑾瑜匿瑕,国君含垢,天之道也'"杜注:"忍垢耻。"盖退身处后,推物在先,处众人之所恶,故几于道,此"垢"之本义。又"王"字,《说文》：" 天下所归往也。"《穀梁》庄三《传》曰："其曰王者，民之所归往也。" 训 "王" 为 "往"，人所归落，此 "王" 之本义。

正言若反。

高延第曰：此语并发明上下篇玄言之旨。凡篇中所谓 "曲则全，枉则直，洼则盈，敝则新" "柔弱胜强坚"，不益生则久生，无为则有为，不争莫与争，"知不言，言不知"，损而益，益而损，言相反而理相成，皆正言也。

吴澄曰："正言若反"，旧本以此为上章末句。今案上章 "圣人云" 四句作结，语意已完，不应又缀一句于末，他章并无此格。"绝学无忧" 章、"希言自然" 章皆以四字居首，为一章之纲，下乃详言之，此章亦然。又 "反" "怨" "善" 三字叶韵，故知此一句当为起语也。

谦之案：吴说是也。"正言若反" 碑本、严本均不分章，亦其证。

【音韵】此章江氏《韵读》：强、刚、行韵（阳部）垢、主韵（侯部、主、朱撖反）祥、王韵（阳部），言、反韵（元部，反，平声）。姚文田、邓廷桢均同，唯未及 "言" "反"。高本汉：言、反韵。武内义雄，祥、王、反韵，盖误。谦之案："言" "反" 属下章，反、怨、善，江晋三《廿一部谐声表》入元部声，姚文田《古音谐》入九寒去声，三字叶韵。又 "而攻坚" 为句，坚、先为韵，说见前。顾炎武《唐韵正》卷十《四十五厚》："垢，古音古。"《老子》："受国之垢，是为社稷主。"

邓廷桢曰："主"，古音在侯部，《易·丰》六二、九四与 "蔀" "斗" 为韵，《诗·行苇》与 "醹" "斗" "耇"，《卷阿》与 "厚" 为韵，是其证也。《老子》"受国之垢，是谓社稷主"，垢、主为韵。

右景龙碑本不分章，六十二字，河上本六十五字，王本六十四字,傅本七十三字,范本七十一字。河上题"任言第七十八",王本题"七十八章",范本题"天下莫柔弱于水章第七十八"。

七十九章

和大怨,必有余怨,安可以为善?

谦之案:广明本"和"作"知",彭本"怨"下有"者"字。叶梦得本无"必"字。《文子·微明篇》引上二句同,第三句作"奈何其为不善也",文意同。

是以圣人执左契,不责于人。

严可均曰:"不责于人",御注作"而不责于民",河上、王弼有"而"字。

罗振玉曰:景龙本、敦煌辛本均无"而"字。

谦之案:遂州、严亦无"而"字,严有"以"字。

马叙伦曰:"契"当作"栔"。《说文》曰:"刻木也。"今通用"契"。

朱骏声曰:契,《说文》:"大约也。"今言合同。《易·系辞》"后世圣人易之以书契",郑注:"以书书木边言其事,刻于木谓之书契。"《周礼·质人》"掌稽市之书契",注:"取予市物之券也。其券之象,书两札刻其侧。"《礼记·曲礼》"献粟者执右契",疏谓"两书一札,同而别之"。又《韩策》"操右契",注:"左契待合而已,右契可以责取。"

章炳麟曰:"死生契阔",本又作"挈"。《韩诗说》曰:"契阔,约束也。"然则因时约剂暂为事法者谓之契。《老子》曰:圣人执左契,而不责于人。"(《小敩答问》)

故有德司契，无德司彻。

严可均曰："故有德"，河上、王弼无"故"字。

罗振玉曰：景龙、御注、敦煌辛本首句均有"故"字。

武内义雄曰：敦、遂、景三本句首有"故"字。"彻"，敦本作"撤"，遂本作"辙"。

谦之案：严本亦作"辙"。"彻""辙"古虽通用，但此宜作"彻"。俞樾曰："按古字'彻'与'辙'通。二十七章'善行无辙迹'，《释文》作'彻'，引梁注曰：'彻应车边，今作彳者，古字少也。'然则此文'彻'字，亦与彼同矣。'有德司契，无德司辙'，言有德之君但执左契、合符信而已，无德之君则皇皇然司察其辙迹也。河上公解'善行无辙迹'曰：'善行道者求之于身，不下堂，不出门，故无辙迹。'此即可说'无德司彻'之义。"谦之案：俞说非也。"彻"当训为剥。"车"边之"辙"，于义难通。大田晴轩曰："'彻'字，诸家或为通，或为明，或为彻法之彻，要皆不悟此一章之言为何所指，故纷纭谬说，如一哄之市耳。按彻，剥取也。"《豳风·鸱鸮》曰"彻彼桑土，绸缪牖户"，《毛传》"彻，剥也。"《小雅·十月之交》曰"彻我墙屋，田卒汙莱"是也。有德但以合人心为主，故不取于民，无德不以民情之向背为意"故唯浚而剥之为务"。一说"彻"疑当为"杀"，高序曰："篆文'彻'作'𢍯'，《说文》"杀"古文作"𠫑"，形相近。《老子》此字作"𣏾"，后人不识"误以为'彻'也"。七十四章曰："常有司杀者杀，夫代司杀者杀，是谓代大匠斲。"此云"司杀"，其义正同。有德之君仁而多施，故曰司契；无德之君暴而多刑，故曰司杀。司契者，善人，天之所福；司杀者，不善人，天之所祸。故下文云"天道无亲，常与善人"，以戒人君勿司杀而司契也。古韵契在泰部，"彻"在脂部，契、彻是为通谐。杀亦在泰部，契、杀是谓同韵。

天道无亲，常与善人。

谦之案：此二句为古语，见《说苑·敬慎篇》引《黄帝金人铭》，又《后汉书·袁绍传》注引作《太公金匮》语。又《郎颛传》颛引《易》曰"天道无亲，常与善人。"

【音韵】此章江氏《韵读》，怨、怨、善韵（元部），契、彻韵（祭部，契音挈），亲、人韵（真部）。姚文田、奚侗同。武内义雄、陈柱：怨、怨、善、人韵。案怨、怨、善，元部，人，真部，此元、真通韵。

顾炎武《唐韵正》卷十七《十七薛》："彻"，去声则直例反。《老子》"有德司契，无德司彻"，一本作"彻"。

李广芸《炳烛编》卷三曰：《老子》"任契"章："有德司契，无德司彻。"按契、彻韵也。契当读入声，如挈。《广韵》"契"在十六屑，"彻"在十七薛，屑、薛通也。

江有诰《唐韵四声·正二十八狝》："善"，常演切。按古有平声，当与仙部并收。《老子·信契篇》"安可以为善"，与怨（音冤）叶。

右景龙碑本分章不明（"无德司彻"句下空一格，似分章），四十字，敦煌本、河、王本同，傅、范本四十一字。河上本题"任契第七十九"。王本题"七十九章"，范本题"和大怨章第七十九"。

八十章

小国寡人，使有什佰之器而不用，

严可均曰："小国寡人"，各本作"寡民"。"什伯之器"，河上"伯"下有"人"字。

罗振玉曰:"小国寡民",景龙本"民"作"人"。"使有什伯之器",敦煌辛本作"使民有什伯之器",庚本作"使人有仟伯人之器"。

谦之案:"小国寡人",遂州本同。奈卷"寡"作"寮"。下句严、彭、傅、范、赵"使"下有"民"字,景福、奈卷、王羲之"伯"下有"人"字,顾下有"民"字,傅、范"用"下有"也"字。李道纯曰:"'使有什伯之器而不用',或云'令器',或云'不用',皆非也。"

俞樾曰:按"什伯之器",乃兵器也。《后汉书·宣秉传》注曰:"军法,五人为伍,二五为什,则共其器物,故通谓生生之具为什物。"然则什伯之器犹言什物矣。其兼言伯者,古军法以百人为佰。《周书·武顺篇》:"五五二十五曰元卒,四卒成卫曰伯。"是其证也。什伯皆士卒部曲之名。《礼记·祭义篇》曰:"军旅什伍。"彼言"什伍",此言"什伯",所称有大小,而无异义。徐锴《说文系传》于《人部》"伯"下引"《老子》曰'有什伯之器',每什伯共享器,谓兵革之属",得其解矣。"使有什伯之器而不用,使民重死而不远徙",两句一律。下文云"虽有舟舆,无所乘之,虽有甲兵,无所陈之","舟舆"句蒙"重死而不远徙"而言,"甲兵"句蒙"什伯之器不用"而言,文义甚明。河上公本"什伯"下误衍"人"字,遂以"使有什伯"四字为句,失之矣。

奚侗曰:《史记·五帝纪》"作什器于寿邱",《索隐》曰:"什器,什,数也。盖人家常用之器非一,故以十为数,犹今言什物也。"此云"什伯",絫言之耳。国小民寡,生事简约,故虽有什伯之器,亦无所用之也。各本多无"民"字,兹从傅奕本增。河上本作"使有什伯人之器而不用",而断"使有什伯"为句,谊不可通。盖古本"民"或作"人",因误到"什伯"之下,河上遂强为句读耳。

谦之案:二说皆可通。《文子·符言篇》曰:"天下虽大,好用兵者亡；国家虽安，好战者危。故小国寡民，虽有什伯之器而勿用。"是以什伯之器为兵器也。《汉书》"诏天下吏舍无得置什器"，颜师古注："五人为伍，十人为什，则共器物。"是以什伯之器为什物，为十人百人所共之器也。一说：什伯人之器，则材堪什夫、伯夫之长者也。此说苏辙唱之，大田晴轩和之，引"《列子·说符篇》伯乐称九方皋曰：'是乃所以千万臣而无数者也。'《吕氏春秋·至忠篇》：'子培贤者也，又为王百倍之臣。'《孟子》'或相倍蓰，或相什伯，或相千万'（《滕文公上》），以物言也；'或相倍蓰而无算者'（《告子上》），以人言也。然则什伯千万亦皆可以人言也。'器'，利器，器长之器，什伯之器，为特异之材明矣。"谦之案：此说较迂曲，并存可也。

使人重死而不远徙。虽有舟舆，无所乘之；虽有甲兵，无所陈之。使民复结绳而用之。

严可均曰："使人重死"，河上、王弼作"使民"。

罗振玉曰："使民"，景龙本、敦煌庚本"民"作"人"。"而不远徙"，庚本无"而"字，"虽有"作"其"，下"虽"字无。

谦之案："使人"句，遂州本亦作"人"。"使民"句，御注、邢玄、景福、庆阳、磻溪、楼正、高翿、奈卷、河上、敦煌庚本、顾、彭、傅、范、赵皆作"民"，同此石。毕沅曰："'民'，王弼作'人'。改'民'为'人'，皆唐本也。"又"陈"字，遂州本作"阵"。案《玉篇》："阵，直镇切，师旅也，本作陈。"是"陈""阵"古通。"轝"，《释文》："河上曰车。"御注、王弼作"舆"，遂州、宋河上、奈卷作"轝"，赵作"车"。案作"轝"是也。

"轝"即"与"之古文。夏竦《古文四声韵》卷四引《古老子》作"轝"（𦥑）。

甘其食，美其服，安其居，乐其俗，邻国相望，鸡狗之声相闻，民至老死，不相往来。

严可均曰："鸡狗之声"，御注、高翿作"鸡犬之音"，王弼作"鸡犬之声"。

罗振玉曰：景龙、景福、广明、敦煌庚、辛诸本均作"狗"，敦煌庚本无"死"字，辛本作"使民至老"。

谦之案：傅、范本"甘其食"上有"至治之极民各"六字。又傅、范、彭"居"作"俗"，"俗"作"业"，"民"上有使字。严本"安其居"在"乐其俗"句下，河上、顾无"死"字，傅、彭"相"下有"与"字。《治要》引"美其服"作"美其衣"。又"邻"字，广明、罗卷、顾同此。案《说文》："五家为邻，从邑，粦声。"古作㸚。《九经字样》云："作'隣'者讹，宜作'鄰'。"

又案《庄子·胠箧篇》论"至德之世"，《马蹄篇》言"民有常性，织而衣，耕而食"，语意皆本此。《胠箧》所引九句，惟"安其居，乐其俗"二句倒置。又《淮南·齐俗训》："是故邻国相望，鸡狗之音相闻，而足迹不接诸侯之境，车轨不结千里之外者，皆得其所。"《论衡·说日篇》："古者质朴，邻国接境，鸡犬之声相闻，终身不相往来。"皆本《老子》此章。又《史记·货殖传》亦有"至治之极"四字，碑本虽无此句，可据傅、范本与《庄子》《史记》所引补之。

【音韵】此章江氏《韵读》无韵。姚文田、邓廷桢同。高本汉本作"至治之极，民各甘其食，美其服，安其俗，乐其业"，极、食、服、俗、业韵，"俗"字实际非韵。又"邻国相望"至"老死不相往来"，高本汉改"往来"为"来往"，以叶"望"字，大误。

右景龙碑本七十五字，敦煌本七十三字，河上、王本七十五字,傅、范本八十五字。河上本题"独立第八十",王本题"八十章",范本题"小国寡民章第八十"。

八十一章

信言不美,美言不信。善者不辩,辩者不善。知者不博,博者不知。

罗振玉曰:敦煌辛本"知"作"智"。

武内义雄曰:"善者不辩"二句,敦、遂二本在"知者不博"二句之后。

谦之案:严、顾二句与敦、遂本同。傅、范"善者不辩"二句"者"并作"言"。

俞樾曰:按此当作"信者不美,美者不信",与下文"善者不辩,辩者不善;知者不博,博者不知",文法一律。河上公于"信者不美"注云:"信者,如其实。不美者,朴且质也。"是可证古本正作"信者不美",无"言"字也。

陶鸿庆曰:案俞氏据河上注,知经文两"言"字皆当作"者",与下文一律者也。今按王注云:"实在质也,本在朴也。"但释"信"与"美"之义,而不及"言",以其所见本亦作"者"也。

谦之案:俞、陶之说非也。《文心雕龙·情采篇》曰:"老子疾伪,故称'美言不信'。"是刘勰所见《老子》本作"言"字。河上于此句注云:"滋美之言者,孳孳华词。不信者,饰伪多空虚也。"又成玄英《开题序诀义疏》题此章为"信言"章。疏云:"信,实也。美,浮艳也。言上德之人……所说言教,实而不华,……浮艳之言,……既乖至理,所以不信。故《庄》云'犬不以善吠为良,人不以善言为贤'也。"可证河上本与碑本同。王注六十二章"美言可以市"句云：" 美言之，则可以夺众货之贾，故曰'美言可以市'也。"此章注："实在质也，本在朴也。"义亦正同。虽未及"言"，而言在其中，何由证其所见本必作"者"乎？又"善者不辩"二句，焦竑《考异》曰："古本作'善言不辩，辩言不善'。"又《庄子·齐物论》"大辩不言"，语亦同此。《知北游篇》"不知深矣，知之浅矣"，与"知者不博"二句语意亦似。

圣人不积，既以为人己愈有，既以与人己愈多。

严可均曰："既以为人"，御注作"与人"。

罗振玉曰：御注、景福二本"为"作"与"。

谦之案：邢玄、庆阳、磻溪、楼正均作"与"。二"愈"字，邢玄作"逾"，范作"俞"。"俞"古字，作"逾"误。碑本五章"愈"亦作"俞"。又"圣人不积"，严、彭、傅、赵、高并作"无积"，范作"无积"，河上公、王弼作"不积"。作"无积"是也。《战国策·魏策》一引《老子》曰："圣人无积，尽以为人己愈有，既以与人己愈多"，"不积"亦作"无积"。"既以与人"句，《庄子·田子方篇》引同。"既以为人"句，"既"字可据《魏策》改为"尽"字，与"既"字为对文。又"积"有藏义，《楚语》"无一日之积"，注："积，储也。"《庄子·天道》"运而无所积"，《释文》："谓积滞不通。"《天下篇》称老聃"以有积为不足……无藏也故有余"，无积即无藏也。

天之道，利而不害。圣人之道，为而不争。

罗振玉曰：敦煌辛本无下"之"字。

谦之案：赵本作"人之道"，无"圣"字。"人"与"天"对，文胜，然非《老子》本谊。

【音韵】此章江氏《韵读》无韵，诸家并同。惟高本汉以信、善为韵，武内义雄以积、有、多为韵，皆误。此章实以信信、善善、知知各首尾为韵。又知、积、多韵，知、积，支部，多，歌部，此歌、支通韵。

　　右景龙碑本五十七字，敦煌本、河、王、傅、范本同，河上题"显质第八十一"，王本题"八十一章"，范本题"信言不美章第八十一"。

附录　老子韵例

昔孔广森作《诗声分例》，其言曰："今之诗主乎文，古诗主歌。歌有疾徐之节，清浊之和，或长言之，咏叹之，累数句而无以韵为；或繁音促节，至于句有韵，字有韵，而莫厌其多。"余以为《道德》五千言，古之哲学诗也。既曰诗，即必可以歌，可以诵；其疾徐之节，清浊之和，虽不必尽同于《三百篇》，而或韵或否，则固有合于诗之例焉为无疑。然在宋代吴棫《韵补》，已叹"《老子道德经》，周柱下史老聃所作，多韵语，今往往失其读"，然则发凡起例，其可少乎？作《老子韵例》。

（其一）世异音殊，一代自有一代之音，古韵不可合于唐，唐韵不可合于今，阎百诗所谓"古今之音系乎时"者，岂不然哉！《五千言》以今音读之，觉其扞格不合，而以古音绳之，则合者多，而不合者或出于传写之讹。昔邓廷桢钩稽《五千言》之用韵，与《易》《诗》合，如"辩德"章富、志、久为一韵，久韵富、志，既与《诗》同，下句又韵寿，乃与《易》同。实则《五千言》与《诗》或异或同，与《易》则几无不同。且以楚人书楚语，作楚音，是又为《骚》韵开其端也。试举其与《易》同者：

（一）五章："多言数穷，不如守中。"穷、中为韵。《易·需·象传》穷、中、功韵。《蹇·象传》中、穷、功、邦韵。《困·象传》中、穷韵。《井·象传》穷、中、功、凶韵。《渐·象传》功、邦、中、穷韵。《涣·象传》穷、同、中、功韵。《节·象传》中、穷、通韵。《既济·彖传》中、穷韵。《坤·彖传》中、穷、终韵。《随·彖传》凶、功、中、穷韵。《大壮·彖传》穷、中韵。《节·彖传》中、穷韵。《巽·彖传》中、穷、中、功、中、穷、凶韵。

（二）二十四章："企者不久，跨者不行，自见者不明，自是者不彰，自伐者无功，自矜者不长。"行、明、彰、功、长韵。又七十八章："弱之胜强，柔之胜刚，天下莫不知，莫能行。"强、刚、行韵。《易·大有·彖传》明、行、亨韵。《谦·彖传》亨、明、行韵。《噬嗑·彖传》亨、明、章、行韵。《复·彖传》亨、行、行、长韵。《遯·彖传》亨、行、长韵。《晋·彖传》上、明、行韵。《睽·彖传》上、行、明、行、刚韵。《益·彖传》疆、光、庆、行、疆、方、行韵。《姤·彖传》刚、长、章、行韵。《鼎·彖传》明、行、刚、亨韵。《艮·彖传》行、明韵。《旅·彖传》亨、刚、明韵。《巽·彖传》行、刚韵。《屯·彖传》明、光、长韵。《讼·彖传》长、明韵。《履·彖传》明、行、当、刚、行、当、庆韵。《否·彖传》当、行、当、长韵。《同人·彖传》刚、行韵。《豫·彖传》当、行、刚、亡、长韵。《噬嗑·彖传》行、刚、当、光、当、明韵。《睽·彖传》当、刚、行、庆、亡韵。《夬·彖传》当、明、光、长韵。《震·彖传》刚、当、光、行、丧韵。《归妹·彖传》常、当、行、良、行、筐韵。《丰·彖传》当、明、行、庆、翔、藏韵。《系辞下传》"君子知微知彰"三句彰、刚、望韵。《乾·文言》藏、明、行韵。《坤·文言》刚、方、常、光、行韵。《说卦传》阳、刚、亨韵。《杂卦传》刚、行韵。

（三）二章：生、成、形、倾韵。十五章：清、生、盈、盈、成韵。二十五章：成、生韵。三十九章：清、宁、灵、盈、生、贞韵。《易·乾·彖传》元、天、形、成、天、命、贞、宁韵。《屯·彖传》生、贞、盈、宁韵。《系辞下传》"日往则月来"九句生、成、生韵。《序卦传》盈、生韵。

（四）二十六章："鱼不可脱于渊，国之利器不可以示人。"渊、人韵。六十章:"其鬼不神,非其鬼不神,其神不伤人。"神、人韵。

《易·乾》九二、九四、九五田、人、渊、天、人韵。《丰·象传》人、神韵。《乾·文言》人、神韵。

(五)四十四章:"知止不殆,可以长久。"止、久韵。十六章:道、久、殆韵。

《易·临·象传》道、久韵。《离·象传》咎、道、久韵。《杂卦传》久、止韵。

(六)六十八章:武、怒、与、下韵。六十四章:土、下韵。

《易·困·象传》下、与韵。《井·象①传》下、舍、与韵。《恒·象传》下、与韵。《咸·象②传》下、与、女韵。《剥·象传》下、与、下韵。《随·象传》与、下韵。《离·象传》土、下韵。

(七)五十九章:啬、服、德、克、极、国韵。八十章:食、服韵。

《易·谦·象传》牧、得、服、则、服、得、国韵。《同人·象传》克、则、直、克、得韵。《节·象传》塞、极韵。《乾·文言传》:革、德、极、则韵。

(八)九章:之、已、之、保、守、咎、道韵。

《易·复·象传》咎、道、复韵。《小畜》初九、《随》九四道、咎韵。《乾·象传》道、咎、久、造、久、首韵。《同人·象传》《睽·象传》《节·象传》《既济·象传》咎、道韵。《夬·象传》咎、道、咎韵。《渐·象传》咎、饱、丑、道、保韵。

次举其与《骚》韵同者,如五章穷、中韵。《楚辞·云中君》降、中、穷、懒韵;《涉江》中、穷韵。八章治、能、时、尤韵。《楚辞·惜往日》时、疑、治、之、否、欺、思、之、尤、之韵。四十四章止、殆、久韵。《楚辞·天问》止、殆韵;《招魂》止、里、久韵。十章离、儿、疵、知、雌、知韵。《楚辞·少司命》离、知韵。七章

---

① "象",底本作"彖",误。——编者
② "象",底本作"彖",误。——编者

先、存韵。《楚辞·远游》存、先、门韵;《大招》存、先韵。十七章言、然韵。《楚辞·惜诵》言、然韵。二十五章、六十五章远、反韵,《楚辞·离骚》《国殇》《哀郢》同。二章生、成、形、倾韵。《楚辞·天问》营、成、倾韵。三十七章静、定韵,《楚辞·大招》同。三十七章、五十七章为、化韵,《楚辞·天问》《思美人》同。六十八章武、怒、与、下韵。《楚辞·离骚》武、怒韵。六十四章土、下韵。《楚辞》以下、与、女、所、舞、予等字为韵。二章居(处)、去韵。《楚辞·悲回风》处、虑、曙、去韵。九章保、守、咎、道韵。《楚辞·惜诵》保、道韵。二十四章行、明、彰、长、行韵。《楚辞·天问》长、彰韵。二十二章明、彰、长韵。《楚辞·怀沙》章、明韵。五十九章啬、服、德、克、极、国韵。《楚辞·离骚》极、服韵;《天问》《哀郢》极、得韵;《橘颂》服、国韵。六十五章贼、福、式、德韵。《楚辞·招魂》食、得、极、贼韵。十五章客、释韵。《楚辞·哀郢》蹠、客、薄、释韵。

由上所述,《五千言》与《易》韵同,与《骚》韵亦同。知声音之道,与时转移,而如《易》如《骚》,以时考之,皆与老子相去不远。《五千言》者盖与《易经》同为中国古代之二大哲学诗,老子为楚人,故又与楚声合。尚论世次,屈在老后。经文中"兮"字数见,与《骚》韵殆无二致,《五千言》其楚声之元祖乎!

(其二)《老子》古韵之研究,宋吴棫已开其端,清顾炎武、江慎修以后,其卓然成家者,以江晋三之《老子韵读》、姚文田之《古音谐》、邓廷桢之《双砚斋笔记》为最著。邓书惟于虞、侯二部之界限,分隶诸部之入声,有所发明;而于古韵之综合研究,未遑及焉。江晋三以《廿一部谐声表》,姚文田以《古韵廿八部》,于《五千言》之中,句求字索,使韵理日明,虽不无遗漏之处,而乖舛则甚少。尤以江氏《韵读》,其分部与王念孙《古韵谱》同,学者取资焉。今试排比之如下(表中数目字为《老子》章次):

附录 老子韵例 721

	江有诰廿一部	姚文田廿八部	庸韵
一之	始母①事教辞有恃②（之、宵合韵）治能尤⑧已保守答道⑨（之、幽通韵）始纪⑭道久殆⑯（之、幽通韵）倍慈有⑲熙合孩⑳海止以鄙母孩㉑改殆母通道㉕（之、幽通韵）黑式试试极㉘有之之殆海㉜富志㉝右辞㉞饵止殆久㉟止殆母㊹始母子有恃㊶宰㊶始殆㊷事教㊷事有㊼起有㊸殆母子母长㊾持谋㊽福伏极㊽德力极㊺国贼国福武德㊽奥宝保㊽	始母①有恃②治能②治能时尤⑧有时宰⑩始纪⑭倍慈有⑲哉熙合㉑㉑母㉕㉕海㉕饵㉚有之之殆海㉜富志㉝富㊸止殆久㊹始母子㊶子母㊷起有㊷持谋㊷事母富㊶事㊷始事㊷来谋㊷	之（灰、咍）（案江氏《廿一部》入声之分配与姚氏《廿八部》异，幽转入声屋、沃。宵转入声职、德、幽转入声陌、药。侯转入声屋、烛。鱼转入声陌。脂、祭转入声质、术、栉、曷、末、黠。）[尤][侯]幽（萧）
二幽	道道①腹目②首侯⑭（幽、侯合韵）笃复⑯久寿㉝（之、幽通韵）幽㊶（之、幽通韵）宵道㊸畜育熟覆㊹老道㊺高高服德克克国母久道㊾（之、幽通韵）奥宝保㊽	道道①保守答道⑨首后⑫（上）隘道㊸道有⑭久寿㉝老道㊹	[萧]肴、宵、豪
三宵	妙徼①	妙徼①	[萧]肴、宵、豪
四侯	朴谷浊⑮誉侮⑰（侯、鱼通韵）欲⑲主下㉖（侯、鱼通韵）朴朴欲㉙禄玉㊶合辱足偷渝隅㊶欲朴㊹	偷渝隅㊵垢主㊽	侯（虞）

续表

	江有诰廿一部		姚文田廿八部	庸韵
五鱼	居居去②客释⑮恶若⑳去甫㉑恶处㉔居主㉞下㊼（侯、鱼通韵）落石㊴户下㊽家余㊾下普㊾蛰据搏固嘆㊺土下㊽恶故㊺怒与下㊽	十二鱼	居居去②去甫㉑去处㉔上主下㉞（与侯通）户㊽家下㊼上除羌余㊾竿㊾蛰据搏固作哑㊺武㊺恶故㊺上恶处⑥上怒与下㊽	鱼、虞、模
六歌	和随②阿何⑳随吹赢隳㉙㊼为为化㊲为货多㊸为化㊿祸倚㊽货过为㊽	十一麻	和随②又伪⑱阿何⑳㊼随吹赢隳㉙㊼为化㊲为化㊿货过为㊽	歌、戈、麻
七支	离出⑤疵为雌知⑩（歌、支通韵）迹谪策解㉗雌溪溪离㉘	六支	离儿疵儿雌知⑩㊼雌溪溪离儿㉘㊼	支[齐]
八脂	屈出⑤人死化⑥夷希微诘⑥䁠昧物⑭畏⑳物惚㉑惚师资迷㉒昧见既㉟（脂、元合韵）昧退类㊶爱费㊽屈拙呐热㊺（脂、祭通韵）	五齐	死死化⑥夷希微⑭㊼孩归遗⑳㊼大道⑳㊼师资迷㉒㊼昧大㉟㊼昧既㉟㊼昧退类㊶㊼爱费⑤⑧㊺	脂、微、齐、佳、皆
九祭	害大㉟裂发欬灭魇㊴缺敝㊺披脱辍㊾絷缺㊽散乱末㊽契彻㊾			

① "上"，底本作"下"，疑误。——编者

续表

	江有诰廿一部	姚文田廿八部	庸韵
十元	言然⑰大逝远反㉕观然㉖还焉年㉚（元、真通韵）远反㊱言反㊾怨善㊿㈦	言然⑰远返㉕上还焉年㉚（年与真通）散乱㊻远反㊿上怨善㊾	之、寒、桓、删、山
十一文	玄门①（文、真通韵）纷尘存先④门根存勤⑥川邻⑯归遗昏闷⑳根君㉖（文、真通韵）门纷生㊾贫昏㊼闷醇㊽	玄门①纷尘存先④门根存勤⑥先存⑦川邻⑯芸根⑯沌昏⑳根君㉖门勤㊿门生㊾贫昏㊼闷醇㊽	谆、文、欣、魂、痕
十二真	渊信⑧真信㉑盈新直㉒（真、耕通韵）谦之案：此章江韵有误，说见本文。⑳渊人㊱身亲㊸真㊺亲人㊾	渊仁信⑧真信㉑臣宾均㉜渊人㊱身真㊺鲜神神人㊵亲人㊾	真、臻
十三耕	名名①生成形倾②清生盈盈成⑮静命⑯冥精㉑争㉒成㉕名臣宾均㉜成生㊴清宁㊵静正㊴清正㊺静正㊺名形名成㊶声形名成㊼静正㊿	名名①生成形倾②清生㊵冥精⑯静命⑯静定㉑清宁㉕成生㊴名声形成㊶静正㊺静正㊺名形名成㊼生形成成㊿	耕、清、青

724　老子校释

续表

	江有诰廿一部	姚文田廿八部	庸韵
十四阳	盲聋爽狂妨⑫（阳、东通韵）状象恍⑭（阳、东通韵）恍象公王⑯（阳、东通韵）常明彰功⑳（阳、东通韵）明彰功⑫（阳、东通韵）行重㉖（阳、东通韵）行㉕（阳、东通韵）象往㉟明刚强㊱行亡㊶亡通韵）明强㉝象往㊱明刚光明㊹藏亡㊶亡常通韵）明强光明㊶（阳、东通韵）常病㊹明强光明㊹（阳、东通韵）强刚祥强㊺勇广长㊽祥王㊼行㊼祥王㊺	盲聋爽狂妨⑫状象恍⑭主常明常凶答公⑯去象明彰⑳行明彰功㉔平明强㉒去象住㉟上张强㊱平明强光明侠常㊺乡长㊹常明祥强㊽勇广长㊻上行兵㊻平强刚行㊼平祥王㊼平	阳、唐、庚
十五东	通答⑮容从㉑邦丰㊺	穷中⑤凶答公⑯平容从㉑冲穷㊺平邦丰㊺平	东、冬、钟、江
十六中	穷中⑤冲穷㊺		
十七蒸	胜应㊺	胜应㊺上	蒸、登
十八侵			侵、覃、盐
十九谈		直得惑式㉒黑式武式极㉘伏极㊾啬啬服德克极国㊺贱痛式式德服德极力极㊺	谈、添、咸［严］、衔、严［凡］职、德
			人声 一蔹

附录 老子韵例 725

续表

江有诰廿一部	姚文田廿八部		甫韵	
	二月	屈出⑤味物⑭物⑳惚物㉑裂发歇竭㊴缺弊㊺屈拙讷热㊺拔脱辍㊾杀活害㊼契彻㊼	物迄、月、没、易、末、黠错、屑、薛	
	三易	迹谪策解㉒	锡	
	四月	诘一⑭		
	五昔	客释⑮恶若⑳落石㊴客尺㉙	质、术、栉陌、麦、昔	
	六屋	朴谷浊⑮足属朴欲⑲辱谷谷足朴欲㊲禄玉㊴谷朴㊶足辱㊹欲㊺朴㊻	屋、沃、烛、觉	
	七药	驾复⑯畜育熟覆㊶	药[铎]	
	八乐			
	九合		缉合、盍、叶、帖押、业、乏、洽	
二十叶				
廿一缉				

（其三）细绎江氏《老子韵读》，其大异于姚文田者，在于以《五千言》用韵之文为准，而发明通韵与合韵之说。如四十一章谷、辱、足、偷、渝、隅同属侯部，姚文田分谷、辱、足一韵（六屋入声），偷、渝、隅一韵（十三侯平声），邓廷桢同。江氏则破除此种入声分配之谬，以谷、辱、足、偷、渝、隅为一韵。此犹就同部者言之，若夫异部之通转，则非妙于审音者不能。如六十七章勇、广、长为阳、东通韵，而姚文田、邓廷桢则只广、长韵。二章事、教、辞、有、恃为之、宵合韵，而姚文田、邓廷桢则只辞、有、恃韵。至如六十四章散、乱、末之祭、元通韵，三十五章味、见、既之脂、元合韵，则非妙达阴阳对转之理者所敢言、所能言矣。考《老子》通韵、合韵之例，江氏所发明者，以通韵言，如：

（一）之、幽通韵（九章、十六章、二十五章、五十二章、三十三章、五十章、五十九章）。

（二）幽、宵通韵（四十一章）。

（三）侯、鱼通韵（二十六章、三十章、三十四章）。

（四）歌、支通韵（十章、二十八章）。

（五）脂、祭通韵（四十五章）。

（六）祭、元通韵（六十四章）。

（七）元、真通韵（三十章）。

（八）文、真通韵（一章、十五章、二十六章）。

（九）真、耕通韵（二十二章、三十二章）。

（十）阳、东通韵（十二章、十六章、二十二章、二十五章、二十六章、六十七章）。

以合韵言，如：

（一）之、宵合韵（二章）。

（二）幽、侯合韵（十七章）。

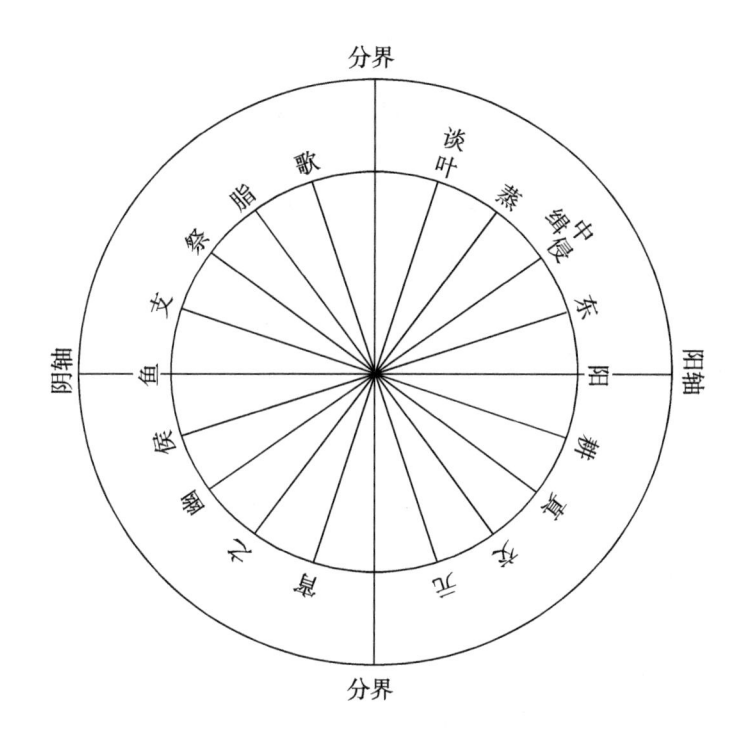

（三）脂、元合韵（三十五章）。

就中"之、幽通韵""侯、鱼通韵""脂、祭通韵""真、耕通韵""文、真通韵"，皆为同列相比之近旁通转。惟"之、幽""侯、鱼""脂、祭"为阴声与阴声之近旁转，"真、耕""文、真""阳、东"则为阳声与阳声之近旁转。又"之、宵合韵""幽、侯合韵"为阴声与阴声之近旁合。次之，"元、真通韵""幽、宵通韵"为次旁通转，但"元、真"为阳声与阳声之次旁转，"幽、宵"为阴声与阴声之次旁转。"歌、支通韵"为阴声与阴声之又次旁转，惟"祭、元通韵"为阴阳相对之次通转，"脂、元合韵"为阴阳相对之又次对合。试本孔广森、章炳麟之说，为列图如上，以资说明。

（其四）《老子》五千言，其疾徐长短，用韵体制各殊：有通篇用韵者；有章首用韵，而中间或尾声不拘者；有间句助语自为唱叹，不

在韵例者。此盖哲学诗之体裁有所谓"自由押韵式"。就其用韵之格式言之,有与《诗经》绝同者,如二十八章:

知其雄,守其[雌],为天下[溪];为天下[溪],常德不[离],复归于婴[儿](歌、支通韵)。
知其白,守其[黑],为天下[式];为天下[式],常德不[忒],复归于无[极](之部)。
知其荣,守其[辱],为天下[谷];为天下[谷],常德乃[足],复归于[朴](侯部)。

又如十章:

载营魄抱一,能无[离]?
专气致柔,能婴[儿]?
涤除玄览,能无[疵]?
爱人治国,能无[为]?
天门开阖,能为[雌]?
明白四达,能无[知](歌、支通韵)?

此一唱三叹,以声论声,即置之《三百篇》中,亦不知有何分别;然而终不同者,则《三百篇》皆吟咏性情之作,而此则以说理竞长。所谓哲学诗之特点乃在内容,内容有异而形式随之,此所以《老子》用韵体裁与《诗》有同有异,而与《易》则无不同也。《老子》韵例韵表,旧有作者,如刘师培之《老子韵表》,见丙午《国粹学报》,多妄说不可信。沅君之《老子韵例初稿》,见《北京大学研究所国学门周刊》,而语焉不详。兹篇所列,都二十四则:

附录 老子韵例

（一）一句一转韵例

名与［身］孰［亲］（真部）？身与［货］孰［多］（歌部）？得与［亡］孰［病］（阳部）？是故甚［爱］必大［费］（脂部），多［藏］必厚［亡］（阳部）。知［足］不［辱］（侯部），知［止］不［殆］，可以长［久］（之部）。（四十四章）

我无［为］而民自［化］（歌部），我好［静］而民自［正］（耕部），我无［事］而民自［富］（之部），我无［欲］而民自［朴］（侯部）。（五十七章）

（二）二句一转韵例

不出［户］，知天［下］（鱼部）；不窥［牖］，见天［道］（幽部）。（四十七章）

其政闷［闷］，其民醇［醇］（文部），其政察［察］，其民缺［缺］（祭部）。（五十八章）

（三）三句一转韵例

善建者不［拔］，善抱者不［脱］，子孙以祭祀不［辍］（祭部）。修之［身］，其德乃［真］（真部）；修之［家］，其德有［余］（鱼部）。（五十四章）

勇于敢则［杀］，勇于不敢则［活］，知此两者或利或［害］（祭部）。天之所［恶］，孰知其［故］（鱼部）？（七十三章）

(四)四句一转韵例

故有无相[生],难易相[成],长短相[形],高下相[倾](耕部),音声相[和],前后相[随](歌部)。(二章)

古之善为士者不[武],善战者不[怒],善胜敌者不[与],善用人者为[下](鱼部)。是谓不争之[德],是以用人之[力],是谓配天之[极](之部)。(六十八章)

(五)五句以上一转韵例

五色令人目[盲],五音令人耳[聋],五味令人口[爽],驰骋田猎令人心发[狂],难得之货令人行[妨](阳、东通韵)。是以圣人为[腹]不为[目](幽部),故去[彼]取[此](支部)。(十二章)

天下有[始],以为天下[母]。既知其[母],又知其[子],既知其[子],复守其[母],没身不[殆](之部)。塞其兑,闭其[门],终身不[勤](阳部);开其兑,济其[事],终身不[救](之、幽通韵)。见小曰[明],[守]柔曰[强]。用其[光],复归其[明],无遗身[殃],是谓袭[常](阳部)。(五十二章)

(六)一章一韵例

持而盈[之],不若其[已]。揣而锐[之],不可长[保]。金玉满[室],莫之能[守]。富贵而[骄],自遗其[咎]。功成、名遂、身退,天之[道](之、幽通韵)。(九章)

治人、事天莫若［式］，夫唯［式］，是谓早［服］。早服谓之重积［德］，重积德，则无不［克］，无不克，则莫知其［极］。莫知其极，可以有［国］；有国之母，可以长［久］，是谓深根固蒂、长生久视之［道］（之、幽通韵）。（五十九章）

（七）一章数韵例

重为轻［根］，静为躁［君］（文部）。是以君子终日［行］，不离辎［重］（阳、东通韵）。虽有荣［观］，燕处超［然］（元部）。如何万乘之［主］，以身轻天［下］（侯、鱼通韵）？轻则失［根］，躁则失［君］（文部）。（二十六章）

大成若［缺］，其用不［弊］（祭部）；大盈若［冲］，其用不［穷］（中部）。大直若［屈］，大巧若［拙］，大辩若［讷］。躁胜寒，静胜［热］（脂、祭通韵），清［静］以为天下［正］（耕部）。（四十五章）

（八）二句间韵例

知人者智，自知者［明］。胜人者有力，自胜者［强］（阳部）。（三十三章）

天下之至柔，驰骋天下之至［坚］，出于无有，入于无［间］（元、真通韵）。（四十三章）

（九）奇句偶韵例

昔之得一者，天得一以［清］，地得一以［宁］，神得一

[灵]，谷得一以［盈］，万物得一以［生］，侯王得一，以为天下［正］（耕部）。（三十九章）

古用兵有言，吾不敢为主而为［客］，不敢进寸而退［尺］（鱼部）。（六十九章）

（十）偶句奇韵例

企者不久，夸者不［行］，自见不［明］，自是不［彰］，自伐无［功］，自矜不［长］（阳、东通韵）。（二十四章）

道［生］之，德畜之，物［形］之，势［成］之（耕部）。（五十一章）

（十一）两韵互协例

师之所［处］，荆棘生［焉］。大军之［后］（鱼部），必有凶［年］（元部）。（三十章）

是谓行无［行］，攘无［臂］，执无［兵］（阳部），仍无［敌］（支部）。（六十九章）

（十二）两韵句中互协例

孰能浊以［止］，静之徐［清］？孰能安以［久］（之部），动之徐［生］（耕部）？（十五章）

天无以［清］，将恐［裂］，地无以［宁］，将恐［发］，神无以［灵］，将恐［歇］，谷无以［盈］，将恐［竭］，万物无以［生］，将恐［灭］，侯王无以［贞］（耕部），而贵高将恐［蹶］

（祭部）。（三十九章）

（十三）两韵隔协例

曲则［全］，枉则［直］，洼则［盈］，弊则［新］（真、耕通韵），少则［得］，多则［惑］。是以圣人抱一为天下［式］（之部）。（二十二章）

其安易［持］，其未兆易［谋］。其脆易［判］，其微易［散］。为之于未［有］（之部），治之于未［乱］（元部）。（六十四章）

（十四）三韵互协例

塞其［兑］，闭其［门］，挫其［锐］（祭部），解其［忿］，和其［光］，同其［尘］（文部），是谓玄［同］（阳、东通韵）。（五十六章）

（十五）四韵互协例

［俨］兮其若［客］，［涣］（元部）兮若冰之将［释］（鱼部）。［敦］兮其若［朴］，旷兮其若［谷］，［混］（谆部）兮其若［浊］（侯部）。（十五章）

（十六）句中韵例

希［言］自［然］（元部）。（二十三章）

正［言］若［反］（元部）。（七十八章）

知［足］不［辱］，知［止］不［殆］，可以长［久］（之部）。（四十四章）

（十七）首尾韵例

［祸］兮福之所［倚］（歌部），［福］兮祸之所［伏］（之部）。（五十八章）

［信］言不美，美言不［信］（真部）。［善］者不辩，辩者不［善］（元部）。［知］者不博，博者不［知］（支部）。（八十一章）

（十八）句首韵例

［善］行无辙［迹］，［善］言无瑕［谪］，［善］数不用筹［策］，［善］闭无关键而不可［开］，［善］（元部）结无绳约而不可［解］（支部）。（二十七章）

［果］而勿［矜］，［果］而勿伐，［果］而勿骄，［果］而不得已，［果］（歌部）而勿［强］（阳、东通韵）。（三十章）

（十九）首尾上下皆韵例

［大］道［废］，有仁［义］；［智］慧［出］（脂部），有大［伪］（歌部）。（十八章）

（二十）韵上韵例

多言［数］［穷］，不如［守］［中］（中部）。（五章）

为者［败］［之］，执者［失］［之］（之部）。（六十四章）

(二十一) 双声为韵例

［豫］（鱼部）兮若冬涉［川］，［犹］（宵部）兮若畏四［邻］（文、真通韵）。（十五章）

合抱之［木］（侯部），生于毫［末］（祭部）。（六十四章）

(二十二) 叠字韵例

道可［道］，非常［道］（幽部）；名可［名］，非常［名］（耕部）。（一章）

是以圣人不［病］，以其病［病］，是以不［病］（耕部）。（七十一章）

生之徒十有［三］，死之徒十有［三］，人之生，动之死地亦十有［三］（侵部）。（五十章）

(二十三) 助字韵例

生之、畜［之］，生而不［有］，为而不［恃］，长而不［宰］（之部）。（十章）

将欲取天下而为［之］，吾见其不得［已］。天下神［器］，不可［为］也，为者败［之］，执者失［之］（之、支通韵）。（二十九章）

故从事而道者，道德［之］。同于德者，德德［之］；同于失者，道失［之］（之部）。（二十三章）

（二十四）助字不为韵例

上士闻道，勤而［行］之。中士闻道，若存若［亡］（阳部）。（四十一章）

物或［恶］之，故有道者不［处］（鱼部）。（二十四章）

由上所举韵例，有前人所认为无韵者，而实皆自然叶韵。如以叠字为韵，《老子》之例甚多，而在《诗》《易》中亦有旁证。《诗》如《蒹葭》各章从、从韵，《葛覃》一、二章覃、覃韵，《抑》五章玷、玷韵，《生民》三章林、林韵，《载芟》今、今韵，《褰裳》一、二章狂、狂韵，《何人斯》五章行、行韵，《巧言》二章生、生韵，《鸿雁》三章、《抑》九章、《桑柔》下章皆人、人为韵，《緜》七章门、门韵，《荡》二以下各章以七"商"字为韵，《东山》各章以四"山"字为韵，《雨无正》五章、《巧言》五章、《宾之初筵》一章皆言、言为韵，《采薇》四章、《韩奕》三章皆何、何为韵，《韩奕》四章、《抑》十章之、之为韵，《出车》五章、《巷伯》七章、《南山有台》一、二、四、五章子、子为韵。余如来来、国国、鼠鼠、女女、弟弟、醉醉、悠悠、乐乐，叠字为韵者，尚不胜数。又以《易经》为例，《颐·象传》养、养韵，《大壮·象传》壮、壮韵，观六三、九五、上九生、生、生韵，节初九、九二庭、庭韵，鼎六五、上九铉、铉韵，《贲·象传》文、文韵，《蛊·象辞》、巽五九日、日韵，《损·象传》时、时韵，《小过·象辞》事、事韵，屯六二字、字韵，豫六三、困上六悔、悔韵，蒙上九寇、寇韵，《萃·象传》聚、聚韵，旅六二、九三仆、仆韵，大有初九咎、咎韵。由此知《五千言》以道、道为韵，名、名为韵，以仁、仁为韵，狗、狗为韵者，又何足异？又以助字韵为例，《易·革·象传》之、志韵，《鼎·象传》之、尤韵。即谓《诗经》不叶语助，实亦不然。《抑》十章、《韩奕》四章皆以二"之"字为韵，《载驰》四章尤、思、之韵，《小戎》二章期、之韵，《园有桃》一、二章哉、其、之、之、思、哉、其、之、之、思韵。再以《楚辞》证之，《离骚》"心犹豫而狐疑，怀椒糈而要之""命灵氛为余占之，执信修而慕之"，《天问》之、谋、之韵，尤、之、期、之韵，《九章·惜诵》之、尤、之韵，《哀郢》持、之韵，时、丘、之韵，《思美人》之、时、期韵，《惜往日》之、疑、辞、之韵，《九辩》二"之"字、四"之"字韵。由此知《五千言》二"之"字韵（七十四章），三"之"字韵（二十三章、六十六章、八十章），四"之"字韵（十七章），五"之"字韵（四十九章），又何足异？惟《老子》为哲学诗，其用韵较《诗经》为自由，则诚有之，若谓其手笔差易，文不拘韵，则不但不达《五千言》铿锵之妙，且不足以语诸子之文矣。

一九五五年三月一日，朱谦之。

后　记

（一）本书在选本方面，以唐《易州龙兴观道德经碑》本为主，次取敦煌写本与遂州碑本参订。石本于御注、广明、景福以外，更参考楼正、邢玄、庆阳、磻溪、高翿、赵孟頫诸本。钞本参考奈卷及室町时代钞本。刻本王本除用明和宇惠本外，更参考《道藏》本、范应元引王本与《道藏·宋张太守汇刻四家注》本。河上本除用宋刊本外，更参考《道藏》李道纯《道德会元》所用《章句》白本。又如傅、范古本，夏竦《古文四声韵》所引《古老子》，及讬名王羲之帖本等，均加以批判的选用。

（二）本书在校勘方面，以严可均《铁桥金石跋》中《老子唐本考异》所校三百四十九条为主，魏稼孙《绩语堂碑录》，或正严误，或补严阙，共四十三条，次之。余如纪昀、毕沅、王昶、吴云之校《老子》，乃至罗振玉之《道德经考异》、何士骥之《古本道德经校刊》，凡与碑本校勘工作有关者，无不尽力搜罗，务求去伪存真，使《道德经》文字得以接近于本来面目。

（三）本书在训诂方面，所采旧注有王念孙、孙诒让、俞樾、洪颐煊、刘师培、易顺鼎、马叙伦、陶鸿庆、奚侗、蒋锡昌、劳健、高亨、于省吾诸家；间亦采取日本大田晴轩、武内义雄之说。案语则随文声叙，或出己见，其中有特重声训之处，说本朱骏声《说文通训定声》

（四）本书在音韵方面，以江晋三《老子韵读》为主，偶有漏失,则以姚文田之《古音谐》、邓廷桢之《双砚斋笔记》、李赓芸之《炳烛编》补之。若刘师培之《老子韵表》、高本汉之《老子韵考》,及奚侗、陈柱之说《老子》古音,则多臆说,其合者取之,不合者弃之。

(五)本书特重楚方言与《老子》之关系。如四十五章"躁胜寒",据《诗·汝坟》释文"楚人名火曰燥"。五十五章"终日号而不嗄",据《庄子·庚桑楚篇》司马彪注"楚人谓唬极无声曰嗄"。七十章"披褐怀玉",据《淮南子·齐俗训》注"楚人谓袍为短褐大布"。此类之例,说详各章,阅者察之。

(六)本书初稿成时,承杨树达先生、任继愈先生校正全书数次,梁启雄、王维诚二先生亦校正其一部分,得益良多。本书即根据诸先生提供之宝贵意见,经数次修改而成。其中如仍有误谬之处,应由撰者自己负责。又以杨树达先生贡献最大,且为其晚年最后之劳绩,应以此书为其纪念。

一九五七年三月,朱谦之。

补　遗

版本补遗

（一）道士索洞《玄经》写本　《敦煌》残卷，见伯希和《目录》二五八四号（神田喜一郎辑《敦煌秘籍留真新编》下册）。

（二）敦煌六朝写本张道陵著《老子想尔注》残卷（见一九五六年香港印本《老子想尔注校笺》图一至图廿六，存河上本第三章"不见可欲"句下至第三十七章。内容与《遂州龙兴碑》本略同，如第三章"不敢不为"，第七章二"尸"字，第十五章"涣若冰将汋"，第十六章二"生"字，第二十章"我魄未兆"，第二十四章"喘者不久"等，盖同属一版本系统者）。

书目补遗

（一）木村英一：《老子之新研究》（昭和三四年创文社版）。

补 注

三章

使心不乱。

谦之案:据《想尔注校笺》:"《淮南子·道应训》《蜀志·秦宓传》及《易·艮卦》孔疏、《晋书·吴隐之传》《文选·东京赋》注所引此文,皆无'民'字,刘师培《老子斠补》谓唐初避讳删去,今此六朝写本无'民'字,可证刘说之非。"

虚其心。

谦之案:《老子想尔注》本"虚"作"霙"。据注文"虚去心中凶恶,道来归之",知本文亦作"虚","霙"为误字。

七章

以其无私,故能成其私。

谦之案:《老子想尔注》本作"以其无尸,故能成其尸",注:"不知长生之道,身皆尸行耳,非道所行,悉尸行也。道人所以得仙寿者,不行尸行,与俗别异,故能成其尸,令为仙士也。"此为神仙家言,可与《后汉书·方术传》相参证,非《老子》本文。

八章

夫唯。

谦之案:"夫唯",发语词也。第十五章、第二十二章、第五十九章、第七十章、第七十一章、第七十二章、第七十五章皆同,疑为楚语口气。

九章

持而盈之。

谦之案:《管子·白心篇》:"持而满之,乃其殆也。名满于天下,不若其已也。"此持满之戒与《老子》同。

十四章

在上不皦,在下不昧。

谦之案:"皦",敦煌丙本作"皎"。"昧",遂州本、敦煌出道士索洞《玄经》写本及《想尔注》本均作"忽"。案"昧"音密,与"皦"为韵,作"忽"则无韵。

二十章

唯之与阿。

谦之案:《老子想尔注》本"阿"作"何"。又据唐文播:《巴黎所藏敦煌老子写卷斠记》,知伯希和《目》二三二九号古写卷亦作

"何"。"何"皆"阿"之误。

若享太牢。
谦之案:"享"字,敦煌道士索洞《玄经》写本及《老子想尔注》本均作"亨",《经典释文》亦作"亨","亨"字是故书。

乘乘无所归。
谦之案:《老子想尔注》本作"魁无所归","魁"字当为遂州本"魁"之别构,盖本"儡"字,音近而误。

俗人昭昭。
谦之案:《经典释文》:"昭,一本作照。"今敦煌道士索洞《玄经》写本及《老子想尔注》本均作"照"。

二十一章

孔德之容。
谦之案:王弼注:"孔,空也。唯以空为德,然后乃能动作从道。"又《后汉书·冯衍传》注:"孔之为言空也。"此以形容大德,虚心无物,无所不包也。谦旧校以"盛德"解"孔德",意有未尽,当以此为正。

二十四章

企者不久,夸者不行。
谦之案:此二句敦煌道士索洞《玄经》写本与《老子想尔注》本

亦作"喘者不久，跨者不行"，与馆本、遂州本同。又下文"自伐无功"作"自饶无功"，"余食赘行"作"余食馂行"，亦均与馆本、遂州本同。

二十八章

为天下蹊。
谦之案：《老子想尔注》本"蹊"作"奚"，与敦煌丁本同。

三十五章

安平太，乐与饵，过客止。
谦之案：《老子想尔注》本作"安平大乐，与珥过客止"，以"太"作"大"，以"乐"字断句，注："如此之治，甚大乐也。"盖不知"安平太"为并列语。

五十一章

德畜之。
谦之案："畜之"即"蓄之"。《说文》："畜，田畜也。"段玉裁曰："田畜，谓力田之蓄积也。"畜之犹相积相压之义。

一九六二年十二月　朱谦之。

附：老子哲学[*]

一、老子的年代及其著作
二、老子的阶级性
三、老子的认识论与思想方法
四、老子的世界观
五、老子的历史观与人生观
六、老子的政治思想
七、老子哲学的批判

一、老子的年代及其著作

在古代哲学的唯物论传统中，我们首先应该从老子算起。老子的年代虽然很久成为争论的问题，但无疑乎老子思想的产生，是在孔子以前；而《老子》一书的完成，却在孔子以后。今本老子《道德经》，是荟萃多人材料而成一家之言。此多人之中，以老聃为最早，他所倡

---

[*] 1953年10月24日，朱谦之先生撰成《老子哲学（初稿）》手稿，封面署以"《老子校释》（第十册），附录（二）"，欲以此篇作为《老子校释》之附录。同年，依据此手稿，又有刻板油印本。1955年4月30日，朱谦之在1953年油印本上作批注若干，而成《老子哲学》定本。2002年，福建教育出版社《朱谦之文集》第三卷收录《庄子哲学》，乃将《老子哲学》作为附录之二。本次整理，依朱谦之先生原意，将《老子哲学》作为《老子校释》之附录。此以中山大学哲学系藏1955年油印本（简称"油印本"）为底本，以福建本为校本，参以朱谦之先生校批文字。——编者

学说,很多引用古语,言道德之意。其次老莱子,言道家之用。又其次书中言"取天下"与谈兵处,所用战国成语与战国官名,则似非较晚出之太史儋不能作。由此可见,以太史儋为《道德经》之最后完成者,似尚可信。案《史记·老庄申韩列传》:"老子者,楚苦县厉乡曲仁里人也。姓李氏,名耳,字伯阳,谥曰聃。"又曰:"或曰老莱子亦楚人也,著书十五篇,言道德之用,与孔子同时云。"《正义》云:"太史公疑老子或是老莱子,故书之。"在此可见,老子即是老聃,司马迁疑其即是老莱子。又本传:"自孔子死之后,百二十九年,而史记周太史儋见秦献公曰:'始秦与周合而离,离五百岁而后合,合七十岁而伯王者出焉。'或曰儋即老子,或曰非也,世莫知其然否。"毕沅云:"古聃、儋字通,《说文》:'聃,耳曼也',又云:'儋,耳垂也',又云:'耽,耳大垂也',声义相同,故并借用。"由此,则老子又疑其即是太史儋,或《吕氏春秋》中之老耽。但依研究的结果,知本传中之老聃、老莱子、太史儋,实为三人非即一人。如太史公疑老子或即老莱子,而《仲尼弟子列传》序云:"孔子之所严事,于周则老子,于楚则老莱子",分明认为二人。实则老子和老莱子,虽同属道家系统,而据《庄子》书中,老子名共二十二见,老聃名四十六见,老莱子名三见。又据《大戴礼·卫将军文子》《战国策·楚策》中所称老莱子,和《礼记·曾子问》之老聃、《战国策·魏策》之老聃,亦决为二人非一人,不然则同在一书之中,不应前后所用人名不同。《汉书·艺文志》"老莱子十六篇",班固自注云:"楚人,与孔子同时。"《战国策·楚策四》有老莱子教孔子事君,《孔丛子·抗志篇》以为老莱子语子思。大概就时代言,老莱子当较老聃为晚辈,他著书据《史记》是得之传闻,即使有所传述,当已经归入《道德经》今本之中。至于太史儋,则在孔子死后一百二十九年才出现,当然和孔子问礼的老聃,决非一人,而可认为老莱子的后辈。说他是《老子》一书的真正作者，不如认《老子》一书乃经过长久期间，才由太史儋把老聃、老莱子这些人的原始材料和他所作的新材料积累而成。这就是说，老子《道德经》开始于孔子同时的老聃，而完成于战国中叶。今本《老子》所表现的思想的时代背景，既反映春秋，又反映战国时代，大概是在战国中叶的著作，不过里面最可宝贵的部分，却早在春秋之末已经有了。

现在姑且假定《史记》本传中底三位老子著作，而为之分清眉目，则老聃的年代当在纪元前五世纪。这时正在中国奴隶制社会的转形期，社会的特点是奴隶剥削的阶级制度已经盛极而衰，而氏族的农村公社之亚细亚的生产方法尚遗留下来，这是当时社会之内在的矛盾。老聃的素朴的社会观，即是反映这内在于奴隶制社会中之农村公社底人底社会意识。这是一点。其次，因为老子学说的渊源很远，《汉书·艺文志》说"出于史官"，大概可靠。在古代神权政治时代，史官实为最大的知识者，掌握了所有学术，尤其是关于天文学的知识，只有他们才有探究天道的本领，所以《国语·周语下》，周之单襄公说："吾非瞽史，焉知天道。"老聃相传是柱下史，或征藏史，分明是《吕氏春秋》所述终古、向挚之流，是从史官出身的隐士，所以能以初步的科学知识为基础，而产生他的素朴唯物观念与辩证法思想。即因这从初期科学所孕育来的唯物观念，要穷究到天地万物的起源问题，照人类知识的发达顺序来看，应该是属于较早的时期的，这是第二点。最后，就是从文学史的眼光来看，韵语应出现于散文之前，如《易经》与《老子》即为中国最古之哲学诗。《易经》韵语，顾炎武、江晋三已有详说。《老子》全书均为韵语，有通篇用韵的，有章首用韵而中间或尾声不拘者，要之是哲学诗的体裁，所谓自由押韵式。老子就是这种哲学的诗人的代表。

但老子思想虽发生较早，而《老子》一书的完成，却在战国时代,这证之以先秦诸子著作的情况,一般都如此。在春秋时代,老子的著作可能只流行于消极的隐士之间,《史记》老子本传:"老子修道德,其学以自隐无名为务,居周久之,见周之衰,乃遂去……莫知其所终。"老莱子也有同样传说,成玄英《庄子疏》云:"老莱子,楚之贤人隐者也,常隐蒙山,楚王遣使召为相……逃于江南,莫知所之。"一个"莫知所终",一个"莫知所之",这样以自隐无名为务的人物,他的学说,绝不会有什么大影响。只是到了太史儋时代,由他见秦献公说霸王的故事,知为积极分子,他之发挥老子学说,正如韩非子之作《解老》《喻老》。他所著书,史册无记,但可能即是添进《老子》书中之"取天下"与谈兵处,因此汪中及今人也有认《老子》为太史儋作。这全称肯定之说,固不可信,但谓今本《老子》一部分散文著作为太史儋所著,而以太史儋为《道德经》之最后完成者,似尚无可疑。从太史儋编成五千文,而《老子》一书才普遍地为人所引用,如《战国策·魏策》魏武侯引:"故老子曰:圣人无积,尽以为人己愈有,既以与人己愈多。"《齐策》颜斶引"老子曰:虽贵必以贱为本,虽高必以下为基,是以侯王称孤寡不谷,是其贱之本与非。"以太史儋之时代考之,均约略相近,这也证明了《老子》一书思想虽产生于较孔子为年长之老聃,而《老子》一书的完成和普遍传播,则在战国时代。

二、老子的阶级性

老子学说的产生,有人说是在春秋时代孔子前(如吕振羽《中国政治思想史》),也有人说是在战国时代孔子后(如侯外庐等《中国思想通史》、范文澜《中国通史简编》)。但尽管许多人的看法不同,却一致地认为老子学说是没落阶级思想的反映。因为在奴隶社会制度的转形期中，有一部分地主势力的兴起，即有一部分奴隶主贵族的没落。这没落的贵族的意识中，他们一方面由于阶级地位的变动，因而对于现实制度感着极端不满，另一方面却留恋过去，企图缓和新旧的矛盾对立，使事物保持常态，甚至于提倡复古。老子思想正是代表这种矛盾状态。就他出身来说，老子是殷人而居于陈（陈为楚灭，老子亦称楚人），又服官于周，以殷人而跑到周作守藏室之史，已经是失去原有的领地。这是一种没落。再加以"居周久之，见周之衰，乃遂去"，或如《庄子·天道篇》所说"免而归居"，更明显地又是一种没落。照《史记》所载是自动的隐居，依《庄子》则是被免而隐居，而要之归隐是表示他失去了官职，失去了他原有的领地，因之老聃可以说是一个没落的贵族。更精确地说①老子是没落贵族出身的"士"，本来史官的地位虽高，实不很重要，司马迁《报任少卿书》已指出："文史星历，近乎卜祝之间，固主上所戏弄，倡优所畜，流俗之所轻也。"可见这一阶层，在整个统治阶级来说，是受压迫的。何况老子已经失去了史官的职位，没有政权，所以成为隐士。隐士也是士，所以《道德经》中，很多说到"士"，如"善为士者不武"；又以"士"为论道的对象，如云："古之善为士者，微妙玄通，深不可识。"（十五章）"上士闻道，勤而行之；中士闻道，若存若亡；下士闻道，大笑之，不笑不足以为道。"隐士是对于社会持消极态度的人，但他不能没有生活，他以何为生？证之以《论语·微子篇》荷蓧丈人的话，再参之以《庄子·寓言》中所极力描写的隐士的风貌，如《人间世》中的匠石，《逍遥游》与《人间世》的楚狂接舆，《养生主》的庖丁，《骈拇》之臧与谷，《天地》的为圃者，《达生》之痀偻者、操舟者、养斗鸡者、削木者、东野稷、工倕，《山木》之伐木者，《田子

---

① "更精确地说"原为"但说是没落的贵族，似还不够，应说"，据批注改。——编者

方》之无择豵工，《知北游篇》大马之捶钩者，《徐无鬼》之匠石（善涂墍者），《让王》之屠羊说，《渔父》之渔人。这些得道之士，都和后来"四体不勤，五谷不分"的"士"不同，他们似乎就是农村公社中各种劳动人民。因此《老子》书中，就有许多地方是站在隐士的立场，说出了农村公社各种劳动人民，尤其是农民的愿望。

我们现在读《老子》，首先感到的困难之点，就由于老子的阶级关系，他的立场，因为是没落贵族出身的"士"，所以不能完全是统治阶级的立场，也不能完全是农民的立场，他的阶级性是摇摇不定的。即因如此，所以有人可将《老子》书看作侯王的宝典，将老子哲学看作侯王的哲学。事实老子也是开口侯王，闭口侯王，绝不类平民的口吻。如说：

道常无名。朴虽小，天下莫能臣，侯王若能守之，万物将自宾。（三十二章）

侯王得一以为天下贞。……侯王无以贵高将恐蹶。故贵以贱为本，高以下为基。是以侯王自谓孤、寡、不谷。（三十九章）

道常无为而无不为，侯王若能守之，万物将自化。（三十七章）

人之所恶，唯孤、寡、不谷，而王公以为称。（四十二章）

圣人云：受国之垢，是谓社稷主；受国不祥，是谓天下王。（七十八章）

因为没落的贵族从其自身之实际利益的立场上，不否定"侯王"的存在，即使把"侯王"向后倒退变成农村公社的首长，他的学说还是可为统治阶级服务，即所称为"君人南面之术"。如在历史上，唐明皇、宋徽宗、明太祖、清顺治都有御注《道德经》，而且刻成碑幢，传布极广。统治阶级提倡老子，就有许多人再把他发展起来，这当然只是利用老子，不是老子学说的真发展。老子学说的真发展，他的优良传统，还在于接近农民性的一面，这是民主性的精华，不是封建性的糟粕。例如，他反映农民的愿望，提出"小国寡民"之氏族的农村公社底人底主张；又反映农民的要求，提出反剥削和重税的主张：

> 朝甚除，田甚芜，仓甚虚，服文綵，带利剑，厌饮食，财货有余，是谓盗夸。（五十三章）
> 民之饥，以其上食税之多，是以饥；民之难治，以其上之有为，是以难治。（七十五章）

反对战争的主张：

> 以道佐人主者，不以兵强天下。其事好还，师之所处，荆棘生焉；大军之后，必有凶年。（三十章）
> 天下有道，却走马以粪；天下无道，戎马生于郊。（四十六章）

反对刑罚的主张：

> 天下多忌讳，而民弥贫。……法令滋彰，盗贼多有。（五十七章）
> 民不畏死，奈何以死惧之？（七十四章）

反对不平等的主张：

> 天之道，其犹张弓与？高者抑之，下者举之；有余者损之，不足者补之。天之道，损有余而补不足；人之道则不然，损不足

以奉有余。孰能有余以奉天下？唯有道者。(七十七章)

反对阶级社会道德的主张：

> 大道废，有仁义；智慧出，有大伪；六亲不和，有孝慈；国家昏乱，有忠臣。(十八章)

因为早期农民经济是自给自足，所以希望统治者不要干涉他们，少剥削他们，让他们自然发展。因此，作为反映农民意识的隐士老子，也就对于新兴统治者的压迫发生激烈批判和反抗的意思，这反映①于政治哲学，为平等的社会观。《荀子·天论篇》已经指出："老子有见于诎，无见于信，则贵贱不分。"认为老子是把阶级制度打破了的。大概在老子当时，隐士之间普遍地存在一种恢复农村公社的思想，而老子的"小国寡民"，尤其是农村公社底人底自发的抗议的反映。老子这种农民性思想的发展，在战国为孟子同时的许行，主张"贤者与民并耕而食，饔飧而治"；在汉代则成为农民派的王充《论衡》的唯物主义与在农民阶级的实际运动中所表现的"太平道""五斗米道"。王充的家世属于被压迫的穷乏的贫民阶级，"黄巾起义"则是把老子的"替天行道"，变成了以后农民起义军的宗教。魏晋时代，老子成为《抱朴子·诘鲍篇》中鲍敬言的无君思想，在唐代，则以无能子为代表，对于暴君苛政的罪恶作总结算。因为老子学说的发展，在民间成为农民革命的大旗帜，在迷信落后的社会里居然是历代反封建斗争中的一种潜在动力。因此我们对于老子思想，就他的阶级性说，虽然不能和真正农民完全一样，他的君人南面之术，也为统治

---

① "映"，原作"应"，误，据上下文改。——编者

者服务，但比较起来，这还不是他思想的主要方面。主要的老子思想，是他素朴的唯物主义和辩证法的成分，这是反映他以没落贵族出身的隐士，而代表农民利益，是农村公社崩溃出来的农民思想的表现。

三、老子的认识论与思想方法

老子的认识论与思想方法，有与其他学派不同的，是他以初步的天文学知识为基础。天文学在科学系统中是普遍性最大、复杂性最小的一种科学。他所用的是观察法，原为科学方法最低的一层；而数理现象研究，又属于演绎法的性质，这对于老子思想的制限性是很有关系的。《老子》书中很看重观察，如观察天地说：

> 天长地久，天地所以长且久者，以其不自生，故能长生。（七章）
> 天地之间其犹橐籥乎？虚而不屈，动而愈出。（五章）
> 飘风不终朝，骤雨不终日，孰为此者？天地。天地尚不能久（二十三章）

观察万物草木说：

> 人之生也柔弱，其死也坚强；万物草木之生也柔脆，其死也枯槁。（七十六章）
> 万物并作，吾以观复，夫物芸芸，各复归其根。（十六章）。

观察江海川谷说：

江海所以能为百谷王者，以其善下之，故能为百谷王。（六十六章）

谷得一以盈，……谷无以盈将恐竭。（三十九章）

上德若谷。（四十一章）

上善若水，水善利万物而不争。（八章）

天下莫柔弱于水，而攻坚强者莫之能胜。（七十八章）

但老子虽以观察法为起点，而不以此为究竟。由于初步科学只可能是观察的方法，而观察方法为足力目力所限，只能以知得相对的皮相为已足，故老子乃更进一步，超出"有限"的现象界而求"无限的变化"的原理原则，这就是《道德经》开首所提出了两面的思想方法，即：

常无，欲观其妙；常有，欲观其皦。（一章，据敦煌本）

在这里，"皦"是显明之谓，与"妙"为对文，"妙"是微眇之谓，荀悦所谓"理微谓之妙也"（《申鉴》）。用知识的方法只能观察有限世界，除了接触于感官的显明的状况以外无从知道，而天地间之变化的原理原则是无限的，超出寻常的认识。因此老子便提出另一种的观察无限的方法，要穷溯天地万物的微妙的关系从何而来，老子便冲破观察的界限，而求绝对的知识，乃至极力否认知识，使他最终陷入形而上学。这可以说是由于他只能以当时初步的科学方法为基础，也由于他认为知识有相对的知识，也有绝对的知识。相对的知识是有名的境界、见闻的境界，而绝对的知识则"不行而知，不见而名"，是"不出户，知天下；不窥牖，见天道"（四十七章），是"言有宗，事有君"（七十章）。而因此老子即站在这立脚点，提出他否认知识的主张：

我愚人之心也哉，沌沌兮。俗人昭昭，我独昏昏；俗人察察，我独闷闷。（二十章）

智慧出，有大伪。（十八章）

绝圣弃智，民利百倍。（十九章）

绝学无忧。（二十章）

民之难治，以其智多。故以智治国，国之贼；不以智治国，国之福。（六十五章）

老子这种反知识的思想方法，和他"无"的世界观是不可分开的。"无"之一字，有虚空的意思，也有无限的意思，在这虚空或无限里面，可以化解了一切贵贱大小轻重上下先后强弱的差别相，没落阶层即在这"观无"的境界里得到了它的解脱、它的玄想的自由。所以"观无"是失望的思想方法，却从失望里得到很大的希望的幻影——无限的境界。老子思想方法之另一面，就是这认识这个"无"的方法，这就是所谓"不知"知之。所谓"知者不言，言者不知"（四十七章），"知者不博，博者不知"（八十一章），有所知则有所不知，无所知则无所不知。《庄子·知北游篇》假托老聃的话道："汝之捪击而知……且夫博之不必知，辩之不必慧，圣人以断之矣。"这就是从小知的批评中看出大知来，大知对于小知，实可称之为无知之知，或不知之知。老子说："知不知，上不知，知病。"（七十一章）那自以为知，实在是不知；而无上的知，反在于"不知"知之。所以又屡屡说到"无知"："常使民无知无欲"（三章），"爱国治民，能无知乎"。这种"无知"或"不知"的思想方法，虽反映了农村公社的农民意识，但无疑乎是老子思想方法之保守的一方面。

老子的思想方法是"无知"，也是"无名"。本来"名"就是概念的代表，作知识的符号，所以主张无知的，一定连带主张无名，因有了抽象的名，一面使具体的事物去做普遍的牺牲，一方面又建立许多差别，以唤起不平等，所以老子一派均主废"名"。凡天下之名，其可名者都不是永远不变的名，而永远不变的名，本不可名，所以"道常无名"（三十二章），"道隐无名"（四十一章），所以"名可名，非常名"（一章），"必不得已而有名，字之曰道，强为之名曰大"（二十五章）。为方便起见，不妨假设一个表记叫做"道"，因其周行天地万物之中，无所不在，所以勉强把"大"字来形容它。其实这"道"字、"大"字两个抽象名词，都是凑成的、人造的，和道体绝不相干，只是强为之名而已。因有名生于无名，"无名天地之始，有名万物之母"（一章），名就是从无名中生出的差别而来，所以说"道常无名……始制有名"（三十二章），名就是差别，就是限制，所以有名即有争。《吕氏春秋·贵公篇》有一段逸话：

> 荆氏有遗弓者，而不肯索，曰："荆人遗之，荆人得之，又何索焉？"孔子曰："去其荆而可矣。"老聃闻之曰："去其人而可矣。"故老聃至公焉。

这从一方面看来，无名是打破阶级和人我的限制，有进步的意义。从另一方面看，把名实混淆了，认为物本无名，我不必问，名相不能成立，科学也无从发展起来。

但老子思想方法，有保守的一面，也有进步的一面，如他由古今治乱成败兴亡、天时人事之间所归纳而成的素朴的辩证法成分，就是他最进步的地方。本来老子既然反对知识，反对名，当然也反对辩论，认为辩论的方法，是不能用来求真理的，所以说"善者不辩，辩者不善"（八十一章），"大巧若拙，大辩若讷"（四十五章）。但老子虽不以胜人为名，以善辩为名，而他所著书却充满着农民的思想斗争性,更加以他是没落贵族出身,由于自己阶级地位的颠倒,因而达到了正反易位之辩证法的初步认识。如依辩证法原理,从矛盾进展中所找出的充分理由,即正面与反面二者互相依据,互相替换,老子说:"夫物,或行或随,或嘘(傅奕古本作'噤')或吹,或强或羸,或接(读为捷)或隳。"(二十九章)这就是一些东西去了,另一些东西跟着来了;一些东西闭塞了,另一些东西便开张了;一些东西壮大了,另一些东西便衰颓了;一些东西胜利了,另一些东西便衰亡了。这就是正面依反面而有,反面依正面而在。所以说:

福兮祸之所倚,祸兮福之所伏,孰知其极?其无正,正复为奇,善复为妖。(五十八章)

《韩非子·解老篇》注:

人有福则富贵至,富贵至则衣食美,衣食美则骄心生,骄心生则行邪僻而动弃理。行邪僻则身夭死,动弃理则无成功。夫内有死夭之难,而外无成功之名者,大祸也,故曰"福兮祸之所伏"。人有祸则心畏恐,心畏恐则行端直,行端直则思虑熟。思虑熟则得事理,行端直则无祸害,无祸害则尽天年,得事理则必成功。尽天年则全而寿,必成功则富与贵,全寿富贵之谓福。故曰"祸兮福之所倚",以其成功也。

因为世间一切对待,都只见得相反相成,如福由于祸,祸由于福,祸福尚且倚伏,可见一切坠于两边矛盾的东西,穷其所极,无不从其反面看出理由或根据。老子说:

明道若昧，进道若退，夷道若纇，上德若谷，大白若辱，广德若不足，建德若偷，质真若渝，大方无隅，大器晚成，大音希声，大象无形。（四十一章）

曲则全，枉则直，洼则盈，敝则新，少则得，多则惑。（二十二章）

此处如明与暗、进与退……曲与全、枉与直……，都是一对的相反概念，而究之皆没入于一个无矛盾的更高级概念之中，这就是矛盾的统一。又如：

有无相生，难易相成，长短相较，高下相倾，音声相和，前后相随。（二章）

物或损之而益，或益之而损。（四十二章）

大成若缺，大盈若冲，大直若屈，大巧若拙，大辩若讷。（四十五章）

无为而无不为。（四十八章）

柔弱胜刚强。（三十六章）

守柔曰强。（五十二章）

兵强则灭，木强则折。（七十六章）

重为轻根，静为躁君。（二十六章）

将欲歙之，必固张之；将欲弱之，必固强之；将欲废之，必固兴之；将欲夺之，必固与之。（三十六章）

以上皆为"反者道之动"（四十章）的注脚。处处都是矛盾，无论明暗、进退、曲全、枉直、洼盈、敝新、多少、有无、难易、长短、高下、高低音、前后、祸福、损益、成缺、屈直、巧拙、辩讷、强弱、刚柔，乃至重轻、静躁、壮老、张歙、废兴、与夺、有余不足、无为无不为，无一处不矛盾，无一处不包含着辩证法之对立的统一的法则，也即无处不在其对方找出其理由或根据。所以老子说"正复为奇，善复为妖"（五十八章），"正言若反"（七十八章），有正即有反，反又为正，这即是复，所以又说"万物并作，吾以观复"（十二章）。有正有反有复，这就是老子的辩证法。

由上，老子从自然社会各方面所发见的若干辩证法的规律，确然是极珍贵的。正如今人所承认的："在马克思主义的唯物辩证法传入中国以前，古代哲学中老子确是杰出的无与伦比的伟大哲学家。"（范文澜：《中国通史简编》第一册页二〇二）为什么？因为"他观察了自然方面天地以至万物的变化的情状，他观察了社会方面历史的、政治的、人事的成与败、存与亡、祸与福、古与今相互间的关系与因果，他发现并了解事物中的矛盾，比任何一个古代哲学家更广泛、更深刻"（页一九九）。但虽如此，我们却不要忘记在老子思想中存在着方法与体系的矛盾。正如黑格尔在德国代表新兴资产阶级意识提倡了"绝对观念"的哲学，老子相反地代表没落贵族出身的士，却提倡了"虚无"的哲学。新兴资产阶级意识是"有"——绝对的有，没落贵族意识是"无"——绝对的无。同样，黑格尔哲学的绝对观念反映资产阶级永世不移的社会秩序，什么私有制和剥削制的永恒原则，什么工人服从资本家的永恒观念，这是和他革命的辩证法相矛盾的；同样，老子哲学的虚无思想，也是反映没落阶层，反发展，反创造，不要解决矛盾、向前推进，而是要阻止发展、保持原状以至向后倒退的反动思想。虚无哲学的保守性，是对于现实世界的新兴事物，无论是地主阶级也好，工商业者也好，都极力加以否认。他所拥护的乃是远古的原始共产制度，和现实距离得很远的无之又无的境界。由此产生的辩证法，应用起来，虽也承认矛盾的对立，但却否定了矛盾的斗争。"无"是一个失望的名词,因人们在得不到东西的时候,于是起失望之心,而有"无"发生,所以"无"之哲学,不可能是积极的斗争,而只有消极的无抵抗。把老子的辩证法和赫拉克立特比较就最明显,赫拉克立特所见一切自然现象的统一和普遍的基础是"火",火是斗争的旗帜;相反地,老子所见一切自然现象的统一和普遍的基础是"水",水是不争的旗帜。老子不是发展矛盾,而是应用"反者道之动"的原则,把反面放在正面内部,使不走极端,正面不至质变而为反面。所以"知其雄,守其雌,为天下谿;知其白,守其黑,为天下式……知其荣,守其辱,为天下谷"(二十八章),"圣人去甚去奢去泰"(二十九章),"持而盈之,不如其已;揣而锐之,不可常保"(九章),"保此道者不欲盈"(十五章)。这当然是他应用辩证法来处世的一种巧妙,却也就可见老子思想体系中之方法,还是反映农民自供自足经济的保守性。正如黑格尔在德国资产阶级革命时期所造成他哲学体系与方法论之间的矛盾一样,老子正是在古代中国没落贵族间造成了反动的保守哲学体系与辩证法之间的矛盾。

四、老子的世界观

《庄子·天下篇》概括老聃的学术是:"建之以常无有,主之以太一。以濡弱谦下为表,以空虚不毁万物为实。"在这里,前两句是老子的世界观,后两句是老子的人生观。老子世界观,是所谓"道"。道兼有与无之两方面,常无有,即是常无常有,也就是无→有→无→有→之永远无穷的发展下去,所以《道德经》开卷即是:

> 道可道非常道,名可名非常名,无名天地始,有名万物母。常无,欲观其妙;常有,欲观其徼。此两者同出而异名,同谓之

玄。玄之又玄，众妙之门。（一章）

老子所谓"道"，即是变化之总称，即是常有常无之道，即是"无穷"。在无穷中，"天地万物生于有，有生于无"（四十章），道是生而不息的，但却遵循着一定的规律而生，这即是从无生有，从有而无，又从无生有。更具体地指出，就是："道生一，一生二，二生三，三生万物。万物负阴而抱阳，冲气以为和。"（四十二章）"一"就是"太一"之"一"，又称为"有"。"道生一"，即是"无"生"有"。无是虚空，是无穷尽，因其不可见、不可闻、不可执、不可名，从任何正面都不能形容它，所以只能从反面来说，说它不是什么。不是什么即不是一个什么的意思，并不是零。在"无"之中涵有浮沉升降氤氲相荡之"气"，这就是所谓"一"。《庄子·知北游篇》说："通天下一气耳，圣人故贵一。"气分阴气阳气，是"一生二"。"万物负阴而抱阳，冲气以为和"，这就是阴阳合和，由"三"聚而为万物了。说得更明白的是：

视之不见名曰夷，听之不闻名曰希，搏之不得名曰微。此三者不可致诘，故混而为一。其上不徼，其下不昧，绳绳不可名，复归于无物。是谓无状之状，无象之象。是谓惚恍，迎之不见其首，随之不见其后。（十四章）

凡一切眼可见的、耳可闻的、手可触的东西，是"有"，眼不能见、耳不能闻、手不能触的东西，是"无"。无就是无形、无声、无质三者所混合而成的"无状之状，无象之象"，是超感觉的境界，是"绳绳不可名"的境界。说它是"无物"，却是"其中有物"的"无物"。这"其中有物"之"物"即是"气"。所以说"是谓惚恍，迎之不见其首，随之不见其后。"惚恍是气的形象化，万物皆由气聚而成，也就是在惚恍之中氤氲相荡而成。所以说：

> 有物混成，先天地生。寂兮寥兮，独立而不改，周行而不殆，可以为天下母。吾不知其名，字之曰道，强为之名曰大。大曰逝，逝曰远，远曰反。（二十五章）。
>
> 道之为物，惟恍惟惚。惚兮恍兮，其中有象；恍兮惚兮，其中有物；窈兮冥兮，其中有精，其精甚真，其中有信。（二十一章）

这都很明白地是一种素朴的唯物论。老子所谓道，乃指一种"物"。这个先天地而存在的"物"，"惟恍惟惚"，倏而生，忽而成，"其中有精，其精甚真，其中有信"，这精、真、信，可能与希腊哲学家德谟颉利图所说的微粒子相似，即是以至小无内的真实存在（信）为宇宙基本的学说。《管子·内业篇》说："精，气之极也。精也者，气之精者也。""气"是古代素朴的唯物论思想，而"精"则是细微的"气"。同样，老子剖析道之混成物，自恍惚中之象，象中之精，精中之信，逐层的向内探讨，而得出之道的最小单位，它的真实存在。这当然只是一种假说，最重要的是证明老子宇宙观之唯物论的见解，是以他的初步天文学知识为基础。"独立而不改，周行而不殆"，是指天体循环而言。所谓"道"，原意为日月星辰运行的轨道，转而为无处不存在、无处不运动的意思，所以说"强为之名曰大，大曰逝，逝曰远，远曰反"，所以说"反者道之动"（四十章）。正如希腊赫拉克立特的素朴唯物论把普遍的运动了解为自然的封闭着的循环一样，老子的道也具有循环的意义。但他也有一个贡献，即认道为客观的存在，为一切之先，如说"道"……"湛兮似或存，吾不知谁之子，象帝之先"（四章），"有物混成，先天地生"。这不但把天降低与地相等，打破了当时天是至上神的思想，而且认为如有上帝，道也比上帝为高。《老子》书中固然也有说到"神"的地方，如"谷神不死，是谓玄牝"（六章），但在这里，神只是指其因应无穷，非人格神的存在。"以道莅天下，其鬼不神。非其鬼不神，其神不伤人。神不伤人，圣人亦不伤人"（六十章），有了道，便有人格有意志的神都用不着了，这还不是无神论？即因老子所谓"道"是自本自根之客观的存在，所以基本上是唯物主义。不但如此，他所谓道，是物质，也是规律，也是运动，是在运动中的物质，但更重要的，是在运动中有规律的物质。这种规律，是自然的规律，即自然法。因此老子极看重自然，二十五章说：

人法地，地法天，天法道，道法自然。

自然为一切宇宙万物的归宿，宇宙间的现象，都是"莫之命而常自然"（四十四章）。这里把自然放在道的上面，是意味着自然就是道，道的存在是依自然的规律而存在，道的发展是依自然规律而发展。人跟着地球，地球跟着天体，天体在那里运动，运动是自然规律的运动，这是物质、运动与规律的概念的合一。试看以下的例子：

天地之间其犹橐籥乎……虚而不屈，动而愈出。（五章）
飘风不终朝，骤雨不终日。孰为此者？天地。天地尚不能久，而况于人乎！（二十章）
天之道其犹张弓与！高者抑之，下者举之；有余者损之，不足者补之。（七十七章）
天之道，不争而善胜，不召而自来，繟然而善谋。（七十三章）

这些都是"莫之命而常自然"的现象，人们只能效法自然规律，而不能违背它。因为天道如此，故应用之于人事，也是"以辅万物之自然而不敢为"（六十四章）。在这里可注意的，就是自然的现象乃是必然的现象。宇宙好似那铜匠的风箱，抽动风箱，就自然生生不已，有"虚而不屈，动而愈出"底不得不然的趋势。一切现象均有一定自然的规律，其所有运动发展均各有不得不然的趋势，这就是自然，也就是所谓必然，即因宇宙现象都是不假人为而自然如此，且非如此不可，所以不是有意志作用，所以说：

> 天地不仁，以万物为刍狗；圣人不仁，以百姓为刍狗。（五章）

王弼注："地不为兽生刍而兽食刍，不为人生狗而人食狗。"兽食刍，人食狗，这都合于自然的规律，这就是老子的唯物论所得到的可怕的结论。

由上，老子的素朴唯物论，可以说是古代初期科学知识的总结，是极可珍贵的。老子所以有此成就，是由于他本身是周守藏室之史，好似埃及、印度的祭司一样，掌握了一切学术，尤其是天文学的知识。他对于鬼神术数一切不取，这是古代哲学中唯物论的优良传统。但他也有很大缺点，如把他和十八世纪法国唯物论者比较，法国的唯物论代表新兴资产阶级，所以唯物论中有战斗性，可以说是战斗的机械唯物论；相反地，老子则只代表没落贵族出身的士，有很多的软弱性，故所形成的唯物论，也只能是非战斗的，或者说是"柔性的"素朴唯物论。战斗的唯物论是"向前看"，柔性的素朴唯物论只是"反后看"。老子的道虽兼有与无之两方面，但他不向"有"的世界看齐，而向"无"的世界看齐。懂得了"有"的科学世界的领域，却要顽强地死守住"无"之非现实的、非科学世界的领域，"反者道之动，弱者道之用"（四十章），"天门开阖，能为雌乎"（十章），这是没落阶层的社会意识的特点，同时也就标志着老子唯物主义中的保守性和不进步性。

五、老子的历史观与人生观

《汉书·艺文志》："道家者流，盖出于史官，历记成败存亡、祸福古今之道，然后知秉要执本，清虚以自守，卑弱以自持，此君人南面之术也。合于尧之克攘、《易》之嗛嗛。一谦而四益，此其所长也。及放者为之，则欲绝去礼学，兼弃仁义，曰独任清虚，可以为治。"这是用儒家的眼光，来叙述道家的源流的。实际则其学派之"绝去礼学，兼弃仁义"，乃为其历史哲学理论之必然的结果。《老子》三十八章说：

> 上德不德，是以有德；下德不失德，是以无德。上德无为而无以为，下德无为而有以为（据马其昶校）。上仁为之而无以为，上义为之而有以为。上礼为之而莫之应，则攘臂而扔之。故失道而后德，失德而后仁，失仁而后义，失义而后礼。夫礼者，忠信之薄而乱之首。前识者，道之华而愚之始。是以大丈夫处其厚，不居其薄；处其实，不居其华，故去彼取此。

在这里所列举的道——德——仁——义——礼的顺序之中，道厚而德薄，德厚而仁薄，仁厚而义薄，义厚而礼薄，每下愈况。而且同在德之一范畴中，又有上德与下德之分，"上德无为而无以为，下德无为而有以为"。老子尊重无为为至上，故其结论自然是"绝圣弃智，绝仁弃义"，而"礼者，忠信之薄"。《庄子·知北游篇》假托黄帝之言：

> 黄帝曰："……夫知者不言，言者不知。"故圣人行不言之教。道不可致（郭象注：道在自然，非可言致），德不可至（郭云：不失德，故称德，称德则不至也），仁可为也，义可亏也，礼相伪也。故曰：失道而后德，失德而后仁，失仁而后义，失义而后礼；礼者，道之华而乱之首也。故曰：为道者日损，损之又损，以至于无为，无为而无不为也。今已为物也，欲复归根，不亦难乎？其易也，其惟大人乎？

这一段完全为《老子》三十八章的注脚，老子的历史哲学之基本原则，认为天地万物皆"有生于无"，后起之"有"应以先存之"无"为法则，所以应用到人类历史，也是前一历史阶段必胜于后一历史阶段，前一历史人物必胜于后一历史人物。《庄子·天运篇》假托老子论三皇五帝之治天下，即有禹不及舜，舜不及尧，尧不及黄帝之语。为什么历史上的黄金时代是在上德之世，而现代乃为下降的"忠信之薄而乱之首"的铁时代呢？老子以为这都是知识发达的结果。人类知识发达一步，便罪恶也跟着前进一步，因为知识是反于淳朴的本性自然性，所以自有知识而浇淳散朴，天下大乱了，什么道德呀！仁义呀！制度文物呀！这些人造的反于大自然的圈套，何一不从知识发生出来？可见知识便是大乱的根本，没有知识，没有文化，也没有罪恶了。这种反历史反文化的历史哲学，和法国革命时卢梭攻击不自然的文明而憧憬于自然人的素朴社会相同。因为从历史看来，前前胜于后后，"大道废，有仁义；智慧出，有大伪；六亲不和，有孝慈；国家昏乱，有忠臣"（十八章）。封建社会阶级政治所藉以维系的工具，是圣智、仁义、巧利三者，然而"绝圣弃智，民利百倍；绝仁弃义，民复孝慈；绝巧弃智，盗贼无有"，老子的最大目的在复归于太古淳朴的社会。所以说：

> 太上下知有之，其次亲而誉之，其次畏之，其次侮之，信不足有不信焉，悠兮其贵言。（十七章）

"下知有之"，吴澄与《永乐大典》本作"不知有之"，意思是不知道私有财产，这正是原始共产社会，这是《庄子·天地篇》所描写的"不尚贤，不使能，上如标枝，民如野鹿"的世界。到了"亲而誉之"，这已经是"有虞氏不及泰氏"了。因为老子是以原始农村公社为其历史思想的背景，所以到处主张复归于此社会为历史的最大目标。老子常教人返本复始，他称之为"观复"，为"复常"，为"归根"，如说：

> 致虚极，守静笃。万物并作，吾以观复。夫物芸芸，各复归其根。归根曰静，是谓复命，复命曰常。（十六章）

用更具体的历史名词来表示，即所谓"道纪"：

> 执古之道，以御今之有，能知古始，是谓道纪。（十四章）

因老子是柱下史，又享高年，所以他的得道要应用历史之术，即是执古之无以御今之有。历史告诉我们：是物极必反，功成者退。因此应用在人生方面，便如《庄子·天下篇》所描写，老聃的道术是：

> 知其雄，守其雌，为天下谿；知其白，守其辱，为天下谷。

人皆取先，己独取后，曰受天下之垢。

人皆求福，己独求全，曰苟免于咎。以深为根，以约为纪。曰坚则毁矣，锐则挫矣。常宽容于物，不削于人。

人类历史是以"复古"为原则，一个人的历史是以"守柔"为原则。什么叫做圣人？圣人就是理想的保存人的本性自然性，所谓"常德不离"。《老子》书中所谓玄德、孔德，都是指人的本性自然性，其涵义与道相近：

孔德之容，惟道是从。（二十一章）
生之畜之，生而不有，为而不恃，长而不宰，是谓玄德。（十章）
故道生之，德畜之，长之育之，成之熟之，养之覆之，生而不有，为而不恃，长而不宰，是谓玄德。（五十一章）

这所谓"德"，即是"上德不德，是以有德"。这以何为征验呢？以婴儿为征验。圣人如婴儿一样，不失其本性自然性，所以说：

专气致柔，能婴儿乎？（十章）
知其雄，守其雌，为天下谿。为天下谿，常德不离，复归于婴儿。（二十八章）

婴儿是老子人生的理想境界：

众人熙熙，如享太牢，如春登台，我独泊兮其未兆，如婴儿之未孩。（二十章）

> 含德之厚，比于赤子，毒虫不螫，猛兽不据，攫鸟不搏，骨弱筋柔而握固。未知牝牡之合而朘作，精之至也；终日号而不嗄，和之至也。（五十五章）

所谓婴儿，所谓赤子，都只是无求无欲，不犯万物，而万物也不侵犯他，这就是老子的理想人格。"圣人为腹不为目"（十二章），"圣人之治，虚其心，实其腹"（三章）。很明白地，这圣人不是封建社会阶级统治的圣人，而是"两不相伤"的原始共产社会的人物。"圣人处上而民不重，处前而民不害，是以乐推而不厌"（六十六章）。这原始共产社会的圣人——老农老圃之流，他自己无知无欲，也常使民无知无欲，他自己终不为大，所以"万物归焉而不为主，可名为大，以其终不自为大，故能成其大"（三十四章）。这就是老子"君人南面之术"的背景，也可以看出他是如何受了自己的历史的限制。

因为老子是没落阶层，眼见得"勇于敢则杀，勇于不敢则活"（七十三章），"强梁者不得其死"（四十二章）。就人来说，新生的婴儿，总常是生气勃勃地，因此他强调柔弱，认为是无往而不胜的力量。

> 人之生也柔弱，其死也坚强；万物草木之生也柔弱，其死也枯槁。故曰坚强者死之徒，柔弱者生之徒。（七十六章）

柔弱是新生的现象，是生活力的表现，相反地，坚强则为死的象征。以水为喻：

> 上善若水，水善利万物而不争，处众人之所恶，故几于道。（八章）
> 江海所以能为百谷王者，以其善下之，故能为百谷王。

（六十六章）

　　天下莫柔弱于水，而攻坚强者莫之能胜，其无以易之。弱之胜强，柔之胜刚，天下莫不知，莫能行。是以圣人云：受国之垢，是谓社稷主；受国不祥，是谓天下王。（七十八章）

　　结论就是，"天下之至柔，驰骋天下之至坚"（四十三章），"守柔曰强"（五十二章）。老子理想的柔道人生，固然有他成功的一面，但其流弊便只能有见于柔，而丧失面对现实积极斗争的勇气，这是他思想最保守的一面，是亡国遗民柔顺取容、以求苟免的人生观。

六、老子的政治思想

　　老子的政治思想反映着农民的自然法观念。自然的就是真实的，所以自然即善，一入人的手中，才变坏了。人初生时本性原是善的，应保持其天生之资质，即所谓"见素抱朴"（十九章），这种思想应用到政治，则为清静无为之治。就是说，人的本性自然性原是好的，用不着去管它。所以最好的政治，即是无为的政治：

　　故圣人云：我无为而民自化，我好静而民自正，我无事而民自富，我无欲而民自朴。（五十七章）
　　不尚贤，使民不争；不贵难得之货，使民不盗；不见可欲，使民心不乱。是以圣人之治，虚其心，实其腹，弱其志，强其骨，常使民无知无欲，使夫智者不敢为也。为无为，则无不治。（三章）

　　无为政治的成就，即为返朴归真的生活：

> 其政闷闷，其民淳淳。（五十八章）

"闷闷"是有欲为而无可为的意思。这所描写的无怀、葛天之世，正是返于自然的境界。无为就是一任自然，最彻底的放任主义，所以老子说：

> 以辅万物之自然而不敢为。（六十四章）
> 为者败之，执者失之。（二十九章）
> 为学日益，为道日损，损之又损，以至于无为，无为而无不为。（四十八章）

《庄子·天下篇》称老聃"无为也而笑巧"，郭象注："巧者有为，以伤神器之自成，故无为者，因其自生，任其自成。万物各得自为，蜘蛛犹能结网，则人人自有所能矣，无贵于工倕也。"成玄英疏云："率性而动，淳朴无为，嗤彼俗人，机心巧伪。"任凭你费了多大气力，也跳不出自然的大圈套，并且自然就是绝对的真，绝对的善，再加人工便毁坏了。所以一切有为都是痛苦的根本，罪恶的源泉，一切文化文明也都是罪恶的结果。所以主张"绝圣弃智，绝仁弃义，绝巧弃智"（十九章），把文物制度一扫而空，人们便复归到自然无为的状态，这就是老子的政治。李卓吾《老子解序》发挥老子无为政治最为透彻："夫老子者非能治之而不治，乃不治以治之者也。故善爱其身者不治身，善爱天下者不治天下。凡古圣王所谓仁义礼乐者，非所以治之也，而况一切刑名法术欤！"这无治为治，是复归古代淳朴的社会，不能说是政治，而只好说是"自化""自均"：

> 道常无为而无不为，侯王若能守之，万物将自化。化而欲

作，吾将镇之，以无名之朴。无名之朴，夫亦将无欲。不欲以静，天下将自定。（三十七章）

道常无名，朴虽小，天下莫能臣也。侯王若能守之，万物将自宾，天地相和以降甘露，民莫之令而自均。（三十二章）

老子既醉心于原始公社生活，贵清静而重任自然，所以反对任何有为的政治：如反对以智治国，"故以智治国，国之贼；不以智治国，国之福"（六十五章）；反对以礼治国，"夫礼者，忠信之薄而乱之首"（三十八章）；反对以法治国，"天下多忌讳……法令滋彰，盗贼多有"（五十七章），"民不畏死，奈何以死惧之"（七十四章）；反对以兵治国，"天下有道，却走马以粪；天下无道，戎马生于郊"（四十六章），"以道佐人主者，不以兵强天下"（三十章）。那么应该以什么来治国呢？老子的答案是：以愚治国。

古之善为道者，非以明之，将以愚之。（六十五章）
爱民治国，能无知乎？（十章）
众人皆有余，而我独若遗，我愚人之心也哉……众人皆有以，而我独顽似鄙。（二十章）

这简直是再守旧再顽固也没有了。最妙的是，他还告诉我们："治大国若烹小鲜。"傅奕、孙登、范应元同古本"小鲜"作"小鳞"。范应元注："鳞，总括鱼之属也，小鳞，小鱼也。治大国者譬若烹小鳞，夫烹小鳞者不可扰，扰之则鱼烂；治大国者常无为，为之则民伤。盖天下神器不可为也。"因为有为的害处太多了，所以老子高喊着返朴归真，返于自然的生活。而这返于自然的生活，也就是返于原始公社的自然统治。老子有一段文字，把这理想中的天下写得妙绝：

> 小国寡民，使有什佰之器而不用，使民重死而不远徙。虽有舟舆无所乘之，虽有甲兵无所陈之，使民复结绳而用之。甘其食，美其服，安其居，乐其俗，邻国相望，鸡犬之声相闻，民至老死不相往来。（八十章）

这是中国式的乌托邦，是亚细亚生产方式里农村公社崩溃出来的农民思想的表现。在这自然社会里，各个人虽群居共处而毫无有政治的拘束，人人不治而天下治。

由上，老子无为政治的理想，无疑乎在中国封建社会长期成为失望的人，尤其是农民对于暴君苛政最微妙而最严重的抗议，但他的革命性，也就不过于此。老子底整个学说虽然是中国以后的唯物论发展的基础，但他在政治战线上所号召的，却不是"向前看"，而是要恢复过去原始公社的生活，这是历史的"开倒车"，是复古。

七、老子哲学的批判

最后，我们必须指出，老子整个学说体系和他的思想方法，有极进步的，也有极保守的，这不消说是思想上的一种矛盾，这种矛盾应该认为是反映亚细亚社会生产方式之内在的矛盾。亚细亚社会有几个特征，如农村公社之存在，小农业与家庭手工业的结合，土地国有，水利灌溉事业。这亚细亚的农村公社，即原始共产主义的残余，在中国早期奴隶社会里遗留着，在春秋战国奴隶制社会的转形期也遗留着，直至后来成为中国封建制之一种独特遗留的社会形态。那在奴隶制社会转型期所保存着、在崩溃过程中之农村公社之亚细亚生产方式,这就是老子思想之经济的背景,也就是老子素朴唯物论之自己的历史的限制。同样的历史范例,我们也还可以举出俄国的大思想家托尔斯泰,虽然他和老子时代隔得很远,但他的理想社会,也完全是依据俄国古代遗留下来的农村公社"米尔",而理想化之为"共同生活"。他也提倡"虚无",主张无抵抗主义。但另一方面,他也和老子一样,以没落期的贵族地主而反映着农民的原始意识,把封建统治阶级的种种虚伪、种种罪恶揭发出来。不但如此,托尔斯泰还极力推崇老子,在一八八〇至一九一〇年间,他研究中国哲学,在《全集》第四十三卷引用《老子》三十五句,第四十四卷有关于老子的介绍。据《苏联纪行》(郭沫若著:页一八四——一八五)所载:"一八八四年开始提到老子,他读过迦鲁斯(Paul Carus)英译的《道德经》,后来又得到海辛格(Heysinger)的译本,但他都不很满意。他在一九〇九年和一位日本学生姓今西(Konishi)的每日讨论,就拿着今西的帮助把《道德经》重译了一遍,在一九一三年出版。一九一〇年出版过一本《老子》,是一本小册子,封面上画有老子骑牛图。"在这一点,可说托氏是老子学说的继承者,即因这个原故,所以我们现在批判老子哲学,很可以正确地应用列宁对于托尔斯泰思想的矛盾分析,来分析老子思想。列宁指出:

> 托尔斯泰见解的矛盾,的确是我们革命中农民在尽其历史任务时所处的矛盾情况的一面镜子……以自由平等的小农社会代替警察—阶级国家的愿望,在我们革命里农民所采取的每一历史步骤中都占着主要地位,毫无疑问,托尔斯泰著作的思想内容适合于农民这些愿望。(《列宁论托尔斯泰》,中外出版社本,页五)

又说：

> 托尔斯泰的见解是我们农民暴动的弱点和缺点的镜子，是宗法乡村的软弱的和勤俭的农民的深藏的怯懦的反映。（页六）

又说：

> 托尔斯泰反映了炽烈的仇恨、对于更好生活的成熟的愿望、摆脱过去的要求——也反映了不成熟的幻想、政治无知和革命软弱性。（页七）

正如托尔斯泰是属于一八六一——一九〇四年这一阶段表现俄国第一次革命的历史特点一样，老子思想主要是表现了属于春秋战国时代农民阶级的力量和弱点。托尔斯泰的反封建，变成了对于政治的否认，引导到无抵抗主义的学说，结果就和一九〇五——一九〇七年的群众革命斗争完全分离。同样，老子批评当时社会制度，也变成了"小国寡民"的幻想与提倡不争，结果为历代专制君主利用它作统治的武器。这不但是他们自己思想中的矛盾，而正是反映着在极复杂矛盾的社会条件下之时代的矛盾。这正如列宁所作的结论：

> 托尔斯泰的学说真是空想的，在内容上是反动的（就这个字的最精确最深刻的意义讲）。但这决不是说这一学说不是社会主义的，或者它不包含能有助于前进阶级启蒙的批评因素。（同上书，页四四）

我们对于老子思想的评价，也达到和这结论相同的结论。老子学说的内容，从最精确的最深刻的意义讲，是反动的，但这决不是说这一学说不是中国以后的前进阶级的唯物论发展的基础。

一九五三年十月二十四日初稿
一九五五年四月三十日改稿